TRUST

信托战略文库 | 译著系列

英国慈善委员会指引

The Charity Commission's Guidance for England and Wales

英国慈善委员会

林少伟◎译

法律出版社
LAW PRESS·CHINA

“信托战略文库”出版说明

人类在生存和发展中，“他人帮助”“帮助他人”是永恒主题。不同的文明都赞扬“帮助他人”的精神，并对“帮助他人”的行为有所规范。信托制度就是其中一种。

信托，是帮助他人管理财产并实现私人或者公共目的的制度。特殊的历史原因，让其有自己的制度理念、行为规范、服务功能，得到世人广泛认同。

1912 年信托活动进入中国，在中华民族实现伟大复兴、国家富强、社会进步、人民幸福的进程中，信托具有独特的制度价值。

引入一项制度是一个系统工程，人们需要对其认识、接受。在中国建立完善的信托制度也需要对其了解、探索；需要耐心、时间和战略。

本文库由中国特华研究院和北京特华财经研究所与法律出版社合作设立，希冀荟聚古今中外研究成果、实践经验，为中国信托事业进步尽绵薄之力。

*

* 李光荣，中国特华研究院院长，教授、博士后指导教师。

序　一

2016年3月我国《慈善法》颁布，对推动我国慈善事业、慈善信托事业发展有重要作用。为落实《慈善法》，有必要研究慈善事业的管理经验。在世界各国中，英国先进的慈善事业管理、经验值得我们关注。

一

英国是现代信托发源地，管理慈善事业、慈善信托有很长的历史。依文献，至少800多年前英国已有社会人士参与公益事业。随着民间财富增加，英国公益性事业相应增多。在早期慈善事业中，教会是最重要的慈善组织，它接受慈善财产，救济贫民、开展教育与医疗，对慈善事务享有管辖权。

1601年英国制定了世界上第一部慈善法律——《慈善用途法》(1601年)(The Statute of Charitable Uses 1601)，这标志着英国民间慈善活动有了成文法规范，建立了公权力对私人财富的合法干预。历经几百年实践，英国拥有了较完善的制度与健全的管理体系。

英国慈善事业发展到今天，慈善委员会的监管作用功不可没。最初，慈善委员会由地方政府以郡为单位组成，调查所在郡慈善财产使用，解决慈善财产被浪费、侵占、挪用的问题，减轻法院审理慈善案件的压力。然而司法效率、慈善委员会监管尺度不一等问题推动人们对慈善监督的重视。

1835 年一个调查委员会向英国议会建议,设立全国性、长期性的委员会监管全英慈善活动。这一建议遭到强烈反对,被搁置近 15 年。1850 年该调查委员会继续建议设立全面监管慈善组织的机构,但又连续 3 年未获议会通过。

1852 年、1853 年 St. Cross 医院、Rochester 教堂滥用慈善财产被媒体揭发、震惊全英。《慈善信托法》(1853 年)决定成立全国性慈善委员会,对慈善组织进行监管。《慈善信托法》(1860 年)授予慈善委员会对慈善信托的管理权,使它成为现代意义的慈善监管机构。

160 多年来,慈善委员会的职责不断变化。《受捐赠学校法》(1869 年)、《地方政府法》(1888 年)、《乡村教区行政团体法》(1894 年)减弱了慈善委员会的监管权。进入 20 世纪,慈善委员会因管理不当、能力不足而受到民众批评、政治责难,英国议会多次启动对慈善委员会的调查。

《慈善法》(1960 年)颁布,确立了慈善委员会具有审核申请登记的组织是否为慈善组织、为慈善财产的管理提供咨询或发布指令、适用近似原则变更慈善目的等权力。《慈善法》(1993 年)进一步明确慈善委员会职能,详细列举其对慈善组织具有登记、问责、监管、扶持、强制执行五大职能。

2006 年、2011 年英国两次修订《慈善法》,明确慈善委员会是具有特殊独立性的机构、对议会负责,并确定机构组成、人员配置、功能与权限等内容,成为今天的模样。

回顾历史,可以得到的启示是:

第一,慈善事业发展需要国家管理。慈善来自民间自发。当内心的仁慈施与外部且需要他人帮助时,代表正义、公平、稳定且持续的国家强制干预成为慈善发展的保障。否则,慈善领域败象环出,施予者心寒,受济者失望,慈善之风难以持续,还会影响社会安定。

第二,慈善管理的核心在于监督。英国的经验是,国家对慈善的管理侧重于监督,而非事无巨细的全方面干涉。通过监督,鼓励人们多做好事,防范与惩戒不肖之徒、不端之举。

第三,慈善监督的基础是法治。每一次面临慈善事业发展困境,英国通过完善制度,使慈善活动当事人提升信心、建立信赖,推动慈善事业长期、稳定发展。

第四,慈善法治重视质量、发扬民主、避免随意。英国的做法是,成立专门委员会,开展调研、出具报告;立法机关展开辩论,各方博弈、论证评估,构建权利与义务平衡、运行公平透明的良法善治。

二

英国《慈善法》(2011年)确定了慈善委员会的工作目标:第一,公信力目标,要提升公众对慈善组织的信任与信心。第二,公益性目标,要提升公众对公益需求运行的认识与了解。第三,合规性目标,促进公益受托人对慈善组织的控制与管理中对法律责任的履行。第四,慈善资源目标,促进对慈善资源的有效利用。第五,问责目标,促使公益组织对捐赠者、受益人、广大社会公众负责。

为实现目标,慈善委员会有六项职能:一是审核决定一个组织是否为慈善组织;二是鼓励和促进慈善组织更好地运行;三是辨认、调查慈善组织在运行中的错误行为或错误管理,对其采取措施纠正、救济、保护;四是根据公共慈善募捐的计划,决定发放并管理公益性募捐执照;五是获取、评估和发布与慈善委员会职能及目标相关的任何信息;六是为政府部门因实施委员会目的及目标提供信息、建议及提议。

慈善委员会的管理主要体现在注册登记、日常监管。在注册登记方面,对慈善组织设立实行"过滤",保障慈善资源优化分配,将试图浑水摸鱼者拒之门外。在监管方面,对数量众多的慈善组织,"抓大放小"、突出重点、区别对待。通过年度报表、财务审计与检查、外部监督与自我监督、公益募捐管理、实地访问、与慈善组织"面对面"交流与指导等方式实施管理。

慈善受托人是监督的重点。慈善委员会监督其依法合规履行职责、完善内部治理、防范慈善财产滥用,由独立审核员审核慈善账目等内容,以保障慈善财产的安全与独立。

英国慈善组织有多种组织形式,依不同法律成立,具有不同的运行特点,慈善委员会以计划(scheme)、命令(order)或章程修改意见(constitutional amendment)等开展工作。它发布详细的《英国慈善委员会指引》(以下简称《指引》),利用强制力的法规、提示性的履职说明、服务性的宣传指南,对慈善组织的类型选择、设立与运作(如受托人义务、组织宣传、参与政治活动、合法交易、风险管理)等事务加以规范。《指引》具有权威性、完备性、可操作性,任何公众都能在慈善委员会网站查询。

《指引》立足于完备的法律背景。英国慈善法是慈善法治的主体,信托制度居于核心地位,有关财产的经营、转让、继承、税收等制度是重要基础与支撑。《指引》内容广泛,符合英国慈善事业发展的需要。

为管理好慈善事业,慈善委员会坚持"服务"的理念,即在制度制定、宣传、管理行为实施时,注意做好对慈善组织和社会公众参与慈善活动的服务工作。这一理念与管理方法充分体现在《指引》中,值得学习。

三

慈善,是社会财富向公共利益、社会利益转移的活动,慈善组织握有重要权力。权力需要制约。慈善事业越发展,慈善财产数量越多,权力使用发生差错的概率越大,制度与管理的重要性不言而喻。

在我国,2001 年《信托法》建立了公益信托制度;2016 年《慈善法》规范了慈善和慈善信托制度。两次立法表达的国家意志非常明确:通过完善制度,促进公益慈善发展。大法既立,具体制度引人注目。

对关心慈善事业、慈善信托的读者来说,阅读、使用中文版《指引》,可以如同从天空俯瞰森林一般地观察英国原汁原味的慈善组织、慈善信托的管理框架;如同林间漫步一样体味慈善事业的管理思路与技巧;如同采蘑菇似的查询慈善和慈善信托运作的细枝末节。《指引》让人开阔眼界、增长知识,思考慈善与信托的文化内涵。

2014 年 5 月习近平对外国专家谈到,不拒众流,方为江海。任何一个民族、任何一个国家都需要学习别的民族、别的国家的优秀文明成果。中国要永远做一个学习大国,不论发展到什么水平都虚心向世界各国人民学习,以更加开放包容的姿态,加强同世界各国的互容、互鉴、互通,不断把对外开放提高到新的水平。

出版《指引》算是一个具体行动吧。

四

译者林少伟博士在英国留学多年,获伦敦国王学院和爱丁堡大学法学硕士、法学博士学位。他具有非常扎实的英美普通法基础，对衡平法有深入研究。少伟博士勤恳治学，回国后进入特华博士后科研工作站，专注于信托制度研究。2016 年 6 月在征得英国慈善委员会有关部门同意后，我请他全文翻译《指引》。经过半年时间，他独立完成了此任务。厚厚译作，中译本成书竟有百余万字！可见英国人规则意识之精，服务意识之浓，少伟博士努力之深！

期待林少伟博士在学术上深入耕耘，有更多收获。

五

2016 年 8 月在北京，英国慈善委员会有关负责人对我申明，《指引》中文版应该不具有英国慈善委员会认定的法律效力。我说，这一提示很重要，它将被郑重告知所有读者。

感谢译者、法律出版社陈妮编辑、李瞻美编及其他编辑、审核专家们对中文版《指引》忠实于原文做出了富有成效的努力；感谢法律出版社财经出版分社沈小英社长为本书出版所付出的心血和奉献。

我推荐中文版《指引》，希望它对世间慈心善行有所帮助。

我希望并相信，中国版慈善指引将与它比肩齐飞，带给世间更多美好！

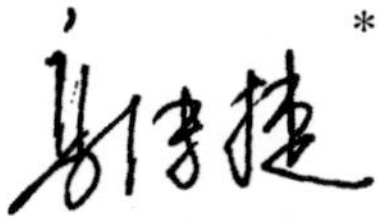*

2017 年 5 月 15 日

---

* 高传捷，中国银监会原非银行金融机构监管部主任，教授、博士后指导教师。

序　二

欣闻中文版《英国慈善委员会指引》出版，特致祝贺。英国是慈善历史悠久的国家，也是西方慈善的发源地。尽管东西方有别、各国国情有异，但其慈善理念、经验非常值得学习和借鉴。

我国的慈善文化源远流长，经过几千年积淀与演进，形成了独特而精到的思想体系。先秦诸子百家对此都有精辟论述：儒家主张“仁爱”，道家主张“为善”，佛家主张“慈悲”，墨家主张“兼爱”；智慧名言如“老吾老以及人之老，幼吾幼以及人之幼”“勿以恶小而为之，勿以善小而不为”等，更是绵延流传人间。

慈善文化是镶嵌于中华文化桂冠上的宝石，传承与发展中华慈善文化是我们的历史使命，是中华民族文化得以翱翔世界的羽翼。

改革开放以来，随着国民物质财富的不断积累，中华民族的优秀慈善传统有了更好的支撑，使中国的慈善行为和慈善事业得到很大发展。同时，我们也应看到在中华慈善事业发展过程中，也存在着良莠不齐、鱼龙混杂的现象，有的甚至受到社会的质疑与批评，影响了公益慈善事业的健康发展。

2016 年 3 月第十二届全国人大第四次会议通过的《慈善法》，为我国慈善事业的发展提供了法律保障，开启了依法行善的新纪元。《慈善法》不仅对传统的慈善行为进行规定,而且定义并规范了慈善信托这一新型的慈善方式,为慈善事业的发展注入新活力。

慈善事业是一项与人为善、于己修身的爱心事业,是充满正能量的伟大事业。它正以一种柔和、温情的方式改变着我们的财富生态、社会生态、环境生态、精神生态。每一个社会公民都可以通过参与公益慈善分享人类文明发展和社会进步的成果,通过分享财富、分享善意而获得尊严和平等,实现自己的人生价值。

英国慈善委员会具有对慈善团体登记注册、提供服务、监督管理,对慈善机构不当行为和错误管理展开调查等职能,这种集中统一、高规格设置的模式十分有效,我相信《英国慈善委员会指引》中文版的出版,将为我国公益慈善领域工作者提供科学的指导和帮助。

高传捷老师是《信托战略文库》副总主编,他嘱我作序,实不敢当。高传捷老师长期工作在金融、信托领域,具有深厚的信托理论功底和"官产学研"各领域丰富的信托工作经验。他一直心系我国慈善事业,积极推动公益信托、慈善信托、慈善事业的发展。在《英国慈善委员会指引》中文版成书之际,感谢高老师、林少伟博士和法律出版社编辑们付出的辛勤努力!

祝我们的慈善事业永葆活力,健康发展!

是为序。

*

2017 年 5 月 15 日

* 蔡概还,中国信托业协会首席经济学家,中国慈善联合会慈善信托委员会主任。

英国慈善委员会

……继续有一个被称为英格兰和威尔士慈善委员会的机构。

……慈善委员会的职能是代表官方进行的。

……慈善委员会在履行其职能时不受任何内阁阁员或其他政府部门的指导或控制。

……慈善委员会的目标包括:公信力目标、公益性目标、合规性目标、有效性目标和责任性目标。

——慈善委员会的一般职能包括:(1)决定组织是否为慈善组织;(2)鼓励、促进和帮助慈善组织更好地运作;(3)辨认及调查慈善组织管理中的明显不当行为或管理不善,并为此采取相关救济与保护行为;(4)根据公益性募捐决定是否应该发放公益性募捐证书,决定其是否有效;(5)获取、评估以及公开发布与履行慈善委员会任何职能或达成其任何目标相关的信息;(6)向政府各部部长提供关于慈善委员会工作目标和日常工作的信息、建议以及意见。

——慈善委员会的一般义务包括:(1)慈善委员会必须在一定程度上履行与其目标一致或认为实现这些目标的目的比较恰当的职能;(2)慈善委员会必须在一定程度上履行以与各种形式的慈善给予或自愿参与慈善工

作的目标保持一致的行为;(3)慈善委员会必须以一种最有效率和最经济的方式去利用其资源;(4)慈善委员会必须以最佳监管实践的原则履行职责(包括比例原则、问责原则、持续原则、透明原则以及目标原则);(5)慈善委员会必须促进创新的需求;(6)慈善委员会必须注意到已经被广泛接受的良好公司治理原则。

——政府各部部长可根据规定要求向慈善委员会支付有关规章所规定的以下费用:(1)慈善委员会依法履行职能;(2)检查慈善组织或慈善委员会依法备存的其他资料。

——摘自英国《慈善法》(2011 年)

目　录

关于受托人事宜:须知信息及须做事项
(CC3)

2015 年 7 月

目　录

1. 指引的内容

本指引阐明了英格兰及威尔士地区慈善组织各类受托人的主要职责，以及受托人如何才能出色地履行这些职责。

受托人对慈善组织的经营管理享有独立控制权，同时对之负有法律责任。受托人在彰显国家本色和福祉上发挥着重要作用，且受托人往往是没有报酬的。

从影响慈善事业、创造全新体验和建立新关系的角度来讲，有许多理由可以证明托管（trusteeship）是有回报的。同时，托管对受托人的时间、技能、知识及能力都有要求。明悉本指引所述职责不仅能帮助受托人履行其职责，更好地服务于慈善组织，还能增强受托人遵守法律主要规定的信心。

若受托人是英格兰及威尔士地区任何慈善组织的受托人，则应阅读本指引。此处所指慈善组织包括：

- 登记的慈善组织；
- 法律未规定登记的慈善组织；
- 法律规定须登记但尚未登记的慈善组织。

若考虑建立慈善组织或者成为英格兰或威尔士地区的受托人，则应阅读本指引。

苏格兰及**北爱尔兰**地区的慈善组织监管机构拥有独立的受托人指引。

若参与经营慈善组织，但不清楚自身是否为受托人，请查阅该慈善组织规章。（这一文件包含了慈善组织的各项规定。形式可能是章程、信托协议、组织章程或类似文件。）该文件会解释哪一机构对指导和管理慈善组织拥有最高权力和责任。无论如何称呼（如受托人、主管、委员会委员、管理者或其他），该团体所有经正规任命的成员均为合法的慈善组织受托人。

若受托人是该团体成员，将自动成为慈善组织受托人，与该团体所有成员一起对该慈善组织负有相同责任。

委员会期望受托人可以严肃对待自己的职责。合理利用本指引，确保自己为慈善组织花费足够的时间及精力，对履行受托人职责有所助益。委员会承认，大多数受托人均为志愿者，难免有无心之过。委员会并不期望受托人事事做到

完美,而期望他们能够尽最大努力履行职责。对于诚实合理履行职责的受托人,慈善法会予以保护。

1.1 “必须”(must)和“应该”(should):含义

在本指引中:

- “必须”指受托人必须遵守的法定或法规性要求和义务;
- “应该”指委员会期望受托人遵守并适用于慈善组织的基本规范。

遵照本指引中规定的基本规范有助于受托人高效运营慈善组织,避免困难及能履行法定义务。慈善组织的规模及活动各有不同,应仔细斟酌如何将这一基本规范实际运用于受托人的慈善组织,尤其在受托人决定不遵照本指引的基本规范时,委员会期望受托人能够解释这样做的原因,并证明其正当性。

在某些情况下,如果不遵照该基本规范,受托人将无法履行自己的法定义务。例如(见表1):

表 1

法定义务	基本规范
以慈善组织最大利益为目标	处理利益冲突
负责地管理慈善组织资源	实施合理财政控制管理风险
以应有的谨慎和能力采取行动	需要时听取合理建议,例如,买卖土地或投资(某些情况下这可能成为法律要件)

若受托人行为违反其法定义务,则需承担此行为造成的后果以及慈善组织因此遭受的损失。委员会调查涉嫌违反信托或义务,或其他不当行为或管理不当案件时,可能会将受托人因未遵守基本规范而将慈善组织及其资产或受益人置于危险或不当的风险中的事实作为证据来考量。

1.2 如何使用本指引

为全面了解受托人职责,受托人可能需要通读本指引,或者受托人需要对某一专题了解更多。委员会建议,受托人至少阅读本指引第 2 部分对受托人职责的总结:

- 第 2 部分总结受托人职责;

- 第 3 部分说明受托人是否能成为合法受托人;
- 第 4 ~9 部分详解受托人的 6 项主要职责;
- 第 10 部分说明何时受托人需要负责及如何降低风险;
- 第 11 部分、第 12 部分详解慈善组织架构及慈善组织管理者的职责;
- 第 13 部分解释本指引中术语的定义。

2. 受托人职责概述

本部分总结受托人的主要法律责任,并在本指引的其他部分对之进行了详细解释。受托人至少应阅读本部分内容,并在必要时参考指引其他部分以确保充分了解自身职责。

开始之前:确保受托人有资格成为慈善组织受托人

若慈善组织为公司或慈善法人组织(Charitable Incorporated Organization, CIO),其受托人必须年满 16 周岁;若为其他类型慈善组织,受托人必须年满 18 周岁。

受托人必须是遵照慈善组织规章规定的程序及条件正当任命的。

根据慈善法规定,受托人若具有以下情形之一,没有资格成为受托人,不得担任受托人:

- 因不诚实或欺骗等犯罪行为(如诈骗)被定罪,但未被收监(unspent conviction);
- 资不抵债或与债权人达成正式和解(formal composition)(如自愿重组 individual voluntary arrangement);
- 因违法行为被解除公司董事职位或慈善组织受托人职位。

关于以儿童或弱势成年人为帮扶对象的慈善组织,慈善法还有其他限制。

更多信息详见第 3 部分。

确保慈善组织的目的符合公共利益

所有受托人必须确保慈善组织按其成立目的行事,而非其他目的。这意味着受托人应该:

- 确保能理解规章中规定的慈善组织目的;
- 计划慈善组织要做的事以及想要达成的目的;
- 能够证明慈善组织所有活动均是为了深化或巩固其目的;

- 理解慈善组织如何通过实现其目的来造福公众。

若基于不正当目的花费慈善基金，后果很严重，有时受托人要自行向慈善组织支付这部分费用。

更多信息详见第4部分。

遵守慈善组织规章及法律

受托人必须：

- 确保慈善组织遵守其规章；
- 遵守慈善法的规定及其他适用法律；

受托人应该通过阅览相关指引或在必要时采纳恰当建议等合理方式了解法律规定。

更多信息详见第5部分。

行事以慈善组织最大利益为重

受托人必须：

- 做自身及共同受托人（不包括其他任何人）认定的、能最大程度帮助慈善组织实现其目的的事；
- 与共同受托人做出折中与明智的决定（balanced and adequately informed decision），既要放眼长远，又要立足当下；
- 避免出现自身肩负的慈善组织职责与个人利益，或其自身对其他个人或机构的义务相冲突的情形；
- 除得到相应授权且符合慈善组织利益外，不得从慈善组织获取任何利益。这还包括任何与受托人有财务往来的人，例如，合伙人、受供养子女或商业伙伴。

更多信息详见第6部分。

以负责任的态度管理慈善组织资源

受托人行事必须负责、合理、诚实，有时也被称为谨慎义务。谨慎，是指做出正确判断。受托人必须：

- 确保慈善组织资产仅用于支持或实现其目的；
- 避免使慈善组织的资产、受益人或信誉遭受不必要风险；
- 不让慈善组织过度承担义务；
- 特别注意投资及借贷；

• 遵守资金使用或土地售卖的所有限制。

所有受托人应落实适当程序及保障措施,并采取合理措施,确保上述程序及保障措施得以贯彻执行,否则,慈善组织将遭受诈骗、偷盗或其他滥用行为的风险,并有违反受托人职责的风险。

更多信息详见第7部分。

合理谨慎且有技巧地行事

作为管理慈善组织的负责人,受托人:

• 必须合理谨慎且有技巧地行事,利用自己的技能和经验,并在必要时采纳合理建议;

• 应该为自己的职责投入足够的时间、想法及精力,如准备、出席及积极参与所有受托人会议。

更多信息详见第8部分。

确保慈善组织负责可靠

所有受托人应遵守法定会计和报告规定。受托人还应该:

• 能证明其慈善组织符合法律规定,运转良好高效;

• 若慈善组织除受托人外还有其他成员,应确保对成员负责;

• 确保慈善组织内部责任的承担,尤其在将特定任务或决定的责任下放给职员或志愿者的情况下。

更多信息详见第9部分。

3. 受托人人选及其任命方式

成为一名受托人须具备一定条件:

• 受托人必须经正当任命,并应知晓该任命期限;

• 若受托人未经正当任命,则受托人的决定或行为可能无效,且可能引发纠纷或使慈善组织资产遭受风险;

• 不具备慈善组织受托人或公司董事资格时,以上述身份行事属刑事犯罪行为。

3.1 谁能成为受托人

3.1.1 最低年龄

若慈善组织为公司或慈善法人组织,其受托人必须年满16周岁,但该慈善组织规章要求受托人必须大于16周岁的除外;若慈善组织为其他类型慈善组织,受托人必须年满18周岁。

3.1.2 不合资格

根据慈善法,受托人若具有以下情形之一,不符合受托人资格,不得担任受托人:

- 没有资格担任公司董事职位的;
- 因不诚实或欺骗等犯罪行为(如诈骗)被定罪,且判决尚未失效的;
- 为未解除债务之破产人(或收到苏格兰扣押令的人 subject to sequestration in Scotland),或与债权人达成和解的,包括自愿重组(Individual Voluntary Arrangement,VIA);
- 因不当行为或管理不善被委员会(或法院)解除慈善组织受托人职位的。

若慈善组织想任命一名不合资格的人员作为受托人,受托人可向委员会申请撤销该任命。委员会能否解除该任命将视具体情况而定。例如,因没有资格担任公司董事职位或不符合破产法规定而不合资格的,委员会则无法解除该任命。

了解更多关于**受托人不合资格的信息**。

3.1.3 适当人选

主张英国税收减免[例如"礼品捐助(Gift aid)"]的慈善组织必须符合《财政法》(2010年)规定的管理条件。该法要求所有慈善组织管理者(包括受托人)均为"适当人选"。

更多信息详见**英国税务海关总署指引**。

3.1.4 与儿童及弱势成人共事

揭露与阻挡服务机构(Disclosure and Barring Service,DBS)会禁止某些人从事接触儿童及弱势成人的工作(以下简称受管控活动)。被禁止的人申请参与受管控活动(无论有偿无偿)是违法的。慈善组织故意雇用被禁止人从事这类工作也是违法的。在雇用受管控活动从业人员前,慈善组织必须与揭露与禁止服务机构联系。

成为与儿童或弱势成年人共事的慈善组织受托人不属于受管控活动(即使该慈善组织开展受管控活动)。但受托人应该严肃考虑任命被 DBS 禁止的人员作为受托人是否合适,以及这一行为将给慈善组织信誉及受益人带来的潜在风险。

了解更多与包括**儿童在内的弱势群体共事的慈善组织**。

了解更多关于**揭露与禁止服务机构**的信息。

3.2 受托人任命的起止方式

受托人必须遵守规章关于以下事项的规定:

- 谁来任命新的受托人;
- 新受托人的任命时间及方式;
- 谁能成为受托人:规章可规定条件;
- 任命期限及受托人可否再次被任命;
- 受托人**辞职或被撤职**的方式。

若规章并未对上述事项详细规定,慈善组织必须遵守相关法律规定:

- 公司形式的慈善组织必须遵守公司法中关于董事任命和撤职的规定;
- 非法人慈善组织必须遵守《受托人法案》(1925 年)的规定。

慈善法人组织必须将关于受托人任命和撤职的规定纳入章程。

若慈善组织受托人无法任命或免职受托人(或成员),(若适用)委员会可利用自己的权力代其进行任命或免职。

了解更多**免职和任命受托人的法律权力**。

3.3 招募受托人时的注意事项

慈善组织在招募新的受托人时,应该考虑以下事项:

- 现有受托人的技能和经验,以及是否存在缺漏;
- 确保新的受托人具有相应资格;
- 确保新的受托人没有**严重利益冲突**,或得到委员会同意并落实各项程序来处理冲突；

- 帮助新的受托人了解自身责任及慈善组织的各项工作。

对慈善组织的工作感兴趣且愿意为之付出时间，对于受托人而言同样重要。

董事会成员或受益人

许多慈善组织规章允许或要求：

- 部分或全部受托人由慈善组织成员推选(这是由具有投票权的成员而非受托人组成的慈善组织施行的惯例)；
- 受托人的构成包括受益人；
- 其他团体或组织(如地方政府)任命受托人。

听取成员、受益人及其他与慈善组织存在利益关系的机构的意见非常重要。雇佣受托人正是获得这些意见的方法之一。但是，无论通过何种方式被任命，所有受托人行事都必须完全以慈善组织利益为重，不得代表任何特殊团体。他们还必须处理好利益冲突，包括慈善组织利益与对其任命单位忠诚之间的冲突。

了解更多：

受托人董事会：人员及技能——如何任命具有相应技能的合适人员；

找寻新的受托人：慈善组织须知；

慈善组织受托人：合格性及责任声明(declaration of eligibility and responsibility)。

避免错误：确保受托人的任命有效

在任命受托人时，注意遵守慈善组织规章及法律。对受托人的任命违反上述规定的，该任命无效，与之相关的行为及决策的效力可能被质疑。即使某一受托人的任命不具有效力，其仍应该对自己的行为和决策负责。

不当的受托人任命往往会导致争议。最糟糕的是这会危害慈善组织信誉、离间支持者、威胁慈善组织资产(包括资金流失)，或最终令慈善组织难以为继。

4. 确保慈善组织的目的符合公共利益

所有受托人必须确保慈善组织所做的每一件事都能帮助(或为了帮助)达成其最初目的(而非其他目的)。这意味着，受托人应该：

- 确保自己理解规章里写明的慈善组织目的;
- 计划慈善组织要做的事以及想要达成的目的;
- 能够证明慈善组织所有活动均是为了深化或巩固其目的;
- 理解慈善组织是如何通过实现其目的造福公众的。

基于不正当目的花费慈善基金,后果很严重;有时受托人可能要自行向慈善组织支付这部分费用。

4.1 了解慈善组织的目的和权力

受托人应该阅读慈善组织规章中的目的条款,并确保自己理解以下几点:

- 慈善组织成立目的(即其目的);
- 慈善组织的关爱帮扶对象(受益人);
- 受益方式(慈善组织为其或与其一同做的事);
- 慈善组织提供的服务和福利的先后次序;
- 慈善组织职权范围或帮扶对象的规定(地理或其他界限;或受益人必须满足的特定标准)。

慈善组织目的可能比较宽泛,也可能非常精准狭窄,应明确指出为达成目的,慈善组织可以提供的服务或活动。

更多关于规章的信息,详见本指引第5部分。

规章可能赋予慈善组织特定权力。慈善法及其他法律也赋予慈善组织权力,但受托人只能以促进慈善组织目的实现的方式运用这些权力。

了解更多关于**慈善目的**的信息。

一些慈善组织会作"使命陈述"或其他关于其目的及活动的总结。在核查慈善组织的目的或权力范围时,注意不要只关注上述陈述而忘记规章中写明的慈善目的。因为上述陈述的措辞可能并不太精确。如果受托人需要确定其慈善组织是否能合法开展某项特定活动,其应该核查目的条款而非其他关于慈善组织使命或目的的陈述。否则,最终结果可能就是受托人开展的活动违反了慈善组织规章。

4.2 公共利益

所有慈善组织必须是公益性质。受托人在做出相关决定时(包括检查慈善组织活动或考虑开展新活动),必须重视委员会的**公共利益指引(PB1、PB2 和 PB3)**。

公共利益对以下事项至关重要:

- 慈善地位——要想成为慈善组织,其目的必须是为了公共利益;
- 慈善组织运营——慈善组织活动必须全部集中在为公共利益服务上;
- 慈善组织责任——受托人必须能解释其慈善组织活动是怎样为公共利益服务的。

这意味着,受托人应该理解且能够解释以下事项:

- 慈善组织成立目的:其目的;
- 慈善组织目的有益的原因:公共利益的“有益性”;
- 慈善组织目的是如何造福公众或一部分公众的:公共利益的“公共性”;
- 慈善组织如何实现(或“深化”)其为公共利益服务的目的。

4.3 规划和检查慈善组织工作

所有受托人有责任决定和规划如何实现慈善组织的目的。

因此,所有慈善组织受托人应该共同决定慈善组织要开展的活动,考虑其所需资源。大型慈善组织的受托人应负责制定慈善组织的战略目标和方向,并就妥当的未来计划达成一致。

让慈善组织的职员、志愿者及利益相关者参与规划会有所助益。

作为规划程序的一部分,受托人需清楚慈善组织所需资金和其他资源,以及获取的渠道。

更多信息详见本指引第 7 部分。

所有受托人应该定期检查慈善组织工作及慈善组织活动成效。思考慈善组织所做的贡献有助于受托人解释慈善组织是如何造福大众的,且有助于受托人判断改变工作内容能否更有效地达到目的。

了解更多以下信息:

鼓舞人心的影响;

慈善组织的管理、财务和复原力:15 个应该问的问题。

受托人应该时时对慈善组织目的进行检查,确保其恰当、确切且不过时。情况会随时间而发生变化,这会对以下事项产生影响:

- 慈善组织的受益群体是否还存在,是否还能“**充分代表一部分**”(sufficient section)公众;
- 是否仍与慈善组织运作的地理上的“造福区域”相关(whether the geogra-phic “area of benefit” in which the charity can operate is still relevant);
- 成立慈善组织来满足的需求是否还存在,对此需求的满足是否仍然符合公共利益;
- 是否有更好的办法满足需求,且满足该需求正是慈善组织成立的目的。

若慈善组织目的不再有效,受托人必须考虑如何对之进行改变或采取其他措施,以保证慈善组织的资源为其目的服务。

过去,许多慈善组织为人们提供物质帮助,包括食物、衣服及燃料。许多慈善组织认为分发现金或抵用券能够更有效地满足当下需求,于是对其目的进行了更新。另一些慈善组织还坚持提供物质帮助(如食物或医疗器材),且成效显著。

慈善组织成立的目的往往是针对某一特定地区。这意味着随着时间推移,该地区不再有那么多人需要慈善组织的服务。在这种情况下,慈善组织可以将服务范围扩大到临近地区。

为了提高服务效率,两家在同一地区提供相似(或互补的)服务的慈善组织可能会选择合作或者合并。

4.4 更新慈善组织目的

在必要的情况下,慈善组织可以利用规章、公司法或慈善法规定的权力,修改或增添其目的。慈善组织不得频繁地彻底改换目的;规章和慈善法通常也不允许这种做法。若慈善组织计划更新其目的,所有受托人应考虑慈善组织成立的初衷以及当下情况的变化。绝大多数慈善组织在变换目的前必须取得委员会批准。

受托人还应该检查慈善组织规章的其他规定,若规定不能满足慈善组织需求,应该对之进行更新。

详见本指引第 5 部分。

规章为法律文件。受托人必须按正确程序对之进行修订,正确的表达对于修订而言很重要。受托人应该考虑采纳合适的相关意见。利用**委员会的规章模版**或**经认证的规章**,以此确保规章囊括所有受托人所需的条款及权力。

了解更多以下信息:

如何修改慈善组织规章;

如何起草慈善目的。

5. 遵守慈善组织规章及法律

受托人及共同受托人必须:

- 确保慈善组织遵守其规章;
- 遵守慈善法规定及其他适用法律。

受托人应该通过阅览相关指引或在必要时采纳恰当建议等合理措施了解法律规定。

5.1 慈善组织规章

所有受托人必须确保慈善组织遵守其规章,规章中通常包含以下关键信息:

- 慈善组织存在的目的(其目的条款中写明的目的);
- 慈善组织深化其目的的权力;
- 受托人的人选、数量及任命和撤职方式;
- 慈善组织是否有成员,若有,那么谁能成为成员;
- 有关受托人(和成员)会议的规定、会议召集及开展方式、决策的制定及记录方式等;
- 如何修改规章;
- 如何关闭慈善组织。

规章中可能还有其他规定,对权力使用、会议投票人选或规定修改进行限制。

每一受托人均应获得其慈善组织规章的最新版本并定期参考。若受托人没有或不知道,应该询问共同受托人。若他们都没有获得最新版本,委员会可以向其提供(如果该慈善组织为登记的慈善组织)。

规章对慈善组织至关重要。所有受托人可能需要时时对其进行检查,确保其符合慈善组织需求。规章为法律文件,受托人必须按正确的程序对之进行修订,正确的表达对于修订而言很重要。修改规章时,受托人应该考虑采纳合适的相关意见。利用**委员会的规章模版**或**经认证的规章**,确保规章囊括所有受托人所需的条款及权力。

了解更多关于**规章**的信息。

5.2 慈善法——登记、会计、报告及其他规定

英格兰或威尔士地区成立的慈善组织必须在委员会处进行登记,有以下情况的除外:

- 豁免慈善组织;
- 免登记的慈善组织;
- 规模非常小(低于强制登记要求的年收入门槛,目前该门槛为5000英镑)且不是慈善法人组织(所有慈善法人组织必须登记)。

了解**慈善组织是否需要登记,或受豁免,或被免除登记。**

在苏格兰或北爱尔兰地区运营的慈善组织可能同样需要在当地登记。

所有慈善组织必须保留妥善的财务账目并且准备年度报表。受托人必须在规定期限内保存会计账目和记录(包括现金账簿、收据及发票)。

了解更多**有关会计记录的保留信息。**

所有登记的慈善组织:

- 必须在登记信息发生变动时通知委员会,包括受托人具体信息及规章变动;
- 必须向委员会提交年度回报表(或年度更新计划)及其他信息;
- 必须根据慈善组织的规模,遵守附加的会计和报告规定,例如,向委员会提交年度账目和报告;
- 应该在严重事故发生之后,尽快向委员会报告(更多信息详见第8部

分第3条)。

豁免慈善组织可能要向其主管机构提交会计信息。

了解更多关于**慈善组织会计和报告规定的信息。**

收入超过25万英镑的慈善机构以及所有公益公司必须遵照《会计实务建议准则——慈善组织的会计和报告》(以下简称《慈善组织SORP》),准备年度账目和受托人年度报告。

了解更多关于**《慈善组织SORP》**的信息。

上一财政年度收入超过1万英镑的登记慈善组织必须写明其本身是一家登记慈善组织,并有筹款文件和包括支票、收据和发票等在内的资金票据为证。邮件及网址等电子文件也包含在内。此类慈善机构无须写明其登记号码,但写明更好。

5.3 其他法律和规定

根据慈善组织的业务内容、执业地点及成立方式,慈善组织及其受托人可能仍需遵守其他法律和规定。有些法律适用于所有慈善组织,如平等、数据保护和版权法。了解适用于自己慈善组织的法律非常重要,例如,若慈善机构:

- 是一家公司、慈善法人组织或社区互济会(community benefit society);
- 雇用职员;
- 持有或出租房屋;
- 驾驶车辆;
- 提供:
  - 法律、理财或其他监管意见;
  - 住房或住宿;
  - 医疗或护理服务。
- 与儿童或弱势成年人共事;
- 开展符合规定的活动,如筹款;
- 欲享受"捐赠给付"或其他税收优惠;
- 在苏格兰、北爱尔兰或英国之外的地方营业。

委员会不奢求每个受托人都是法律专家。所有受托人应采取合理措施来了解法律和法规要求并熟悉其更新,例如,从委员会或其他渠道获取邮件、阅读相关指引和参加相应培训。慈善组织应该制定相关制度和程序,确保其符合法律要求。

若对某一特定事物感到担忧,受托人可以考虑向一位合适的有资格的人咨询独立意见。

找律师——律师协会。

给小型慈善组织的法律建议——法律工作(LawWorks)。

避免错误:了解规章

若受托人不遵守规章,慈善组织可能会开展超出其目的范围的活动,也可能会不按正确程序行事,或越权行事。因此而做出的行为和决定都是无效的,且最终都应予以矫正。

若受托人不遵守关于受托人人选以及会议安排和开展的规定,往往会导致争议,从而影响慈善组织的有效运转。

---

6. 行事以慈善组织的最大利益为重

受托人必须:

- 做自身及共同受托人(不包括其他任何人)认定的、能最大限度地帮助慈善组织实现其目的的事;
- 与共同受托人做出折中且明智的决定,既要放眼长远,又要立足当下;
- 避免出现自身肩负的慈善组织职责与个人利益或对其他个人或机构的义务相冲突的情形;
- 除得到相应授权且符合慈善组织利益外,不得从慈善组织获取任何利益;且包括任何与受托人有财务往来的人,如合伙人、受供养子女或商业伙伴。

6.1 了解慈善组织的利益

以慈善组织最大利益为重,是指一直坚持做受托人认定的、能够最大程度帮助慈善组织实现其目的的事。而不是为下列利益服务:

- 受托人或慈善组织职员的利益;

- 成员或受益人的个人利益；
- 支持者、资助者或捐赠人的个人利益；
- 慈善组织本身，或为慈善组织谋私利。

有时，受托人需要考虑与**其他慈善组织合作或合并**，甚至投入慈善组织所有资源及**关闭慈善组织**。

6.2 决策

所有受托人对决定慈善组织活动的开展范围、所需资源、资源的获取及使用方式负有最终责任。集体决策是受托人最重要的职责之一。一些决定简单直接，而另一些则比较复杂或影响深远。当受托人在做与慈善组织相关的决定时，必须：

- 在权力范围内行事；
- 秉诚行事，一切以慈善组织利益为重；
- 采纳需要的建议，确保自己知晓足够的信息；
- 考虑知晓的所有相关因素；
- 忽略无关因素；
- 处理利益和忠诚的冲突；
- 做出决定，且所做决定是理性的受托人在此环境下会做出的决定。

受托人在做重大决定时应做记录，以便以后对之进行审核或解释。

了解更多关于**决策的信息**。

避免错误——准备好挑战惯性思维

在做决定时，受托人必须完全从慈善组织利益出发，所以，他们不应让个人偏见或固执影响自己的判断。

受托人必须集体（共同）行动。其职责的一部分就是在做决定时，用批判的眼光客观地审核建议，挑战惯性思维。未经深思熟虑，任何人不应指挥受托人或贯彻某项决定。一味听从其他人意见和决定的受托人是不负责任的。

决定并不一定总要获得一致同意（这取决于规章），但一旦受托人做出决定，就必须要全体遵守，包括那些持反对意见的受托人。若某受托人强烈反对共同受托人的决定，可以要求在会议记录中记录其不同意见。若受托人认为共同受托人的行为违反其义务，则应与主席或共同受托人讨论。若实在感到担忧，可以联系委员会。最后，为了撇清自己与该决定的关系，受托人可能会考虑辞职。

只有在涉及受托人法律职责的问题上，委员会才能给予建议或干涉。但委员会并不能仲裁受托人之间的纠纷。

6.3 处理利益冲突和忠诚冲突

只有避免个人利益与慈善组织最佳利益之间的冲突（或可能的冲突），受托人才能履行以慈善组织利益为重的责任。即承认和解决利益冲突。

利益冲突，是指受托人个人利益会或可能会令受托人无法做出以慈善组织最佳利益为重的决定。例如，若受托人（或与受托人相关的人，如近亲、生意伙伴或公司）：

- 因货物或劳务或以雇员身份从慈善组织收取费用；
- 贷款给慈善组织或向其贷款；
- 所营事业与慈善组织签订了合同；
- 利用慈善组织的服务；
- 与慈善组织有财务往来。

即使受托人未获得任何收益，仍可能有忠诚冲突。例如，当慈善组织与受托人的雇主、朋友、家人或其供职的其他机构（例如，地方政府或慈善机构，或慈善机构的附属交易公司）有业务往来。

这意味着所有受托人：

- 应该认清且必须公布利益冲突；
- 必须避免利益（或忠诚）冲突影响决定；
- 必须记录利益（或忠诚）冲突及其处理方式。

受托人如何避免利益冲突影响其决定取决于具体情况及利益冲突的严重程度。受托人必须遵守其规章中关于利益冲突的规定。若受托人（或与之相关的人）直接或间接获益，应该退出讨论和决策。若无冲突的受托人能够证明忠诚，冲突不涉及任何物质利益，且对慈善组织最佳利益的决策影响很小，可允许涉事受托人参与讨论和决策。公司章程必须赋予慈善公司董事特定的权利来处理上述问题。最严重的利益冲突可能会导致需要获得委员会批准、决定停止进行某项提议,甚至辞去受托人职务。

避免错误 · 处理利益冲突

利益冲突(或忠诚冲突)往往比人们想象的更常见。若受托人的共同受托人似乎与慈善组织有利益冲突,受托人应该说明,而不是借此质疑其诚信。

在决定利益冲突的处理方式时,受托人应该注意放平心态,考虑其他人会怎么看待该受托人的行为。

若利益冲突没有明确或未妥善处理,将会对慈善组织及个人受托人带来消极影响,包括财务费用和信誉受损。由于受托人违反其职责,决策也会受到质疑或存在法律问题。委员会可能要采取管制措施避免慈善组织进一步受害,或处理受托人的不当行为或管理不当。

了解更多关于**利益冲突**的信息。

6.4 受托人的报酬或其他福利

慈善组织通常不能给其受托人支付酬劳。成为一名受托人通常意味着提供志愿服务且分文不取,即自愿原则。但受托人可以收回一部分合理开销,如差旅费和儿童托管费,担任受托人并不意味着只出不进。

上述规定适用于受益于以下事项的受托人(或与受托人有财务往来的人,如其合伙人、受抚养子女或商业伙伴):

- 为慈善组织提供货物或劳务,如建筑工作或专业服务,即使受托人提供的价值或专业服务比其他供应商更好;
- 受雇于慈善组织或慈善组织下属的附属交易公司;
- 以受益人身份从慈善组织获得物质福利;
- 受雇担任受托人;这很少见,并且只有在例外情况下才被批准;
- 与慈善组织存在产权交易(或其他财务交易,如贷款),即自我交易(self-dealing)。

在某些情况下,1 名或多名受托人(或与受托人有财务往来的人)的确从慈善组织获得报酬或其他福利。只有符合以下条件,这种行为才被允许:

- 该福利经规章、慈善法(或其他相关法律)、委员会或法院特别授权,并严格按照特别程序执行;

- 即使该福利经授权,仍需与冲突无关的受托人确认对这一行为的批准确实是为了慈善组织的最佳利益;
- 利益冲突获得以管理。所以在大多数情况下,有利益冲突的受托人不得参与决策,且只有小部分受托人可以获得福利。

了解更多关于**受托人酬劳**的信息。

了解受托人是否需要批准,以及如何申请。

7. 以负责任的态度管理慈善组织资源

受托人行事必须负责、公道、诚实。有时也被称为谨慎义务。谨慎,是指做出正确的判断。受托人必须:

- 确保慈善组织资产仅用于支持或实现其目的;
- 避免使慈善组织的资产、受益人或信誉遭受不必要风险;
- 不让慈善组织承担过多义务;
- 特别注意投资及借贷;
- 遵守资金使用或土地售卖的所有规定。

所有受托人应该落实适当程序及保障措施,并采取合理措施,确保上述程序及保障措施贯彻执行。否则,将会令慈善组织更易遭受诈骗、偷盗或其他滥用行为的侵害,并违反受托人职责。

7.1 风险管理

风险指任何一旦发生就会对慈善组织目的的实现或计划的实施产生影响的事情。所有慈善组织都会面临一定风险。慈善组织可能面临的风险取决于许多因素,如规模、资金及活动。管理财产、雇用职员、利用志愿者、利用 IT 技术、与儿童或弱势成年人共事,或者实施变革等都有风险因素存在。

所有受托人均应该以负责任的态度管理风险。受托人有责任避免慈善组织遭受不合理风险。这并不意味着厌恶风险。风险管理是识别和评估风险,并决定如何应对风险的过程。这可能包括一定负责任的风险承担,且对受托人的决策方式至关重要。

委员会关于风险管理的指引写明了处理风险的基本方法,指引中还包括一套风险管理的模式,具体由以下步骤组成:

- 制定风险对策；
- 识别风险(可能出错的地方)；
- 评估风险(可能性有多大和严重程度)；
- 判断应对措施(如避免、转移、投保或接受风险)；
- 定期检查、监督及评估。

了解更多：

如何管理慈善组织风险；

风险管理协会慈善组织指南；

慈善组织：如何保护包括儿童在内的弱势群体。

有些慈善组织所在区域或开展的活动令其更易受到诸如诈骗、金融犯罪、极端主义或恐怖主义威胁。慈善组织应该评估上述风险并采取相应措施。若须解决这些风险，委员会关于**保护慈善组织不受侵害**的工具包(toolkit)很有帮助。工具包第二章依据以下三个原则，对谨慎义务予以实际指导：

- 了解捐赠人(例如，慈善组织收到大额捐款，尤其是匿名或现金或附条件的捐款)；
- 了解合伙人(若慈善组织依赖合伙人或中介开展工作)；
- 了解受益人(例如，慈善组织直接向个人捐赠现金或给予其他财务支持)。

这些原则将对受托人履行法律职责和管理慈善组织资产及服务所受风险有所帮助。

7.2 预算

所有受托人需清楚慈善组织所需资金和其他资源，以及获取的渠道。只有合理管理资金和其他资源，慈善组织才能顺利达成其目的。受托人需要对慈善组织的收支情况进行计划和监督，这样才能逐步完成短期、中期和长期目的。

了解更多：

管理慈善组织资产和资源；

慈善组织管理、财务和复原力：15个应该问的问题；

慈善组织的资金困难。

7.3 取得慈善组织所需资金（创收）

大多数慈善组织通过以下一种或多种方式获得资金:

- 筹款(寻求捐助、遗赠或补助);
- 交易(出售商品或服务);
- 投资;
- 出租土地或房屋。

事实上,最好“不要把鸡蛋放在同一个篮子里”。受托人有责任决定慈善组织获取资金的方式。受托人应该考虑以下事项:

- 慈善组织需要的资金数额;
- 不同创收方法的成本、收益及风险;
- 慈善组织必须遵守的法律规定,包括筹款规定和商品交易规定;
- 潜在的信誉问题;
- 受托人是否需要建议。

若慈善组织已经在吸收资金,受托人应该确保其创收符合目的,符合法律且不会给慈善组织造成不合理风险。

了解更多:

合法负责的筹款;

筹款机构:筹款实践准则及典范指南(Institute of Fundraising code of fundraising practice and good practice guides);

慈善组织交易:出售商品和服务;

慈善组织资金的投资方式。

慈善组织及其附属交易公司

若慈善组织从事商业(非慈善性质)交易活动,且收益超过缴纳所得税或公司税,或存在巨大风险,则慈善组织需要利用附属交易公司来进行上述活动。

附属交易公司是慈善组织控制的独立公司。慈善组织可以从交易中获利,且不会使其资产遭受风险,也无须缴纳所得税或企业税。

然而,受托人需要注意和管理以下风险:

- 慈善组织是以慈善为目的的,但附属交易公司是以创收为目的。两者的目的和利益不同，受托人应加以区分；

- 若附属交易公司出现亏损，慈善组织不得出面帮其摆脱困境，因为，这会将慈善组织资金置之险地；
- 担任分公司董事的慈善组织受托人存在利益冲突；
- 若慈善组织受托人同时担任附属交易公司的董事，则对受托人薪酬和福利的限制同样适用于董事薪酬和福利。

7.4 管理资金和保证其安全

所有受托人均要对慈善组织资金负责。慈善组织需要建立有效的资金管理流程，避免愚蠢决定和偶发性错误，包括盗窃和诈骗。不这样做就是失职。受托人应该：

- 制定预算并加以记录；
- 落实明确的收支管理政策和程序；
- 确保慈善组织留存准确的收支信息；
- 落实强健有效的**财务控制**；
- 保护慈善组织不受**金融犯罪**侵害，如**盗窃**或**诈骗**；
- 若**慈善组织经营范围在英国之外**，则应对其资金、资产和职员加以妥善保护；
- 制定合适的**准备金政策**；
- 确保慈善组织获得其应有的**税收减免**。

若确实出现问题，受托人应该通知委员会和（在适当情况下）警察。如何处理问题参见本指引第 8 部分。

了解更多：

慈善组织资金：如何保证其安全；

慈善组织：尽职调查（due diligence checks）和监督资金用途。

7.5 管理房地产（土地和房屋）

若慈善组织持有或出租土地或房屋，所有受托人应该：

- 确保该房产登记在慈善组织名下——详见本指引第 11 部分；
- 了解持有房产的条件（know on what terms it's held）；

- 确保该房产被妥善保管和正确使用;
- 确保慈善组织有足够保险。

受托人应该定期检查该房产是否符合慈善组织目的,以及慈善组织出租的用以创收的房产是否还是有利的投资。

关于房产的决定很重要,为了确保所做的决定以公司利益为重,受托人应考虑其可能需要的建议和信息。

大多数慈善组织在需要的时候可以购买、出售或出租土地。在出售或出租土地时,受托人必须尽力为慈善组织获得最有利条件(其所做行为是为了深化慈善组织目的的除外)。因此,所有慈善组织应该(登记慈善组织则必须):

- 在达成出售或7年以上的出租协议之前,从合格的调查人员处获得书面建议,包括评估报告;
- 发布出售或出租公告,调查人员不建议的除外。

此外,在出售或出租时,受托人可能需要获得委员会批准。

慈善组织规章可能规定了土地或房屋必须用于特定用途。

这就是所谓的指定用地(或"特殊用地")。指定用地的出租或出售适用特殊条款。

归慈善组织所有的土地(尤其是指定用地)可能是永久捐赠,这就限制了受托人使用该土地出售收益的方式。

向受托人、与受托人关系密切人员或慈善组织职员出售或出租房产时,必须获得委员会批准。

以慈善组织土地为担保办理按揭或贷款之前,受托人必须获得书面财务建议,并且确保:

- 符合慈善组织目的的活动需要贷款,且贷款用于该活动;
- 贷款条款合理;
- 慈善组织有力偿还该贷款。

否则,受托人将需要获得委员会批准才能办理。

了解更多关于**购买**、**出售**、**出租**或**按揭慈善组织房产**(包括特殊用地和永久捐赠)的信息。

7.6 职员和志愿者

作为对慈善组织全部责任的一部分,受托人对志愿者或职员负有责任。

受托人必须确保：

- 慈善组织遵守相关法律，包括雇佣、养老金、平等、健康及安全等法律；
- 志愿者和职员的责任和权利明显不同，例如，不会要求志愿者固定时间上班，也不会向其支付实际花销以外的款项。

受托人应该确保：

- 通过对职员或志愿者工作和职责进行准确描述，令其清楚自己应做的事；
- 职员或志愿者知晓其工作有关规定和界限，例如，代表慈善组织行事或发言；
- 安全作业；
- 职员或志愿者知道如何处理问题；
- 职员或志愿者清楚需要报告的内容和报告的对象。

所有受托人应该确保慈善组织落实妥善程序和政策、职员和志愿者得到合理培训，并清楚他们必须遵守政策和程序。受托人还需要承担促进受托人、高级职员（若有）、职员和志愿者之间有效合作的重任。

了解更多：

如何管理慈善组织志愿者；

慈善组织职员：如何雇用有偿工人；

慈善组织退休金规则；

退休金［慈善金融集团（Charity Finance Group）指引］。

避免错误：不要过于依赖个人

若受托人过分依赖个人，且没有建立充分的保障措施来确保问责，就容易出问题。这会令慈善组织遭受欺诈或盗窃侵害，或令受益人利益受损。此类事件会给慈善组织信誉及其他方面造成严重损害。

所有慈善组织应该建立妥善的财务管控，保证获取收入及拨发支出的负责人不止一个。以下囊括了所有慈善组织使用的支付手段：支票、现金、信用卡、付款卡、借记卡、预付卡、手机或网上银行或其他电子方式。现金交易会增加风险，所以，尽量在可能的情况下避免现金支付。

若其他人以慈善组织名义筹款,无论其是志愿者还是有偿专业人员,受托人都应该确保其能够有效控制募集的款项。这是为了保证慈善组织收到其应有的所有款项。

了解更多关于**财务管控**的信息。

开展涉及儿童或弱势成年人的受管控活动的慈善组织必须落实有效的防护政策和程序,包括遵守、揭露与禁止服务机构的规定。

了解更多关于**保护弱势群体**的信息。

若出现大问题,受托人立即采取行动进行处理,并将之报告给委员会。更多信息详见本指引第 8.3 部分。

---

8. 合理谨慎且有技巧地行事

作为管理慈善组织的负责人,受托人:

- 必须合理谨慎且有技巧地行事,利用自己的技巧和经验,并在必要时采纳恰当建议;
- 应该为自己的职责投入足够的时间、想法及精力,如准备、出席及积极参与全部受托人会议。

合理谨慎且有技巧地行事有时也被称为注意义务。

8.1 利用自己的技能和经验

作为受托人,必须利用自己的技能和经验来为决策提供参考,并为慈善组织谋福利。例如,《受托人法》(2000 年)规定,受托人必须"在符合当时情况的前提下,运用其技能履行合理的注意义务"。怎样才算符合当时的情况,这取决于受托人拥有的或称其拥有的特殊知识或经验,还取决于受托人是以专家身份还是以雇员身份行事,以及期望该受托人应该了解哪些合理信息。

《受托人法》(2000 年)适用于非法人慈善组织。公司法和慈善法对慈善公司管理者和慈善法人组织受托人规定了相同义务(参见本指引第 11 部分)。此外,所有受托人都有注意义务,且必须适用于自身职责的方方面面。

8.2 需要时采纳建议

受托人应该认识到并承认其有时确实需要建议,这在慈善组织(或其财产)

有危险或者受托人可能会失职时尤为重要,例如,当其:

- 收购或出售土地(在出售慈善组织土地时,大多数慈善组织必须采纳调查人员或其他有资质的人提出的建议);
- 用慈善组织资金进行投资;
- 订立新的、长期的、复杂或高额合同;
- 考虑采取法律行动。

一些大型慈善组织会雇用一名专业顾问为其所用,大多数慈善组织还是选择从外部获取建议。

了解更多:

受托人的决定:慈善组织受托人和决策;

如何用慈善组织资金进行投资;

其他获取帮助和建议的渠道。

8.3 出现问题的应对措施

受托人可以自行解决慈善组织的大部分问题,有时也会需要一些建议。然而,在问题很严重的情况下,委员会可能需要给受托人建议或采取措施来保护慈善组织。

若问题确实出现,受托人应该立即采取妥善措施:

- 避免或最大限度地减少进一步损失或损害;
- 如果有犯罪行为,向委员会、警察及其他有责任的监管部门报告;
- 组织好对职员、志愿者、成员、公众或媒体的说辞;
- 采取适当措施阻止问题再次发生——检查管控和程序,采纳合理建议。

慈善组织受托人应该在发现严重问题(或疑似严重问题)后立即报告委员会。若会导致以下后果或风险,则属严重问题:

- 慈善组织资金或资产的重大损失(如遭诈骗或盗窃);
- 严重损害慈善组织工作、受益人或信誉,包括以下列事项为由提出的怀疑、指控或事件:
  - 虐待弱势受益人;
  - 与恐怖主义或任何“禁止”的组织有关,或由于恐怖主义活动而被

指派的任何个人或实体;

- 其他犯罪行为,如涉嫌利用慈善组织洗钱的行为。

在报告严重事件时,受托人应该提供以下信息:

- 事件内容;
- 风险性质;
- 针对问题所采取的措施以及想要做出的改变。

若有以上问题,委员会可以就此决定妥善的应对措施。受托人必须避免令慈善组织承受不合理风险,且应该采取合理措施对其活动、受益人、财产和信誉的风险进行评估和管理。向委员会报告严重事件时证明受托人正采取妥善有效的措施来处理问题,那么,委员会才能够积极回应公众或媒体的问询。

若受托人未报告某一严重事件,且该事件随后曝光,委员会可能会认为这是管理不当,将对其采取管制措施,尤其是在事件发生后又出现了进一步滥用和损害的情况下。

了解更多:

如何报告慈善组织的严重事件。

8.4 委员会的介入时机

当委员会认为受托人未能履行其对慈善组织的责任时,不论是因为不了解自身职责还是不愿意或不能履行,此时委员会都会介入。

在一些情况下,委员会可能认定,给予受托人关于其职责的建议已经足够。而在一些更严重的情况下,当慈善组织的资产、信誉、服务或受益人受到侵害或面临重大风险时,委员会将召开法定问询,借此:

- 获取及评估证据;
- 利用执行权力保护慈善组织资产或确保其正当使用。

召开法定问询并不意味着委员会怀疑慈善组织有不端行为,这样做的目的是为了阻止滥用或损害,并将慈善组织拉回正轨。

了解更多关于慈善组织如何组织、侦查和打击慈善组织中的滥用和管理不当行为,以及如何促进慈善法实施的信息详见:**打击慈善组织中的滥用和管理不当行为。**

9. 确保慈善组织负责可靠

所有受托人都应该遵守法定会计和报告要求，还应该：

- 能证明慈善组织遵守了法律，运转良好高效；
- 若慈善组织除受托人外还有其他成员，应该确保对成员负责；
- 确保慈善组织内部责任承担，尤其是在受托人将特定任务或决定的责任下放给员工或志愿者的情况下。

9.1 遵守会计规定

所有慈善组织必须建立账目并向任何要求看账的人提供最新账目的副本。（可要求看账人支付合理的成本费用）对于一直未能向提出要求的公众或监管者提供账目副本的慈善组织，委员会会对其进行管制。

慈善组织必须建立的具体账目取决于其是否为公司性质以及其收入水平，豁免慈善组织适用不同规定。了解更多关于**慈善组织的会计和报告规定。**

收入超过25万英镑的慈善组织以及所有慈善公司必须遵照《会计实务建议准则：慈善组织的会计和报告》（Statement of Recommended Practice-Auounting and Reporting by Charities，以下简称《慈善组织SORP》），准备账目和受托人年度报告。

了解更多关于**《慈善组织SORP》。**

所有已登记的慈善组织还必须每年向委员会提供信息。慈善组织的规模和架构不同，则适用的规定也不同：

- 收入达到1万英镑的已登记慈善组织，应该完善周年申报表的相关内容，包括受托人的更新；
- 收入超过10万英镑的已登记慈善组织，以及所有慈善法人组织，必须准备和提交周年申报表；
- 收入超过2.5万英镑的已登记慈善组织，以及所有慈善法人组织，还必须提交受托人年度报告、账目和外部审查报告（审计或独立审核人员报告）的副本。

未能向委员会提交账目和相关文件的慈善组织将构成刑事犯罪，委员会同样会将之视为慈善组织管理不当或失职。提供及时、精准、翔实的财务信息能够帮助资助者、捐赠者、受益人和其他人了解慈善组织及其工作，增进对慈善组织的信任和信心。

在受托人年度报告和账目上签字的受托人代表的是整个受托人团体,因此,所有受托人均对账目负有责任。

了解更多关于**周年申报表**的信息。

慈善组织可能还需向其他监管者报告,例如,当其活动包括提供社会住房、教育或社会关怀时。公司也必须每年向公司注册署提交账目和周年申报表。

9.2 对慈善组织利益相关者负责

重视成员、受益人、支持者和资助者的意见非常重要。根据这些意见作出知情决策,可以提高慈善组织的服务质量。如果慈善组织在受托人之外还有更广的表决成员制度,则其规章应该对成员参与决策的时机进行具体规定,如通过全体大会。

慈善组织应该考虑制定妥当的**投诉处理程序**的益处,并确保其简明易懂。

所有受托人必须确保慈善组织遵纪守法,且应该能够证明其在达成目的时遵纪守法,运转良好高效。若不能证明上述事项,则受托人应该能够说明其解决困难的措施。

利用以下信息来审查慈善组织合规和基本规范可能事半功倍:

- 治理守则,例如,**《有效管理:志愿团体组织守则》**;
- 质量标准,例如,**小型组织实用质量保证体系**,或其他适用于慈善组织的标准;
- 与其他组织进行基准测试(比较和学习);
- 合格顾问做的独立审查。

了解更多关于**公众对慈善组织的信任和信心**。

9.3 受托人和委托

受托人常常将日常活动委托给特定受托人(如主席)、志愿者或职员。许多慈善组织还有权将决策委托给分委员会或高级职员。委托可以帮助受托人提高管理效率,但受托人不能将自己所有的责任全部委托出去,受托人对其职责范围内的所有决策和行为全权负责。

所有受托人必须书面写明委托授权的限制条件，还需落实明确的报告程序，这样才能确保委托授权的妥善行使。这包括职员岗位职责说明，志愿者工作描述，以及委员会职权范围。对委托授权进行定期审查有助于确保授权的妥善管理。

受托人需要考虑和决定不打算委托的决策，高风险和非常规性决策不应委托。职员，尤其是高级职员，通过提供信息和建议，在报告受托人决策的过程中能起到重要作用。

也许有人告知受托人不应干涉日常经营，应该允许职员和志愿者执行其被委托的职责。但是，所有受托人必须能够通过合理监控和报告程序（以及在合理且可能的情况下，进行独立检查）确保委托权利的妥善行使。

在职员和受托人之间建立明确合理的沟通渠道并确保其良好执行非常重要。

避免错误——提出问题（即使是看起来“奇怪”或“愚蠢”的问题）

受托人职责之一是确保相关人员（包括职员、志愿者和受托人）对其职责的履行或慈善组织资源的使用负责。这意味着，要提出与受托人会议相关的尖锐、有挑战性的问题，或者准备好说“我不明白这是什么意思”之类的话。受托人应该及时收到信息，且该信息应该以受托人能理解且实用的格式写明，如果有需要，可以要求进一步解释、培训或不同的表达。例如，所有受托人，不仅是财务主管，应该对慈善组织的财务负责，而且应该能够了解、考虑和评论财务信息。

---

10. 降低责任风险

慈善组织受托人个人对以下主体负责非常少见，但并非不可能：

- 慈善组织，因个人不当行为给慈善组织造成经济损失；
- 向慈善组织索赔的第三方，且慈善组织无力赔偿。

了解可能要承担的责任能够帮助受托人降低风险，从而保护自己和慈善组织。降低风险的举措包括履行本指引写明的职责，以及决定慈善组织是否应该法人化。

10.1 对慈善组织的个人责任

受托人应该对自己给慈善组织造成或协助造成的经济损失负责,这适用于任何类型的慈善组织。

法律通常保护诚实、合理履行对慈善组织责任的受托人。委员会和法庭:

- 若受托人诚实、合理行事,且并未从中获取利益,可免除其责任;
- 很少强制要求无偿受托人为无心之失负责;
- 期望专业身份的委托人或有偿委托人能够达到更高的标准。

从慈善组织收取未经授权的钱款或利益的受托人需要对其负责(如返还钱款或利益),委员会不得免除受托人的此项责任。

行事不诚实、粗心或莽撞的受托人不受法律保护,然而,可以依据慈善组织规章里的赔偿条款、保险,或委员会、法庭的救济对犯下无心之过的受托人进行财务保护。

了解更多:

慈善委员会对因违反信托造成慈善基金被侵占或损失的补偿和收回政策。

10.2 对第三方的责任

有以下情况的,慈善组织或其受托人应该对向其索赔的第三方负责:

- 违反员工条款、条件或权利;
- 未能支付货款或服务费用,或未能履行合同条款;
- 公众在慈善组织经营场所受伤;
- 未能履行员工退休计划。

若慈善组织为法人,则慈善组织本身应该负责赔偿。某些类型的法人机构(公司、慈善法人组织和社区互济会)可以特别限定受托人和成员的责任。

若慈善组织为非法人,则受托人须以个人名义签订合同或其他协议,并负责赔偿。若受托人可以证明自己行事诚实合理,则慈善组织可以为其负责(有些慈善组织还有权补偿受托人无心之过招致的责任)。但若受托人招致的责任价值超出了慈善组织资产的价值,则受托人需要对慈善组织无力承担的部分负责。

了解更多关于慈善组织法律结构的信息,详见本指引第 11 部分。

了解更多:

慈善组织或其受托人的众多责任。

10.3 刑事责任

在某些情况下,慈善组织或其受托人要为慈善组织职员的犯罪行为负责(例如,依据反贿赂法或公司过失杀人法)。

了解更多关于**反贿赂法**的信息(透明国际指引)。

10.4 降低个人责任的风险

为了降低个人责任的风险,受托人应该:

- 确保受托人了解自身职责;
- 确保慈善组织能够履行其财政义务,尤其是在达成合同要约或重大借贷之前;
- 确保慈善组织能够履行其员工养老金计划的义务;
- 定期举行受托人会议,妥善记录会议决策和决策的原因;
- 确保避免利益冲突影响决策;
- 确保与受托人或相关人员达成的交易或给予其的利益是经充分授权的;
- 需要时采纳有资格人员给出的妥善建议;
- 确保慈善组织拥有高效有力的管理和财务管控,包括:
- 保留收支单据和记录:
  - 接受定期财务报告;
  - 按时提交账目。
- 确保慈善组织遵守所有对其适用的法律;
- 思考慈善组织是否需要额外保险或是否应该成为法人组织。

若慈善组织为非法人,那么,雇佣职员或签订其他合同时,受托人应该慎重考虑将慈善组织转变为法人实体。就此,受托人可能需要一些专业建议,尤其与成立法人实体可能造成的养老金责任相关的事宜。

了解更多:

如何管理慈善组织风险;

慈善组织和保险;

将慈善组织转变为公司或慈善法人组织；

慈善组织的养老金规定；

养老金（慈善金融集团指引）。

11. 慈善组织的法律结构及其意义

了解慈善组织的法律结构（如信托机构、协会、慈善法人组织、公司），因为这会影响：

- 慈善组织本身能否签订合同或雇佣职员，还是受托人必须以个人名义进行；
- 土地是由慈善组织还是受托人（或因此被受托人任命的其他人）所有；
- 受托人的责任是否有限；
- 受托人是否有与该法律结构相匹配的特殊法律义务。

11.1 慈善组织的不同法律结构

“法人慈善组织”，是指本身为法人实体的慈善组织，即具有“法律人格”，意味着慈善组织可以自己的名义拥有财产或订立合同。慈善组织的法人化降低了受托人个人承担责任的风险，一些法人设立方式可限制受托人对第三方的责任。法律规定，董事会成员有义务阻止对有限责任的滥用。

“非法人慈善组织”没有法律人格，所以，不得以自身名义持有财产或订立合同，受托人责任也是无限的。

表2总结了不同法律形式的特点及受托人义务。

表2

法律形式或结构	是否是法人（法律人格）	土地所有权归属	合同/雇佣名义	对第三方责任是否有限	受托人是否有附加义务
信托机构	否	慈善组织受托人	受托人个人（为慈善组织）	否	否
协会	否	慈善组织受托人	受托人个人（为慈善组织）	否	否

续表

法律形式或结构	是否是法人(法律人格)	土地所有权归属	合同/雇佣名义	对第三方责任是否有限	受托人是否有附加义务
公司	是	慈善组织	慈善组织	是	公司法
CIO	是	慈善组织	慈善组织	是	慈善法和慈善法人组织条例
根据议会法案成立的公司	是	慈善组织	慈善组织	是,慈善法另有规定的除外	否
依据皇家宪章组建机构	是	慈善组织	慈善组织	成立法人赋予一些保护	否
社区互济会	是	慈善组织	慈善组织	是	合作和社区互济会法案

了解更多:

慈善组织类型:如何选择结构;

经营有限公司:董事的责任;

依据皇家宪章组建的慈善组织。

11.2 非法人慈善组织(信托和非法人协会)——持有土地

依据信托协议、组织制度或类似规章成立的慈善组织无法人地位,这意味着,这类慈善组织本身不是法人,不能以自己的名义持有财产,必须由受托人代慈善组织持有。

若慈善组织受托人不想持有土地或其他财产的法定所有权,他们可以指定一名候选人、持有受托人(其他个人)或监管受托人(有权替慈善组织持有财产的公司或其他法人团体),规章可以解释这么做的方式。

持有受托人和监管受托人并非慈善组织的受托人,他们不能插手慈善组织或其财产管理问题,且必须遵循慈善组织受托人的合法指导。

受托人可能会发现,最简单的就是将土地授权慈善组织的正式托管人保管,了解更多关于**慈善组织土地持有服务的正式托管**。

申请将土地或财产转移给正式托管人。

12. 慈善组织管理人员:主席和财务主管

一些受托人有特殊职责,例如,主席和财务主管,他们也被称为管理人员,必须遵守规章对高级职员的特别规定。受托人可以提名一名受托人负责某一特定事项。

慈善组织管理人员较之其他共同受托人并不自动拥有额外权力或法定义务,但却要履行被委派的特殊任务,承担特定的职责,所有受托人须共同对慈善组织负责。例如,所有受托人均对财务负有责任(而非财务主管一人负责)。只要在符合规章各项条款或经受托人委托授权的情况下,主席才能做决策,并应该将所做决定通知其他受托人。

12.1 财务主管

对于以下事项,受托人委员会通常以财务主管为首:

- 确保慈善组织保存恰当账目;
- 审查慈善组织财务表现;
- 制定或审查财务和投资政策;
- 确保慈善组织落实强健有效的财务管控;
- 与财务专员及慈善组织独立审核员或审计员保持紧密联系;
- 在成员制慈善组织中,向成员报告财务事项。

在大型慈善组织中,财务主管与财务委员会一同承担上述责任,职员执行日常财务工作。

了解更多:

荣誉财务主管论坛。

12.2 主席

主席的职责可能会随着慈善组织的情况而变化,主席通常:

- 帮助计划和组织受托人会议(在成员制慈善组织中,为成员会议);
- 带头确保会议的妥善召集和记录;
- 带头确保受托人履行职责,慈善组织管理良好;
- 若关于受托人决定的投票出现平局,或许要进行第二次投票或自己投决定性一票，但前提是慈善组织规章对此进行了规定；

- 担任慈善组织发言人；
- 负责受托人和职员之间的沟通；
- 代表受托人对主管进行线性管理。

主席指南——慈善组织或非营利性组织主席指引。

13. 术语解释

本部分列明了本指引中的一些法律术语和专门术语。

受益人，是指有资格从慈善组织获益的人或群体。慈善组织的规章通常对其受益人群体有所定义，一些慈善组织会称其受益人为客户或服务用户。

慈善法，是指《慈善法》（2011 年）。本指引所指特殊权力就是以此法为依据。

慈善法人组织或 CIO，特指一种慈善组织成立的法律形式，更多信息详见第 11 部分。

慈善组织，是指依据英格兰及威尔士法律建立的、完全以慈善为目的的组织。

委员会，是指慈善委员会，即英格兰和威尔士慈善组织的监管机构。

社区互济会，是指一种慈善组织成立的法律形式，与有限公司相似。社区互济会在金融行为监理总署登记，且目前属于豁免慈善组织。

免登记慈善组织（excepted charities），无须在委员会登记，也不用提交年度申报表。除此之外，委员会负责对其进行监管，并在必要时任意行使其享有的权力。这仅适用于收入在 10 万英镑以下的特定教会、童军及指引群体（scout and guide groups）和武装力量慈善组织（armed forces charities），了解更多关于**免登记慈善组织**的信息。

豁免慈善组织，无须登记，也可不受委员会直接监管。大部分豁免慈善组织都有不同的监管机构（或“主要监管机构”），豁免慈善组织的受托人与其他慈善组织受托人基本职责相同。了解更多关于**豁免慈善组织**的信息。

规章，是指写明管理慈善组织规则的法律文件，内容包括慈善组织目的及其必要管理方式。形式通常为信托协议、章程、慈善法人组织制度或公司章程。有些慈善组织拥有不同类型的规章，例如，财产转让契约、意愿书、皇家宪章或委员

会方案。**了解更多关于规章的信息。**

重视,并无严格的法律定义,但一般是指“考虑”或“细想”,而非“遵守”。

符合慈善组织的最大利益,是指受托人认为的、能够令慈善组织最大程度达成其公益目的的事情。更多信息详见本指引第6部分。

法人慈善组织,是指以以下形式建立的慈善组织,即公司、慈善法人组织、皇家宪章下属机构、社区互济会或依据议会法案成立的慈善组织。成为法人意味着慈善组织本身为法人身份,可以以自身名义持有财产或订立合同,也可减轻受托人个人责任。

更多信息详见本指引第11部分。

不当行为,包括行为人明知(或应该知道)有罪、违法或不适当的情况下仍做出的行为。

管理不善,包括做以下事:

- 浪费或滥用慈善资源;
- 破坏慈善组织信誉;
- 令受益人陷入险境。

慈善组织的目的,是指其成立的初衷(如缓解贫穷或促进健康)。慈善目的,是指:

- 慈善法列明的13个“目的”之一;
- 为公共利益服务(“公共利益的要求”)。

慈善组织的“目的”是对其目的的书面陈述,其目的必须完全是慈善性质的。

已登记慈善组织,是指在委员会登记的慈善组织。

合资格人员或顾问,是指受托人认为,能够对某一特定事项给予建议的人员,包括专业顾问(如律师、会计和调查人员),也可能包括(例如)慈善组织职员、符合资格的受托人或其他组织的顾问。

受托人,是指慈善组织受托人。慈善组织受托人是负责管理和指导慈善组织的人。慈善组织的规章可能称其为受托人、受托人委员会、管理委员会、管理者、主管或其他名称。无论慈善组织规章如何称呼,慈善法将对慈善组织有最终控制权的人员定义为慈善组织受托人:

- *监管受托人*,是指指定为慈善组织持有财产的公司,其本身不是受托人,但必须遵照慈善组织受托人的相关法律规定行事。

- 持有受托人，是指指定为慈善组织持有财产的个人，其本身不是受托人，但必须遵照慈善组织受托人的相关法律规定以及规章的各项规定行事。
- 非法人慈善组织，是指以信托机构或协会形式建立的慈善组织。非法人，是指慈善组织不具法人资格（因此，不能以自身名义持有财产或订立合同），受托人的个人责任并非有限的。

更多信息详见本指引第 11 部分。

什么是慈善组织

（CC4）

目　录

第一部分 指引内容

本指引中,若出现L标志,则该段包含法律或法规要求。

本指引概述了英格兰和威尔士法律对慈善组织的定义。

若受托人正考虑在英格兰和威尔士地区建立或登记慈善组织,则应参考本指引。

若是现有慈善组织的受托人,且欲变更慈善组织目的,则应参考本指引。

法律对慈善组织的定义

L 要成为英格兰和威尔士地区的慈善组织,必须满足慈善法对慈善组织的定义。

根据慈善法,慈善组织是:

- 仅以慈善为目的建立的机构(参见本指引第二部分);
- 受高等法院对慈善组织的管辖权约束(参见本指引第五部分)。

“必须”和“应该”的含义

本指引中,在使用“**必须**”时,是指影响受托人或慈善组织的详细法律或法规要求,受托人必须遵守这些要求。为了使读者更好地辨别含有法律或法规要求的段落,此类段落旁边都标有L标志。

对委员会认为是良好实践的,会使用“**应该**”一词,且并没有详细法律要求对之进行规定。除非理由充分,否则,受托人应当以良好实践为指导。

委员会还为受托人提供不太正式的意见和建议,帮助其管理慈善组织。

第二部分 慈善目的

目的

“目的”,是指慈善组织成立的初衷。

慈善组织规章(创立慈善组织且规定其运营方式的法律文件)的“目的条

款”中往往写明了其目的。

L 要成为慈善组织，必须仅以慈善为目的，不能同时以慈善事项和非慈善事项为目的。

慈善目的

L“慈善目的”（根据慈善法的定义）必须符合以下条件：

- 符合慈善法对目的的描述（见本指引第三部分）；以及
- 属公益性质——“公共利益的要求”（见本指引第四部分）。

L 具有慈善性质的目的必须符合上述两个条件，如有必要，目的必须明确，可以让法庭执行。

以下情况可能造成目的不明确：

- 规章中关于目的的表达措辞不准确；或
- 该目的的范围和意义不明；

若目的本身缺乏准确性，则不能成为慈善目的，因为会导致以下情况不明，即

- 是否符合一种或多种对目的的描述；或
- 是否是为公共利益服务。

不能成为慈善目的的情形

若有以下情况，则慈善组织的目的不具有慈善性质：

- 不符合对慈善目的的描述且不是为公共利益服务，包括以下情况：
  - 政治目的——见附件二；
  - 不合法或违背国家政策；
  - 意图为非慈善性质目的服务。

法律是如何界定慈善目的的

关于法律如何界定慈善目的的进一步指引参见附件三。

国际性慈善组织

L 根据英格兰和威尔士法律规定，慈善组织目的不得违法。

英格兰和威尔士法律并非通用法律，各国法律不尽相同。这意味着，英格兰和威尔士地区登记的慈善组织，其目的在其他国家可能不具法律效力。

一般情况下，若在英格兰和威尔士被认定为慈善目的，则英格兰和威尔士登记的慈善组织在其他国家开展相同活动，也将被视为具有慈善性质。

同样，若在英格兰和威尔士被认定为不利或有害，则英格兰和威尔士登记的慈善组织在其他国家开展相同活动，也将被视为不利或有害。

了解更多相关信息，参见《**国际性慈善组织**》。

第三部分 “目的描述”

《慈善法》列举了 13 项“目的描述”。

L“目的描述”，是指一系列对慈善目的需要满足的条件的分类总结。

每项描述都对应一个大标题，而不同的慈善目的必须符合这一标题下的规定。

将每项描述下的各目的综合起来讲，目的描述涵盖了所有英格兰和威尔士认定或可能认定的具有慈善性质的事项。

13 项目的描述

慈善法列明的 13 项目的描述为：

（a）预防或救济贫穷；

（b）促进教育；

（c）促进宗教；

（d）促进健康或挽救生命；

（e）促进公民权利和义务或社会发展；

（f）促进艺术、文化、传统或科学；

（g）促进群众体育；

（h）促进人权、冲突解决或推进宗教或种族和谐、平等和多样性；

(i)促进环境保护或改善；

(j)救济有需要的人，救济事由为年幼、垂暮、健康不佳、残疾、财政困难或其他困难；

(k)促进动物福利；

(l)促进皇家武装部队、警察、消防或急救服务的效率；

(m)当下被认定为具有慈善性质的，或与第(a)项至第(l)项中被英格兰和威尔士法律承认的慈善目的类似或符合其精神的其他目的。

慈善法并未定义每一目的描述的具体意义。然而，其确实对一些描述进行了定义或部分定义。参见附件四。

L 若目的描述中使用的术语在英格兰和威尔士法律中具有特殊含义，则其在目的描述中应具有相同含义。

了解更多关于每一描述的意义及符合其要求的各种目的的信息，参见**《慈善目的指引》**。

利用描述中的表述作为慈善目的

若目的描述中的表述明确了以下情况，则慈善组织可以将之作为其目的：

- 其要促进的目的明显具有慈善性质，且为公共利益服务；
- 该目的的达成形式（如"通过某种方式救济贫穷"）。

在某些情况下，目的描述中的表述可能不止有一种含义，且不是所有含义都属于慈善性质或能够为公共利益服务。

在这种情况下，委员会会告知该表示能否作为慈善组织目的，或是否应当对之加以明确。

确定慈善组织目的是否"符合"目的描述

通过考察以下事项，委员会可以确定慈善组织目的是否"符合"某项目的描述：

- 法庭或慈善委员会是否承认慈善组织目的符合：
  - 相关判例法或相关判例法的衍生原则；
  - 慈善法中的描述定义。

新增或新颖的目的

有时某一目的是否符合目的描述并不明显,如其为新增或新颖的目的时。委员会将视具体情况,告知慈善组织其目的是否存在问题。

第四部分 “公共利益的要求”

L“公共利益的要求”,是指慈善法中的这一规定,即“慈善目的”必须“为公共利益服务”。

公共利益包括两个方面:

- “利益方面”;
- “公共方面”。

“利益方面”

公共利益的“利益方面”指的是目的的有益性。

L 要满足公共利益的“利益方面”:

- 目的必须是有益的;
- 目的造成的不利或损害不得超过其利益。

“公众方面”

公共利益的“公共方面”是指目的的受益者。

L 要满足公共利益的“公共方面”:

- 要为一般公众,或一部分公众造福;
- 不能掺杂过多附加个人利益。

公共利益的要求指引

L 总之,“为公共利益服务”的目的必须同时满足“利益”和“公共”两个方面。

然而,若目的是减轻或预防贫穷,则适用不同规则。

了解更多关于公共利益要求指引(包括济贫慈善组织适用的不同规则)的信

息，参见**《公共利益：公共利益的要求》**（PB1）。

第五部分　高等法院对慈善组织的管辖权

慈善组织必须遵守高等法院对慈善组织的管辖权。

这意味着，法院必须有决定慈善组织管理和目的的权力。

若慈善组织归其他国家管辖，包括苏格兰、北爱尔兰、英国属地马恩岛或海峡群岛，则不可成为英格兰和威尔士地区的慈善组织。

若慈善组织规章并未指明其符合高等法院对慈善组织的管辖权，委员会将告知该慈善组织。

以下事项可以指明慈善组织是否符合高等法院对慈善组织的管辖权：

- 规章适用英格兰和威尔士的法律进行管理；
- 大多数受托人居住地为英格兰和威尔士；
- 慈善组织大部分财产位于英格兰和威尔士；
- 慈善组织管理中心在英格兰和威尔士。

不受外部控制

慈善组织必须不受外部控制，以防阻碍高等法院对慈善组织的管辖。

第六部分　补 充 信 息

本部分提供了与本指引有关以及受托人可能感兴趣的其他指引的链接。

委员会的公共利益指引包括以下：

- **《公共利益：公共利益要求》**（PB1）；

这一指引阐释了这一法律要求，即慈善组织目的必须为公共利益服务，即“公共利益的要求”。

- **《公共利益：慈善组织的运营》**（PB2）；

这一指引阐释了慈善组织运营中的公共利益。

- **《公共利益：报告》**（PB3）；

这一指引阐释了受托人的报告责任，即在受托人年度报告中说明其如何实现慈善组织的公共利益目的。

委员会的公共利益指引不包括以下：

- **《公共利益：概述》**

本指引概述了慈善委员会关于公共利益的指引。阐述了：

- 了解公共利益如何帮助慈善组织受托人；
- 受托人“重视”委员会公共利益指引的义务；
- 了解公共利益相关法律的几个要点。

- **《公共利益相关法律分析》**

想要了解更多关于本指引法律依据的受托人可能会对该法律分析感兴趣。

- **《建立慈善组织》**

慈善组织设立和登记总则。

- **《畅言：慈善组织竞选和参与政治活动的指引》**(CC9)

本出版物对想要参与竞选和政治活动的慈善组织的法律和规章制度给予指引。

附件一　术　　语

以下为本指引中使用的术语，且应当被视为拥有以下特定意义：

慈善法：《慈善法》(2011年)。

慈善组织受托人：负责慈善组织的管理，被称为受托人、主管、董事会成员、管理者或委员会成员。慈善组织受托人负责慈善组织的总体监管。

规章：写明慈善组织目的及管理方式的法律文件，可能是信托协议、章程、公司章程、意愿书、转易契、皇家宪章、委员会方案或其他正式文件。

高等法院：在英格兰和威尔士拥有无限民事管辖权的主要民事法院，由3个部门组成：英国高等法院、大法官法庭和家庭事务部。

目的：慈善组织的“目的”是对其目的的陈述。通常写明在慈善组织规章的“目的条款”中。然而，并不是所有慈善组织的目的条款都包含目的条款。

通常情况下，慈善组织的目的条款与其目的一致，但有时却存在细微的区别，例如：

- 目的条款并未充分或完全说明慈善组织的目的；
- 该条款包含的内容不仅是目的，还包括权力等事项。

L 公共利益的要求：一项法律规定，即慈善组织的目的必须是为公共利益服务。

目的和慈善目的：用“**目的**”时，是指单个组织的目的，慈善组织的目的列明了其成立的初衷。

L “**慈善目的**”则必须符合慈善法中的某项目的描述，且为公共利益服务。这一点必须强调。

法院：裁判所、上级裁判所和普通法院的统称。

裁判所：慈善法附件 6 写明，初级裁判所（慈善组织）是对慈善委员会决定提出上诉的一级受理法院。

高级级裁判所：慈善法附件 6 写明，上级裁判所（税收和大法官裁判庭）是对慈善委员会决定提出上诉的二级受理法院。

附件二　政治目的

慈善目的不得带有“政治性”

L 在慈善法中，“政治目的”不能成为慈善目的。这意味着有“政治目的”的组织不能成为慈善组织。

然而，若“政治活动”可以帮助或支持慈善目的的达成，则慈善组织可以开展该活动。

若开展非政治性宣传活动仅是一种深化慈善目的的手段，则慈善组织也可以开展该活动。

了解更多相关信息，参见《**畅言：慈善组织竞选和参与政治活动的指引**》（CC9）。

何为“政治”目的

在慈善法中，“政治目的”不仅指和党派政治有关的目的。

当使用“政治目的”一词时，是指慈善法所认定的“政治目的”，即无论在国

内还是国外,凡以以下事项为目的的,都是“政治目的”:

- 扩大某一特定政党的利益;
- 赞成或反对变革法律,无论在英国还是其他地方;
- 赞成或反对改变中央、地方及其他公共机构的政策或决定,无论在英国还是其他地方;

一些想要登记成为慈善组织的组织并不认为自己是“政治”组织,但慈善法可能认定其目的具有“政治性”。

决定某一组织的目的是否具有“政治性”

决定某一组织的目的是否具有“政治性”的步骤与决定目的慈善性的步骤并无区别。

诀窍就在于决定:

- 其目的是什么;
- 开展政治活动的原因。

评估该组织开展了**多少**政治活动远远不够。

在决定某一组织开展政治活动是为了深化慈善目的还是其目的本身就有政治性时,需要考虑多种因素。

要考虑某组织开展的政治活动是否:

- 是该组织工作的一部分;
- 体现该组织存在的价值;
- 是一个“独立的”目的,且本身就是一切,与该组织完成其慈善目的没有任何直接或间接关系;
- 是慈善组织全部或持续的活动。

关于某组织目的是否具有政治性,委员会会进行通知。

“政治目的”不能成为慈善目的的原因

L “慈善目的”必须“为公共利益服务”。

法院认为,不应由其来决定“政治目的”是否是为公共利益服务(以及其是否具有慈善性),原因如下:

• 法院无从判断对政党的法律或政策，或政府、地方政府和其他公共机构的政策或决定提议的变更是否会为公共利益服务；

• 应由议会而不是法院决定国家政策和法律的变更；

• 在提议变更外国法律或政策时，法院不得对英国和外国的关系存在偏见，认为其他国家的法律或政策需要改变或保留。

附件三　法律如何定义慈善目的

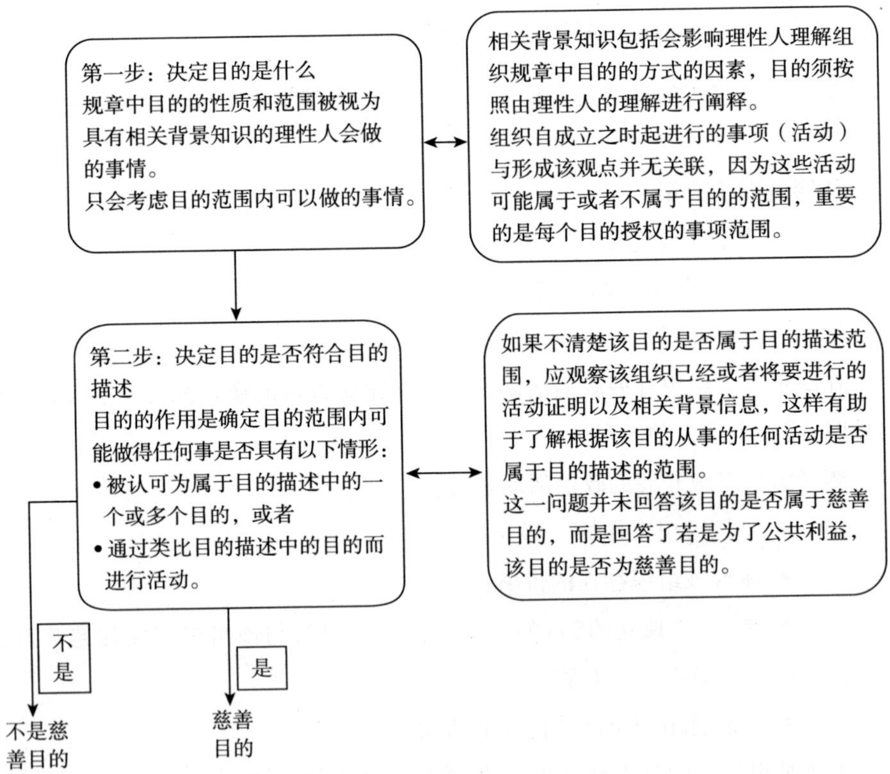

附件四　慈善法中的定义

第一部分

“慈善组织”和“慈善目的”的含义

第一章
总　则

3(1)

(m)任何符合以下情况的其他目的:

(i)根据第5部分(休闲娱乐和类似信托)或旧有法律规定,不包含在第(a)款至第(i)款中但被认定为慈善目的的;

(ii)被合理认定为与第(a)款至第(l)款或第(i)分款中的目的类似或符合其精神的;或

(iii)根据英格兰和威尔士慈善组织相关法律规定,被合理认定为与(ii)分款或本分款中的目的类似或符合其精神的。

3(2) 在(1)分条中——

(a)在(c)款中,"宗教"包括:

(i)信仰一个以上神祇的宗教;以及

(ii)不信仰神祇的宗教。

(b)在(d)款中,"促进健康"包括预防和缓解疾病和痛苦;

(c)(e)款包括:

(i)农村或城市革新;

(ii)促进公民责任、志愿活动、志愿部门或慈善组织的效益和效率。

(d)(g)款中,"体育",是指需要一定身体和精神技能来促进健康的体育活动或比赛。

(e)(j)款包含对向该段中提及的人员提供食宿或医疗的救济。

(f)(l)款中,"消防服务",是指根据《消防法》(2004年)第2部分规定的消防部门提供的服务。

3(3)若根据英格兰和威尔士关于慈善组织的法律,第1分条第a款至第l款,或第2分条中的术语有特定含义,则该术语应按规定的意义理解。

3(4)在第(1)分条第(m)款第(i)分款中,"旧用法律",是指英格兰和威尔士在2008年4月1日前生效的与慈善组织相关的法律。

案例研究：机构名称
（CC7）

Royal National Lifeboat Institute 英国皇家救生艇学会

Macmillan Cancer Relief 麦克米兰癌症关怀团体

Salvation Army 救世军

People's Dispensary for Sick Animals 英国人民兽医药房

Wood Green Animal Shelter 伍德格林动物收容所

Oxfam 牛津饥荒救济委员会

Barnardo's 巴纳德儿童慈善团体

Imperial Cancer Research Fund 英国帝国癌症研究基金会

Royal British Legion 英国皇家退伍军人协会

Marie Curie Cancer Care 玛丽·居里癌症关爱中心

Royal National Institute for the Deaf 皇家国立聋人研究所

Multiple Sclerosis Society 多发性硬化症协会

St Peter's Hospice Limited 圣彼得临终关怀中心

Charitable Trusts for the United Bristol Hospitals 布里斯托尔联合医院慈善信托

Help the Aged 助老会

Cancer Research UK 英国癌症研究中心

Royal Society for the Protection of Birds 皇家鸟类保护学会

Lincolnshire Wildlife Trust 林肯郡野生动物信托

Guild of Health 健康协会

Edward Wilson Memorial Fund of the Scot Polar Research Unit 斯科特极地研究所爱德华·威尔逊纪念基金

Woodland Trust 林地信托

Shrewsbury Roman Catholic Diocesan Trust 什鲁斯伯里天主教教区信托

Moorfields Eye Hospital NHS Trust 莫菲尔眼科医院 NHS 信托

Moorfields Eye Hospital Development Fund 莫菲尔眼科医院发展基金

East of England Agricultural Society 英格兰东部农业协会

Gurkha Welfare Trust 廓尔喀福利信托

Sight Savers International 视觉救助者

John Grooms Association for Disabled People 约翰·格鲁姆斯残疾人协会

International Glaucoma Association 国际青光眼协会

Friends of the Earth Trust 地球之友信托

Haringey Meeting Room Trust 哈林盖会议室信托

South Atlantic Fund 南大西洋信托

Royal Naval Benevolent Fund 皇家海军慈善基金

King George's Fund for Sailors 乔治国王水手基金

Army Benevolent Fund 陆军慈善基金

RC diocese of Portsmouth 朴茨茅斯天主教教区

Portsmouth RC Diocesan Trust 朴茨茅斯天主教教区信托

Carstairs Countryside Trust 卡斯泰尔斯农村信托

Donkey Sanctuary 毛驴庇护所

National Trust 国民托管组织

Bequest of Grace Hudson 格雷斯·哈德逊遗赠

案例研究:慈善组织的恩恤补偿
(CC7)

时常会出现在法律上,慈善组织受托人有权获得某一财产,但在道德上,受托人认为其他人更应拥有该财产的情况。这种情况非常棘手,因为,原则上受托人应该完全以慈善组织的最佳(经济)利益行事。

背景

过去,受托人在支付其道德上有义务支付的款项时,需要获得首席检察官的批准。如今,慈善委员会也有授权此类支付的权力。根据《慈善法》(2011 年)第 106 条[即《慈善法》(1993 年)第 27 条],在慈善组织受托人认为其在道德上有义务但无权力付款(或放弃财产权利)的情况下,委员会可以予以授权,这种付款即为恩恤补偿。更多恩恤补偿及其授权程序的相关信息,详见指引**《恩恤补偿》**(CC7)。

经首席检察官同意,为体现公开透明原则,便于潜在申请人了解成功申请的基础,委员会决定公布其根据《慈善法》第 106 条授权付款的详细案例。案例中出现的个人已匿名。

一般而言,若恩恤补偿的授权申请未使委员会决定签发授权指令,这是因为,委员会认为受托人有权在其不干预的情况下执行该付款。在通常情况下,只有申请人的请求具有法律依据,受托人才能进行付款。然而,还存在一种情况,即理性受托人合理行使其自由裁量权,得出其在道德上有付款责任的结论,而委员会不认可该结论。

例如,慈善组织通过遗嘱获得某一财产,而另一人则称遗嘱人在去世之前已将该财产交付于他,但无确凿证据。受托人认定索赔人提供的证据并不可信且其在法律上无义务让与该财产,但仍根据第 106 条向委员会提出申请,请求委员会授权其赔偿该索赔人。然而,他们证明自己有道德义务的证据同时也是证明该索赔权可信的证据。受托人必须在证据的基础上考量自身是否有道德义务,若现有证据不足,则其不能称自己有道德义务。第 106 条也不是“最轻松的选择”。

在另一种情况下,问题在于是否应该根据第 106 条的规定对受托人为慈善组织所做工作予以恩恤补偿。受托人在判断该工作是否在其职责范围内时,已经明确知晓慈善组织规章禁止受托人受薪的规定,且清楚对其付款需要获得委员会的授权,委员会可以拒绝进行必要授权。但受托人当时已经完成了该项工作,随后其他受托人根据第106条要求批准对该受托人的付款。委员会认为,这种情况下,慈善组织对该受托人没有任何道德上的付款义务。所有受托人都清楚,任何付款承诺或要求都是有条件的,都需经过委员会授权。而该受托人明知进行此类工作需要自担风险,因此,根据第106条的规定,委员会拒绝批准。事实上,委员会一致认为批准付款的依据不尽相同。其认为,在任何情况下,法庭批准付款的依据都是公平的,有时称为“公平补贴”(equitable allowance),并建议受托人以此为恩恤补偿之依据。

案例

1. 1999年A小姐通过遗嘱将其遗产剩余部分赠与三家慈善组织。2001年5月1日,她要求更改遗嘱,即给予每家慈善组织1000英镑。但在正式将遗嘱修改意见附于遗嘱之前,A小姐就意外离世。

委员会批准授予3家慈善组织各1000英镑的恩恤补偿,这3家分别为英国皇家救生艇学会(Royal National Lifeboat Institute)、英国皇家马斯登慈善医院(Royal Marsden Hospital Charity)和麦克米兰癌症关怀团体(Macmillan Cancer Relief)。

2. 1995年B女士通过遗嘱将其遗产剩余部分赠与救世军(Salvation Army)。在住院观察期间,她通知其侄女及其他家庭成员,有意将其活动房屋赠与侄女。在此意愿生效之前,B女士就意外离世,其遗产总额价值80,000英镑。

委员会批准救世军将该活动房屋(价值35,000英镑)交于B女士的侄女。

3. 1984年C小姐通过遗嘱将其房屋赠与一名毕生挚友,同时,将其部分遗产赠与英国病患动物诊疗所(People's Dispensary for Sick Animals,PDSA)(赠与遗产总价值7784.73英镑)。1991年,她出售其房屋并买入老年公寓的租赁权益。有证据显示,她有意将该租赁权益给予友人(并且认为这是其遗嘱的默示内容)。

委员会批准PDSA向该友人支付土地租赁权益的价款,共2272.73英镑。

4. 1989年D女士通过遗嘱赠与伍德格林动物收容所(Wood Green Animal Shelter)5000英镑。2001年她写信给其遗嘱执行人,指示仅给予该慈善组织1000英镑,并赠与其他5家慈善组织各1000英镑。由于未按规定办理手续,所以，该信件不具有更改遗嘱之效力。

委员会批准该慈善组织放弃4000英镑的遗赠。

5. 2000年E小姐通过遗嘱将其遗产剩余部分赠与三家慈善组织。2004年1月20日她电话通知律师，要求修改遗嘱，从遗产中另立两份遗赠，价值均为10,000英镑。她向律师发送一份遗嘱副本，写明自己的修改意愿。E小姐于同年1月22日收到更改后的遗嘱，但还未来得及签署就于1月26日离世。

委员会批准救世军、牛津饥荒救济委员会(Oxfam)和巴纳德儿童慈善团体(Barnardo's)放弃20,000英镑的遗赠。

6. 1999年F女士通过遗嘱将其遗产剩余部分赠与两家慈善组织。2003年12月10日，她电话通知律师，要求修改遗嘱，将两项遗产各增加15,000英镑和10,000英镑。由于身体抱恙，她取消了与律师的约会，并在二次约会之前离世。

委员会批准英国皇家癌症研究基金会(Imperial Cancer Research Fund)和英国皇家退伍军人协会(Royal British Legion)各放弃12,500英镑的遗产。

7. 1993年G女士通过遗嘱将其遗产剩余部分赠与四家慈善组织。在整理房产时，其侄女发现一张短笺，该短笺是由G女士于2002年书写并签字的，指明其侄女应得30,000英镑的遗产，而不是遗嘱中的10,000英镑。

委员会批准以下四家慈善组织：玛丽·居里癌症关爱中心(Marie Curie Cancer Care)、英国病患动物诊疗所(People's Dispensary for Sick Animals)、皇家国立聋人研究所(Royal National Institute for the Deaf)和多发性硬化症协会(Multiple Sclerosis Society)放弃部分权利，总值为20,000英镑。

8. 1999年H小姐通过遗嘱留下一些遗产，并将遗产剩余部分赠与六家慈善组织。2003年10月18日她签订了一份名为遗嘱变更书的文件，增加遗产的项目和数额。由于未按规定办理手续，该文件不具法律效力。同年10月31日H小姐离世。

委员会批准玛丽·居里癌症关爱中心(Marie Curie Cancer Care)、救世军(Salvation Army)、英国病患动物诊疗所(People's Dispensary for Sick Animals)、英国皇家救生艇学会(Royal National Lifeboat Institute)、圣彼得临终关怀中心(St Peter's Hospice Limited)和布里斯托尔联合医

院慈善信托(Charitable Trusts for the United Bristol Hospitals)各支付 2250 英镑的恩恤补偿。

9. 1996 年 I 女士通过遗嘱将其房屋赠与助老会(Help the Aged)。2002 年 11 月 3 日她作出书面指示,要求更改遗嘱,撤销赠与。在指示执行之前,I 女士于 2002 年 11 月 19 日离世。

委员会批准慈善组织放弃该房屋(价值约为 240,000 英镑)。

10. 1987 年 10 月 2 日 J 先生通过遗嘱将其遗产剩余部分赠与两家慈善组织,并根据一份未经签字的遗愿备忘录,废除了遗嘱中对两项遗产的限制条件(每项为 2000 英镑),同时增加了 3 项遗产(每项为 1000 英镑)。该备忘录无法律效力。

委员会批准英国癌症研究中心(Cancer Research UK)和玛丽·居里癌症关爱中心(Marie Curie Cancer Care)各放弃 3500 英镑的遗产。

11. K 先生离世前不久,因其身体状况不允许,表明愿意将其汽车赠与家族朋友的女儿。但受赠者不愿意在 K 先生还活着时就接手该汽车。K 先生意外离世后,该车被遗嘱执行人出售。

委员会批准皇家鸟类保护学会(Royal Society for the Protection of Birds)向 K 先生朋友的女儿支付该车的价款,共 11,000 英镑。

12. L 先生通过遗嘱将其田地赠与两人,将遗产剩余部分赠与一家慈善组织。离世之前 L 先生已神志不清,其财产管理人将田地出售,因此赠与不成立。

委员会批准林肯郡野生动物信托(Lincolnshire Wildlife Trust)向两名受赠人支付与其应继承田地价值相当的款项(分别为 10,000 英镑和 13,500 英镑)。

13. 委员会被要求授权健康协会(Guild of Health)向斯科特极地研究所爱德华·威尔逊纪念基金(Edward Wilson Memorial Fund of the Scot Polar Research Unit)转款,金额为 100,000 英镑。争议在于,一些最初的捐赠者错误地认为,此举有一个共同的目标,即为纪念威尔逊博士并推进健康协会的工作。这种误解长期存在,且之前的受托人对威尔逊家族的评论也表明,受托人同样认为自己在道德上对该家族有补偿义务。

委员会批准该金额的转款。

14. M 先生将其 1/6 的剩余遗产赠与救世军。经法定声明,其侄子称遗嘱人在离世前5个月曾给他两张国民储蓄存单。但在其叔父离世之前,并未使之生效,因此在其叔父离世之后,上述存单难以生效。

委员会批准该慈善组织放弃上述存单的价值,总计4441.74英镑。

15. N先生通过遗嘱赠与姐姐10,000英镑,而姐姐先离世。另一位姐姐提供的证据显示,N先生曾说明,若姐姐先行离世,则上述遗产由其子女继承。

委员会批准英国皇家救生艇协会放弃该10,000英镑。

16. O先生在苏格兰订立了一份遗嘱,约定将1/6的遗产剩余部分赠与林地信托(Woodland Trust)。随后,他迁居英格兰,并订立了一份遗嘱附录,额外增加了遗产和受赠人数量。由于仅有一名证人,所以根据英格兰法律,该遗嘱附录无效(尽管根据苏格兰法律该附录有效)。

为使该附录生效,委员会批准该慈善组织支付3567英镑。

17. P女士通过遗嘱赠与侄子5000英镑。在侄子的第一个孩子出生之后,她咨询了非正式的法律建议,并被错误地告知,若侄子先于其离世,则该遗赠将由侄子的第一个孩子继承。而她的侄子就在第二个孩子即将出生之前离世了。

委员会批准什鲁斯伯里天主教教区信托(Shrewsbury Roman Catholic Diocesan Trust)为两个孩子设立5000英镑的信托。

18. Q先生通过遗嘱将其全部资产赠与莫菲尔眼科医院国民医疗服务信托(Moorfields Eye Hospital NHS Trust),该机构将这笔钱转给一家名为莫菲尔眼科医院发展基金(Moorfields Eye Hospital Development Fund)的慈善组织。其离世后的遗物中有一个信封,里面装有11,000英镑的现金,且信封上有两个手写的名字。一位亲戚证明,Q先生有意愿将这部分钱赠与这两人且很可能没有意识到这部分现金也是其资产的一部分。

委员会批准该慈善组织向信封上写明的两人各支付5500英镑。

19. R先生在逝世前几年曾订立了一份遗嘱,将其大部分财产留给子女(作为特定遗产),一部分剩余遗产赠与慈善组织。多年来,其财富大幅增加,导致其原立遗嘱无法反映其初衷。他不止一次想要为了子女修改遗嘱,且证据显示如果没有英年早逝,他一定会有新安排。还有强有力的证据显示,R先生有意帮助一位长期员工购买房子。

委员会批准英格兰东部农业协会(East of England Agricultural Society)向3个孩子支付总计218,000英镑以及向该员工支付30,000

英镑。

20. 1994 年 S 先生通过遗嘱将其剩余财产赠与廓尔喀福利信托(Gurkha Welfare Trust)。该信托机构非正式地同意将这笔款项用于援助尼泊尔的一家孤儿院。该孤儿院是由 S 先生建立并经营,为廓尔喀族的孤儿以及其他尼泊尔公民提供住宿。S 先生离世后,该孤儿院不再为任何廓尔喀族的孩子提供住所且信托机构也无力负担。S 先生与信托机构达成的协议并不构成强制性秘密信托,信托机构为了该孤儿院的利益,向委员会申请转移剩余财产(价值约为 97,000 英镑)。

委员会批准廓尔喀福利信托机构转移该价值约为 97,000 英镑的剩余财产,目的是保障孤儿院的利益。

21. T 先生将其遗产剩余部分赠与玛丽·居里癌症关爱中心(Marie Curie Cancer Care)。在其最后一次缠绵病榻期间,他曾不止一次对其侄女提到想要修改遗嘱,给予自其夫人逝世之后一直陪伴他的三位邻居各 1000 英镑的遗赠。然而,年迈体弱和心脏的问题让他难以对遗嘱进行修改。

委员会批准慈善组织向每位邻居支付 1000 英镑。

22. 1998 年 U 女士通过遗嘱将其遗产剩余部分赠与英国病患动物诊疗所(People's Dispensary for Sick Animals)。2004 年夏天,她曾多次跟侄子提及想在遗嘱中赠与一位身份为合格护士的邻居 2000 英镑,作为对其给予帮助和支持的认可。她联系了律师,但随后因为身体状况不佳,修改遗嘱不得不暂时搁置。U 女士的病情并未好转,于 2004 年 9 月离世,其修改遗嘱之意愿也未能生效。

委员会批准 PDSA 向该邻居支付 2000 英镑。

23. 1997 年 V 女士通过遗嘱将其财产留给女儿,若女儿比她先离世,则女婿获得房屋,四个孩子获得遗产剩余部分。2002 年该房屋被出售,V 女士搬进敬老院。2003 年 1 月她指明要订立新遗嘱,根据新遗嘱,若女儿比她先离世,则女婿获得其遗产剩余部分,若女婿比她先离世,则四个孩子中的其中三个获得遗产剩余部分。尽管律师有提醒过她,但 V 女士并没有签署该遗嘱。2003 年 6 月她的女儿自杀。然而,当时的 V 女士因病已无遗嘱能力,且最终病逝。有独立证据证明 V 女士期望由其女婿继承其遗产。

委员会批准国际视觉救助组织(Sight Savers International)、约翰·格鲁姆斯残疾人协会(John Grooms Association for Disabled People)和

国际青光眼协会(International Glaucoma Association)各自放弃一半的权益，将其归于V女士的女婿(每家慈善组织约22,500英镑)。

24. 1998年4月30日W女士通过遗嘱将其遗产剩余部分赠与哈林盖会议室信托(Haringey Meeting Room Trust)。2002年9月应W女士的要求，一位亲戚重新起草了一份新遗嘱，将一些遗产分给个人，剩余部分赠与另一家慈善组织。2003年2月1日为规定一项附加遗赠，又对之进行了修改。然而，同年2月3日W女士严重中风，未签署该遗嘱。该亲戚(同时也是遗嘱改写的受益人之一)通过法定声明的方式提供了证据。

委员会批准该慈善组织放弃所有该遗嘱项下的权利，总价超过166,000英镑。

25. X女士通过遗嘱将其遗产剩余部分赠与地球之友信托(Friends of the Earth Trust)。为X女士准备的短笺可以证明，在其意外离世之前，她期望能够支付其他指定慈善组织相应款项，但由于其丈夫的遗嘱认证尚未完成，她无法获得资金，继而无法支付。2004年8月11日遗嘱认证完成，2004年8月28日，X女士因突发急病离世。

委员会批准地球之友信托向每一指定慈善组织支付5000英镑。

26. Y女士通过遗嘱将其房屋赠与4名受益人。由于Y女士中风(致使其生活无法自理)，该遗赠被撤销，且为支付疗养院的费用，该房屋也被售出。其遗产剩余部分的一半被赠与救世军(Salvation Army)。

委员会批准救世军支付166,000英镑，由四名受益人平分。

27. 1982年8月Z先生给南大西洋基金(South Atlantic Fund)出具了一张20,000英镑的支票。当时，其正因偏执性精神分裂症接受治疗，且认为自己仅是为给慈善组织制造收益而借钱给慈善组织。1993年该基金会解散，其剩余财产被分配给其他服务性慈善组织。这些慈善组织中有三家根据其所收财产在20,000英镑中所占比例，想要对Z先生作出恩恤补偿，理由是，Z先生在出具支票之时缺乏妥善管理自己财务的能力。(第四家慈善组织不再从该基金会获取资金。)

委员会批准皇家海军慈善基金(7953.90英镑)(Royal Naval Benevolent Fund)、乔治国王水手基金(1841.50英镑)(King George's Fund for Sailors)和陆军慈善基金(10,073.30英镑)(Army Benevolent

Fund)进行恩恤补偿。

28. 在本案中,遗嘱人 A 先生在 1973 年订立了一份遗嘱,将其财产(价值超过 300,000 英镑)留给妻子,若妻子先于其离世,则留给朴茨茅斯天主教教区。从其女儿提供的证据显示,在其弥留之际,A 先生有意修改遗嘱,将受益人改为女儿。由于当时 A 先生已经对宗教大失所望,并认为其财产会留给家人而非教堂。A 先生似乎在执行亡妻的遗愿——造福教堂和承担自己对家人的责任之间左右为难。然而,尽管 A 先生有意更改其遗嘱的条款,但并没有证据可以证明其已经对此已下定决心。

委员会批准朴茨茅斯天主教教区信托(Portsmouth RC Diocesan Trust)向 A 先生的女儿支付 100,000 英镑。

29. B 先生有意修改其遗嘱并向律师详细说明其意愿。根据原遗嘱,卡斯泰尔斯农村信托(Carstairs Countryside Trust)能获得大笔遗赠。然而,B 先生在新遗嘱生效之前意外离世。

委员会批准慈善组织支付 70,000 英镑。

30. C 先生通过遗嘱将其部分财产赠与慈善组织,随后他指示律师增加对其侄女们和曾悉心照料过他的朋友的金钱遗赠。遗嘱已经准备妥当,但 C 先生在会面当天因病缺席,并电话通知律师其住院的情况。第二天,他意外离世。

委员会批准毛驴庇护所(Donkey Sanctuary)支付总值 1052.63 英镑的恩恤补偿。

31. D 女士将大部分财产赠与国民托管组织(the National Trust)。2002 年 12 月中旬她告知财务顾问,其为表亲的两个孙女中的一人开立了一个账户,存有 5000 英镑,因而需要修改遗嘱,确保孙女能够收到这笔钱。同时,她还指示要为另一个孙女设立 5000 英镑的信托基金。圣诞期间,她通知亲朋好友,称其有意与律师会面修改遗嘱。2003 年 1 月中旬在与律师会面和进行第二笔信托基金之前,她意外离世。

委员会批准国民托管组织向第一个孙女支付上述账户中的 5000 英镑,并向第二个孙女支付 5000 英镑。

32. E 女士在 1979 年订立一份遗嘱,将其所有财产赠与慈善组织。2001 年她让律师起草一份新的遗嘱,将 1/7 的财产赠与慈善组织,剩余部分归家人所有。由于 E 女士身体虚弱,所以未能签署该遗嘱。我们收到了她的家人关于其意愿的法定声明,以及一名与遗嘱无利益关系的朋友的信件,证明 E 女士希望其家人作为财产的受益人。1979 年 E 女士和她的丈夫订立了相同的遗嘱(mirror wills),根据该遗嘱,家人并非受益人,但在丈夫于 1982 年离世之后,E 女士与他的家人和好。关于慈善组织通过 E 女士的财产获得的其丈夫 50% 的遗产,慈善组织受托人并不认为自己对之有道德义务。然而,受托人认为自己对剩余部分的遗赠有道德义务。

委员会批准该慈善组织,即格雷斯·哈德逊遗赠(Bequest of Grace Hudson),支付 6 笔补偿款,每笔 16,107 英镑。

恩恤补偿
（CC7）

2014 年 5 月

目　　录

指引的内容

本指引阐述了慈善组织受托人想要在慈善组织的财产以外支付恩恤补偿时必须遵守的程序。

指引中的定义

本指引中：

付款包括：

- 慈善组织依法授予的因受托人放弃金钱或财产权利获得但可能尚未收到的款项；
- 受托人从慈善机构现有资金中支付的款项；
- 受托人转让一些现有的非金钱类慈善组织的财产。

受托人，指慈善组织受托人。慈善组织受托人是根据慈善组织的管理文件，负责慈善组织日常控制和管理的人。在慈善组织的管理文件中，他们被称为受托人，管理其他受托人、委员会成员、理事或董事以及其他可能涉及的人员。但不包含控股或托管受托人。

慈善法指**《慈善法》(2011年)**。

管理文件是指任何关于慈善组织目的和管理的文件。它可以是信托契约、宪法、备忘录和章程、遗嘱、转易、皇家宪章、慈善委员会计划和其他正式文件。

遗嘱人，是指立下遗嘱的已故人员(本指引中，委员会所称“遗嘱人”应该指立遗嘱人)。

“必须”，是指受托人必须遵守具体的法律或法规要求的情形。“应该”，指受托人应该遵守最低基本规范指引，但有正当理由不遵守的除外。

何为恩恤补偿?

“恩恤补偿”并非具有精确法律含义的术语，但在本指引中它是指特定情形下的一种用于描述由慈善组织付款的恰当方式。

- 受托人认为他们有道德义务付款；但

- 受托人没有任何法律义务付款;和
- 受托人不能为慈善组织利益辩护。

如果受托人不能确定提出的一项特定付款是否属于恩恤补偿,他们应当寻求专业的建议。

其他需要授权和建议的付款

与恩恤补偿一样,在其他付款中,委员会同样需要授权。下面将具体描述。

第一个是受托人没有法律上的义务或权力,但他们认为是为慈善组织利益的付款。如果受托人能够证明该付款是为了维护慈善组织目的的得当方式,委员会可以依据慈善法作出决议授权这样的付款。换言之,付款能够增加慈善组织的利益。

“得当”意味着不仅是“可行的”,还要对慈善组织明显有益。

第二个是根据管理文件或一般法律规定,受托人无法确定他们是否有权限付款,或者采取他们心里的特定行为。举例来说,当慈善组织管理文件中对受托人的权力未作明确说明,这样的疑问就可能产生。此时,受托人应当寻求专业建议。

受托人基于何种授权付款?

法律规定慈善组织受托人申请慈善资金和财产的目的只能是促进慈善组织发展或者是慈善组织管理文件中提及或者允许的方式。受托人通常不允许偏离这个规定。乍一看,这似乎排除了恩恤补偿。

然而,在1969年的一个案件的裁决中(In Re Snowden Dec'd [1970] 1 Ch 700; [1969] 3 WLR 273; [1969]3 All ER 208)认为,如果慈善组织是个人,那么从道德上来说,受托人拒绝付款是错误的,法官裁定,慈善组织受托人能够付款。法院裁决认为,当能够获得法院或者首席检察长授权,他们也能够付款。慈善法进一步拓展了这一原则,允许委员会、法院和首席检察长能够进行必要的授权付款。在行使授权付款时,委员会须受到首席检察长的监督,并遵守任何其给的指令。

谁可以申请授权付款?

申请必须由慈善组织中有资格提出付款的受托人提出,但受托人当然可以指示他们的律师,或其他人代表他们申请。委员会不能接受那些能够从恩恤补偿中获益的人或者遗嘱中非慈善组织受托人的执行人提出的申请。

遗嘱中的财产恩恤补偿

前面提到的案件(通常简称为斯诺登)涉及遗嘱中捐赠财产给特定慈善机构的情况,而正是在这些情形下,恩恤补偿通常(但不总是)会出现问题。

有时由于法律条文或对遗嘱人的疏忽,一个慈善组织会收到比遗嘱人真正意图更多的赠与。因此,有些人将不能获得原本遗嘱人意图让其继承的钱或财产。

虽然法律规定慈善组织要保管好其收到的所有赠与财产,但慈善组织受托人认为,除享有慈善组织的权利以外,其有道德上的义务支付恩恤补偿,这样,他们才能获得那些遗嘱人本来想要让他们继承的财产。如果受托人想要这么做,则须事先获得慈善委员会的许可。

另外,在遗嘱人将其所有的财产留给一个慈善组织的情况时,支付恩恤补偿是不恰当的,但遗嘱人的亲属通常会认为遗嘱人将财产留给慈善机构而不给他们在道德上是不合理的。遗嘱人有权处分自己的财产,亲属未获得任何财产这与其无关,遗嘱人无须对其亲属负有道德上的义务。

当遗嘱人对他们做出了一个庄严的承诺,虽然没有法律约束力,但只要遗嘱还未完全履行,恩恤补偿就具有正当性。

遗嘱中与财产无关的恩恤补偿

与遗嘱无关的案件较少。没有典型的例子,但在一种情况下,一个人给慈善组织捐赠了一笔财产,但其错误地认为他/她个人当时能够负担这个捐赠。此时,如果捐赠者的慷慨捐助已经明显减少贫困,慈善组织受托人就有道德义务支付恩恤补偿,返还部分受赠财产。规则在这种情况下同样适用。

何为"道德义务"?

在受托人联络委员会要求授权向某人支付恩恤补偿时,他们必须考虑其是否对这个人负有道德义务。

在上面提到的斯诺登中,法官认为授权恩恤补偿的权力是

"不能轻率或基于微薄的理由就行使的,只有当慈善组织是个人,拒绝支付不符合道义时才能使用"。

委员会将进行测试以决定是否批准付款。受托人必须用充分的理由说服委员会相信,如果拒绝付款,他们就会做出不道德行为。受托人应牢记,用来支付恩恤补偿的任何金钱或财产,不能再用于慈善用途。因此,受托人支付恩恤补偿的决定会损害慈善组织的受益者的利益。

所有要求支付恩恤补偿的授权申请都必须向委员会提出,而不是向法院或是首席检察长。

向委员会申请的方法

受托人可以通过填写网上申请表格申请支付恩恤补偿。表格中包含委员会在考虑批准授权时需要的信息和证明。在将遗嘱中规定捐给慈善组织的财产用于支付恩恤补偿的案件中,受托人应当尽可能清楚地说明案件事实,并提供:

- 遗嘱的复印件和副本;
- 其不会违背遗嘱人真实意图处理遗嘱人的不动产的证明;
- 证明遗嘱人真实意图不受其影响的证据:当遗嘱人希望使某个人获益时,受托人能够施加影响但并未施行,则证明不充分;
- 受托人基于道德义务付款的声明和他们作出上述决议的会议纪要的副本;
- 任何受托人作出决议前采纳的法律意见的复印件。

证据清楚且公正至关重要。单独一份声称他或她在道德上有权占有一定比例的不动产的声明通常不充分,因为它不是公正的。在通常情况下,声明无须宣誓,但如果有其他对申请的结果享有利益的人提供了更有力的证据,则提供一份法定声明更为恰当。

其他可能包含的证据:

- 其作为与遗嘱人真实意图相独立的人的陈述或法定声明;
- 遗嘱人手写的表明其真实意图的陈述;
- 提出恩恤补偿要求支付的行为;遗嘱人可能承诺某人遗产或者采取了与承诺相似的行为。

如果认为确有必要作出决议,委员会会要求受托人提供进一步的资料或证据。如果委员会决定授权付款,则会以命令的形式作出授权。命令需要作为证据保留用以证明恩恤补偿是经过委员会授权的。慈善组织的审计师或独立的审查员也可能对其进行调查。

哪里涉及不止一个的慈善组织

如果同一份遗嘱中存在一个以上涉及捐赠的慈善组织意图申请授权恩恤补偿,慈善机构必须单独提交授权申请(尽管每一个慈善组织能够任命同一个人代表他们申请)。每个慈善组织的申请必须包括独立的信息和证据以支持其所述。必须确认每个慈善组织受托人认为他们是基于一种道德义务,并解释这个信念的理由。

提交首席检察长

该委员会会参考授权支付恩恤补偿给首席检察长的申请,如果

- 首席检察长下达的排除其自身获得支付授权的指令;
- 申请的特定程序由首席检察长履行而非其自身被认为是不可取的。

只有当提出申请后出现了特别情况,原则上或实践上需要检察总长指导时才会出现这种情况。

申请被拒时会怎么样呢?

如果委员会拒绝作出命令,慈善机构可以要求其直接向可能允许支付或拒绝付款首席检察长提出新申请。

法院批准申请不能缺少委员会的命令,因为,这样的申请将构成慈善法上的“慈善诉讼”。如委员会拒绝作出命令,可向法院提出申请。

慈善组织内部财务控制
（CC8）

2012 年 7 月

目　录

1. 引言

1.1 指引内容

内部财务控制指必要的检查和程序,能够帮助慈善组织受托人:

- 履行其保护慈善组织资产的法律义务;
- 辨明和管理风险,以此管理慈善组织财务和资产;
- 通过保存充分的会计记录和准备及时且相关的财务信息,确保财务报告的质量。

若慈善组织想达成其目标,受托人需要确保资产的妥善使用、资金的高效利用以及财务工作的优质管理。本指引着眼于财务活动的各个领域,并举例说明常用规避损失风险的内部财务控制。

内部财务控制可以降低因盗窃、欺诈、决策失误、人为差错、控制不力、管理人员越权和意外情况导致的损失风险,但不能完全消除。若真的发生上述情况,内部财务控制还应有助于受托人尽早发现问题,妥善处理。有些控制还能帮助慈善组织获得可观的收益。

慈善组织在规模、开展的活动和复杂性上存在巨大差异。若其开展的活动或交易很复杂,为合理管控这些领域,受托人可能需要征询专业建议。更多关于内部财务控制和管理的详细信息,请参考本指引第6部分。对于想要深入了解最佳实践的人而言,这些信息来源将有一定的帮助。

1.2 “必须”和“应该”:委员会的含义

“必须”,是指受托人必须遵守具体的法律或法规要求的情形。

“应该”,是指若无充分的理由,受托人应该按照基本规范的指引行事的情形。

1.3 对前版指引的变动

本指引替代了2011年8月出版的前版指引。本版本提出撤销“大额捐赠人规则”(substantial donor rules),建立储备金政策、捐赠接收政策(a policy for accepting hospitality)、受托人贷款记录和“混合目的”投资政策(a policy on “mixed motive” investments)(若适用),以及为遵从《反贿赂法案》(2010年)采取妥善的措施。

1.4 指引的范围

财务控制对任何规模的慈善组织而言都至关重要。即使慈善组织规模小、结构简单、开展活动的风险低,仍需要保护其财产并实现资源的最大利用。并非所有的控制都适用于所有慈善组织,受托人要决定适合自己慈善组织的控制。受托人实施的控制应该与慈善组织风险相适应。

英国的国际性慈善组织在资金转拨和海外运营方面都面临更多挑战,应该参考委员会关于国际性慈善组织的指引。

1.5 指引的使用

所有受托人作为一个整体,共同负责其慈善组织内部财务控制的建立、实施和监管。他们可以决定将这一任务的具体工作分派给 1 名或多名受托人或职员。然而,慈善组织需要何种控制则应由所有受托人做出集体决策。

本指引包括对各种财务活动内部财务控制的建议。受托人在利用本指引时,要重点关注与其慈善组织相关的部分。例如,若慈善组织并无职员,受托人可以略过工资和薪金部分。同样,若慈善组织并未使用电子银行,本指引对应部分内容就与之无关。

本指引由多个部分组成。第 2 部分陈述内部财务控制基本事项、内部控制的作用和报告结构。第 3、第 4 和第 5 部分详述对慈善组织财务活动特定方面(包括收入、购买和支付、财产和投资)的控制。第 6 部分陈述额外信息来源和进一步参考。

除本指引外,还附有一份清单,该**清单**包含一系列问题,能够帮助慈善组织受托人评估慈善组织的运行情况是否与本指引的建议相悖。受托人可以利用这一**清单**来区分与慈善组织相关的部分。

1.6 指引中的术语

会计记录,是指慈善组织保存的有关其资金进出的文件和账簿,以及其资产与负债的记录。

审计,是指外部或内部审计:

- 外部审计是一种受监管的活动(regulated activity),是指对账目的法定审计。审计是由一名符合《慈善法》(2011 年)规定为公司法方向的法定审计员进行。该审计员必须就公司账目"真实公平"地发表专业意见,并根据《国际审计准则》(英国和爱尔兰)[International Standards on Auditing(UK and Ireland)]通过必要程序得出上述意见;
- 内部审计是内部控制措施的一部分。内部审计员通常直接向受托人或受托人建立的审计委员会汇报。内部审计员着眼于组织面临的所有风险以及风险管理的举措,包括名誉风险、精英风险或战略风险。

预算,是指由受托人起草的一项计划,列明未来一个财务周期(通常为 1 年)的计划收益和支出。预算能评估未来收入资金数量和来源,以及在特定会计期计划支出的数量和性质。

流动资产包括现金、银行和建房互助协会的活期和定期存款、可消费和交易股票、应收账款、预付款或其他短期应收款项,或其他持有供再出售的资产。

消费性捐赠(expendable endowment),是指必须用于创造收益的款项。根据该捐赠附带的条件,受托人有合法权利将全部或部分捐赠转为收益,并将之用于开支。

规章,是指写明慈善组织目的和管理方式的文件。包括信托协议、公司章程、组织制度、转让契约、意愿书、皇家宪章或慈善委员会方案等形式。

独立审核员,是指除受托人外、被合理认定为具有必要能力和实践经验、能够独立审核慈善组织账目的人。

管理记录(management accounts),是指一种财务报告形式,实施目的是为给慈善组织受托人、管理者和预算制定人(budget holders)提供管理慈善组织财务工作所需的财务信息。通常情况下,管理记录根据这一时期的预算来汇报实际财务状况,可能还包括对未来收益和开支的预估。

混合目的投资(mixed motive),是指受托人进行的一种投资,这种投资既包含经济投资元素,还包含专项投资元素。由于可以深化慈善组织目的并带来一定财务收益,所以这种投资是正当的,但这种投资的财务收益要少于其市场收益。

永久捐赠(permanent endowment),是指一种必须被慈善组织永久性持有的财产,受托人不能像花掉收入一样任意使用。若为土地,则应被用于深化慈善组织目的;若为投资,则应被用于为慈善组织创收。未经委员会授权或统一,受托人一般不得花费永久捐赠。捐赠相关条款可能允许出售二次投资资金中的资产,或者规定部分或所有资产必须被无限期保留(如某一特定建筑)。

专项投资(PRI),是指使慈善组织得以在直接深化自身目的的同时获得一定财务收益。在进行专项投资时,受托人并不受经济投资的法律框架约束,原因在于,受托人决策主要是直接将资产用于深化慈善组织目的,而非创收。

储备金,是指慈善组织非限定资金中可随意用于任何慈善目的的资金。更多信息请参见**《慈善储备金:塑造复原力》**(CC19)。

限定资金受特定信托约束,由捐赠人提出、授权(如通过公开信),或者经法律程序作出,但仍属于慈善组织广义目的的范围。限定资金可能是限定用途收益资金,受托人可任意处置此类资金,用于深化慈善组织目的的某些特定方面。也可能是捐赠资金,这类资产必须用于投资或被保留起来,用于实际用途,不得用于消费。

法定账目,是指受托人按照《慈善法》(2011 年)第 8 条规定的形式和内容编制的账目,若慈善组织为公司形式,按《公司法》(2006 年)第 15 部分之规定附加受托人年度报告。若法律或慈善组织规章有要求,还应该附加由审计员或独立审核员编制的外部审查报告。

有形固定资产包括土地、建筑、车辆、设备以及持续性投资。

受托人,是指慈善组织受托人。慈善组织受托人指在慈善组织主管团体任职的人员。他们可能被称为受托人、主管、理事会成员、管理者或委员会成员。慈善组织受托人需对慈善组织的管理负责。

2. 关键问题、监管安排和金融犯罪的风险

2.1 对于慈善组织,妥善的内部财务控制为何重要?

简答

受托人有义务确保慈善组织资源安全无虞,以便慈善组织达成其目的。所有慈善组织工作人员,无论是受托人、职员或者志愿者,都应严肃对待内部财务控制。控制工作不只是一两位受托人或高级职员的责任,或者是对一部分人的控制。

详答

内部财务控制只是慈善组织总体控制框架的一个组成部分。大的框架应包

含所有慈善组织的体制和活动。

内部财务控制的目的在于：

- 保护慈善组织资产；
- 辨明和管控利益冲突、损失、浪费、贿赂、盗窃或欺诈带来的风险；
- 确保财务报告稳健的高质；
- 确保受托人遵守慈善法和相关财务规定。

无论管理体系有多具体，都无法令慈善组织完全避免损失、浪费、贿赂、盗窃或欺诈、错误或因管理不当造成的利益冲突。但充分严格的控制的确能保护慈善组织资产，同时也是保护受托人免于被指控对慈善组织资产和资金保管不力的最佳手段。

“高层基调”——高级管理层、慈善组织职员和志愿者要负责确保受托人落实相应控制。该组织的经营中应该包含一种控制文化，这种文化由受托人和高级管理层创造，而他们应在坚持慈善组织内部财务控制和基本规范方面以身作则。

控制的审查——受托人应该确保至少每年对慈善组织内部财务控制的效力进行一次审查。审查应该包括对控制和慈善组织相关性和适当性的评估，确保控制不会过于苛刻或者失度。

职责划分——内部财务控制的一个关键特征就是确保任何个人无须为任何交易从授权到完成和审查的整个过程负全责。对于受托人自行管理慈善组织的情况，通常出现在小型慈善组织中，充分的职责划分很重要，这样，某一受托人才不会负担过重或承担全部责任。

由于资源限制，小型慈善组织可能很难做到充分的职责划分。然而，受托人和管理层可以采取措施来弥补这种困难。措施包括受托人或管理者审查交易报告，或者由日常负责人之外的其他受托人或管理者开展对内部控制的审查。

2.2 监管活动在内部财务控制体系中有什么作用？

简答

为确保实施的控制得到遵守且为财务风险管理提供充分强健的体系，需要对控制进行监管。受托人和管理层定期对财务活动进行监管是这一过程的核心。

详答

预算控制是最重要的财务控制活动之一,例如,通过预算监控慈善组织的财务业绩。在每一财年为慈善组织各领域活动进行切实妥当的收支预估很有必要。由此可知,在每一财年开始之前,受托人应协商一致,做出总体预算。

慈善组织应该制定程序,每月定期与预算制定人、业务经理和受托人分享财务信息。监管程序应该判定并探寻收入和支出计划出现严重偏差或收效欠佳的原因。

其他监管活动包括对期望收入来源和实际收入的审查。监管还有助于确保落实资金使用限制和满足资助者的报告要求。

财务监管可能通过比率分析以及对比财务表现和财务政策展开,例如,收入储备水平或投资效益的对比。财务控制还有助于确保落实更基础的控制(如银行)和其他调节手段,或者遵守授权和审批手续。

在大型慈善组织中,上述有些监管活动可能由内部或外部审计员开展。在这种情况下,与高管之间的联系就非常重要,只有这样才能充分了解他们的工作和报告责任。

2.3 慈善组织是否应该具有内部审计职能或设立审计委员会?

简答

慈善组织规模及其开展的活动决定了其内部财务控制的性质。随着慈善组织规模扩展,复杂性提升,发挥内部审计机构和(或)审计委员会的作用就更有必要。尽管小型慈善组织可能设有内部审计机构,但由于资源有限,很难负担独立的审计委员会。

详答

内部审计旨在考量慈善组织财务控制的效能,并帮助受托人和管理者分辨和评估慈善组织的风险。内部审计还应该就慈善组织的风险管理和监控,以及风险登记的完善提出建议。

内部和外部审计员存在共同利益,尤其是在检查内部控制体系的运行情况方面,但这两者的总目标不同。外部审计员的工作重点在于,确认和评估慈善组织公开账目中出现的实质错误或错报的风险。

内部或外部审计员负责找出内部控制的薄弱环节,就此做出报告和管理建议书,受托人和(或)慈善组织审计委员会应予以考虑。因此,审计委员会也是慈善组织财务管理安排的一部分。审计委员会按受托人的授权行事,因此应该拥有适当的权限,并与受托人建立明确的汇报关系。

2.4 财务信息供给和沟通对受托人而言有多重要?

简答

所有慈善组织,无论规模大小,其受托人都需获得最新的、准确的财务信息,这样才能妥善做出决策。受托人会议召开的目的应该是沟通慈善组织财务和财务管理的相关信息。一般情况下,受托人应该集体对慈善组织相关事宜进行决策,并书面记录重大决策和行动。

详答

慈善组织的信息沟通方式应该能为受托人履行职责和采取妥善措施提供方便。慈善组织的规模、复杂性和偏好的报告风格各异,因此,财务信息的形式也各有不同。但其提供的财务信息都应该简洁易懂、精确及时。慈善组织还需定期提供信息,确保受托人履行其监管职责。

每次受托人会议上提供的财务信息应该包括慈善组织财务状况和业绩详情,并在每次会议召开之前发送给每位受托人。财务信息通常包括以下内容:

- 最新管理账目;
- 预算和实际数据对比;
- 预测和实际状况偏差的原因;
- 现金流和期末银行余额的详情。

应该在会议议程时间内留出特定时间,用于讨论财务事宜并允许受托人提出其关心的问题。

在一些规模较大的慈善组织,财务信息通常由财务分委会事先进行讨论。分委会结构可使特定财务问题得到更加细致的考量,所有受托人都能接触并了解慈善组织财务状况和业绩同样很重要。重大决策仍需由受托人全员做出。委员会建议所有分委会均应该落实约定条款,分委会做出的结论应该向理事会全体成员汇报。

尽管各慈善组织的治理结构不尽相同,但重点是该结构不应过于复杂。

2.5 就慈善组织的会计要求，受托人有何责任?

简答(法定条件)

受托人对保存会计记录、制备年报以及对账目进行合理的外部审查负有法律责任。受托人必须保护其慈善组织资产,并采取措施确保慈善组织免受财务滥用之危害。会计记录至少保存6年(若为公司慈善组织,至少保存3年)。

详答

就会计和财务报告,受托人必须履行一系列法律责任。包括:

- 保存"足以"解释所有交易且展示慈善组织财务状况的会计记录;
- 制备符合法律规定的年报和法定账目;
- 考虑是否需要建立准备金政策、管理准备金水平和受托人年报中准备金政策的披露;
- 正式批准受托人年报和账目;
- 确保按法律或慈善组织规章之要求对账目进行外部审查;
- 确保按照法定要求按时向委员会提交受托人年报、账目和年收益,若慈善组织为公司,则向公司注册署提交;
- 应公众之要求向其提供慈善组织最新受托人年报和账目的复印件;
- 保护慈善组织资产并确保资源合理利用;
- 采取措施防止和探查贿赂、欺诈、财务滥用和其他违规行为。

委员会建议在任命后向新的受托人提供最新账目的复印件以及其他重要文件,例如,慈善组织**公众利益**指引、**受托人职责**指引、规章和最新管理账目。委员会指引**《慈善组织报告和会计:要义》**(CC15b)详细解释了受托人的会计和报告责任。

2.6 就财务犯罪和滥用而言，慈善组织面临怎样的风险?

简答

就经举报的与慈善组织相关的财务犯罪而言,其发生率相对于整个财务犯罪领域较小。然而,一旦发生,就可能会造成巨大影响,因此,慈善组织应该引起足够的重视。慈善组织的无偿性质及工作领域会令其容易被有心人利用,为自己谋私。财务犯罪(如贿赂、欺诈、盗窃和洗钱)或者电子数据遗失不仅会造成慈善资金的巨大损失,还会对慈善组织的社会公信力和民众对其的信心造成损害。若慈善组织出现与贿赂或行贿相关的行为,其声誉会变得岌岌可危。

详答

慈善组织在工作过程中筹措、持有、转移和使用资金,经济的各个部门都易出现财务犯罪和滥用,慈善组织也不例外。慈善组织受到社会各界高度重视,且其性质也令其容易成为罪犯感兴趣的目标。慈善组织:

- 享有高度公信力和信心;
- 通常依赖这样或那样的善意或自愿支持;
- 通常依赖 1 名或 2 名个体来经营,该个体的职责很重要且基本不受监管,尤其在小型慈善组织中;
- 可能在国际上占有一席之地,包括在冲突地区和(或)银行结构不发达地区;
- 可能需要在海外使用替代性汇款系统;
- 对于涉及通过代理人转移资金的,可能利用中介来完成工作;
- 可能设立分支机构和(或)不受慈善组织直接或常规控制或监管的项目;
- 可能有意料之外且不正常的收支流,令可疑交易更加难以辨认。

犯罪分子可能以欺诈、盗窃、洗钱等手段侵吞或从合法慈善工作中转移慈善资金的方式剥削慈善组织。委员会做出的指引《保护慈善组织不受伤害:合规工具包——欺诈和财务犯罪》第三章指出了 13 种慈善组织容易遭受的欺诈和财务犯罪风险:

- 收入相关欺诈;
- 支出欺诈;
- 财产和投资欺诈;
- 采购欺诈;
- 以慈善组织名义进行的欺诈;

- 欺诈性发票和拨款申请;
- 身份欺诈或盗窃;
- 银行欺诈;
- 网络犯罪(包括“网络钓鱼”);
- 捐款给付欺诈;
- 股份回购和投资欺诈(锅炉房欺诈,boiler room fraud);
- 大众市场欺诈(信件或邮件);
- “419”条欺诈(预付款)。

从事国际性工作的慈善组织可能因为其经营环境遭受特定风险。就影响在海外经营的慈善组织的特定事项,更多信息参见委员会指引**《从事国际性工作的慈善委员会》**。

慈善组织活动每一阶段都有发生财务犯罪的风险:例如,创收和筹款、慈善组织管理以及资金支付。有些慈善组织可能因其开展的活动或其结构而承受更大风险,例如,拥有多个筹款分公司的慈善组织。然而,没有慈善组织能做到零风险,因此,所有慈善组织受托人必须确保自己能警惕风险,评估风险,并采取妥善措施控制风险。

受托人同样需要警惕、评估并采取妥善措施应该对以下事项:资金、资产和其他财产损失、对慈善组织员工和志愿者士气的影响、财务犯罪对慈善组织声誉、社会公信力和信心的损害。

更多关于财务犯罪的风险,《反贿赂法》(2010年)的含义以及风险管理可采取措施的进一步信息,可参见委员会合规工具包——**《保护慈善组织不受伤害》**。司法部出版的**《反贿赂法指引》(2010年)**指出,有效的反贿赂政策应该遵循的6项原则。

为预防对受托人决策的不利影响或发生贿赂,透明化很重要。受托人应该制定受托人和员工优待政策(policy on acceptance of hospitality),并制作优待登记(register of hospitality)来记录优待事项(incidents of hospitality)。同样的,还应该为受托人和慈善组织高级管理层员工保存利益登记表。

受托人还需制定捐赠政策,用于辨别接受捐赠是否符合慈善组织利益。若捐赠条款过于苛刻或意图对受托人施加不正当影响或接受捐赠会给慈善组织声誉造成损害,则制定上述政策很有必要。

2.7 受托人如何管控刑事财务滥用的风险?

简答

受托人需要考虑财务犯罪的风险并加以管控。关于风险评估和管理的进一步信息参见**《慈善组织与风险管理》**(CC26)。在慈善组织工作的所有人,无论是受托人、员工或志愿者,都应该了解并遵守内部控制在管理确认风险中的作用。落实内部控制的性质将根据慈善组织规模和复杂程度而有所不同,因此,所有慈善组织应该考虑适合他们的内部控制。

受托人应该向警察局和委员会**报告**慈善组织中发生的财务犯罪和财务滥用情况。委员会可以将受托人未报告上述情况的行为视作管理不当,并有权采取监管措施。

详答

财务欺诈和滥用风险永远不可能完全消除。但妥善充分的内部财务控制在管控这种风险过程中起着重要作用。受托人负责慈善组织的有效管理并对保护慈善组织资产负有法律责任。投资人、捐赠者、支持者和受益人均有权期望妥善的管理和财务控制标准。若慈善组织因受托人未充分落实财务控制而成为财务犯罪的受害者,则受托人未尽到对慈善组织的法律责任。

在对财务控制进行检查以确保其适用时,受托人应该将可能影响慈善组织所受风险的慈善组织结构、活动和经营领域的变动考虑在内。慈善组织可能面临威胁种类的变化也应该纳入考虑范围(如新兴欺诈手段),以确保妥善管控上述风险。由于犯罪分子可能善于证明其活动合理合法,因此,对证明财务滥用造成很大困难。证明与慈善组织共事的组织的身份和合法性可以降低上述风险。

受托人还应该考虑不同类型财务犯罪发生后慈善组织的应对方式,应该建立已知或怀疑犯罪或滥用的报告程序,明确调查报告问题的方式。

应该向职员和志愿者提供充分的培训,以确保他们熟悉慈善组织财务控制,并且知道在怀疑有刑事财务滥用行为时应该采取什么措施。职员和志愿者应该知道如何报告其发现的组织内部问题,包括对受托人或高管行为的担心。若受托人知道或怀疑某人在滥用慈善组织为其谋私利或侵占慈善组织资金,应该立即采取妥善措施解决该问题。

慈善组织通常依赖电脑系统接收和储存财务信息(包括捐赠者和财务支持者、职员和供应商的银行和信用卡明细)。此类信息价值颇高,一旦遗失,可能令慈善组织和他人遭受盗窃、欺诈、身份盗窃或损失的风险,受托人应该落实妥当的政策来管控电子信息的准入、适用和存储,确保符合数据保护法。程序还应该包括电脑、硬盘、USB 和数据储存设备的使用。慈善组织应该考虑为其电脑系统安装反间谍软件、防毒软件、防火墙或类似的电脑程序以保障安全。

向委员会汇报财务滥用——若知道或怀疑慈善组织受到财务犯罪的侵害,应该立即根据严重事件汇报体制向警察和委员会报告。进一步指引参见**《严重事件报告》**。

3. 实践中的内部财务控制——收入

3.1 为保护邮政所得,应该落实怎样的内部财务控制?

简答

内部财务控制应该保证慈善组织通过邮政所得收入可以得到安全保障,在账目中准确记录以及尽快存入银行。

详答

各个慈善组织通过邮政所得收入的数额不尽相同。对这一领域的控制对通过邮政所得收入占总收入较大比例的慈善组织而言是重中之重。若慈善组织通过邮寄方式从公众处获取捐赠且捐赠模式不可预估,可能会产生特定风险。

收到邮件至打开邮件期间,应该安全保存邮件。未有正当理由,不得推迟打开邮件、记录收入和存入银行。只要切实可行,应该在两名不相关个人的见证下打开邮件。职员轮流打开邮件为控制加了一层保险。若慈善组织别无选择,只能允许个人打开邮件,则受托人应该考虑实施其他控制,例如,将之与过去的捐赠或之前请求的收据对比。

3.2 针对从公众募集和筹款活动获得的收入,应该落实怎样的内部财务控制?

简答(法定要求)

开展公众募集和筹款活动的慈善组织应该确保其对可能成为广泛的筹款网

络活动拥有尽可能多的控制。慈善组织必须遵守公众募集和与外部筹款者共事的法定要求。

详答

重要的是,受托人确保其按照各项法定规定开展活动,包含公众募集的规定。例如,必须提前在相关地方机关处办理许可证。慈善组织指引**《慈善筹款:受托人义务指引》**(CC20)解释了从公众处募款时,受托人必须遵守的法律框架。

委员会建议落实以下内部财务控制:

- 至少有两人负责处理和记录收到的款项;
- 募捐箱均独立编号,并记录其发出和收回;
- 所有募捐箱在使用前均被密封,这样,只要在收回前有人开启,就会被发现;
- 正常开启所有募捐箱并清点其中捐款;
- 在收取人在场的情况下,清点公众募集及收到的带有编号的凭据;
- 慈善组织在未扣除开支的情况下,尽快将募集的款项存入银行。

就筹款和赞助活动,委员会建议落实以下控制:

- 保存每次筹款活动的详细记录,内容应该足以证明总收入或进款以及花费的开支;
- 若有门票收入或入场费,则

  (i)所有门票应该提前编号;

  (ii)保存所有负责出售门票的人员名单以及分配给其的门票编号;

  (iii)保存售出门票的记录;

  (iv)保存所有售出门票所得和未售出门票;

  (v)对售出看票的凭证进行核对。

若有外部筹款者参与,受托人必须遵照《慈善法》(1992年)第2条的要求。[更多信息,详见**《慈善筹款:受托人义务指引》**(CC20)]

3.3 哪些内部财务控制应该遵照捐赠给付计划施行?

简答(法定要求)

根据捐赠给付计划做出的捐赠被视为捐赠人已扣除基本税。慈善组织可要求收回部分税金,以此增加捐赠价值。内部控制有助于确保获得全部且准确的收益,最大化慈善组织所收取的价值。

详答

最大化捐赠价值对所有慈善组织尤为重要。内部控制确保妥善保存记录,减少英国税务与海关总署(Her Majesty's Revenue and Customs,HMRC)扣税的风险。准确记录和及时申报确保慈善组织及时且有信心收到退税。**HMRC 官网**上列明必须保存的记录的全部细节。委员会推荐的其他控制包括:

- 检查并确保收到捐赠人承诺捐赠的款项;
- 检查并确保已收到的应得退税款。

3.4 针对遗产收入,应该落实怎样的内部财务控制?

简答

遗产通知至最终接收遗产的间期很漫长。内部财务控制应该确保慈善组织确实获得其有权获得的所有遗产收入,且在会计记录中予以妥善记录。

详答

对于所有通知慈善组织的遗产,应该保存相关记录。可聘用代理人检查遗嘱记录,确保慈善组织知晓其可能有权获得的所有遗产。控制程序应确保:

- 在会计记录中记录慈善组织有权获得的遗产;
- 保存充足的信函档案;
- 定期检查未付遗产的收集进度;
- 确保妥善保管、珍视和出售或实现收到的动产和财产。

3.5 为辨别“有污点的慈善组织捐款”(tainted charity donations),需要怎样的控制?

简答(法定要求)

《金融法》(2011 年)对“有污点的慈善组织捐款”进行了新规定。《金融法》(2011 年)规定的实施不再适用“大量捐款”之规定。

详答

慈善组织必须清楚税法对有污点的慈善组织捐款的相关规定以及税法赋予的责任。《金融法》(2011 年)第 27 条和附件 3 制定新规定,以应对因捐赠人获得税收优惠而产生的滥用,仅为将资金或捐款所获利益退回给捐赠人。这一新规定自 2011 年 4 月 1 日生效,替代大量捐赠之规定。

尽管这一制度是为影响捐赠人的税收状况,慈善组织仍应该要求捐赠退税,退税部分将被征收所得税。若慈善组织本身参与或知晓上述做法的主要目的或主要目的之一是为捐赠者提供财务利益,则慈善组织本身要对所得税负责。

更多关于有污点的慈善组织捐赠,详见**HMRC 官网**。

3.6 针对交易收入,应该落实怎样的内部财务控制?

简答

交易包括为获取费用提供的所有货物及服务,包括收费的慈善活动及为慈善组织筹款的交易活动。控制应该着力于确保慈善组织收到并记录其应得的所有收入。

详答

适用哪种控制将取决于慈善组织及其附属机构开展交易活动的类型。控制应该包括:

- 定期检查交易活动,以确保其符合免税要求;
- 为提供的货物及服务制定定价政策,包括定期检查价格结构,以确保合适的成本回收;
- 为提供的货物及服务制定进销存程序;
- 检查未清偿债务和收债程序;
- 库存管理程序;
- 发票金额、收款和未清发票的核对程序。

有关交易活动的更多指引,详见**《受托人、交易与税收:慈善组织如何合法交易》**(CC35)。

3.7 慈善组织的银行和保管程序要求怎样的内部财务控制?

简答

内部财务控制应该确保收到的支票和现金能够安全保管、及时存入银行,并在会计记录中记录。

详答

下列内部财务控制有助于确保慈善组织资金的基本保护：

- 支票和现金收据应该及时记录于会计记录中；
- 支票和现金应该定期及时存入银行；
- 支票和未在接收之日存入银行的支票应该被置于保险箱或上锁的钱柜中；
- 资金应该全部存入银行，不得扣除费用或开支；
- 应该考虑手头和在途现金的保险范围。

3.8 慈善组织应该对收入记录进行何种检查？

简答

受托人应定期检查，以确保妥善准确保管收入的会计记录，这是很重要的。

详答

定期进行一定的基础控制可起到预警作用，提醒可能出现的错误。委员会建议定期进行检查，以确保：

- 收到现金和支票的记录与银行存款通知单或支票存根一致；
- 支票存根或存款通知单上的存款数目和开立日期与银行对账单一致；
- 转账或其他向银行的直接付款均有据可查。

上述检查应该由与交易原记录无关之人进行。

4. 实践中的内部财务控制——购买、支付和贷款

4.1 针对货物及服务开支的授权，应该落实怎样的内部财务控制？

简答

内部财务控制有助于确保购物经授权以及确实收到订购的货物或服务。

详答

开支控制有助于确保只进行必要和经授权的购买，且使用核定预算中的资金支付上述开支。控制还确保仅就已收到的货物或服务支付约定对价，委员会

建议针对购买的控制应该包括：

- 针对下单和批准情况清楚且妥善备案的支付建立授权等级；
- 确保所下订单符合约定开支计划或预算——约定预算之外的额外支出需经授权；
- 确保核对收到的发票和订单，确认支付价格和所订货物或服务的收据。

4.2 针对赠款开支的授权，应该落实怎样的内部财务控制？

简答

向个人或组织赠款的慈善组织应该采取措施，确保其赠款可深化其慈善目的，且接收人妥善使用该款项。

详答

控制应该着力于确保赠款可以深化慈善组织目的，且接收人按照其初衷使用该款项。控制可以帮助控制不当支付风险，并有助于确保其符合赠款慈善组织的目的和政策。委员会建议针对赠款的控制应该包含：

- 建立赠款政策，列明赠款适用的条件和限制。政策可设定被资助活动或项目的优先顺序；
- 建立赠款申请审核和批准程序。控制应该包括检查被资助组织或个人的诚信；
- 建立监管程序，以确保按照约定目的使用赠款。

4.3 针对支票付款，应该落实怎样的内部财务控制？

简答

随着电子支付的使用，支票付款逐渐减少。但支票的使用仍然存在，且对于慈善组织妥善授权的开支而言，支票仍是重要支付手段。

详答

本指引前一部分阐述下单和支付批准的相关控制。对于支票付款，同样需要落实控制。一些规章要求两名签字人在支票上签字。可行的银行委托书应该要求支票上有2个签名，其中1个为受托人签名。显然，措施需要恰当可行。一些慈善组织可能允许小面额支票仅经一人签字。尽管对上述情况有明确的权限限制,但在大型慈善组织中,签字人可以是高级职员。在所有情况下,均应该落实一些基本控制,包括:

- 确保支票簿的妥善保存;
- 定期检查银行委托书和权限限制;
- 禁止签发空白支票;
- 及时在现金账簿中记录支付事宜,包括支票序号、支付性质和支付人等细节;
- 获取文档以支持支付的有效性,包括相关发票和货物或服务接收确认书等事项。

4.4 针对通过借记卡、信用卡和签账卡进行的支付,应该落实怎样的内部财务控制?

简答

越来越多的慈善组织使用公司借记卡、信用卡和签账卡进行支付。这些付款卡可以为慈善组织提供便利,但重要的是,要落实妥当控制,确保其正确使用。

详答

借记卡直接从银行账户扣款,因此对银行余额有即时影响。误用或遗失借记卡可能给慈善组织造成极为严重的后果。信用卡和签账卡付款按月结算,且在出现误用时,持卡人有一定干预能力,但仍需对此类银行卡的使用进行控制。

恰当使用此类支付方式通常是安全的,但委员会建议落实一定的控制,包括:

- 针对付款卡使用、签发的标准、消费限额和用卡安全,制定明确的政策;
- 考虑对可使用付款卡的零售商店类型加以限制,例如,限制付款卡在餐馆、食品零售或特定网站使用;
- 与所有使用付款卡的受托人和职员书面说明付款卡的使用政策;
- 若某人不再为慈善组织工作或付款卡授权被撤销,确保注销并销毁付款卡;

• 确保保存借记卡开支收据和(或)发票,并在会计记录中予以记录和分析;

• 直接向慈善组织财务团队(而非持卡人)发送所有信用卡或签账卡账单的复印件。账单被用于记录和分析会计记录中的交易,并与提供给持卡人或持卡人获得的相关收据和发票相匹配;

• 定期检查付款卡的使用,以确保按照指定政策持续使用。

针对包括支付在内的电子银行安排的控制,详见本指引第4.4部分。

4.5 针对通过直接借记、自动转账委托和银行自动清算业务直接借记的付款,应该落实怎样的内部财务控制?

简答

慈善组织还可能通过直接借记、长期委托书和银行自动清算业务(Bankers' Automated Clearing Services,BACS)直接借记进行付款。只要落实妥善的控制,上述这些均是安全的支付方式。这些控制应该保证只向经慈善组织妥善授权的开支进行直接支付。控制应该确保只有在经授权的情况下,才进行支付,且在会计记录中对其进行准确记录。

详答

自动转账委托和直接借记的不同之处在于,自动转账委托中,银行账户的持有人是唯一能够改变自动转账委托数目或收款日期的一方。而在直接借记中,只有收款人可以在通知付款方后修改收款数目。

BACS直接借记是一项简单、安全且可靠的服务,可以让任何规模的组织通过电子转账直接向银行或建房互助协会账户付款。但在设置该系统之前,慈善组织应该确保落实强健的控制,因为,若发现错误或欺诈性转账,上述付款的性质会使其在计入付款方账户前很难被取消。

银行已经开发出软件,允许慈善组织要求两人以上来授权付款。这种双授权选项(例如,联合信托银行用户通过联合网上支付的设备)要求两名用户来完成一项BACS交易。慈善组织应该向其银行业务提供者询问有关类似双授权选项的详细信息。

慈善组织应该确保,只有经特别授权的个人才能通过直接借记、定期支付或

BACS 进行支付。授权的获得应该仅限少部分人,列表写明这部分经授权的个人并保存该列表。应该保留付款设置的文件,作为慈善组织会计记录的一部分。需要对付款加以监管,这样,慈善组织才能确保在其停止使用供给的货物或服务时,可以取消上述安排。

4.6 针对现金支付,应该落实怎样的内部财务控制?

简答

由于处理现金的风险更大且很难对大宗现金交易进行更正和管控,所以,应该尽量少用现金支付。

详答

针对现金支付,委员会建议:

- 现金支付仅用于小额款项;
- 应该从特定小额备用金中扣款进行现金支付,而非从收银中扣款或通过银行账户直接提现支付;
- 应该在零用现金簿中记录支付详情;
- 现金支付的辅助证明材料应该由除小额备用金保管人或支付人之外的人员授权;
- 应该妥善保存手头现金余额及记录;
- 应该由除小额备用金保管人之外经授权的人对小额现金进行定期抽查。

类似建议也适用于预存现金卡的使用,该类卡片可以通过 PIN 码在自动柜员机或其他设备上提取现金。

为确认授权和正确性,应该由除现金提取人之外的其他人对现金提取进行检查。

4.7 针对工资和薪金,应该落实怎样的控制?

简答(法定要求)

工资和薪金的支付往往是慈善组织的主要支出项目,因此,对其施以充分的管控尤为重要。内部财务控制的主要目的是保证慈善组织按正确比例向慈善组织真正的员工支付工资和薪金,以及缴纳养老金。

内部财务控制还应该确保慈善组织不因违反法律规定承担额外责任,例如,未能通过所得税预扣(Pay as You Earn,PAYE)制度减免、说明税收和国民保险缴款。

详答

法律对这一领域有诸多要求,受托人必须确保:

- HMRC 要求的从员工工资和薪金中扣减的 PAYE 记录;
- 按要求向 HMRC 支付法定扣减,并及时向养老金提供者支付养老金缴款;
- 在包括 P35、P11D 和 P60 所述的期限内向 HMRC 缴纳年终收益,或完成"实时信息"的相关数据并按时提交给 HMRC;
- 遵循最低工资立法;
- 仅对薪资进行经授权或要求的扣减;
- 每位员工都订立合适的雇佣合同,且未不当地将个人分类为个体劳动者;
- 履行与养老金计划安排相关的法律义务。

目前,所有雇主必须提供存托养老金(stakeholder pension),但其提供了职业养老金或其他合适的个人养老金计划的除外。此类其他个人养老金计划必须符合政府规定的最低标准。慈善组织应该了解养老金的相关变动,包括自 2012 年 10 月逐步采用的自动加入。更多关于雇主责任与未来改革的相关信息,参见**《英国就业与退休保障部门养老服务》**。

除必须遵守的法定要求,还有一些基本规范和建议能够对错误支付的风险加以约束,包括:

- 将每位职员的个人记录与定期检查的薪资记录分门别类进行保存,防止向不再是慈善组织员工的人支付薪资;
- 建立新进员工和离职员工工资、薪资变动、工时、加班和非标准工时、职员病假、产假和陪产假等事宜的负责人授权、记录和报备制度;
- 建立针对所有员工的薪资标准程序,确保任何人无权决定自己的薪资或待遇;

• 若职员数量达到标准,应该通过 BACS 支付工资和薪金,因为,这是一种安全高效的自愿薪资支付方式。

4.8 慈善组织应该如何控制费用支付和报销?

简答

对费用支付的控制适用于所有与慈善组织相关的人——受托人、全体职员和志愿者,无一例外,这一点很重要。委员会建议,应该就费用支付制定有效力的书面政策。

详答

为确保慈善组织仅报销代表其妥当支出的合法费用,上述政策应该明确慈善组织支付费用的事由,无论是差旅费、住宿费、会议费、业务费、培训费,还是垫付的费用,以及相关报销条件。例如,职员出差是否仅限于经济舱或二等座。

政策中应该写明费用报销和发票提供的要求,还应该说明固定支付和总支付上限,例如,单人入住含早餐的宾馆费用,只有提供原始发票才可报销,且最高报销额度为每晚 XX 英镑。

委员会还建议:

• 应该建立适用于所有受托人和职员(包括首席执行官、高管和志愿者)的证实费用政策;

• 应该在慈善组织内部明确沟通上述政策,并将之纳入入职培训;

• 费用报销应该经除报销申请人之外的人授权,并在支付前予以核实;

• 费用报销应该包含一份自我声明,确认报销事项的准确性以及与慈善组织业务的相关性;

• 乘汽车出差的里程运价率应该按 HMRC 规定的运价率计算,这样才不会给慈善组织或报销申请人造成税务或国民保险责任。

除 HMRC 授予豁免外,需要填写 P11d 表并向 HMRC 提交费用支付和每位收入超过 8500 英镑的员工的收益详情。更多信息参见 HMRC 官网。

4.9 针对贷款(包括受托人贷款),应该落实怎样的内部财务控制?

简答

贷款可以称得上是慈善组织的重要经济来源之一。慈善组织可以利用贷款来购买新的设施或维持运营直到新的收益进账。重要的是,受托人应确保其在贷款时充分了解贷款所有条款,并清楚贷款是为慈善组织利益。受托人还应在贷款前,确保慈善组织在贷款到期后,有力偿还本金和利息。

详答

委员会建议:

- 对所有贷款进行备案并写明贷款的金额和任何应该付的费用和利息;
- 保存所有未付贷款的记录,注明每笔贷款本金和利息的偿还记录以及未付的余额;
- 若贷款利率超过英格兰主流银行的银行利率(也称为基本利率),只要贷款是由某一受托人提出,且利益冲突已记录且妥善管控,贷款条款也符合慈善组织利益,则该利率为正当利率;
- 若贷款受担保或银行契约约束,该担保或银行契约条款应符合慈善组织利益,且应在资产登记簿上写明相应细节;
- 慈善组织制定在贷款到期时偿还本金和利息的计划。

4.10 慈善组织应该对支出记录进行何种检查?

简答

就收益控制而言,重要的是确保准确保存支出记录。这一部分的基本控制同样可以提前预警不良会计实务,还有助于辨明未经授权的支付。

详答

委员会建议:

- 定期检查支付记录(包括直接借记、BACS或自动转账委托),包括检查支票存根、信用卡账单或银行账单——这些检查通常被当作银行对账程序的一部分加以实施;
- 为确保支付均以经妥善授权的发票为凭证,应该定期进行检查;
- 定期检查自动转账委托和直接积极支付,以确保按照给予银行和建房互助协会的有效指令支付;
- 限定用途资金的开支应该符合其使用限制。

以上事项应该由与原始交易记录无关之人审查。

5. 实践中的内部财务控制——资产和投资

5.1 针对慈善组织使用的固定资产（功能性资产），应该落实怎样的内部财务控制？

简答

功能性固定资产包括土地、建筑、车辆、固定装置以及在慈善组织活动中使用的设备。固定资产控制的目的在于确保辩明资产归属、记录于会计记录中以及用于实现慈善组织目的。

详答

慈善组织受托人有责任保护慈善组织资产，防止其丢失和损坏，以及确保其在慈善组织中的妥善使用。委员会建议：

- 针对会计记录中固定资产的支出资本化，应该设立门槛金额；
- 无论是慈善组织购买或受赠以继续使用为目的的资产，应保留清单或登记；
- 应该定期对固定资产进行核查，以确保其存在、修缮良好和妥善使用；
- 固定资产变卖的废弃应该经妥善授权，并在会计记录和固定资产登记中记录；
- 定期检查保险范围是否充分；
- 土地和建筑物边界确定，且在地政局妥善备案；
- 应该妥善保管土地所有权证书并充分注明该地对于慈善组织的利益。

5.2 针对投资，需要落实怎样的内部财务控制？

简答

受托人有责任将慈善组织收入用于造福其受益人。这通常意味着要花掉收入，而非用其进行投资。然而，根据准备金政策以及合理投资，很可能要保留一部分资金。慈善组织还可以保留捐赠资金，将这部分资金用于创收。重要的是，受托人应确定上述投资的安全性。

详答

《受托人法案》(2000 年)或《公司法》包含受托人关于经济投资的权利和责任,**《法律基础:慈善组织与投资事宜》**(CC14)对上述权利和责任进行解释,该指引还囊括了其他相关项目以及多目的投资内容。重要的财务控制有很多,包括:

- 受托人制定投资政策;
- 制定以深化慈善组织目的为唯一目标的专项投资,记录相关条款并落实贷款偿还计划;
- 在进行“多目的”投资时,受托人从一开始就要清楚如何平衡获取财务收益和深化慈善组织目标之间的关系,并记录投资基础和预期财务收益;
- 需要考虑投资的适用性和多样性,包括存款账户投资,以确保一次投资或制度的失败不会对慈善组织造成根本性影响;
- 在选择或处理投资之前,若受托人没有必要的专业素养,则应该听取专业建议;
- 定期检查投资效益;
- 定期核查投资资产,以确保遵守租赁契约;
- 保留慈善组织所有投资记录(包括慈善组织所有售出和购买的细节);
- 建立会计控制,以确保收到所有的到期股息、租金或利息,以及确保所有投资的购买和售出均经妥善授权和记录。

5.3 针对存款现金,需要落实怎样的内部财务控制?

简答

对银行和建房互助协会活期账户和存款账户中现金的财务控制可以保证现金持有的安全,并确保可以随时确认所持现金的数目。

详答

若金融服务补偿计划失败,经英国金融服务管理局授权的银行和建房互助协会的账户可获得保护,受保护的**最高存款金额**为 85,000 英镑。内部控制为补偿计划覆盖的领域提供保护,例如,银行账户的不当使用。本指引第 3 部分为保护收据和收入记录提供建议，第 4 部分提出对支出进行管控。控制还可用于帮助防止未经授权的开销户以及帮助确保现金交易会计记录的可信度。

委员会建议：

- 至少每月对所有账户进行一次银行对账，由另一人进行检查并解决分歧；
- 每月检查直接借记、自动转账委托和其他转账，以求正确性；
- 按照与开证银行订立的协议使用银行账户，且在任何情况下，都不得为个人或第三方私利进行任何转账；
- 若作为中间人代表另一家慈善组织转移资金，受托人须确定交易是为深化慈善组织活动且不构成洗钱；
- 保留并检查所有银行账户清单，确认需要销户的休眠账户；
- 开销户应该经全体受托人授权，如受托人将此权利委托给他人，则应该向受托人通知此变动；
- 第三方不得以慈善组织名义开立银行账户，或使用慈善组织银行账户接收款项或转账；
- 应该定期检查活期和存款账户的费用和收益，以确保银行手续费和(或)利率有竞争力，以及吸收存款机构的信用等级在其接受范围内。

5.4 慈善组织可以使用电子银行吗？

简答

可以。许多组织，包括慈善组织，都发现电子银行很方便。但为保证银行账户安全，受托人应该确保落实一系列基本控制程序。

建议的根本内部财务控制就是慈善组织网上银行双授权制度。

详答

越来越多的慈善组织将电子银行作为一种管理交易的便捷方式。相对于更加传统的银行业务，在使用电子银行时，要落实相同等级的内部财务控制，例如：

- 仍应该有清楚的职责划分，避免个人有能力控制大部分资源或越权获得账户信息；
- 针对银行账户间的活动或支付行为，应该建立合适的批准程序。

使用电子银行带来的风险,其等级取决于慈善组织使用方式。例如,可能的使用方式包括:

- 仅使用该系统来获取自身账户信息,但并不进行任何低风险交易;
- 允许一名授权签字人发起交易。除有严格的银行管制外(例如,只能向事先经授权的指定账户支付),这种做法风险很大。单一授权网上银行服务风险等级较高,这意味着,委员会并不建议慈善组织使用这种服务;
- 要求 1 名以上个体对交易进行授权的制度。只要前述个体不向彼此泄露安全信息,这种制度就可以运转良好。其控制能力就如同支票的双签署。双授权制度是有效的,但存在交易费。即便如此,委员会仍建议慈善组织网上银行采用双授权制度。

多重授权制度的例子之一是网上银行服务,这一服务由联合信托银行开发,拥有"双授权"或"三重授权"选项。根据这些选项,用户提交交易,另 1 名或 2 名用户随后将通过"未决交易界面"对其进行授权。

慈善组织应该向其银行服务提供者咨询类似产品的详细信息。

为保证电子银行账户安全,可落实一系列基本预防措施,包括:

- 在每次电子银行交易后,应该打印交易细节并存至会计记录;
- 保存打印的账单作为会计记录;
- 确保所有有权限访问网上银行系统的电脑的安全;
- 对所有密码和 PIN 码保密;
- 定期更换密码以及在授权职员和受托人发生变动后更换密码;
- 对使用慈善组织电脑系统的人员进行充分培训;
- 谨慎对待收到的与银行账户相关的邮件,特别是,受托人和职员不应该回应任何向其索要个人安全信息的邮件或电话。

5.5 慈善组织可以使用非传统银行方式吗?

简答

在某些慈善组织工作的环境中,使用非传统银行方式非常常见。在这种情况下,若银行业务不可行,则慈善组织可能需要使用非传统银行方式。然而,相较于传统银行方式,非传统银行方式本身风险就更大。因此,受托人应确保降低该风险。

详答

在银行业务不可行但又必须满足迫切需要的地方，有些慈善组织使用替代银行业务方式而非传统或电子银行。这些方式包括使用转账设施转移资金（在主干道或通过网络）、通过"哈瓦拉"银行（在穆斯林社区使用）、"希提"银行（在印度社区使用）、"汽车销赃店"（在中国社区使用）、"fei-ch'ien" and "hui kun"（在东南亚使用），以及通过移动电话（在一些非洲国家）或多功能手机转移资金。

当然还有其他支付方式，例如，通过网络服务供应商或非接触式（感应刷卡）支付卡进行支付。非接触式支付卡通过芯片和密码技术，令使用者可以用存有现金的卡进行支付。非接触式支付同样发展到可以用移动电话和固定刷卡机或扫描仪进行支付。在一些特定国家，移动电话运营商是转账的中间机构。为了收费，运营商许可账户持有人使用其移动电话账户在登记零售商处购买物品，并通过运营商当地的办公地点或登记销售点提取现金，或通过"移动货币信贷"方式向第三方转账。

有了这些银行方式，交易通常在一方支付另一方提取后即可完成，且支付后难以撤回。这些支付方式缺少传统"主干道"银行业务拥有的安全保障，难以防止欺诈，也无法追回失去的资金。为了降低欺诈性交易的额外风险，慈善组织应该：

- 实施充分谨慎的检查，确保所转款项接收人或主体熟悉可靠；
- 确保通过上述方式转移资金受严格限制，以满足常规银行系统不可用地区的本质需求；
- 在可行情况下，避免在上一笔转账凭证经接收人确认前进行后续转账。

所有替代银行的方式均没有或缺少能够证明完整交易的传统书面审计线索。然而，引入内部财务控制和交易备案有助于限制风险以及提供一些审计线索。委员会建议：

- 应该记录可能需要使用上述方式的政策和情形，并经受托人同意；
- 支出应该按照与传统银行支付相同的授权程序进行；
- 应该保存每笔交易的审计线索，包括付款凭证（相当于支票）和交易后备案（相当于银行账单），写明中间人姓名和住址、支付的数目和日期、付款人姓名、手续费和收款人等详细信息。

5.6 对限定用途资金和捐赠资金加以控制为什么重要?

简答

受托人需要确保相关内部财务控制的存在,以保证限定用途资金按其给定的目的使用。控制还需保证捐赠资金的合理投资且遵守对支出的禁止规定。

详答

设立程序对收入附加的限制或条件性质加以记录很重要。一些慈善组织选择对严格限定用途的资金运行独立的预算、购买系统以及银行账户。无论使用何种内部会计安排,重要的是落实控制,以确保限定用途的资金支出只限于赠与目的。例如,限定用途资金的支出批准可能仅限于由特定预算持有人或职员做出。

慈善组织可能还拥有捐赠资金,这种资金可能是永久捐赠,慈善组织无权花掉该资金,可能是消费性捐赠,即慈善组织可以将之转换为可支配收入。可支配收入被当作收入用于支出的,须经受托人授权。

持有永久捐赠并不总意味着对资金的投资永远不能出售。但这确实意味着以此实现的款项,包括收益,必须用于投资且归入该资金中。因此需要进行控制,以确保投资性销售收益被用于再投资,且按照捐赠条款的规定使用该投资收益。捐赠维护相关的费用,例如,捐赠资金的投资管理费,同样必须从捐赠的资金中扣除。

慈善组织同样可以申请**使用永久捐赠资金**。

6. 更多信息、建议和资源

6.1 内部财务控制清单

本指引应该结合内部财务控制清单一起阅读。该清单对关键的内部财务控制进行总结,受托人在检查其慈善组织所用控制时可以使用该清单。

更加详细的内部财务控制清单收于:

- 《慈善组织财务:慈善组织内部控制清单》(第 2 版)(The Charity Finance Charities Internal Control Checklist)——特蕾西·哈塞尔。

可在**公民社会网站商店**中订购副本。

6.2 更多关于反欺诈和检举政策的建议

更多关于反欺诈政策、反欺诈行动以及应对计划和检举政策关键问题的信息,详见合规工具包**第三章《欺诈和财务犯罪》**。

6.3 其他出版物

对于想了解内部财务控制在受托人理事会广泛管理职责中作用的受托人,委员会强烈建议阅读以下文件:

- 《善治准则》

该准则是在委员会支持和建议下,由代表全国志愿组织理事会(National Council for Voluntary Organization, NCVO)、英国志愿组织首席执行官联合会(Association of Chief Executives Voluntary Organisations,ACEVO)、慈善组织受托人关系网、特许秘书和管理者协会(Association of Chartered Secretaries and Administrators, ICSA)的指导小组制定,可从**NCVO 官网**上下载。

想要详细了解内部财务控制在大型组织操作的受托人应该参考以下文件:

- 《内部控制:综合准则的董事指引》(《特恩布尔指引》)[Internal Control: Guidance for Directors on the Combined Code (The Turnbull Guidance)]。

特恩布说明了上市公司的最佳实践,他的建议对于大型慈善组织的管理负责人而言也有益处。本指引的副本可在财务报告理事会的官网上下载。(**网址:www. frc. org. uk/corporate/internalcontrol. cfm**)

关于内部控制更多信息的权威来源包括:

- 《内部控制:综合框架》,由反虚假财务报告委员会下属的发起人委员会(Committee on Sponsoring Organizations of the Treadway Commission, COSO)发布。

更多关于 COSO 框架的信息参见**www. coso. org**。

6.4 会计和受托人的职责

NCVO 的出版物中解释了慈善组织财务主管的职责:

- 《荣誉会计手册:增强财务责任的指引》(可在**NCVO** 订购)。

就受托职责,ICSA 也出版了有用的指引:

- 《ICSA 慈善组织受托人指引》,可在 ICSA **网站**订购。

6.5 刑事财务滥用(欺诈、盗窃和洗钱)

欺诈和盗窃

针对欺诈,政府已提出多项法案,例如,**英国国家打击犯罪局**(National Crime Burean, NCA)和其他相关工作流(例如,国家欺诈举报中心)。NCA 建立于2008年10月1日,旨在发起、协调和沟通私人和公共领域的反欺诈活动。

《反欺诈法》(2006 年)可在英国公共部门信息办公室网站获得。**欺诈咨询小组网站**包括防欺诈举措的具体信息。2009 年 2 月**欺诈咨询小组**针对慈善部门的欺诈公布了一篇非定期文章,以及一项针对慈善领域欺诈发生率、源头及影响的调查,即**《违反信托》**。

洗钱

英国的反洗钱立法由基本法的 3 个法案规定:

- **《反恐怖主义法》(2000 年)**;
- **《反恐怖犯罪与安全法》(2001 年)**;
- **《犯罪收益收缴法》(2002 年)**。

次级立法是由**2003 年**和**2007 年**的《反洗钱法规》规定。

政府间金融行动特别工作组(Financial Action Task Force,FATF)已对反洗钱问题做出指引,指引可从其**网站**获得。

贿赂

《反贿赂法》(2010 年)对 4 项新的犯罪行为进行规定,且该法条款适用于个人和商业组织,包括慈善组织。作为一项基本原则且为履行受托人法律责任,受托人应该避免以礼物或欠款换取优待的情形。慈善组织受托人将需要依据其自身判断和对慈善组织活动、所在国家的了解,决定与慈善组织面临风险相适应的反贿赂程序。

为加快服务进程给予的小额贿赂有时被称为疏通费。在一些慈善组织工作的地方,这种费用在当地文化中司空见惯,通常是对慈善需求特别大的地区。司法部(the Ministry of Justice,MOJ)指引确认,无论收受的贿赂数目多小,其仍属于贿赂。因此,这种慈善组织资金的使用是不能接受的。

更多信息,参见司法部官网**《反贿赂法快速指南》(2010 年)**。

6.6 电子银行

英国银行家协会提供了关于电子银行的信息和建议。网络安全的建议参见网站**《获得在线安全》**和**《网上银行安全》**等报告;信用卡、借记卡和付费卡欺诈性使用的防范建议参见**《银行卡防盗》**(Card Watch)。

6.7 捐赠给付

关于**捐赠给付**和**捐赠给付索赔审计**的信息,详见 HMRC 官网。

6.8 审计

外部审计员与内部财务控制相关的职责参见:

- **《应用指引 11:英国慈善组织审计》(2008 年 12 月修订)**审计事务委员会。

内部审计职责的相关信息可在以下网站获得:

- 英国和爱尔兰审计师协会官网。

会计团体协商委员会正式成员的网站是了解各种财务问题信息的良好来源,包括:

- **英格兰及威尔士特许会计师协会;**
- **苏格兰特许会计师协会;**
- **爱尔兰特许会计师协会;**
- **特许公认会计师公会;**
- **特许管理会计师公会;**
- **特许公共财政会计师公会。**

捐赠：慈善组织和政治捐款
（CC9）

慈善委员会对政党的指引更新——2009 年 4 月

本指引从慈善法的角度介绍调整慈善组织向政党捐款的规则。作为慈善组织的独立监管者，慈善委员会有职责确保慈善组织的廉洁性受到保护，慈善资金得到妥善处置。遵守本指引中介绍的规则，可降低对违反慈善法的捐赠进行负面宣传的风险。选举委员会出版了接受政治捐款的总体指引，并公布于其网址 www. electoralcommission. org. uk 中。

问题：政党接受慈善组织捐款有哪些规则？

回答：慈善组织不得以政治捐款或提供其他经济支持或资源的方式支持政党，因为，慈善组织不能以推进某个政党的利益作为其目的，这是慈善法的一项基本原则。有的慈善组织拥有附属交易公司，虽然有关政治捐款法的情况十分复杂，但根据慈善法的规定，也不允许附属交易公司向政党捐款。

问题：对于未直接向政党捐款的政治捐款也适用同样的规则吗？（如向领导竞选中的候选人、地方分支或成员协会捐款）

回答：是的。慈善组织不能卷入任何形式的党派政治活动中，包括以任何方式资助或支持某个政治候选人。慈善法的指导原则是慈善组织应该明确独立于政党之外。

问题：慈善组织不能向政党捐款，但它们可以接触政党吗？

回答：可以，但是要视参与的性质而定。虽然慈善组织不能参与任何形式的党派政治活动，如为某个政党助选，但它们可以参与指引《畅言：慈善组织宣传活动和参与政治活动的指引》(CC9)列出的框架范围内的政治活动。其中，重要的原则是慈善组织进行的政治活动必须能支撑其慈善目的，例如，若慈善组织参加政党会议可以深化或推进其慈善工作，那么，它可为保持其在政党会议中的席位支付固定的费用。

问题：确保慈善组织不向政党捐款属于谁的职责？

回答：尽管政党应该知道其捐赠者，但最终确保慈善组织不向政党捐款是慈善组织受托人的职责。如果慈善组织进行了错误的捐赠，即使归还了款项，也会对慈善组织的声誉带来不利影响。

问题：如何审查捐赠者是否为慈善组织？

回答：可以通过慈善委员会的网址（www. charitycommission. gov. com）查找该组织是否为已登记的慈善组织，在慈善组织登记册中寻找捐赠者的姓名，该登记册包含了英格兰和威尔士每个已登记慈善组织，包括在公司注册署注册成立的慈善组织。但是，根据慈善法规定不需要在慈善委员会登记的慈善组织的详细信息，以及附属交易公司或慈善组织运营的非慈善的附属交易公司，并未包含在该登记册中。如果认为该组织可能是未登记的慈善组织或者慈善组织的附属交易公司，那么，建议直接向捐赠者求证。

问题：如果政党成员发现自己的政党接受了慈善组织的捐款应如何处理？

回答：建议尽快将捐款归还，因为，慈善法禁止慈善组织向政党捐款，如果能将该问题告知委员会，我们将不胜感激。

问题：如果慈善组织已经向某个政党捐款，那么，委员会应如何处理？

回答：首先，委员会建议慈善组织受托人联系该政党，讨论是否可能归还捐款。如果该政党不归还捐款，那么，慈善组织受托人可能将个人负责弥补慈善组织资金的损失。

慈善委员会关于慈善组织和政治活动指引的更多信息详见网址 http://www. charitycommission. gov. uk/publications/cc9. asp。

选举：慈善组织、选举和公民投票
（CC9）

2015 年 7 月

自慈善组织宣布选举至选举举行之日，不论是全国选举还是地方选举，本指引均可适用。本指引中的部分内容专门涉及全国公民投票，旨在帮助慈善组织决定一些活动是否适合在公民投票预备阶段以及公民选举期间开展。本指引内容简短，阅读时须结合**《畅言：慈善组织宣传活动和参与政治活动的指引》（CC9）**中的相关内容。CC9中阐述的原则仍适用于选举阶段。

本指引与选举法等同等适用于慈善组织和非慈善组织的其他规定。

本指引参考文件中列举了主要的议会法案。

慈善组织的独立性是其根本所在，也是其被公众重视之原因。慈善法中对选举的指导性原则是：慈善组织必须也应该独立于政党政治。本指引从法律角度和基本规范角度为慈善组织提供了建议，指导其确保实施以下事项：

- 保持其本质特性——独立性；
- 有效地在选举期间表达其言论。

虽然并非有意，慈善组织在很多方面都有卷入政党政治的风险，具体方面列于以下标题下：

- 政策；
- 宣传；
- 党派；
- 候选人；
- 设施；
- 公民投票。

政策

- 慈善组织在某一问题上的政策立场可能恰巧与某个政党的立场不谋而合或与之相近，但只要慈善组织明确表明其独立于任何提倡同一政策的政党，且不鼓励对任何政党的支持，慈善组织仍能继续就这一问题开展运动，提倡该政策。

宣传

- 慈善组织可以在宣传资料上（包括印刷品、媒体采访以及网站）就与其目的和活动相关的问题发表观点，但必须避免明确对其观点（不论是何种观点）与政党或参加选举的候选人的观点进行比较。例如,某住房慈善组织支持修建10万所新住宅,其可以列出各个正当的住房政策,包括各个政党承诺修建的房屋数量,但不能明确呼吁人民投票给某个政党。所以,如果有助于促进或支持慈善组织的目标,慈善组织可以影响人们对某一特定问题的看法,但慈善组织必须让选民自主决定如何投票,这才是关键所在。

• 若地方选举或全国选举中候选人的观点与慈善组织的目的相关,且公布其观点能提升公共利益和激发对潜在问题的讨论,慈善组织可以公布该候选人的观点。但是,慈善组织不能鼓励对任何政党或候选人的支持。

• 一些慈善组织出版宣言,以宣传其开展运动的主题以及其代表受益人呼吁的变革。同理,如果只是试图让政党接受其倡导的政策,或只是提升这些问题中涉及的公共利益,慈善组织可以这样做。但如果慈善组织的目的是影响选民的行为,则是不可取的。如果某个政党希望在其宣言中提及某一慈善组织而征求其同意,无论该宣言与该政党相关或只是一般的宣言,该慈善组织必须予以拒绝,因为,慈善组织可能面临认可该政党本身的风险。

• 根据《地方政府法》(1986年),地方政府不得宣传任何政党,也不得出版任何旨在影响公众对某一政党的支持或反对的资料。以上这些限制性规定适用对象的范围扩展至任何接受地方政府资助的组织,包括慈善组织。如果慈善组织这样做,则可能违反了慈善组织规定和地方政府的法律规定,可能面临资金风险。[出版的资料包括电子媒介、电视、无线广播(包括采访)的全部或部分印刷文本]

选举法中还规定了所有组织(包括慈善组织)开展的与选举相关的活动,但《游说、党外运动和工会管理透明化法》(2014年)对其中一些规定进行了变更。如果参与选举预备阶段的活动,应该了解适用于党外运动参与者的规定,就像了解适用于慈善组织的规定一样。即使受托人遵守了本文件和**《畅言:慈善组织宣传活动和参与政治活动的指引》(CC9)**中规定的指南,如果使用的资料可视为向公众表明某个候选人或政党支持或反对受托人的政策,受托人可能需要在选举委员会登记成为第三方,具体取决于受托人计划开展活动的方式以及支出的费用的数额。可在选举委员会的官方网页上查阅其有关**影响党外运动者的规定**的指引。如有相关建议,应该通过**www.electoralcommission.org.uk**联系选举委员会。

党派

• 慈善组织不得支持或反对任何政党或候选人,不得向政党捐赠其资金。

• 慈善组织可自由邀请候选人和政党代表参加其公开会议,讨论慈善组织开展活动的相关问题,如邀请候选人就这些问题开展辩论,或在招待会上宣布慈善组织活动的开始。受托人不得鼓励对任何政党的支持。确保慈善组织不违反该要求的一种方法是尽可能广泛地邀请各个政党的代表。

• 但是,实际上很难广泛地邀请候选人,但这并不是说慈善组织举办的每个与政党相关的活动都必须要求所有政党的代表参加,受托人应该根据其对慈善组织利益的促进或阻碍做出决策。例如,若排除少数党,活动会更易于管理且重心更突出。如果他人(如警方)向慈善组织提出某个候选人的出席会造成活动现场的混乱,那就最好不要邀请。若某一政党的提倡的政策与慈善组织的目标相违背,或某一政党代表的出席或观点可能会离间慈善组织的支持者,慈善组织也可以决定不邀请该政党的代表。但慈善组织决定不邀请主流政党代表的,必须要有充分的理由。

候选人

• 为了促进辩论的开展,慈善组织可在选举中自由解除候选人,表达慈善组织的关注点,并了解候选人对此的观点。

• 然而,慈善组织应警惕将公众观点与特定候选人或政党的观点联系在一起。若慈善组织支持某个顺应时事的观点,候选人可能知晓其支持该慈善组织可获得的利益,但慈善组织应该确保其不是为了投桃报李。

• 慈善组织不得支持特定的候选人,即使这些候选人属于多个政党。

• 如果慈善组织在英国内运作,还需要考虑其他问题。例如,如果受托人英格兰和威尔士选举期间与苏格兰议会议员(Member of Scottish Parliament,MSP)有联系,受托人应该意识到,即使其本身不是候选人,其与 MSP 的联系可能被视为认可其代表的政党,且受托人应该采取措施降低该风险。

• 慈善组织不得在资金等方面协助候选人开展选举宣传活动。慈善组织的个人成员可以选择在个人能力范围内协助任何候选人,但慈善组织的高级职员和雇员不得在任何宣传活动中利用其职权表明慈善组织协助任何候选人。

• 如果雇员直接参加了慈善组织的宣传活动，且个人也与特定的政党有联系，如作为候选人参加竞选，该雇员应该向其雇佣单位明确说明。受托人应该考虑潜在的利益冲突，评估此人同时担任两个角色对慈善组织的信誉和法律责任的风险。

设施

• 选举法规定一些慈善组织（如一些学校）要免费为候选人提供场所进行公开会议。

• 如果不属于选举法规定的情形，但候选人希望使用某一慈善组织的场所（如村公所或社区中心）举行公开会议，则应该属于一般的商业租用，并根据受托人的决定收取租金。租金没有限制，但应该合理，且同等适用于所有候选人。

• 若受托人有充分理由相信租赁设备会离间慈善组织的受益人、用户或支持者，或警方认为租赁设备可能会扰乱公共秩序的，慈善组织有权拒绝向候选人、政党或其他团体租赁其设施。

公民投票

• 公民投票一般在要求选民就特定问题或（问题式）提案进行投票时举行。全国公民投票或全英国公民投票由选举委员会根据《政治党派、选举及全民投票法》（2000 年）进行监管。

• 规范慈善组织政治活动的原则同样适用于公民投票。换言之，根据公民投票的问题性质，在某些情况下，慈善组织可以代表其受益人表达赞同和反对。

• 例如，如果公民投票的结果对老年人有特定影响，从事与老年人相关工作的慈善组织可以向其受益人说明不同结果的影响。倡导良好公民的慈善组织可能希望鼓励人们参与到这一过程。

• 如此一来，受托人必须仔细考虑这一活动是否适合其慈善目的，且如何保持其独立性和中立性。但这与慈善组织主动为“赞成”或“反对”票开展活动不同。

• 若慈善组织希望为公民选举的“赞成”或“反对”票展开活动，应该仔细参照委员会的指引［包括本指引和《**畅言：慈善组织宣传活动和参与政治活动的指**

引》（CC9）］。在例外情形下，慈善组织可以思量公民投票的结果可能对其实现慈善目的产生积极或消极的直接影响。若对慈善组织工作的影响是间接且不确定的，受托人就难以证明为特定的公民投票结果开展运动的合理性。

- 若公民投票中有明显的政党政治维度或慈善组织的目标比公民投票的潜在影响狭窄，慈善组织还必须仔细思量开展运动的合理性，因为，慈善组织可能面临涉及政党政治或不当政治运动的风险。
- 如果参照指引并考虑这些问题后，慈善组织仍不确定是否应该参加这一活动，慈善组织应该向委员会寻求指导。
- 受托人需要考虑的关键问题是该活动如何能成为促进慈善组织目的实现的有效方式。

选举委员会在全国公民投票或全英国公民投票中的义务包括登记参加运动者、管理运动经费和捐赠以及领头运动团队。如果出版的资料向公众表明公民投票的“赞成”或“反对”结果可能对慈善组织的工作产生积极或消极的影响，受托人可能需要在选举委员会登记为运动者。

完全或主要由特定公众基金资助的慈善组织还需要遵守《政治党派、选举及全民投票法》（2000 年）第 125 条的规定，在公民投票前 28 日内禁止出版资料。该禁止条款适用于对任何与公民投票以及任何与公民投票相关的宣传活动的一般信息的出版。

更多信息详见选举委员会网址：

www.electoralcommission.org.uk。

参考文件

《畅言：慈善组织宣传活动和参与政治活动的指引》（CC9）；

议会法案网址：**www.legislation.hmso.gov.uk；**

《游说、党外运动和工会管理透明化法》（2014）；

《人民代表法》（1983 年、1985 年、2000 年）；

《政党、选举和公民投票法》（2000 年）；

《地方政府法》（1986 年）。

参考网址

选举委员会：www. electoralcommission. org. uk；

广告标准局：www. asa. org. uk；

地方政府协会：www. lga. gov. uk；

英国志愿组织理事会：www. ncvo-vol. org. uk。

畅言：慈善组织宣传活动和参与政治活动的指引

（CC9）

2008 年 3 月

目　录

1. 慈善组织宣传活动和政治活动概览

本部分归纳慈善组织受托人需要考虑的主要问题。这些问题是依据案例法、慈善法和基本规范提出的,在本指引中有详细说明。

1.1 宣传活动和政治活动的关键问题

- 法定要求:要成为慈善组织,必须仅以慈善为目的,为公众利益着想。若其目的是政治性的,则该组织不是慈善组织。
- 宣传活动和政治活动可以是合法且有价值的,慈善组织可以开展。
- 法定要求:只有在本指引中的政治宣传活动或政治活动对实现慈善组织目的有帮助时,慈善组织才能开展此类活动。与其他宣传活动不同,政治宣传活动或政治活动不得是慈善组织持续开展的唯一活动。(详见本指引 3.5 部分)
- 在一些情况下,对受托人而言,开展政治活动是支持慈善组织目的的最佳方式。慈善组织可以选择在一定时期将其多数或全部资源用于政治活动。于受托人而言,关键问题是确保该活动不是且不会成为该慈善组织存续的理由。
- 若变更法律、政策或决策(详见本指引 2.4 部分)可以支持慈善组织的目的,慈善组织可以为之开展宣传活动。慈善组织还可以为确保遵守现行法律而开展宣传活动。
- 法定要求:慈善组织不能为政治目的而存在,此处的政治目的指为任何政党谋利、支持或反对国内外法律、政策或决策变更。
- 法定要求:在政界,慈善组织必须强调其独立性,平衡其与各政党的关系。慈善组织不得支持或资助任何政党、候选人或政客。
- 如果政党提倡的具体政策有助于实现慈善目的,慈善组织可以予以支持。但是,受托人不得允许慈善组织成为个体受托人或其员工表达政治言论的工具(此处慈善委员会意指个人或党派政治言论)。
- 法定要求:正如制定决策一样,在考虑宣传活动和政治活动时,受托人必须谨慎地衡量可能的利益和成本及风险,判定宣传活动是否能有效推进或支持慈善组织目的的实现。
- 法定要求:在宣传活动中,慈善组织受托人不仅需要遵守慈善法,还需要遵守其他可适用的民事和刑事法律。若适用,受托人还应该遵守广告标准局准则(Code of the Advertising Standards Authority)。

• 若正当合法,慈善组织可以在宣传活动中使用煽情且有争议的资料,但该资料必须真实准确且有合法依据。

• 慈善组织开展宣传活动和政治活动适用的原则相同,无论该活动是在英国国内还是国外开展。

2. 引言

2.1 本指引的内容

本指引对希望开展宣传活动和政治活动的慈善组织法定和规范性框架给予指导。包括以下内容:

• 说明慈善组织可根据现行法律适当开展的活动(第 3 部分和第 4 部分说明关键的慈善法);

• 列举慈善组织在其宣传活动和政治活动规划中应该评估的因素;

• 提供实例,说明本指引对特定类型宣传活动和慈善组织的影响。

本指引主要适用于现存慈善组织,但也可以适用于准备申请登记为慈善组织的其他组织。尽管很多考虑因素还适用于其他领域的慈善活动,但为帮助慈善组织对重要领域工作进行良好管理,委员会仍在此总结这些因素。为方便慈善组织受托人使用本指引,委员会在文本中穿插了很多例子,并为受托人准备了检查表(详见附件)。

2.2 本指引和之前的版本

本指引替代之前的版本——2004 年更新的《畅言:慈善组织宣传活动和参与政治活动的指引》(CC9)和 2007 年出版的与 CC9 相关的问答。自新的慈善法通过以来,社会环境一直在发生变化。委员会了解到有些慈善组织过于谨慎,并倾向于对宣传活动展开自我审查。委员会希望所有慈善组织相信其决定开展的活动是合法的。因此,尽管慈善组织宣传活动的基本法律立场并未发生变化,但本指引首要关注的是慈善组织开展宣传活动的自由和可能性,其次才是受托人必须铭记于心的限制性规定和风险。

宣传活动、倡导和政治活动都是慈善组织可以开展的合法且有价值的活动。许多慈善组织都与其受益人和当地社区有着紧密的联系,需要公众的高度信任和信心,表现为各种各样的原因(representing a myriad of divers causes)。因此,他们可以代表其受益人开展宣传活动和倡导。慈善组织倡导变更法律或政府政策的,适用特定规定。在本指引中,委员会用简单易懂的语言明确解释了这些规定。与之前版本的指引相同,本指引还包含一些对基本规范的指引。

2.3 大环境 (the wider context)

除前文提及的变化外,慈善组织的工作领域还有其他重要的发展和变化,因此,需要重写入本指引,具体而言,有以下几点变化:

- 慈善组织开展的宣传活动和政治活动更加复杂;
- 过去几年,曾经被视为政治性的目的也被作为慈善目的为人们所接受,如根据《人权法案》(1998 年)提倡人权;
- 《慈善法》(2006 年)的变更,规定慈善标题(charitable headings)的 13 条说明;
- 英国财政部和内阁于 2007 年 7 月联合发行的报告中对"第三部门(The Third Sector)在未来社会经济重建中的作用"的评论;
- 2006 年 7 月对合同专员(compact commissioner)的任命彰显政府与支援部门之间合同的重要性,在主要合同条款中认可志愿和社区部门开展宣传活动的权利;
- 委员会和其他部门开展的调查发现,一些受托人并未享有当前慈善组织开展宣传活动的自由,也并未明确了解委员会指引;
- 很多利益相关人担忧慈善组织过度参与政治活动是否会潜在影响公众对慈善组织的信任和信心;
- 一些证据表明公众对慈善组织普遍存在误解,例如,很多人认为一些开展宣传活动的组织是慈善组织,即使这些组织目的是政治性的,不具慈善性质。

2.4 "宣传活动"和"政治活动"的含义

对"宣传活动"和"政治活动"的日常使用和理解十分宽泛。例如,人们会将"政治活动"一词与政党活动联系起来,但本指引中该词的含义并非如此。在本指引中,委员会根据慈善法,定义如下:

(1)宣传活动:指通过调动公众对特定问题的支持,增强公众意识,教育公众并让公众参与,影响或改变公众的态度。该词还旨在确保遵守现行法律的宣传活动。委员会将此区别于国内外试图寻求对法律、中央政府、当地政府或其他公共机构政策或决策变更的支持或反对活动,这些活动在本指引中称为“政治活动”。宣传活动可能包括以下活动:

- 健康慈善组织宣传均衡饮食对减少心脏疾病的益处;
- 难民慈善组织强调难民对社会的积极贡献,呼吁政府执行现行法律,保障难民权利;
- 儿童慈善组织呼吁关注家庭暴力和虐待儿童;
- 人权慈善组织呼吁政府关注基本人权、废除拷问;
- 慈善组织开展与贫困和环境相关的宣传活动,反对银行开展化石燃料开采项目;
- 残疾人慈善组织呼吁遵守现行法律,确保有特殊教育需求的儿童得到相应的教育支持。

有时,筹款活动也成为筹款“宣传活动”,但这不是本指引中定义的“宣传活动”。

(2)政治活动:根据本指引的定义,慈善组织只能在保障实现其慈善目的前提下开展政治活动。该词指慈善组织在国内外开展的、旨在支持或反对法律、中央政府、地方政府或其他公共机构政策或决策变更的活动。政治活动包括保护现行法律的活动,即慈善组织反对废除或修订该法。政治活动与旨在保障对现行法律遵守的活动不同,后者属于定义(1)中的宣传活动。

政治活动可能包括以下部分或全部活动:

- 让公众支持某项变更;
- 为支持期望的改变,设法以多种方式影响政党、独立候选人、决策者、政客或公务员对慈善组织的看法,并与政党协商。

慈善组织不能支持任何一个政党,这一点十分关键(第4.1部分是对与政党、政客和独立候选人共事的指引)。

准确来说,宣传活动和政治活动之间的界线并非总是明确的,慈善组织开展的活动可能具有多重因素。本指引重点叙述受托人判断其开展活动正确性时需要考虑的因素。另外,支持政党并非慈善组织开展政治活动的合理方式,这一点十分明确。

2.5 其他词语和表达的定义

在本指引中:

“必须”和“应该”:“必须”指受托人必须遵守法定或法规性要求或义务;“应该”指受托人应该遵守最低基本规范指引,但有正当理由不遵守的除外。

章程,是指规定慈善组织目标或目的以及如何管理慈善组织的法律文件。章程可以是信托协议、组织制度、组织大纲、财产转让契约、意愿书、皇家宪章、委员会方案或其他正式文件。

受托人,是指慈善组织受托人,即负责慈善组织一般管控和管理的人。在慈善组织章程中,这类人被合称为受托人、董事会、管理受托人、委员会、管理者、主管或其他称谓。若为非法人组织,慈善组织受托人为执行或管理委员会成员;若为慈善公司,慈善组织受托人为董事。

慈善目的,是指法律认定具有慈善性目的,目前规定于《慈善法》(2006 年)中。慈善组织所有目的必须具有完全的慈善性。慈善组织不能既具有慈善目的,又具有非慈善目的。慈善组织的每个目的都必须具有慈善性,且慈善组织目的必须在章程中予以规定。

政治目的,是指旨在促进政党利益的目的,或旨在支持或反对国内外法律、中央政府、地方政府或其他公共机构政策或决策变更的目的。

公共机构包括当地、地区、全国或国外政府的所有部门、单位和代理机构,包括以下单位:

- 联合国、其他国际组织及其代理机构;
- 欧盟及其关联机构;
- 世界银行和类似机构;
- 国民医疗服务联合体;
- 地区会议、发展机构和企业;
- 非政府公共机构和代理机构(登记的慈善组织除外);
- 其他国家的类似机构和代理机构。

“公共机构”一词不包括慈善组织、私营公司、企业或其他独立或私营机构。

3. 关键问题

对于慈善组织根据慈善法(第6.1部分参照了其他立法)可以和不可以做的基本事项,本部分回答了九个重要问题。本部分阐述不同类型的宣传活动和政治活动,以及慈善组织如何处理开展宣传活动的可能性,强调慈善组织可以自由开展宣传活动,且若决定开展,可以从委员会处获得支持。本部分还说明慈善身份造成的限制——基本上所有的宣传活动和政治活动必须促进或支持慈善目的,且该活动不得具有政党政治性。

3.1　慈善组织可以开展宣传活动和政治活动吗?

简答

可以。只要能促进或支持其慈善目的,任何慈善组织都可以开展宣传活动和政治活动,但章程中禁止的除外。

详答

开展宣传活动是多数慈善组织促进其目的的方式之一,且很多慈善组织还开展政治活动,以支持其目的。

只要慈善组织开展宣传活动或政治活动是为促进或支持其慈善目的,且有成功的合理可能性,慈善组织就可以按照本指引规定,开展宣传活动和政治活动。慈善组织开展的活动必须合法,必须是受托人促进其目的的合理方式,且不得具有政党政治性。

若与其目的相关或与其开展工作的方式相关,慈善组织可以公开评论社会、经济和政治问题。

这些原则是编写本指引的原因。虽然并没有限制慈善组织为促进其慈善目的的实现时参与宣传活动的程度,但即使政治活动的促进作用可能很大,也只能作为支持或促进慈善组织目的实现的方式。因此,政治活动不能作为慈善组织实现其慈善目的的唯一方式。

有些慈善组织因其章程的限制性规定而不能开展宣传活动。

3.2 慈善组织必须开展宣传活动和参与政治活动吗?

简答

不是,受托人可自行决定如何最大程度利用其资源实现慈善目的。受托人没有义务开展宣传活动,也不应该因此受到外界压力。

详答

虽然慈善组织不是必须开展宣传活动,但慈善组织受托人仍应该考虑实现其慈善目的的最佳方式,且需要考虑宣传活动在其中可能发挥的作用。

若受托人认为参与政治活动符合慈善组织受益人的利益,则其有权参与。但是,受托人没有参与此类活动的义务。

即使有些问题仍存在争议,但这些活动可能是实现慈善目的的有效方式。慈善组织在促进其受益人利益和参与社会讨论中发挥着关键作用,他们对其受益人利益的直接经验意味着他们往往是唯一可以做这些事的人。

3.3 慈善组织可以有政治目的吗?

简答(法定要求)

慈善组织不能有政治目的,也不能开展与其慈善目的无关或不能合理支持其慈善目的的政治活动。

虽然慈善组织不能将政治活动作为其目的之一,但可登记为慈善组织目的的要求中难免有些目的(如倡导人权)容易引导受托人参与宣传活动或政治活动。(详见第3.4部分关于在章程中规定宣传活动和政治活动的内容。)

详答

慈善组织不能将政治活动作为其慈善目的,因为,慈善目的必须符合《慈善法》(2006年)中有关目的的规定。但是,慈善组织可以通过开展政治活动,支持其实现慈善目的。

政治活动:根据本指引定义,慈善组织只能在保障其慈善目的实现的前提下开展政治活动。该词指慈善组织在国内外开展的旨在支持或反对法律、中央政府、地方政府或其他公共机构政策或决策变更的活动。政治活动包括保护现行法律的活动,即慈善组织反对废除或修订该法。政治活动与旨在保障对现行法律的遵守的活动不同,后者属于定义(1)中的宣传活动。

政治活动可能包括以下部分或全部活动:

- 让公众支持某项变更;
- 为支持期望的改变,设法以多种方式影响政党、独立候选人、决策者、政客或公务员对慈善组织的看法,并与政党协商。

慈善组织不能支持任何一个政党,这一点十分关键(第4.1部分说明与政党、政客和独立候选人共事的指引)。

政治目的,是指旨在促进政党利益的目的,或旨在支持或反对国内外法律、中央政府、地方政府或其他公共机构政策或决策变更的目的。

具有政治目的的组织,慈善组织目的必须是慈善的且为公共利益而设立。从法律意义上而言,具有政治目的的组织不是慈善组织,即使该组织还具有其他慈善目的,也不能称为慈善组织。这涉及"政治"问题,委员会和法院都无法解答。从本质上而言,委员会和法院都无权决定法律或政府政策的某项改变是否有利于公共利益。但是,为保障遵守该法律而设立的组织(如尊重基本人权)不属于这一范畴。这一问题十分复杂,委员会将与倡导人权的慈善组织探讨在宣传活动和政治活动中这一特定慈善目的的界限。

例1:若为反对在机场新修跑道而设立的组织申请登记为慈善组织,委员会将以其具有政治目的驳回其申请,因为该组织反对政府有关机场的政策。

例2:若为保护环境而设立的组织申请登记为慈善组织,且该组织开展的活动包括一些旨在提倡政府有关机场政策改变的政治活动,只要明确提倡政府有关机场政策的改变不是该组织持续且唯一的活动,而仅是为实现慈善目的开展的活动之一,委员会将通过其申请。

例3:若为保护生命和财产,反对堕胎的组织申请登记为慈善组织,委员会将以其具有政治目的驳回其申请,因为,该目的只能通过变更法律来实现。

3.4 慈善组织可以在章程中规定宣传活动或政治活动吗?

简答

可以,只要慈善组织在章程中说明该宣传活动或政治活动是促进或支持其慈善目的的一种方式即可。

详答

开展宣传活动的权力需要:法律并未要求登记的慈善组织在章程中明确规定其开展宣传活动(无论是否具有政治性)的权力。这意味着,如果对其开展宣传活动的权力有限制,慈善组织只需要修改其章程即可。

章程:将宣传活动作为其主要工作的慈善组织或其他组织申请登记为慈善组织的,应该在其章程中明确说明该组织开展的活动和相关限制。例如,委员会为提倡人权的慈善组织提供有权参与宣传活动的表达建议,详见 GOV. UK。

> 例如,某个人权慈善组织将宣传活动和政治活动作为其主要工作,如该组织希望其他国家的政府也遵守国际法规,且该组织还开展以下活动且章程中也有相关规定:
>
> - 监管对人权的侵犯;
> - 赔偿侵犯人权的受害者;
> - 救济侵犯人权的受害者;
> - 研究人权问题;
> - 向公众开展人权教育;
> - 向政府和他人提供人权问题的技术建议;
> - 就人权立法方案发表意见;
> - 提高对人权问题的关注;
> - 促进社会对人权的支持;
> - 促进个人和企业对人权的尊重。

3.5 慈善组织可以开展政治活动吗?

简答(法定要求)

尽管政治组织不能成为慈善组织,但为支持慈善目的的实现,慈善组织可以开展一系列政治活动,但不能仅开展政治活动。

详答

关键原则:尽管为实现政治目的而设立的组织不能成为慈善组织,但慈善组织可以开展政治活动,且该政治活动只能作为支持其慈善目的的方式之一。同理，政治目的不可能具有慈善性，政治活动只能支持或促进慈善目的的实现。这意味着，政治活动不能作为慈善组织持续且唯一的活动。

决定是否开展政治活动时，受托人必须首先判定该政治活动是否有支持慈善组织目的的合理可能。（详见第5.1部分关于受托人应该考虑的其他因素的内容。）

例如，某个为难民福利而设立的慈善组织认为，福利规定的修订会导致一些难民境遇十分穷困，并判定对法规的修订符合大多数难民的利益，且有助于其目的达成。因此，该慈善组织开展宣传活动，说服政府做出必要修订，并向首相提交诉求，还开展了对议会的游说（a lobby of Parliament）和其他相关活动。

受托人需要考虑的事项：像开展其他活动一样，在决定是否开展政治活动时，受托人也必须合理发挥其自主权。受托人应该考虑可开展的其他活动，考虑合理因素，且只考虑相关因素，最后做出合理决策。作为决策的一部分，受托人应该思考该决策与慈善组织整体宗旨和目标的契合度，其拟做出的诉求是否合情合理，以及对成功的可能性预估是否符合实际。受托人还应该定期审查宣传活动和相关决策的有效性和影响。（详见第5.1部分有关受托人应该考虑的问题的内容。）

3.6 开展政治活动的组织可以成为慈善组织吗？

简答（法定要求）

可以，但这一问题的答案还取决于该组织设立的目的以及该组织希望促进其目的的方式，包括开展宣传活动（详见第3.3~3.5部分）。

详答

若游说组织（campaigning organization）只有慈善目的，且该宣传活动完全是为支持其目的，那么，该组织可以成为慈善组织。但是，如果该组织存续的理由是追求政治目的，则该组织不能成为慈善组织，因为，无法评估该组织是否是为公共利益而设立。因此，希望主要通过政治活动开展宣传活动的组织不能成为慈善组织。

慈善组织登记：《慈善法》（2006年）中定义的具备慈善目的的宣传组织可以

申请慈善组织登记。实际上,如果该组织只具有慈善目的,其必须申请登记。具有其他非慈善目的的组织不能成为慈善组织,即使其他目的具有慈善性质。尽管人们可以依法设立完全追求政治目的之类的组织,但该组织不能登记为慈善组织。

替代选择:一些宣传组织为自由追求其认可的政治目的,选择放弃慈善身份。非慈善性宣传组织可以是非营利组织,如有限保证责任公司、非营利性商业工会等。一些慈善组织选择与有关的非慈善性宣传组织合作,这也是合法的。

3.7 慈善组织可以开展支持修订法律的政治活动吗?

简答

可以。只要能支持其实现慈善目的,慈善组织可以开展支持修订法律的政治活动。

详答

政治活动(包括开展修订法律的宣传活动)是完全合法的,可以作为支持慈善目的的有效方式。但是,按照第3.3部分的规定,不论是在英国还是在国外,开展修订法律的宣传活动都不是慈善目的。

议会通过立法:如果能支持慈善目的的实现,慈善组织可以支持或反对通过某项议会法案或威尔士议会提案(类似于议会法案)。慈善组织可以作出或公开其对可能或提议的法律或政府政策修订的意见,无论该修订是以绿皮书、白皮书、议会法案或其他方式提出。慈善组织还可以倡导对国外立法或公共政策的变更(详见第6.7部分)。

倡导新的立法:基于同一理由,慈善组织可以倡导特定立法。根据其目的,慈善组织可以说服政府部门进行立法。《护理人员(平等机会)法》(2004年)就是一些慈善组织游说的产物。

可接受的方法:其他机构或人为变更法律可以做的尝试,慈善组织也可以做,如慈善组织可以给相关政府部门写信或到相关部门表达其想法、向议会成员说明情况,并向其支持者寻求帮助。当然,慈善组织也需要遵守同样的限制,如不得诽谤他人或煽动他人实施暴力,且慈善组织还必须遵守民法、刑法和其他相关规定。

例如，如果一个组织成立目的是为开展宣传活动，呼吁停止英国的动物实验，法院不会认定其具有慈善性，因为，实现这一目的的唯一方法就是修订法律，因此，该组织存续的理由不符合慈善法中规定的慈善目的。法院还认为，停止动物实验的呼吁也可能与公共利益背道而驰，因为，医学实验会因此而受到阻碍。但是，拥有更广泛动物福利目标的慈善组织可以开展宣传活动，呼吁修订动物实验的相关立法，表明该修订有助于其慈善目的的实现。

3.8 慈善组织可以将其资源集中用于政治活动吗？

简答（法定要求）

慈善组织可以选择在一定时期将其多数或全部资源用于政治活动。关键问题是，慈善组织受托人需要确保该活动不是且不会成为慈善组织存续的理由。

政治活动只能是慈善组织支持或促进其慈善目的实现的一种方式，政治活动本身不能成为慈善目的，也不能成为慈善组织实现其目的的唯一方式。

详答

慈善目的：慈善法规定政治活动必须能支持慈善目的的实现。《慈善法》（2006 年）规定了能设立慈善组织的慈善目的。

慈善资源的使用：在特定情形下，慈善组织可以依法将其多数或全部资源用于政治活动，以支持其实现慈善目的，且只能在慈善组织存续期间内适用一段时间。在这种情况下，受托人必须谨慎考虑其他可用方式，判定政治活动是当前实现慈善组织目的最有效的方式。

慈善组织认为，政治活动可以为其受益人创造重大利益，且成功可能性极大时，就可能出现上述情形。之后慈善组织可以考虑开展宣传活动，呼吁修订法律或调动公众关注度。慈善组织可以依法将其全部资源用于该宣传活动。

例如，一家当地创立已久的慈善组织（成立目的为保存一个英格兰村庄 English village）了解到当地政府正在筹划批准一项发展方案，可能会给村庄带来负面影响。慈善组织决定将全部资源投入宣传活动中，反对该项方案，因为，其有正当理由相信这是支持或促进其慈善目的实现的有效方式。起初，慈善组织并不知道该宣传活动需要持续多久，但受托人已经考虑到相关风险,决定定期审查继续将慈善组织资源用于该活动的合理性。

根据审查,即使慈善组织目前决定将其全部资源投入该政治活动,该活动仍是可接受的。

3.9 慈善组织可以开展宣传活动或政治活动来影响政府或其他机构吗?

简答(法定要求)

可以。只要能支持其慈善目的,慈善组织可以试图影响政府或其他公共机构。但是,受托人必须注意避免只注重政治活动,因为,这样会使行为的适当性或其慈善身份受到质疑。

详答

政府:就与其慈善组织目的相关的问题,慈善组织可以试图影响中央政府、地方政府或公众观点。慈善组织还可以对与其慈善事业相关的问题发表言论。这些原则同时适用于对新的和现存公共政策的考量,适用于全国、地区和地方级别的政策。

支持现行立法:慈善组织可以参与宣传活动,呼吁对现行法律的遵守。委员会将之区别于政治活动,后者试图寻求对法律或公共政策变更的支持或反对。这包括保护现行立法活动,即慈善组织在活动中反对废除或修订该法律(详见第3.4部分)。

支持政府政策:正如反对政府政策可以促进慈善组织目的的实现一样,支持政策也可以促进慈善目的的实现,且在法律上的考虑因素相同。

其他公共机构:慈善组织试图影响的任何公共机构,与影响政府部门或地方政府的工作相同——委员会认为这项活动是政治活动。委员会所认为的公共机构范围很广,包括:

- 联合国及其代理机构;
- 世界银行;
- 欧盟;
- 国民医疗服务联合体;
- 地区会议、发展机构和企业;

- 非官方公共组织和代理机构(登记的慈善组织除外);
- 政府组织和其他国家的代理机构。

私营公司:如果宣传活动的对象是私营公司,则该活动不具有政治性。例如,旨在通过利益相关人的行为变更私营公司的政策或行为的宣传活动,或鼓励大型跨国公司按公平交易原则销售产品的宣传活动。受托人必须确定该宣传活动是否能促进慈善组织目的的实现,以及该活动的促进作用是否与投入资源相当。

可接受的政治活动的例子:

- 地方流浪汉慈善组织反对地方政府不提供住房的决策;
- 国家流浪汉慈善组织倡导改变关于住房分配决策方式的公共政策;
- 国民信托组织试图影响地方政府对建筑价值清单的决策;
- 国家保护慈善组织试图影响负责建筑清单的机构的决策;
- 为减少其他国贫困而设立的慈善组织可以开展宣传活动,支持在特定国家采纳人权,只要能表明采纳这些特定权利能减轻该国的贫困现状。

4. 与政党和政客共事

本部分主要涉及慈善组织与政党、政客或独立候选人之间可能存在的关系。慈善组织常常希望能影响政治决策者。虽然慈善组织不能支持政党,但他们可以通过很多合法方式,在政治舞台上发挥作用。

4.1 慈善组织可以支持政党吗?

简答(法定要求)

不可以,慈善组织不得支持任何政党。但如果有利于实现慈善目的,慈善组织可以支持特定的政策,但慈善组织必须保持独立性,且其独立性观念不得受到相反影响。

详答

支持政党:支持政党本身不是慈善目的,但慈善组织可以支持政党主张的特定政策。慈善组织不得笼统地支持某个政党,因为,所有的政党都有一系列政策。因此,如果慈善组织因认可一项政策(如气候变化)而认可某个政党,慈善组织会支持整个政党,并将会认可该政党的其他政策(如税收、教育、辩护等内容),但这些政策与慈善组织的目的无关。虽然支持特定的政策可以作为促进慈善目的实现的重要方式,但慈善组织却不能支持提出该项政策的政党。慈善组织不能以资金或其他任何形式支持任何政党。

支持政府的政策:按照第4.2部分所说,慈善组织可以倡导对某个政党或候选人提出的具体政策的支持,只要该政策能支持慈善组织的目的慈善组织还可以倡导符合政府政策的政策,但须说明理由。

慈善组织独立性:慈善组织应该一直保持其独立性。支持政党或候选人主张的政策时,受托人应该向其支持者和慈善组织试图影响的人强调并明示其独立性。

更多信息:委员会将关于宣传活动和选举的指引单独提出,供慈善组织在宣布选举至选举开始期间使用。

> 例如,慈善组织负责人在其职责范围内向报刊投递一份支持某个政治候选人的信件,显而易见,这是政党政治活动,是慈善组织禁止的活动。

4.2 慈善组织可以加入政党吗?

简答(法定要求)

可以,只要能支持其慈善目的,慈善组织可以加入政党。如果加入,慈善组织必须保持政治中立,且应该考虑与其他政党联系,保证中立性的公共认知。受托人应该尽可能公开其慈善组织与政党的联系。

详答

与政党的联系:适用于慈善组织参加宣传活动的原则也同等适用于慈善组织与政党及其代表的联系。这类联系在一些宣传活动中不可避免,但需要小心谨慎。公众十分重视慈善组织的独立性,并对其工作有充分信心。为保护自身信誉,慈善组织需要特别注意与政党及其代表共事的后果,并向公众公开其联系。

支持政策：只要能支持慈善组织目的，慈善组织可以倡导支持政党或候选人主张的政策，但慈善组织不得支持任何政党或候选人。

政策讨论：慈善组织可能有机会参加政党组织的政策讨论，如参加党内会议的分组会议。指导这类活动的原则是，慈善组织可以试图影响政党的政策（为了其受益人的利益），但不能帮助任何政党获得选票。因此，慈善组织可以接受主要政党的邀请，表达其利益团体的观点（如说明父母在找工作时面临的问题）。为诉求这些需求，慈善组织可能会主动联系所有的主要政党。如果慈善组织只收到一个主要政党的邀请或只与一个主要政党联系，且长期如此，该慈善组织的政治中立性可能会受到质疑。

“利用”风险：慈善组织应该警惕政党为自身利益而利用慈善组织参与政策讨论，而不考虑为慈善组织受益人的利益。作为风险管理的一部分，慈善组织应该公开其与政党的联系。

例如，慈善组织负责人在其职责范围内，被邀请参加党内会议的分组会议并发言。只要该负责人和慈善组织受托人明确参与该会议能支持其慈善目的且不影响慈善组织独立性，这就是可以接受的政治活动。

又如，某政党邀请某慈善组织评论其声明草案，该慈善组织予以同意，但仅评论影响其受益人的内容，并且对所有主流政党发出相同的要约，这也是可接受的。

4.3 慈善组织可以与政客联系吗？

简答（法定要求）

可以，慈善组织与政客联系的方式有很多。在这一过程中，慈善组织必须保持政治中立，且应该考虑与其他政党联系，保证中立性的公共认知。

详答

发言邀请：慈善组织可以邀请政客做出支持其目的的发言，如全国性宣传活动的启动招待会或周年大会。理论上而言，慈善组织支持政客的，为保证独立性和中立性，慈善组织应该举行跨党派说明会（cross party representation），但对于有些形式的宣传活动，这一点可能不切实际。

中立性要求：如果慈善组织一直只为一个党派的政客寻求支持，委员会将予以关注。慈善组织应适当考虑，确保其开展宣传活动的方式经过深思熟虑，不会造成任何偏袒。

发表政客、政府和影子内阁的观点：慈善组织可以发表当地议员、议会成员、威尔士议会成员和候选人的观点，以及政府和影子内阁发言人的观点，但这些观点必须与慈善组织目的相关，且发表其观点能在一定程度上支持慈善组织工作。慈善组织应该考虑这些观点对其整体工作的影响以及表达方式。受托人应该评估这些观点是否会对慈善组织信誉造成风险。

单个问题：慈善组织可以询问所有政党代表对特定问题的观点，并发表他们的回答。例如，慈善组织可以组织一场辩论，邀请所有政党参加讨论——或在其杂志或网页上发表对所有党派代表的访问。

提供有关政客的信息：慈善组织可以向其支持者或公众提供信息，说明议会成员、威尔士议会成员、当地议员或政党对某一问题的投票情况，以改变他们的立场。经要求，慈善组织必须说明这样做的理由——该问题必须与慈善组织目的相关。

> 例如，慈善组织邀请1名政客参加慈善商店的开业仪式并发言，这是可接受的，但该慈善组织必须向政客说明活动目的，并能合理期望该政客发表支持慈善组织工作的演讲，而不是借此机会宣传政党观点。
>
> 又如，慈善组织在债代会上发表一篇报告，活动中拍摄政界要员和慈善组织受益人的合照，这是可接受的，但慈善组织必须明确说明该照片是为促进慈善组织工作，并非为政客工作。

4.4 选举时会发生变化吗？

简答（法定要求）

会。一旦开始选举，开展宣传活动的慈善组织需要特别注意保持其政治中立性。例如，慈善组织不得为任何政治候选人提供资金或其他帮助。

详答

慈善组织不得授意支持者在选举中支持任何候选人。（详见第4.3部分慈善组织可开展的与政客相关的活动。）在选举阶段，公正和平衡需要尤为注意，特别是慈善组织在政界开展活动时。

更多信息

委员会单独出版慈善组织在宣布选举至选举之日期间使用的**指引**。

5. 受托人的问题

本部分主要与慈善组织受托人相关，介绍他们在开展宣传活动或政治活动前应该考虑的问题。慈善组织开展宣传活动是合法的，且适用的要素与其他活动类似：受托人应该在开始宣传活动前确信对选择、风险、成本和利益进行谨慎衡量。

5.1 受托人应该考虑的因素

简答(法定要求)

和其他活动一样，宣传活动和政治活动也同时具备机遇和风险，需要受托人进行确认和管理。受托人必须有正当理由确信该活动是促进或支持慈善组织目的的有效方式，受托人还需要说明所用资源的合理性。受托人可以采用很多方式确信这一点以及证明其已经采取的措施，例如，保留风险登记、经营计划和相关会议记录。

详答

宣传活动的本质和不断变化的环境意味着这一领域通常会衍生新颖、创新的方法。在本指引框架下，委员会支持慈善组织这方面的工作。确认和管理风险十分重要，但受托人也不能过度谨慎或过度规避风险。

同意目标：计划或考虑宣传活动或政治活动时，受托人需要明确了解该宣传活动或政治活动能如何促进或支持慈善组织工作，并在此基础上设立明确且可衡量的目标。即使政治活动未能立即变更法律或政府政策，其也可能在实现提升公众意识方面或鼓励公众支持慈善组织工作方面取得极大的成果。不是所有的政治活动都会取得成功。因此，受托人需要说明其参与宣传活动或政治活动的理由，确立有可能成功的目标，确保其在宣传活动实施阶段监管相关程序。

确立目标时，受托人应该了解并适当遵守“基本规范”(基本规范的相关资源，详见第8部分更多信息和建议)。

评估和管理风险：受托人应负责确认和审查慈善组织可能面临的主要风险，

落实相关制度,转移风险。一些宣传活动和政治活动,尤其是涉及公众形象的活动,有可能改善或损害慈善组织信誉,也可能折损其独立性。这意味着,慈善组织需要确认并管理潜在风险,但这不是说要规避所有风险。

作为活动风险和利益评估的重要一环,受托人应该考虑以下几点:

- 该活动可能没有作用的风险,或慈善组织可能涉及活动与其目的无关的风险;
- 参与特定宣传活动的成本和利益;
- 开展宣传活动的方式;
- 与宣传活动相关的风险,以及如何管理这些风险;这些风险包括对慈善组织独立性的公众认知,如慈善组织支持或反对某一组织主张的政策;
- 开展宣传活动的策略;
- 如何合理评估宣传活动的成功与影响。

受托人不得允许慈善组织成为表达任何受托人或员工个人观点(此处指个人或政党政治观点)的工具。

受托人应该确保对捐赠人有适当了解。受托人应注意捐赠人捐款给慈善组织可能别有用心,与慈善组织工作无关,会给慈善组织信誉带来负面影响,但这种风险出现的情况很少。总体而言,受托人需要确信捐赠符合慈善组织的最大利益。

信誉风险:受托人需要考虑规划的宣传活动或政治活动对慈善组织信誉的影响。受托人必须保持慈善组织的独立性和信誉,将对慈善组织新有的保护纳入整体宣传活动战略中。

风险和利益的平衡:总体而言,受托人需要合理确信宣传活动的可能利益高于成本和风险,这涉及对成功可能性的评估。受托人必须确定以下两点:

- 该活动真的能促进或支持慈善组织的工作吗?
- 该活动值得花费精力和资源吗?

如果这两个问题的答案都是肯定的,那么,受托人就有信心开展活动。

监管影响和成功:对宣传活动的成功监管和评估应在一开始就被纳入宣传活动战略中,这是确保理性使用资源的关键方法,也能促进未来宣传活动的有效性。

咨询:在影响立法或公共政策的过程中,慈善组织可以咨询其主要利益相关人和社会公众。例如,在支持立法和公共政策变更前开展咨询会,了解其受益人的观点。但这类咨询并非正式要求。慈善组织需要做到的是明确理解该活动可以促进或支持慈善组织工作的方式。

更多信息

有关慈善组织风险管理的信息详见**GOV. UK**。

如果一项政治活动或相关宣传活动没有明确的截止日期,则可能被视为政治目的,继而该活动的合理性将会受到质疑,最终导致慈善组织的慈善身份受到质疑。

受托人需要做出的关键决策是,该政治活动对慈善组织目的的支持能否与投入的资源对等。受托人对其慈善组织的了解意味着他们足以判定某项特定活动是否是支持慈善组织目的的有效方式。在做出知情决策时,受托人必须说明决策背后的理由,还要能应对可能产生的批评,例如,慈善组织主张的法律变更过于遥远,难以实现,或受托人企图制定或希望制定与其个人政治观点相关的议程。受托人必须时刻铭记其责任,理性使用慈善组织资金和财产,且仅将之用于促进或支持慈善组织目的。

6. 宣传活动:正确开展

本部分旨在为已经决定开展宣传活动或参与政治舞台的慈善组织提供指引。在遵循慈善法和其他法律法规的同时,也会产生很多具体问题。如果本部分内容中没有相关问题,可以随时咨询委员会——联系方式详见本指引最后一部分。

6.1 慈善组织宣传活动和政治活动会适用哪些民事或刑事法律?

简答(法定要求)

慈善组织参与宣传活动和政治活动的,受托人必须了解一般适用的相关法律和规定性要求,且遵守该规定。

详答

广告标准局:宣传慈善组织应该了解英国广告标准局(Advertising Standards Authority,ASA)和广告广播委员会(Broadcast Committee of Advertising Practice,BCAP)的工作。ASA 是英国广播和非广播广告、促销和直销的独立自律机构,负责实施《英国广告、促销和直销法》(British Code of Advertisement, Sales Promotion and Direct Marketing, CAP 法),确保广告合法、得体、真实可信。该法自1993 年起适用于慈善组织和压力集团。按照基本规范,慈善组织应该采取一切合理措施,遵守 ASA 法。BCAP 负责实施《广播广告标准法》,并与 ASA 联合落实《电视广告标准法》。

违反 ASA 法或 BCAP 法:慈善组织严重违反或持续违反 ASA 法或 BCAP 法可能预示着慈善组织工作可能存在潜在的管理不善,这就要求委员会采取财务管制措施。

其他立法:除委员会在本指引中列举的一般法律和法规要求外,受托人还需要遵守其他要求,如以下要求:

- 《通信法》(2003 年),尤其是准备使用广播广告的慈善组织;该法禁止通过广播媒介播放政治广告——“政治广告”包括旨在影响公众对“公共争议”观点的广告;
- 《严重有组织犯罪和警察法》(2005 年),特别是组织示威的慈善组织,该法规定对示威等宣传活动新的限制;
- 其他法律规定,包括有关诽谤(诽谤或诋毁)的民事法律和关于教唆的刑事法律。

更多信息

CAP 法中还包括英格兰和威尔士地区与广告和推广相关的法律法规表。更多有关 ASA 法和 CAP 法的信息详见**www. asa. org. uk**。

6.2 慈善组织可以采取什么方法开展宣传活动?

简答

只要合法且可以有效利用慈善资源,慈善组织可以采取任何合理的方法开展宣传活动。

详答

慈善组织开展宣传活动的方式有很多,并且也在不断变化和发展。本部分主要涉及一些慈善组织应该考虑的问题,并就一些使用方法提供指引。

使用宣传资料:不论是否寻求对公众或当地社区的支持,慈善组织都有权在宣传活动中使用合理合法的通信方式。

说明慈善组织的态度:有时慈善组织会选择充分说明其对宣传活动的态度和开展宣传活动的理由,以获得支持,并没有具体法律或法规要求慈善组织在宣传资料中详细说明其态度。宣传活动中使用的很多通信方式都难以实现,例如,报纸广告会受到版面限制,电视或广播广播会受到时间限制。

新技术:为有效开展宣传活动,新颖创新的技术一直不断发展。例如,网络宣传现在已经是老生常谈,移动电话和短信发送设备也越来越频繁地用于获得活动参与者(campaigner)的支持。在这瞬息万变的时代,若对其计划开展的宣传活动或政治活动的合法性、合理性或实际成本效益有疑惑,慈善组织应该咨询专业人士的意见。

调动支持:慈善组织可以向其支持者或社会大众提供宣传资料,送给议会成员、威尔士议会成员、议员、中央政府或当地政府,若经要求,慈善组织需要证明其参与该活动是经过深思熟虑后决定的,且使用这些资料是有依据的。

6.3 慈善组织可以在宣传活动中使用煽情或有争议的资料吗?

简答(法定要求)

可以,只有宣传活动目的是正当的,慈善组织才能在宣传活动中使用煽情的资料。这些资料本身必须真实准确,且有合理依据。慈善组织不得违反法律规定,应该遵守该领域的相关法律规定。

详答

煽情的宣传活动:慈善组织的工作会引发强烈的公众情绪,可以决定开展高风险的宣传活动,因为,这类活动可以带来高收益,包括:

- 公众的高度理解(可能会增加捐款);
- 行为的改变;
- 政府对该问题的态度转变。

例如,一个全国性动物福利慈善组织开展一项长期的宣传活动,呼吁禁止携带犬只进行狩猎。这一问题是有争议的,但委员会认为,其活动目的和采用的方法(其中涉及煽情广告)均合法。

宣传资料:许多慈善组织的工作性质和涉及的问题都会引发一些情绪问题。

这类慈善组织的宣传资料通常会有煽情的内容,但只要这些内容有合理依据,且真实准确,则这些资料都是可接受的。但是,受托人仍需要考虑使用煽情或有争议的资料存在特定风险,因为,这些风险可能会影响公众对慈善组织的看法。受托人需要衡量这些风险和可能的利益,这些利益包括改善公众的理解和对特定问题态度的转变。

6.4 慈善组织应该为宣传活动开展调查吗?

简答

尽管没有相关规定,为支持并加强宣传活动或政治活动,慈善组织有时会选择开展调查。关键在于,所有为支持宣传活动做出的主张必须有理有据。慈善组织可以动用其资源开展或委托他人开展调查,但受托人必须确保调查的质量和有效性。

详答

作为宣传活动和政治活动的一部分,慈善组织有时会通过调查来告知和教育公众,或支持或表明政策立场,进一步扩大活动影响力。调查形式视宣传活动的性质而变,例如,调查能否支持教育和提升意识的宣传活动,或调查能否支撑和增强活动对法律或政策变更的影响力。

开展调查或授权其他组织开展调查时,慈善组织应该确保在调查中使用稳健、客观的调查方法。一些宣传活动受托人可能会选择开展独立调查——如学术机构或调查公司——以确保在活动中使用的数据和资料是经过认证且客观的。并没有规定要求慈善组织开展独立调查或用调查支撑宣传活动,但很多小型慈善组织没有足够资源进行调查。慈善组织在宣传活动中的关键是有充分根据并且有效,有时,开展调查是实现这一要求的最佳方法。

6.5 慈善组织可以将其房产用于宣传活动吗?

简答(法定要求)

通常而言,慈善组织可以将其房产用于任何慈善活动,包括其开展的宣传活动,但若将房产用于政治目的,则有一些限制性规定。

详答

村公所:地方或全国性慈善组织目的包括为社区团体提供房产的(如社区协会或村公所),可以允许地方政治或宣传组织使用其房产,但使用条件与其他非商业组织相同。这类慈善组织不得根据各个组织的不同观点而区别对待。尽管这类对房产的使用可以促进慈善组织目的,但不属于慈善组织开展的政治活动。

租赁房产:为筹集资金,各类地方慈善组织都可以允许非慈善性组织依照商业条款使用其房产,将之用于慈善目的之外的用途。包括地方政治和宣传组织、候选人、地方议会成员或希望与其选民开展活动的(hold surgeries with)议员。再次强调,这类租赁不属于慈善组织开展的政治活动。

拒绝不适合的组织:慈善组织有权以特定组织或个人目标与慈善组织目的相悖为由,或以存在扰乱公共秩序或离间慈善组织受益人或支持者为由(如该组织涉及种族主义观念),拒绝该组织或个人使用其房产。

选举会议:《人民代表法》(1983 年)规定,特定地方的慈善组织(尤其是学校)受托人要允许选举候选人免费使用其房产举行选举会议。委员会已经出版单独的指引,供慈善组织在宣告选举至选举开始期间使用。

更多信息

委员会目前正在着手准备单独的指引,为慈善组织介绍《选举法》的含义和规定,之后可在 GOV. UK 中查看该指引。

6.6 慈善组织可以与其他组织共同开展宣传活动吗?

简答

可以,为促进或支持慈善目的,慈善组织可以与其他组织合作,但存在一定风险,受托人需要了解并管理这些风险。

详答

游说联盟:慈善组织可自由组成联盟、同盟和公会,共同游说议会成员和政府修订法律。当然,希望宣传联盟做的每件事都符合每个成员的慈善目的是不切实际的,联盟成员多的时候更是难上加难,因此,有一些重要因素需要考虑。

例如,残疾人慈善组织的联盟成功游说了在《反残疾人歧视法》(1995 年和 2006 年)(Disability Discrimination Acts)中为残疾人新增一些权利和保护。

很多反对贫困的慈善组织都加入“告别贫困”这一宣传联盟。且不论该联盟实现政府政策的改变,该宣传联盟成功地提高公众对采取更有战略性和明确的方式消除贫困这一观点的认可和支持。

需要考虑的因素:希望加入这类同盟的慈善组织应考虑以下因素:

- 加入同盟是否能促进或支持慈善组织目的;
- 所需经费是否是对资源的有效利用;
- 加入联盟的益处是否高于风险,尤其是联盟参与的政治活动不符合慈善组织自身目的时,慈善组织需要考虑如何更好地管理其信誉风险和工作——慈善组织还需要思考暂时退出同盟,但慈善组织有其他方法不参与这些活动的除外。

有时,慈善组织无法在特定问题上支持同盟,但不希望打破与同盟的关系,为此,慈善组织需要考虑管理这一风险的最佳方式。

与非慈善组织共事:有些问题会带来各类不同组织的利益和支持,但不是所有组织都是慈善性质的。有些同盟由慈善组织和非慈善组织代表、个人和政党代表组成,这类情形也适用之前列举的因素。

资金渗漏:与其他组织共事时,慈善组织必须保护其慈善资金免受“渗漏”,即缴纳给联盟或同盟的资金不得用于慈善组织之外的目的。

6.7 慈善组织可以在国外开展宣传活动或政治活动吗?

简答(法定要求)

可以,所有慈善组织的基本规定都是一样的,不论其从事何种工作。若受托人决定在国外开展宣传活动和政治活动,还需要考虑其他因素。

详答

若慈善组织开展国际性工作,且倡导立法或公共政策改变,慈善组织必须确信此改变有利于实现其慈善目的。就修订英国法律而言,为修订特定立法开展的宣传活动本身不属于慈善目的。

根据慈善组织的慈善目的,一些慈善组织可能会参与国外宣传活动或政治活动,例如,防止或救济贫困的慈善组织、提倡宗教信仰或人权的慈善组织等。

在一些情况下,需要考虑国内法、国外法和国际法的竞合。该领域有待进一步研究,委员会草拟了关公共利益补充指引,用于更新现有的**《国际慈善组织》**指引。

例如,为保护环境而设立的慈善组织开展宣传活动,企图说服他国政府增强对伐木的限制,理由是砍伐森林具有负面影响。这对于慈善组织来说是可接受的政治活动,因为这一活动支持其慈善目的。

又如,为开展反对某国对通奸判处死刑,设立一个组织,该组织不能在英国成为慈善组织,因为,英国法院有权认定其公共利益。但是,从事一般人权工作的慈善组织在考虑相关因素后也可以开展此类活动,同时,开展旨在改善该国情况的其他活动。

其他信息

委员会在指引**《国际慈善组织》**中说明了完全或部分从事国际性事务的慈善组织具体法律规定和推荐的基本规范。

6.8 慈善组织可以组织示威吗?

简答(法定要求)

可以,原则上说,慈善组织可以组织不同类型的直接行动,支持其慈善宣传活动,但对此有法定要求,且还可能存在风险,受托人应予以考虑。

详答

作为宣传活动的一部分,慈善组织可能会希望组织、促进或参加一些类型的示威或直接行动。这可能会涉及直接在公共场所提供信息,如分发传单,提升公众意识。在这种情况下,受托人可以使用本指引第 6.3 部分关于使用宣传资料的内容。

如果慈善组织希望参与一项运动,且所做的事不仅是提供信息,那么,慈善组织还需要进一步考虑。这类运动可能包括参加游行、集会或和平抗议。参与这类活动可能令慈善组织有机会表达其对该问题的态度,促进其目的实现,或显示公众对这一问题的支持度。慈善组织开展此类活动的,适用《严重组织犯罪和警察法》(2005 年)。

风险:同样,慈善组织需要权衡参与这类活动的潜在利益和风险。例如,总有人认为慈善组织不宜参与这类活动,这种观念会给慈善组织造成信誉风险。

因此,慈善组织起初就要评估参与这类活动损害公众对慈善组织的支持的可能性和程度。

公共秩序:由于社会治安立法的复杂性,游行和集会等活动还能反映慈善组织管控存在的实际问题。相较于其他宣传活动,公众集会和示威的性质意味着慈善组织代表或其他参与者犯罪的风险更大。因此,慈善组织应该谨慎考虑采取何种措施最小化或转移犯罪风险,如进行谨慎的准备,或与警察或其他机构保持良好联系。

与其他组织共事:各个慈善组织的目标不同,在参与涉及多个慈善组织活动时,慈善组织应该考虑并管理与这些目标不同的慈善组织共事的风险。慈善组织应该确保组织者(不论是否是慈善组织本身)完全控制整个活动,且该活动是和平的。

6.9 慈善组织可以组织公众请愿吗?

简答(法定要求)

可以,慈善组织可以组织支持其慈善宣传活动的公众请愿。对此,受托人在实施之前必须考虑一些法律规定和基本规范。

详答

慈善组织可以组织向上议院、威尔士议会或其他国家机关或地方政府机关提交请愿书。慈善组织提交的请愿书或证明资料应该明确请愿的目的,让支持该请求的人了解其签署的文件内容。慈善组织开展公众请愿的,适用《严重组织犯罪和警察法》(2005年)。

经要求,慈善组织还应该说明请愿书的真实性可经核查。

7. 若产生问题……

本部分内容简短,主要介绍了若慈善组织因任何原因参与了与其慈善身份相悖的宣传活动或政治运动的后果。委员会应该强调很少产生严重问题,多数问题都通过非正式途径处理。参照本指引且秉诚行事的受托人无须过多担忧。

7.1 委员会如何处理有关慈善组织宣传活动或政治活动的投诉?

简答

委员会设有公平公开的程序,用于评估和处理与慈善组织相关的投诉,包括对于慈善组织宣传活动的投诉。若只是因不同意慈善组织的政治立场或宣传活动态度而投诉,委员会通常不会追究。作为监管机构,慈善组织最关心的是慈善组织应时刻按照其慈善目的运作。

详答

过去5年,委员会很少支持对登记慈善组织开展政治活动的投诉。

有争议的宣传活动:宣传活动往往都具有争议,委员会也了解到,社会公众有时仅因为不同意慈善组织的方式而投诉。有些人投诉慈善组织完全参与政治活动;还有些人投诉慈善组织表达的语气或准确性,或投诉慈善组织参与争论,有损信誉。

其他监管机构:委员会会将一些投诉移交给 ASA 或通信管理局(the Office of Communications, Ofcom)等其他监管机构。

委员会的关注点:实际上,委员会担心的是慈善组织参与的宣传活动与其目的的关联度不够,尤其是受托人可能已经有意或无意地采纳了政治目的。

更多信息

[详见指引**《对慈善组织的投诉》(CC47)**]。

7.2 如果慈善组织违反了规定或法律会怎样?

简答

若慈善组织有意或无意地开展与其目的不完全相关的宣传活动,委员会可能会进行调查。通常委员会将采用非正式方式解决这一问题,但若存在滥用慈善组织资源或不当行为的,委员会可能需要采取监管措施。

详答

监管措施:如果慈善组织因任何原因参与了违背法律或法规的宣传活动和政治活动,委员会可以采取很多措施,根据案件的情况、相关活动的范围和性质以及慈善组织对指引的遵守情况采取相应的措施。

可获得的救济:若投诉成立,委员会可以采取一系列救济措施。实际上,多数情况下委员会可能会给出稳妥建议,而非使用救济权力。若慈善组织因过失违反法律,且委员会认为受托人秉诚行事,委员会很可能做出灵活处理。但是,若慈善组织故意将大量慈善资金滥用于不合理的政治活动中,受托人可能要负责赔偿慈善组织损失。

从慈善组织登记簿中除名:在极端情况下,如果查明慈善组织的设立是为政治目的而非慈善目的,委员会可能会将该组织从登记簿中除名。

> 例如,以"建立生活中的年轻人"(establish young people in life)为目标的慈善组织资助一项反战示威的报纸广告。委员会认为该行为违反信托,因为该广告与慈善组织目的相距甚远。受托人接受这一工作,且根据特定担保(subject to certain undertakings),委员会没有采取进一步的监管措施。

8. 附件

宣传活动和政治活动:受托人检查表

1. 该宣传活动的目标是什么?
2. 该宣传活动或政治活动能如何促进或支持慈善组织目的?
3. 该宣传活动的目标超出慈善组织目的的范畴吗?
4. 这些活动具有政党政治性吗?
5. 该宣传活动目的实现的可能性有多大?
6. 所有的宣传资料内容都真实准确吗?
7. 有证据证明问题2~5吗?(例如,受益人讨论会或可信的证据基础等)

8(a). 慈善组织可以通过其他活动实现同等目标吗?

8(b). 以何种方式可以让这些其他活动达到与宣传活动相当的效果?

9(a). 该宣传活动的周期和资金成本是多少?

9(b). 宣传活动会成为慈善组织的唯一活动吗?若会,周期多长?

10(a). 可以与其他组织合作开展宣传组织吗?

10(b). 若可以,如何管理资金和合作?

11(a). 开展宣传活动时慈善组织会面临哪些风险?

- 开展慈善组织目的之外的活动或滥用慈善组织资金的风险;

- 在宣传活动违反法律规定中基本规范的风险；
- 成本和利益；
- 不能达到目标的风险；
- 财务风险；
- 信誉风险；
- 独立性风险；
- 计划外的结果；
- 其他风险。

11(b). 如何转移这些风险？

12. 慈善组织如何监管和评估宣传活动的有效性？

高效慈善组织的特征

（CC10）

2008 年 7 月

目　　录

1. 引言

慈善委员会是英格兰和威尔士地区慈善组织的独立监管机构。作为监管机构,慈善委员会要鼓励慈善组织在其运作和活动中采纳基本规范。采纳基本规范有助于慈善组织应对变化,更高效地向人们提供更好的服务,还有助于保障慈善组织履行其法定义务。

1.1 本指引的内容

本指引说明了有助于受托人提高慈善组织效能的标准,以及委员会监管框架的原则。委员会将这些原则划分为6大特征或6大原则,分别列举了大量表现该特征的方式,但并非每个例子都适用于每个慈善组织。其中有些原则是法定要求,但大多数原则是基本规范。

尽管这些特征与所有慈善组织均相关,但因各个慈善组织的规模、收入、复杂性和活动均不相同,其特征的表现方式和实现方式也各有差异,但有些慈善组织能实现殊途同归。委员会的经验表明,不论慈善组织的规模和活动如何,受托人均可以用这些特征来审查其慈善组织的运作,确认慈善组织的强势领域和有待进一步发展的领域。

遵守法律是良好管理和有效运作的必经之路。本指引没有列举所有适用于慈善组织和慈善组织受托人的法定要求。必须遵守所有标记为"法定要求"的特征。关于立法和慈善组织管理特定领域的详细指引,详见网站 GOV. UK。

1.2 其他准则和标准

除上述所说外,慈善组织还可以选择遵守,或因从事特定类型的服务或作为加入综合组织而可能需要遵守其他基本规范的准则和标准。本指引第 4 部分将会介绍一些慈善组织可能遵守的其他基本规范的准则和标准。《管理准则》(**良好管理:志愿和社区部门的准则**)就是以上准则和标准之一,且是经委员会认可的准则。本指引和该准则相互补充。

如果慈善组织遵守其他准则或标准,那么,慈善组织可能早已表现了部分或全部特征。然而,受托人可能希望了解是否这些特征的某些方面能弥补或强化慈善组织,实现有效管理和运作。

1.3 “必须”和“应该”的含义

在本指引中,“必须”是指受托人必须遵守特定的法律或法规性要求的情形。“应该”,是指若无充分理由,受托人应该按照基本规范的指引行事的情形。

委员会还提供了一些非正式的意见和建议,有助于受托人管理慈善组织。由于本指引中的特征并非规范性的,其项下的多数要点都是建议,而非法定或规范性要求,但另有说明的除外。

1.4 之前的指引

本指引代替了之前版本《高效慈善组织的特征》(CC60)。除更新了引言外,本指引还重新定义了特征,以便明确高效慈善组织希望遵守的首要原则。例如,委员会已经结合财务基本规范的要点,提出“稳健的财务”这一新特征。

1.5 术语

本指引中的术语定义如下:

活动,是指慈善组织通过其自身所有或其控制下的资源开展的所有事,包括其工作和服务。

受益人,是法律术语,指有权从慈善组织工作中受益的个人或群体。慈善组织受益团体的定义应在慈善组织的章程中予以规定。有时,受益人还可被称为客户或服务用户。

DBS,是指揭露和禁止服务机构旨在通过签发刑事、治安或相关记录的 DBS 证明(包括对被禁止儿童名单和被禁止成年人名单的核查),帮助组织确定不适合特定工作的人,尤其是涉及弱势群体(包括儿童)的工作。

章程,是指规定慈善组织目标或目的以及慈善组织管理方式的法律文件。章程可以是信托协议、组织制度、组织大纲、财产转让契约、意愿书、皇家宪章、委员会方案或其他正式文件。

影响,是指慈善组织对社会的改变、影响或益处,影响通常具有长期性、广泛性和可持续性,且可能是积极或消极的、计划中或计划外的。

指标,是指定义明确且易于衡量的信息,能表明慈善组织的运作状态。

宗旨或宗旨声明,多被慈善组织用于表述其存在的原因和希望达到的影响。

宗旨声明可以：

- 以日常语言说明慈善组织的目的；
- 传达慈善组织的理念和价值观；
- 通过确定慈善组织希望实现的特定成果或目标,确定慈善组织战略规划的重心。

慈善组织的宗旨(或宗旨声明)必须与其目的具有一致性,且不得高于其目的。

目的(也称为目标),是慈善组织存续合法的慈善目的或慈善组织在其章程中规定的设立目的。目的可以用宽泛的法律语言表达,且指导(且限制)慈善组织资金的使用。

成果,是指慈善组织的服务或活动引发的改变、益处、学习或其他影响。(成果与**输出**不同,输出指慈善组织提供的活动、服务和产品,输出表现的是慈善组织开展的工作量,而非结果。)

受托人,是指**慈善组织受托人**,即负责慈善组织一般管控和管理的人。在慈善组织章程中,这类人可能被称为受托人、理事会、管理受托人、委员会、管理者、主管或其他称谓。

2. 特征概览

特征 1：目的和方向明确

高效的慈善组织的目的、宗旨和价值观非常明确,且指导慈善组织各方面工作。

特征 2：强大的理事会

高效的慈善组织由其可明确辨认的理事会或受托人机构经营管理,该理事会或受托人具备均衡的能力和经验,能以慈善组织及其受益人的最大利益行事,了解其责任和义务,且能配套落实相关制度,合理履行义务。

特征 3：一切为目的服务

高效的慈善组织能制定合适的结构、政策和程序,实现其目的和宗旨,提供高效服务。

特征4：学习和进步

高效的慈善组织总是能寻求机会提高其业绩和效率，学习新的方法，更好地实现其目的。对慈善组织的业绩、影响和工作成果的评估将被纳入其规划程序中，影响慈善组织以后的发展方向。

特征5：良好稳健的财务

高效的慈善组织需要具备资金和其他资源，实现其目的和宗旨，且通过控制和使用这些资金和资源，发挥其潜力。

特征6：负责和透明

高效的慈善组织应是透明和易懂的，能对社会公众和其他利益相关人负责。

3.特征

3.1 特征1：目的和方向明确

高效的慈善组织的目的、宗旨和价值观非常明确，且指导慈善组织各方面工作。

为实现这点，慈善组织需要：

- 确保其宗旨和规划的活动符合其在章程中规定的目的(法定要求)；
- 明确其宗旨以及实现该宗旨需要的战略和措施，并将之规定在书面文件中，定期审查，让慈善组织重心突出、方向明确、公开透明；
- 说明其所有活动与目的、战略和宗旨的相关性和支持度，且这些活动能造福社会大众；
- 定期审查，确认慈善组织章程中规定的目的是否与时俱进、是否符合受益人的需求；
- 考虑未来的可持续性——平衡当前需求和未来需求。

3.2 特征2：强大的理事会

高效的慈善组织由其可明确辨认的理事会或受托人机构经营管理，该理事会或受托人具备均衡的能力和经验，能以慈善组织及其受益人的最大利益行事，了解其责任和义务,且能配套落实相关制度,合理履行义务。

为实现这点,慈善组织需要:

- 确保依照慈善组织章程组成受托人机构(法定要求)。
- 确定受托人的能力、知识和经验的组合符合慈善组织高效管理的需要,确保新受托人的招聘和任命经过再评估,且能实现前述组合。
- 确保受托人机构的规模符合慈善组织的需要——不仅要足以囊括慈善组织高效运作所需的能力和经验,还要能进行高效讨论和决策。
- 通过受托人和慈善组织管理人员职责说明,充分了解受托人机构和成员各自的职责。
- 确保慈善组织的委员会、员工和代理人有明确且合理的授权,在实现慈善组织目的中发挥其应有的作用。慈善组织还需落实相关制度,监管授予的权力的行使。
- 采取合理的核查,确保预期受托人具备相应资格和能力。[一些慈善组织需要对其预期(和在任)受托人进行 DBS 核查,这是法定要求]。
- 确认并满足受托人的个人入职培训和发展需求,落实委员会和受托人的业绩评估制度。
- 确保受托人了解其必须且仅需以慈善组织的利益行事,且确认并管理一切利益冲突(法定要求)。
- 确定并遵守相关立法,必要时听取专业建议(法定要求)。

3.3 特征3:一切为目的服务

高效的慈善组织能制定合适的结构、政策和程序,实现其目的和宗旨,提供高效服务。

为实现这点,慈善组织需要:

- 定期审查其章程,确保章程与时俱进,且受托人享有相应权力实现慈善组织的目的并高效管理慈善组织的资源;
- 在工作中采取合理的措施,保护慈善组织信誉,尤其是在与受益人和其他利益相关人的工作中;
- 实施相关政策和程序,确保所有弱势受益人免受虐待;
- 定期审查和评估慈善组织在各领域工作中面临的风险及其管控该风

险的计划；

- 定期审查慈善组织的结构、政策和程序，确保能持续支持且适合于慈善组织目的和宗旨的实现，包括与委员会战略、功能和责任、雇佣基本规范和鼓励使用志愿者的相关政策和程序；
- 识别、改进和重视所有活动中受益人、员工和志愿者的平等性和差异性；
- 确认与其他组织的协作和合作（包括并购）是否能提高效率、改善对资金的使用和更好地向受益人提供福利和服务；
- 考虑其活动对环境的影响。即使其目的与环境不相关，慈善组织也要以对环境负责的可持续方式开展符合其目的的工作。

3.4 特征4：学习与进步

高效的慈善组织总是能寻求机会提高其业绩和效率，学习新的方法，更好地实现其目的。对慈善组织的业绩、影响和工作成果的评估将被纳入其规划程序中，影响慈善组织以后的发展方向。

为实现这点，慈善组织需要：

- 考虑如何确定、衡量慈善组织的成就、影响和成果，以及如何从中汲取经验，包括对受益人、利益相关人和社会公众的积极影响和消极影响；
- 设立可实现的目标，基于慈善组织目的、受益人的需求、服务的性质和可获得的资源，设立衡量成就与进步的指标；
- 鼓励从受益人和其他利益相关人处获得有关慈善组织提供的服务以及有待改进的方面的（正面或负面）反馈，并采取应对措施；
- 寻求并采纳创新的工作方式，实现其目的和目标；
- 确认其工作领域的新兴趋势，并将之纳入规划程序；
- 确认并把握机遇，影响其工作领域，实现其宗旨和目的，并在开展宣传活动或游说时遵守相关法律和基本规范；
- 不自满，并通过使用适合慈善组织规模和活动的技术和工具（如经认可的质量体系和标杆管理），实现持续进步；
- 与他人分享基本规范。

3.5 特征5：良好稳健的财务

高效的慈善组织需要具备资金和其他资源，实现其目的和宗旨，且通过控制和使用这些资金和资源，发挥其潜力。

为实现这点，慈善组织需要：

- 制定政策，控制和管理其储备金、投资和借贷，且在必要时听取专业建议；
- 整合财务规划和更广泛地组织规划和管理，确保在需要时有可用资金，且有效地将资金用于慈善组织的利益；
- 通过管理现金流、年中监管和审查财务状况以及及时采取必要的正确措施，确保财务的可持续性；
- 考虑其收益来源，制定并落实相关策略，筹集所需资金——尽可能地使收益来源多样化；
- 审查其筹资策略和活动，考虑所有相关道德问题，确保其遵守基本规范标准；
- 了解已有和新增活动带来的财务风险，落实强健的财务管控和程序，管理损失、浪费和欺诈的风险；
- 以节税的方式组织慈善组织的活动，使慈善组织在交易活动中的经营风险最小化；
- 根据基本规范要求准备年报和账目，并按照法定要求按时提交(法定要求)。

3.6 特征6：负责、透明

高效的慈善组织应是透明和易懂的，能对社会公众和其他利益相关人负责。

为实现这点，慈善组织需要：

- 遵守《会计实务建议准则》中规定的法定义务(和典范)，准备年度报表和报告，并在报告中说明慈善组织在该年度中为实现公共利益开展的工作(法定要求)；
- 在其年报中以利益相关人可以理解的方式说明对其慈善目的的实现程度；

- 设有经良好宣传的高效程序,及时处理有关慈善组织及其活动的投诉。这些程序应该说明如何进行投诉和申诉,详细说明相关程序和大致时间表;
- 表明其如何让受益人和服务用户参与其服务的发展和改善;具体参与方式可以是任命受益人为受托人,或通过讨论、咨询或用户组输入等方式参与;
- 制定沟通计划,确保准确、及时地向每个利益相关人传达信息,包括媒体、捐赠人和受益人。

4. 更多信息和建议

4.1 慈善委员会发行物

以下列表是根据本指引中的一些问题选取的相关指引,以及可作为信息来源的其他组织:

- 《关于受托人事宜:须知信息及须做事项》(CC3);
- 《慈善组织内部财务控制》(CC8);
- 《畅言:慈善组织宣传活动和参与政治活动的指引》(CC9);
- 《慈善组织的报告和会计:2009 年 4 月要点》(CC15b);
- 《慈善筹款:受托人义务指引》(CC20);
- 《慈善组织与风险管理》(CC26);
- 《寻找新的受托人:慈善组织须知事项》(CC30);
- 《对慈善组织的投诉》(CC47);
- 儿童保护中心;
- 利益冲突。

4.2 其他有用信息的来源

准则和标准

良好管理:志愿和社区部门的准则(以下简称《准则》)

《准则》是志愿组织负责人协会、CTN 和 ICSA(详见组织下的网址)根据委员会的建议和支持以及其他部门机构的意见,联合制定的文件。《准则》由该部门制定,为该部门服务,且用于明确良好管理的原则,帮助该部门进行决策、问责以及开展理事会工作。

该准则在国家专业管理中心(National Hub of Expertise in Governance)完善。该中心关闭后,原来的创立团体又重拾了对准则的完善和发展。可在以下网址下载该准则:http://www.governance code.org。

受托人和管理委员会成员的国家职业标准(National Occupational Standards,NOS)

NOS 的网址详见下文。NOS 补充了管理准则,将之适用于个体受托人,而准则和特征则适用于受托人委员会和其管理的组织。

NOS 网址:www.governancehub.org.uk。

关键术语

慈善组织评估服务中心(详见下文)的网页上有关键术语表,可供慈善组织在查阅其他准则和标准时使用。

受托人费用和报酬
（CC11）

2012 年 3 月

目　录

1. 受托人费用和报酬的要点

本部分结合案例法、慈善法和基本规范,总结了慈善组织受托人需要考虑的要点,在本指引中有详细说明。

- 无偿信托的概念是慈善领域的特色之一,其大大增强了公众对慈善组织的信心;
- 受托人不得让个人利益与以慈善组织利益行事的义务发生冲突,这是基本原则;
- 但是,受托人有权从慈善组织资金中偿付其费用。这些费用的范围很广,包括参加会议的差旅费和其他费用、特定的话费和宽带费、因公出差的差旅费、因公导致照看儿童或其他受扶养亲属产生的费用等费用;
- 对于受托人提供的一些服务,慈善组织可以支付其报酬。具体的相关权力和附加条件规定于《慈善法》(2006 年)中,变更了《慈善法》(1993 年)的相关规定[现在被《慈善法》(2011 年)代替]。本指引中总结了该项权力,如果慈善组织规章中禁止此类付款,慈善组织不得行使该项权力;
- 只有符合慈善组织利益且具有重大益处时,慈善组织受托人才可以获得相应报酬。法律中没有规定进行这类付款的一般权力——慈善组织需经规章、慈善委员会或法院(不常见)的明确授权;
- 若慈善组织计划雇用受托人担任其他职位,或慈善组织希望赔偿受托人的收益损失,让受托人在工作期间参加会议,则慈善组织首先要确定其有相应授权。若规章中没有相关规定,慈善组织需要向委员会或法院申请相应权力;
- 若慈善组织希望支付报酬,但没有相应权力,受托人理事会必须在付款前向委员会申请;
- 慈善组织向受托人支付报酬时,合理评估潜在的风险和管理利益冲突都非常重要。受托人理事会应该公开其支付决定,若出现异议,应就该决定的合理性进行说明。对于所有慈善组织而言,按照《慈善组织 SORP 指南》披露慈善组织账目中的此类付款不仅是对公司和大型慈善组织的法定要求,更有助于所有慈善组织消除对秘密付款的误解;
- 慈善组织应该设置明确的程序,确定并管理利益冲突。原则上,这些程序应该在规章中列明；

• 作为基本规范，受托人理事会应该定期审查每个受托人（包括主席）的工作表现，特别是在受托人从慈善组织中获得付款时，这点尤为重要；

• 确保所有受托人平等享受机会是让受托人委员会强大、高效的关键之一，为此，慈善组织可以制定明确的费用支付政策。对个人收益损失的赔偿等其他形式的费用也可以作为条件，吸引有能力的候选人，否则，这些候选人可能无法任职；

• 受托人理事会在决定是否向受托人支付报酬时（不是偿付费用），应该考虑以下 6 个关键要素：

• 谁收取该笔款项，是受托人还是与受托人相关的个人或单位；

• 该笔款项包括哪些项目；

• 该笔款项符合慈善组织的最大利益吗？

• 慈善组织有法定权力支付该笔款项吗？

• 支付该笔款项必须满足哪些条件？

• 如何管理利益冲突？

本指引关于受托人费用和报酬的内容同等适用于慈善组织受托人及其相关的个人或单位。

2. 引言和术语

无偿信托的概念是慈善领域的特色之一，其大大增强了公众对慈善组织的信心。但这并不意味着，受托人永远不能从慈善组织中获得任何报酬或利益。有时，向受托人支付报酬符合慈善组织利益，且有正当理由这么做。但是，受托人理事会需要将慈善组织的信誉风险和运作风险最小化。本指引旨在阐明受托人理事会拟向受托人支付报酬时适用的法律和基本规范。

2.1 本指引的内容

本指引说明了以下内容：

• 哪些是合法受托人费用；委员会强调受托人不应该在代表慈善组织开展的工作中“自掏腰包”（详见第 3 部分）；

• 慈善组织如何行使法定权力，向受托人支付服务报酬（规定于 2011

年《慈善法》);必须满足哪些条件(详见第5部分);

- 可以向受托人支付服务报酬的情形,以及受托人理事会在决定支付时需要考虑的问题(详见第5部分);
- 若受托人、前任受托人或与受托人相关的人被慈善组织有偿雇佣,慈善组织何时需要获得委员会的授权;委员会还在本指引中阐述了慈善组织雇员成为受托人以及受托人的配偶或与受托人相关的个人或单位成为慈善组织雇员的情形(详见第6部分);
- 受托人何时可以获得收益损失的合理赔偿(详见第7部分)。

为方便慈善组织受托人使用本指引,委员会在文中列举了很多例子,还说明了其他相关指引的内容和相关组织的联系方式。

2.2 "费用"和"受托人报酬"的含义

费用一般指慈善组织偿还给受托人为履行其义务自行(或代表慈善组织)支付的支出。有时候,这些费用可以预先支付。偿还合理费用不属于受托人报酬,也不属于任何个人利益。

受托人报酬是为回报受托人为慈善组织所做的工作,从慈善组织资金中支付给受托人或"关联人员"(详见第3部分)的经济利益或其他可衡量利益。多数情况下,报酬是针对受托人在其义务之外提供的服务,例如,慈善组织房产的管道铺设或刷漆、法律或会计工作等类型,但也包括其担任受托人和担任受托人之外的职务的报酬(如董事长、校长、担任慈善组织董事会成员的宗教领袖等职务)。

受托人报酬还可能以"实物"支付,如免费使用慈善组织的设备或服务,但一般用户需要付费使用。

2.3 其他术语和表达的定义

"必须"指受托人必须遵守的法定或法规性要求或义务;"应该"指受托人应该遵守的最低基本规范指引,但有正当理由不遵守的除外。

委员会已经尽力用日常语言编写本指引,但仍涉及一些专业术语,定义如下:

- 可适用的《会计实务建议准则》(Statement of Recommended Practice, SORP),是指慈善组织在按照权责发生制准备账目时使用的该财政年生效的 SORP。2015 年 1 月 1 日之后的财政年中，受托人可以选择适用 SORP FRS 102 或 SORP FRSSE，2015 年 1 月 1 日之前的财政年只能适用 SORP 2005。SORP 2005 不适用于 2015 年 1 月 1 日后的财政年；

- 违反信托，是指违反任何受托人义务。慈善组织受托人的义务规定于慈善组织规章、法律法规、法院或委员会的命令中；
- 慈善公司，是指根据《慈善法》(2006 年)登记设立的公司，具备排他性慈善目的，包括根据《公司法》(1985 年)登记设立的慈善公司或 1985 年之前存续的慈善公司；
- 《慈善法》，是指《慈善法》(2011 年)；
- 附条件的支付权力，是指在向受托人行使支付报酬的权力前必须获得委员会事先书面同意的情形；
- 利益冲突，在本指引中指受托人的个人经济利益会(或可能会)影响受托人有关慈善组织决定的情形；
- 关联人员，在受托人报酬中，根据《慈善法》第 188 条的定义，指受托人的家人、亲属或商业伙伴，以及受托人享有所有权或影响力的单位——包括受托人的配偶、未婚伴侣或同居伴侣、子女、同胞兄弟姐妹、孙子、祖父母，以及受托人或其家庭成员持有 1/5 以上股份或表决权的单位。若对任何个人或单位是否为关联人员有疑惑，可以参考第 188 条或咨询律师或有相关资质的人；
- 法院，通常是指高等法院，但也可以指英格兰和威尔士地区对慈善组织有管辖权的任何法院；
- 规章，是指规定慈善组织目标或目的以及如何管理慈善组织的法律文件。规章可以是信托协议、组织制度、组织大纲、财产转让契约、意愿书、皇家宪章、委员会方案或其他正式文件；
- 禁止支付报酬，是指明确禁止向受托人支付报酬的规定，通常用否定形式表达，如“不得向受托人支付……”或“受托人不得……”等表述，但“所有受托人必须无偿工作”的表达也是禁止条款；
- 方案，是委员会或法院做出的法律文件，用于说明慈善组织运作需要遵守的全部规定(由此制定慈善组织的规章)，或变更慈善组织的权力(成为规章的一部分)；

- 《2000 法》,是指《2000 年受托人法》;

- 受托人,是指慈善组织受托人。慈善组织受托人指负责慈善组织一般管控和管理的人。在慈善组织规章中,这类人被合称为受托人、董事会、管理受托人、委员会、管理者、主管或其他称谓;

- 用户受托人,是指任何作为慈善组织受益人,使用慈善组织为实现慈善目的提供的设备、设施、服务或支持的受托人。

3. 受托人费用的支付

本部分说明了法律中对受托人费用的规定。法律允许慈善组织受托人主张偿付因受托人工作产生的合法费用,且该偿付不需要规章或委员会的单独授权。

3.1 何为受托人费用

简答

受托人费用指慈善组织向受托人偿付的其在履行其受托人义务时自行支付的合法费用。费用主张应该佐以票据或收据,但无法获得相关票据或收据的除外,如主张的金额非常小。

详答

受托人履行义务时的任何合理支出均属于合法费用。若慈善组织仅向受托人支付实际支出或费用,该笔款项不用纳税。具体费用如下例:

- 参加受托人会议、因公出差或参加活动而合理产生的往返差旅费,包括乘坐公共交通、出租车的费用和邮费补贴,但数额不得高于英国税务与海关总署(Her Majesty's Revence And Customs,HMRC)批准的税前支出;

- 执行慈善组织公务时必要的餐食费;

- 参加受托人会议时因照看儿童或其他受扶养的亲属[如年长的父(母)亲]而产生的合理支出;

- 因公产生的邮寄费用和电话费用;

- 受托人的电话租金和宽带订阅费,只要能单独说明用于慈善组织的使用比例即可;

- 通信保障:为盲人受托人将文件翻译成盲文或翻译成不同语言;为有

听力障碍的人提供警报和助听设备,以及其他特殊帮助;

- 购买培训材料或与信托有关的出版物费用;
- 为残障受托人提供特殊交通、设备或设施的费用;
- 因参加受托人会议、志愿会议或专业培训课程等其他必要活动而产生的住宿费或生活费(包括基本护理费)等合理支出。

不属于受托人费用的款项

本指引第3.4部分和第3.5部分说明了不属于费用的款项以及不能合法支付的款项(第3.4部分)或只有经过正当授权才能支付的款项(第3.5部分)。

另外,因受托人自行或合理代表慈善组织采购的偿付不属于费用,而是作为慈善组织一般支出。

3.2 慈善组织需要制定费用政策吗?

简答

按照基本规范,慈善组织需要制定费用政策。

详答

支付合理的费用能有效地确保整个受托人理事会参与慈善组织的运作,并确保受托人全面了解慈善组织。例如,计划招聘年轻受托人或让低收入人士也能参与到慈善组织中,这种做法尤为重要。除个人选择外,任何受托人都不应该在履行一般义务和责任时"自掏腰包"。慈善组织应该制定书面的费用政策,规定可以偿付的费用和不可以偿付的费用,慈善组织还应该确保所有受托人清楚地理解该政策。若受托人理事会对哪些是费用存有疑惑,应该进行咨询。若委员会认定某个项目是受托人利益而非费用,但规章中未规定支付权力的,如果能表明这样做符合慈善组织利益,委员会可以予以批准。

3.3 可以预先支付受托人费用吗?

简答

若有必要,受托人理事会可以预先向受托人支付合理的费用。

详答

慈善组织应该尽快以现金偿付费用,尤其是小额项目。若费用可以预估,预先支付大有用处,例如,参加董事会会议期间照看婴儿的费用、宽带连接的定期支付单或参加会议时住宿的费用等开支。预先支付还对无法等待偿付的低收入或依靠国家福利的受托人大有帮助。

如果实际支出费用高于预先支付的款项时,慈善组织应该补足差额。但受托人理事会必须明确其制定的偿付方案有适当保障,不会构成私利。受托人理事会还应该特别保障将未支出的资金归还慈善组织。

若付款超出了实际支出:受托人持有的超出实际支出的部分付款属于未经授权的私利,应归还给慈善组织。

获利权:国家福利规则明确规定获利权不受未来支付费用的影响。若出现争议,应保留明确的记录,这样有助于慈善组织说明该付款是偿付,而非相关受益人的收益。

3.4 哪些款项不属于合法受托人费用?

简答

超出部分的费用和(或)与合法的受托人活动无关的费用。

详答

以下例子不属于合法受托人费用:

- 非因慈善组织公务出差的受托人配偶或伴侣的住宿费和差旅费;
- 与慈善组织无关的个人电话费用;
- 个人医疗保险;
- 高于 HMRC 规定的可主张费用标准的汽油费;
- 受托人是地方政府任命,根据该政府法定要求或合同协议已经支付的费用。

类似的例子还有很多。通常来说,慈善组织应该防范受托人的超额费用主张或不当费用主张。将慈善组织资金滥用于私利会损害公众对慈善组织的信心,影响慈善组织开展公共利益工作的能力,还有可能构成管理不当或不当行为,受托人还要向慈善组织归还因超额或不当的受托人费用主张而获得的金额。

3.5 哪些不属于费用的合法款项可能需要授权?

简答(法定要求)

有些款项容易与费用混淆,但这些款项实属受托人的利益,HMRC 将按照收入收税,且这些款项只有经过合理授权才能用于慈善组织的资金支付。

详答

以下款项均不属于费用,且可能需要委员会授权:

- 赔偿受托人因公造成的收益损失;
- 补贴,如个人服装补贴;
- 服务报酬(不反映受托人提供的服务的真实价值的小额资金或象征性资金——详见第 5.8 部分);
- 因使用受托人房屋(或部分房屋)储存或使用慈善组织设备而支付的款项。

3.6 受托人费用应该如何入账?

简答(法定要求)

慈善组织必须按照权责发生制准备账目的,须遵守可适用的《会计实务建议准则》(可适用的 SORP),其中规定了慈善组织的会计要求。实际中,该准则适用于所有的公司制慈善组织和各类年度总收益超过 25 万英镑的慈善组织。

作为 SORP 规定的一部分,慈善组织必须在其账目中标注以下事项:

- 受托人费用的总金额;
- 各项费用的性质;
- 涉及的受托人人数。

其中,费用不包括受托人因代表慈善组织进行采购而获得的偿付。如果受托人未收到费用,应该在账目中说明。

委员会建议,即使未被要求遵守 SORP 规定,所有慈善组织都应该遵守这种费用的记账方法。

4. 支付受托人服务报酬

本部分主要讲述受托人为慈善组织提供其正常义务之外的服务时,慈善组织向受托人支付报酬的权力("法定权力"),包括提供与服务相关的商品。受托人在依据该权力签订协议前必须阅读本指引。

引言

受托人向慈善组织提供服务(有时是商品)的,可以获得服务报酬。此类付款的权力和受托人理事会在决定付款时必须遵守的条件均规定于《慈善法》中,该权力还适用于以下情形:

- "关联人员"或受托人的家庭成员或有关单位提供服务和商品的费用(详见第 3.4 部分);
- 仅为持有慈善组织财产所有权而被任命的受托人或代名人。

必须遵守的条件详见第 4.3 部分。

不包括的情况:有以下情形的,慈善组织不能依据法定权力向其受托人付款:

- 慈善组织计划因受托人职责向受托人付款的(详见第 5 部分);
- 慈善组织计划根据雇佣协议雇用受托人或关联人员的(详见第 6 部分);
- 慈善组织的规章严格限制支付服务报酬的(详见第 2.4 部分和第4.10 部分)
- 不满足付款条件的(详见第 4.3 部分)。

4.1 慈善组织可以向受托人支付哪些服务的报酬?

简答

对于受托人在其受托人义务之外提供的任何服务,慈善组织都可以支付服务报酬,支付的决定必须由不涉及相关利益的受托人做出。这类受托人应确定该服务是慈善组织要求的,认定支付该款项符合慈善组织的最大利益,且遵守其他相关条件(详见第 5.3 部分)。

详答

以下例子是受托人可以依据慈善法中的权力获得付款的服务:

- 举行讲座；
- 开展调查；
- 让受托人的公司开展建筑工作；
- 临时使用受托人的房产或设备；
- 与受托人的公司签署维护协议；
- 为慈善组织大厅提供窗帘或装饰材料；
- 提供建筑木材；
- 提供房产代理、土地代理、设计咨询、电脑咨询、建筑工、电工、平面设计等专业服务。

受托人依法不能作为慈善组织的会计员，因此，受托人提供会计服务的，慈善组织无权支付服务报酬。

4.2 若慈善组织已经有权向其受托人支付服务报酬，如何处理？

答案

向受托人支付服务报酬的法定权力是除法律或慈善组织规章赋予的向受托人付款的权力之外的权力。

若慈善组织规章中规定的权力：

- 严于法定权力的，例如，若规章中只允许支付专业服务的费用，慈善组织可以行使法定权力，但规章中明确禁止支付其他服务报酬的除外；
- 宽于法定权力的，慈善组织可以行使规章中规定的权力。

附条件的权力：很多慈善组织都有权向其受托人付款，但必须在行使前取得委员会的事先书面同意，这就是附条件的权力。若慈善组织满足行使法定权力的要求，可以无须取得委员会的同意，详见第 4.3 部分。

4.3 支付受托人服务报酬前必须满足哪些条件？

回答(法定要求)

需要满足很多条件，且只有满足全部条件时付款才有效。具体条件如下：

- 慈善组织与收款的受托人或关联人员之间有书面协议(详见第 4.4 部分)；
- 协议中约定支付的确切金额或最大金额(详见第 4.4 部分)；

- 相关受托人不得参与有关该协议或相关服务可接受性的受托人理事会决议(详见第4.4部分和第4.5部分);
- 支付的费用与提供的服务相关且合理(详见第4.6部分);
- 受托人确信付款符合慈善组织的最大利益(详见第4.7部分);
- 受托人理事会遵守《2000法》规定的"注意义务"(详见第4.8部分);
- 没有禁止向受托人付款的规定(详见第4.10部分)。

另外,在签订此类协议之前,受托人必须"参阅"委员会的相关指引。委员会在第4部分中规定了相关内容,受托人必须要:

- 了解本指引;
- 在做出决定时参考本指引的相关内容;
- 决定不适用本指引的,必须要有正当理由。

4.4 支付服务报酬的书面协议可以是慈善组织的会议记录吗?如果不可以,协议有标准格式吗?

简答(法定要求)

不可以,在慈善组织的会议记录中记录工作安排不符合协议条件,必须另外准备书面协议,规定特定问题。协议没有固定格式,具体格式取决于服务的性质和规定的详细程度,如果协议要存续一定期限,或问题特别复杂,则应该咨询法律意见。

详答

协议内容:尽管没有固定格式,但协议中必须包含以下要素:

- 服务的准确描述;
- 收款的受托人或关联人员(包括单位)的名称;
- 金额详情,如"一次性"付款或定期存款,或在协议存续期间提供的服务的服务报酬上限。若是"实物支付"利益,应在协议中详细说明该利益和应该支付的大致金额。

根据基本规范,协议中还应该包含以下声明,证明受托人理事会已经考虑了这些因素,且在决策时遵守了其义务(详见第4.6部分和第4.7部分):

- 声明相关受托人(包括与提供服务的人相关的人)将回避与其有关

的协议条款或订立相关服务标准的讨论，但不得禁止受托人或关联人员提供受托人理事会决策时需要的信息；

- 声明相关受托人不得对上述任何问题投票，也不得参与对会议人数是否达到法定人数的讨论；

- 签署协议：协议必须由受托人授权的人签署，可以是与该协议无利害关系的一名或多名受托人，也可以是受托人之外的知情人士。收款的受托人或关联人员也应该签署该协议。

保留协议记录：由于协议是慈善组织会计记录的一部分，慈善公司必须保留3年以上（一般建议最好保留6年），非公司制慈善组织必须保留6年。

4.5 为何要求受托人回避会议且无表决权？应该将这些记录在协议中吗？

简答（法定要求）

设置这些要求是为了确保利益相关受托人不影响其他受托人对该利益的决定。法律没有规定在使用这些要求的协议中包含声明，但这样有助于向资助者或受益人说明慈善组织正在采取合理的措施管理利益冲突。

详答

管理利益冲突的要求：相关受托人不得参与受托人理事会有关付款条款或是否允许或继续付款的讨论，也不得进行表决，这是使用支付权力时必须满足的条件之一。

受托人理事会在讨论前要求关联人员提供决定所需的必要信息的，不属于违反要求。

违反条件：若不满足条件，委员会可以要求返还偿付的全部或部分价款，包括“实物支付”的货币价值，委员会还可以要求慈善组织停止进一步付款。

违反条件不影响提供服务的效力。

更多建议：**《管理慈善组织利益冲突》**中有关于管理利益冲突的详细建议。

4.6 何为“合理付款”

简答

这需要考虑支付能力、价格和质量等因素。关于价格和质量，受托人理事会通常应该进行市场调查,比较类似工作,确保其付款不高于“市场价格”。

详答

需要考虑的因素:判定付款是否合理时,受托人理事会应该考虑以下因素:

- 慈善组织是否能承担该付款;
- 受托人为慈善组织提供服务的价值;
- 服务的质量和供应商的可信度;
- 慈善组织之前为接受服务支付的费用;
- 其他组织为类似服务支付的费用;
- 慈善组织的信誉对于捐赠者、资助者、成员、支持者和一般公众的意义。

作比较:受托人理事会应该了解其他供应商的报价,但涉及金额较小的除外。比较时应保存相关记录和比较时使用的其他信息。一般而言,费用越高,受托人理事会越需要证明他们已经进行过市场调查,且已经获得等值的服务。若慈善组织有采购政策,受托人应该在支付服务报酬时遵守政策中的相关条款。

不要求招标:招标(即从相关供应商处获得投标)不完全是经济合适的方法,例如,如果交易额较小,能快速获得质量良好的服务,且成本较低的情形。受托人理事会应该确保合理保存关于决策依据的记录,包括该价款合理的原因,最好能参考类似情形的价款。

4.7 受托人如何决定该付款“符合慈善组织的最大利益”?

简答

做决定前,受托人理事会必须确定付款符合慈善组织的最大利益,这意味着,受托人理事会应该确信该服务是慈善组织需要的。受托人理事会还应该向慈善组织明确表明该受托人相比其他人的有利之处。很多时候,这会涉及经济利益,但影响给受托人付款的因素还有很多。受托人理事会应该权衡这些利弊,例如,关联人员不得参与有关服务的范围和条款的决策。

详答

等值:服务必须为慈善组织所需要,且相关受托人必须充分具备提供服务的经验和能力或资质。使用受托人可能会有成本优惠,但这并不代表总是“低成本”工作。服务质量很重要,交付速度也可能是影响因素之一。受托人理事会必须确信能获得等值的服务,且不会对慈善组织的信誉、支持度和资金产生负面影响。董事会还必须确保慈善组织有能力在不影响慈善组织活动的前提下支付该服务费用。

了解慈善组织:了解慈善组织及其工作环境有时也是一种有利条件。受托人理事会可能会决定以与市场价格相当的价格,让了解慈善组织具体要求的受托人发挥其能力,且该受托人能胜任相关工作。

购买产品:受托人提供与服务相关的产品的,必须有明确的有利条件,通常指以优惠价格提供商品。质量也是影响因素之一,对于慈善组织来说这就是“等值”优势。

若没有有利条件:若受托人较之其他供应商没有经济上的优惠,也没有更好的专业性或知识,慈善组织应该使用受托人之外的供应商,因为,需要管理利益冲突,这种情况下使用受托人没有任何益处。

4.8 “注意义务”的含义是什么?对向受托人支付服务报酬的决定有何影响?

简答(法定要求)

行使法定权力的受托人应该遵守《慈善法》(2000 年)中规定的注意义务。

这意味着,受托人理事会必须诚实善意地采取措施,必须在决策时做到全部合理注意并发挥全部能力。

详答

做到全部合理注意和发挥全部能力意味着考虑以下事项:

- 他人或受托人自身具备的专业知识或经验;
- 代其行事的单位或专业人员可合理具备的专业知识。

受托人的资质和能力要求视其专业程度而变。

为在决定向某一受托人付款时履行注意义务,委员会希望受托人的董事会实施以下事项:

- 以慈善组织的最大利益为出发点,负责地行使权力;
- 不确定时咨询专业意见或其他合适的意见;

- 明确可以证明向受托人付款的正当性;
- 确保合理并公开地管理利益冲突;
- 确保遵守协议,且识别并处理不当履行;
- 根据法律要求,将协议作为慈善组织记录的一部分;
- 在慈善组织账目中披露款项。

4.9 一次可以向多少受托人支付服务费?

简答(法定要求)

只有在从慈善组织资金中获得付款的受托人人数占受托人理事会总人数少数时才能行使法定权力。

评估时,受托人理事会需要考虑直接或间接(从关联人员处)获得第 2.4 条中定义的受托人费用的受托人人数,包括以下人员:

- 与收款的个人或单位相关的受托人;
- 因担任受托人而收款的受托人;
- 兼任慈善组织受薪雇员的受托人;
- 接受其他任何形式的受托人利益的受托人。

决策时,如果会议达到法定人数,与讨论事项可能有利益冲突的受托人不得参加决策。

若只有两名受托人,则可行使新权力,因为,收款的受托人超过了受托人理事会的少数。如果慈善组织没有其他付款权力,且需要委员会批准或规章允许,受托人可以再任命 1 名无薪受托人,以行使新权力。

4.10 若规章禁止付款,慈善组织还可以向受托人支付服务报酬吗?

简答(法定要求)

不可以。在这种情况下,只有在委员会或慈善组织自身解除该禁止规定后才可以支付服务报酬。解除该禁止后,慈善组织便可以行使法定权力,向其受托人支付服务报酬,但不允许支付其他任何形式的受托人费用(详见第 4.2 部分中有关附条件权力的情形,但非完全禁止)。

详答

若慈善组织可以解除禁止:慈善公司可以通过自行修订其规章的方式解除

支付禁止，无须委员会参与，但需要满足以下条件：

- 参与讨论的成员（受托人除外）人数达到法定人数，讨论对规章的修订。

受托人成员不得表决有关解除禁止的决议（但若没有限制，受托人可以表决是否采纳不高于法定权力的支付权力）。

若解除禁止需要委员会同意：非法人慈善组织不能行使慈善法中规定的修订权，因此，非法人慈善组织需要采取以下任一措施：

- 向委员会申请解除禁止的短期方案；
- 若规章中规定了相应的修订权，但需要委员会事先同意的，向委员会申请书面同意。

若慈善公司没有任何成员，或非受托人成员不足构成讨论修订解除禁止的法定人数，则需要委员会同意。这种情况下，受托人需要向委员会申请指令。

若请求委员会同意或签发方案或指令，委员会需要考虑禁止规定存在的理由，并考虑修订是否符合慈善组织利益。

4.11 可以变更向受托人支付服务报酬的协议吗？

简答

可以，但需要无利益关系的多数受托人同意，还需要收款的受托人同意变更协议，或协议中规定了此类变更。

详答

对协议条款的变更必须经过受托人理事会会议讨论并批准，且提供服务的受托人（或与提供服务的人相关的受托人）不得参加该会议。变更后的新条款必须符合慈善组织最大利益，且必须经受托人理事会多数表决通过，相关受托人不得参加表决，也不得作为该会议的法定人数之一。受托人理事会决定变更协议条款的，应该在每项决议的会议记录中予以记录。（正如原来的协议一样，受托人理事会可以在决策前要求相关受托人提供必要的信息。）

通常，协议条款的变更需要各方当事人一致同意，且应该制作修订后的书面协议。

4.12 该付款必须记入慈善组织的账目吗?

简答(法定要求)

按照权责发生制准备账目的慈善组织,该付款必须记入账目——慈善公司和各类年度总收益超过25万英镑的慈善组织必须将该付款记入账目。

详答

根据可适用的SORP会计框架,按照权责发生制准备账目的慈善组织必须详细说明向慈善组织受托人和关联人员(包括家庭成员和单位)支付的款项和其他利益。此外,这些慈善组织还应该说明其据以支付的合法权力和理由。

虽然严格来说,按照收付实现制准备账目的慈善组织无须在账目中记录该付款,但委员会建议,作为最佳实践,为了提高透明度,慈善组织最好记录相关细节,这样,有助于保护受托人免于遭受中饱私囊的指控。

详见《**慈善组织的报告与会计:基本要素**》(**CC15b**)。

4.13 若慈善组织希望向受托人或关联人员支付服务报酬,但不完全满足法定权力的条件,该如何处理?

回答

若不完全满足第4.3部分规定的要求,建议受托人理事会在决定支付服务报酬前联系委员会,了解委员会是否可以批准该支付。计划的服务报酬超出实际成本或会产生不合理的个人利益,或有其他有悖于慈善组织利益的情形的,委员会将不予批准。但是,若计划的支付符合合理成本,利益冲突得到良好管理,且能证明对慈善组织有利而非对相关个人有利,委员会通常会批准支付。在评估一项服务报酬是否被明令禁止或是其他情形时,慈善组织应考虑受托人服务报酬的总水平和其他相关情况。

5. 支付信托报酬

本部分说明了受托人委员会可以就履行受托人义务向受托人支付报酬。

5.1 向受托人支付服务报酬和支付信托报酬有何差异?

简答

慈善组织有向受托人支付服务报酬的一般权力,但没有就履行义务向受托人支付报酬的一般权力。非经慈善组织规章、委员会或法院合理授权,慈善组织无权做出此类支付。

详答

服务报酬通常是慈善组织对受托人在其一般义务之外提供的服务支付给受托人的一次性或临时性付款。很多慈善组织都在其规章中规定了相应权力,或者依据慈善法中规定的法定权力支付服务报酬(详见本指引第4部分)。

相反地,信托报酬是受托人因履行一般受托义务从慈善组织处获得的报酬。这类报酬可以在履行义务时持续支付,也可以定期津贴或年度津贴的形式支付,抑或临时支付,以反映受托人在某方面的职责或鼓励受托人参加某次会议或活动。

重要的是,慈善法中没有规定受托人理事会支付此类报酬的一般权力,因此,除规章中有明确规定或委员会或法院明确授权外,受托人理事会无权支付此类酬金。(但有少数例外情形——例如,慈善组织主要受其他法律法规调整,而不受慈善法调整的情形。)

若无相关授权,支付此类受托人报酬的行为构成违反信托(详见第2.4部分),即使慈善组织从中受益也不例外。由于无权支付会导致受托人理事会或受托人个人有义务归还全部或部分报酬,无相应权力的受托人理事会应该在支付酬金前获得相应授权。未经授权支付酬金的行为可作为不当行为或管理不当的证据。

5.2 支付信托报酬有悖于志愿原则吗?

简答

无偿信托是慈善活动的特性,且大大增强了公众对慈善组织的信心和信任。人们通常认为,慈善组织的资金应该直接用于慈善组织目的。因此,只能在例外情形下才能做出与之背离的决定,且受托人理事会需要充分证明该决定符合慈善组织利益。

详答

有时,支付酬金须证明其具有正当性(详见第5.3部分),但受托人需要确定他们可以证明向一名或多名受托人支付酬金的决定是合理正当的,且他们可以管理相关风险。主要的风险就是管理利益冲突,有利害关系的受托人越多,潜在的风险和不利之处就越大,特别是利益冲突的风险。

受托人理事会应该仔细考虑支付报酬是否对慈善组织在其支持者和用户中的信誉有负面影响——若支付的报酬过多且范围广,慈善组织可能会遭到批判。对此,慈善组织可以用公开透明的方式解释其支付的理由,并记录相关账目,以降低风险。

受托人报酬只能依附于慈善组织目的。若慈善组织沦为支付受托人报酬的工具,则委员会将行使权力,保护慈善组织的资金。如遇极端情形,慈善组织的慈善身份可能受到威胁。

5.3 哪些情况下支付受托人报酬是合理正当的?

简答

支付受托人报酬对慈善组织具有明显且重大的益处,且高于不利之处时,即为合理正当。

详答

若慈善组织请求委员会批准支付报酬,只有慈善组织运作复杂,导致信托尤为繁重时,委员会才会批准。在此情况下,由于慈善组织开展的活动范围广,受托人需要承担的责任和监管义务难度较高。

人们总是认为,支付报酬就能克服招聘新受托人的困难,但招聘方法有很多,例如,定向广告和网络宣传、通过专业代理机构或受托人经纪服务以及公开选举等。委员会建议慈善组织在考虑支付报酬之前,审查其招聘机制的效果,详见指引**《寻找新的受托人:慈善组织须知事项》(CC30)**。

在很多时候,支付合理费用就可以让应聘者相信他们不会在信托中"自掏腰包"。通常,委员会建议所有慈善组织制定书面的费用政策(详见第3部分)。

但是,如果受托人理事会认为,支付更直接的利益才能招聘到具备慈善组织需要的能力、经验和多元化的人才,委员会将根据第5.4部分说明的因素认定该决定的合理性,需要对收益损失赔偿进行考量的支付也包含在内(详见第7部分)。

案例研究:

一个大型的资助型慈善组织申请向拟招聘的主席和受托人支付报酬,理由是这些职位需要付出的时间和承担的义务较高。监管这一价值数百万英镑的组织时需要付出很多时间以及承担很多义务,该慈善组织认为不支付相应报酬很难吸引有能力的人应聘,甚至可能只能招聘到已经退役或家庭富裕的人。该慈善组织还提供了相关证据,证明即使开展定向招聘宣传活动,也难以吸引有能力的人应聘。

委员会批准向主席支付报酬,但驳回了其他五个受托人岗位的支付申请,而慈善组织希望通过支付报酬招聘专业人士担任受托人。受托人需要付出的时间和精力与主席不尽相同,且尚无证据表明这些受托人岗位也很难招聘。事实上,之前的招聘宣传活动结果恰好与之相反,很多具备相应资质的应聘者参加了招聘。

担任受托人的理由有很多,经济回报只是其中极少的一部分。对特定目的的认可、服务社会的精神或个人发展机遇都是吸引人们担任受托人的理由。若如此,慈善组织在招聘受托人时应该毫无困难。委员会通常会建议受托人理事会在决定支付受托人报酬时,考虑多样化的招聘方法。慈善委员会需要向委员会提供相应证据,证明缺乏具备相应能力的志愿者。

慈善组织大多会期望受薪的受托人具备专业知识和经验,且期望其注意义务和能力也要高于无薪受托人。

5.4 受托人申请委员会批准支付报酬时应该满足哪些条件?

简答

受托人理事会应该说明不支付报酬对慈善组织高效运作的影响。如果有证据证明慈善组织不支付报酬就难以招聘到新的受托人,受托人应该提供证据,证明其已经认真尝试了无偿招聘受托人的方法。若可以在不支付报酬的前提下招聘到具备相应能力和资质的受托人,那么,支付受托人报酬就不符合慈善组织利益。

详答

主要条件:受托人理事会需要说明以下事项:

- 其无偿招聘受托人时采用的方案——若没有,应该说明理由;
- 支付受托人报酬相对于将义务分配给其他受托人或增加无薪受托人人数等方法(若规章允许)的明显优势所在;
- 受托人发挥的作用是否真的不同于雇员或咨询顾问;慈善组织是否已经平衡了其独有和非独有的功能;
- 支付的报酬合理可行,且不影响慈善组织实现目标的能力;
- 有哪些风险,如何管理这些风险;
- 无薪受托人如何审查业绩(包括对不良业绩的处理)、判断是否等值,以及在必要时通知支付酬金;
- 如何管理利益冲突,确保"相关"受托人能够继续有效管理慈善组织。

若委员会可以提供授权,只要受薪的受托人占据少数,委员会通常会同意授权。

申请批准:慈善组织申请支付受托人报酬时,应该填写**《受托人报酬申请表》**,以确保一次性提供委员会需要的所有信息,避免多次提交。

作比较:为了管理或避免利益冲突,以及提供客观证据,慈善组织可能需要使用"标杆管理"(即调查其他类似组织对类似工作支付的"市场价格"),或制定审查制度(如报酬委员会或外界机构),确定工资标准。

有时,委员会可以在支付授权中规定标杆管理或审查相关的条款。

咨询:有时,尤其是大型慈善组织希望向多数受托人支付报酬(如向主席和地区主席支付报酬,或向整个董事会支付报酬)时,受托人理事会可能会考虑咨询与慈善组织有重大利益关系的人或利益相关人其是否可行。"利益相关人"包括任何与慈善组织运作有直接利益关系的人,如资助者、捐赠者、用户和受益人、成员、员工、志愿者、商业或经营伙伴和其他相关监管机构或代理机构。

案例研究

一家大型的教育信托运营了一些学校,该信托的规模不断扩大,正在考虑将其工作拓展到学院领域。该信托正在招聘新的主席,要求每年工作60天。为此,该信托申请委员会授权向其主席支付合理报酬,因为,现在招聘的主席职位工作时间加长且工作复杂程度提高。

委员会确信慈善组织已经采取了大量的宣传活动,还通过主流招聘机构进行招聘。招聘结果表明,应聘者都不愿意在无薪的条件下承担这些义务。因此,委员会同意该信托对主席报酬的申请,但以后在此基础上增加报酬必须经过委员会批准。

5.5 慈善组织能以提高董事会多元化向受托人提供利益吗?

简答

在多数时候,若慈善组织希望吸引不同年龄段以及不同社会经济背景的受托人,慈善组织都会这样做。在督促慈善组织寻求受托人理事会成员多元化的过程中,委员会了解到招聘和雇用具有社区和慈善组织相关领域专业知识的受托人的重要性和益处。委员会也认为,不该因为经济原因而将这些人闭之门外,并不是所有的受托人都能自由地将自己的时间付出给慈善组织,且慈善组织也认为有些时候,尤其是收益损失造成经济困难时,经济补偿具有一定的正当性。

详答

慈善组织应尽力追求的受托人理事会,应是能反映瞬息万变的社会和慈善组织受益人的构成成分与多元化的董事会。相比狭隘的董事会,多样化的董事会更有可能具备各种能力、知识和经验,而有效的招聘和入职培训是实现多样化董事会的关键。若慈善组织需要其受托人具备新技能、新思想和新能力,帮助其向社区提供更好的服务,慈善组织需要采用新方法,鼓励多样化的招聘。这可能涉及第5.4部分说明的因素,也可参阅指引**《寻找新的受托人:慈善组织须知事项》**(CC30)。

若应聘者因为收益损失而不申请,慈善组织可以考虑进行合理的经济资助,帮助招聘工作的开展,但委员会不建议将支付受托人报酬作为拓宽受托人组成的自动化解决方案。

多元化发展:招聘新受托人时,慈善组织一般应该提升或至少保持受托人理事会成员的多元化,这可能要让慈善组织服务的用户适当参与到受托人委员会中,提供专业设备或设施可能会有所帮助[详见指引**《用户参与:成为受托人的受益人》**(CC24)]。

但从广义上来说,拥有多元化的董事会意味着慈善组织需要采取积极的措施,从之前慈善组织管理中没有发挥较大作用的领域招聘受托人,例如,年轻人或未就业人员、少数民族社区的人或残疾人等人群。有些慈善组织可能还需要招聘低收入或来自贫困地区的人。委员会认为,这些人不应该因为经济困难而无法成为慈善组织受托人。

费用的使用:直接支付给受托人报酬不一定是拓宽受托人理事会多元化的最佳方法。若可行,慈善组织应该事先提供出差的交通、餐食、照看儿童和住宿等产生的合理费用,要让受托人不担心自己会因为担任受托人而"自掏腰包",尤其是对年轻人、老年人、依靠国家福利或低收入的人来说,这点很重要。委员会建议提前支付可能影响受托人履行义务的费用。详见第3部分关于制定明确的费用政策的相关内容。

收益损失:很多时候,不仅是支付费用的问题。改变工作模式意味着很多人没有标准的工作日,也意味着,有些受托人无法在一般工作时间之外参加会议,另一些受托人无法在带薪假期参加会议。就理想状态而言,受托人会议应该在所有受托人最方便时、最方便到达的场所召开。但委员会认为,这并不总是切实可行。有时,尤其当未来受托人为自由职业者或低收入人群,随时可能在从事慈善组织工作时陷入经济困难,支付一定的收益损失补偿不失为一项切实的选择,让这些受托人能继续履行义务。(详见第7部分)

案例研究

一家慈善组织对包括残疾在内的各类社会需求提供社会关怀与支持,该慈善组织希望任命一名担任其受托人理事会顾问的残疾人作为受托人。董事会认为,需要此人继续为慈善组织的工作提供意见。为避免造成经济困难,委员会授权向新的受托人支付合理报酬,弥补其因担任受托人遭受的收益损失。

5.6 若此人正接受国家福利,如何处理?

简答

若受托人正在接受国家福利,慈善组织应该予以关心。有关福利和税收减免的规定十分复杂,慈善组织要确保支付受托人报酬不会影响其享受福利的权利。

详答

受托人对此有任何疑问，应该咨询相关福利机关的书面意见。为明确立场，慈善组织应该在必要时，经受托人同意，代表受托人联系福利顾问。

更多详细内容详见**《接受国家福利的志愿者》**(GOV. UK.)。

5.7 单一受托人的情况该如何处理？

简答(法定要求)

若慈善组织是单独或“单一”受托人(可能是个人或单位，如地方政府、银行或保险公司)，支付报酬的决定必然会涉及利益冲突。实际上，向单一受托人支付报酬的有利之处微乎其微。因此，慈善组织很难向单一受托人支付报酬，尤其是当法定资金可以用于管理慈善组织时更是如此。

详答

若收费公司请求能反映公开商业规模的备付金，而不是能反映其实际为慈善组织所做工作价值的价格，委员会通常不会批准。若该公司请求慈善组织批准支付备付金，委员会将只授权其支付与该工作相关的合理费用。

单一受托人可以不从其给慈善组织的任何费用中获利。例如，如果地方政府雇用律师的费用为每小时 150 英镑，那么，该受托人可以向任何信托收费，但不得高于 150 英镑。即使律师个人的收费可能是两倍英镑每小时，受托人也不得按此标准收取，但慈善组织规章规定或委员会授权按此标准进行收费的除外。

5.8 小额报酬或赠与需要授权吗？

简答(法定要求)

为了实现委员会权力与资源平衡和最佳使用，对于单个财政年中支付给受托人的报酬(不包括受托人的费用)总额不超过 1000 英镑的，委员会通常不要求慈善组织申请授权。但受托人仍要确信支付这些报酬符合慈善组织的最大利益，但委员会希望受托人在解决管理不当等问题时申请委员会的授权。

详答

受托人报酬的年度总额低于 1000 英镑吗？一般而言，若慈善组织支付的受托人报酬金额较小，且单个财政年支付给所有受托人的总额(包括费用)不超过

1000 英镑,委员会不要求慈善组织申请授权。若受托人理事会拟向单个受托人支付一次性小额报酬(通常称为酬金),且没有相关的严格法律权力和约定的金额,但能彰显受托人为慈善组织提供服务的价值和信誉——可能是长期服务,超出 1000 英镑限额部分的报酬视同于因担任受托人而收取的报酬,需要委员会的批准。同时,受托人需要确认 1000 英镑限额以下的报酬符合慈善组织的最大利益。

给离任受托人提供赠与:该方法包括给离任或即将担任其他职务的受托人给予赠与,一般包括象征性的报酬或小额赠与。在这类情形下,很难对可接受的赠与价值予以严格的规定,需要受托人理事会判断该受托人对慈善组织的服务年限和贡献决定是否应该用慈善组织资金准备离别礼,且需要考虑对慈善组织信誉的潜在影响。

税收和福利:根据英国税务海关总署规定,小额的一次性酬金通常不属于收入,无须纳税,但数额较大、定期发放或“可预期”的酬金为应税收入,且会影响福利的领取。若慈善组织规章中未授权支付此类报酬,且该年度支付给所有受托人的报酬总额超过 1000 英镑的,受托人理事会必须申请委员会授权。

更多信息详见英国税务海关总署网址:**www. hmrc. gov. uk**。

6. 雇用受托人或关联人员

本部分说明了若受托人、前任受托人或关联人员有偿在慈善组织工作,需要委员会的明确授权的情形。同时还说明了慈善组织雇员担任受托人的情形,以及慈善组织雇用受托人的配偶、伴侣或其他关联人员时可能需要委员会授权的情况。

6.1 受托人可作为雇员担任其他职位吗?

简答

很多时候,受托人都可以成为慈善组织的雇员,但需要委员会批准。

详答

有时,慈善组织可能需要雇用某人全职或兼职担任某个职位,而受托人可能觉得某个受托人在知识和积极性方面都非常适合担任这一职位。

证明决定合理:受托人可能具备必要的能力和经验,但由于慈善组织需要公众(以及捐赠者和受益人)的信心,且必须遵守关于受托人福利的法律,因此,慈善组织必须公开雇用的流程和决定。慈善组织决定雇用受托人或前任受托人的,必须具有充分的合理性,且不得徇私或造成不当影响。即受托人或前任受托人不得利用职位之便从中获取利益,并且,慈善组织必须合理管理潜在的利益冲突。(详见本指引第 6.4 部分和第 2 部分,以及指引**《管理慈善组织的利益冲突》**。)

6.2 在何种情况下任命受托人担任雇员需要委员会批准?

简答(法定要求)

若慈善组织决定任命或招聘受托人为雇员,且没有其他明确授权的,需要获得委员会批准。若无明确授权,雇员受托人有义务向慈善组织退还收益,授权该任命的受托人有义务赔偿慈善组织。虽然不常发生,但这类情形会造成(慈善组织内或慈善组织外的)第三方提出合法质疑,或引起委员会的质询。

详答

若慈善组织已有明确授权,则无须委员会授权。若无明确授权,且具有以下情形的,需要委员会授权:

- 此人在担任受托人期间担任雇员的;
- 工作要约是在此人担任受托人期间发出的,不论其之后是否辞去受托人职务;
- 此人在发出正式的工作要约前辞去受托人职务,且参加了公开招募,但在受托人决定创设或招聘该职位或在招聘流程中发挥重要作用的。

最后一项包含了受托人或前任受托人为该职位游说、制定职位要求或参与招聘程序其他重要工作(包括广告)的所有情形,还包含制定职位条件的情形。

6.3 受托人理事会应该如何申请委员会的批准?

简答

申请授权向慈善组织受托人支付报酬时,均应该使用 GOV. UK 网站上的在线申请表。受托人理事会应该知道,委员会的授权不能溯及既往,委员会只能授权新的或后续的支付。

详答

申请授权时,受托人理事会需要说明该职位是慈善组织有效运作的切实需要,并非为受托人或前任受托人的需求而创造。被任命的人在求职时不得有任何"有利地位",且不得有任何游说、不当影响或合谋。

主要因素:受托人理事会需要让委员会确信该职位是慈善组织的切实需求,未偏倚任何同事或前同事的经验。解释该雇佣行为符合慈善组织利益时,受托人需要说明以下事项:

- 慈善组织需要开展相关工作;
- 此人具备相应的知识和能力;
- 该工作的报酬合理;慈善组织如何比较该报酬和其他地方的类似工作,慈善组织是否收获等值的服务?
- 考虑并管理了根据第5.2部分确认的风险;
- (通常)该职位通过公开透明的选拔流程;
- (若与慈善组织相关)咨询了利益相关人的意见(详见第5.4条)。

若此人继续担任受托人,委员会需要了解其必要性和慈善组织对利益冲突的管理。如何评估业绩?受托人理事会有独立客观的考核机制吗?

招聘流程:受托人理事会需要确保其选拔标准符合慈善组织的需求,且能在工作要求中均衡能力、经验和资质。公开的招聘流程有助于表明该职位并非为受托人私利而设置。

若慈善组织请求委员会授权进行非公开招聘流程,且拟担任该职位的受托人或前受托人不一定适合该职位,或有证据表明选拔流程中涉嫌不当影响,委员会可以要求其进行合理的招聘,公开合理地宣传该职位的招聘。

6.4 雇员可以成为受托人吗?

(本部分也适用于任命慈善组织附属交易公司的员工或受薪董事担任受托人的情形。)

简答

一般而言,若雇员成为受托人,其雇佣关系通常发生在信托关系之前,而因信托产生的利益却刚好与之相反。因此,他们没有义务归还信托之前获取的任何收益。但是,鉴于信托开始后的潜在利益冲突,慈善组织最好申请委员会授权允许受托人雇员保留其后增加的报酬,但不属于约定的雇员薪资结构(详见第6.6部分)。

详答

要点:兼任受托人和雇员有时候对慈善组织有益,但由此带来的利益必须明显高于其中的困难。受托人理事会应该特别明确一些相关员工不能参加会议(无表决权)讨论的原因。若有相关机制,那么,还需要建立管理潜在利益冲突的程序。

声明利益:受托人雇员可以对招聘职位和相应条件的指定具有一定的经济利益。为合理管理这一潜在风险,委员会建议,受托人理事会确保受托人雇员声明其利益,并明确记录在慈善组织的会议记录和利益登记簿中。

回避讨论:受托人雇员不得参加关于招聘职位的合同条款条件的集体讨论或投票,也不得参加关于继续保留这一职位是否符合慈善组织利益的决定。为了更加公开透明,委员会建议在会议记录中明确记录受托人员工对相关会议的回避情况。若该职位对慈善组织有重要影响,可能会导致一些问题,如下文案例研究。

> 案例研究
>
> 支付报酬的权力是慈善组织负责人继续担任受托人的基础,由于委员会拒绝续展此种权力,就使慈善组织安排这类工作的困难尤为明显。受托人雇员是慈善组织的创始人,委员会关注的焦点是受托人理事会没有采取合理措施加强管理,因此,慈善组织应该独立制定决策,不受负责人的支配,并考核其表现。

以上案例研究的关键是慈善组织加强管理的需要,所以,受托人机构可以基于慈善组织利益做出决定,而避免受薪负责人的影响。若慈善组织的管理安排十分稳固,且利益冲突和不当影响得以合理管理,例如,有以公开透明的方式管理利益冲突的制度。

举例而言,很多教会慈善组织的管理模式允许或要求教士、牧师或教堂牧师担任受托人,由于这些人身负要职,其参与战略监管和领导对慈善组织而言尤为重要。只要慈善组织合理声明并管理潜在的利益冲突,这种工作安排也对慈善组织大有裨益。

6.5 需要委员会批准吗?

回答

非经明确授权,第6.4部分中描述的受托人雇员工作安排的效力可能会受到委员会或第三方的合法性质疑。事实上,若工作安排公开透明且明显符合慈善组织利益,一般不会受到质疑。但如果受托人理事会不确定其是否具有相应授权,应该向委员会申请批准,以降低受到质疑的风险。这些质疑即使不成功,也可能会导致经济和(或)信誉损害。

如果慈善组织有管理利益冲突的常规条件,且与雇佣本质相关的支付合理,委员会将给予授权。

6.6 以后增加报酬需要委员会批准吗?

回答

若受托人雇员获得的报酬并非明确因担任受托人所得,与薪资相关的磋商应该完全独立于信托职务。如果受托人雇员的薪资或利益的增长属于慈善组织已建立并公开的员工薪资框架下的合理增长,则无须委员会批准。

但是,如果薪资的增长、奖金或其他有形的利益数额较大,且不能明确说明参照官方工资标准,受托人理事会必须获得委员会的授权,这样,才能避免潜在的合法性质疑。

通常,受托人理事会应该注意数额可能超过雇佣职位要求或导致不可接受的私利的报酬或利益。

申请批准:如果受托人认为需要委员会的批准,其应该使用GOV. UK网页上的在线申请表提起申请。

6.7 受托人的配偶、伴侣或其他“关联人员”担任慈善组织雇员的,如何处理?

简答(法定要求)

若他们经济上相互依赖,且没有其他交易的授权,必须获得委员会批准。

详答

合同雇佣:如果受托人的配偶或伴侣基于全职或兼职合同担任受薪雇员的,如果他们在经济上相互依赖,受托人可能因该雇佣关系而获利。在法律上,这属于受托人利益,需要明确授权。这些规定还适用于雇佣受托人所有的单位或受托人是合伙人、常务董事或有其他经济利益的单位,以及雇佣慈善组织所有的附属公司的情形。

公开需要:受托人理事会应该知晓雇用是否需要授权,并确保在慈善组织雇佣单位或个人的决定中不存在任何不当影响。雇用关联人员的,应该公开透明,确保让公众了解这样做是出于慈善组织利益的考虑。受托人理事会应该确保关联人员声明潜在的利益冲突并予以记录,且相关受托人不得参加任何关于雇佣关联人员条件的董事会讨论。

申请委员会批准:只有受托人和招聘的关联人员之间存在潜在的经济依赖时,才需要委员会授权。若受托人和招聘的关联人员之间不存在此种关系,则无须委员会批准——但是仍需要管理潜在的利益冲突。如果受托人理事会不确定是否需要授权,委员会建议其咨询相关意见。

若需要委员会批准,受托人应该通过 GOV. UK 网页上的在线申请表提起申请。

7. 赔偿受托人的收益损失

本部分说明,受托人理事会拟向受托人支付合理的经济补偿,确保该受托人继续任职,避免其因此而放弃担任全职受托人时,适用的委员会政策。

7.1 在何种情况下,慈善组织可以向受托人支付因公遭受的收益损失?

简答

就其他形式的受托人利益而言,若有合理授权或慈善组织会因此获得明确且积极的益处的,慈善组织可以支付。

详答

这类付款不是常规费用(详见第 3 部分),必须视同受托人报酬(详见第 2.3 部分),因此,必须有规章、委员会或法院的明确授权。有些慈善组织有赔偿受托人收益损失的适当权力,但规章中通常未规定此类权力。若慈善组织没有相应授权,且受托人理事会可以证明该款项符合慈善组织利益的,委员会可以给予授权。

慈善组织的益处:未来或现任受托人具有以下情形的,受托人理事会可以考虑采用此类款项:

- 为慈善组织提供重要的特定技能或观点的;
- 因在工作期间处理慈善组织工作,其单位不支付相应薪资,导致无法继续担任受托人的;
- 是自雇者,且因在一般工作时间履行受托人义务而丧失经济收益的。

这些条件也适用于支付给受托人其他款项的情形。通过在线申请表申请委员会授权时,受托人理事会需要表明向关联人员支付报酬能给慈善组织带来明显益处的原因。这些益处在于,关联人员可以提供给受托人理事会能力和经验。受托人理事会还应该在申请表中详细说明相关的技能、知识或专业。此外,受托人理事会还需要思考此人能否担任无薪顾问,或能否无薪招聘到其他适合人选。

受托人理事会还需要说明赔偿的计算基准,并解释为何这样做才物有所值。

授权条件:若批准支付赔偿,委员会的授权中通常会附加以下条件:

赔偿金额不得超过以下两者之一(以较低者为准):

- 代表慈善组织开展工作的合理报酬;
- 受托人损失的金额。

接受赔偿的受托人不得参与申请赔偿授权。受托人理事会可以要求该受托人提供相关的真实信息,但需要确保此人没有以其他方式参与支付赔偿或制定相关条件的决定。

案例研究

一家主流残疾人慈善组织希望确保盲人和视觉障碍人士能在受托人理事会上表达观点。在本例中,慈善组织希望确保有三名具有重要专业技能的受托人(包括主席)能定期为董事会提供意见,且不会因此陷入经济困难。一名是自雇者,另两名因参加受托人会议和代表慈善组织开展工作,多次放弃其他工作。

委员会认可支持、残疾人就业服务、工作问题研究和视觉障碍人士需求等专业的受托人贡献。若这些受托人经济困难,委员会授权慈善组织支付与其工作对等的报酬。慈善组织要根据国民医疗服务联合体中主席和非执行董事的薪资确定支付的报酬。由此,慈善组织得以继续保留这三名受托人的专业知识,并让其用户加入受托人理事会。慈善组织认为不能仅任命具有一定经济能力的人担任受托人。

7.2 收益损失的赔偿有参考标准吗?

简答

赔偿没有严格的上限或"规定"数额,完全由受托人理事会根据受托人对慈善组织的贡献和慈善组织支付能力确定赔偿的数额。

详答

在这些情况下,受托人会毫无疑问地从信托中获益,因此,赔偿的金额不一定需要完全等同于收益,薪资较高的受托人不得获取全部的损失工资。但赔偿的金额应该能反映受托人为慈善组织所做工作的合理价值;若受托人的损失小于其工作价值的,赔偿的金额应该能反映受托人的实际损失。所有的赔偿金额都必须低于以上两个金额。至于其他的受托人报酬,慈善组织必须保证不得影响慈善组织实现目的的能力。收益有限的慈善组织尤其需要确认其支付报酬的行为不会影响其活动的开展。委员会一般不期望经济困难的慈善组织赔偿受托人的收益损失。

7.3 赔偿收益损失有何风险?

回答

除第5.2部分说明了向受托人支付报酬的风险外,赔偿收益损失还具有其他潜在的不利之处,需要慈善组织予以考量,具体如下:

- 此方法只适用于被雇用或自雇的受托人;未被雇佣却为慈善组织风险花费时间和精力的受托人可能会认为这有失偏颇且不公正;
- 若相关受托人认为赔偿金额应该反映其实际收益损失,而其损失的金额高于其为慈善组织所做工作合理报酬的,可能会产生问题;
- 尽管在具体情况下,赔偿是有效的,但如果这成为常规处理方法,就难以促使人们降低收益损失——如在受托人一般工作时间之外开展会议。

7.4 慈善组织与相关受托人必须签署书面协议吗？

简答

并不是所有时候都需要,但签署书面协议有很大益处。

详答

定期支付赔偿的,应该以书面协议的形式制定赔偿协议,并作为慈善组织会计记录的一部分予以保存。受托人理事会需要制定相关机制,确定和监管价值所在,或以其他方式保护慈善组织的利益。委员会不期望慈善组织在根据慈善法向受托人支付商品或服务费用时完全符合相关协议的条件。但一般来说,有效的协议中应该明确赔偿的数额和条件、受托人应该完成的工作程度和类型、业绩考核的安排、后续需求的评估以及终止赔偿的情形。

慈善组织财务管理：规划、管理困难和破产
（CC12）

2010 年 7 月

（2016 年 1 月更新）

目　　录

1. 引言

1.1 本指引的内容

在本指引中，慈善委员会(以下简称委员会)列明了其希望受托人在面临财务困境或破产时考虑的各项因素。包括4个主要问题：

- 受托人应该做哪些事项来履行其管理和保护慈善组织资产的责任；
- 受托人怎样才能确保自己充分了解慈善组织的财务状况；
- 面临财务困境和(或)破产危机时，慈善组织的保全机制和其他补救措施如何实施；
- 破产对慈善组织及其受托人的意义。

1.2 与所有慈善组织相关

本指引的信息和建议与所有慈善组织相关，不论其规模大小和结构如何。但若慈善组织有以下情形，可能在细节上有所不同：

- 非法人组织的[例如，未按照《公司法》(2006年)成立公司]；
- 根据国会法案成立的；
- 根据《皇家宪章》或《专利许可证》成立的；
- 商业工会的。

1.3 破产

需要注意的是，本指引中委员会所指的“破产”，是指与所有慈善组织(无论其法律结构如何)相关的统称。适用于法人和非法人慈善组织的破产在法律上存在区别的，本文对其有明确界定。

破产是个复杂的问题，委员会强烈建议，受托人在发现慈善组织面临破产危机时，尽快寻求专业建议。

1.4 “必须”和“应该”的含义

本指引中：

- “必须”指受托人必须遵守特定的法律或法规要求的情形；
- “应该”指若无充分理由，受托人应该按照基本规范指引行事的情形。

遵循本指引中的基本规范有助于受托人有效管理慈善组织,避免困难,遵守受托人的法定义务。慈善组织之间的区别在于规模和活动,受托人应该在思考后决定如何将基本规范运用到慈善组织中去。若受托人决定不遵守本指引中的基本规范,委员会希望其能对此加以说明和佐证。

法定义务	基本规范
以慈善组织最大利益为目标	处理利益冲突
负责管理慈善组织的资源	实施合理的财政控制管理风险
以应有的谨慎和能力采取行动	需要时听取合理建议,例如买卖土地或投资(某些情况下这可能成为法律要件)

有时候,受托人不遵守基本规范就不能履行法定义务,例如:

若受托人的行为违反其法定义务,需承担此行为造成的后果以及慈善组织因此遭受的损失。委员会调查涉嫌违反信托、义务、其他不当行为或管理不当案件时,可能会将受托人因未遵守基本规范而把慈善组织及其资产或受益人置于危险或不当风险中的事实作为证据来考量。

本指引中所用术语定义,详见第 8 部分。

2. 财务管理:受托人需要注意的重要信息

了解并管控慈善组织的财务状况是受托人履行如下法律责任的重中之重:

- 以慈善组织及其收益人的利益行事;
- 保护慈善组织资产;
- 以合理的注意和技能行事。

作为慈善组织的监管机构,委员会期望受托人能够通过以下方式履行上述义务:定期评估和监管慈善组织的整体财务状况;采取措施确保慈善组织资金按其赠与目的使用;慈善组织必须结业的,委员会希望受托人提前规划,有序结业。

这意味着受托人应:

- 承认由于多种原因,慈善组织确实需要清盘;如果别无他选,应该对慈善组织受益人(尤其是弱势受益人)、职员和资产的相关处理做好规划(详见第 4.2 部分);

- 有能力在慈善组织面临财务困难初露端倪前识别困难——尤其是慈善组织是否为“运营企业”(详见第4.2部分);
- 确保定期收到并考虑稳健的、最新的财务管理信息(详见第3.2部分);
- 分析和检查收入来源——对单一资金来源过度依赖会增加慈善组织的财务风险,收入来源多元化可保护慈善组织不受此风险危害(详见第3.2部分);
- 定期检查计划和提议的支出——有哪些是可以更高效地完成以及有哪些是可以分开做的(详见第3.2部分);
- 定期检查风险和储备金政策——风险政策将辨认和更新慈善组织遭受的风险,而储备金政策将列明储备金意义及使用的时机(详见第3.2部分);
- 在慈善组织无力偿还到期债务和(或)资不抵债时,开展救助活动——有破产风险时,受托人通常需要听取专业建议(详见第5.1部分);
- 一旦了解慈善组织进入清算或清盘阶段,其主要责任是偿还慈善组织债务(详见第5.5部分)。

3. 财务管理和受托人职责

3.1 有效的财务管理和控制为什么重要?

受托人机构充分了解慈善组织及其财务非常重要,只有尽可能地多了解,才能让慈善组织及其慈善活动长期存续。

在某些情况下,可能一夜之间发生破产。例如,一家慈善组织全部或几乎全部依赖于资助收入,但该资助收入经短期通知被取消,且没有其他替代收入来源。在大部分其他情况下,若落实妥当的财务控制,无论慈善组织经营的经济环境发生怎样的变动,受托人应该有能力辨别财务风险,并在风险初露端倪时做好管理规划。

受托人全权负责实施有效的治理和妥当的财务管理,但其可令所有职员(无论受薪与否)参与其中。受托人应该阅读以下委员会相关指引:

- **《慈善组织内部财务控制》(CC8);**
- **《慈善组织与风险管理》(CC26);**

- **《慈善储备金:塑造复原力》(CC19);**
- **《管理慈善组织资产与资源管理》(CC25);**
- **《慈善组织治理、财务和复原力:受托人应问的15个问题》。**

3.2 有效管理和财务控制的关键因素是什么?

受托人机构应该花时间经营慈善组织、由拥有相应技能和能力的人员组成。为达成各项目标(包括财务、业务和治理目标),慈善组织应该落实长期战略。鉴于破产属于财务风险,因此,定期召开受托人会议很重要,会议上均须提供财务报告、管理账目、预算、财务预测和更新。这样,受托人可充分了解慈善组织目前和将来的整体财务状况。

受托人应该确保:

- 满足受益人的需求;
- 满足资助者对服务提供的要求;
- 高效利用职员和志愿者资源。

受托人应该:

- 考虑包括现金预测和经营规划在内的预算;

每年应该至少进行一次上述预测和规划,若金融环境要求或允许,可提高频率。支出通常比收入更容易预估。预估支出时,要考虑所有已知的负债和突发事件。

- 确保落实有效的内部财务控制;

这包括对收支的控制和通过所得税预扣法(Pay As You Earn,PAYE)正确理解并履行增值税(Value-Added Tax,VAT)、所得税和国民保险责任。这些都是法定责任,且会计出错会导致重大意想不到的责任和处罚。有关税务事宜的信息可在**英国税务与海关总署**(Her Majesty's Revence And Customs,HMRC)获得。

- 监管年度效益与预算的对比结果;

委员会建议,受托人应至少每个季度检查一次慈善组织的财务状况、效益与预算的对比和未来的规划,但检查的范围视慈善组织的规模和稳定性而定。合理地分析金融趋势和改变预算预测有助于提前辨别财务问题。

- 分析慈善组织收支来源;

拥有多元化的收入来源和核心融资可以降低破产风险,避免过度依赖某一来源。需要确认可能出现的问题,例如,资助资金、税款、增值税以及合同中的罚款条款不明确等问题。更多信息详见委员会指引**《慈善组织和公共服务履行:介绍与概况》**(CC37)。

- 确保落实强健的**风险**和**储备金**政策以及定期进行检查;

辨别风险和理解需要持有储备金的原因是规划和预算的重要环节。例如,有可能在财务困顿时期就需要动用储备金。

- 在开展可能会导致大额财务承诺的交易前,听取专业建议;

这可能包括建筑合同、租赁协议和借款。受托人应该尽可能彻底地确信其能够全额实现上述承诺。若实现财务承诺的收入来源不稳定或慈善组织的可变现资产不足以偿付债务,非法人慈善组织受托人可能面临更高的个人责任风险。

- 监控和检查以下事项:
  - 合同履行情况;
  - 对筹款条款要求合理信息的赠予和筹款安排的履行情况。

若行为不符合约定或规定,应该及时采取相应措施。

- 慈善组织**持有投资**的,确保落实程序,以实施以下事项:
  - 监控投资效益,包括附属交易公司的投资效益;
  - 考虑是否需要保留多元化投资组合;
  - 投资基金时,在合适的情况下听取专业建议;
  - 承认导致慈善组织损失、第三方索赔的意外事故或事件会带来财务困难,继而可能导致破产。

可以通过参加各种保险来获得损失赔偿。各个慈善组织最适合的**保险**各不相同,取决于其具体情况和活动。

- 定期考虑与另一家或多家慈善组织**合并**,因为这也是继续或提升其提供给受益人服务的一种方式。

若慈善组织正在或可能面临财务困难,合并应是早期应对议程的重点选择之一。为了不间断地向受益人提供服务,作为全面合并的替代选择,慈善组织也可以将特定业务或活动转移给另一家慈善组织。

3.3 怎样才能使用特定资金?

规划目的很重要,受托人要清楚其慈善组织资产和资源的使用方式。一些资金可以用于慈善组织所有目的,而另一些则需要按照捐赠人的要求进行使用。

了解慈善组织独立资金的性质对了解其财务状况而言非常关键。在分析和评估慈善组织破产时必须考虑这一点。

不按捐赠人要求的用途使用捐赠资金或限定资金属于违反信托的行为。慈善法现在规定了适用于大部分慈善组织永久捐赠资金支出的简易程序。针对大额的永久捐赠资金,受托人在使用该款项前可能需要征得**委员会的批准**。

受托人有权使用慈善组织资金支付(或补偿)其代表慈善组织做出的正当支出。若为非法人慈善组织,这可能意味着可以使用永久捐赠资金或限定资金来偿付慈善组织债务。若无其他资产可用,慈善组织可以使用这些永久或限定资金,但受托人应该就此听取专业建议。

判断捐赠资金或限定资金事实上是否属于独立慈善组织,还是经统一管理或共同托管联系在一起,弄清这一点很重要。独立慈善组织的资金只能用于清偿拥有该资金慈善组织的债务。

慈善公司不得将永久捐赠作为其法人财产,但慈善公司可以作为获得永久捐赠的慈善组织法人受托人。若公司面临破产,这些永久捐赠资金(以及特殊信托持有的其他资金)通常将被作为该公司的法人财产,用来偿还与永久捐赠或特殊信托无关的债务。

慈善组织可能有大量资金与固定资产捆绑在一起,例如经营场所、医疗建筑或养老院。这种功能性资产通常用于帮助慈善组织实施目标(或功能)。除通过出售后回租的方式外,这些资产的处理会导致慈善组织无法继续开展慈善活动。上述资产可能很难变现,且任何处理都可能成为活动整体重组的一部分。

3.4 资产负债表能告诉受托人哪些关于慈善组织财务状况的信息?

资产负债表可以显示:在特定日期,慈善组织是否拥有足够的(可变现)资产来偿还其实际和或有债务。

一般而言,资产负债表的制备基础是:在可见的未来,慈善组织将继续经营。功能性固定资产(如办公地点或车辆)的费用或市值可在资产负债表中有所显示。若慈善组织无法继续经营,受托人在评估破产时,将需要考虑估价基础。

若持续经营的假设不再成立,受托人将需要考虑对慈善组织的功能性资产另行估价(如迫卖价值)。

同样地,资产负债表中可能不会显示未来的承诺或者或有债务,但仍需将之纳入考虑范围。受托人必须决定上述承诺是否具有法律约束力。有时候,承诺可能不具法律约束力,但不履行承诺可能给慈善组织声誉造成巨大的风险。因此,证明处理的正当性尤为重要。

受托人可能还需将新的负债考虑在内,这类负债仅在清算时才会产生。例如职员遣散费、资产变现手续费和专业费用。

4. 何为破产?

4.1 破产的法律意义是什么?

尽管《破产法》(1986 年)在提及破产时使用了"资不抵债"这一短语(详见第 4.2 部分),但并未规定"破产"的确定定义。在实践中,存在两种不同的破产检测方法,都可视为破产的标志:

- 慈善组织无力偿还到期债务;
- 债务价值超过资产价值。

鉴于非法人慈善组织对其成员和受托人不具法律身份,所以,严格来说非法人慈善组织无法破产。这意味着慈善组织的任何债务都是其受托人或成员的债务。然而,本指引所用的"破产",是指慈善组织可用的资产不足以偿还受托人或成员债务的情形。

《破产法》(1986 年)第 123 条规定,若有以下情形,视为公司无力偿还债务:

- 公司在收到法定要求偿债书后,无力在 3 个月内向债权人支付、担保或清算数额超过 750 英镑到期债务的;
- 债权人就公司欠款尝试强制程序,但未成功的;
- 法院收到令其满意的证据,证明该公司无力偿还到期债务的(现金流测试);
- 法院收到令其满意的证据,证明该公司资产数额低于债务数额或有预期债务也应考虑在内(资产负债表测试)。

破产法通常旨在拯救或重组一家公司,而非令其停业。破产拯救可以使债权人收益最大化，通常涉及将业务（不包含债务）出售给另一方，并将收益用于偿付债权人。鉴于破产慈善组织的业务不会出售给另一方以偿付债权人，因此，上述做法通常与慈善公司无关。

4.2 若慈善组织面临破产，受托人应该怎么说？

第4.1部分列明了基本测试。

现金流或短期流动性测试能显示慈善组织是否有足够的易得资源来偿付所有到期债务和在短期内继续偿付。简言之，即慈善组织能否在债务到期时进行偿付。

资产负债表测试的重点是慈善组织整体资产状况。其将显示慈善组织是否有足够的资产（固定和流动）来偿付所有实际和预期债务。在通常情况下，资产负债表测试本身并不足以决定慈善组织是否资不抵债，且通常与现金流或短期流动性测试一同进行。

还有一系列其他指标可以证明慈善组织可能存在破产风险。由于慈善组织的状况各有不同，因此，无法提供综合清单，但下列问题对受托人而言可能非常有用。

慈善组织财务状况是什么？

受托人应考虑以下问题：

- 在总体风险评估中，是否考虑破产风险；
- 上一次开展破产风险评估是在什么时候；
- 现有的资产与投资总额是否少于现有负债；
- 总资产与预期收益总额是否低于总债务与预期支出的总额；
- 是否因为收入来源不足以实现慈善组织的所有承诺而需要定期使用储备金；
- 是否需要对长期借款提供额外担保；
- 是否受到追讨逾期未付款债权人的压力；
- 慈善组织是否因为没有可用的非限定资金而使用限定资金支付日常需求；
- 慈善组织是否为了继续经营而依赖无明确续展权的银行贷款；
- 是否落实了充分的财务报告以及受托人是否充分考虑了上述报告；

- 有没有违反银行契约或透支借款服务却无法立即予以恢复的行为；
- 慈善组织是否有可能的大额或有债务。

不应该单独考量上述问题的答案。在对破产下结论之前，应该对之进行更具体的分析。

若受托人担心由于财务状况，其慈善组织可能无法继续经营，则其应该：

- 联系慈善组织审计员或会计、破产执行人或其他专业顾问，讨论可行的选择并寻求他们的帮助和建议——受托人应该仔细记录他们的建议，并注明根据前述建议所做决定的理由；
- 为慈善组织所有的资产和负债制作完整列表，以此判断慈善组织破产与否——这需要考虑结业的额外费用，可能包括：
    - 法律和金融咨询费；
    - 遣散费、假日工资或产假工资；
    - 设备或办公场所剩余租期的租金；
    - 退租相关的额外费用（如房屋失修）；
    - 养老金义务；
    - 确认捐赠和限定资金。

实际上，这些通常是拥有自己管理支出的独立慈善组织，且只能用于给定的用途（详见第3.3部分）。依据其给定的条款，未使用限定用途的收入资金可能需要返还资助者。

4.3 在明确破产时，慈善组织可否继续经营？

可以，但必须非常谨慎。尽管某组织未能通过特定时间点进行测试且由此看上去资不抵债，但根据具体情况，该组织还是可以继续经营且不会被强制关闭。

短期内，慈善组织可能必须按照约定的信贷条款经营或依靠短期融资，在此期间，期待有大量的现金入账。例如，在赠款支付出现管理延迟时，可能出现上述情况。

然而，若慈善公司的董事知晓或应该得出该公司无法避免破产清算的结论，则其需要确保该公司停止经营。如果继续经营，属于违法经营，且一旦经法庭证实，董事负有个人责任。如果有可能避免破产清算，破产期的经营活动并不必然是违法的。

委员会建议,任何看起来即将破产的慈善组织受托人在采取补救措施前,听取专业建议。慈善组织可接触独立破产执行人,但应该事先联系其审计员或职业会计师(若有)。其审计员或会计师可以为其推荐1名专业的慈善组织破产执行人。

在决定是否有其他可以替代破产的选择时,慈善组织的内部会计、财务经理或主管可能也可以为受托人提供帮助。他们还可以对慈善组织程序应如何变动提出建议,以确保有充分证据证明受托人在此情形下行事妥当。**破产服务网站**包含1个所有破产执行人的数据库。

5. 破产危机的处理

5.1 慈善组织应该如何处理破产危机?

若落实了有效的财务管理和控制,可预防或提早预知破产。在发现即将破产和实际破产程序开始之间的阶段,受托人应该设法挽救财务困境。若为非法人慈善组织,受托人有可能承担个人责任。

委员会建议,在早期听取合理的专业建议,因为纠正措施需要仔细斟酌和计划。此类建议应该为书面建议,且建议的补救措施应该与新的或修改后的预算和现金流一起被监管。建议的准确性将取决于可信的财务信息。因此,财务信息愈发重要。

在这一程序中实施控制时,建议受托人增加见面次数并记录关键决定,包括决策的理由和做出的安排。

5.2 若有可能破产,慈善组织会考虑采取什么措施?

针对收入短缺和更有效的结构和程序建立等问题的处理,受托人可以采取的措施取决于各个慈善组织的性质和财务困难的产生原因。

以下为受托人考虑的两个关键领域,每一领域下面均写明了合适的措施类型。

若处理收入来源的短缺,受托人应该:

- 着眼于寻找新的资金来源或提出紧急资金需求;

需要注意筹集的资金均属非限定资金,可用于向现有债权人清偿债务。受托人应确保捐赠人知晓新的捐款可能被用于偿还慈善组织债务。

• 对承诺实施检查,确认承诺是否具有法律约束力——即使存在合同约定,也有商量的余地;

• 与银行讨论慈善组织的情况,尤其是在用慈善组织财产作为担保进行贷款的情况下;

• 检查现有的借款或贷款服务;

• 寻找新服务来过渡,直到获得充足的收益;

只有在确定会收到上述收益的情况下,才能采取这种做法。这种情况通常发生在大宗遗产清算提前或财产出售中。借款只能是权宜之计——这会产生相关费用(手续费和利息),且受托人需要检查慈善组织规章中规定其拥有的借款权力。此外,在某些情况下,申请贷款也很不容易。

• 与利益相关者或能够提供帮助的成员沟通,这可以帮助慈善组织熬过一段时间的财务困难;

• 着眼于其他方式来削减计划指出,努力使支出低于收入。

若考虑充足慈善组织的经营活动,受托人应该考虑:

• 慈善组织某些活动的停止;

• 固定资产和投资变现的可能性;

若资产有变动,需要经过有担保的放款人同意。但有担保的放款人不太可能同意向其他债权人付款的做法。

• 与其他有类似目的的慈善组织合并或与之协商共同完成未兑现承诺的机会——需要万分谨慎,确保上述举措不会对债权人造成损害;

• 重新募集资金——利用慈善组织资产募集更多资金是面临压力时能够募集足够资金继续经营的一种方式;

• 根据慈善法规定的权力使用永久捐赠——若慈善组织拥有永久捐赠,有可能需要获得委员会授权才能借用这些资金。

5.3 对于慈善公司而言,财产管理意味着什么?

财产管理是一项法庭程序,该程序给予公司一些应对债权人诉讼的准备时间——这实际上是一种救助程序。

法庭可以下达执管令,令公司得以:

• 全部或部分存续下来,继续经营;

- 组织自愿偿债安排或向债权人妥协(详见第5.4部分);
- 获得比公司清算更高的资产变现价值。

这一程序由财产管理人负责,该管理人必须是经授权的破产执行人。

若公司进入财产管理程序,则会指定一名财产管理人,以该公司所有债权人之利益行事并力图拯救该公司,令其继续经营下去。

5.4 慈善组织可否与其债权人订立协议?

在面临破产危机时,慈善组织可以考虑与其债权人订立一份协议,以此作为挽救手段来避免强制清算或清盘。协议性质将取决于慈善组织是否为法人。

慈善公司

根据破产法,慈善公司可与其债权人订立《公司自愿偿债协议》(Company Voluntary Arrangement,CVA)。作为协议的一部分,债权人可能同意接受减少债务和(或)延期支付。董事需要在经授权的破产执行人(将监督协议的执行)的帮助下向法院提出申请并按照约定的提议向债权人进行偿付。

CVA可在财产管理期间予以实施。

《破产法》(2000年)引入了一项新的程序,使得小型公司可以在订立CVA后延期偿付。延期偿付为公司争取到喘息的机会,给予公司董事为债权人制定补救方案的时间。该程序令公司债权人无法在相关期限内起诉公司,同时,令董事得以控制公司。

若公司符合下述2个或以上条件,可以延期偿付:

- 营业额低于650万英镑;
- 资产负债表总额低于326万英镑;
- 员工少于50名。

若某公司已经进入财产管理、清算或管理接管程序,那么其已受这些程序的保护,不受债权人起诉的影响,因此,无须寻求延期偿付。此外,若公司现已订立CVA或在之前12个月内已延期偿付且订立的CVA并未生效或提前失效,则不可再寻求延期偿付。

非法人慈善组织

面临破产的非法人慈善组织的受托人可能与其债权人订立正式协议。根据该协议,债权人可能同意受托人延期偿付其代表慈善组织欠下的债务和负债,和

(或)同意降低索赔数目。上述协议超出破产法规定的范围。若协议具有法律约束力,则其只对是合同当事方的债权人具有约束力。受托人在订立此类合同之前,应听取合理的专业建议。

5.5 清算或清盘对慈善组织受托人意味着什么?

若本部分描述的挽救机制无法成行,则清算或清盘是最后的解决措施。

这意味着受托人应该注意以下事项:

- 受托人的首要责任是向债权人偿付,并应该按照债权人的先后顺序进行偿付;
- 慈善组织预期即将破产,便向受益人赠款或向另一家慈善组织转账,使得其他债权人无法获得公平受偿的(这意味着受托人不得将慈善组织资金用于可能产生前述影响的目的上),视为慈善组织对破产法规定的违反;
- 不得转移慈善组织资产——在清盘程序中,现金很重要,但如果收购者是为慈善组织的非现金资产而来,可以出售该资产——在出售过程中,受托人必须时刻谨记最大化资产价值,以此获得可用资金来向慈善组织债权人进行偿付;
- 若慈善组织规模很小或经营活动简单直接,且无力任命指定职业清算人,受托人可能需要做出决定,同意与其债权人订立自愿偿债协议——重点是慈善组织受托人要保存结业期间作出的所有决策和举措及其背后原因的书面记录——制定详细的备忘录有助于建立结构性的思维,且有助于保护决策者。

不同慈善组织结构之间的区别在于:

慈善公司

若慈善公司董事知晓或应该知晓破产清算无可避免,其必须自知晓或应该知晓之时起,采取所有必要措施最小化公司债权人可能的损失。这可能包括裁减或停止部分或全部慈善组织活动。为确保慈善组织债权人得到最好的补偿而向专业人士咨询建议。因此,支付相关费用是正当的。

在债权人做出任一以下行为之前,法庭通常不会以无力偿债为由下达强制清算慈善公司的命令:

- 发出正式法律通知,即《法定求偿书》,且求偿并未得到履行(适用于

求偿金额超过750英镑,且在发出求偿书21天后仍未获得偿付的情形);

- 就针对慈善组织的索赔,获得对慈善组织不利的法庭判决,但索赔并未获得偿付。

在上述情况下,债权人可向法院上诉要求对公司进行清盘。一旦慈善组织被清盘,无论是自愿还是强制的,均将由作为清算人的破产执行人管理。债权人再采取措施挽救慈善组织破产就为时已晚。

慈善公司的成员可自愿对公司进行清算。公司成员通过决议清算慈善组织的,若公司已破产,则为债权人的自愿清算。这两者之间的主要区别就是,在债权人的自愿清算中,破产执行人由债权人选择,而非公司成员。

非法人慈善组织

对非法人慈善组织进行清盘的决定通常是在根据慈善组织规章规定自愿做出的。

尽管非法人慈善组织不能被强制清盘,但其受托人可能因其代表慈善组织欠下的债务而面临债权人的法定求偿。

非法人慈善组织受托人知晓破产无法避免的,其谨慎行事的义务可能包括削减或停止部分或全部的慈善组织活动。这意味着可以有充足的财产留在慈善组织中,以偿付其在管理慈善组织过程中产生的债务和负债。

6. 受托人的责任

6.1 慈善组织受托人一般有什么责任?

慈善组织受托人有责任按照慈善组织利益行事并保护其资产安全。他们必须实施妥当的财务管理并遵纪守法,包括遵守破产法。依据慈善组织的法律结构,慈善组织受托人在破产情况下的法律责任各不相同(详见第5.5部分)。

6.2 受托人在慈善公司的地位如何?

若慈善组织是根据公司法成立的公司,由公司负责其董事代表其欠下的债务。慈善公司通常为担保有限公司,公司成员对公司超出其担保金额(通常为面额)的债务不具责任。

通常董事或受托人本身不对公司债务负责,因为公司拥有独立的法律身份(董事或受托人个人为债务偿付提供担保的除外)。但在少数涉及欺诈、低价交易、违法经营或违反信托的情形中,董事可能面临个人责任,受托人应该就此听取专业建议。

若担任慈善公司董事的人员无资格担任该职位,则就在其任职管理公司期间产生的债务,该人员应该对债权人负责。无论该人员是否经正式任命为董事,上述做法均适用。更多相关详情,详见《董事资格取消法》(1986 年)。根据《慈善法》第 178 ~ 180 条之规定,被取消资格后仍以受托人身份行事的,同样构成犯罪。

法人财产的使用

正如第 3.3 部分所述,根据公司破产法律,慈善公司作为受托人持有的资产(而不是作为其法人财产)并不是可以分配给公司债权人的财产。只有在特定信托管理期间产生的债务才能使用信托财产偿还。

允许将以信托形式持有的资产作为慈善组织的法人财产分配给债权人的,违反慈善组织作为受托人的义务。任何令慈善公司违反上述义务的董事、清算人等公司管理人可能违反其对慈善组织的诚信义务。因此,他们需要对信托财产的损失负责。

6.3 受托人在非法人慈善组织的地位如何?

若非法人慈善组织受托人合理借债,但慈善组织没有充足的资产偿付该债务,则受托人可能要自己补足不足的部分。

受托人如何分摊这一债务要遵循引起该债务的协议条款规定,但通常情况下,债权人可以起诉任何受托人,要求其偿还所有债务。支付超过其份额债务的受托人可要求其他受托人对其进行补偿。这意味着事实上债务是由可寻的、有偿还能力的受托人平均分摊的,前述受托人另有约定的除外。

只要代表慈善组织借债的决定是根据其规章合理做出的,所有受托人共同对该债务负责(引起该债务的协议条款另有明确规定的除外)。根据《受托人法案》(2002 年),受托人通常有权力利用慈善组织资产对合理借债进行补偿。大多数情况下,即使在受托人退休后,清偿的责任和权利仍然存在。(但需要注意的是,这不包括因雇佣合同产生的债务——任何根据该合同向受托人提出的索赔均是针对受托人机构的,因为在违反合同的行为发生时,受托人机构的地位决定了其对该行为负责。)

在缺乏相关保险的情况下,令人担忧的是,若慈善组织无法偿还债务,则将由受托人为之埋单。若借债的条件是另一方同意只有在慈善组织有足够资金偿还时才进行清偿,不适用前述做法。例如,财产租赁中有时会包含这种类型的条款。若慈善组织的债务超过受托人的个人资产,则受托人本身可能被强制执行个人破产或个人自愿偿债安排。

6.4 非法人受托人机构的地位如何?

慈善法允许**非法人慈善组织**(而非慈善组织本身)成立受托人机构。这意味着受托人机构作为一个整体,将有权以公司实体的身份(而非受托人个人的身份)订立合同或承担其他义务,但受托人仍旧对慈善组织的债务负有个人责任。

6.5 保管受托人和持有受托人的地位如何?

非法人慈善组织通常会将财产置于一名或多名持有受托人或一名保管受托人名下。只要他们仅代表慈善组织持有财产,而不对慈善组织实施任何管理或财务控制,他们就不是慈善组织受托人且不会因此对慈善组织债务负责。然而,如果保管受托人允许或帮助慈善组织受托人违反信托,则其也应对之负责。

7. 委员会的职责

7.1 慈善组织面临破产时,委员会的作用是什么?

委员会不得参与慈善组织的内部财产管理,包括重组和再融资。当偿付能力出现问题时,则有必要进行监管。然而,财务生存能力的问题肯定还是一个令慈善组织受托人及其专业顾问头疼的问题。

若慈善组织寻求有关使用永久捐赠或限定资金的建议,或有意了解有关行使委员会法定权利的信息,应该在 GOV. UK 上查询委员会的指引。

7.2 慈善组织财产出现处置不当、管理不善或风险时,委员会的作用是什么?

若以慈善为目的持有的财产有处置不当、管理不善或风险的嫌疑,委员会可根据**《慈善法》第 46 条**开展调查。

若慈善组织正经受根据第 46 条规定进行的调查,委员会有权根据《慈善法》

第76条任命1名临时管理人(已任命1名清算人的除外)。该被任命者与根据《破产法》或其他法律指定的、代表慈善组织担保债权人的管理接管人不同。

若委员会有充分证据证明受托人有不当行为或察觉到慈善财产可能遭受风险,可以利用委员会的权力任命一名临时管理人。在某些情况下,该任命可由委员会和受托人共同做出。

临时管理人会收到委员会下达的一系列命令,并在其任职期间履行受托人的职责,包括检查慈善组织的整体生存能力。

委员会可能还会收到有关慈善组织受托人或破产处理方式的投诉。其将按照考量其他有关慈善组织投诉的同样方式考量这类投诉。

7.3 将慈善组织从慈善组织登记簿中除名有哪些程序?

慈善组织进行清盘后,受托人有责任告知委员会。慈善组织不复存在或停止营业的,根据《慈善法》第34条的规定,委员会有责任将慈善组织从慈善组织登记簿中**除名**。

慈善公司

慈善组织解散后,委员会期望清算人能与其合作,共同处理有关慈善组织从登记簿中除名所需的文件。同时,还期望清算人能清算完成且公司根据《公司法》(2006年)解散后通知委员会。

非法人慈善组织

慈善组织受托人有责任根据慈善组织规章实施清算,若有必要,听取专业建议。

必须明确所有资产和债务。受托人必须根据慈善组织规章中的解散规定使用清偿债权人的合理索赔后剩下的资产。若无此类解散规定,则应寻求委员会的建议。

更多有关慈善组织登记簿的除名方式以及网上除名表格的获取信息,详见**《关闭或合并慈善组织》**。

8. 本指引所用术语

慈善法,是指《慈善法》(2011年)。

破产,是指资不抵债的个体可用的一种程序(某人拥有的资产无法偿还其债务或负债)。破产个体的资产需变现并分配给债主。

慈善公司,是指根据公司法成立并登记为公司的慈善组织。

保管受托人,是指经任命保管(有别于管理)信托财产的公司。保管受托人不是慈善组织受托人。

捐赠资金,是指基于捐赠人的特定信托而持有的资金。捐赠基金可能是独立慈善组织或慈善组织的特殊信托。捐赠资金可以是可消耗性的或永久性的。

- 消耗性捐赠资金是可以用来投资创收的资金;

  依据捐赠的性质和附加条件,受托人会拥有法定权力将全部或部分捐赠资金转化为可使用的收入资金。消耗性捐赠资金与一般收入资金的不同之处在于,除受托人做出决定外或直到受托人做出决定,并不实际要求将该资金用于慈善组织目的。

- 永久捐赠资金可以用来为慈善组织创收,但不能当作收入使用的资金。

  指示财产持有方式的文件将明确规定该资金被用于投资且投资收益应该被用于特定慈善目的。永久捐赠也可能是固定资产,且该固定资产必须被用于慈善组织的特定目的或所有目的。这类捐赠的常见例子包括村公所、游乐场、住房、博物馆和历史建筑。

持续经营,是指某一组织在可见的未来经营的能力。

规章,是指写明慈善组织目的和管理方式的任何文件。形式通常为信托协议、组织制度、组织大纲、公司章程、委员会方案、财产转让契约或遗嘱。

持有受托人,是指指定为慈善组织持有财产的个人;其本身不是受托人,但必须遵照慈善组织受托人的相关法律规定以及规章的各项规定行事。

破产法,是指根据《破产法》(2000 年)和经《企业法》(2002 年)修订的《破产法》(1986 年)。

储备金,是指慈善组织拥有或可以获得的用于任何或所有慈善组织目的的资源,但前提是其已实现承诺并为其他计划提供了资金。

限定资金,是指捐赠人、资助授予人或公众诉求(public appeal)之条款规定了特定用途的资金。在通常情况下,受托人可以根据捐赠人、资助授予人或公众诉求的规定,将限定资金直接用于深化特定领域的目的。限定资金不能用于慈善组织其他工作。

附属交易公司，是指慈善组织完全或主要控制的非慈善性交易公司，并代表慈善组织开展交易活动，目的是以节税的方式筹募资金。

受托人，是指慈善组织受托人。慈善组织受托人是按照慈善组织规章负责管理和指导慈善组织的人。慈善组织的规章可能称其为受托人、受托人理事会、管理委员会、管理者、董事或其他名称。慈善公司董事是慈善组织受托人。

非法人慈善组织，是指不符合以下条件的慈善组织：

- 根据《公司法》（2006 年）成立或登记为公司；
- 成立或登记为商业公会；
- 根据《皇家宪章》或《专利许可证》成立；
- 根据制定法成为法人。

慈善组织“土地持有”服务的正式托管人
（CC13）

2004 年 9 月

目　录

1. 本指引的内容

本指引简要叙述了慈善组织正式托管慈善组织土地的服务。

2. 谁是正式托管人?

正式托管人是依照法规建立的、代表慈善组织持有土地的公司。实际上,是被任命承担这一职责的慈善委员会职员之一。若土地要被正式托管人持有,应该归于其名下。

3. 本指引所用词语的定义

慈善法,是指《慈善法》(2011 年)。

土地,是指英格兰或威尔士地区附有或未附有建筑物的土地,包括土地上的房产和利益,如租约、通行权、地役权或租金。在本指引中,不包括通过抵押或其他担保获得的利益。

受托人,是指“慈善组织受托人”。慈善组织受托人是按照慈善组织规章负责管理和指导慈善组织的人。慈善组织的规章可能称其为委员会成员、管理者、主管或其他名称。有时候,慈善组织还有监管受托人或持有受托人,其职能仅限于持有财产。监管或持有受托人无权做出管理决策,且必须按照“慈善组织受托人”的合法指示行事。

必须,是指受托人必须遵守特定的法律或法规要求的情形。

应该,是指若无充分的理由,受托人应该在基本规范指引下行事的情形。

4. 土地可以被正式托管之前

在土地被正式托管之前,其所有权必须由慈善组织持有。即使获得土地和随后将其正式托管这两项举措被作为单个程序的一部分,也应该通过两份不同的法律文件予以实施。正式托管人不得作为获取土地的转易契、转让书、租赁协议或其他协议的当事方。

5. 土地的正式托管方式

通过法庭或(更普遍的)委员会根据慈善法之规定下达命令,土地可以被正式托管。受托人可以通过填写**网上表格**申请正式托管慈善组织土地。

在 1961 年 1 月 1 日前被归于慈善组织土地官方受托人名下的慈善组织土地将于该日自动归于正式托管人名下。

6. 土地登记

一旦委员会将土地正式托管,慈善组织受托人可向地政局申请将其所有权登记在正式托管人名下。若该土地未经登记,委员会鼓励受托人考虑在托管前进行土地登记。例如,可以确保所有权证明——更多细节,请联系地政局(详见网址:https://www.gov.uk/government/organisations/land-registry 或查询"地政局"电话簿联系当地办事处)。

7. 土地正式托管的优点

信托或协会等非法人慈善组织,其本身并无法律身份且不能以自身名义持有财产(包括土地)。相反地,必须由被选定的个人(即持有受托人,且在实践中持有受托人通常是 1 名或多名慈善组织受托人)或法人主体代表慈善组织持有财产。若为个人持有,这些个人会随时发生变动(如退休或离世),如果要将财产转移给其继任者,需订立新的契据。然而,将慈善组织土地归于正式托管人名下就不存在上述需求。这一做法有两个优点:

- 为慈善组织节省了持有受托人发生变动后订立新契据的费用;
- 不存在慈善组织财产仍归于已经与慈善组织无关或难寻踪迹的人的名下。

若慈善组织是公司或其他法人团体,则其本身拥有法律身份且可以以自身名义持有财产。因此,无须将土地归于正式托管人名下,因为这样做对其并无更多益处。法人团体托管的非法人慈善组织也是如此(例如,受托人根据慈善法使自己成为法人)。在这种情况下,法人受托人可以代表慈善组织持有土地,无论受托人机构的收益如何。

若慈善组织土地由不再与慈善组织相关的人员持有或土地的所有、持有人均离世或失踪,委员会下达命令将该土地正式托管可能是确保慈善组织可以证明其土地所有权的最好方式。

正式托管简化了慈善组织的土地所有权,且可以减少处理土地事务的麻烦和费用。例如,针对未登记的土地,正式托管需要订立的契据较少,且无须证明前任受托人死亡。

此外,正式托管服务是免费的。

8. 管理土地

正式托管人不得参与管理其持有的土地。慈善组织受托人保有所有管理权力和义务。他们还需:

- 决定土地的出租方式(若慈善组织规章写明土地可以或必须出租);
- 安排收取租金;
- 确保为特定目的的以信托方式持有的土地仅按照该目的使用,不得挪作他用;
- 保护土地,例如,通过确保土地边界明确界定以及通过定期检查土地状况来确保土地未被滥用;
- 安排土地保养、维护或改进(如有必要)。

将土地正式托管并不影响慈善组织受托人处置土地的权力。处置土地可能有限制,但限制的原因通常是:

- 慈善组织规章的条款规定;
- 慈善法;
- 慈善组织登记为住房互助协会的,例如,《住房互助协会法》(1985年)。

无论土地是否被正式托管,以上限制均适用。

9. 若正式托管的土地被处置,需要做哪些事情?

对正式托管的土地进行处置时,正式托管人必须是相关转易契、转让书、租赁协议或其他协议的当事方。

除下列情形外,正式托管人无须在协议中盖章。相反地,该协议将由慈善组织受托人以正式托管人的名义或代表其签字。所有慈善组织受托人均需在协议上签字,慈善法规定由两名以上经授权的受托人进行签字的除外。

若有以下情形,正式托管人"确实"需要在处置托管土地的协议上盖章:

- 涉事土地是根据《慈善法》(2011 年)第 76 条[之前是《慈善法》(1993 年)第 18 条]所作命令归于正式托管人名下的,委员会因此有权力采取措施保护慈善组织;
- 该处置并未经法庭或委员会下达的命令授权。

在这些情况下,协议草案应送交委员会审批。若草案获准,则正式托管人将应慈善组织受托人的要求在协议上盖章,但该处置不得有违信托,且正式托管人无任何个人责任。

若为已登记土地,受托人同样应该通知地政局该交易,以便对其记录做出相应变更。

有关何时需要法庭或委员会授权才能处置慈善组织土地的信息,详见指引**《出售、出租、转让或抵押:受托人关于处分慈善土地的须知事项》(CC28)**。

10. 所有权证书

正式托管人通常允许慈善组织受托人保存或控制托管土地的土地登记证或土地所有权证书。

11. 无法正式托管土地的情形

若土地已根据以下条款或条件转让给受托人,委员会通常不会下达将土地托管给正式托管人的命令:

- 《校址法》(1841 年)、《文学和科学机构法》(1854 年)或《祭祀场所法》(1973 年)的相关规定;
- 若土地不再按要求的目的使用,应该归还捐赠人或其继承人。

因为,在上述情形中,正式托管人可能成为被用于非慈善目的的土地的受托人,且其只能持有基于慈善信托持有的土地。

法律基础:慈善组织与投资事宜
(CC14)

2011 年 10 月

摘要

(a)本文件旨在总结慈善委员会指引《慈善组织与投资事宜:对受托人的指引》(CC14)(以下简称指引)的法律基础,并使用了一些专业术语予以阐述。

(b)本文件不是一本综合性的法律文摘,但可供受托人、顾问和公众参考,旨在反映当时的法律与实践,并不具有法律约束力。本文综合分析相关法律,但该分析是否符合特定的情形,应视该情形的各种事实而定。

(c)在适用法律时,委员会会采取与法院和审判庭同样的方式。

引言

(i)本文件涉及慈善组织受托人的责任与义务,除非另行说明,本文件描述的内容均是基于信托法相关法律。因此,本文件不能直接适用于慈善公司的管理人员。但慈善公司管理人员也是基于信托深化其慈善目的,他们也有类似责任,属于《慈善法》(2011 年)第 177 条所界定的"慈善组织受托人"的范畴。

(ii)在指引中,委员会使用"投资"一词,指代任何可获得经济回报的资金消费,该定义涵盖了慈善组织使用资金时所采用的各种策略,包括为了获得最大经济回报而做出的谨慎投资("经济投资"),也包括为了最好的收益而在慈善组织目的范围内的投资,或者在不影响慈善组织工作的情况下做出的投资,或者避免基于道德标准而做出的投资("道德投资")。

(iii)投资包括为了最好的收益集中进行有助于慈善组织实现其任务的投资,并不会对财务带来重大损害("与任务有关的投资"),还包括资金用于深化慈善组织的目的,从而创造经济回报,但该资金的消费原因是为了深化慈善组织的目的(专项投资)。

(iv)普通法对"投资"的定义一般局限于那些构成经济投资的因素。例如,"受托人持有的用于制造收益的财产,无论是收入还是资本,借此推进其信托工作"①。然而,在一个新西兰案件(**卡尔弗登养老院诉公司注册署**),②枢密院指明:

"……投资的普通含义之一是为获得收益而消费资金,该收益可能

---

① Harries v. Church Commissioners[1992]1 WLR 1241.

② Culverden Retirement Village v. Registrar of Companies [1997] 1 NZLR 257,261.

是以资本、收入或两种形式同时产生,可能是现金,也可能是以服务提供的形式。"

(v)本案中,购买养老院的房屋是一种投资,双方约定买方提供必要的服务,可以按照自己的意愿占有该房屋,且之后可以收回其全部或大部分资金。法院特别指出:

"买方投入的资金收益包括在总的利益之中,而不仅包含在最终的经济回报中。"

(vi)同样值得确信的是,一个慈善组织将资金用于一个公司,而该公司的运作将会深化慈善组织的目的,也可以提供经济回报。法院在考虑此类问题时,可能会认为深化慈善目的的社会结果和经济回报共同构成了该投资的总收益,但因为没有一个确定的判决,委员会通常认为,投资的法律含义是经济回报,并不包括与项目有关的收益。

(vii)对受托人来说,考虑所有"投资"策略的出发点是受托人行事必须符合慈善组织的最大利益。① 经济投资通常包括根据商业审慎原则需求最大收益。② 如果是专项投资,追求的"投资"是实现慈善组织目的的有效方式。

(viii)"经济投资"(包括道德投资和与任务有关的投资)与"专项投资"(法律意义上来说不属于投资)之间具有重要的区别。法律意义上的投资是为了经济回报而进行的,任何其他的目的都是附带的,这并不意味着用于深化慈善目的的资金不能以创造经济回报的方式而被使用,但这意味着专项投资并不是严格法律意义上的投资。因此,不视为是《受托人法》(2000年)中规定的投资权力的行使。同样,基于信托而持有的资金用于投资也不是投资权力的行使,除非与基于最好收益的投资比较没有重大的财务损害。

---

① 在 Cowan v. Scargill [1985] Ch 270 中,法官罗伯特·美加瑞(Sir Robert Megarry)认为,与受托人使用退休基金相关的法律指出:"出发点是受托人行事必须符合现有及将来受益人的最大利益这一责任。"如果是慈善信托,那么,该表述应为"受托人深化慈善目的这一责任"。

② Harries v. Church Commissioners [1992] 1 WLR 1241.

第一部分 经济投资

1. 什么是投资?

最大经济回报

1.1 虽然判例法中有解释"投资"一词的判决,但法律对"投资"并无法定的解释。在**哈里诉英格兰国教委员会一案**(Harries v. Church Commissioners)中,副大法官唐纳德·尼克尔斯(Donald Nicholls)提及"受托人持有的用于制造收益的财产,无论是收入还是资本,借此推进其信托工作",即"受托人持有作为投资的财产。"

1.2 副大法官明确了这一点,即如果将财产作为投资持有,"那么,受托人初步的信托目的是根据商业审慎原则寻求获得最大收益,无论是通过收入还是资本增长的形式",指引中使用的表述是"最佳经济回报……慈善组织可承受的风险范围",委员会认为,与**哈里案**判决中表述的"根据商业审慎原则寻求获得最大收益,无论是通过收入还是资本增长的形式"含义相同。

1.3 《受托人法》(2000 年)中的投资权力也涉及为实现经济回报而进行的投资。根据规章中的具体规定,基于信托持有用于投资的永久捐赠基金可以确保经济回报,用于深化慈善组织目的,如果规章无具体条款规定,该资金的使用不得有损资金本身的价值。

1.4 然而,由于没有具体的法律规定,考虑到现行的判例法,委员会认为,慈善组织受托人的投资责任目前只涉及为获得经济回报的投资责任,但这并不意味着慈善组织受托人不可以使用他们的权力来深化其慈善目的。他们也可以将资金用于深化慈善目的,例如,通过贷款,也可能会有经济回报,这取决于将资金用于深化慈善组织目的的决定是否属于合理的受托人在寻求深化其目的时可能做出的决定范围之内。

税收与投资

1.5 受托人希望尽量确保不缴纳投资相关的税款。根据《所得税法》(2007 年)第 543 条第 1 款规定,如果慈善信托公司进行的投资或发放的贷款不属于《所得税法》(2007 年)第 558 条和第 561 条规定的慈善投资或慈善贷款,那么,就属于非慈善开支。根据《公司税法》(2010 年)第 496 条第 1 款规定,如果慈善公司进行的投资或发放的贷款不属于《公司税法》(2010 年)第 511 条和第 514 条规定的慈善投资或慈善贷款,也属于非慈善开支。

1.6 《所得税法》(2007 年)第 558 条和《公司税法》(2010 年)第 511 条详细规定了自动属于慈善投资的具体投资,包括在正规证券交易所中列出的公司股票或证券。如果英国税务与海关总署(Her Majesty's Revence And Customs, HMRC)确信上述条款中未具体规定的投资或贷款是为了慈善信托公司或慈善公司的利益,而非为了避税(无论是慈善信托公司、慈善公司还是任何其他个人为了避税),那么,该投资或贷款也可视为慈善投资。

1.7 《所得税法》(2007 年)第 561 条和《公司税法》(2010 年)第 514 条说明了慈善信托公司和慈善公司发放的贷款。如果贷款不是以投资的形式发放,并且属于特定的类别或 HMRC 确信发放该贷款是为了慈善信托公司或慈善公司的利益,而非为了避税,那么,该贷款也可视为慈善贷款。

1.8 HMRC 认为,之前使用的"为了慈善组织的利益"具有不同的含义,取决于他们是否将投资(包括投资贷款)或贷款处理为投资,以前的投资(包括投资贷款)必须作为经济投资有益于慈善组织,对于非投资贷款,HMRC 希望利益与慈善组织的宗旨有关。但如今 HMRC 已经接受"为了慈善组织的利益"具有更广泛的含义,可延伸至市场回报率较低的资本性投资,深化慈善组织宗旨。同时接受可深化慈善宗旨,给予一定经济回报的贷款。

1.9 从上可知,HMRC 在考虑什么是慈善投资时,不仅会考虑可将慈善组织收益最大化的投资或可确保获得合理资本回报的投资,而且也会考虑市场回报率较低但可深化慈善组织宗旨的投资。用于深化慈善目的的同时可能创造经济回报的贷款也可视为慈善贷款。

1.10 最后两个例子是"专项投资"。HMRC 只关心税务问题,不关心受托人投资权力的范围。如上所述,法律关于什么是慈善组织投资权力范围内投资的规定,注重的是为慈善组织带来经济回报的投资,而非为深化慈善组织目的但也可以创造经济回报的资金支出。

1.11 很明显,慈善组织可以将其资金用于深化其慈善目的,但如果这样做,他们就不能行使其投资权力。在适当的情形下,道德投资和与任务有关的投资都是行使受托人投资权力的方式。

投资与交易的区别

1.12 虽然很难区分投资与交易的区别,但它们之间的确存在一些区别。投资和交易的共同特征之一是都会产生收益,但在税收方面,两者有所不同。因此,应该知道特定资金的支出属于投资的相关内容,而非交易。

1.13 委员会之前认为,一项投资必定有投资者和投资对象,但并非所有人都认为该解释从法律上看是准确的,有些人认为,该观点区分了投资与交易。

1.14 但委员会希望明确法定义务和基本规范的内容,它认为对于慈善组织而言,什么是正确的投资与正确行使受托人的投资权力有关。

1.15 通常投资权力可广泛界定"投资",包括商品、艺术品和期货等产品,判例法表明,虽然购买商品通常视为交易,但也可以成为"一项投资的标的"。为了制造利润而进行的短期商品销售可能视为交易。[①] 因此,如果不能构成交易,那么,根据投资权力对商品的任何利用都应该谨慎进行。

1.16 HMRC 出版了**关于交易特征的指引**,但在实践中有时候也不好区分投资与交易活动,如果不太明显,那么,投资者或交易者的意图就很关键。[②]

1.17 在**英国电信养老金计划受托人诉克拉克(皇家税务稽查员)案**中,[③]上诉法院在考虑分销收益是交易收益还是投资收益时便采用了此种方法判定,罗伯特·沃克法官(Robert Walker)指出:

> "如果一项交易的法律或商业特征都明确指向交易,那么,交易者的主观目的或意图就无法改变业务的性质,但在参照目的或意图之前,业务的性质可能是模糊的。"

1.18 里德(Reid)法官在**Iswera v. CIR** [④] [1965] 1 WLR 663, 668 中的表述支持了罗伯特·沃克法官的观点:

> "如果纳税人为得到他想要的,不得不从事具有完全交易特征的业务,那么,他的目的无法单独影响其实际所做的,但如果他的行为本身

---

① Wisdom v. Chanberlain (Inspector of Taxes) [1969] 1 All ER 332); Edwards (Inspector of Taxes) v. bairstow[1956] AC14.

② Davies(HMIT) v. Shell Company of China(1951)32 TC 133); Trustees of BT Pension Schemes & Others v. Clark(HM Inspector of Taxes)[2000] WL 552; Iswera v. CIR[1965] 1 WLR 663.

③ Trustees of BT Pension Schemes & Others v. Clark(HM Inspector of Taxes 2000 WL 552).

④ Iswera v. CIR[1965] 1 WLR 663, 668.

是模糊的,那么在衡量所有情形的总体效果时,其目的可能就是一个实质性因素。”

1.19 罗伯特·沃克法官比较了两个例子:一个是营销顾问公司,观察顾客对超市不同陈列的反应,这涉及向真实顾客出售真实产品,并获得现金收益,该利润应作为交易收益上税,税务责任不会因为公司不是为了获取利润而对该业务这一事实而免除。

1.20 另一个例子是个人购买房屋,但在完成该买卖之前,他(她)收到了一个无法拒绝的要约,该购买合同和转售合同可能会初步认为是交易,但经仔细研究后表明这并不属于交易。

1.21 同样的,法院认为有必要思考一下受托人的分销与投资活动之间的关系,并重视其意图,受托人的出发点是投资指数跟踪系统,法院认为,这与短期机会主义截然相反。因此,判定分销收益属于投资收益。

1.22 由于业务通常具有投机性,因此,有时可能认为是交易而非投资。但法院认为交易和投资都有投机性。因此,业务的投机性本身并不能决定其属于交易还是投资。

1.23 从下列段落可得知,属于“赌博”或“冒险的投机”性质的投资对于慈善组织来说不是恰当的投资。①

1.24 别根海特的尼克尔斯法官(Lord Nicholls of Birkenhead)在1995年的一篇文章中引用了乐温信托一书第35~65段,并指出:

> “不同的投资伴随着不同程度的风险,可通过预期回报率反映出来,拥有各种证券投资组合的大笔资金无疑会包含高风险的证券。这种情形下,若将特定的投资与投资组合分离并探究其是否属于信托投资则不恰当”,不宜采用这种“循规蹈矩”的方式。调查应针对某一特定的投资,探究其是否属于投资组合的一部分。传统上对于受托人避免投机或风险投资的警告,并不意味着阻止受托人合理保留低风险和高风险证券的投资组合。因为,这是平衡风险管理的投资组合。

1.25 委员会之前的指引已经指出,将衍生工具仅视为行使投资权力的附属物,在某些情形下,以不属于行使投资权力附属物的方式使用衍生工具可能被

① Bartlett v. Barclays Bank Trust Co. Ltd. [1980] Ch 515.

视为交易而非投资。但衍生产品有很多,其中一些与投资类似,可以合法行使投资权力。是否属于投资取决于衍生产品的性质以及将该衍生产品视为投资的注意事项。尤其需注意的是,只有在衍生产品属于用于投资资金的一小部分时,衍生产品才能使用。

2. 投资权力

2.1 许多慈善组织的规章中明确规定了投资权力,《受托人法》(2000 年)赋予了受托人一项基本的投资权力,即“如果受托人有绝对权利享有信托资产,那么,受托人可以进行可能进行的投资”。受托人行使其权力必须符合慈善组织的利益,本部分后面的内容将详述其对投资权力的意义所在。

2.2 这是一种非常宽泛的权力,但只有经济投资属于该范围,受托人同样需要记住税收问题以及投资与交易活动的区别,进行“投资”法定解释之外的业务不能视为投资权力的行使。专项投资是为了深化慈善目的,也不属于投资权力的行使。

2.3 《受托人法》(2000 年)赋予的基本投资权力不允许受托人投资土地(贷款担保土地除外),但《受托人法》(2000 年)第 8 条赋予了受托人将自由保有或租地持有英国土地作为投资的权力。

2.4 法院通常会规定明示的投资权力,限制或扩展受托人的普通投资权力,明示的投资权力由法院严格解释。①

2.5 虽然法院严格解释明示的投资权力,但不应对投资条款进行不恰当的限制性解释。②

2.6 根据《慈善法》(2011 年)第 99 条规定,慈善组织的投资权力包括加入普通投资基金会和普通存款基金会的权力,但慈善组织的规章关于普通投资基金会或普通存款基金会的规定明确排除该项权力的除外。

---

① Ovey v. Ovey[1900] 2 Ch 524;Re Harari's Settlement Trusts[1949] 1 All ER 430;Brown v. Gellatly(1866 -67)LR 2 Ch. App. 751.

② Re Peczenik's Settlement[1964] 2 All ER 339.

普通投资基金

2.7 普通投资基金是委员会(或法院)根据《慈善法》(2011 年)第 96 ~ 97 条规定制定的集合投资基金计划,只有在英格兰、威尔士、苏格兰和北爱尔兰成立的慈善组织才可投资,它们被视为慈善组织。更多信息,详见《普通投资基金会:制度指引》。

2.8 普通存款基金是委员会根据《慈善法》(2011 年)第 100 条规定制订计划而建立的吸收存款计划,根据相关法律规定,它们本身也被视为慈善组织。因此,有资格登记为慈善组织,更多信息详见《普通存款基金会:制度指引》。

借款投资

2.9 委员会经常受到关于借款投资的询问。借款投资一般不属于资金的谨慎使用,因为该投资的收益不一定能超过借款成本,但投资权力是否包含借款投资也是一个值得讨论的问题。

2.10 即使是为了慈善组织的利益需要借款投资,也需要具体的权力授权,在In re Suenson-Taylor's Settlement Trusts 一案中①, 福斯特法官考虑了受托人关于使用借款权力筹款投资的提议,他们的投资权力非常广泛,即

> "如果受托人是信托基金唯一绝对的受益所有人,那么他们应该不受限制地享有根据信托投资需要投资资金的权力。"

2.11 法院认为,"需要投资的资金"指信托基金的资本,借贷资金不属于信托基金。因此,不在投资权力范围之内。这并不意味着不可能有明示的权力准予借款投资,只是需要严格解释受托人的明示权力。

2.12 如果允许借款投资,那么,受托人应该确保其行为符合慈善组织的利益。

3. 受托人的责任(行使投资权力)

3.1《受托人法》(2000 年)第 3 条赋予的普通投资权力并不会影响受托人行使投资权力的责任:"如果受托人由于道德驱使需要,为了他人利益而投资,那么

---

① *In re Suenson-Taylor's Settlement Trusts*[1974] 1 WLR 1280.

他应该谨慎行事。”①

3.2　在 *Learoyd v. Whiteley* 中②,沃森法官指出:

“普通谨慎的商人通常会或多或少选择带有投机性质的投资,但受托人的责任是只能选择信托允许的投资类别,需要避免危险性的投资。”

3.3　在 *In re Godfrey* 中,③培根法官指出:

“在管理信托意愿书时,向对待自己的财产那样谨慎管理信托财产无疑是受托人的责任,但表达规则的措辞不得超出其原本含义,谨慎的商人在管理其财产中也会遭受风险。因此,几乎所有的人类活动都可能存在风险。”

3.4　对于私人信托,平衡终身财产所有人和不动产继承者的利益是受托人投资责任的重要方面,在**JW v. Morgan Trust Co. of the Bahamas Ltd.** 一案中,④高等法院(巴哈马)认为,受托人应该在不影响终身财产所有人和不动产继承者利益的情况下,将信托资产总的收益作为衡量其投资效益的标准。受托人必须平衡有益于终身财产所有人定息证券以及有资本增值可能性且在分红政策较低时有益于对资本享有权益的不动产继承者的股票。

3.5　在慈善法中,这等同于将永久捐赠资金用于深化现有和将来的慈善目的的情形,对于没有永久捐赠资金的慈善组织,就可能没有这样的平衡程序。主要的标准是慈善组织目的的深化,投资的经济回报是否应用于慈善组织的目的,或者是否将资本直接用于深化目的。

3.6　在**Cowan v. Scargill** 一案中,⑤罗伯特·美加瑞副大法官经批准引用了詹姆斯·威格拉姆副大法官在**Balls v. Strutt** 一案⑥中的表述:

“本院的原则是不允许受托人使用信托赋予的权力,但其信托具有合法目的的除外……”

3.7　美加瑞法官继续指出:

---

① *per Lindley L. J. in In re Whiteley* (1886)33 Ch. D. 347, 355.

② *Learoyd v. Whiteley*(1887)12 App. Cas 727, 733.

③ *In re Godfrey*(1883)23 Ch. D. 483, 493.

④ *JW v. Morgan Trust Co. of the Bahamas Ltd.* (2001 -2)I. T. E. L. R. 541.

⑤ *Cowan v. Scargill* [1985] Ch 270.

⑥ *Balls v. Strutt* (1841)1 Hare 146, 149.

"受托人必须公平诚实地行使权力来实现目的,不能为了受托人或其他人的利益而完成任何隐蔽的目的……"

3.8 在Trustees of the British Museum v. H. M. Attorney-General 一案中,①罗伯特·美加瑞副大法官列出了法院在考虑赋予投资权力时需要考虑的5个问题:

3.8.1 "法院可能会重视建议和管控规定的范围和效力。"

3.8.2 "如果权力范围很广……可以制定分散权力的计划,将部分资金限制在相对安全的投资范围,确保其他部分用于风险可被收益的可观前景抵消的投资项目。"

3.8.3 "法院需要判定的是投资权力的范围、分类、建议和管控的综合影响,这些都会与受托人的状况相互作用。"

3.8.4 "资金的多少是非常关键的,大量的资金意味着投资的自由度更大,而相对较少的资金投资的自由度就较小,大量资金的投资分布由于允许的权力较广,风险也会较大。"

3.8.5 "信托的客体也非常关键,在本案中,由于资本价值的增长,有可能理想地收购价格猛涨的博物馆,与资本价值增长的客观需要和风险有关。"

3.9 3.8.2 中提到的管控程度反映了当时生效的《受托人投资法》(1961年)中的规定,但即使投资的普通权力很广,规章仍然可以进行限制。

3.10 《受托人法》(2000年)规定了受托人行使投资权力的具体责任,根据该法第4条规定,受托人必须经常审查投资,考虑规范投资的标准,必要时可以改变标准,这些标准是:

(a)进行与特定投资同类的信托投资的适宜性;

(b)符合信托情况,进行多样化信托投资的需求。

3.11 此外,根据《受托人法》(2000年)第5条第1款规定,"在行使任何投资权力之前……受托人必须(另有规定的除外)寻求并考虑关于重视规范投资标准以及权力应当行使方式的适当建议",适当的建议指"受托人认为的具有关于提议的投资方面的实践经验以及给予建议的能力上能被信任的人的建议,"(第5条第4款)。例外情况指"如果受托人有理由认为在所有情况中都不需要建议,

---

① *Trustees of the British Museum v. H. M. Attorney-General*[1984] 1 WLR 418.

那么,他就不需要寻求建议”(第5条第3款)。

3.12 《受托人法》第1条规定的注意义务也适用于投资权力的行使、考虑规范投资标准的责任或采纳建议的责任。注意义务是在各种情形中合理运用技能和注意,尤其要考虑:

(a)受托人拥有的专业知识或经验;

(b)在一项业务中,受托人的专业知识或经验是否满足人们的合理期待。

3.13 通常认为,具有专业知识营利性的机构具有更高的注意义务,布莱特曼法官(Brightman)在**Bartlett v. Barclays Bank Trustee Co. Ltd.**一案中指出:

“……我认为像专业管理信托业务的信托公司应该具有更高的注意义务。”

3.14 受托人在做投资决定时应该避免利益冲突(详见GOV. UK网站中的受托人利益冲突指引)。此外,受托人应该注意避免考虑与投资决定不相关的因素,同时主要考虑相关因素。

4. 道德投资

4.1 道德投资的问题在于,道德是如何与普通权力和受托人的投资责任相互作用的。

4.2 慈善组织可以选择投资较小的投资范围,因为他们的目标规定了限制[或者因为下面段落中指出的“牛津教区主教”(Bishop of Oxford)原因],或者因为慈善组织受托人认为该投资适合财务考虑。

4.3 从财政意义上来说,道德投资是投资,受托人关于投资的责任也适用于道德投资(详见受托人的责任)。

4.4 慈善组织的规章有时会对投资的普通权力范围进行道德限制,这些限制不能违背本部分讨论的原则。当然,受托人也必须遵守这些限制。

4.5 采用道德投资政策通常由受托人自行决定,受托人必须记住这个基本原则,即其投资权力必须用于深化信托目的,并根据商业审慎原则寻求最大收益,从而更好地服务于这些目的,就像法官在**Harries(Bishop of Oxford) v. Church Commissioners**[通常称为牛津教区主教案(Bishop of Oxford)]一案中指出的,

"多数慈善组织需要资金,可用的资金越多,受托人完成的目的就越多"。①

4.6 一项道德投资政策可以完全符合寻求最大收益的原则。例如,越来越多的人认为,具有社会责任感的公司发展更好,并且在风险和收益之间能保持长期的平衡,如果受托人有理由相信道德投资能最大平衡慈善组织的风险和收益,那么,他们就可以自由选择道德投资政策。对于其他投资策略,他们必须谨慎履行之前提及的责任,必须特别审查他们的投资,考量适宜性以及投资多样化即灵活应变的需求,如有必要,还应该咨询专业意见。

4.7 下一个问题是受托人可以允许考虑事项,而非投资收益水平调整投资策略的程度,牛津教区主教(Bishop of Oxford)案分析了三种情形:

4.8 第一,有时候投资特定类型的业务可能会与慈善组织的目的相冲突,旨在保护环境和野生动物的慈善组织可以决定不投资会污染慈善组织试图保护对象的业务,但此处的问题是慈善组织目的和活动之间的**实际**冲突,而不仅是**道德**反对。如果判决是一项道德判决,那么受托人操作的空间就极为有限。

4.9 第二,慈善组织可以避免阻碍其工作的投资,例如由于慈善组织资金问题而影响潜在的受益人或者疏远支持者,受托人需要平衡这些问题。一方面,如果进行投资,慈善组织可能会遇到困难或者可能失去支持的损失;另一方面,如果将这些投资与其投资组合分离,可能有财务亏损的风险,财务亏损的风险越大,受托人就越需要确定给慈善组织带来的不利之处。

4.10 第三,如果一项投资不属于上述两类中的任何一种,那么,受托人可以接受他人认为该投资从道德上来看不恰当的观点,但他们必须确信这不会涉及"重大财政损害的风险"。在许多情形下,受托人在必要时咨询专业意见后,通常会得出这样的结论:一项特殊的道德政策可能类似于一项受限的政策,但受托人不得随意使用其投资权力进行道德声明,损害慈善组织的利益。

4.11 对于慈善组织来说,关键问题是根据它们自身情况(而非推测的"公众观点")来进行判断,下面是对受托人的建议:

- 考虑慈善组织的目的和宗旨;
- 记住收益最大化的基本原则,如果采用了道德政策,应该书面说明政策,并明确说明积极的目的和例外规定;

---

① Harries(Bishop of Oxford) v. Church Commissioners[1992] 1 WLR 1241.

• 如果排除公司或其他领域,那么应该仔细思考排除的原因,政策的限制性越强(就例外规定而言),收益的风险就越大。

4.12 受托人需要评估提议的政策对潜在的投资收益可能产生的影响,这通常需要咨询专家意见。

第二部分 专项投资

5. 专项投资

5.1 "专项",是指慈善组织使用可支出的资源创造经济回报,但主要用于深化慈善目的或慈善组织的目的,例如慈善组织提供贷款、贷款担保、认购股票或出租土地和建筑等行为。

5.2 慈善组织通过诸如提供贷款之类的活动深化其目的已经有很长历史,例如,在**加菲尔德扶贫信托机构**(1990 年)(Garfield Poverty Trust(1990 年))一案中,在委员会的判决中有所涉及(《慈善委员会委员判决》(卷 3),1995 年 1 月)。托马斯·怀特(Sir Thomas White)于 1566 年在英格兰 24 个大城市中成立的贷款慈善组织(详见《委员议会判例汇编》(卷 8),第 585 ~ 590 页),这些贷款只提供给居住在 24 个大城市的贫穷年轻人,支持年轻人创业。

5.3 在**In re Monk**[1]中,用于贷款给福克斯顿教区贫困和需要帮助的居民的资金被视为慈善资金,用于慈善组织活动的类似收益也视为是深化慈善目的,例如,为贫困者提供低利率或无息贷款,帮助其购买自由保有或租地持有的住房(**加菲尔德扶贫信托机构**,Garfield Poverty Trust),详见第 5.2 部分。

5.4 在**Joseph Rowntree Memorial Trust Hospital Association v. AG** [1983] Ch 159[2] 案中,年长者购买的低成本住房也被视为慈善性质的,满足了年长者的需求。

5.5 有的慈善组织通过投资交易公司来深化慈善目的,交易公司从事主要目的交易并承诺将其利润转移给慈善组织,这有助于管理交易的风险并保护慈善组织的资产。在**The Abbey Malvern Wells Ld. v. Ministry of Local Government**

---

① In re Monk[1927] 2 Ch 197.

② Joseph Rowntree Memorial Trust Hospital Association v. AG[1983] Ch 159.

and Planning 案中①,一家慈善信托机构通过其全资拥有的公司来实施慈善目的,学校也可通过公司来实现慈善目的。

5.6　委员会之前碰到过这样的慈善组织,其目的包括推进企业的道德和宗教原则,旨在确保企业员工为了团体福利而履行其社会义务,该慈善组织拥有一家具有特别创新的道德管控结构,其持制造公司大量的股份,持有的股份可合理用于深化慈善组织的目的。

5.7　有些慈善组织并不将股份作为经济投资而持有,而是为了参加股东会议,在某些情形下这是支持深化慈善组织目的的一种方式。因此,也是可接受的。

5.8　《受托人法》(2000 年)第 8 条允许将土地作为经济投资而持有,但许多慈善组织也会将土地作为深化其慈善目的的一种方式。例如,向需求者出租房屋的、慈善注册住房提供者的已登记慈善房屋的供应商,为年老者提供低价住房的养老院,这些会给慈善组织带来一定的资金,但从事这些活动的目的并非为了收益,而是出于深化帮助有需求的人的慈善目的。

5.9　委员会认为专项投资并不属于投资,因为它是关于将资金用于深化慈善组织目的的,不符合投资的普通法解释,如**Harries v. Church Commissioners** 案。

5.10　然而,正如**Cowan v. Scargill** 一案中指出的"出发点是受托人行事必须符合现有及将来受益人的最大利益的责任",如果是慈善信托公司,这就指"受托人深化慈善目的的责任",可以通过将资金直接用于慈善目的,或者资金用于投资,将投资的收益用于深化慈善目的。慈善公司的管理人员有责任以最可能实现公司慈善目的的方式行事[《公司法》(2006 年)第 172 条],与**Cowan v. Scargill** 一案中的分析类似。

5.11　专项投资不是根据受托人的投资权力进行的,而是根据受托人深化目的的权力和责任进行的投资。

5.12　"社会投资"有时会和"专项投资"交替使用,但"社会投资"不仅适用于慈善组织,还可适用于更广泛的情景,例如投资企业,实现社会效益或回报,而非经济回报。通常认为慈善组织是为了公共利益,而社会投资也是为了公共利益。因此,慈善组织进行社会投资便不存在问题。

5.13　但这个问题并没有这么简单,社会投资不同于专项投资,因为"社会

---

① The Abbey Malvern Wells Ld. v. Ministry of Local Government and Planning[1951] Ch 728.

投资”一词有时也包括获得经济回报的投资,但也有社会回报,也包括具有较低经济回报但有社会回报的投资产品。然而,需要分析资金的支出是属于经济投资还是深化慈善组织目的的方式,如果是后者,则不得有不恰当的私利,并且资金的支出必须根据目的深化的程度来判定。

私利

5.14　如果是深化慈善组织目的的投资,该投资产生的任何私利(例如给投资公司的经营者带来的利益或者其他给其他投资者带来的利益)必须是深化慈善组织目的中附带的。任何私利必须是受托人深化慈善组织目的必要的一部分或者必须是该行为的必然结果。[①]

5.15　如果慈善组织进行专项投资产生的私利并非附带,解决该问题的方法之一是利益接受者将其获得的私利转移给慈善组织。

5.16　法院认为,慈善公司不能将其资产赠送给非慈善机构,[②]也不允许毫无理由地赠送给担保人,但慈善公司可以将其资产赠送给非慈善机构,实施慈善公司认为可以深化其目的的项目。

受托人可以对非慈善公司进行股本投资吗?

5.17　如果不是为了经济回报而是为了深化慈善组织的目的对非慈善公司进行股本投资,其处理方法与毫无理由地赠送给担保人一样。一般而言,向私营公司进行股本投资不仅可以深化慈善目的,而且也会推进股东经济回报的产生或者公司的其他非慈善目的,这就意味着该投资并非专门用于深化慈善目的。法院指出,如果非慈善公司是由慈善组织控制的,情况就有所不同。[③] 因此,如果非慈善公司是由慈善组织控制或全资拥有的,那么受托人可以进行投资。

5.18　如果非慈善公司不是由慈善组织控制或全资拥有的,那么,只有在某些例外情况下受托人才可以向非慈善公司进行股本投资,深化其目的。只有在非慈善公司将会实现的社会目的和慈善组织的目的具有相关性时,这些例外情形才可能出现。

---

① 详见《慈善组织与公共利益的法律基础分析》3.77 到 3.95。

② Rosemary Simmons Memorial Housing Association v. UDT [1986] 1 WLR 1440, 1446.

③ Rosemary Simmons Memorial Housing Association v. UDT [1986] 1 WLR 1440, 1446.

5.19 在这些情形下,受托人需要确信以下事项:

(i)慈善组织的目的与受托人希望投资的非慈善组织的社会目的具有相关性;

(ii)专项投资产生的任何私利只是附带的(受托人任何深化其慈善目的的决定产生的必然、附带的结构);

(iii)私利不能过多,且该投资明显是为了公共利益。

5.20 如果可能带来可观的经济效益,那么,委员会希望受托人制定合适的机制,确保慈善组织获益;如果不能确定私利是必然附带的结果,受托人必须确保私利的产生并非偶然。

5.21 医学研究慈善组织是可以进行股本投资的一个例子,为了公共利益,该慈善组织希望通过促进研究的商业发展而推进研究的应用,委员会需要确认受托人是否理解其责任,确保任何私利都是合法附带的。

5.22 在委员会的投资指引中,有一个专项投资的例子,慈善组织购买一家残疾人商业组织的股票,股东获得利益被视为是深化缓解残疾人需求这一慈善目的所附带的。

5.23 以上例子不一定意味着对私营公司(其运营目的有一部分是团体的利益)进行股本投资只涉及附带的私利,私利是否是附带的取决于不同的情况。

5.24 目前为止的讨论都是关于专项投资和私利的内容,在混合目的投资中,专项投资产生的私利可能会造成困扰。因此,委员会希望慈善组织受托人遵循有关专项投资和私利的原则。

投资社会企业

5.25 越来越多的慈善组织询问委员会是否可以投资社会企业(其运营的主要目的为了团体利益的企业),这取决于该投资是否可视为是受托人在考虑了可能的经济回报和风险后,正确履行投资责任的行为。

5.26 有些慈善组织为了深化其慈善目的,希望投资社会企业,有些机构允许利润分配,无论通过分红还是增加资本价值,但这些机构不可能是慈善组织。因此,如果一个慈善组织希望投资社会企业,那么,慈善组织需要确保为深化慈善组织目的而提供的资金只能用于深化这些目的。当然,有时候由于提供的资金数额合理深化了慈善组织的目的以及产生的私利是附带的(例如控制社会企业的慈善组织），受托人可以投资社会企业，但事情并非总是如此，受托人还应该参考应用规范投资标准的经济回报。

5.27　提议投资社会企业并不一定意味着该投资适合专项投资或者混合目的投资。为鼓励这些企业，已经创建了特别的公司结构，如团体利益公司（Community Interest Company，CIC）。这种公司不是慈善组织，但可以有慈善目的，慈善组织可以成为CIC，但其持有的用于慈善目的的资产必须进行资产锁定，并作为信托财产持有。

5.28　资产锁定的原因是CIC的存在并非完全是为了团体的利益。因此，私利的允许有一个程度，超过了允许慈善组织附带私利的程度。如果慈善组织可以通过投资社会企业避免法定资产锁定，则会严重损害慈善法规定慈善组织必须只有慈善目的的重要原则。

5.29　有些评论者认为，慈善组织应该支持社会企业，即使其目的不在慈善组织的慈善目的范围之内，并提倡变更法律，允许慈善组织投入资金实现社会效益。但这与现行的慈善法和信托法理论相矛盾，本指引主要关注现行的法律。

5.30　相较于具有有限目的的慈善组织，综合慈善目的的慈善组织更容易进行大范围的专项投资。

基于结果的融资

5.31　慈善组织投资社会效益债券可以获得一定的利益，旨在实现某种社会效益的项目。如果实现了预期的结果，就可以收获资金回报。有关深化慈善组织目的项目的社会效益债券最好是专项投资，例如，减少感染某种疾病人数的项目，深化促进健康卫生的目的，但还无法确定这些是否可视为慈善组织恰当的经济投资（相对于专项投资）。

第三部分　混合目的投资

6. 混合目的投资的范围

6.1　委员会所称的“混合目的投资”适用以下情形：

（i）投资不能单独通过其对慈善组织目的的深化的影响来判定；

（ii）投资未提供足够的应用规范投资标准的经济回报；但

(iii)投资的目的是深化或支持慈善组织的目的或确保经济回报。

如果提议的投资目的不是深化或支持慈善组织的目的或确保经济回报,慈善组织受托人就没有相关的权力进行投资。

6.2 投资是基于下列两个原因进行的:

(i)创造经济回报;

(ii)为深化慈善组织目的的活动提供资金。

6.3 在这些情形下,很难确定慈善组织提供的哪部分资金是用于深化其目的的,哪部分资金是用于创造经济回报的。

6.4 因此,受托人应考虑是否将必要的资源投入该投资中,问题是该投资未经经济回报和深化慈善组织目的的影响证实,但受托人自称一直在这样做。

6.5 受托人首先应考虑可以深化其目的或附属于目的深化的资金投入程度,据此考虑进行项目合理需要的资源比例,明显地,相较于活动仅支持目的,活动直接深化其目的需要更多的资源。

6.6 然后受托人应该考虑平衡用于提议投资的资源,他们需要关心的问题是全部投资预期的收益是否可看作是投资总额与用于深化目的的数额之间的差额。

6.7 在考虑专项投资是否可以深化慈善组织的目的时,受托人必须考虑投资产生的私利,确保该私利是慈善组织目的深化时合法附带产生的(详见第6.14部分至第6.22部分)。

6.8 有些受托人更愿意首先考虑经济投资,评估什么比例的投资才可获得可能的收益,然后再考虑投资的平衡是否可通过深化慈善组织目的的程度得以证实。

6.9 因此,在混合目的投资中,受托人使用不同的标准做了两个决定,并且应当仔细记录这些决定。HMRC需要确认该投资是否属于慈善投资,所有的资金支出都是用于投资和慈善。

6.10 无论哪一种方法,专项投资与经济投资的区别都只是理论上的,只是证明资金应用程度的分析工具。受托人应该如实记录得出的结论,以便于提供考虑过程的证据,考虑程序应在投资之前进行,而非作为证实以前投资的程序。

6.11 有关混合目的投资的账务处理已经引起了关注,它们应该被作为经济投资记账披露,表明收益较低的合理性。委员会在账务全部处理完后才可提供指引,但本指引是关于法律权力,而非账务处。

第四部分　其他与受托人进行经济投资权力相关的问题

7. 违反受托人义务应承担的责任

7.1　如果受托人的行为违反了其投资义务,那么,他们应该对慈善组织因此产生的任何损失负责。在**雀巢公司诉英国国民西敏寺银行一案**(Nestle v. National Westminster Bank plc[1993] 1 WLR 1260)中,受托人误解了其投资权力,没有进行全面的投资,但未对慈善组织造成损失。因此,受托人不需要承担责任。

7.2　法院采用了不同的方法,认为受托人是否应该负责取决于其专业知识和技能的运用,法院认为,如果受托人已经诚实善意地行事,受托人不应该承担慈善组织的损失。①

7.3　正如布赖特曼法官(Brightman J)在**巴特利特诉巴克莱银行一案**(Bartlett v. Barclays Bank Trust Co. Ltd. [1980] Ch 515)中指出的:

"区别是风险程度和危害程度之间产生的,法院不得轻易确定判断错误受托人的责任,无论如何谨慎,每个商人都难免会失误。"

7.4　随后布赖特曼法官引用了洛佩斯法官在**In re Chapman**②中的陈述:

> "诚实并具有合理能力的受托人无须承担判断错误的责任,他需要考虑的问题是已授权但贬值的担保是否应保留或兑现,但他必须合理注意并谨慎行事。"

7.5　在**Stanway v. A-G and others**案中,③副大法官理查德·斯科特认为,如果受托人行事诚实,没有寻求私利,那么,就不应该对受托人提起诉讼,但这是一个良好的诉讼(而非可能的诉讼,或者胜算较大的诉讼),但看起来绝对安全的诉讼除外。

7.6　当然,每个案件都取决于其具体事实,受托人需要确保其遵守了作为

---

① *Re Evans* [1999] 2 All ER 777, 788.

② *In re Chapman* [1896] 2 Ch 763, 778.

③ *Stanway v. A-G and others* 5 April 2000 Chancery Division No. HC0000852.

受托人的义务,但诚实并具有合理能力的受托人不应对任何损失负责。

8. 保管经济投资

谁可以保管非法人慈善组织的投资?

8.1 非法人慈善组织没有法律身份,因此,慈善组织受托人必须以自己的名义保管投资,或者任命一个或多个人或法人代表慈善组织保管投资。

谁可以保管慈善公司的投资?

8.2 慈善公司是法人机构,因而具有法律身份,所以,它们可以以公司自己的名义投资,如果它们认为这不是最佳选择,也可以授权代名人保管。

受托人可以任命代名人和保管人吗?

8.3 代名人指代表慈善组织保管资产的人。

8.4 《受托人法》(2000 年)第 17 条第 2 款规定的保管人指保管慈善组织资产或文件记录的人。

8.5 根据《受托人法》(2000 年)第 16 条规定,受托人可以任命一个人作为资产的代名人,转让受限的土地除外,受托人可以将慈善组织的财产转移给代名人[①],受托人必须书面任命代名人[②]。

8.6 根据《受托人法》(2000 年)第 17 条的规定,受托人也可以任命一个人作为资产的保管人。

8.7 因此,就同一资产,慈善组织可以同时任命代名人和保管人,但如果慈善组织有 1 个受托保管人,那么,它就不能任命代名人或保管人,如果资产转移给了正式保管人,也不能任命代名人或保管人。

8.8 《受托人法》(2000 年)中的"受托保管人"与《公共受托人法》(1906 年)中的"受托保管人"具有同样的含义,《公共受托人法》(1906 年)第 4 条规定,公共受托人可以被任命为受托保管人,并指出了她(他)享有的权利,这将适用于"《公共受托人法》(1906 年)规定的银行、保险公司或其他法人机构作为受托保

① s16(1)(b).

② s16(2).

管人的规则”。

8.9 因此,《受托人法》(2000 年)中出现的受托保管人指这种情形,即公共受托人或法人机构是受托保管人。

8.10 根据规章规定,“受托保管人”有时指代表管理受托人保管财产的人,根据《公共受托人法》(1906 年)的规定,受托保管人可以按照管理受托人的指示处理财产,其第 4 条并没有明确规定,他们只享有规章赋予的权力,无法与持有受托人相区分。

9. 总收益

9.1 在处理投资收益分配的信托法中,有些投资收益分配给收入(使用信托财产),有些分配给资本(投资信托财产),收入收益和资本增长构成了总收益。

9.2 没有永久捐赠资金的慈善组织在使用资本上不存在限制,它们可以将总收益用于深化其目的,也可以只用资本。具有永久捐赠资金的慈善组织通常只能用其资本的收益深化其目的,如果它们希望总收益投资,根据不同的情形,可能需要委员会制订方案或签发指令授权。

9.3 委员会对于授权受托人采用总收益方案规定了某些条件,允许两类收益构成未指定用途的总收益,然后受托人可以决定应分配为收入的数额以及保留为未指定用途的总收益,未指定用途的总收益将处理为资本,即受托人希望投资时可将其投资。

9.4 委员会的管辖权来源基于 *In re Laing* 一案[①],该案中,法院考虑了大量资本在某一日期使用这一信托条款,区分了信托条款和管理条款的目的,虽然目的的变更只能依据近似原则,但法院可以依据其管辖权变更管理目的。如果必须在某一日期使用资金属于管理条款,那么,使用资本和收入也可能是管理条款。根据《慈善法》(2011 年)第 69 条规定,在某些情形下,委员会的管辖权与高等法院相同。

9.5 法律委员会于 2009 年 5 月 7 日出版的报告(315 号)《信托中的资本和收入》讨论了该问题,随后司法部对信托(资本和收入)法案进行了磋商,于 2010 年 6 月 14 日结束,认为慈善组织受托人有权根据慈善委员会的规定进行总收益

---

① In re Laing [1983] 3 WLR 886.

投资。

9.6　其中产生的问题是,慈善委员会总收益方案管辖权的行使并不允许未使用资本的增长,有些慈善组织希望确保其资本的真实价值不受总收益方案的影响。未指定用途的总收益视为资本,但如有必要可以分配为收入。因此,委员会不会处理未使用资本的保护问题,该问题只能在委员会磋商法案提议的规定时进行说明。

第五部分　与受托人进行经济投资和专项投资的权力相关的其他问题

10. 股份捐赠

10.1　慈善组织的捐赠者可以以股份的形式捐赠,有时是慈善组织创始人具有重大利益的家族公司的股份。受托人对于这些股份的责任是决定保留这些股份是否符合慈善组织的利益,某些情况下,专项投资也需要涉及类似的问题。例如在第5.6部分中,保留股权是为了深化慈善组织的目的。

10.2　如果股份作为经济投资而持有,将适用规范投资标准,受托人必须结合投资标准随时审查股份的持有情况,如有需要可进行变更,同样,受托人必须考虑投资多样化的适宜性和需求。因此,如果出现股份捐赠的情形,也需要考虑其他的因素,如果捐赠者有继续捐赠的可能性,股份捐赠的优势是否大于继续持有股份涉及的风险。

10.3　有时候捐赠者会就股份提出限制条件,即受托人未经捐赠者同意不得出售股份,委员会认为,捐赠者的否决权是一种信托权力,该权力的行使必须符合慈善组织的利益(而非捐赠者),在任何情形下,受托人仍然需要审查投资,如果他们认为需要使投资多样化,而捐赠者不同意,受托人可以向委员会申请变更慈善组织的规章。

10.4　慈善组织应该了解《金融法》(2011年)第27条和附件3规定的"有污点的捐赠"(tainted donations),即捐赠者与慈善组织达成协议,可从慈善组织那里获得利益。

10.5　如果股份捐赠使慈善组织拥有部分的股权,那么,受托人的责任就是管理这些股份时还应考虑慈善组织的利益,本部分中提到的慈善组织为制造收益设立的交易公司也需要考虑类似问题。

11. 交易公司

11.1 许多慈善组织都有交易公司,目的是制造收益或者进行可深化慈善组织目的的活动,向交易公司提供的资金必须看作投资普通权力的行使或者深化慈善组织目的的方式。如果看作经济投资,若交易公司的收益无法证实投资的合理性,那么,慈善组织受托人需要进行处理。

11.2 在**In re Lucking's Will Trusts**[①] **[1968] 1 WLR 866, 874** 案中列出了受托人对其是唯一股东或大股东的公司的责任,克洛斯法官(Cross J)指出:

> "如果一个合理谨慎的人是一家私营公司的大股东,那么,他应该如何管理该公司的事务?我认为他不应该将管理公司事务当作是其作为股东的权利,而是代表董事会管理。他可以作为管理人员经营业务,或者至少成为非执行管理人员,让其他人管理公司事务,他也可以任命某人为代名人,随时向他报告公司事务。同样,我认为持有控股权的受托人应该尽可能确保他们知道的关于公司事务进展的信息和管理人员知道的一样,如果他们不参与,允许公司由小股东经营,获得的信息不足,如果出现差错,他们便会有风险。"

11.3 非慈善公司的管理人员进行此类业务,即由于该业务投机性较大,受托人无法直接进行的业务,但由于是受托人创立的全资或大部分拥有的公司,因而不能免除受托人作为公司决策人的责任。在2010年加菲尔德·韦斯顿基金会监管情况报告中(The Garfield Weston Foundation Regulatory Case Report in 2010)中,委员会便应用了具有公司控股权的受托人具有保护慈善组织利益的责任这一原则,在**Bartlett v. Barclays Bank Trustee Co. Ltd.** 一案中,布赖特曼法官指出:

> "作为受托人,银行应该向谨慎的商人一样管理股份,谨慎的商人会采取必要的措施保护其投资,他通常有两种方式。如果他通过知识经验或调查判断公司的事务进行有所偏离,那么,他将采取恰当的措施,首先进行调查询问管理人员并与其协商,最后不太可能使用的办法

---

① In re Lucking's Will Trusts[1968] 1 WLR 866, 874.

是召集全体会议替换管理人员。谨慎的商人获得的关于公司事务的信息应该比一个股东在年会上获得的信息更多，因为他有这样的权力，拥有足够的信息才能做出负责的决策，他可以支持事项的进行，也可以在发现问题时介入。”

11.4 有时慈善组织成立公司（无论是慈善公司还是非慈善公司）是为了深化其目的，而非为了制造收益，这样做的原因主要是保护慈善组织免受活动带来的风险。但是，受托人仍然应该对公司的活动负责。因此，如果成立公司进行受托人无权进行的活动，活动将无法顺利开展，但将慈善组织对公司的资助看作经济投资的除外。

11.5 在 **Abbey Wells Malvern Ltd. v. Ministry of Local Government and Planning** 一案中，[①]丹克沃茨法官指出：

“因此，虽然理论上公司有权将其财产和资产用于制造利润，并将产生的利润分配给成员，但当我询问机构管理公司运营的人后，我发现他们的经营管理并非不受限制，受托人只能根据信托协议行事，只能按照特定的方式使用公司财产，不得为了制造收益而使用公司的资产。”

12. 投资管理的授权

12.1 《受托人法》（2000 年）规定受托人有权授权他人管理投资，这些权力不同于慈善组织规章规定的委派权。

12.2 《受托人法》（2000 年）第 11 条规定的受托人任命代理人的权力包括：任命代理人执行“与信托资产投资相关的职能（包括土地投资、管理土地以及创造或处理土地利益）”。

12.3 根据《受托人法》（2000 年）第 13 条第 1 款的规定，根据第 11 条取得授权的人行使投资的普通权力时，不得违反规范投资标准，也不得违反时常审查投资的责任，根据规范投资标准考虑投资是否需要变更。

12.4 根据《受托人法》（2000 年）第 14 条的规定，受托人可以允许代理人就报酬和其他问题提出以下条件：

(a) 允许代理人任命复代理人；

---

① *Abbey Wells Malvern Ltd. v. Ministry of Local Government and Planning* [1951] Ch 728.

(b)限制代理人或复代理人对受托人或受益人的责任;

(c)允许代理人在可能产生利益冲突的情况下行事。

受托人不可以授权某人作为其代理人,代其行使职能,但有合理理由的除外①。

12.5 《受托人法》(2000 年)第 15 条规定了任命投资管理人的限制条件:任命必须要有书面协议;受托人必须准备政策说明书;对投资管理人应如何履行职能进行指导。任命协议必须包含一个条款,即代理人必须遵循政策说明书(同时需要书面说明),为确保代理人职能的履行符合信托利益,受托人必须根据政策说明书做出指引。

12.6 前述条款是有关资产经济投资的授权规定,并未包括专项投资的授权,《受托人法》(2000 年)第 11 条第 3 款规定了以下职能可委托他人行使:

"(a)执行受托人决定的职能;

(b)与信托资产投资相关的职能(包括土地投资、管理土地以及创造或处理土地利益);

(c)与信托筹款相关的职能;

(d)国务大臣签发的指令规定的职能。"

12.7 专项投资不包括(b)、(c)和(d)。如果受托人决定进行专项投资,那么,执行受托人决定的职能是(a),也可以在慈善组织规章中规定授权专项明示的投资权力,受托人应该确保任何关于专项投资的决定都可以深化慈善组织的目的,以及其产生的任何私利必须是合法附带的。

12.8 根据《受托人法》(1925 年)第 25 条规定,受托人可以依据委托书授权他人单独行使其信托、权力和自由裁量权,或者授权他人和自己共同行使这些职能,第 25 条规定了信托协议的格式及其相关问题。

---

① Section 14(2) and(3).

慈善组织与投资事宜:对受托人的指引
(CC14)

目　录

1. 引言

1.1 本指引的内容

本指引主要介绍如何制定关于投资慈善组织资金的决策。

任何慈善组织都可以投资,且可以将投资作为其资金的主要来源。但是,投资也有风险,如果风险得不到合理的管理,可能会影响慈善组织,甚至影响公众对慈善组织的整体信任和信心。因此,慈善组织需要管理这些风险,并依法运营。

作为英格兰和威尔士地区慈善组织的监管机构,慈善委员会编写了本指引,以帮助慈善组织及其受托人在遵守其义务的前提下,自信地做出投资决策。

1.2 慈善组织为什么投资?

在某种层面上而言,这个问题的答案十分简单——慈善组织投资是为了获得回报,深化慈善组织目的。一般来说,这意味着慈善组织应该选择在风险可控的前提下,经济回报最大的投资——在本指引中,委员会将其称为“经济投资”。

但是,慈善组织越来越关注如何在实现经济回报的同时,让投资更直接地深化慈善组织目的——在本指引中,委员会将其称为“专项投资”。

然而,有时候投资并不完全符合这两种类型。受托人认为,符合慈善组织最大利益的,慈善组织也可以进行“混合目的投资”。

虽然这几种投资方法的要件和法定义务各不相同,但均属于慈善组织可以采取的有效投资方法。

1.3 本指引的内容

本指引阐述了慈善组织资金投资的法律框架和基本规范框架,包括以下内容:

- 经济投资——在慈善组织可以接受的风险范围内,以实现最大经济回报为目的的投资方法;
- 经济投资的关键步骤;
- 专项投资——在获得经济回报的同时,直接将资金用于深化慈善组织目的投资方法;

- 专项投资的关键步骤;
- 混合目的投资——兼顾慈善组织目的和经济回报的投资方式。

1.4 本指引的适用对象

受托人和代表慈善组织制定与慈善组织投资和资产相关决策的人应该在制定知情决策和公开通报决策时使用本指引。

本指引中的义务以信托法的相关法律为基础,但慈善公司的董事(也是慈善组织受托人)在投资慈善组织资金时,也可能负有类似义务。

第2部分为"概要",概述了慈善组织资金投资,以及适用的法定要求和基本规范建议。

只用现金投资的慈善组织(如所有收益均来源于拨款的慈善组织)可能会用到第2部分和第9部分"现金存款"的相关内容。本指引其他部分主要适用于对更广泛的投资感兴趣的慈善组织。

1.5 "必须"和"应该":含义

"必须"指受托人必须遵守的法定或法规性要求或义务;"应该"指受托人应该遵守的最低基本规范指引,但有正当理由不遵守的除外。

委员会还提供了一些非正式的建议和意见,供受托人使用。

1.6 本指引的重要性

受托人负责制定慈善组织投资的相关决策。委员会编写了本指引,以保证受托人在制定相关决策时能遵守其义务。本指引虽不能提供具体的投资方法或法律建议,但对受托人制定相关决策有所助益。

指引《法律基础:慈善组织与投资事宜》是本指引的补充,更详细地为慈善组织阐释了与投资相关的法律和判例法规定。

1.7 本指引有何变化?

本指引替代委员会之前发行的指引《慈善组织资金投资:基本原则》(CC14,2004年2月)、《慈善组织资金投资:具体指引》(2003年2月)和《慈善组织与社会投资》(2003年),且编写格式完全不同。

2. 概要

慈善组织投资的目的是深化慈善组织目的。

慈善组织可以以多种方式投资实现其目标。每种投资方式都有具体法定义务和决策流程。

若受托人在决定或采取特定投资政策时,考虑了相关问题,咨询了适当的意见,并做出了合理的决定,那么,受托人不可能因此受到批判。

委员会在本指引中重点阐释了经济投资和专项投资。此外,本指引还提供了一些混合目的投资的相关指引(详见第11部分),对一些慈善组织而言,这种投资方法是新兴领域。

经济投资

经济投资的目的是在可接受的风险范围内获得最大的经济回报——继而将由此获得的经济回报用于实现慈善组织目的。

为了依法行事,受托人必须做到以下几点:

- 了解慈善组织的投资权限,并在该投资权限内开展投资(法定要求);
- 做投资决定时,履行注意义务,并运用相应技能;
- 选择适合慈善组织的投资,意味着受托人需要考虑以下事项:
  - 该投资在何种程度上适合慈善组织;
  - 投资多样化的必要性(法定要求)。
- 咨询投资经验丰富的人,但有正当理由不咨询的除外(法定要求);
- 授权他人管理投资时必须遵守相关法定要求(法定要求);
- 不时审查投资(法定要求);
- 在受托人年度报告中说明其投资政策(若有)。

委员会建议,受托人应该:

- 制定慈善组织的整体投资政策和目标;
- 确定适合慈善组织的风险与回报的平衡点;这可能包括大量影响回报的因素,包括环境、社会和管理因素;
- 考虑其他可能影响回报的因素,例如投资的公司对环境和社会的影响以及这些公司的管理水平;

- 了解慈善组织的投资可能会涉及的税收问题；
- 以有助于实现短期目标和长期目标的方式投资固定捐赠资金；
- 决定是否采取符合道德、对社会负责的投资方式或与宗旨相关的投资方式，确保可以证明投资方式的合理性。

经济投资的范例

一家中型地方艺术慈善组织的主要收入来源于拨款和出售门票。该慈善组织将短期或中期不使用的多余资金投资到长期的共同投资资金中，并将提前收到的拨款投资到金融市场中。该慈善组织还拥有一些车库，以市价租赁，将每年赚取的回报全部或部分用于其受益人。

专项投资（Programme Related Investment，PRI）

PRI 是直接将慈善组织的资金用于深化慈善组织目的，同时能为慈善组织创造一定的经济回报。PRI 与经济投资不同，PRI 的合理性在于对慈善组织目的的促进作用，也就是说，慈善组织不必拘泥于投资的相关原则或法律规定（详见第 10 部分）。

为履行其义务并依法行事，受托人：

- 必须能够说明 PRI 完全是为了深化慈善组织目的；
- 应该确保任何个人的私利均必要、合理，且符合慈善组织的利益；
- 应该考虑不能深化慈善组织目的时退出 PRI 的合理且实际可行的方法。

PRI 的范例

一家慈善组织的宗旨是帮助未就业人士并提供建议，并通常会给帮助未就业人士就业的慈善组织和其他组织提供补贴。但该慈善组织有时候会选择用贷款代替补贴。慈善组织期望该贷款能得到偿还，并获得相应利息，以拓展慈善组织的工作。

混合目的投资

若一种投资方式不能完全定义为经济投资或 PRI，那就可能是混合目的投资。受托人在进行混合目的投资时应该考虑以下几点要素：

- 在进行混合目的投资之前，确定该投资的合理性；
- 混合目的投资是否适合慈善组织；
- 进行投资前，是否需要咨询专业人士；

- 该投资中产生的私利是否可接受。

3. 经济投资的法律框架

受托人在投资慈善组织资金时，必须遵守相应的法定要求和义务。本部分阐述了这些法定要求和义务，以及慈善组织应该如何遵守，还说明了一些基本规范。

3.1 所有慈善组织都可以进行经济投资吗？

简答(法定要求)

可以，所有慈善组织都可以进行经济投资。慈善组织具体的投资权力取决于其结构形式(例如慈善组织是非法人组织或公司)。此外，慈善组织可以在规章中规定投资权的使用条件或限制。

详答

大多数非法人慈善组织都有“一般投资权”，即受托人可以将慈善组织资金投资于专门保值、增值和(或)创造经济回报的资产。受托人在行使这一权力时，必须遵守第3.2部分规定的义务。

慈善组织可以在规章中就投资类型规定附加条款、限制或除外条款，且可以优先于或影响一般投资权。

更多关于投资权力、限制和除外条款的信息，详见**《法律基础：慈善组织与投资事宜》第一部分。**

“慈善公司”受托人可以行使的投资权通常规定在公司章程中，且一般与上文所说的一般投资权相近。慈善公司担任非法人慈善组织受托人的，也适用“一般投资权”。

3.2 受托人在制定经济投资决策中担任何种角色？

简答(法定要求)

受托人全面负责慈善组织资金的投资事宜。也就是说，在制定关于如何为慈善组织目的而使用慈善组织资金的战略决策中，受托人具有关键作用。但受托人可以选择授权第三方决定日常的投资事项。

详答

受托人必须：

- 根据具体情况，合理使用能力和知识（“注意义务”）；例如，投资经验丰富的受托人应该在决策时使用其能力和知识；
- 考虑投资方法在何种程度上适合慈善组织，受托人应该确信以下事项：
  - 投资的类型适合慈善组织（如股份）；
  - 在该类型中的投资适合慈善组织（如某个银行中的股份）；
  - 考虑多样化投资的必要性（如持有不同公司的股份）；
  - 必要时咨询投资经验丰富的人；
  - 不时审查投资（及投资管理人），必要时做出相应变更。

若受托人可以证明其在决定或采取特定政策时已经考虑了相关问题、必要时咨询了意见，且决定合理，受托人一般不会受到批判。

这些法定要求不适用于“慈善公司”受托人。但这类受托人应该在制定投资决策时将这些原则作为基本规范，予以遵守。

更多关于受托人义务的信息，详见**《法律基础：慈善组织和投资事宜》第一部分第3部分**。

3.3 慈善组织可以进行道德投资吗？

简答

可以，任何慈善组织的受托人都可以决定进行道德投资，即使该投资回报率可能比其他投资回报率低。道德投资指能反映慈善组织价值观和理念，且完全符合慈善组织目标的投资方式。但是，慈善组织受托人必须能够证明该投资符合慈善组织利益的原因。法律支持以下理由：

- 某种特定投资与慈善组织目标相冲突；
- 慈善组织不进行道德投资可能丧失支持者或受益人的；
- 没有重大经济损害。

详答

受托人必须确保其采取的道德投资方式符合上述标准，必须明确排除或接受特定公司的理由。受托人还应该评估计划的投资回报政策,平衡回报低的风险和离间支持或损害信誉的风险。虽然无法精确计算,但受托人必须评估对慈善组织的风险。

道德投资可能包含以下一种或多种方式:

- 负面筛选:指避免投资开展某项具体活动或从事有损于慈善组织利益工作的公司或领域;
- 正面筛选:指投资能够反映慈善组织价值观的公司或领域,例如环保、健康、就业或人权等内容,或投资能承担企业社会责任且管理良好的公司;例如,经过正面筛选后,慈善组织可能只能投资具有降低碳排放量目标或记录的公司;
- 利益相关者行动主义:指慈善组织作为利益相关者行使其表决权,以促使公司的政策反映慈善组织的价值观和理念;这意味着慈善组织可能投资环境政策与之相悖的公司,鼓励这些公司以更加负责的方式开展业务——利益相关者行动主义也可能适用于专项投资或混合目的投资(详见第8部分)。

道德投资策略的范例

(1)一家环保慈善组织以保护野生动植物和环境为目标。该慈善组织决定采用一种道德投资政策,决定避免投资有不良环保记录的公司(如被警告或被判污染罪的)。

(此方法属于负面筛选)

(2)一家慈善组织以宣传心脏疾病的成因和预防为目的。该慈善组织决定采取一种道德性投资方法,投资在产品和服务中提倡健康生活的公司,包括健身、生产运动设备或健康食品的公司。

(此方法属于正面筛选)

更多关于道德投资的信息,详见**《法律基础:慈善组织与投资事宜》第一部分第4部分。**

4.制定慈善组织的投资目标

受托人应该明确慈善组织投资的目标,具体目标因各个慈善组织的目的、运营模式、时间表和资源的差异而不同。例如,投资目标可以是增加收益、保存资本或稳定收益。

4.1 慈善组织应该如何制定投资目标

简答

简单而言,慈善组织需要明确想做什么、如何做以及在何时实现。这些因素将决定如何确定慈善组织的投资目标。若慈善组织获得固定捐赠,应该考虑平衡资本增值和收益回报,以实现慈善组织的目的,满足受益人现在和未来的需求。

详答

制定投资目标时,审查慈善组织的整体财务状况和了解资金使用情况将有所助益。意味着受托人需要考虑慈善组织短期和长期的财务承诺和预期收益。

例如,受托人可以考虑以下因素:

- 即时的经济需求——例如,短期内需要使用的现金,必须有足够且易于取用的资金;
- 未来的支出承诺——受托人应该确保有足够的现金;
- 慈善组织是否有限定资金——限制了资金的使用;
- 长期的组织目标——例如,慈善组织计划的项目、方案、战略改变或其他支出,以及如何获得相应资源;
- 慈善组织过去的经费和预期的运营需求,指明未来的发展趋势;
- 可能影响慈善组织的意外活动变化,包括经济和金融大环境的变化——如通货膨胀、通货紧缩或利率变动等情况。

受托人应该确定以下资金:

- 需要立即使用的资金;
- 短期投资需要使用的资金;
- 可用于长期需求的资金;
- 用于应对意外事件的资金。

4.2 慈善组织在投资时应该考虑哪些风险?

简答

风险是投资的一部分,慈善组织在投资时应该考虑的风险有很多。做出投资决定之前,受托人应该考虑其希望或可以接受的风险程度。作为注意义务的一部分,受托人必须确信其承担的整体风险程度适合慈善组织和受益人。

详答

制定投资目标不是规避风险,而是发现风险和管理风险。若受托人合理履行义务,正确确定并管理风险,风险发生并对慈善组织造成损失时,受托人会得到更好的保护。此处的损失指投资回报低或投资资金全部或部分损失,还包括因投资不受欢迎或信用不良的公司造成的信誉损失。出现任何损失或失败的,受托人应该全面审查慈善组织的损失、风险承受及确定和管理风险的情况,还应该吸取教训,更好地为慈善组织服务。

用于短中期投资的资金应该尽量避免风险,因为慈善组织不希望资本价值突然减少,导致可用资金减少。相对而言,长期投资的资金出现资本价值减少则没有这么严重,因为可以等待资本价值的恢复。

虽然受托人可能难以证明制定高风险投资政策的合理性,但受托人可以在整体投资组合中容纳一些高风险投资。

本指引下一部分将阐述投资的主要风险以及管理方法。慈善组织应该在选择适合的投资时阅读这些内容。

资本风险

资本风险主要有以下两种:

- 资本流失:慈善组织在投资中遇到直接的风险是因投资价值的改变而损失资本和(或)收益。所有的投资都有一定程度的风险,因为投资的价值会上下浮动——一般而言,风险与回报共存——投资风险越大,回报越高,但资本流失的可能性也越大;
- 波动性风险:波动性风险指资产(如股份)价格的波动性。一些有价物的波动性相对较大,在选择投资和纳入整体投资组合时需要慎重考虑。

管理资本风险

受托人可以通过多样化的投资组合,转移资金风险——若某一类资产的投资回报下降,其他类型资产的投资回报可以弥补这些损失。多样化的投资组合有以下作用:

- 降低单一投资或投资种类亏损的风险,减少对慈善组织存续力的损害;

- 平衡投资组合中的风险和回报,保护慈善组织免受市场突变的影响;
- 确保满足慈善组织收益和资本增值的需求,尤其是固定捐赠。

流动性风险

流动性风险,是指慈善组织能否筹得现款,用于支付到期或即期债务。有些投资类型的流动性较低,例如土地变现能力通常不如上市股份。其他类型的投资变现能力在不同时段也有所差异,尤其是在市场环境难以预测时更是如此。

管理流动性风险

有些类型的资产更适合于短期投资,而其他类型的更适合中长期投资。慈善组织应该综合考虑投资的期限和不同投资类型的特点。

市场风险

市场风险有很多种,具体包括以下几种:

- 通胀风险:若慈善组织无法跟上通胀的速度,其资产价值就会下跌;
- 利率风险:若其他投资方式中的利率高于固定利率,就不适合长期投资定期按固定利率支付利息的投资方式;
- 汇率风险:境外的资产通常按照其他国家的货币计价,若英镑贬值,即使本国货币增值,投资额也会贬值;
- 监管和管理风险:一些投资额未得到监管或相应国家的监管不严——有些得到监管的投资额也投入了未得到监管的资金或资产;这些非主流资金存在管理风险——由于管理不当和缺乏管控,投资额可能会出问题或严重贬值。

管理市场风险

受托人应该:

- 了解通胀率、利率和汇率可能发生的变化;
- 只考虑或主要考虑投资金融服务监管良好且有赔偿方案的市场。

更多有关英国赔偿制度的信息,详见**《金融服务赔偿方案》**。

估值风险

有些投资(如财产)的价值并非按日估值,而是根据一定时段的价格确定其实际价值。因此,这一时间的估值具有不确定性,这就是风险所在。若慈善组织需要立即变现,为快速找到买家,其价格可能较低。

管理估值风险

受托人应该:

- 了解估值风险以及其他风险对估值风险的影响;
- 结合慈善组织的整体财务状况,考虑估值风险;可能需要考虑慈善组织的风险承受度、流动性需求和投资组合的多样性;
- 了解特定投资固有的估值风险,并与投资管理人商讨。

对手风险

慈善组织投资的对象(例如银行、股票经纪人或投资管理人)可能会违反合同义务,这就是对手风险。

管理对手风险

受托人应该:

- 了解该交易是否得到监管;
- 了解是否有相应的赔偿方案,赔偿慈善组织遭受的损失;
- 尽可能确保投资信誉良好的公司;
- 确定效益考核,让各方当事人明确其义务;
- 建立监管和审核制度,确保慈善组织对效益的认可;
- 定期审查合同,确保其仍符合慈善组织需求。

税收风险

- 尽管税收立法对慈善组织的投资领域没有限制,但有些投资仍可能被认定为不合规的支出,需要纳税。投资收益内与投资金额等同的部分可能不免除税收;
- 若慈善组织进行境外投资,且该国没有与英国慈善组织类似的税收优惠政策,该投资获得的回报可能需要缴纳涉外税收。

管理税收风险

受托人应该:

- 参阅英国税务与海关总署(Her Majesty's Revence And Customs,HMRC)的指引**《HMRC 慈善组织:详细指引》**和**《附件 3:许可的慈善投资和贷款》**;
- 考虑税收对其投资的影响并听取意见,并不一定要在投资组合中排除涉及税收的投资。

环境、社会和管理(Environment,Social and Governance,ESG)风险

考虑投资哪些公司和组织时,慈善组织越来越关注环境影响、就业、可持续性、人权、社区影响、高管薪资和董事会责任等因素。以上这些就是所有的 ESG 风险,这些风险有长期的影响,且会对公司股份价值产生积极或消极的影响,具体影响取决于对这些风险的管理。

管理环境、社会和企业管理风险

受托人可以:

- 在投资政策中决定 ESG 标准的重要性和严格程度;
- 了解 ESG 政策(或没有 ESG 政策)可能造成的信誉风险;
- 确保投资管理人了解且愿意遵守 ESG 政策;
- 确认公司的 ESG 风险管理对投资回报和长期存续力的影响程度;
- 了解公司是否披露其 ESG 风险管理过程以及如何证实披露。

4.3 投资政策应该包括哪些内容?

简答

慈善组织的投资政策应该为书面形式,规定慈善组织投资目标以及如何实现目标。

详答

慈善组织的投资政策通常包括以下内容:

- 投资权的范畴(详见第 3.1 部分);
- 慈善组织的投资目标;
- 投资金额、投资回报时间和慈善组织的流动性需求;
- 希望实施的投资类型,包括道德因素(详见第 3.3 部分);
- 谁可以做出投资决定(例如受托人、主管、投资顾问或管理人);
- 如何管理投资,以及制定基准和目标来评判效益;
- 投资管理人的报告义务。

5. 决定投资什么

本部分介绍了慈善组织可以实施的几种基本经济投资类型。受托人制定投资政策后,可以决定实现投资目标的投资种类和范围。

5.1 慈善组织可以投资什么?

简答(法定要求)

受托人可以投资任何专门用于保值、增值和(或)创造经济回报的资产。

受托人必须明确投资和交易的区别(详见第5.2部分和**《法律基础:慈善组织与投资事宜》**第一部分)。

详答

只要遵守本指引中的原则,受托人可以进行任何类型的投资,包括:

- 银行储蓄或住房互助会账户的利息(详见第9部分);
- 上市公司的股份(上市股票);
- 公司或政府借贷的利息(公司债券或国债);
- 房屋或土地;
- 共同投资资金和其他集体投资计划(详见第5.3部分);
- 私营公司的非交易股票;
- 对冲资金;
- 商品;
- 衍生产品。

受托人应该考虑以下事项:

- 这些投资是否适合慈善组织——可能受慈善组织对投资组合风险态度的影响;
- 在投资组合中有多重资产的必要性——可以保护慈善组织免受市场突变的影响,降低亏损风险。

衍生产品和商品等类型的资产可能只能作为多样化投资组合中的一部分,因为它们的风险较高。受托人应该在选择和审查投资类型时适当咨询专业人士的意见。

5.2 交易和投资有何区别?

若受托人购买资产的目的是短期之内售卖并获得利润,可以视为交易。明确交易与投资的区别非常重要,原因如下:

- 只有在能直接深化或支持慈善组织目的的情形下，慈善组织才能开展交易活动；
- 交易所得的利润不一定总是有税收优惠。

在考虑衍生产品、房屋、商品和其他可以视为投资或交易（取决于相关情况）时，两者的区别尤为重要。受托人应该在决策过程中表明其意图。

更多信息详见：

- 关于交易详见《**受托人、交易与税收：慈善组织如何合法交易**》（CC35）；
- 关于受托人可以投资什么，详见《**法律基础：慈善组织与投资事宜**》**第一部分**；
- 关于主要为深化慈善组织目的进行的投资，详见第 10 部分。

5.3 集体投资方案（联合资金）——慈善组织投资人有何利益？

简答

这种投资形式有助于慈善组织的投资多样化，与个人选择的投资方式相比，更有效地降低了慈善组织的投资风险。这类方案可以是慈善组织投资组合的部分或全部，具体取决于慈善组织的投资政策。

详答

集体投资方案能集合个体投资者和其他投资者的资金，实现适度的多样化。这种投资方案比直接投资方案中的资产更能分散慈善组织的投资，降低慈善组织的风险。直接投资特定资产在资金和管理上的成本都更高。所以，这种投资方式特别吸引投资金额较小的慈善组织。

集体投资方案的范例

多个慈善组织使用的集体投资方案为共同投资资金（Common Investment Fund，CIF）。CIF 有资产组织自行监管，且只有在美国建立的慈善组织才能投资。这种方案使各类慈善组织可以通过节税的方式进行各类投资，使其投资组合多样化、平衡化且得到专业的管理。

但通过联合资金实现的多样化，无法评估所有的投资风险。有些资金的风险较大，通常取决于不同资产类型、不同领域和不同国家或地区的多样化程度。

受托人必须考虑联合资金中投资的适合程度和多样性,以及资金管理人的适合程度。不同投资策略会指定特定的资金,例如道德的短期收益或长期增值。这让慈善组织有机会在投资政策中选择一种或多种投资方式。

每个联合资金中都应该有相关证明文件,并包括以下详细信息:

- 整体目标;
- 道德立场(如有);
- 效益报告详情;
- 资产组合;
- 资产的多样化;
- 资金管理需要的所有成本。

受托人应该在投资前审查这些文件,并在投资后定期审查这些文件,确保选择的联合资金仍符合慈善组织需求。

更多信息,详见**《共同投资资金:监管的基本指导》**。

6. 谁可以管理并决定投资?

简答

前面章节将重点讨论投资决策时应当考虑的因素。本章节拟从谁可以作出决策、哪些情况下受托人不参与决策、受托人应当如何维持有效的监督与控制几个方面加以分析。

6.1 慈善组织应该在做投资决策时落实哪些工作?

简答

做决策投资的工作因慈善组织而异,具体取决于以下因素:

- 慈善组织内部资源和专业知识;
- 投资对于实现目的能力的相对重要性。

不论落实哪些工作,受托人都应该说明其已经全面掌控决策,且遵守义务。

详答

慈善组织受托人全面负责投资决策,考虑以下各点可能对其有所助益:

- 虽然受托人自身无须具备专业的投资知识,但已经投资或希望投资

较大金额的慈善组织可以让具备专业投资知识的受托人参加董事会,这样可能会有所助益;

- 对于有些慈善组织而言,建立内部投资委员会、受托人和(或)高级职员分委员会,就投资政策的具体方面给受托人提供建议可能会有所助益(如资金分配);受托人应该明确分委员会的职权,了解其可以做哪些决策、其决策有何经济限制和其他限制、如何向受托人汇报以及多久汇报一次;
- 受托人应该确保书面记录其投资方法和关键政策的详情,以便证明其已经考虑相关问题、适当时咨询意见且达成合理决策;
- 受托人应该确定审查慈善组织投资的频率和程度。

6.2 受托人必须听取什么意见?

简答(法定要求)

受托人必须在进行投资之前和审查投资时,咨询有投资经验人的意见,并考虑其意见,但有正当理由不这样做的除外。若受托人认为没有必要或情况不适合,受托人可以决定不咨询。若慈善组织里的人经验丰富,受托人可以决定不咨询外部人员的意见。

详答

根据法律规定,投资顾问必须是受托人信任且具有相应资质的人,能在慈善组织的投资中发挥其能力和实际经验。

受托人一般会做出如下选择:

- 投资管理人;
- 投资顾问(独立或关联人);
- 具有相应经济经验和能力的受托人;
- 其他符合以上条件的个人。

独立财务顾问(Independent Financial Advisors,IFA)必须经过金融管理局授权才能提供建议,可以为不同的公司提供产品。银行和住房互助会工作的关联顾问只能为自己的公司提供产品。

受托人需要确保获得客观的建议。若受托人与之相关,可能直接或间接从慈善组织的金融建议中获益,应该视为利益冲突,并予以管理。

提供投资建议的受托人应该对该建议负责。和其他顾问一样,受托人也要对慈善组织因其建议不当或失误产生的损失负责。其他受托人必须客观对待受托人的建议,并按照慈善组织的最大利益处理。

6.3 慈善组织应该自行管理投资吗? 还是应该通过投资顾问或管理人等管理投资?

简答

慈善组织受托人应该判定以下哪种方式能更有效地管理其投资:

- 受托人(或慈善组织员工)具备相应专业知识的,慈善组织可自行管理投资;
- 让投资管理人或股票经纪人提供管理投资的建议(咨询投资管理人);
- 授予投资管理人一些决策权,代表受托人做出投资决策(委托投资管理人)。

详答

在选择最适合慈善组织的方法时,受托人可能要考虑以下事项:

- 受托人(或慈善组织员工)是否具有管理投资的相关能力;
- 可用于长期或短期投资的金额;
- 任命投资顾问或管理人的费用——包括初次任命的费用和之后的所有费用。

受托人还需要考虑按照以下哪种方式聘用投资管理人:

- 咨询——投资管理人必须在交易之前联系受托人予以确认;
- 委托——受托人授权投资管理人代为决定投资事项。

6.4 选择投资管理人前,慈善组织应该考虑哪些事项?

简答

若慈善组织决定聘用投资管理人,受托人应该:

- 确信该投资管理人能够有效地按照投资目标和政策行事;
- 考虑不同管理人提供的服务对其需求的符合程度,比较这些管理人的费用、投资方法和服务水平。

详答

多数决定聘用投资管理人的慈善组织都会进行正式的招标,并与多个入围的公司会见。这一过程让受托人可以了解更多的潜在投资管理人,以及他们如何落实慈善组织的投资政策。

慈善组织应该考虑以下事项:

- 招标情况是否符合他们的需求;
- 公司的信誉、短期和长期的效益纪录、投资组合的类型和数量及其管理的资产价值;受托人还应该铭记,以前的良好效益纪录不一定代表以后的良好效益;
- 投资管理人在慈善组织投资中有何经验,包括:
  - 慈善领域的投资知识;
  - 对专门适用于慈善组织的规定的了解;
  - 该公司的客户中是否有慈善组织。
- 投资的性质和风险审查程序,例如,如何选取并管理投资以及适用怎样的决策体制;
- 适用于投资组合的短期和长期费用说明;
- 报告工作——书面报告和面对面回报的频率和内容;慈善组织可能要求和审查样品报告,评估公司之前在该领域的效益;
- 灵活性——投资管理人为慈善组织修订投资方法的能力和意愿;
- 投资管理人处理道德要求的能力;投资管理人是否理解了慈善组织的道德政策,以及其如何应对慈善组织的要求。投资管理人在道德投资或与慈善组织宗旨相关的战略等投资方案中是否有其他经验。

6.5 慈善组织可以任命多个管理人吗?

可以,慈善组织可以任命多个投资管理人来管理多样化的投资组合或单个资产或进入利基市场。通常,慈善组织会用大型的投资组合来分散管理人和投资组合绩效的风险。

6.6 受托人和投资管理人有何义务?

简答(法定要求)

受托人全面负责慈善组织资金的投资。

若任命投资管理人管理慈善组织的投资,应该有以下文件:

- 与任命投资管理人签订的书面协议或合同;
- 慈善组织的投资政策,并在其中明确投资管理人的责任和职权;投资管理人必须根据投资政策的规定选择投资项目,但有正当理由不遵守的除外。

详答

书面协议

慈善组织与投资管理人必须签订正式的书面协议,且慈善组织应该不时审查该协议(在适当情况下咨询意见)。

投资管理协议因管理资金的类型不同而不同,即咨询管理和授权管理。该协议可以是简单的申请表。在投资管理协议中必须要求管理人遵守慈善组织的投资政策,且该政策也可规定在协议中。

若授予投资管理人自由裁量权,受托人不得签署以下协议:

- 允许投资管理人任命他人或选择其继受者的协议;
- 减轻投资管理人的一般注意义务或规定投资管理人违约责任上限的协议;
- 允许投资管理人开展可能产生利益冲突的事项的协议;

但以上协议为合理必要的除外。

投资政策

受托人授予投资管理人自由裁量权的,必须有书面投资政策,且包含以下内容:

- 投资管理人的职权和义务;
- 投资管理人在代表慈善组织做出任何决定时必须遵守的原则。

投资政策中应该明确,投资管理人必须按照慈善组织的最大利益行使其职权。若投资联合资金,受托人和投资管理人应该确保按照慈善组织投资政策的规定投资。

受托人可委托投资管理人撰写投资政策说明书,但受托人必须就其内容听取独立的专家意见。受托人可以在撰写政策说明书时咨询投资管理人,以确保其条款可行且可实现。

受托人的注意义务

在委托投资管理人制定投资决策和撰写投资政策说明书时,受托人必须履行注意义务。

受托人需要一直负责以下事项:

- 制定并定期检查慈善组织的投资政策;
- 决定任命谁管理慈善组织投资,以及决定相关的条件;
- 定期审查投资管理人的适合程度和表现;
- 必要时终止任命。

6.7 受托人需要对投资管理人的行为负责吗?

法定要求:受托人无须对投资管理人的行为或违约行为负责,但受托人在以下过程中未遵守注意义务的除外:

- 选择个人或公司;
- 决定慈善组织与投资管理人协议的条款;
- 撰写投资政策说明书,让投资管理人遵守;
- 履行审查义务。

6.8 考虑投资管理人费用时,慈善组织应该考虑哪些?

简答(法定要求)

受托人应该:

- 明确管理人或其他当事人依据协议获得了哪些款项或利益;
- 确信这些款项或利益物有所值。

详答

受托人应该要求说明投资组合的所有费用,确保没有意料外的费用(例如投资管理人支付给第三方的调查费)。费用大多包括以下内容:

- 管理费;
- 交易费;
- 联合资金的投资管理费和其他相关费用;
- 行政性费用;
- 效益报酬(按资金回报的比例收取);
- 银行的利息扣减额;
- 运营费用;
- 监管费;
- 第三方费用(包括研究和其他外包服务的费用)。

受托人应该考虑其他税务问题,如投资管理人收取的费用可能需要交纳增值税。

若慈善组织通过照片任命了投资管理人,受托人必须确信其所支付的费用物有所值,且符合慈善组织的利益。

另外,受托人还可以考虑咨询独立意见,了解慈善组织是否可以通过指定投资管理人获得最大利益。受托人可以再战略审查时进行一次性咨询,或长期与顾问保持联系。

6.9 谁可以合法持有慈善组织的经济投资?

法定要求:慈善公司具有法人身份,能以自己的名义持有投资,这就简化了投资买卖的管理。

非法人慈善组织具有独立的法人身份。因此,受托人必须代表慈善组织,以个人名义持有投资,买卖投资可能会涉及额外的行政性费用。因此,任命代名人或保管人代表受托人机构持有投资较为便利。

受托人应该决定是否任命代名人或保管人代为持有慈善组织的全部或部分资产和投资。

更多信息,详见指引**《任命代名人和保管人:根据2000年〈受托人法〉19部分第4条的指引》**。

7. 监管投资和效益

受托人必须如何评估慈善组织投资的效益？

简答(法定要求)

受托人必须定期审核其投资组合，审核包括以下内容：

- 投资的绩效如何；
- 投资管理人的服务(若有)。

受托人还应该监管和审查内部对慈善组织投资的管理情况。

详答

受托人在监管和审查慈善组织投资组合时，应该考虑以下关键方面：

- 评估投资的效益；
- 决定由谁审查；
- 审查投资管理人提供的服务；
- 审查的频率；
- 干预的标准。

评估投资效益

受托人应该制定目标收益制度(如基准)，以评估慈善组织投资经济投资组合在特定期间的效益。具体的基准和目标视慈善组织而异，受托人可以就此听取独立组织的专家意见。

若任命投资管理人，受托人应该确定合理的基准和目标，评估一定期限内投资管理人的效益，这样有助于高效公平地评估投资管理人的整体效益和相对于特定基准的效益。受托人还可以与其他设立类似投资目标慈善组织的效益进行对比。

若资金的效益不佳，受托人应该想办法了解是否存在一定的原因。同样，若资金的效益远远高于一般水平，受托人应该确保这种情况的出现不是风险过高。

谁应该审查?

审查慈善组织投资效益的工作应该协同投资管理人开展。

另外，投资管理人提供的服务应该由投资管理人独立审查。若受托人在评估时需要专家的协助，受托人可以雇用投资管理人之外的人提供帮助。

审查投资管理人提供的服务

受托人应该考虑以下几点:

- 投资管理人遵守的条款是否合适;
- 管理人的效益如何;
- 管理人是否适合继续开展工作;
- 任命的条款是否仍合适;
- 管理人是否遵守了投资政策说明书。

审查的频率

受托人可以决定定期审查或针对具体问题进行审查,例如:

- 有证据表明工作不当的;
- 经济形势发生变化的;
- 慈善组织的财务状况发生重大变化的。

干预

受托人应该考虑是否需要干预,例如指导投资管理人或修订或终止与投资管理人签订的协议。受托人在必要时应该进行干预。

8. 经济投资的其他问题

8.1 哪些内容必须包含在受托人的年度报告中?

法定要求:慈善组织应该提交受托人年度报告且需要进行法定审计的,受托人应该在其年度报告中说明其采取的经济投资政策。

年度报告中还应该说明慈善组织的投资在该年度的效益。采用了道德投资方法的,也必须在年度报告中予以说明。

无须进行法定审计的慈善组织也必须准备年度报告,但无须在其中详细说明财务信息。例如,小型慈善组织可能没有投资政策,尤其是完全依靠拨款运作的慈善组织。

更多信息详见指引**《慈善组织的会计和报告》**。

8.2 经济投资有何税务问题?

简答(法定要求)

慈善组织的投资收益(所得)若用于深化其目的的实现,可免缴税款。

但是,若特定投资未被 HMRC 认定为“经批准的慈善投资”,该投资的税收优惠可能有所限制。

详答

某种特定投资可自动成为“经批准的慈善投资”,那些不符合税法标准的投资被视为“非慈善支出”。

关于该问题的更多指引,详见 HMRC 网站《**HMRC 慈善组织:详细指引注释,附件 3:经批准的慈善投资和贷款**》。

若慈善组织准备进行可能被视为非慈善支出投资的,应该确保让 HMRC 确信以下两点:

- 该投资的目的是让慈善组织获益;
- 该投资并非慈善组织或其他任何人为了避税而采取的。

若一项投资被认定为非慈善支出,慈善组织可能会丧失对等同于投资金额的部分收益的免税资格。这意味着整体的收益会低于免税的收益,但也并非绝对如此。受托人应该以慈善组织的最大利益为出发点。

若进行境外投资,慈善组织应该了解,相关国家可能没有与英国慈善组织相当的税收优惠政策,且投资的收益可能被征收境外税。但是,慈善组织应该适当听取建议,了解国外是否有替代性税收优惠政策。

8.3 获得固定捐赠的慈善组织在进行经济投资时应该考虑什么?

法定要求:获得固定捐赠的慈善组织的资本资金必须用于投资,只有资本资金投资获得的收益才能用于实现慈善组织的目的。这些慈善组织应该了解,有些资产更适合于长期资本增值,而有些资产则可能回报更高。因此,慈善组织在制定投资组合时应该平衡以下两点:

- 获得足够的收益,满足慈善组织的当前需求;
- 增加投资的价值(“资本增值”),为未来的受益人创造充足的收益。

如此一来,受托人就可以确保其投资组合能持续深化慈善组织目的。

8.4 获得固定捐赠的慈善组织可以在投资中采取总回报法吗?

简答(法定要求)

可以。根据《慈善法》(2011 年),受托人有权通过决议,决定采取这种方法,

《慈善组织规定(总回报)》(2013 年)和本**指引**也说明了受托人如何行使这一权力。

未获得固定捐赠的慈善组织可以采取总回报的方法,且无须委员会批准。

详答

总回报是一种投资方法,慈善组织可在管理投资时采用。在这一方法中,获得投资回报的形式(如收益、股息或资本增值)并不重要,而是通过管理投资,创造最大的投资总回报。

由于总回报法关注的是获得最佳整体回报的投资,而非能"正确"平衡资本增值和收益的投资,慈善组织在实现投资目标时具有更大的灵活性(详见第 8.3 部分)。

受托人可以在总回报中指定适当的比例,作为收益——这些资金可用于深化慈善组织目的,余下部分仍应该被作为未使用的总回报,用于投资。

《慈善法》(2011 年)允许获得固定捐赠的慈善组织的受托人通过决议,在投资中使用总回报的方法,委员会也对此制定了规章和指引,阐述受托人如何行使该权力。委员会的规章还允许受托人在使用总回报方法时进行额外变通,但必须符合慈善组织的利益。

更多信息,详见**《固定捐赠慈善组织的总回报投资》**。

8.5 慈善组织可对其附属交易公司进行经济投资吗?

简答(法定要求)

可以,但受托人必须证明其对附属交易公司的经济支持是投资慈善组织资源的一种适当方式。

慈善组织有时会建立附属交易公司,目的是为了实现目标,而非创造收益。但这不是本指引需要说明的,更多信息详见**《受托人、交易与税收:慈善组织如何合法交易》**(CC35)。

详答

受托人必须用一般标准(详见第 3.2 部分)评估一项对附属交易公司的投资是否适合于慈善组织。受托人必须:

- 对比其他形式的投资,确定投资附属公司是否符合慈善组织的利益,这一过程中受托人应该客观评价该公司的经营前景(投资类型的适合度);

• 根据该公司的经营计划、现金流量预测、盈利预测和其他信息，确信该公司的财务状况是否良好（投资该类型的资产的适合度）；

• 适当咨询关于附属交易公司投资和财务状况的建议；何为“适当”取决于具体情况——咨询的费用也属于相关因素，应该根据投资的规模，按比例收取（详细考虑并适当咨询建议）；

• 决定投资附属交易公司的性质，必要时咨询专业意见（受托人的注意义务）；

• 不时审查是否应该继续投资附属交易公司（投资的审查和多样化）。

受托人应该：

• 考虑将资金用于投资附属交易公司的期限，因为这种投资方式下，若有短中期需求，资金可能不容易套现；

• 考虑从其他替代性来源获得资金的可能性，并听取合理的建议。

若投资的公司财务状况不好，且没有转好的可能性，就难以满足上述标准。有时投资资不抵债的公司是为了在清算前偿还其债务，防止该公司破产。

有时，附属交易公司的建立是为了实现慈善组织的目的，并创造经济回报。受托人要能够证明该项投资的目的是经济回报或实现慈善组织的目的。若两种目的兼有，这项投资即为混合目的投资，适用第 11 部分的标准。

税收

受托人应该了解，若慈善组织建立的附属交易公司与该慈善组织有关联，那么，慈善组织对该公司的投资和贷款可能被征收税款。若慈善组织将附属公司投资所得收益用于实现慈善目的，一般没有困难。为扶持经营惨淡的附属交易公司而做出的投资和贷款不属于为慈善组织利益而做出的行为，可能会影响慈善组织的税收豁免。

HMRC 可能对慈善组织投资附属交易公司持批判态度，因为他们认为，慈善组织的这种行为仅是为了增加慈善组织的资金，给公司强加了一项与之相悖的业务。

确保慈善组织对附属交易公司的投资不会被视为非慈善支出，否则，需要交纳税费。

更多信息，详见以下资源：

• 关于投资附属交易公司的信息，详见**《受托人、交易与税收：慈善组织如何合法交易》（CC35）**；

- 关于税收问题,详见**HMRC 慈善组织网页**。

8.6 慈善组织可以对慈善组织受托人、相关人员有私利的公司进行经济投资吗?

简答(法定要求)

可以,但受托人必须能够证明该项投资适合慈善组织,且慈善组织具备相应权力。

详答

受托人必须确保,在充分考虑以下几点之前,不会支持受托人或相关人员有私利的公司:

- 该投资是否适合慈善组织,是否符合慈善组织的投资政策;
- 利益冲突是否确定并得以管理;
- 涉及的私利可接受——在本指引中,私利指个人或组织以非受益人的身份从慈善组织获得的利益。

受托人必须用一般标准(详见第3.2部分)评价对受托人或相关人员有私利的公司投资是否适合慈善组织。受托人必须:

- 公正地对比该投资方式和其他可行的投资方式,考虑这样投资是否符合慈善组织的利益;这需要客观地评价公司的业务前景(该类型或等级的投资的适合性);
- 根据公司的经营计划、现金流预测、盈利预测、风险分析和其他信息,判定该公司财务状况良好(该类型或等级的投资的适合性);
- 考虑就投资和该公司的财务状况适当咨询意见;何为适当取决于具体情况——咨询的费用是相关因素,且费用应该与计划的投资规模成比例(适当时考虑并咨询意见);
- 考虑是否应该继续保留现有投资(投资的审查和多样化)。

更多关于利益冲突管理的信息,详见**《管理慈善组织的利益冲突》**。

税务

受托人应该知道,慈善组织如投资于与受托人相关或与其合伙人有重大个人关联公司的,可能会被征税。HMRC 必须考虑实施该投资是否是为了慈善组织的利益,而不是为了避税。投资与重要捐赠者(包括受托人)相关的公司可能需要遵守大量的捐赠者规则,且可能影响慈善组织的税收豁免。投资还可能需要遵守 2011 年出台的《腐败慈善组织捐赠规则》。虽然这些规则的主要适用对象是捐赠者,但在一些情况下也会影响税收。以其他目的进行投资的可能会被征税。

更多信息,详见**HMRC 慈善组织网页**。

8.7 慈善组织可以进行以结果为导向的经济投资吗?

简答

可以,这类投资可以被视为经济投资,只要具有相应的经济回报。慈善组织需要就此问题进行咨询。

详答

结果导向的金融结构下的投资者获取的经济回报完全或部分与投资中提供的服务创造的社会和(或)环境结果相关。社会影响力债券就是一个例子,这类债券涉及的是社会公共机关与投资者之间签订的协议,其中前者承诺为改善社会效益而付款。投资人将资金用于干涉和改善社会效益。

另外,慈善组织可能会将此种投资看作专项投资——详见第 10 部分——或混合目的投资(详见第 11 部分)。

8.8 慈善组织可以保留经济投资中的捐赠物吗?

简答

可以,但必须符合受托人的投资义务。例如,受托人必须考虑以下两点:

- 该投资的适合程度;
- 投资多样化的需求。

详答

税务立法中鼓励捐赠者向慈善组织捐赠投资物,包括土地。受托人有权决定出售或保留该投资。因此,受托人必须了解以下问题:

- 捐赠的投资物是否适合慈善组织?
- 慈善组织的整体投资组合是否需要更加多样化?

- 捐赠的投资物是否需要更加多样化?

受托人可能还想问其他问题,例如:

- 出售部分或全部捐赠物会让捐赠者不愿意继续给慈善组织捐赠吗?
- 改变捐赠的投资物有多大可行性?
- 对投资物的处分能实现其真实价值吗,还是只有长期持有投资物才能实现其真实价值?

若慈善组织接受了捐赠的投资物,但前提是捐赠者必须同意对该投资物的改变,捐赠者不得拒绝同意,因为这样做符合其个人利益,但同意意见必须要符合慈善组织的利益。

税收事项

受托人应该了解,在一些情况下,赠与投资物的税收减免有可能是避税计划的不当使用。在这些计划中,赠与的投资物一般不会给慈善组织带来利益,或慈善组织将该投资物作为桥梁,开展有价值的投资,从而实现较小的回报。慈善组织应该避免发生这类情况。在特定情况下,若相关捐赠依照捐赠给付做出,腐败慈善组织捐赠规则可能会要求征收税款。

避税的复杂性可与违反信托或非慈善活动相提并论。若慈善组织的受托人担心其获赠的投资物是避税计划的一部分,受托人应该告知 HMRC。

更多信息,详见**HMRC 慈善组织网页。**

8.9 慈善组织可以作为利益相关者参与活动吗?

简答

可以。慈善组织可以作为利益相关者,参与其感兴趣的组织或该组织开展的活动在多方面影响慈善组织工作。慈善组织可以在该组织中询问信息、表达观点或行使其投票权,进而影响该组织的政策,在政策中更好地反映慈善组织的价值观和理念。

慈善组织还可以在其投资公司的企业管理中运用利益相关者行动主义,以维护其投资,确保该公司的管理符合利益相关者的长远利益。慈善组织还可以在专项投资(详见第 10 部分)或混合目的投资(详见第 11 部分)中使用利益相关人行动主义。慈善组织可以要求其投资管理人代其投票。

详答

作为特定行业的利益相关者，慈善组织可能会希望行使其投票权，以影响一个公司的政策，让其反应该慈善组织的特定价值观和理念。

若慈善组织选择直接参与利益相关者行动主义，慈善组织需要考虑以下重要事项：

- 利益相关者行动主义需要与其目的相关，慈善组织需要考虑并管理重要的财务损害风险；
- 作为利益相关者行使投票权时，应该考虑所有要点——尤其是对慈善组织投资价值观的潜在影响；
- 利益相关者行动主义由其他利益相关者实施更有效；
- 利益相关者行动主义需要的时间和资源与慈善组织的利益成比例。

在一些情况下，慈善组织可能希望进行与其价值观和理念相关的投资，能参加利益相关者行动主义。

若慈善组织将其投票义务（自行）授权给其投资管理人，该慈善组织应该确保其了解该投资管理人投票政策背后的理念和过程。慈善组织可能希望投资管理人向其报告投票权的行使情况。

投资管理人应该对公司的管理进行投票和参与，这是理所当然的。但是，投资管理人在投票时考虑的通常是长期经济收益，即为慈善组织寻求最大的长期经济回报。他们应该向慈善组织提供其企业管理声明，定期报告参与。有些投资管理人有利益相关者行动主义政策，可以代表很多客户遵守，实现事半功倍。

9. 现金存款

受托人在投资储蓄和现金存款时应该考虑哪些事项？

简答（法定要求）

储蓄和现金存款都是投资的形式，适用第 3.2 部分的法定要求。储存在银行或住房互助会的现金通常会收获利息，这些利息可以用于给慈善组织创造收入，直到用于慈善组织的目的或用于长期投资。

投资现金的方式有很多，对大型慈善组织而言更是如此。因此，慈善组织应该在适当时咨询意见。慈善组织应该确定和计划对现金投资中风险的管理。

详答

慈善组织日常运营所需的资金通常储存在即存即取的活期存款账户或储蓄账户。希望长期安全保存资金的慈善组织(如用于资助未来某个确定时间的项目)可以将资金存入定期储蓄账户或通知存款账户,以获得更高的利息,但取款会有所限制。

在履行义务时(详见第3.2部分),受托人应该:

- 制定短期的书面政策;

该政策中应该说明存储现金的地点和期限,以及存在某一机构的最大金额。若有必要,政策陈述中还应该说明短期存款、中期存款和长期存款的相应政策。

- 充分考虑投资哪一机构;

资金必须存在信用良好的机构,例如英国金融服务管理局或其他国家相关金融监管机构授权的机构。

- 调查特定存款账户的利益;

现金存款应该存入附息账户,但受托人计划在短期内使用存款资金或用于其他长期投资的除外。受托人应该考虑以下事项:

  - 利率。不同机构、不同账户和不同时间的利率均有所不同——慈善组织应该定期审查账户,确保获得有竞争力的利率。相对于一直追求高利率,受托人可能会倾向于选择利率一直良好的机构;
  - 付息时间,例如按月付或按年付;
  - 取款的条件,包括短期内取款或提前终止存款的费用或罚金;
  - 支付的利息是总额还是税后净额;
  - 慈善组织的道德立场。

非经济因素也很重要,例如机构的位置,但其重要性次于以上列举的因素。

- 调查存款保障;

慈善组织应该确保该机构在任何可能的时候都得以保障,受托人应该在存款之前充分满意该机构在英国或国外的保障措施。更多信息,详见**金融服务补偿计划**(FSCS)网站;

- 限制储蓄在任一机构的金额;

受托人应该平衡储蓄单笔巨款以获得高利率和在单个机构存款的风险。慈善组织储蓄巨款的,应该考虑建立相关政策,限制储蓄在某一机构的最大金额,以降低存款丢失的风险。受托人可以在多个银行机构中分散其巨额存款,降低因机构破产造成重大损失的风险。

- 适当时获取专业建议;

必要时,慈善组织必须咨询有投资经验的人,听取其意见。

- 确保所有存款均经过合理授权;

银行账户的开立与注销应该经整个受托人机构的授权,也可在适当时候委托,但必须有合理的限制。委员会建议,以后的存款应该由至少2名授权人授权。对多数慈善组织而言,授权人应该是受托人。在符合慈善组织规章规定的限制的前提下,委员会建议,受托人任命2名以上签约人,在必要时发挥作用。所有受托人都有义务确保采取适当的措施,在储蓄慈善组织的资金之前保障其投资。

- 退税;

可用的存款账户有很多,有些是为慈善组织量身定制的,这些账户需要支付总利息税。但若受托人选择的账户是按纳税后净额向慈善组织支付存款利息,受托人应该确保其可以要求退税。

- 考虑共同存款资金是否合适:

共同存款资金(Common Deposit Funds,CDFs)是一种存款计划,该计划节税、管理简单且节约成本。共同存款资金不是金融服务补偿计划,但与其他慈善组织享受同等的税收权利。CDFs从慈善组织处接受存款,再将收到的资金存入货币市场。通过集中资金(通常是短期)用于储蓄,CDFs可以保障存款的慈善组织获得的利率高于其他单独存款的慈善组织。

更多信息,详见**《共同存款资金——相关规定的基本指引》**。

- 定期审查工作。

受托人应该定期审查其现金管理工作以及慈善组织现金账户的成本和收益,确保其存款有相应保障,且费用和利率有竞争力。

10. PRI

10.1 何为 PRI?

简答

PRI 允许慈善组织在直接深化其目的的同时,有获得经济回报的可能性。实施 PRI 时,受托人无须遵守经济投资的法律框架(详见第 3.2 部分),因为他们的决定是直接将资金用于深化慈善组织的目的。

详答

PRI 为实现以下目的,将慈善资源用于资助慈善组织和其他资助:

- 全面深化慈善组织的目的;
- 符合公共利益,而非私利;
- 可能为慈善组织创造一些经济回报(但这不是 PRI 的主要目的)。

例子

某一慈善组织的工作是缓解贫困,该机构可以向其他帮助失业人员重返就业岗位的慈善组织提供贷款。

这样做可以:

- 缓解贫困(完全深化慈善组织的目的);
- 符合公共利益;
- 可能获得贷款的偿还和相应利息(经济回报)。

成功的 PRI 可以让慈善组织实现以下目的:

- 扩大其可以提供的帮助;若慈善组织的投资收回和(或)获得回报,该资源可被再利用,支持更多的项目;
- 采取更多的资助方式,如有时贷款和股票会比拨款更适合特定项目;
- 以低利率、无息或以实物服务还款(部分)的方式开展长期且灵活的投资,直接深化慈善组织的目的;
- 改善慈善组织提供资助的条件,降低获得资助的成本。

经济投资、PRI 和拨款的区别

PRI 虽然在形式上与经济投资或拨款类似,但与后两者有区别。

经济投资与 PRI 的区别在于投资的基本目的。PRI 的主要目的是深化慈善组织的目的，而不是创造经济回报。相反地，经济投资的主要目的是创造经济回报，继而将之用于深化慈善组织的目的。通常，慈善组织会在风险合理的前提下，追求最大的经济回报。投资的目的非常重要，因为这说明了受托人实现慈善组织利益的方式。

PRI 与拨款也有差异。拨款的目的是深化慈善组织的目的，没有期待获得经济回报。但是，有些慈善组织可能会选择在拨款时附带 PRI，例如帮助建立机构的管理能力，由此确保贷款的偿还。

经济投资是在合理的风险下实现最大的经济回报率；

PRI 是在深化慈善组织目的的同时，有获得一些经济回报的可能；

拨款是直接深化慈善组织目的。

10.2 PRI 的可用形式是什么？

简答

PRI 的形式有很多，可用于慈善组织和其他类型的组织。

这些形式有：

- 向其他组织或个人提供相对小额的贷款，例如住房公积金、购买新设备或翻新财产；
- 在复杂且高利的项目中投资巨额资金，例如再生工程。

详答

PRI 的通常形式有贷款、股票投资或联合资金（通常与经济投资结合）。PRI 还可通过中介机构开展。

常用示例包括以下各点：

贷款

贷款的关键特点在于，借款人应该附息或无息偿还贷款。

若提供贷款，慈善组织应该确保贷款条件中规定以下各项：

- 如何将贷款用于深化慈善组织目的；
- 利率；受托人应该考虑对其慈善组织目的的影响以及借款人可以且愿意支付的利率；
- 还款的时间表和条件；受托人可以灵活处理。

对于可以深化慈善组织目的的贷款,慈善组织可以代表组织或个人予以担保。在贷款担保中,受托人向第三方承诺,借款人无法履行相应义务时,由其承担相应责任。受托人应该确保其已经或可以获取充足的资源,履行该担保下的任何义务。同时,受托人还应该保持对其组织资金的使用。

股票投资

特殊情况下,PRI还可采取股票投资的形式,即慈善组织购买某一公司的股票,并向该公司提供启动资金。对股票的所有权将赋予慈善组织获得股息的权利以及在股东年会上的投票权。但受托人应该了解相关的风险。受托人可能需要考虑落实相应制度,确保资金继续用于深化慈善组织目的,例如股东协议、股票回购和可转换贷款债券。

更对关于对非慈善公司的股票投资的信息,详见第10.9部分。

慈善组织还可以参与以下投资:

收益分配或准股票

这意味着慈善组织作为投资者,基于收入或利润分配获得经济回报,该收入或利润分配是相关组织为了回报提供资金启动项目而制定的。相关项目必须是为了深化慈善组织的目的,这样,该投资行为才是PRI。投资者收到的回报与企业经济上的成功相关。这类投资涉及股票的发行,通常不会赋予投资者所有权。

结果导向的金融领域

结果导向的金融结构下的投资者获取的经济回报完全或部分与投资中提供的服务创造的社会和(或)环境结果相关。社会影响力债券就是一个例子,这类债券涉及的是社会公共机关与投资者之间签订的协议,其中前者承诺为改善社会效益而付款。投资人将资金用于干涉和改善社会效益。但社会和(或)环境结果必须能深化慈善组织目的,这样,该投资行为才是PRI。

若获得的经济回报足够多,这类投资可能会被视为经济投资。这类投资还可以作为一种混合目的投资。慈善组织需要在适当时就此问题进行咨询。

10.3 受托人在实施PRI时的角色是什么?

简答

实施PRI时,受托人必须以慈善组织的最大利益为原则行事,并确保以下几点:

- 其慈善组织的资金仅用于深化其目的;

- 此投资中产生的私利是必要、合理且符合慈善组织利益的(详见第10.8部分)。

进行PRI之前,受托人应该:

- 明确该投资有助于实现慈善组织的战略目标;
- 比较PRI和其他深化慈善组织目标方式的有效性和风险;
- 根据该投资的风险度和受托人的知识或专业知识,考虑是否需要咨询意见。

若受托人已经考虑了相关意见,在适当时咨询了相关意见,并达成了合理决定,受托人一般不会因为其决定而被指责。附件2中的PRI检查清单旨在为受托人在决策中提供指导。

详答

受托人全权负责PRI决定。受托人应该落实合理的管理工作,管理其PRI。各个慈善组织的管理结构和授权级别均有所不同,取决于其内部资源和专业知识。受托人应该考虑以下各点:

- 受托人自身无须具备专业项目和金融的知识,但投资金额巨大的慈善组织可以聘用具备专业的金融和项目知识的受托人,让其参加董事会或增补入董事会;
- 投入PRI的资金较多的慈善组织或投资了复杂或引人注目的PRI的慈善组织可以建立内部PRI委员会或受托人(或职工)分委会,就PRI的具体方面提供意见和建议;
- 受托人可以委托第三方或慈善组织的职员决定个人PRI,但该受托人必须具备相应权力或其规章中有相关规定,且受托人需要确保以下几点:
    - 确保提供书面的明确指示,说明其认为能深化慈善组织目的的PRI的性质和类型;
    - 确保落实相关程序,监管和审查PRI效益。

10.4 受托人应该考虑RPI的哪些风险?

受托人应该考虑以下风险,并根据慈善组织的规模、开展的活动和活动中PRI的比例,决定合适的管理:

- 若接收方做出了重大活动变化或 PRI 的目标提前实现,PRI 可用于组织计划外的目标?
- 存在接收方或其他投资人的私利不可接受的情况吗?(详见第 10.8 部分)
- 慈善组织有信誉风险吗?例如因为私利导致信誉风险?
- 项目失败会有什么后果?
- 若慈善组织所依赖的经济回报未得到实现,会有什么后果?
- 若因通胀率或外汇率的变化导致实际回报率低于预期的,会有什么后果?

10.5 受托人应该在进行 PRI 时征求意见吗?

简答

受托人无义务征求意见,主要取决于受托人是否觉得足以制定 PRI 决策。

详答

以下事项可能会影响征求意见的必要性:

- PRI 的规模和范围以及相关的风险度;
- 法律问题和经济问题的复杂性;
- 是否需要专业评估。

以及慈善组织是否有以下方面的内行专家:

- 评估项目;
- 实施尽职调查;
- 决定适当的回报率;
- 评估可行性预期。

10.6 慈善组织可以在不属于慈善组织目的范畴内的项目中进行 PRI 吗?

简答(发行要求)

不可以,慈善组织只能进行能支持其慈善目的的 PRI。但是,受托人可以探索新颖且创新的方式来利用 PRI 深化其目的,但须牢记本指引中说明的原则。

详答

受托人应该了解慈善组织目标的完整范畴,并能说明 PRI 的计划成果如何深化该目的,这点非常重要。

一些发行慈善组织(通常是信托、资金会或为其他慈善组织提供经济资助的慈善中介机构)建立时制定一般性的慈善目标。因此,可将其收益和消费性捐赠于各类 PRI,以资助其选取的慈善目的。

10.7 若 PRI 不再深化慈善组织目的,会有什么后果?

简答

慈善组织在一开始就应该考虑如何管理用于资助活动的 PRI 不再深化慈善目的的情况。PRI 协议的条件应该能反映终止 PRI 的可能且可行的方法,若可行,还应该反映不能再用于深化慈善组织目的的资金回报。

详答

贷款

若 PRI 的形式是慈善组织直接贷款给组织,协议中可以规定再投资不再用于深化慈善组织目的时,要求偿还贷款或将该贷款转化为商业贷款。

股票投资

公司法中关于减资的规定使得股票投资形式的 PRI 情况更为复杂,但可以开展其他工作。例如,一公司可以附条件地同意购买自己的股票或发行在此种情形下可赎回的股票。

中介机构

若通过中介机构开展 PRI,对慈善组织目的的深化可能会因为中介机构与最终接受方的关系而变得复杂化。虽说原则上 PRI 需要完全深化慈善组织目的,但受托人应该考虑实际的因素可能会限制中间机构,影响其约定如何终止与慈善组织投资者的工作。

风险管理

首次提出投资计划时,慈善组织需要考虑其在与慈善目的关联不足的 PRI 中可能面临的风险。若风险较小,受托人可以判定该投资的收益与风险相适应,可以接受该风险。但是,若投资金额占慈善组织资源的比例较大,风险就越大,受托人证明风险可接受的难度也越大。

10.8 合适可接受一些私利?

简答

若受托人确信私利符合以下条件的,流向其他投资者的私利即为可接受的:

- 在该情形下为必要的;
- 数额合理;
- 符合慈善组织的利益。

受托人必须在进行 PRI 时参考《**慈善组织与公共利益**》中关于私利的内容。

详答

慈善组织的目的必须是实现公共利益。但是,有时候慈善组织帮助其受益人的最佳方式可能会造成个人或单位获得私利。若所获私利的程度不可接受,可能会影响慈善组织的地位。

受托人需要判断该私利是否可接受,必须始终以慈善组织的最大利益行事。受托人可以在评估项目的公共利益时考虑慈善组织深化其目的能力的增强(例如偿还的贷款可再次借给其他人)。由于多种因素的影响,该评估有时候相对简单,有时候又较为复杂,但决策却非常平衡。受托人应该基于其在进行 PRI 时合理已知的信息制定决策,并确保记录其决策。

受托人认为,个人或单位在 PRI 中获得的私利超出其认定的必要、合理且符合慈善组织利益时,应该确保慈善组织可通过其他方法收回该私利。例如,获得私利的人可以选择将该利益支付给慈善组织。若持续有不可接受的私利,慈善组织应该考虑退出该 PRI。

10.9 投资非慈善公司的股本以深化慈善组织目的时,受托人有何义务?

法定要求:通常而言,投资私营公司的股票就意味着能作为股东获得经济回报或深化该公司的其他慈善目的。这常常说明慈善组织的投资不是完全资助慈善目的。因此,慈善组织只能在例外情形下才能对该公司实施 PRI。若该公司计划实现的社会目的与慈善组织的目标明确相关,可能会有上述的例外情形。

因此,受托人必须确信以下事项:

- 慈善组织目的与其希望投资的非慈善组织的社会宗旨之间有关联性;
- PRI 产生的私利是必要、合理且符合慈善组织利益的;
- 产生的相关私利不会过多,且该投资明确是为了实现公共利益。

若公司可能会获得客观的经济收益,受托人应该采取所有必要措施,确保慈善组织从该收益中获益。否则,受托人可能无法证明私利是必要、合理且符合慈善组织利益的。慈善组织应该落实合适的保障措施,确保不会产生任何不可接受的私利。

更多信息,详见**《法律基础:慈善组织与投资事宜》(详见第五部分)**。

例子

对商事组织的股票投资

旨在帮助残疾人就业的慈善组织可能会有兴趣购买残疾人经营或雇用了残疾人的商事组织新发行的股票。该公司的成功会给股东带来利益。该公司越成功,越多的残疾人可以获得就业和培训。

要点

- 此处的关键问题是慈善组织的目标与非慈善组织一般活动的契合度。受托人必须确保在为某商事组织提供一般贷款或购买其股票时,该商事组织的一般活动应该能直接深化慈善组织的目的;
- 受托人还应该在起初就详细考虑,若商事组织改变其活动或招聘政策,慈善组织应该如何应对。受托人还应该确保其能在出现此种情况时退出 PRI;
- 受托人需要确信相关的私利(包括股东的私利)是可接受的。

例子

为实现具体目的向商事组织提供的贷款

提供就业培训的商事组织请求获得贷款,让其能够为欠发达地区的失业人群提供培训设备。这些新设备足以让该公司依据与地方政府签订的合同,每年培训当地 50% 的失业人员。

一个旨在缓解失业的慈善组织考虑在深化其慈善目的的基础上提供贷款。当地政府提供的合同能让该商事组织收回成本,并能获得少部分利润。但是,这些利润明显低于该贷款的市场利率。

商事组织需要该笔贷款发展和配备其培训场所。若慈善组织不提供低于市场利率的贷款,该商事组织将无法在欠发达地区开展业务。慈善组织提供的贷款可以直接影响该公司的收益,因为其可能让该公司获得更多的类似且包含盈利更大的合同。

要点

这类在提供就业、商品或服务方面市场失灵的证据,有时是证明在非慈善组织进行 PRI 的合理性的基础;

- 受托人有义务将其慈善资产用于深化慈善组织的目的。给商业组织的贷款只能用于开展能直接深化慈善目的的活动。贷款不能用于资助其他任何活动。受托人需要确信相关的私利是必要、合理和符合慈善组织的利益;
- 约定的条款应该允许在商事组织停止开展这些特定活动时偿还贷款。

10.10 慈善组织可以投资中介机构或通过中介机构投资吗?

简答

可以。若投资中介机构或通过中介机构投资,受托人需要确保以下几点:

- 慈善组织的资金只能用于深化慈善组织目的;
- 该投资中产生的私利是可接受的。

详答

一些慈善组织和非慈善组织专业从事 PRI,并作为中间机构,为其他慈善组织或非慈善单位筹措资金。这种方法可以:

- 降低贷款或购买股份的交易成本;
- 有时可以提供专业知识,评估和管理与其资助项目相关的金融风险;
- 提供关于其投资的社区和市场的知识和转移风险;
- 允许慈善组织将风险分散至大量的投资中,以减少其风险;
- 让慈善组织更易于收回投资。

例子

(1)购买借贷资金的股票

旨在通过支持可再生能源的发展保护环境的慈善组织可能会投资用于资助

新绿色科技的借贷资金。若该资金可以持续提供贷款,慈善组织的投资将会大大影响支持新绿色科技的数量。

要点

- PRI 只能用于开展能直接深化慈善组织目的的活动;
- 获得启动资金人的私利必须是必要、合理和符合慈善组织利益的。

(2)投资社会影响力债券

社会影响力债券通常描述的是社会公共机关与投资者之间签订的协议,其中,前者承诺为改善社会效益而付款。投资人将资金用于干涉和改善社会效益。

旨在帮助失业人群重返工作岗位的慈善组织可能会投资那些资助 1 个或多个旨在改善个人就业选择的项目的社会影响力债券。慈善组织可以直接投资该项目或通过中介机构管理。项目完成后,若实现了既定目标,该慈善组织将会收回其投资并获得回报。(一些慈善组织可能会选择将该类型投资作为经济投资。)

要点

- 上述 PRI 只能用于开展旨在帮助失业人群重返工作岗位的活动;
- 任何私利必须是必要、合理且符合慈善组织利益的。

10.11 慈善组织可以用其固定捐赠进行 PRI 吗?

简答(法定要求)

一般而言,固定捐赠涉及基于信托持有的资金,要求用于投资,并将获得的经济收益用于深化慈善组织的目的。因此,通常不允许将固定捐赠的资金用于进行 PRI。

详答

慈善组织可能会通过以下方式将其固定捐赠用于 PRI:

使用收益

慈善组织可以将固定捐赠的部分或全部收益用于进行 PRI。

证明其为经济投资

PRI 的主要目的不是经济回报。受托人可以将其基于信托持有的固定捐赠用于经济投资,但风险和获得的经济回报必须能证明其属于该类投资。

投资固定捐赠时,受托人可以考虑道德投资中需要考虑的因素或进行与宗旨相关的投资。

有时候,虽然投资产生的利益低于市场收益,但因为其深化了慈善组织的目的,该投资也具有正当性。在这种情况下,正当性必须表明慈善组织目的的深化在何种程度上与其利益的减损大体相当。这是一种混合目的投资(详见第11部分)。

采取总回报法

管理固定捐赠的受托人可以考虑采取总回报法。这意味着,捐赠中增长的部分资金可以被分配到收益资金中,并用于慈善组织的目的,且可以用于PRI。获得固定捐赠的慈善组织若希望在投资中采取总回报法,可以行使《慈善法》(2011年)和**《慈善组织(总回报)规定》(2013年)**中规定的权力,采取该方法。

解除对固定捐赠的限制

受托人可以解除其持有的部分或全部固定捐赠的限制。若受托人认为解除限制可以让其更有效地开展慈善组织目的,他们可以这样做。

受托人需要通过一项正式决议,决议应该解除对部分或全部固定捐赠的限制。若固定捐赠的市值超过10万英镑,受托人还需要获得委员会的批准。这样做会让受托人得以将资金用于PRI计划,深化其慈善组织目的。

更多关于固定捐赠的信息,详见**《固定捐赠:何为固定捐赠以及何时使用》**。

10.12 如何在受托人年度报告和慈善组织的年度报表中报告PRI?

法定要求:若受托人必须编制年度报告且必须符合法定审计,该报告中必须说明慈善组织进行PRI的政策以及如何针对设定的目标开展具体的PRI。

在年度报告中,资产负债表必须说明慈善组织作为经济收益的主要投资(经济投资),并单独说明PRI。投资额减去亏损,若为贷款,还应减去偿还的金额,剩下的金额应为PRI。亏损应该被视为是《金融活动说明》中慈善活动的费用。若处理PRI时获得收益,应该抵消之前的亏损或作为处理固定资产所得收益,用以慈善组织自用,并在《金融活动说明》中记录为"其他运营资源"。

更多信息详见**《会计实务建议准则(2005年)慈善组织会计与报告》**。

10.13 若一项PRI不再符合慈善组织的目的,慈善组织该如何说明?

若一项PRI不再符合慈善组织的目的或受托人持有该投资的动机发生变

化，导致持有该投资的主要目的变为经济回报，那么，需要在慈善组织的资产负债表中将该投资重新划分为经济投资。

PRI 的关键特征之一是还款预期和（或）为慈善组织带来经济回报，但其主要目标是深化慈善组织目的。因此，PRI 是一种慈善，但与其他资产一样，PRI 会贬值。若 PRI 不再具有资产负债表中的估价，则应该列为可收回金额。若该投资仍能深化慈善组织目标，慈善组织可以选择将 PRI 转换成拨款。

10.14 受托人应该如何监管和审查 PRI？

受托人需要定期审查其慈善组织的 PRI。具体的审查方法和频率取决于慈善组织 PRI 的性质和规模以及不时变化的资源需求。受托人需要考虑以下几点：

- 接收人应确保将慈善组织提供的资源用于深化慈善组织的目的；
- 投资影响力或"社会回报"的新兴报告方法，衡量、管理和了解 PRI 对慈善组织目的的深化程度；
- PRI 还款和（或）回报的可能性；这取决于 PRI 的形式——例如，贷款和股票投资会涉及对项目进行的持续报告和对收回贷款和经济回报的预期的定期评估，且资助协议中必须包含相关条款规定。

10.15 PRI 有什么税收？

法律规定：PRI 的税收有很多，具体取决于投资的结构和回报的税收方式——慈善组织应该知晓该点，并在适当时征求意见。只要慈善组织将 PRI 创造的回报和收益用于慈善目的，就可以免于缴纳英国的税收。

若慈善组织有非慈善性的支出，其将面临丧失免税资格的风险，包括开展不属于"经认可的慈善性质"的投资或贷款。一些贷款和投资会被自动视为"经认可的慈善性质"贷款和投资。只要是为了实现慈善组织的利益而非避税而开展的贷款和投资，HMRC 都会将其贷款和投资的主张视为"经认可的慈善性质"贷款和投资。HMRC 通常会同意将 PRI 主张视为"经认可的慈善性投资"。

更多信息，详见**HMRC 慈善组织网页**。

11. 混合目的投资

前面已经介绍了两种不同的投资形式——经济投资和专项投资。但在一些新的发展中,投资机遇并不完全属于这两者中的一种,但仍然符合慈善组织的利益,委员会将之称为混合目的投资。

委员会认为,这种新的投资方式是一些慈善组织应对不断变化的工作环境的适当方式。因此,委员会编写了基本法律和基本规范框架,帮助慈善组织考量混合目的的投资,判断其是否为合适的选择,并描述相关决定。

11.1 什么是混合目的投资?

简答(法定要求)

混合目的投资是一种结合经济投资和专项投资要素的投资方式,不能完全将该投资认定为这两者中的一种。

详答

一般而言,受托人必须能表明,其做出的投资符合慈善组织的利益,并可通过证明具有以下之一来表明:

- 经济投资——在适当的风险度下,寻求最大的经济回报;
- PRI——直接深化慈善组织的利益,并可能创造一定的经济回报。

混合目的的投资的法律要求均适用于以上两种投资方式。

但有时候,受托人会希望按照其认为最符合慈善组织利益的方式投资,但又不完全只有某一种目的。在此情形下,若受托人确信以下各点,可以将之认定为混合目的的投资:

- 该投资具有双重收益性——部分经济收益和部分对慈善组织目的的投资贡献;
- 没有其他进行该投资的原因包括:
  - 为部分或全部受托人或相关人员创造未经授权的私利;
  - 为其他个人创造不可接受的私利。

混合目的的投资是一个发展中的领域,制定具体计划时可能需要专业意见。

11.2 为什么慈善组织希望进行混合目的的投资?

若一项投资不能完全被认定为经济投资或 PRI,但受托人仍认为其可能符合慈善组织的最大利益,可以将之认定为混合目的的投资。但受托人应该牢记以下内容：

- 受托人应该确信在开展混合目的投资“之前”，可以证明该混合目的投资具有可预期的经济回报，且其接下来开展的活动对慈善组织目的有所贡献；
- 该投资下产生的私利必须是适当的。

有时候，附属交易公司的设立目的可以是深化慈善组织和创造经济回报。受托人要能够证明一项投资的基础是以获得经济回报或深化慈善组织为目的。若附属交易公司具备以上两者，则为混合目的投资，使用本部分规定的标准。

对获得固定捐赠的慈善组织而言，一项投资产生的收益低于市场回报可能具有正当性，因为该投资深化了慈善组织的目的。在此情况下，该正当性必须表明，慈善组织目的的深化深度与收益的减损相当。

11.3 进行混合目的投资时，受托人应该考虑哪些？

简答

受托人应该在进行投资之前，仔细思考混合目的投资的正当性，确信该投资符合慈善组织的最大利益；受托人还应该记录相关决定和理由。

详答

慈善组织应该在考虑混合目的投资时问以下问题：

- 我们首先考虑了混合目的投资支撑慈善目的或经济投资的程度了吗？这两者都是开展混合目的投资的可行方式[详见《法律基础：慈善组织和投资事宜》（详见第6部分）]。
- 我们了解投资可以在多大程度上具备PRI对慈善目的的贡献和经济收益吗？这点可能难以量化，但尝试这样做是一种在进行投资前证明混合目的投资的分析联系，有一定实用性。
- 我们如何监管混合目的投资？
- 我们是否已经确信，混合目的投资整体上符合慈善组织的利益？
- 就其活动和财务状况而言，该投资是否适合本慈善组织？回答这一问题应该考虑该混合目的投资在慈善组织整体投资组合中的规模和慈善组织对于风险的看法。

• 我们是否适用了经济投资和 PRI 的决策标准?

• 我们已经结合资助活动对慈善组织目的的贡献度,考虑了混合目的投资中产生的私利是否可接受吗(详见第 10.8 部分)?

• 我们已经考虑了将慈善组织资源用于不符合其慈善身份和慈善资金投资法律的目的的风险吗?

• 我们是否需要就计划的投资征求专业意见?我们可能需要以下意见:

  • 与慈善组织整体经营计划的契合度;
  • 该投资是否能深化慈善组织的目的;
  • 计划投资整体上的法律问题;
  • 慈善组织的税收问题。

11.4 不适合混合目的投资的情形

在以下情形下,混合目的投资不具有正当性:

• 为深化慈善组织目的和保障经济收益之外的目的开展混合目的投资的;

• 1 名或多名受托人(或相关人员)会获得未经授权的私利的;

• 其他人获得的私利程度不适当的;

• 涉及的风险与投资的资源量是不相符的。

11.5 慈善组织应该如何监管混合目的投资?

混合目的投资应该按照经济投资和深化慈善组织目的以及适用于以上两者的不同标准进行监管。此外,慈善组织需要铭记,两种因素之间的平衡可能会变化。

受托人应该监管和审查以下几点:

• 慈善组织资源用于深化慈善目的的程度;考虑并适用投资影响力或"社会回报"的新兴报告方法,衡量、管理和了解投资对慈善组织目的的深化程度;

• 投资的预期经济回报,以及是否仍适合于慈善组织。

11.6 若混合目的投资失败，会有什么后果？

若投资免值或无法收回，就会造成经济损失。但若受托人已经合理制定并记录其相关决策，那么，他们可能能够应对相关的问题或质疑。

11.7 如何在慈善组织年度报表和受托人年度报告中处理混合目的投资？

简答（法定要求）

慈善组织 SORP 目前未直接规定混合目的投资近期发展的会计形式，其会计的形式有很多。

详答

若混合目的投资金额较大，受托人应该考虑在资产负债表或账簿的投资说明中单独披露。受托人应该在其年度报告中说明其与该资产相关的投资政策，并评估其效益。

若该慈善组织寻求经济回报，受托人应该考虑公平市场价格或交易成本的方式是否符合该资产的年终会计。由于这是新兴领域，随着实践的发展，慈善组织将会继续提供会计的相关考虑事项。

更多关于投资会计的信息，详见**《SORP 2005，慈善组织会计和报告》**。

附件 1 术语解释

以下为本指引中使用的术语，应该按照给定的具体含义解释。

目的和慈善目的，是指慈善组织旨在实现的目的，通常在慈善组织规章中有相关规定。

资产类型，是指一类具有相似特性的投资，例如股票、现金存款或债券。

资金分配，是指不同资产根据慈善组织的需要，将投资分散至不同资产类型的过程。

慈善公司，是指依据公司法登记设立的公司。

慈善法，是指《慈善法》（2011 年）。

慈善收益，是指直接用于深化慈善组织目的的收益。

集体投资计划，是指大量投资者将其资产汇集，并由独立的管理人进行专业

管理的计划。一个集体投资计划中投资种类越广,越有助于降低一种投资对整体投资组合的消极影响。单位信托和共同投资资金,就是集体投资计划的范例。

保管人,是指代表慈善组织保管经投资法定所有权的文件或其他证据(例如股票证书和土地所有权证书)的人。保管人还可以提供其他的投资相关服务,如处理投资收益到期税款支付问题。"保管人"一词有时用于指兼任代名人和保管人的人。保管人无权制定管理决策,且必须按照受托人的合法指示行事。

保管人受托人,是指经任命保管信托财产的法人——既是代名人,又是保管人。保管人受托人不参加慈善组织的管理,且必须按照慈善组织受托人的指示行事,但该指示违反慈善组织规章或慈善法规定的除外。

捐赠资金,是指受托人依法需要投资或保留并用于慈善目的的慈善组织财产(包括土地、建筑、现金或投资)。捐赠可以是消费性捐赠,也可以是固定捐赠。

- 消费性捐赠,是指可用于投资创造收益的财产。根据捐赠的附加条件和性质,受托人有权将全部或部分捐赠转化为收益资金,供之后使用。
- 固定捐赠,是受托人不能作为收益使用的慈善组织财产。该捐赠必须永久持有,有时用于深化慈善组织的目的,有时用于为慈善组织创造收益。未经委员会授权,受托人通常不能使用固定捐赠。捐赠的条款可以允许出售或再投资该资金中的资金,或规定无限期保留部分或全部资产(例如特定建筑)。

道德投资,是指一种考虑慈善组织价值观和理念的经济投资方式。受托人必须按照慈善组织的最大利益行使其投资权。

FSMA,是指《金融服务和市场法》(2000 年)。

FSCS,是指金融服务补偿计划(Financial Services Compensation Scheme, FSCS)。

一般投资权,是指《受托人法》(2000 年)第 3 条赋予受托人的投资权与该法第 8 条授予受托人的土地投资权。这些规定不适用于慈善公司。

捐赠给付,是指个人(包括交易下的人)和公司直接向慈善组织现金捐款时适用的英国税收优惠。

规章,指规定慈善组织目标或目的以及如何管理慈善组织的法律文件。规章可以是信托协议、组织制度、组织大纲、财产转让契约、意愿书、皇家宪章、委员会方案或其他规定慈善组织信托的文件。

持有受托人,是指受托人任命的持有慈善组织财产法定所有权的个人。其任命的方式以及详细的义务和责任通常会规定在慈善组织规章中——不是让他们行使受托人法中的权力。持有受托人一般见于非法人慈善组织,可以是受托人机构的成员。他们无管理职能,且必须依照慈善受托人的合法指示行事。

中介机构,为其他慈善组织和非慈善单位筹措资金。

投资,本指引中,"投资"一词取其最广的含义,指以最符合慈善组织最大利益且能获取回报的方式使用资金。

投资管理人,是指慈善组织受托人任命的自然人或法人,代表其给予建议和制定投资决策。投资管理人的决策必须符合受托人提议的投资政策。

流动性,是指**资产**快速转变为**现金**且贬值最小化的**能力**。

宗旨,相关的投资指以直接帮助慈善组织实现目的的方式进行经济投资。受托人必须按照慈善组织的最大利益行使投资权。

混合目的投资,是指结合经济回报和深化慈善组织目的做出的受托人能够证明其正当性的投资。

代名人,是指受托人任命代表慈善组织或受托人持有慈善组织财产法定所有权的1名或多名自然人或法人。慈善组织持有股票的公司股票登记中以代名人的名称登记。代名人无权制定管理决策,且必须依照受托人的合法指示行事。

共同资金计划,是指慈善组织受托人或慈善组织受托人机构为促进投资管理,有多个不同慈善组织管理的计划,是共同投资资金的一种。

专项计划(PRI),有时指社会投资,是慈善组织为完全深化其目的且可能获得一定经济回报的投资方式。PRI与经济投资适用的规则不同。

公共利益,是法律规定,设立一种或多种慈善目的的组织,若要在英格兰和威尔士地区被认可并登记为慈善组织,都必须能够证明其目的是实现公共利益。

私利,在本指引中,私利指慈善组织受托人之外的个人或组织获取的利益。因此,私利不包括受益人可能获取的个人利益,例如接受交易、医学治疗或慈善拨款。

储备金,是慈善组织已有或可获得的资源,满足承诺时用于任何或全部的慈善目的或用于其他计划的支出。

"限定资金"适用于属于更广泛的慈善组织目的的特定信托资金,限定资金可以是限定收益资金,由受托人自主决定用于慈善组织的某些项目,也可以是捐赠资金,要求将其资金用于投资或留作实际使用(例如土地),而不能使用该资金。

风险,在本指引中指投资效益的不确定性,还指慈善组织投资的公司可能违反其合同义务的风险。风险可以改善或阻碍慈善组织运营的任何方面。

社会企业,是较为广泛的词,用于指经营社会目的的单位,将其盈利再投资于社会目的,而不是再分配。有些社会企业是登记的慈善组织,但不完全是。

社会投资,是一个广泛使用的词,指为实现社会目的和经济回报进行的投资。社会投资没有准确的定义,使用的方式也各有不同。慈善组织为实现社会回报、慈善回报和经济回报的投资方式有很多。"SoFA"指《金融会计说明》。

税法,是与所得税、法人税、资本利得税相关税务立法的统称。

受托人,是指慈善组织受托人。慈善组织受托人是负责慈善组织总体控制和管理的人,在慈善组织管理文件中统称为受托人、受托人委员会、管理受托人、管理委员会、管理人或主管,或其他职称。

受托人法,是指《受托人法》(2000年)。

非法人慈善组织,指以下慈善组织之外的慈善组织:

- 根据公司法登记设立的公司形式的慈善组织;
- 登记设立的勤俭互助会;
- 依据皇家宪章或皇室制诰而成立的慈善组织;
- 依据成文法成立的法人组织。

非限定资金(包括指定资金),是指受托人可自行决定用于慈善组织任何目的的收益或收益资金。如果部分费用限定收益资金被预留用于特定项目,则其可被制定为单独的资金,但该指定只能用于管理不渎,不能依法限制受托人在资金使用上的自主权。

附件2 PRI核对清单

考虑是否投资PRI时,受托人应该确信其符合慈善组织的最大利益,且承担的风险适当。

本检查清单罗列了受托人在考虑投资PRI时应该自问的一些问题:

- **"该PRI能深化慈善组织的目的吗?"**
  - 资助的慈善目的是什么? PRI必须完全深化一个或全部慈善组织

目的。

- 在慈善组织的整体运营看来，这是我们满足受益人需求的最佳方式吗？
- 我们投资股票的组织如何深化慈善组织目的？

- **“投资中可能有何私利？”**
  - 我们已经考虑了计划的 PRI 中可能给他人带来的私利吗？
  - 若存在个人或组织的私利，这些私利是必要、合理且符合慈善组织利益的吗？
- **“我们需要听取哪些意见？”**
  - 我们需要就 PRI 听取意见吗？例如，关于项目的可行性、贷款的条件或是否需要开展尽职调查等问题？
- **“我们已经考虑协议条款了吗？”**
  - 就目前我们所知，PRI 的相关条款合理吗？
  - 若情况变动，如何简单地终止 PRI？例如，若我们投资组织的活动性质发生重大变化，且 PRI 效益不佳或目标提前实现，会有怎样的后果？
- **“慈善组织有何风险？”**
  - 我们慈善组织对获得经济回报的依赖程度多大？若慈善组织依赖预期的经济回报率但却无法实现，慈善组织的生存能力会受到威胁。
  - PRI 接收方的财务状况如何？

- **有哪些其他因素会影响该项目的成功或经济回报（例如，通胀率或汇率）？**
  - 若接收方违反其合同义务，有何风险？我们如何管理这些风险？
  - 在何种情况下可以将 PRI 转化为拨款或注销 PRI？
  - 慈善组织有潜在的信誉风险吗——例如，若向商事组织投资 PRI，造成非受益人获得私利的？
  - PRI 有何税收问题？一些投资可能被视为非慈善支出，需要缴纳税款。
- **“我们已经考虑应该落实什么管理安排了吗？”**
  - 受托人如何管理与中介机构或与 PRI 接收方的关系？

- 落实何种监管和审查安排来评估 PRI 的影响和潜在经济回报？
- 慈善组织授权投资 PRI 的员工经过适当培训吗？如何监督和管控决策？

慈善组织的报告与会计:基本要素
(CC15c)

2015 年 3 月

目　录

1. 会计理论介绍

本部分总结了慈善组织准备截至2015年3月31日的财政年(会计期间)的年度报告、账目和年度报告的主要要求,以前财政年的要求请查阅慈善委员会指引**《慈善组织的报告与会计:基本要素》(CC15b)**。本指引不是法律文件,而是对慈善组织报告与会计理论的全面总结,同时,介绍了向委员会提交账目和收益的截止时间,以及对慈善组织的账目进行独立审查或专业审计的时间,更多详细的信息将在以下各个部分中详述。

1.1 理解适用于慈善组织的要求

不同规模和类型的慈善组织有不同的会计框架,为理解会计框架是如何适用于慈善组织的,受托人需要核实:

- 该慈善组织是否也是一个公司或法人慈善组织;
- 当前财政年的收益;
- 慈善组织资产的价值;
- 是否需要进行登记。

然后受托人应该确定:

- 必须准备什么类型的账目;
- 受托人年度报告应该包含的信息;
- 账目是否需要独立的审查或审计;
- 必须向委员会提交的信息。

如果要求必须将慈善组织的年度报告和账目发送给委员会,那么,必须在慈善组织财政年结束的10个月内发送给委员会,但为了慈善组织信息的及时更新,委员会通常会建议受托人尽快向其提交年度报告和账目。

下面的信息会详细介绍不同的要求。

1.2 账目、年度报告和年度报告:准备与提交

账目准备:所有慈善组织(无论是否登记)都必须准备账目并按要求提交。

受托人年度报告的准备:已登记的慈善组织必须准备受托人年度报告并在要求提供时予以提供。

提交账目和年度报告:所有法人慈善组织(不管收入是多少)以及所有年净收益超过25,000英镑的已登记慈善组织都有责任向委员会提交账目和年度报告,并且应该在网上提交。

年度报告的准备和提交:所有法人慈善组织(不管收入是多少)以及所有年净收益超过10,000英镑的已登记慈善组织都有责任完成年度报告并向委员会提交年度报告,年净收益低于10,000英镑的已登记慈善组织应该按照特定的条件完成年度报告。

每个已登记的慈善组织都会在其财政年结束后收到委员会发送的年度报告,年度报告应该在网上完成。

年度报告可以使委员会确保每个慈善组织的登记事项尽可能完整和准确,报告的事项包括基本财务信息、合同、受托人、活动信息,以及慈善组织的类别信息。

1.3 账目类型

慈善组织账目可以按照收付实现制或权责发生制准备,具体准备方式取决于慈善组织的收入以及是否属于公司。

收付实现制

这是相对简单的方法,财政年内总收益为25,000英镑及以下的非慈善公司一般会按照收付实现制准备账目,包括在年底总结慈善组织财政年内的收入和支出,以及对其资产和负债进行详细说明。根据公司法的规定,慈善公司不得采用此种方法。

权责发生制

财政年内总收益高于25,000英镑的非慈善公司以及所有慈善公司必须根据《会计实务建议准则》(Statement of Recommended Practice, SORP),按照权责发生制准备账目,对SORP的遵守将取决于慈善组织的财政年,包括资产负债表、财务活动说明和注释说明,会计条款规定这些账目必须"真实公正"。

1.4 审计或独立审查

除了国民医疗服务(National Health Service, NHS)慈善组织,财政年内总收益超过25,000英镑的慈善组织的账目需要独立审查或审计,低于25,000英镑的,如果慈善组织的规章有规定,需要对账目进行外部审查。

准确而言,审查的类型取决于慈善组织的收入和资产。广言之,如果总收益在25,000英镑和100万英镑之间,则需要进行独立审查,如果总收益超过100万英镑,需要审计,如果总资产(不减去负债)超过326万英镑,并且总收益超过25万英镑,也需要审计。

2. 引言

2.1 指引的内容

本指引的主要阅读对象是慈善组织受托人,阐述了慈善组织在准备年度报告、账目和年度报告时需要做的事情,同时,为受托人提供了其他有益信息。由于慈善法允许慈善组织注册为法人慈善组织的规定已经生效,因此,本指引做出了及时更新。

2.2 "必须"和"应该":含义

"必须"指必须遵守的具体法律或规章要件的情形,"应该"指应该遵守的最基本的规范,但有充分的理由可以不遵守的除外。

2.3 先前的指引

本指引更新了之前的指引《**慈善组织的报告与会计:基本要素**》(CC15b)(2012年3月修正版)。

2.4 指引的范围

本指引适用于慈善公司和非公司慈善组织以及所有的法人慈善组织截至2015年3月31日或之后的财政年。

2.5 未来的变更

财务标准通常需要定期审查,最近的变化是根据《慈善法》(2011年)规定改变了深化的收入标准和准备统一(集团)账目的收入起点。这些变化在截至2015年3月31日或之后的财政年生效。需要在2016年后的财政年使用本指引的读者,建议查阅GOV.UK网站,确认适用的财务标准。

2.6 指引的使用

在本指引的每一部分中，委员会都列出了受托人或其顾问可能会问的关于会计和报告要求方面的相关问题，委员会一般给一个简要概括的回答（即“简答”），然后提供更多的背景解释（即“详答”）。

委员会建议受托人阅读第 3 部分，找出适用所有慈善组织的一般要求，第 4 部分将告诉受托人具体适用其慈善组织的其他要求。

2.7 术语解释

下面这些术语贯穿全文，对此作了如下具体的解释：

《管理条例》（2008 年）：《慈善组织（账目和报告）管理条例》（2008 年）。

《法令》（2009 年）：《慈善法的 2009 修订法令》（1992 年和 1993 年）（SI 2009 No. 508）。

《管理条例》（2014 年）：《慈善组织（免除登记）的管理条例》（2014 年修订版）（SI 2014 No. 242）。

《指示》（2015 年）：《2011 年慈善法（账目和审计）的指示》（2015 年）（SI 2015 No. 321）。

《集团管理条例》（2015 年）：《2011 年慈善法（集团账目）管理条例》（2015 年）（SI 2015 No. 322）。

会计记录：受托人对于慈善组织进行财务交易的记录，每个财政年需要准备年度账目说明书，该属于包括每天进行的交易和活动记录（包括电脑记录），以及相关发票、收据、凭证和其他相关文件。

所有慈善组织必须根据《慈善法》第 8 部分的规定保持会计记录，或者如果是根据公司法登记的慈善组织，按照《公司法》（2006 年）第 386 条的规定保持会计记录。

年度报告：年总收益超过 1 万英镑的已登记慈善组织的受托人和所有法人慈善组织（Charitable Incorporated Organization，CIO）必须完成年度报告并将其提交给委员会，这有助于委员会监管每一个慈善组织并提供整体的信息。不是 CIO 且收入低于 1 万英镑（包括 1 万英镑）的慈善组织应该完成年度报告的相关内容，保证登记信息的及时更新。

可适用的 SOPR：慈善组织按照权责发生制准备账目所依据的 SORP 在准备

账目的财政年内是有效的。对于2015年1月及之后开始的财政年,受托人可以选择适用什么SORP,在SORP FRS 102和SORP FRSSE之间选择。对于2015年1月之前开始的财政年只能适用SORP 2005,对于2015年1月及之后开始的财政年不能适用SORP 2005。

审计:《慈善法》第8部分规定的审计,是指已登记的专业审计员根据审计实务委员会制定的审计标准审查慈善组织的账目,已登记的审计员是根据《公司法》(2006年)的规定在经公众认可的监管机构登记的人员。对于某些慈善组织,如与国民医疗服务或地方机关有关的慈善组织,其审计要求可能有另外规定。

慈善公司:根据《公司法》(2006年)的规定在公司注册署注册并登记的公司,其专门为了慈善目的而运营。

CIO:指根据《慈善法》(2006年)第11部分登记为法人机构的慈善组织。

豁免慈善组织:免于登记且不受委员会管理的慈善组织,多数豁免慈善组织具有自己的“主要监管机构”。例如,英格兰多数大学属于豁免慈善组织,由英格兰高等教育资助委员会(Higher Education Funding Council for England,HEFCE)监管。豁免慈善组织有适用于自己组织类型的会计和报告要求(例如,大学适用HE/FE SORP),对于其他豁免慈善组织,慈善法仅规定它们准备收付实现制账目和资产负债表。

免登记的慈善组织:不需要在委员会登记但多数受委员会监管的慈善组织,例如,年总收益少于5000英镑的慈善组织、某些宗教慈善组织的教堂和童子军。

总收益:慈善法中的总收益指包括专项信托在内的所有收益来源的总收入。对于按照收付实现制准备的账目,总收益则是所有收益来源说明中记录的总收入,但不包括捐赠、贷款和出售投资产品或固定资产的收入。对于按照权责发生制准备的账目,总收益是财务活动说明书(根据可适用的SORP准备的)中的总收益资源,但不包括捐赠收入,包括该财政年内转移为收益资金的捐赠资金。更多信息,请参考与慈善组织年度报告相关的支撑信息。

总资产:在资产负债表日期,即慈善组织财政年的最后一天,慈善组织在减去负债前的总资产数额。

集团账目:集团中监管一个或多个慈善或非慈善附属组织的母慈善组织准备的账目,集团账目是根据法定要求和英国会计标准准备的,通过母慈善组织提交的年度报告和账目(包括整个集团的财务收益)集中呈现了整个集团的收益。

独立审查:独立审查的形式没有审计复杂,审查员报告是否发现了《管理条例》(2008 年)中的具体问题,对于审查员的选择以及审查员审查的指示,委员会已经为受托人提供了指引**《慈善组织账目的独立审查:对独立审核员的指引》**(CC32)。如果慈善组织不被要求审计,但总收益超过了 25 万英镑,那么,必须具有合格的独立审查员,该审查员是慈善法中规定的已批准的专业组织的成员。

非公司慈善组织:不属于慈善公司的慈善组织,包括信托机构、非法人协会以及不是根据《公司法》(2006 年)注册成立的法人机构(例如根据特许状成立的法人机构和 CIO)。

永久捐赠资金:受托人不会像收益那样使用的慈善组织财产,永久捐赠资金有时用于深化慈善组织目的,有时用于为慈善组织制造收益,通常情况下,未经委员会同意,受托人不能使用永久捐赠资金,捐赠条款可以允许出售和再投资该资产,或者可以规定部分或全部资产保留备用(例如一幢建筑)。

SOPR 2005:《慈善组织会计与报告实务建议书》(2005 年 3 月),对准备受托人年度报告和按照权责发生制准备账目提供了实务建议,SORP 的会计建议补充了会计标准,《慈善组织(账目和报告)管理条例》(2008 年)规定慈善组织在根据《慈善法》准备账目时应该遵循 SORP 的方法和原则,但像共同投资基金会、注册社会业主协会或高等教育机构应该遵循更具体的 SORP。SORP 的会计建议不适用于准备收付实现制账目的慈善组织。

SORP(FRS 102):《慈善组织会计与报告实务建议书》,适用于根据英国和爱尔兰共和国的财务报告标准(FRS 102)(2015 年 1 月 1 日生效)准备账目的慈善组织,于 2014 年 7 月 16 日出版。

SORP(FRSSE):《慈善组织会计与报告实务建议书》,适用于根据小型实体财务报告标准(Financial Reporting Standard for Smaller Entities,FRSSE)(2015 年 1 月 1 日生效)准备账目的慈善组织,于 2014 年 7 月 16 日出版。

法定审计:议会法(制定法)要求的审计,不同于慈善组织规章或资助者要求的审计,本指引介绍了慈善法规定法定审计的情况。

附属公司:由报告的母慈善组织监管或受其主要影响的非慈善或慈善公司。

慈善法:《慈善法》(2011 年)。

受托人的年度报告:该报告简洁但综合总结了每一会计年度慈善组织的活动,《管理条例》(2008 年)列出了基本的法定要求和 SORP 中的指引。《管理条例》(2008 年)的规定,包括对不要求法定审计的慈善组织简化审计的规定,将在第 7 部分介绍。

3. 准备年度报告和账目

所有慈善组织必须保存会计记录和准备账目,已登记的慈善组织也必须在准备账目时附带年度报告,本部分解释了对不同收入的慈善组织的不同要求。如果这些文件要求提交给委员会,则必须在财政年结束的 10 月内提交,但委员会通常希望慈善组织尽早提交。

3.1 慈善组织必须做什么?

简答(法定要求)

虽然有些基本的要求适用于所有慈善组织,但具体的要求将取决于一系列因素,例如收益、总资产或慈善组织的制度。

详答

第 3.2 部分介绍了适用于所有慈善组织的一些基本要求,但也有一些附加的要求取决于慈善组织的收益,广言之,慈善组织越大,其要求就越多。

对某些类型的慈善组织会有具体的要求,尤其是:

- 除了慈善公司和 CIO,其他所有的慈善组织都需要在委员会登记(详见第 4.1 部分);
- 已登记的慈善公司(详见第 4.2 部分);
- 豁免慈善组织(详见第 4.4 部分);
- 法人慈善组织(详见第 4.5 部分)。

如果受托人不确定上述哪一类型适用其慈善组织,或者是本指引未涉及的特殊情形,**请联系委员会。**

3.2 对所有慈善组织的基本要求是什么?

简答(法定要求)

所有慈善组织都必须保存会计记录,准备年度报表,在需要时将其公开。

详答

所有慈善组织必须:

• 保存会计记录。这些记录(例如现金账簿、发票、收据、捐赠给付记录等)必须保存至少6年(如果是慈善公司则至少保存3年)。捐赠给付的记录必须保存6年,详细记录重要捐赠者,根据HMRC的指引找出“腐败捐赠”;

• 在需要时将账目公开。这体现了慈善组织的公共责任,任何情况下都必须遵守。申请公开的公众应该向受托人支付一定的成本费用(例如复印费和邮费);

• 在需要时将年度报告公开。

除了豁免或免登记的慈善组织,其他慈善组织必须:

• 所有已登记慈善组织的财政年结束后不久,委员会会联系它们,根据其收益,要求它们完成年度报告或者相关内容,以便于更新其登记事项。所有CIO以及总收益超过1万英镑的已登记慈善组织有义务完成年度报告,并在线反馈给委员会。

3.3 慈善组织应该如何准备账目?

简答

慈善组织准备账目主要有两种方式:收付实现制和权责发生制。

详答

慈善组织的账目必须按照收付实现制或权责发生制准备,具体准备方式取决于慈善组织的收入以及是否属于公司。

收付实现制

这是相对简单的方法,财政年内总收益为25,000英镑及以下的非慈善公司一般会按照收付实现制准备账目,包括在年底总结慈善组织财政年内的收入和支出,以及对其资产和负债进行详细说明。根据公司法的规定,慈善公司不得采用此种方法。

权责发生制

财政年内总收益高于25,000英镑的非慈善公司以及所有慈善公司必须根据可适用的《实务建议书》(SORP)按照权责发生制准备账目,包括显示财政年底慈善组织财务状况的资产负债表、财务活动说明(SoFA)和注释说明,SoFA应该说明所有收益资源和该财政年内消耗的资源(对于慈善公司,准备收付实现制账户),会计条款规定这些账目必须“真实公正”。

对于非公司慈善组织,委员会提供了许多**收付实现制**或**权责发生制**的会计方式,可在GOV.UK网站中找到,为小型非公司慈善组织提供了准备账目的样板,使其符合法律的要求和可适用的SORP建议。

3.4 慈善组织应该如何准备年度报告?

简答(法定要求)

对于年度报告,有一些强制性的基本规定,其他具体规定取决于慈善组织的规模,年度报告的法定要求将在第7部分介绍。为了保证透明度和责任感,建议受托人选择公开。

详答

年度报告的基本要求是强制性的,但不需要法定审计的小型慈善组织,不要求向需要法定审计的大型慈善组织那样提供较多的信息,第7部分会介绍具体的法定要求,分为所有慈善组织必须报告的事项、小型慈善组织必须报告的事项以及大型慈善组织必须报告的事项,可适用的SORP也对年度报告提供了符合法定要求的实务建议。

年度报告是慈善组织的重要事件,衡量受托人计划实施情况的机会,庆祝成果的时刻,反映困难和挑战的时刻,也是突出慈善组织为了公共利益履行目的而进行的主要活动或重大活动的机会。报告的受众不仅有受托人、成员、资助者、捐赠者和受益人,而且还包括与慈善组织的活动和目的有利害关系的公众。

年度报告不需要太长,一份合格的年度报告需要解释慈善组织的目的以及如何实现这些目的,符合所有的法定要求,平衡地看待慈善组织的结构、目的、宗旨、活动和表现,更重要的是,对于捐款是主要资金来源的慈善组织来说,年度报告为捐赠者提供了了解其捐款的使用和效果的机会。

4. 不同类型慈善组织的具体报告要求

慈善组织适用的具体法定要求取决于该慈善组织是公司还是CIO,以及其收益水平。本部分解释了慈善公司、非公司慈善组织和CIO提交信息的区别，以及慈善组织账目需要什么类型的外部审查。

4.1 什么报告要求适用于必须在委员会登记的慈善组织（慈善公司和CIO除外）？

4.1.1 财政年内总收益不超过25,000英镑的慈善组织（法定要求）

准备依据：账目必须按照收付实现制或权责发生制准备。如果按照权责发生制，则账目必须根据《管理条例》（2008年）和可适用的SORP准备，对于非公司慈善组织，委员会提供了许多**收付实现制**或**权责发生制**的会计方式，可在GOV.UK网站中找到，并按照规定格式为慈善组织提供了准备账目的样板。

外部审查：并没有要求必须独立审查或审计慈善组织的账目，除非慈善组织的规章另有规定，但在例外情况下委员会有权要求审计。

受托人年度报告的类型：受托人的年度报告必须准备（免登记的慈善组织除外），但可以简化（详见第7部分）。

发送给委员会的信息：慈善组织应该在委员会要求时将年度报告发送给委员会。

但如果慈善组织的总年收益超过1万英镑，他们必须在财政年结束的10个月内网上提交年度报告。

收益不超过1万英镑的慈善组织需要完成年度报告的相关内容，包括受托人的详细信息，委员会会在慈善组织财政年结束后的短期内将年度报告的通知发送给联系人。

4.1.2 财政年内总收益在25,000英镑与25万英镑之间的慈善组织（法定要求）

准备依据：账目必须按照收付实现制或权责发生制准备。如果按照权责发生制，则账目必须根据《管理条例》（2008年）和可适用的SORP准备，对于非公司慈善组织，委员会提供了许多**收付实现制**或**权责发生制**的会计方式，可在GOV.UK网站中找到，并按照规定格式为慈善组织提供准备账目的样板。

外部审查：账目必须接受外部审查，但受托人可以选择独立审查或由注册审计员审计，除非慈善组织的规章另有规定，在例外情况下委员会有权要求审计。

受托人年度报告的类型：受托人的年度报告必须准备，但可以简化（详见第7部分）。

发送给委员会的信息:这些慈善组织必须完成年度报告,委员会会将年度报告的通知发送给联系人,年度报告需在网上提交。

年度报告、受托人的年度报告和账目必须在财政年结束的10个月内提交给委员会。

4.1.3 财政年内总收益在25万英镑与100万英镑之间且总资产不超过326万英镑的慈善组织(法定要求)

准备依据:账目必须按照收付实现制或权责发生制准备。如果按照权责发生制,则账目必须根据《管理条例》(2008年)和可适用的SORP准备,对于非公司慈善组织,委员会提供了许多**收付实现制**或**权责发生制**的会计方式,可在GOV.UK网站中找到,并按照规定格式为慈善组织提供了准备账目的样板。

外部审查:账目必须接受外部审查,但受托人可以选择独立审查或由注册审计员审计,除非慈善组织的规章另有规定。如果选择独立审查其总收益超过25万英镑,那么,任命的独立审查员必须是慈善法规定的机构成员,在例外情况下委员会有权要求审计。

受托人年度报告的类型:受托人的年度报告必须准备,但可以简化(详见第7部分)。

发送给委员会的信息:这些慈善组织必须完成年度报告,委员会会将年度报告的通知发送给联系人,年度报告需在网上提交。

年度报告、受托人的年度报告和账目必须在财政年结束的10个月内提交给委员会。

4.1.4 财政年内总收益超过100万英镑的慈善组织,或者总资产超过326万英镑的慈善组织(法定要求)

准备依据:账目必须根据《管理条例》(2008年)和可适用的SORP按照权责发生制准备。

外部审查:这些慈善组织必须法定审计,必须由注册的审计员审计。

受托人年度报告的类型:必须准备受托人年度报告,但不得简化(详见第7部分)。

发送给委员会的信息:这些慈善组织必须完成年度报告,委员会会将年度报告的通知发送给联系人,年度报告需在网上提交。

年度报告、受托人的年度报告和账目必须在财政年结束的10个月内提交给委员会。

4.1.5 拥有慈善或非慈善附属公司的慈善组织必须准备集团账目，除去集团内部交易和债务理算后，集团收益超过100万英镑的慈善组织（法定要求）

准备依据：账目必须根据《管理条例》（2008年）和可适用的SORP按照权责发生制准备。

外部审查：法定审计必须由注册的审计员审计。

受托人年度报告的类型：受托人年度报告必须和可适用的SORP规定的附属公司活动的附加披露一起准备（详见第7部分）。

发送给委员会的信息：净收益超过100万英镑的慈善组织集团不需要分别完成年度报告，因为其必须由母慈善组织完成。

年度报告、受托人的年度报告和账目必须在财政年结束的10个月内提交给委员会。

4.2 什么具体要求适用于慈善公司？

简答（法定要求）

慈善公司根据公司法的规定准备账目，可适用的SORP建议也适用于慈善公司。

详答

可适用的SORP建议既适用于慈善公司，也适用于非公司慈善组织：

- 慈善公司必须根据公司法准备管理人员报告和账目，并提交至公司注册署，账目必须按照权责发生制准备；
- 慈善公司年度报告的要求和其他慈善组织一样，因此，慈善公司必须遵守《管理条例》（2008年）规定的年度报告要求；在实践中，公司通常准备管理人员报告，并包含所有要求的信息；
- 如果慈善公司的收益超过25,000英镑，那么，受托人也必须向委员会发送年度报告（或者正确修正的管理人员报告）和账目；如果慈善公司的收益超过1万英镑，那么，慈善组织必须网上提交年度报告，委员会对慈善公司年度报告的要求与对非公司慈善组织的要求一样，必须在慈善公司财政年结束的10个月内提交年度报告。

2008年4月1日及之后开始的会计年,公司法中规定的慈善公司的具体审计要求则废除,如果慈善公司超过了公司法审计标准才会根据公司法审计。对于不需要根据公司法审计的小型慈善公司和小型慈善公司集团,适用慈善法的审查规定,如果不满足下列条件之一,则需要注册审计员审计账目,对于2015年3月31日结束或之后的会计期间(财政年),使用下列标准:

- 总收益超过100万英镑;
- 总资产超过326万英镑且总收益超过25万英镑。

如果根据公司法规定不需要审计,那么,管理人员必须具体说明该公司免于审计的原因,公司注册署关于该说明应该遵循的格式提供了指引。

除非组织章程明确规定需要审计,会计年于2009年4月1日及之后结束的慈善公司需要独立审查。

如果收益超过1万英镑,那么,必须完成年度报告。

《公司法》(2006年)包含协调慈善公司和非公司慈善组织的会计和独立审查机制的规定,尤其是《公司法》(2006年)定义的慈善公司和慈善集团应该按照《慈善法》的规定接受外部审查。

如果慈善公司拥有慈善或非慈善附属公司,截至2015年3月31日及之后的会计期间内,除去集团内部交易后的总收益超过100万英镑的,必须按照慈善法准备集团账目,并按照慈善法接受审计。如果集团收益超过小型公司标准,必须根据公司法准备和审计账目。

除非慈善公司或慈善集团符合小型公司制度,否则,慈善组织也必须按照公司法的规定在管理人员报告中准备战略报告。

4.3 什么具体要求适用于免登记慈善组织?

简答(法定要求)

免登记慈善组织必须保存会计记录、准备年度报表,并在公众请求时将账目复印件交给请求者。

详答

如果受托人资源将免登记慈善组织予以登记,那么,它们应该像其他已登记慈善组织一样遵循同样的会计和报告要求。

如果它们未登记,那么,它们仍然必须像同等收入或类型(公司或非公司)的慈善组织一样准备年度报表,免登记慈善组织也必须在公众请求时将账目复印件交给请求者,但只在委员会要求时才寄送至委员会。

免登记的慈善组织,如果它们未选择登记,那么,就可以不准备年度报告,但通常建议免登记慈善组织准备年度报告,在例外情况下,委员会有权命令受托人准备并提交报告。

只有收益超过25,000英镑的免登记慈善组织的账目需要独立审查或审计,收益低于25,000英镑的免登记慈善组织,如果其规章规定,则账目需要外部审查。

至于其他慈善组织,外部审查的类型取决于慈善组织的收益和资产以及该慈善组织是否属于公司,广言之,对于财政年截至2015年3月31日及之后的慈善组织,如果其收益在25,000英镑与100万英镑之间,需要独立审查。若收益超过100万英镑,需要审计。如果总资产(减去债务之前)超过326万英镑且收益超过25万英镑,也需要审计。

4.4 豁免慈善组织适用哪些具体要求?

法定要求:豁免慈善组织必须保存会计记录和准备账目,如果要求它们真实公正地准备账目,那么,它们在准备账目时应该遵循可适用的SORP,除非有更具体的SORP。

豁免慈善组织可以不准备年度报告,但通常建议豁免慈善组织准备年度报告,它们也必须在公众请求时将账目复印件交给请求者。

适用于豁免慈善组织的法定要求取决于慈善组织是如何设立的以及它们运营的管理机制。

4.5 CIO适用哪些具体要求?

准备依据:如果CIO的总收益低于25万英镑,可以按照**收付实现制**准备账目,其他情况下则根据《管理条例》(2008年)和可适用的SORP按照**权责发生制**准备。对于非公司慈善组织,委员会提供了许多收付实现制或权责发生制的会计方式,可在GOV.UK网站中找到,并按照规定格式为慈善组织提供准备账目的样板。按照**收付实现制**准备账目的CIO应该注意它们需要准备担保和债务两方面的信息,并参考样板获取更多信息。

外部审查:如果在 2015 年 3 月 31 日及之后结束的财政年满足下列条件之一的 CIO,则必须接受审计:

- 总收益超过 100 万英镑;
- 总资产超过 326 万英镑且总收益超过 25 万英镑。

如果根据慈善法或规章规定不需要审计,那么,财政年内总收益超过 25,000 英镑的 CIO 需要独立的审查。如果选择独立审查且总收益超过 25 万英镑,那么,任命的独立审查员必须是慈善法规定的机构成员,在例外情况下,委员会有权要求审计。

如果 CIO 拥有慈善或非慈善附属公司,除去集团内部交易后的总收益超过 100 万英镑的,必须按照慈善法准备集团账目,并按照慈善法接受审计。

年度报告类型:所有 CIO 必须完成年度报告。

发送给委员会的信息:所有 CIO 必须提交年度报告、账目和年度报告,委员会会将年度报告的通知发送给联系人,年度报告需在网上提交。

年度报告、受托人的年度报告和账目必须在 CIO 财政年结束的 10 个月内提交给委员会。

5. 外部审查

慈善组织账目需要的外部审查类型取决于法定的标准,如果慈善组织的规章规定高于法定标准,则优先适用规章规定,本部分解释了不同的要求。

什么决定着审计或其他外部审查?

简答(法定要求)

除了法定标准之外,慈善组织的规章也可以包含关于账目外部审查的具体规定,在这类情况下,慈善组织必须遵循较高的审查标准。

详答

在规章中,“审计”一词可能包括从注册审计员的全面审计到非会计员的独立核查等各种类型的外部审查。

受托人需要精确解释规章中的措辞,例如,“银行经理进行的审计”通常不是全面的法定审计;“合格会计师进行的审计”表明,即使慈善组织较小且法律并未要求需要审计，也需要注册审计员进行法定审计。

慈善公司的受托人可以修订组织章程，变更可能超过法定标准的具体条款，慈善法赋予了非公司慈善组织类似的修订权，慈善组织如有这类变更，应该通知委员会。

委员会建议受托人保存其是如何解释慈善组织规章的记录，如果解释存在疑问，可咨询委员会。

6. 更多帮助和建议

按照权责发生制准备账目的慈善组织应该遵循相关 SORP 列出的会计管理规定。

SORP FRS 102 和 SORP FRSSE 都有免费的 PDF 版本，但也可以从授权出版社那里购买 SORP FRS 102 和 SORP FRSSE 的影印本，可通过该网址 **www.charitysorp.org**：

- **下载 SORP 的 PDF 版本；**
- **找到订购 SORP 影印版的途径。**

准备财务信息的另一资源是**英格兰及威尔士特许会计师协会慈善组织在线财务报告奖励**，这些奖励是给网上公布受托人年度报告和账目的慈善组织，它们旨在奖励财务会计做得最好的慈善组织，提高网上年度报告的标准，鼓励更多的慈善组织在网上展示其财务信息。

7. 年度报告的法定要求

《慈善组织（账目与报告）管理条例》（2008 年）规定了受托人年度报告的具体法定要求，并为 SORP（2005）建议提供了法律基础。本部分的标题都来自 SORP（2005），只要满足所有法定要求，受托人可以随意选择规划年度报告的方式。

无论按照收付实现制还是权责发生制准备账目，根据《管理条例》（2008 年）小型慈善组织具有相同的年度报告要求，并应该遵守《管理条例》（2008 年）第 1 条和第 2 条的规定。所有按照权责发生制准备账目的慈善组织，无论大小都应该参考 SORP，《管理条例》（2008 年）为 SORP（2005）提供了法律基础，如果《管理条例》（2008 年）更新，那么，SORP FRS 102 和 SORP FRSSE 也会做出类似的更改。在实践中,SORP FRS 102 和 SORP FRSSE 中也会有 SORP(2005)和《管理条例》(2008 年)的规定。

使用 SORP FRS 102 或 SORP FRSSE 的受托人在 2015 年 1 月 1 日之后开始的财政年可能会做出相应变更,有利于根据《管理条例》(2008 年)的规定真实、公正地准备账目。

对于少于准备集团账目的慈善组织,有一些附加的报告要求,在第 4 部分有所介绍。

《管理条例》要求,年度报告由 1 名或多名具有权限的受托人签字并注明日期。

7.1 所有慈善组织必须报告的事项

7.1.1 慈善组织及其受托人和顾问的介绍与行政信息(SORP 第 41 条)

- 慈善组织的名称,如果是已登记慈善组织,指其登记的名称,慈善组织使用的其他名称也应该包括在报告内;
- 慈善组织的登记号,如果有,包括公司注册号;
- 慈善组织主要办公场所地址,如果是慈善公司,则为注册地址;
- 报告同意日期时需报告慈善组织受托人或受托监管人的姓名;如果受托人超过 50,至少有 50 个受托人的姓名(包括慈善组织的所有官员,如主席、会计等人员);如果受托人是公司机构,包括其管理人员的姓名;
- 在该财政年内担任慈善组织受托人或受托监管人的姓名。

如果对慈善组织受托人、受托监管人、高级员工或有任命权的人或者慈善组织的主要办公地址的披露,可能将被披露者置于人身危险(如妇女避难),在委员会已经授权的情况下,受托人可以省去该披露。(SORP 第 42 条)

7.1.2 结构与管理(SORP 第 44 条)

年度报告应该包括慈善组织组成的方式、组织结构以及任命和培训受托人的方式,帮助读者理解慈善组织的决策程序是如何运行的,这些信息的详细程度取决于慈善组织的规模和复杂性,与报告读者的需求是相称的:

- 详细说明(如果知道,包括日期)规章(如信托协议、组织大纲和章程)的性质和慈善组织(或受托人)的组成方式(例如有限公司、非法人组织等);
- 招募和任命新受托人采用的方法,包括任命组织条款的详细内容,例如职位选举；如果慈善组织外部的其他人或机构有权任命受托人，应该予以解释（包括姓名和机构名称）（如果不允许披露，遵循第1条的规定）。

7.1.3 财务审查（SORP 第55条和第56条）

- 准备金方案，说明保留准备金的程度以及为什么保留；如果指定的具体资金，准备金方案说明应该定量分析指定目的，如果用于日后开支，那么，应该说明开支可能的时间规划，如果目前没有准备金方案，那么，应该进行说明；
- 如果资金出现实质性亏损，说明导致亏损的情况以及解决亏损采取的措施。

7.1.4 代表他人作为受托监管人持有资金（SORP 第59条）

如果慈善组织或其受托人是作为受托监管人，报告中应该包含下列事项：

- 他们作为受托监管人持有的资产说明；
- 代表他人持有资产慈善组织的名称和目的以及该活动如何成为其目的范围；
- 安全保管协议和将该资产与慈善组织自己资产相区分的详细信息。

7.1.5 公共利益说明

说明慈善组织受托人是否遵循了其义务，在行使其权利或义务时充分考虑委员会出版的公共利益指引。

7.2 小型慈善组织（不需要法定审计）必须报告的事项

7.2.1 目的和活动（SORP 第47条和第52条）

不需要法定审计的慈善组织的报告会说明慈善组织的目的以及慈善组织为了公共利益深化慈善目的而进行的主要活动。

7.2.2 成果和业绩（SORP 第53条和第54条）

不需要法定审计的慈善组织的报告简单总结该财政年慈善组织目的和成果。

7.3 需要法定审计的慈善组织必须报告的事项

7.3.1 慈善组织及其受托人和顾问的附加介绍与行政信息（SORP 第41条）

- 受托人授权负责慈善组织日常管理的首席执行官或其他高级职员的姓名；

• 其他相关组织或人员的名称和地址，包括银行职员、律师、审计员（或独立审查员）和投资或其他主要顾问的姓名和地址。

7.3.2 慈善组织结构与管理的附加信息（SORP 第 44 条）

• 任命和培训受托人采用的方案和程序，如果没有方案，应该予以说明；

• 慈善组织的组织结构和决策制定程序，例如，受托人采取决策的类型和授权职员的决策类型；

• 如果慈善组织是集团的一部分（例如附属于保护集团的慈善组织），那么，应该解释这对慈善组织运营方案产生的影响；

• 慈善组织与相关团体的关系，包括其附属公司，以及为实现慈善目的而合作的其他慈善组织和机构；

• 说明慈善组织会面临的重大风险以及管理风险的体系或程序。

7.3.3 目的和活动（SORP 第 47 条）

年度报告应该帮助读者理解慈善组织的目的以及为实现目的而采取的策略和活动，可以解释慈善组织在该财政年设定的目标与慈善组织设定的长期战略和目标的关系，如果通过附属交易公司进行重大活动，这些应该在报告中解释。

报告中应该特别包括：

• 总结规章中列出的慈善组织目标；

• 解释慈善组织的目的，包括慈善组织通过活动做出的变更；

• 解释慈善组织在该财政年内的主要目的；

• 解释慈善组织为实现上述目的而采取的策略；

• 回顾慈善组织为了公共利益深化慈善目的而进行的重大活动，提供的信息应该关注受托人认为重大的活动，年度报告应该至少解释财务活动说明（SoFA），分析注释中的目的、活动、项目或服务。

如果慈善组织通过资助进行重大活动，应该说明资助的方案（SORP 第 49 条）。

如果有重要的社会投资或项目投资活动，应该解释其投资方案（SORP 第 50 条）。

如果慈善组织在其慈善或制造收益的活动中大量使用志愿者，应该在报告中指出。财务活动说明（SoFA）不包括无偿的志愿工作，因为很难赋予它们货币价值，但应该让报告读者理解志愿者的作用和贡献。因此，报告可以解释有志愿者帮助的活动,根据时间或同等员工报酬将志愿者的贡献量化,表明其贡献的价值(SORP 第 51 条)。

7.3.4 成果和业绩(SORP 第 53 条)

报告包含的信息可让读者理解和评估该财政年内慈善组织及其附属公司的活动成果,应该将慈善组织的表现与目的对比,定性与定量分析慈善组织的成果与业绩,有助于发现任何与慈善组织评估其目的成就相悖的指示和基准。报告中应该特别包括:

- 回顾慈善活动,对比慈善组织设定的目标,解释活动的业绩;如果使用定性或定量的信息评估活动的结果,应该总结用于评估成果的措施或指示;
- 如果进行了重大筹款活动,对比慈善组织设定的筹款目标,解释筹款活动的表现,评价可能增加日后收益的具体开支,并解释当前时期收款收益的效果;
- 如果有重大投资,对比设定的投资目标,解释投资活动的表现;
- 评价与目标成就相关的因素,可能包括与员工、用户、受益人、资助者的关系和慈善组织的地位。

7.3.5 财务审查(SORP 第 55 条)

年度报告应该提供下列附加财务审查信息,包括审查慈善组织及其附属公司的财务状况,说明该财政年内实施的主要财务管理方案:

- 主要资金来源以及本年度开支是如何支持慈善组织主要目标的;
- 如果有重大投资,应该包含投资方案和目标,包括社会、道德或环境考虑。

7.3.6 未来计划(SORP 第 57 条)

报告应该解释慈善组织未来的计划,包括设定的未来目的和主要目标以及为实现这些目的和目标计划的活动。

7.4 准备集团账目的附加报告要求

7.4.1 如果自愿准备集团账目,那么,《管理条例》没有要求附加的信息,但 SORP(2005)规定如果准备集团账目,年度报告应该包括下列信息:

- 慈善组织与相关团体(包括其附属公司)的关系(SORP 第 44 条);

- 考虑目的和活动,以及为实现目的而采取的策略和活动时,应该解释通过附属公司进行的重大活动(SORP 第 47 条);
- 陈述慈善组织和集团的成果和表现时,所提供的信息应能使读者理解和评估慈善组织及其附属公司在本年度内的成果(SORP 第 53 条);
- 陈述财务审查时,审视慈善组织及其附属公司的财务状况(SORP 第 55 条)。

7.4.2 如果由于集团收益超过标准而必须准备集团账目,应该包括 7.4.1 所列出的所有事项,并且,《管理条例》规定年度报告应该综合考虑母慈善组织及其附属公司的活动。应用 SORP 建议时(SORP 第 44 条、第 47 条、第 53 条和第 55 条),应该特别注意以下几点:

- 目的和目标;
- 策略和成就;
- 主要收益来源;
- 考虑重大风险;
- 组织结构;
- 投资方案和表现;
- 准备金。

8. 慈善组织按照权责发生制准备账目的更多指引

8.1 2015 年 1 月 1 日之后开始的财政年(报告期间)应该使用新的 SORP FRS 102 和 SORP FRSSE,但《慈善组织(账目和报告)管理条例》(2008 年)未更新

8.1.1 序言

本指引介绍了受托人年度报告和账目的准备者在新管理条例出台时需要做的事情,并且,委员会对这些情况下的账目提交提供了方案,以及就如何修改独立审查报告给予了独立审查员建议。

8.1.2 受托人年度报告的法定要求

《慈善法》(2011 年)第 162 条中规定了受托人年度报告的法定要求,该法规定,将制定管理条例解释规定的内容,现行的《管理条例》(2008 年)直到其被修订、替换或撤销时才会失效。

受托人年度报告的准备者必须遵守《管理条例》(2008 年)中适用于其慈善组织规模的法定要求,管理条例不会阻止受托人提供附加信息。2014 年 7 月 16 日出版的新 SORP 巩固了现行的报告框架,但并未废除任何现行的法律框架,更多关于新 SORP 的信息,详见 SORP 网址:www. charitysorp. org。

因此,可以同时遵守《管理条例》(2008 年)和任一新的 SORP,但要在受托人年度报告中提供可适用 SORP 要求的附加信息。

如果到了制定新管理条例的时候,本指引第 7 部分陈述了受托人年度报告规定的信息,反映了现行管理条例的要求,但并未包含新 SORP 的附加要求,制定新管理条例时,本指引会及时更新,以反映新管理条例和新 SORP 的要求。

8.1.3 慈善组织账目的准备要求

《慈善法》(2011 年)第 132 条中规定了账目准备的法定要求,该法规定,将制定管理条例解释规定的内容以及按照权责发生制准备账目的内容,现行的《管理条例》(2008 年)直到其被修订、替换或撤销时才会失效。《慈善法》(2015 年)第 135 条规定该法中有关账目准备的规定不适用于慈善公司。因此,《管理条例》(2008 年)不适用于慈善公司准备账目的形式和内容,慈善公司应该按照《公司法》(2006 年)和可适用的管理条例准备账目。

因此,《管理条例》(2008 年)的有效与否对慈善公司的账目准备不会有影响,慈善公司可以在 2015 年 1 月 1 日开始的财政年适用任一新的 SORP,不用在其账目注释中附加说明参考了《管理条例》(2008 年)。

但对于非慈善公司的账目,《管理条例》(2008 年)仍然有效,且 2015 年 1 月 1 日开始的财政年,《管理条例》(2008 年)和《英国公认会计实务》之间存在矛盾,就如何有效处理该种情况,非公司慈善组织希望寻求独立审查者、审计员、会计顾问或保护机构的建议,委员会认为,应该优先适用真实公正地准备账目的要求。因此,任一新的 SORP 可优先应用于《管理条例》(2008 年)中的 SORP,只要在账目注释中说明清楚即可。

8.1.4 "真实公正"和 SORP 的应用

《管理条例》(2008 年)第 8 条第 4 款规定,必须真实公正地准备财务活动和资产负债说明。

《英国公认会计实务》(Generally Accepted Accounting Practice, GAAP)提供了按照权责发生制真实公正地准备账目的方法,如果准备者决定采用其他方法,则应该说明为什么遵循GAAP会导致账目的准备不是真实公正的,以及说明采用的其他方法是如何满足真实公正的要求的。GAAP也规定了不适用GAAP而必须采用其他方法的特殊情形,但也要求准备者解释其选择的方法并在账目注释中予以公开。

SORP的作用是为根据GAAP按照权责发生制准备账目的慈善组织提供应用指引,SORP本身并不是一种会计标准,当GAAP变更,颁布新的SORP时,根据新的GAAP规定,在报告期间,以前的SORP便不可适用。

《管理条例》(2008年)是根据GAAP旧版本制定的,适用于2008年4月1日及之后开始的会计期间,那么,新的GAAP适用于2015年1月1日及之后开始的会计期间,则适用新的SORP(SORP FRS 102和SORP FRSSE),SORP(2005)未提供应用新GAAP的指引,因此,也不再使用。

《管理条例》(2008年)第8条第5款提及了根据SORP的方法和原则准备权责发生制账目,虽然第2条将SORP定义为SORP(2005),但核心要求是真实公正地准备账目。因此,准备者可以合理得出这一结论:如果可适用的GAAP的法定要求之间具有明显的冲突,那么,真实公正地准备账目的要求也必然要求遵循可适用的GAAP,更新的管理条例正确解释了将遵循的SORP。

8.1.5 关于遵循现行法律和管理条例准备受托人年度报告的建议说明

建议受托人年度报告中包含下列信息:

根据账目注释中的会计政策准备财务报表,并遵守慈善组织规章、《慈善法》(2011年)和慈善组织的会计与报告:实务建议书(适用于根据2014年7月16日出版的小型实体财务报告标准准备账目的慈善组织)。

或者如果适用:

根据账目注释中的会计政策准备财务报表,并遵守慈善组织规章、《慈善法》(2011年)和慈善组织的会计与报告:实务建议书(适用于根据2014年7月16日出版的适用于英国和北爱尔兰共和国的财务报告标准准备账目的慈善组织)。

建议非公司慈善组织(不属于慈善公司的慈善组织)在账目中作如下说明:

根据账目注释中的会计政策准备账目(财务报表),并遵守小型实体财务报告标准(FRSSE)、《慈善法》(2011年)、《英国公认会计实务》(2015年1月1日起适用)和慈善组织的会计与报告:实务建议书(适用于根据2014年7月16日出版的小型实体财务报告标准准备账目的慈善组织)。

账目(财务报表)是真实公正准备的,未遵循《管理条例》(2008 年),遵循了慈善组织的会计和报告:实务建议书(适用于根据 2014 年 7 月 16 日出版的小型实体财务报告标准准备账目的慈善组织)而非已失效的 SORP(2005)。

或者:

根据以下文件准备账目(财务报表):《慈善法》(2011 年)、《英国公认会计实务》(2015 年 1 月 1 日起适用)和慈善组织的会计与报告:实务建议书(根据 2014 年 7 月 16 日出版的适用于英国和北爱尔兰共和国的财务报告标准(FRS102)准备账目的慈善组织)。

账目(财务报表)是真实公正地准备的,未遵循《管理条例》(2008 年),遵循了慈善组织的会计和报告:实务建议书(根据 2014 年 7 月 16 日出版的适用于英国和北爱尔兰的小型实体财务报告标准(FRS102)准备账目的慈善组织)而非已失效的 SORP(2005 年)。

8.1.6 受托人年度报告和账目的提交

委员会在 2015 年 1 月 1 日及之后开始的报告期间(财政年)将接受使用新 SORP 准备的受托人年度报告和账目。

8.2 可以提前采用新的 SORP 吗?

8.2.1 序言

提前采用 SORP FRS 102 或 SORP FRSSE 对于非公司慈善组织来说是不合法的,因为《管理条例》(2008 年)仍然有效,规定按照 SORP(2005 年)的方法和原则准备账目,但在公司注册署注册并有公司注册号的慈善公司可以提前采用 SORP FRS 102 或 SORP FRSSE 准备账目,但所有慈善组织必须确保其年度报告的内容符合《管理条例》(2008 年)的最低要求。

8.2.2 账目准备和慈善法

《慈善法》(2011 年)的第 8 部分规定了慈善组织账目、报告和申报表的规定格式和内容,《慈善法》(2011 年)第 132 条规定受托人应该准备"账目遵循了要求的格式和内容的说明"。非公司慈善组织不用提前采用 SORP FRS 102 或 SORP FRSSE,因为 SORP(2005)在 2015 年 1 月 1 日之前的会计年仍然有效,并且仍可应用《管理条例》(2008 年),根据《英国公认会计实务》的规定,SORP(2005)在 2015 年 1 月 1 日及之后开始的财政年停止适用。对于 2015 年 1 月 1

日及之后开始的财政年根据《英国公认会计实务》的规定真实公正地准备账目，有必要遵循任一新的 SORP(SORP FRS 102 或 SORP FRSSE)。

但《慈善法》(2011 年)第 135 条规定，第 130 ~ 134 条不适用于慈善公司，慈善公司根据公司法和可适用的管理条例准备账目，即如果公司法和 GAAP 允许，慈善公司可以提前采用新的 SORP(SORP FRS 102 或 SORP FRSSE)。

8.2.3 年度报告的准备和慈善法

《慈善法》(2011 年)第 8 部分规定了慈善组织账目、报告和申报表的规定格式和内容，《慈善法》(2011 年)第 162 条规定受托人应该根据部长制定的管理条例准备年度报告，本部分同时适用非公司慈善组织和慈善公司。

非公司慈善组织和慈善公司都必须确保满足《管理条例》(2008 年)，适合其慈善组织规模的最低要求，需要审计的慈善组织要求提供的信息更多。另外，慈善公司必须满足管理条例中关于管理人员报告的要求。

8.2.4 受托人年度报告的法定要求

《慈善法》(2011 年)第 162 条规定了受托人年度报告的法定要求，慈善组织受托人在每一财政年准备的年度报告必须包含以下内容：

(a)慈善组织在该年度的活动；

(b)与慈善组织及其受托人或管理人员相关的其他信息。

部长制定的管理条例中的规定

因此，《管理条例》(2008 年)适用于所有准备受托人报告的已登记和免登记慈善组织。

8.3 慈善组织报告中“大型”慈善组织的定义

8.3.1 介绍

《管理条例》(2008 年)第 5 部分陈述了年度报告格式和内容的要求，并对需要审计的慈善组织有附加的要求，这些附加要求呼应了 SORP(2005)和新的 SORP(SORP FRS 和 102 SORP FRSSE)中关于“大型慈善组织”的解释。

8.3.2 “大型”解释的变化

审计收益标准从总收益为 50 万英镑增加至 100 万英镑，即表明了《管理条例》(2008 年)的附加报告要求，可适用的 SORP 现只适用于 2015 年 3 月 31 日及之后结束的财政年(会计期间)总收益超过 100 万英镑的慈善组织。

8.3.3 可能影响慈善组织年度报告内容的其他因素

虽然"大型"慈善组织的法律解释将增加,但由于下列可能影响报告的其他因素,受托人希望在其年度报告中提供附加信息:

- 预计慈善组织 SORP 制定机构在 2015 年将基于 50 万英镑的总收益或对于不属于英国管辖的慈善组织为 50 万欧元的总收益,咨询介绍大型慈善组织的解释;
- 委员会进行的研究一致表明最能获得公众信任的方式是让公众知晓捐款的用途,年度报告是受托人获取公众信任的主要公共文件。

对于非"大型"慈善组织,是否选择提供需要的附加信息是受托人的问题。

8.4 《管理条例》(2008 年)更新时,独立审查员和审计员应用新 SORP (SORP FRS 102 和 SORP FRSSE)的建议

8.4.1 对独立审查员的建议

审查员必须根据指引**《慈善组织账目的独立审查:对独立审核员的指引》**(CC32)准备其报告,如果《管理条例》(2008 年)更新,建议在审查员报告的第一部分提及下列信息,作为对其他事项的评论:

受托人需要注意这一事实,即慈善组织已经根据 2014 年出版的 SORP (FESSE)准备了账目(财务报表),FRSSE 优先适用于 SORP(2005)[仍在现有管理条例中,但自《管理条例》(2008 年)更新后失效]。

我们这样做是为了在 2015 年 1 月 1 日及之后开始的会计期间根据《公认会计实务》提供真实公正的账目。

或者:

受托人需要注意这一事实,即慈善组织已经根据 SORP(FRS102)准备了账目(财务报表),FRS102 优先适用于 SORP(2005)[仍在现有管理条例中,但自《管理条例》(2008 年)更新后失效]。

我们这样做是为了在 2015 年 1 月 1 日及之后开始的会计期间根据《公认会计实务》提供真实公正的账目。

8.4.2 对审计员的建议

审计员应该联系专业机构,就《管理条例》(2008 年)更新后如何修正其审计报告咨询意见。

将教堂建筑用作村政大厅以及其他慈善目的
（CC18）

2001 年 7 月

目　录

1. 本指引的内容

据本指引阐述,若教堂建筑不再专用于教会目的,则可以用于其他的慈善目的,且若该建筑不再用于其最初用途,则受托人有其他选择。

本指引主要涉及"自由保有"的教堂建筑。若教堂建筑的受托人依据租赁合同占有该建筑,且该教堂建筑不再用于教会目的,则受托人需要考虑租赁期限。若要改变建筑用途,他们可能还需要询问自由保有权所有人的意见。但在这些情形下仍可适用本指引。

本指引并不涉及教堂建筑的其他临时用途,而是关注教堂建筑长期的使用变更。

2. 术语解释

慈善法,是指**《慈善法》**(2011 年)。

教堂建筑,是指任何根据信托用于教会目的的建筑。

用于教会目的,是指用于宗教发展的任何目的,包括用于与教会有关的组织。如将建筑用于以下事项:

- 宗教礼拜;传道活动;
- 坚信礼课堂(confirmation classes);
- 宗教节日;
- 主日学校;
- 神职人员聚会;
- 与宗教服务相关的活动(如婚礼)。

还包括以下集会:

- 女童子军、幼童军和童子军的集会;
- 教会俱乐部和教会组织(如母亲联合会)。

规章,是指列明慈善组织宗旨及管理方式的法律文件,可以是信托协议、组织制度、组织备忘录和章程、财产转让证书(conveyance)、意愿书或委员会方案。

受托人,是指慈善受托人。慈善受托人指依据慈善组织规章,负责控制和管理慈善组织的人。一些慈善组织还有监管受托人[英国国教中称为主教区机构

(diocesan authority)],其职责仅限于按照管理文件持有该建筑。监管受托人无权做出管理决定,其必须按照监管受托人的法定要求行事。在英国国教,教区理事会(the Parochial Church Council)通常是教堂建筑的慈善受托人,主教区财政委员会(the Diocesan Board of Finance)就是主教区机构。

慈善信托,是指规章中的条款。若涉及土地,且没有正式规章,则可依据使用方式做出信托推断。

3. 第一部分:教会和其他慈善事业目的两用的教堂建筑

3.1 教堂建筑何时用于其他慈善目的?

有时,教堂建筑受托人会发现以下情况:

- 虽然教堂建筑通常用于教会目的,但并非一直用于教会目的;
- 现有资金不足以对教堂建筑进行维护或修缮;
- 社区需要将教堂建筑用于其他“慈善”目的,且该目的不属于教会目的,例如,用于村公所或青年中心。

若出现上述情形,除慈善组织规章允许将建筑用于非教会目的外,受托人不得直接同意将教堂建筑用于任何其他慈善目的。因为他们依据信托持有教堂建筑,且受信托约束,也就是说,只能将建筑用于教会目的。

但是,若受托人发现该建筑已无任何教会用途,则必须考虑在公开市场上出售或出租该建筑。

3.2 如何改变用途?

若租赁合同中只允许将建筑作为教堂建筑使用,且该信托由教堂建筑受托人持有,该受托人将需要考虑以下事项:

- 与房东在租赁合同中约定允许改变用途;
- 放弃现有租赁合同,协商签订新的租赁合同。

若受托人持有对该建筑的自由保有权,则受托人需考虑是否存在任何限制其用途的契约;若有,受托人可能需要变更该契约。

在以上两种情形下,受托人均需就其所有权证书的变更进行法律咨询。

除所有权问题之外,受托人还必须考虑改变用途是否需要委员会同意。除慈善信托授予受托人变更权外,任何对慈善信托的变更均需委员会正式批准。

若受托人有变更权,则对教堂建筑用途的变更须严格符合该权力范围。

若受托人依据租赁合同占有教堂建筑,根据合同条款进行的变更会受到其他替代方式的影响。但该变更可能需要委员会以指令或方案的方式批准,且在进行不可撤销的法律程序前,需要咨询委员会的意见。

若教堂建筑的自由保有权由受托人持有,对规定该建筑用途的信托所做的任何变更均须按照方案执行。方案可授权教堂建筑受托人,允许其将教堂建筑另作他用或租赁给其他合适的慈善组织。若有租赁合同,还需考虑该交易是否适用《慈善法》中对土地处分的限制规定。委员会指引**《出售、出租、转让或抵押:受托人关于处分慈善土地的须知事项》(CC28)**详细介绍了这些要求。任何租赁均须符合本指引后续说明的条款。

需要注意的是,委员会制订方案前,不得进行租赁。

例如,若教区理事会根据《教区理事会(权力)实施办法》(1956 年)[Parochial Church Council(Powers)Measure 1956]第 6 条第 3 款或《神职人员和教区委员(信托)实施办法》(1964 年)[Incumbents and Churchwardens(Trusts)Measure Act 1964](此类情况极少)持有建筑,教堂建筑受托人租赁或出售该建筑时,除需获得委员会同意外,还需获得主教区机构的正式同意。

3.3 方案有何用处?

方案可授权受托人,允许其将教堂建筑另作他用,或出租该建筑,但承租人只能将该建筑用于指定的慈善目的(例如用作村公所)。通常方案还会适当规定以下事项:

- 额外用途;
- 租赁期限;
- 租金;
- 教堂建筑由受托人无偿保留的时间和(或)场合;
- 教堂建筑受托人收取的租金或其他价款将如何用于其他慈善目的。

方案将作为教堂建筑慈善组织规章的一部分,但承租的慈善组织之信托应在单独文件中列明(可能为租赁合同附件)。

3.4 将教堂建筑租赁给非教堂慈善组织有何益处?

以这种方式租赁(出售建筑或以投资方式租赁建筑除外)的唯一目的是在一

定时间能将该建筑用于教会目的。这类租赁还为后代维护了建筑(无论是采取维护契约还是收取适当租金的方式),使其能再次用于教会目的。同时,这类租赁还能将未被充分利用的建筑物尽其所用,因为教堂建筑受托人可能不能很好地维护或修缮建筑,使其达到现代标准。

若教堂建筑受托人不想负责维护建筑或不想再继续使用该建筑,受托人可租赁该建筑。在其他情形下,可以适当延伸其用途。

3.5 租赁合同中应包含哪些条款?

租赁合同一般应包括以下内容:

- 与建筑维修和维护以及承租人支付租金相关的条款;
- 允许教堂建筑受托人在保证建筑用于慈善目的前提下进行出租,且收取合理租金,以及承租人在租赁合同下的义务;
- 在特定日期和(或)特定场合,教堂建筑受托人有权免费使用建筑;
- 约定承租人不得转让租赁合同或转租建筑;
- 约定由承租人负责支付修复和维护建筑的费用。

教堂建筑受托人应明确说明并保证,在考虑租赁合同各项条款时,听取律师或调查员等人的专业意见。

3.6 租赁合同的期限应为多久?

一般而言,租赁合同的期限不得超过 35 年,且不得续签。因此,必要时承租人可以向当地政府申请修缮或修复建筑的帮助。

委员会认为,若承租人计划就建筑签订长期租赁合同(超过 35 年),则应享有长期使用期保障。在这种情形下,教堂建筑受托人应:

- 就任何特殊情况下的租赁期限,听取专业人士的意见;
- 考虑随时审查合同的需要;
- 通知委员会。

3.7 承租人是否需要在特定条件下负责建筑施工?

若承租人进行建筑施工,例如,对其进行拆毁重建、翻新或修缮,则可以阻止教堂建筑受托人使用建筑。另外,即将施工的部分建筑租金可以下调。出现上述情形的,应确保按时完工(尤其是提出施工一方为承租人时)。若提前知晓建筑即将施工,授权租赁方案中应要求3年内完工。

如果承租人要拆毁建筑并重建,租赁合同中应包含有关新建筑的特殊条款。为保证己方利益,教堂建筑受托人应在签订此类租赁合之前进行法律咨询,且必须确信承租人有经济能力完成施工。

有些情况下,承租人签订租赁合同后才提出重大建筑施工。若教堂建筑受托人不反对,委员会将在方案中包含相关条款,允许租赁合同签订后,承租人因建筑的重建、修复或现代化改造而支出巨大费用时变更租赁条款。

3.8 租赁到期后会怎样?

租赁即将到期时,教堂建筑受托人应考虑该建筑的后续使用,通常有三种选择:

- 若该建筑仍需单独用于教会目的,不得再次租赁,且受托人应管控该建筑;
- 若该建筑仍需定期用于教会目的,只要委员会再次以方案的方式授权,通常可以继续租赁;
- 若该建筑不再需要用于教会目的,应当出售(或以市场价租赁),因为教会信托已不存在。

3.9 教堂建筑的受托人和承租人之间有何关系?

从法律上来说,教堂建筑的受托人和承租人之间相当于房东和租客的关系,且该关系以商业为基础。

若承租人为慈善组织,应当建立受托机构,按照上文所述条款进行租赁。若他们之前未按此行事,则需要到委员会将其组织注册为独立慈善组织,完全独立于教会建筑慈善机构之外。在很多情况下,若承租人为村公所或青年中心,则管理委员会早已存在,且使用过其他建筑。教堂建筑受托人有权成为该委员会的代表。

4. 第二部分:教堂建筑不再需要用于教会目的

4.1 受托人应该出售或出租建筑吗?

应该。若教堂建筑不再需要用于教会目的,慈善信托就不复存在。受托人应听取专业人士的意见,(以合理价格)出售建筑或(以市场价格)出租建筑。教堂建筑受托人还需考虑出售或出租建筑是否存在法定限制[例如依据《教区理事会(权力)实施办法》(1956年)第6条享有的建筑]。

4.2 是否有特殊要求?

是。受托人出售或出租建筑的前提是其有权这样做。慈善组织规章可以默示或明示规定出售或租赁的权力,还可规定以后使用出售的收入或租赁建筑租金所得的方式。若规章未规定此项权力,委员会就必须通过方案来规定以下事项:

- 规定受托人有权出售或租赁该建筑;
- 规定应当如何使用慈善组织所得。

方案一经作出,受托人即可进行交易,但必须遵守《慈善法》的规定。

更多信息,请查阅委员会指引**《出售、出租、转让或抵押:受托人关于处分慈善土地的须知事项》**(CC28)和**《慈善组织规章的修订》**(CC36)。

4.3 受托人可以低价向另一慈善组织出售或出租建筑吗?

有些情况下可以。若教堂建筑慈善组织的规章中明确授权受托人有权以这种方式出售或出租建筑,受托人可以不遵守慈善法的要求,直接进行交易,该交易也无须委员会同意。

若受托人不确定信托中是否授权进行交易,其应在进行交易之前进行法律咨询。

慈善储备金:塑造复原力

(CC19)

2016 年 1 月

目　　录

1. 引言

1.1 指引的内容

本指引适用于各种规模和类型的慈善组织受托人,不论是公司、信托机构,还是协会。本指引说明了以下内容:

- 受托人应对慈善组织负何种义务;
- “储备金”一词的含义;
- 储备金政策的重要性;
- 小型慈善组织和大型慈善组织如何制定储备金政策;
- 受托人如何在其年报中汇报储备金政策符合**《会计实务建议准则》**(SORP)和**《管理条例》**的规定。

本指引中的术语定义,详见第6部分。

1.2 “必须”和“应该”:含义

在本指引中:

- “必须”,是指受托人必须遵守的法定或法规性要求或义务;
- “应该”,是指委员会期望受托人遵守并适用于慈善组织的基本规范。

遵循本指引中的基本规范能帮助受托人有效管理慈善组织,避免困难,遵守法定义务。慈善组织之间的区别在于规模和活动,受托人应该在思考后决定如何将基本规范运用到慈善组织中去。若受托人决定不遵守本指引中基本规范,委员会希望其能对此加以说明和佐证。

有时,受托人不遵守基本规范就不能履行法定义务。例如:

法定义务	基本规范
以慈善组织最大利益为目标	处理利益冲突
负责管理慈善组织资源	实施合理财政控制风险管理
以应有的谨慎和能力采取行动	需要时听取合理建议,例如买卖土地或投资(某些情况下这可能成为法律要件)

若受托人行为违反其法定义务,则需承担此行为造成的后果以及慈善组织

因此遭受的损失。委员会调查涉嫌违反信托或义务,或其他不当行为,或管理不当案件时,可能会将受托人因未遵守基本规范而将慈善组织及其资产或受益人置于危险或不当风险中的事实作为证据来考量。

2. 受托人需要的关键信息

作为英格兰和威尔士慈善组织的监管者,委员会希望受托人能决定、公开、实施并监管其慈善组织的储备金政策,以履行其下列法定义务:

- 以慈善组织及其受益人的利益为目标;
- 保护慈善组织资产;
- 以应有的谨慎和能力采取行动;
- 确保慈善组织可以承担责任。

实际上,这意味着受托人应当做出以下行为:

- 建立储备金政策,但须满足以下要求:
  - 能充分证明并清楚解释是否设立储备金;
  - 能确定并计划维持为受益人提供的基本服务;
  - 能反映计划外的与慈善组织业务模式、支出承诺、潜在负债和财务预算相关终止(closure)的风险;
  - 能确定计划外的终止给受益人(尤其是易受影响的受益人)、职员和志愿者带来的风险;
- 公开储备金政策(即使法律没有要求),确保该政策符合慈善组织的情况,而不是一纸空话。储备金政策应当能向资助者、受益人、公众以及委员会明确说明储备金为何而设,以及将于何时使用;
- 大型慈善组织需要在年报中公开其对可能面临风险的评估以及如何进行风险管理;
- 确保储备金政策到位且正常运作;
- 根据资金变动、金融环境和其他风险,定期监管和审查储备金政策的有效性。

3. 了解储备金和储备金政策的需要

3.1 什么是储备金?

储备金是慈善组织非限定资金的一部分,可自由用于慈善组织的任何目的。尽管拥有这些资金可能会影响慈善组织的储备金政策,但这一定义排除了限定收益资金和捐赠资金。储备金还不包括有形固定资产,例如土地、建筑和其他慈善组织拥有并使用的资产。另外,指定用于慈善组织未来支出的资金也不属于储备金。

限定了使用方式的资金也不属于储备金。受托人应当了解限定资金为何种目的而设定,以及如何用这些限定资金确定可自由使用的收益来源。

非限定资金

计算持有的储备金总是先计算慈善组织持有的非限定资金。但慈善组织的一部分非限定资金并不总是能随时使用,例如:

- 有形的固定资产;

  慈善组织 SORP 明确允许慈善组织将作为有形的固定资产拥有的资金排除在储备金之外——这意味着一些资产将用于日常运作,且对这些资产的处分可能会对慈善组织实现目标的能力产生负面影响。

- 专项投资;

  若受托人为深化慈善目的而独立开展专项投资,此类投资不属于储备金。

- 指定资金。

  若非限定资金被指定用于未来的基本支出,例如,资助未来收益不能独立资助的项目,这部分资金可排除在储备金之外——在这种情形下,储备金政策应当说明指定资金的性质和金额,且说明这部分资金将于何时使用,不可以仅为降低规定的储备金水平而设立指定资金。

限定资金

限定资金不属于储备金,但其性质和数额会影响慈善组织的储备金政策。若限定资金数额巨大,制定储备金政策时应当考虑其性质,因为这类资金可能会在慈善组织特定领域工作中降低储备金的必要性。本指引附件 2 中说明了这些因素及其对储备政策的影响。

附属机构持有的储备金

慈善组织可通过一个或多个附属交易公司开展活动,在这种情形下,可能会需要集团账目或合并账目。集团账目说明了慈善资助及其附属机构的活动和资源。若有集团账目,则需要在年报中说明集团的活动,尤其是在说明储备金数额时需要考虑附属机构净资产。

3.2 储备金政策为何重要?

储备金政策向现有和潜在的资助者、捐赠人、受益人和其他利益相关人解释了慈善组织为何需要持有一定数额的储备金。好的储备金政策能让利益相关人相信慈善组织的财务得到良好管理,也能成为未来资金需要和整体复原力的风向标。

慈善组织 SOPR 规定,慈善组织在年报中说明其储备金政策。此外,慈善组织没有储备金政策的,规定也要求其在年报中说明这一事实。

详答

决定慈善资助需要的储备金水平是**财务管理和未来财务计划**的重要环节。未能较好完成这一环节将可能直接造成以下结果:

- 储备金水平高于所需水平,从而占用不必要的资金。持有过多储备金,则不必要限制用于慈善活动的资金以及慈善组织可提供的潜在利益;
- 储备金水平过低,从而加大慈善组织未来出现财务困难时开展活动的风险,也加大未计划或未管理的终止和破产的风险。

所有慈善组织都需制定储备金政策,确定适应其自身需要的储备金水平,并明确向其利益相关人说明持有储备金的必要性。

储备金政策制定是对资助者、捐赠人和其他利益相关人负责。良好的储备金政策可以说明储备金将如何用于管理不稳定因素。若为资助未来的购买或活动而设立储备金,则储备金政策可以说明如何使用储备金。储备金政策确保了慈善组织的财务得以有效管理,且其活动均可持续。尤其是储备金政策有以下作用:

- 通过展现良好的管理和积极的财务管理,增加资助者信心;
- 向受益人、资助者和公众证明慈善组织的复原力和管控难以预见财

务困难的能力;

- 让自愿资助者(例如捐赠人)了解为何承办项目或活动需要经费;
- 向借款人和债权人保证慈善组织可以实现财务承诺;
- 管理慈善组织因年终持有大量未使用资金而带来的信誉风险。

制定储备金政策也是慈善组织内部财务管理的重要部分,其可以有以下作用:

- 帮助开展战略计划,例如考虑如何资助新项目或新活动;
- 推进预算程序,例如预算是否平衡,或储备金数额是否需要减少或增加;
- 通过明确未来收益流的不确定性推进预算和风险管理程序。

委员会建议慈善组织制定储备金政策和计划,了解战略和财务计划对制定储备金政策的推进作用,反之亦然。例如,预算可以确定现金流峰值或谷值,而储备金政策则需要保证储备金可以应对资金谷值。

3.3 如何制定储备金政策?

制定储备金政策没有任何捷径。具体方法因慈善组织规模、活动复杂程度、法律结构和接受或持有的资金性质上差异而有所不同。但所有的慈善组织在制定储备金政策时均要考虑以下因素:

- 考虑慈善组织接受和持有资金的性质——这些资金是非限定收益还是限定收益?捐赠是消费捐赠还是固定捐赠?了解资金性质能让受托人确定可以用于慈善组织任何目的的非限定资金;
- 大型慈善组织可能有**风险管理**程序,但所有慈善组织都需要考虑未来可能面临的不确定性。因此,他们需要考虑持有储备金以应对难以预见的资金需要或可能出现的机遇;
- 大型慈善组织可能有战略计划和运营计划——但所有慈善组织都需要考虑未来的预算和未来的项目,或单个年份的收益难以满足的支出计划;
- 受托人选择采用"零水平"储备金政策的,必须在年报中说明其采用了这一政策,并说明理由。这种政策会加大因可能出现难以预见的支出、突然终止、受托人责任、收益减少或无法控制成本而导致的财务风险,但受托人备有可行的替代措施应对这些风险的除外。

通过以上这些步骤,受托人可以较好地确定设立储备金的原因以及决定需要的储备金数额。

储备金政策一旦制定,应视为一项静态政策。慈善组织情况或储备金政策适用的环境不时会有变化,受托人应当至少每年审查其政策,并将之作为慈善组织计划程序的一部分,也应每年监测持有的储备金数额,将之作为慈善组织预算程序的一部分。

本指引附件1中提出了一种制定储备金政策的方法,适用于小型慈善组织,因为小型慈善组织没有过多的捐赠资金或财产,没有固定收益养老金计划,也没有通过附属交易公司开展活动。

本指引附件2中提出了一种"综合法",适用于活动和结构较为复杂的大型慈善组织。这种制定储备金政策的综合法就是在制定储备金政策的同时,兼顾战略计划、运营计划和预算计划。

3.4 需要什么水平或范围的储备金?

简答

没有哪个储备金水平或范围可以适用于所有慈善组织。受托人确定的任何储备金水平目标均应反映各自慈善组织的具体实际。因此,受托人需要知晓慈善组织为何设立储备金。了解需求后,受托人应考虑需要多少储备金来满足这些需求。

详答

慈善组织储备金的目标水平可以体现为目标数额或目标范围,并应当受以下因素的影响:

- 对当年和以后收益水平的预测,考虑每一收入来源可靠性和拓展新收入来源可能性;
- 基于计划活动,对当年和以后支出的预测;
- 未来收益可能不足以支付预期支出时,对未来需求、机遇、承诺或风险的分析;
- 基于可信证据,对出现资金短缺可能性的评估,这也意味着需要储备金,以及慈善组织不能弥补资金短缺时的潜在后果;
- 储备金政策设定在零水平或低水平时,其应对因计划外停工和破产而导致有序关闭的战略,以及对受益人,尤其是易受影响的受益人的关心。

若受托人在设立(不设立)储备金时,未将其对储备金的需求同以上因素联系起来,就难以合理解释其为何要设立(或不设立)已持有数额的储备金。

3.5 受托人应当采取何种措施以维持和监管储备金政策处于目标水平?

简答

设立储备金是为了让慈善组织有效运营,受托人应当持续审查其储备金政策和储备金水平,还应当每年持续监管其储备金水平。这样,受托人能了解增加的超额储备金或储备金是否遭受或迅速减少。

详答

确定运营所需储备金水平或范围后,受托人应该监管实际持有的储备金,找到与目标储备金水平存在差异的原因。如果该年度储备金低于目标或高于目标,受托人应该思考是否由短期或长期问题所致,其可能需要采取措施补足或使用储备金。

受托人对储备金的监管不仅是一项年终程序,1 年中,储备金水平的变化能很好地说明慈善组织财务的基本健康状况,且能说明很多潜在的问题,应该将储备金水平作为日常监管和预算报告程序中的一部分进行时刻监管。

受托人尤其应该实施以下行为:

- 确定何时使用储备金,以便了解原因并考虑可能需要采取的正确行动;
- 确定何时储备金严重高于目标,以便了解原因并考虑可能需要采取的正确行动;
- 若储备金水平低于目标,考虑是否是由短期问题,或长期原因,可能需要对财务和储备金进行更广泛的审查;
- 将当前对储备金目标、储备金水平和储备金政策的审查作为慈善组织管理的一部分;
- 确保储备金政策适应慈善组织战略和活动的发展或改变。

持有较低储备金或不持有储备金的慈善组织面临财务困难时,应该阅读委员会指引**《慈善组织财务管理:规划、管理困难和破产》**(CC12)。

4. 在年报中说明储备金

4.1 在年报中说明慈善组织的储备金政策

除遵守具体 SORP 的慈善组织外，慈善组织 SORP 要求其所有慈善组织应按权责发生制准备账目，在年报中说明储备金政策。管理条例还要求，未制定储备金政策的慈善组织在年报中说明这一事实。

慈善组织 SORP 要求受托人在年报中说明以下事项：

- 储备金政策；
- 持有的储备金水平及原因；
- 指定数额较大现金（material fund）的，说明该资金数额及目的；
- 指定资金留用于未来支出的，说明该项支出的大概时间。

慈善组织 SORP 的这些要求均由管理条例赋予其法律效力，管理条例还要求未制定储备金政策的慈善组织予以说明。

4.2 慈善组织无储备金或储备金过多

不论受托人制定的政策如何，受益人、资助人和作为监管机构的委员会应该能看到这一政策的合理性。

无储备金或储备金不足

有时候，慈善组织可能会决定不设立任何储备金。一些受托人在预算中计划将当年的收益全部用于慈善组织活动，而另一些慈善组织可能会发现，一些资金来源根本不允许留出储备金。

没有储备金可能因不可预见的支出、收益减少或无法控制成本而造成财务风险。选择采取“零水平”储备金政策的受托人应该考虑这一政策固有的财政风险和其他风险，且必须在年报中说明其政策。

受托人应该基于慈善组织及其受益人可能面临的风险及如何管理风险来制定储备金政策。慈善组织的储备金政策应该能证明不设立储备金的原因或如何管理不足储备金。不论受托人制定的政策如何，受益人、资助人和作为监管机构的委员会应该能看到这一政策的合理性。

一些慈善组织能说明持有一定水平储备金的合理性，却无法设立该水平的储备金，或根本无法设立任何水平的储备金，尤其是很多近期成立的慈善组织。虽然委员会能理解一些慈善组织因资源问题无法设立储备金，但仍希望这些慈善组织能制定储备金政策。

若慈善组织没有设立其认为需要的储备金,那么,可能会遭遇更大风险。委员会希望受托人能主动审视这一问题,并制定以下事项:

- 如何实施储备金政策;
- 如何增加必要资金;
- 如何实现筹款平台多样化;
- 若慈善组织必须突然关闭,如何转移可能产生的风险。

若慈善组织的储备金过高

捐赠人、受益人或委员会可能会认为慈善组织的储备金水平或未使用资金水平过高,通常有以下两个原因:

第一,因为受托人没有充分说明持有储备金的原因。如果是这类情形,受托人应审查其储备金政策,确保能充分说明设立储备金的原因。例如,如果一个慈善组织使用储备金政策的标准格式行文,那么,其不太可能会说明慈善组织情况或解释需要持有这一水平储备金或未使用收益的原因。

第二,因为这些慈善组织没有任何资金使用困难。拥有过多储备金或未使用资金的慈善组织应考虑这些储备金或未使用资金能否被充分用于慈善目的。若慈善组织资源多于其需要用于所有目的的资金总和,那么,受托人必须考虑是否应调整慈善组织目的,以便更高效地运作该慈善组织。

5. 有关储备金的其他问题

5.1 慈善组织是否可以用储备金投资?

简答

可以,储备金可以用于**投资**。但究其本质而言,储备金更是一种短期或中期需要的资源。因此,受托人应确保以可随时套现的方式投资储备金,以便需要。

详答

若年复一年,储备金中的资源越来越多,受托人应该考虑是否将部分或全部储备金用于投资,为慈善组织获取财务收益。做出投资决定时,受托人应考虑需要使用储备金的时间(投资的流动性)和投资风险的可接受程度。

制定投资政策时,受托人应评估短时间内需要部分或全部储备金的可能性。

一些投资更适合于长期,若因紧急需要而短期内或立即需要一笔现金,则不适合该类投资,或该投资风险较大。

对于投资金额较小的慈善组织,其储备金投资政策可能非常直截了当。例如,将剩余资金存放在英国银行或建房互助协会,利息账目与慈善组织当前账目关联,支持当天转账。

若慈善组织持有储备金数额巨大,且受托人决定将全部或部分储备金以更多方式投资,而不单是储蓄,则需要详细解释,为何持有储备金以及何时需要评估储备金,这可能需要更详细地考虑可能需要储备金以及需要现金的时间等风险。以现金之外的方式投资储备金存在的风险更大,例如,投资股票和公司债券能收获高回报,但也蕴藏着高风险。

慈善组织 SORP 和管理条例要求,接受法定审计的慈善组织在年报中说明其投资政策,其中包括投资目标和投资表现,该规定同时适用于储备金投资。

了解更多投资建议,请查阅委员会指引《**慈善组织与投资事宜:对受托人的指引**》(CC14),还可通过 GOV. UK 获取更多详细指引。

5.2 持有和报告储备金的法律基础

简答(法定要求)

一些慈善组织依据其规章而有权持有储备金,其他均可依据法律规定的默示权力。受托人可通过行使这些权力来实现慈善组织的最大利益:他们的储备金政策应该反映其论证。做出这项决策时,非法人慈善组织受托人应该将其与一般信托法原则(即以收益方式获得的资金应该在收到后合理期间内使用)相权衡。

详答

根据一般法定义务,慈善组织受托人应当在收到收益后合理期间内使用该收益。受托人可将收益用于资助慈善活动,在慈善组织工作中获取资产,以满足慈善组织日常运作成本。想要储备收益而不是使用收益,受托人需要依据明示或默示持有储备金的权力,且必须为实现慈善组织最大利益而行使这一权力。

有时,慈善组织规章中可以明确赋予受托人储备收益而不立即使用收益的权利,这种权力并不普遍,但仍需核查慈善组织规章中是否有规定持有储备金的明示权力。

在更多情况下，受托人必须依据默示权力持有储备金，这种默示权力不会在规章中写明，但确实是受托人义务中默示的权力，即采取必要行动让慈善组织合理运作的义务。

受托人行使持有储备金的权力有合理依据，不论该权力是明示还是默示，但受托人只有在认为这是实现慈善组织最大利益的必要行动时才可这样做。

受托人应该合理使用持有储备金的权力，若行使不合理，储备收益行为可能会被视为违反信托。未能报告采取的储备金政策可以表明，受托人未正确行使其法律权利，对慈善组织储备金政策的良好报告可以表明，持有储备金的法定权力得以合理行使。

5.3 受托人可以积累收益资金吗？

通过在捐赠资金中增加收益的方式积累收益的权力不得与持有储备金的权力相混淆。少部分慈善组织有权依据其规章在捐赠资金中增加慈善组织收益，除受托人有明示权力可以这么做外，不得以这种方式积累收益。

若积累的资金无权转换为捐赠，则该积累资金仍是收益资金。如此积累而来的收益资金不受限定，视为储备金，且必须在年报中予以报告。

5.4 持有储备金会涉及哪些税务问题？

合理持有储备金不会有任何不利的税务影响。

慈善组织大多数收益都免征所得税和企业税，但该收益只能用于慈善目的，了解更多信息请查看 HMRC 网站。

5.5 筹款、申请资助或合同（若慈善组织有储备金）

简答

筹款时，受托人应通过资金需求的公开和透明来维持公众对慈善组织的信任，这点至关重要。若慈善组织有过多储备金，受托人应保证其不虚假陈述紧急情况或资金需求。

慈善组织申请拨款或竞标一项合同时，资助人应了解该慈善组织的储备金政策，且该政策中应说明持有储备金的合理性，这点非常重要。

详答

每个慈善组织都有义务确保在其筹款倡议(appeals)中没有虚假陈述慈善组织财务状况,是否为了自发的公众捐赠、企业捐赠、遗赠、拨款或其他形式收益而倡议,是否通过广告、邮件、会面或其他方式做出倡议。

若多数人认为某个慈善组织拥有大量储备金,那么,该慈善组织继续请求资金可能会招致大家的不满,认为该慈善组织明显在要求不必要的资金。在倡议的措辞以及对倡议的反映处理上,受托人应该注意不要造成任何人对慈善组织资金需求程度或紧急性的误解。

一些慈善组织在资助者如何看待储备金方面有困难。若储备金过高,可能会造成慈善组织不需要额外资金的想法;若储备金过低,资助者可能会拒绝继续资助,因为慈善组织财务不稳定,且可能面临财务困难或破产的风险。

受托人应从以下方面向资助者解释其储备金政策:

- 储备金的持有是基于政策和对资金用途的清晰理解;
- 慈善组织现有充足储备金,可以避免财务困难;
- 储备金是战略、运营和预算计划中的核心要素;
- 慈善组织的储备金水平公开透明。

受托人从资助者处寻求资助或合同时,应确保做到以下事项:

- 了解资助者对申请人储备金的政策;
- 找机会向资助者说明其慈善组织储备金政策以及持有该水平储备金的原因;
- 从正面以便以理解的方式展示该慈善组织储备金政策和储备金水平。

6. 术语解释

在本指引中,以下术语应按照本指引规定的特定含义解释:

年报:受托人根据慈善法准备的年报。

慈善SORP:《会计实务建议准则》——委员会公布的慈善组织会计实务,于2005年修订。该准则说明了受托人在准备年报和权责发生制账目的建议准则,但SORP不适用于按照收支准备账目的慈善组织。

指定资金:非限定资金的一部分,受托人为特定项目或用途预留的资金,该笔资金不依法限制或承诺。若受托人未来决定慈善组织不应该开展或继续开展该用途或项目,其可以撤销该指定资金。

捐赠资金:受托人依法投资或保留并用于慈善组织目的的资金。捐赠分为消费捐赠和固定捐赠。

消费捐赠:受托人有权将捐赠财产(土地、建筑、投资或现金)转换为“收益”的一种捐赠资金。与“收益”不同,在将消费捐赠转换为“收益”之前,受托人没有将消费捐赠用于慈善组织目的的积极义务。

规章:任何规定慈善组织目的和如何管理慈善组织的文件,包括信托协议、章程、财产转移证书、意愿书、公司组织大纲和章程、皇家宪章或委员会方案。

收益和收益资金:慈善组织拥有以及受托人为实现慈善目的,依据法律需要,在收款后一定期限内使用的所有收益来源。收益资金可为非限定资金或用于慈善组织特定目的的限定资金。

重要资金或重要性:重要资金指受托人、审计员或独立审查员认为重要的资金,对该资金的不作为或错误陈述将影响读者对账目的理解。重要性取决于其在受托人管理的全部非限定资金和限定资金总和中占据的规模、金额或资金的重要性。

固定捐赠:受托人不能作为收益使用的慈善组织财产(包括土地、现金或投资),必须永久持有,有时用于实现慈善组织目的,有时用于创造慈善组织收益。未经委员会授权,通常受托人不能使用固定捐赠。捐赠条款中可允许出售和再投资资金中的资产,或规定无限期保留部分或全部资产(如特定建筑)。

专项投资或社会投资:此处的“投资”不是金融投资中的一般含义。一般投资涉及为经济收益进行资产收购,并将该回报用于慈善组织项目。与之相反,专项投资或社会投资是为了组织的慈善目的而做出的直接投资。尽管这些投资也能创造一定的经济收益,其主要动力是对慈善组织项目的实际推定,而非经济收益。

管理条例:《慈善组织(账目与报告)管理条例》(2008 年)(SI 2008 No. 629),规定了慈善组织年报的格式和内容,以及审查和审计协议。根据公司法设立的慈善公司和非公司慈善组织自 2008 年 4 月 1 日开始的会计期间适用该规定。

限定资金:适用于专项信托的资金,可由捐赠人或经其授权确定(如在公共倡议中),或由法律程序确定,但仍在慈善组织项目范围内。限定资金可以是限定收益资金,由受托人自主决定用于慈善组织某些项目;也可以是捐赠资金,要求将其资金用于投资或留作实际使用,而不能使用该资金。

风险:在本指引中,风险指事件的不确定性,其结果可能对财务有重大影响。风险可以影响慈善组织运营的任何方面。

法定审计:指根据慈善法,当慈善组织总收益和(或)资产超过标准时需要进行的审计。该审计必须由有资格被指定为公司审计员或经委员会根据规定认可的人开展。

附属交易公司:慈善组织全资或控股的非慈善性交易公司,为慈善组织开展贸易活动。

受托人:指慈善组织受托人。慈善组织受托人是负责慈善组织总体控制和管理的人,在慈善组织管理文件中统称为受托人、受托人委员会、管理受托人、管理委员会、管理人或主管,或其他职称。

非限定资金(包括指定资金):指受托人可自行决定用于慈善组织任何目的的收益或收益资金。如果部分非限定收益资金被预留用于特定项目,则其可被制定为单独资金,但该指定只能用于管理不足,不能依法限制受托人在资金使用上的自主权。

附件1 制定储备金政策的简易方案

为帮助和引导小型慈善组织受托人解决制定储备金政策时需要考虑的问题,提出了以下3个问题。活动或结构复杂的慈善组织受托人可能会发现,这一方法并不详细,这时就需要借鉴附件2中提出的指引。

问题1:为什么慈善组织的有效运行需要储备金?

制定良好储备金政策的前提是明白为何需要将一些资金用作储备金。小型慈善组织结构简单,且活动单一,需要储备金的理由如下:

1)难以预见的紧急情况或其他难以预料的资金需要风险,例如难以预料的巨额维修费或为紧急项目筹集“种子资金”;

2)支付难以预见的日常运营支出,例如职员因病长期请假时雇用临时工的费用;

3)收入来源未得以延续,例如租赁。若收入突降,受托人需要时间采取措施,这种情况下需要资金;

4)未来收入无法满足计划内的承诺或指定资金需求,例如大型的资金采购或需要慈善组织提供"配合款"的重大项目;

5)需要用现金预算填补赤字,例如在收到资金资助前需要支付钱款。

若考虑上述因素后,仍认为需要储备金的,请继续看问题2;若认为慈善组织不需要任何储备金,则必须在年报中说明。

问题2:需要多少储备金?

储备金可以是一个目标数额,也可以是一个目标范围。例如,针对问题1中的每个问题:

1)若可能需要一笔资金来应对难以预见的紧急情况或其他难以预料的需求,考虑一下风险和需要多少资金来应对这些突发状况,这将涉及对可能发生的事件及其可能性的判断;

2)根据支出预算,判断是否需要小额应急资金来应对难以预见的运营支出;

3)未来收入具有不确定性,为开发新的收入来源或削减相关支出,可能需要有相当于几个星期收入储备金,约为x英镑至y英镑的范围;

4)计划内的支出承诺若不能用未来收入填补,则需要留出一笔专项资金,这笔款项通常会在其账目名称中体现;

5)为填补现金预算中的"缺漏",可能需要一笔款项——通过审查预算确定需要的金额数目。

总而言之,认定的金融风险会影响储备金数额,也应在储备金政策中加以解释。

问题3:年底时还有储备资金吗?

最后一个步骤就是对比可能需要的储备金数额和实际持有的储备金数额。应该做以下几件事:

- 根据本指引3.1中储备金的定义,计算储备金数额;
- 说明持有的储备金数额,并将其与之前设立的储备金目标数额或者目标范围比较；

- 解释与储备金目标之间的差额；
- 说明为达到储备金目标所采取的措施或计划采取的措施。

若差别较小，就无须采取任何措施。

受托人年报中必须包含储备金政策和实际持有的储备金数目的相关信息。

附件 2 活动和结构复杂的慈善组织制定储备金政策的综合方案

在制定储备金政策时，活动和结构复杂的慈善组织受托人需要考虑的因素更多。相较于事务较为单一的慈善组织，这类慈善组织开展的活动更多或业务范围更广。例如，这类慈善组织会开展主要目的交易或依据合同提供商品或服务。这些慈善组织可能会持有大量专项资金，雇用职员，且可能拥有自己的建筑或附属交易公司。

指定储备金政策并不是一项独立的任务，储备金政策是慈善组织战略计划、预算和风险管理过程中的产物。在这些过程中，受托人会获得信息，准确了解需要储备金的原因，且能量化这一需求。这些过程中涉及的各个步骤相辅相成，互相影响。例如，认定的金融风险能促成预算和储备金政策。制定储备金的方法可以多样化，本附件中以程序步骤的方式说明了一种方法，但需要注意，这些步骤都是相互联系的：

步骤 1：理解慈善储备金的性质；

步骤 2：确定功能性资产（functional assets）；

步骤 3：了解风险对财务的影响；

步骤 4：审查收益来源；

步骤 5：未来计划和承诺的影响；

步骤 6：同意制定储备金政策。

在做每一步骤时，受托人均应仔细回顾本指引，思考如何将之与自己的慈善组织情况相结合，这样，就可以制定自己的储备金政策。并不是每个慈善组织都会受到这些因素的影响，同理，受托人在考量制定储备金政策的过程中，有些因素的影响力可能较大。

步骤 1:理解慈善储备金的性质

储备金是慈善组织非专项收益资金的一部分,可用于慈善组织的任一目的。制定储备金政策时,受托人一定要了解慈善组织资金使用的限制。在一些特定情况下,持有专项资金可能会降低为某一特定目的而持有储备金的必要性。

专项资金只能用于慈善组织的某一目的,相对于慈善组织的总体慈善目的,其范围十分狭隘。专项资金包括捐赠,专项收益资金不属于储备金范畴,但慈善组织专项资金的性质和数额可能会影响其储备金数额。

例如,一家海外援助慈善组织可能会在全球运营,但会针对亚洲地区设立专项资金。这个亚洲专项资金若没有限制使用,在亚洲开展的任何活动和项目都可以使用这个专项资金。这种灵活性可以使慈善组织减少或免除在储备金中为在亚洲开展的活动设立非专项资金的需要。虽然受托人在消费捐赠的使用上有很大灵活性,且消费捐赠可能会影响储备金的数额,但消费捐赠不属于储备金范畴。消费捐赠可以给慈善组织提供相对安全的收益,但受托人仍可以选择全部或部分使用该笔捐赠。这种自由可能会降低设立储备金的必要性,尤其是慈善组织不完全依靠消费捐赠收益资助活动时,更是如此。

然而,若慈善组织的消费捐赠资金取决于核心或持续性活动的投资收益,设立储备金的必要性就大大增加。若使用消费捐赠会减少对未来活动的资助金额,受托人大多不愿再使用消费捐赠。

固定捐赠资金不能作为收益来使用,所以,这笔资金用于投资,创造慈善组织收益。如果固定捐赠的条款中未限定使用方式,那么,由此得到的收益就是非专项的,可以用于慈善组织的任何目的。从捐赠投资中得到的收益相对安全,原因是其会影响设立储备金的必要性。慈善法的修订案中赋予了慈善组织在特定情况下部分或全部使用固定捐赠资金的灵活性。

总收益投资法让受托人能更灵活地将投资收益分配至收益资金。委员会可以签发指令,允许以总收益的方式投资固定捐赠资金。总收益是一种投资管理方式,考虑投资总体回报,包括现金收益(或损失)和其他收益。之后受托人要决定分配多少未使用的总收益至收益,多少留作以后使用。在决定时,受托人必须考虑当前和以后的受益人需求。

总收益法的灵活性使慈善组织持有大量固定捐赠资金,且持有的储备金比小型慈善组织少,因为小型慈善组织没有这种投资权力。总收益使受托人可以在必要时灵活地使用持有的部分未使用总收益资金,从而降低设立储备金的必要性。

步骤 2：确定功能性资金

确定非专项资金是制定储备金政策的关键和首要步骤。但为了贯彻慈善组织的经营策略,拥有一定的功能资金可能至关重要。慈善组织《会计实务建议准则》明确允许将慈善组织持有的用于慈善的有形固定资产排除在储备金之外。这说明特定资产可用于日常运作,且对这类资金的处分可能会对慈善组织履行目的产生副作用。

如果受托人认为功能性固定资产对慈善组织目标的实现至关重要,那么,这类资产的价值就可以从储备金中指定并分割出来。然而,受托人需要询问持有特定固定资产的原因。例如,若需要资金,是否可以出售高价值的行政办公室而租用使用过的楼层？一些受托人可能会将这类资产视为储备金的一部分,必要时可以用于日常运作。例如,如果出售保健设备可能会影响对受益人的保健且难以租赁替代的专业设备,则情况会截然相反。

同理,如果慈善组织的专项投资是为进一步实现慈善目的,那么,这一投资就不属于储备金。

步骤 3：了解风险对财务的影响

确定并管理风险是良好慈善组织管理必要的一部分。一些风险发生后会对财务产生一定影响,且可以视为预算过程的一部分。确认的财务风险还会影响慈善组织储备金政策的制定,持有储备金是慈善组织管理风险影响的一种策略。

委员会指引**《慈善组织与风险管理》(CC26)**说明了大部分慈善组织考虑的关键风险。虽说风险不仅限于财务风险,但在阅读风险管理指引时,受托人应当考虑认定的事故对慈善组织财务的影响,确定是否需要用储备金来减缓对财务的影响。

慈善组织应就受益人的需求采取必要措施,对于一些慈善组织来说,这可能会非常急迫却难以预料。另外,受托人应当考虑是否需要用储备金来应对这类事件,或在紧急需要发生时,是否可以依赖于向公众发出筹款倡议。

步骤4：审查收益来源

稳定的未来收益是慈善组织财务良好的关键因素。对未来收益稳定性和确定性的评估也是慈善组织风险评估的重要一环,会直接影响预算和储备金政策。对于有些问题,受托人应考虑以下因素：

- 慈善组织收益来源单一还是多样;
- 若某一特定收益来源突然减少,慈善组织是否特别易受影响;
- 慈善组织是否将某一单个合同或资助作为其资金的重要部分,且该合同或资助即将履行或审查;
- 是否有任何重要捐赠人表明捐赠计划有变;
- 倡议或筹款活动能否提供稳定的收益来源;
- 一些特定收益来源是否在一般经济形势下特别易受影响。

在审查收益来源稳定性时,受托人应考虑以下因素：

- 慈善组织能收到多少变化的通知;
- 重大合同或资助到期审查或续期的关键日期;
- 寻求同一收益来源的另一组织影响;
- 慈善组织与其捐赠者和财务赞助者之间的关系和交流对解释经济需求的优势。

若慈善组织有稳定或可预见的收益,那么,储备金的需求就会下降。相反,若慈善组织收益不稳定或不安全,或极易受到外界不可控因素的影响,那么,可能就需要持有更多储备金。受托人应考虑慈善组织的储备金是否足以保护其慈善事业免受破产或资金严重中断风险的影响。

步骤5：未来计划和承诺的影响

设定年度运营计划时,受托人要思考这一计划能否推进慈善组织的公益目标,运营计划将慈善组织的活动与资源整合起来,以供使用。

运营计划用金融术语表达就是有通过来源确定的预定收益和通过活动安排确定的预定支出的预算。在确定预算时,受托人需要考虑特定资金的使用限制和未来收益的不稳定性。现金预算能有效确定慈善组织现金流峰值和低谷值,能在需要储备金时发出警告。

承诺和指定资金

上一财政年和本财政年做出的承诺也会影响现金预算。例如,若承诺在几年内提供拨款,若未来收益流不稳定,就可能需要储备金。

受托人还需要考虑年度运营计划和年度预算之外的事,这也是慈善组织战略计划的一部分,且这在确定预期未来收益无法独立资助的项目计划或资本投资计划时尤为重要。若计划的支出无法由某1年收益支付,就需要设立储备金,以满足以后的支出。若以这种方式设立储备金,这一计划需要在预算中得以反映。

通常留用于支付未来承诺和计划资金可称为指定资金。在确定需要且在指定资金中划分资金时,受托人可以设立一定时期内需要的资金,以应对项目的财务风险。如此就能将风险分摊至各个年度。计算年报中需要说明的储备金时,受托人可以从储备金总额中适当留出一部分指定资金。这部分指定资金的数额、性质以及同期可能会有的支出均须在年报中说明。

固定收益养老金计划

若慈善组织雇员有权获得固定收益养老金(最终薪资制),慈善组织在养老金计划中的义务会涉及一些问题,这些问题可能会影响慈善组织的储备金。

若慈善组织开展或参与固定收益养老金计划,受托人应阅读指引**《慈善组织储备金与固定收益养老金计划》**。固定收益养老金计划可以是多单位计划,也可以是慈善组织自己计划。慈善组织可以有养老金资产或负债,具体取决于其在计划中资产和负债的平衡。

若养老金资产或负债十分重大,储备金政策说明中需要单独考虑其对慈善组织财务状况和储备金的影响。现金流若能弥补养老金负债,则会影响储备金政策和储备金报告。

若有养老金资产,则通常是指定资金,不是慈善组织储备金的一部分,因为慈善组织受托人无法使用这笔资金。若出现养老金负债,则可能需要一些或全部可用但未指定部分或全部用于弥补养老金负债的非限定资金。是否指定资金弥补养老金负债取决于慈善组织财务在其当前和未来收入之外支付该负债。

受托人应在储备金政策中向慈善组织利益相关人说明固定收益养老金计划的影响,受托人还应特别注意如何在慈善财务背景下简单明了地解释养老金会计披露。

步骤6:同意制定储备金政策

思考了前文步骤1~5所说的问题后,受托人可以就是否设立储备金以及储备金数额做出知情决策。若受托人认为需要设立储备金,则需要在储备金政策中说明理由,并说明计划储备金数额的依据,以及说明目前持有的储备金。若持有的储备金与设定的目标相差甚大,受托人还需对此进行解释说明。

慈善筹款:受托人义务指引
(CC20)

2016 年 6 月

目　　录

1. 引言

很多慈善组织都需要向公众筹集资金,它们凭借的是公众的慷慨——我们社会的不特性。但有一件事不会被认为是理所当然,即开展重要工作,帮助需要帮助的人。作为回报,公众相信慈善组织筹集资金是必要且负责的,并相信慈善组织会有效利用这些资金。

慈善组织受托人对其慈善组织有全面的责任和义务,其中包括筹款。受托人在制定慈善组织筹款方案中发挥着关键作用,确保该政策符合实际且能反映慈善组织的价值观。正确的筹款政策能创造可观回报,可为慈善组织、支持者和慈善组织支持的人或组织带来有价值的成果。

作为英格兰和威尔士慈善组织的监管机构,委员会希望慈善组织能在筹款过程中维护其信誉,激发公众对慈善组织的信任和信心,这包括遵守法律和公认的标准、保护慈善组织免受不应有的风险,以及尊重捐赠人、支持者和公众。

委员会认可受托人在获取筹款权中做出的承诺及可能面对的挑战。为此,委员会更新了本指引,以协助受托人履行职责。

2. 指引的内容

本指引旨在帮助受托人在监督慈善组织筹款时遵守其法定义务。为此,本指引列明了 6 项原则,总结于第 3 部分。

本指引主要涉及委员会法定免除事项,并不是对适用于筹款的特殊类型和这方面的所有法律和规定的指引,而是衔接了这些规定的信息来源。

除本指引外,还有一份**检查清单**,其中的一系列问题,能帮助受托人评估其慈善组织对本指引中建议的履行情况。**检查清单**应该与本指引结合使用,有助于确定与特定慈善组织相关的条款。

本指引还解释了委员会为管理慈善组织筹款采取的措施以及这些措施如何与筹款活动的自我管理相联系。

苏格兰和**北爱尔兰共和国**有单独的筹款规则指引。

2.1 谁应该阅读本指引? 何时适用本指引?

本指引涉及为慈善组织及其受益人利益而向公众筹款的所有类型。本指引适用于各种情形：

- 不论向公众筹款是慈善组织筹款的主要方式还是次要方式；
- 不论该筹款是由慈善组织开展、附属交易公司代表慈善组织开展，或是由其他个人或组织代表慈善组织开展。

本指引适用于所有在英格兰和威尔士筹款的慈善组织受托人，不论是否注册登记。

委员会还鼓励慈善组织筹款的其他关键人员了解本指引中列明的受托人义务。这些人员包括慈善组织高级职员，从事管理、遵守、控制和风险管理的职员，交易公司董事和高级职员，以及从事筹款的专业筹款人、企业和顾问。社会公众成员可以使用本指引，了解如何规范筹款，以及如何就筹款提出问题或投诉。

2.2 "必须"和"应该"：含义

在本指引中：

- "必须"，指受托人必须遵守的法定或法规性要求或义务；
- "应该"，指委员会期望受托人遵守并适用于慈善组织的基本规范。

遵循本指引中的基本规范能帮助受托人有效管理慈善组织，避免困难，遵守**法定义务**。慈善组织之间的区别在于规模和活动，受托人应该在思考后决定如何将基本规范运用到慈善组织中去。若受托人决定不遵守本指引中的基本规范，委员会希望受托人能对此加以说明和佐证。

有时，受托人不遵守基本规范就不能履行法定义务，例如：

法定义务	基本规范
以慈善组织最大利益为目标	处理利益冲突
负责管理慈善组织资源	实施合理财政控制管理风险
以应有的谨慎和能力采取行动	需要时听取合理建议，例如买卖土地或投资（某些情况下这可能成为法律要件）

若受托人行为违反其法定义务，则需承担此行为造成的后果以及慈善组织因此遭受的损失。委员会调查涉嫌违反信托或义务，或其他不当行为或管理不当案件时，可能会将受托人因未遵守基本规范而将慈善组织及其资产或受益人置于危险或不当风险中的事实作为证据来考量。

本指引中其他术语的定义,详见第 12 部分。

2.3 筹款与受托人义务

首要问题是,有法定义务为慈善组织筹款的人是受托人和其共同受托人。

对慈善组织筹款的有效控制是履行法定职责的关键环节,以下 3 项义务与本指引关联较大:

- 以慈善组织最大利益为目标;
- 负责管理慈善组织资源,包括保护慈善组织信誉;
- 以应有的谨慎和能力采取行动。

这些义务并不陌生,都是受托人义务的一部分。应该了解**《关于受托人事宜:须知信息及须做事项》(CC3)**中说明的委员会对受托人义务的指引。

受托机构应该由具备时间运营慈善组织且拥有相应技能和能力的人组成。

所有受托人可以将日常活动及管理有偿委托给职员和其他人,这是多数慈善组织的正常情况,可以帮助受托人更有效地管理慈善组织。本指引了解到,多数受托人没有亲自开展日常任务和职能,而是通过"配套制度"来实现。但受托人不能委托他人履行其最终责任。慈善组织制度和程序应该允许所有受托人实施以下事项:

- 让他人了解如何发挥其作用;
- 以最佳方式获取正确信息和建议,且详略得当;所有受托人应该有能力和意愿批判性地解释获取信息,必要时进行询问;
- 确保慈善组织的筹款符合制定的筹款方法、受托人义务中规定的标准,以及符合法律和基本规范的规定。

委员会希望受托人认真对待其责任,使用本指引并且确保对慈善组织业务给予充分时间和关注,这将很有帮助。委员会了解到,多数受托人为志愿者,有时会有无心之过。受托人不需要完美,但要尽最大努力履行其义务,慈善法保护的是以诚信和合理原则采取行动的受托人。

3. 履行慈善组织筹款义务——6 大原则概述

本部分总结了所有受托人应遵守的原则,有助于受托人履行慈善组织筹款义务。为确保受托人完全理解其在该领域的义务和特殊要求,应该参阅本指引余下内容。

履行慈善组织筹款义务意味着:

有效计划

这要求所有受托人同意或确定慈善组织全面筹款方法并监管该方法,受托人的筹款计划还应该考虑到风险,慈善组织价值观和慈善组织与捐赠人、公众的关系,以及其收益需求和预期收益(详见**第4部分**)。

监管筹款人

这要求所有受托人制定相应制度,监管他人为慈善组织开展的筹款活动,确保其符合慈善组织最大利益。这意味着要责任下放,让内部筹款人、志愿者筹款人以及任何相关公司了解其责任。若雇用一名商业合作伙伴为慈善组织筹款,协议必须确保慈善组织的最大利益,且必须遵守各项特殊法律要求和适用的标准(详见**第5部分**)。

维护慈善组织的信誉、资金和其他资产

这意味着要确保对慈善组织的资产和资源进行严格管理,这样才能符合以慈善组织最大利益为目标和保护慈善组织免受不应有风险的影响这两项义务的要求。这项原则包括确保合理考虑慈善组织筹款对捐赠人、支持者和公众的影响,保证慈善组织获取的资金均为有权获取,并且采取相应的措施,降低损失或诈骗风险(详见**第6部分**)。

确定并确保遵守专门适用于慈善组织筹款的法律或法规

适用于各类筹款的规定纷繁复杂,包括对很多重要领域的遵守,例如数据保护法、许可以及与商业伙伴的合作。《慈善法(保护与社会投资)》(2016年)出台了一些新规定,将影响一些慈善组织的筹款。受托人要确保慈善组织可以获得足够信息和合理建议,确保其筹款符合所有相关法律规定(详见**第7部分**)。

确定并遵守任何适用于慈善组织筹款公认的标准

这些标准规范体现于**《筹款行为规范》**。该规范讲述了适用于筹款的法律规定和为确保筹款公开、诚信和合理而确定的标准。若慈善组织是筹款协会成员或受筹款监管机构监管,则受托人必须遵守该规范中制定的标准,这是其作为成员的条件之一。委员会希望所有筹款的慈善机构都能充分遵守该规范(详见**第8部分**)。

公开和负责

这一原则包括遵守任何与筹款相关的法定审计和报告要求,并通过报告说明慈善组织正在有效运行。在筹款活动中,该原则表现为受托人能向公众成员、慈善组织的捐赠人和支持者有效说明其筹款工作(详见**第9部分**)。

4. 有效计划

本条主要涉及对慈善组织筹款的计划和监管,说明所有受托人应该同意或制定慈善组织筹款的整体方案。筹款活动计划应反映慈善组织的价值观,且应制定配套的制度,监管计划的实施。

受托人对慈善组织筹款的参与程度应取决于其规模、结构和复杂程度,如何实施计划也会有所不同。若慈善组织中高级职员或其他人在计划中发挥了主导作用,则所有受托人应该询问、质疑,并且在必要时坚定讨论他的提案。

所有受托人应该至少做到以下几点:

- 决定慈善组织获取资源的整体方法,资助组织工作(增加收益);
- 制定或同意慈善组织的筹款策略——受托人对以下事项的计划:
  - 当前和未来慈善组织需要通过筹款获得哪些资金;
  - 为何需要;
  - 如何实现以及何时实现。

受托人的计划无须长篇大论或过于复杂,但应该包括以下几点:

  - 拟使用的筹款方法;
  - 慈善组织将使用的资源以及成本;
  - 慈善组织可能面临的财务、信誉和其他风险以及如何避免或管理这些风险;
  - 慈善组织筹款会如何反映其价值观。有些慈善组织明确公布其价值观,确定要做的事以及如何实现——无论慈善组织价值观是明示还是默示,所有受托人都必须在制定并保护该价值观中发挥重要作用——这包括:思考如何开展筹款活动才能表达慈善组织工作对资金的需求,同时,保持以积极和合理的方式面对捐赠人和广大公众;
- 定期监管制定或同意策略的进展,对高风险领域工作进行详细且批判性的审查。

所有受托人不得让慈善组织遭受不应有的风险,应该制定有效配套制度,发现并定期审查慈善组织在筹款的所有领域可能面临的关键风险，但这并不意味着永远不冒险，而是发现和评估风险，决定如何应对风险。

委员会**风险管理**的指引中说明了处理风险的基本要点，且说明了其中一种风险管理模式。

帮助慈善组织制订筹款计划和策略的免费资源有很多，包括筹款机构的资源。

5. 监管筹款人

本条主要涉及职员、志愿者和其他人或组织（包括附属交易公司和慈善组织筹集资金时合作的组织）开展的筹款活动。要求受托人建立适当制度，管控该筹款活动。

5.1 授权职员

若所有受托人不亲自开展筹款活动，那么，该活动可能由慈善组织职员或其他组织开展。若决定授权职员进行筹款的日常管理（这也是多数慈善机构的通常做法），受托人应该设立适当制度，以确保以下事项：

- 该授权以文件形式（例如在职员职位说明、志愿者工作说明和委员会职责范围）说明并实施；
- 有明确的汇报程序，包括对任何拟向受托人报告特定事项的指引；
- 审查被授权机关是否合理行使该权力；
- 受托人能定期收到完整的文件，汇报约定的事项，并以能理解并使用的方式说明，能够实施监管。

避免错误——明确在筹款慈善组织中作为受托人的职责

慎重对待受托人的参与权。这不代表受托人可以只专注于慈善组织受益人的相关工作而忽视筹款或完全将之交给其他人。这种行为属于不履行受托人法定职责。若发生任何问题，所有受托人均要承担责任。

同样，若受托人令职员负责慈善组织筹款活动的日常管理，一定要避免职员过多参与。应该令职员开展其指定的工作。适当的受托人监管是为了确保职员对工作负责，且能在其设定的范围内工作。受托人可以通过其设立的制度和程序来进行审查和管控。

5.2 与志愿者共事

很多慈善组织依靠志愿者的努力筹集其工作的基金。对于筹款职员,所有受托人应该设立适当有效的制度,确保招募筹款志愿者的工作处于监管之下,这样的志愿者才能:

- 明确他们的职责;
- 了解他们工作的规定和范围,例如何时代表慈善组织发言;
- 安全工作;
- 出现问题时知道如何处理;
- 知道需要报告什么,向谁报告。

需要制定适当制度,让志愿者获得合适培训,了解他们必须遵守的政策和程序。

了解更多有关**管理慈善组织志愿者**的信息,可以参阅**《筹款行为规范》**中有关于志愿者共事的内容。

5.3 与商业合作伙伴共事

如果能确定并管理风险,在筹款中与商业合作伙伴共事可以为慈善组织带来极大益处。

所有受托人必须设立足够的配套体制,确保慈善组织与商业合作伙伴的协议能:

- 保证慈善组织最大利益;
- 不允许向商业合作伙伴支付超出相对于筹款基金过高的报酬或酬劳;
- 充分遵守适用的特殊法律要求——例如,“专业筹款”或“商业参与”协议应符合**附件 1** 中总结的要求;
- 在任何为慈善组织向公众募集资金文件中明确说明以下事项:
  - 支付给商业合作伙伴的报酬或酬劳;
  - 募集的基金如何在慈善组织和商业合作伙伴之间分配。

在决定商业合作伙伴的协议是否符合慈善组织的最大利益之前,受托人应该制定有效且适当的制度,确保以下事项:

• 该合作伙伴适合共事——这是受托人保护慈善组织资产义务的重要方面。在这方面,尽注意义务意味着应该对与慈善组织有密切合作的组织进行适当**尽职调查**;开展一定程度的调查和审查将有利于所有受托人更好地了解该合作伙伴的偿还能力、完整性、信誉以及达到可接受标准的能力;

• 与该合作伙伴签订的协议符合以下方面:

  • 慈善组织的筹款策略和价值观;

  • 慈善组织对应如何进行筹款的预期。

• 拟开展的筹款是为了实现成立慈善组织的目的;

• 该协议的成本合理,符合慈善组织最大利益;

• 该协议中的条款能确保慈善组织对基金的合理管控;

• 该协议中的条款能保护慈善组织免受不应有的风险对以下方面的影响:

  • 信誉;

  • 财务;

  • 数据;

  • 名称、形象、商标和知识产权。

• 能对任何筹款方式(例如手稿、书面营销材料、广告和包装)进行合理审查和管控;

• 监管对协议的遵守情况;

• 该协议不涉及未经认可或适当处理的利益冲突,也不涉及关联方任何未经授权的利益;

• 慈善组织有适当的审查程序审查该协议,确保其在存续期间符合慈善组织的最大利益。

须记住以下事项:

• 除条款符合慈善机构最大利益外,不得签署任何法律文件;

• 应该在需要时听取合理意见;

• 若与专业筹款人或商业参与人签订了协议,慈善组织有权根据该协议查阅合作伙伴持有的有关慈善组织账簿、记录和其他文件——慈善组织应该借此确保其从协议中获得公平、完全的回报。

更多有关与商业合作伙伴共事的信息,请参阅**《筹款行为规范》**。

5.4 通过交易公司开展工作

很多慈善组织都为筹集资金而设立自己的交易公司。

受托人必须制定配套制度,定期监管其交易公司状况,且受托人必须铭记,在做出任何有关附属交易公司的决定时,始终要将慈善组织最大利益放在首位。

更多有关附属交易公司的信息请参阅**《受托人、交易与税收:慈善组织如何合法交易》(CC35)**。

在多数情况下,《慈善法》(1992 年)[以下简称《法案》(1992 年)]规定慈善组织的交易公司不得作为该慈善组织筹款活动的“专业筹款人”或“商业参与人”。

但即使要求公司遵守《法案》(1992 年)的规定,该公司还是应该基于类似法律基础运营,允许总慈善组织实施以下事项:

- 对筹款进行有效管控;或
- 向其支持者、捐赠人和公众公开其筹款协议,例如:
  - 公司和慈善机构可通过书面协议使筹款协议正式化;
  - 公司可拟定合理筹款声明——例如,慈善商店,可以在钱柜上张贴公告,向顾客说明该店赚取的任何利润将经由运营该店的公司最终提交给拥有该公司的慈善组织。

民间协会办事处就《法案》(1992 年)的当前要求提供了**详细指引**。

避免错误——监管附属交易公司签订的商业合作协议

有时,合作或协议是由慈善组织的附属交易公司和商业组织签订的,这是交易公司为慈善组织筹集资金工作的一部分。

这些协议可以为慈善组织带来利益,本身并不需要关注,但所有受托人必须设立充分的制度来监管这些协议。

这样做是为了所有受托人能确保该协议符合慈善组织最大利益、能保护慈善组织名称和信誉,以及处于适当审查和管控之下,像慈善组织直接签订的协议一样。

受托人应该建立有效的合理制度,确保若以慈善组织名义出售产品或服务,该商业合作协议的本质以及慈善组织据此收取的费用或佣金是明确、公开的。

6. 保护慈善组织的信誉、资金和其他资产

本条主要涉及受托人管理和保护慈善组织信誉和其他资产免受不当风险影响的义务。要求受托人制定有效制度，以便：

- 确定慈善组织在筹款中可能面临的信誉风险并制定管理计划；
- 用于筹款的资源制订计划；
- 管理并使筹款成本合理化；
- 保护以慈善组织的名义筹集资金。

6.1 保护慈善组织的信誉

筹款通常是慈善组织与其支持者、捐赠人且和公众互动的关键方式，这说明慈善组织的筹款方法对建立或损毁其信誉有着重大潜在的影响。

慈善组织面临的信誉风险可能会发生重大变化。所有受托人应该设立有效的合理制度，确定和管理慈善组织在筹款中可能面临的关联信誉风险。

在筹款中，管理信誉风险的方法应该包括但不限于以下几种：

- 在决定预期收益和其他目标时考虑相关捐赠人、支持者和公众的看法——包括在使用特定筹款方法时，评估信誉风险和确定筹款成本的水平；
- 遵循本指引的原则，确保以下事项：
  - 遵守法律规则和公认标准；
  - 有效管控以下事项：
    - 慈善组织的筹款方法；
    - 职员、其他人或组织为慈善组织开展的筹款活动；
    - 使用和筹集的资产和资源；
    - 评估和反馈批评与投诉的制度。

避免错误——证明筹款成本的合理性

筹款成本过高会严重影响慈善组织的信誉。

若与商业合作伙伴签订的协议大大增加慈善组织收益，受托人很容易忽略其他问题。但所有受托人应该制定有效的制度，证明与第三方签订的协议符合慈善组织最大利益，且能维护慈善组织信誉。

受托人应该知道，在一些筹款公司使用的模式中，慈善组织在筹款的初始阶段和后期均只能获得公众捐款的很少一部分。这些模式损害了慈善组织利

益,会招致负面的媒体报道、投诉和监管干预。因为这会让人们误解慈善组织利用或滥用私有利益,管理不当。

若受托人正在考虑与商业合作伙伴签订协议,必须注意,不仅要关注慈善组织收益的增长,同时,还需要关注更广泛的最佳利益。应该思考这样一个问题,即若慈善组织只能收到很少部分的捐赠,慈善组织捐赠人、支持者和公众会如何看待筹款方法。受托人必须能证明筹款成本合理性,说明其如何符合慈善组织最大利益。

更多有关筹款成本的信息详见**第6.4部分**。

若有需要,受托人可以从具有正当资质的人处获得合理建议。

6.2 计划与监管筹款活动

所有受托人应该充分了解慈善组织整体财务状况,能说明筹款如何帮助其实现目标的长期战略。应该设立有效配套制度,以确保以下事项:

- 分析慈善组织收入来源,确定因依赖任一来源可能产生的风险;
- 制定切合实际的筹款预算,并监管其结果;
- 慈善组织资金的任何投资与预期收入达到平衡,确保投资合理;
- 若合理,为任何新的或重要的筹款活动或倡议制订个体企业的计划和预算;
- 监管慈善组织筹款的进程和财务状况,包括其成本和任何风险。

更多有关财务管理的信息,详见以下文件:

- **管理慈善组织资产和资源;**
- **慈善组织受托人会议:应该问的15个问题;**
- **慈善组织的财务困难。**

6.3 管理资产并确保资产安全

所有受托人应该根据慈善组织的规模、活动和复杂程度进行有效的财务管控和防护措施,包括与以下事项相关的制度:

- 若允许他人以慈善组织的名义筹集资金,确保慈善组织收到其有权获得的全部资金;

- 保护慈善组织从以下途径获得的收益：
  - 公共募集；
  - 其他筹款和赞助活动；
  - 受托人的交易活动。
- 向公众和内部明确说明哪些是筹集的限定基金——这些限定基金只能按照指定的方式使用；
- 有捐赠政策，明确何时不是为了慈善组织利益而接受捐赠；
- 确保完成并明确收益，以便慈善组织享受相关税收优惠；
- 在筹款过程中，保护慈善组织其他资产，可能包括慈善组织的数据、名称、形象、商标和知识产权。

避免错误——对现金筹款实行有效管控

虽然大多数为慈善组织筹款和支持慈善组织的人想法都很明确，但现金筹款对于投机主义者和诈骗者来说都极具诱惑力。因此，若授权他人代表慈善组织收取资金，所有受托人必须实行合理管控。筹款必须符合相关法律规定，在资金的安全收取、计算和存储方面也应该遵循基本规范。这不仅有助于受托人履行保护慈善组织资金安全的法定义务，还能让公众确信他们可以向筹款人和慈善组织安全捐赠，且该基金将会用于一般性慈善目的。

请记住，若慈善组织给予为其筹款的人官方物件，例如徽章、锡制品(tins)或服装，必须对此予以记录且应及时收回。慈善组织账目必须说明扣除筹款成本和费用前的筹集资金总额，应扣除的费用应在账目中单独的支出项中列明。

更多有关现金筹款管控的信息详见**慈善组织内部财务管控**，可以通过**检查清单**对方法进行检验。

6.4 管理和说明成本

对于慈善组织应设定多少筹款成本并无定论，委员会认为，该成本可因筹款形式、不同原因和不同年份而变化。

所有受托人必须确保筹款成本符合慈善组织的最大利益，应能说明成本，并公开资金的使用和慈善组织的收益情况。

所有有效的慈善组织在日常管理和筹款上均需花费基金,但所有受托人应该做到以下几点:

- 整体上了解慈善组织的筹款成本数额,设立制度,确定特定筹款活动的成本;
- 设立相应制度,确保筹款成本合理——这说明成本应该与收益及其产生的其他利益成比例,且符合慈善组织最大利益;
- 确保有相应制度,在与专业筹款人、商业参与者或其他第三方签订协议之前,确保该成本对于慈善组织来说是公平合理的;
- 设立相应制度,向捐赠人公开并合理说明慈善组织在何种程度上受益于他们的支持:
  - 该说明通常在专业筹款人、商业参与者和其他有偿筹款人必须向捐赠人做出的**收款声明**中做出。该声明形式多样,包括面对面会谈、电话、广告和网站筹款;
  - 若这些规则均不适用,但慈善组织正为筹款服务付费,若慈善组织不在筹款声明或类似形式的声明中向捐赠人合理说明该协议及其成本,其信誉将遭遇巨大风险;
- 就如何分配和表现筹款成本,遵守适用的《会计实务建议准则》(Statement of Recommended Practice,SORP)中的任何要求;
- 能向捐赠人、支持者和公众说明慈善组织如何工作,且为何需要成本。

6.5 筹款欺诈

虽然大多数慈善组织的倡议和筹款都是合法的,但也确实存在筹款诈骗的情形。

更多有关**筹款诈骗的一般类型信息**,可以参阅委员会关于可能影响慈善组织风险和脆弱性的**管理警告**。

更多有关保护慈善组织财产的信息,详见委员会的《合规性工具包》(compliance toolkit)。该工具包中包括了具体的检查清单,描述了一些有用的反欺诈措施。

6.6 可疑捐赠

委员会了解到,有些给慈善组织的捐赠是为了进行洗钱或其他违法犯罪活动。

所有受托人应该制定有效制度,以便于:

- 贯彻了解**捐赠人原则**(比如,若慈善组织接受了大额捐赠,尤其是匿名、现金或附条件捐赠);
- 职员和志愿者了解这一风险。

所有受托人应该警惕任何可疑捐赠。

6.7 干预任何未经允许以慈善组织名义进行的倡议

很多时候,倡议可以由好心的公众成员发起,为慈善组织筹集捐款。他们可能在代表慈善组织筹集资金之前并未与慈善组织签订合同,但未经授权使用慈善组织名称是非常严重的问题,可能会损害慈善组织信誉。

若发现未经授权的筹款行为,所有受托人应该设立有效制度,确保以下事项:

- 立即联系开展倡议的人;有些情况下,例如,地方性的蛋糕销售或其他小范围活动,可以允许以慈善组织名义进行筹款,并给组织者提供一些指导,确保筹资活动合法——除此情形之外,慈善组织应该正式授权筹款或要求组织者停止筹款活动;
- 若受托人的要求未得到满足,筹款规定允许其诉诸禁令,阻止某人以慈善组织名义筹集资金**以发现更多**;
- 举报未经授权、不合作且可能涉及欺诈的筹款人——应向警察局和委员会举报。

有关慈善组织资金和资源的决策至关重要,所以,应该思考可能需要的建议和信息,以便做出符合慈善组织利益的决策。

7. 遵守筹款相关的法律法规

本条主要涉及适用于不同类型和方面的筹款活动的法律规定,受托人应该设立有效的制度,确保慈善组织充分遵守适用其筹款活动的法律规定。

本列表只说明了一些适用于不同类型和方面的筹款活动的法律规定,在每种情形下,受托人都可以使用《**筹款行为规范**》和**相关指引**,了解更多规则及其如何适用于慈善组织的筹款活动。

这些法律规定涉及以下内容:

- 专业筹款人或商业参与者应做到哪些;
- 有偿筹款人在某些情况下向公众筹款时必须做出的声明;
- 慈善组织何时必须在文件和网站中说明其为已登记慈善组织的状态;
- 在街上筹集现金;
- 挨家挨户筹集现金、物资或直接付款的详细信息;
- 彩票;
- 收集或处理个人信息(例如姓名、联系方式和信用或债务信息)时的数据保护;
- 避免未经授权拨打在线电话优先服务(Telephone Priority Sorrice, TPS)和企业电话优先服务(Company Telephone Priority Service,CTPS)登记的号码;
- 涉及儿童的筹款;
- 事件筹款;
- 根据《会计实务建议准则》准备慈善组织账目或报告时对慈善组织筹款活动的评价。

筹款规定十分冗杂,受托人应该听取合理建议,且确定其授权的为慈善组织筹资的人或组织也能遵守这些规定。

若慈善机构被警察局或其他管理机关调查,应该将之作为**严重事件**向委员会报告。

更多有关适用于筹款的法律要求,请查阅**《筹款行为规范》**和**相关指引**。**附件 1** 和**附件 2** 列举的组织中也有一些有关法律规定的信息。

8. 遵守公认的筹款标准

本部分主要涉及《筹款行为规范》中列明且适用于不同类型和方面筹款活动的公认标准,受托人应该制定有效制度,确保慈善组织遵守适用于其筹款活动的任何标准。

本列表只说明了适用于不同类型和方面的筹款活动的一些标准,以下是筹款慈善组织的标准：

- 使用邮件附件；
- 确保慈善组织聘请的任何第三方筹款人遵守**《筹款行为规范》**；
- 给儿童及其父母或监护人提供有关如何安全筹款的信息；
- 与企业建立筹款合作关系时开展尽职调查；
- 及时处理注销的请求；
- 不得借行政电话进行电话营销；
- 保证现金捐赠的安全，及时存入银行；
- 未经明确授权，不得分享个人数据；
- 在寄送给指定个人的筹款方式中应包括退出信息。

筹款监管机构负责监管慈善组织对公认标准的遵守。

更多有关适用于筹款标准的信息，可以查阅**《筹款行为规范》**和**相关指引**。

附件 2 列举的组织中也有一些有关标准的信息。

9. 公开和负责

本条主要涉及慈善组织对筹款活动的责任。受托人应该设立有效制度，清楚、公开地说明慈善组织的筹款活动，充分遵守会计和报告的规定，并合理接受投诉意见。

9.1 遵守会计框架规定

任何一个已登记的慈善组织都必须拟写年报和账目，说明资金来源和慈善组织基金的使用情况。

一些大型慈善组织必须遵守有关筹款活动中如何报账和报告的特定规定和要求，这些要求规定于可适用的 SORP 中。

报告是为了让账目和报告的读者能了解何为筹款活动、花费多少资金、涉及哪些事项以及筹集的资金如何用于慈善组织工作。

小型慈善组织若使用 SORP 也能发现这种报告有一些用处。

《法案》(2016 年)规定的报告要求规定，大型慈善组织需要陈述其在筹款中为保护弱势群体和其他公众成员免受以下行为而采取的措施：

- 具有侵犯性或持续性的行为；

- 给捐赠人施加不合理压力的行为。

附件 1 中的《法案》(2016 年)和**慈善组织报告以及会计**有更多信息。

9.2 接受投诉

所有受托人应该制定易于建立和遵守有效的**投诉处理程序**,该程序应该确保以下事项:

- 投诉程序便利、公开、透明;
- 公众、支持者、捐赠人或其他人提出的任何问题都能及时得到直接处理。

9.3 明确表达倡议

进行倡议时,建议提供以下信息:

- 慈善组织的身份及活动;
- 筹集资金的目的及如何使用;
- 倡议的任何次要目的;
- 如何捐赠;
- 捐赠给付协议;
- 费用有何扣减。

失败的倡议

明确倡议目的尤为重要,且应该仔细揣摩倡议中的措辞和表达。

若因为某些原因导致倡议目的不能实现,或筹集的资金过多或过少,就会出现困难,且这些困难只能通过正规程序解决,时间成本和资金成本都很高,但若合理注意倡议中的措辞,可以避免这些困难。倡议中的措辞应该明确说明如何处理剩余基金,以及未筹集足够资金时如何处理捐赠。

委员会指引《**救灾:慈善委员会关于成立、运营以及扶持公益性救灾的指引**》(CC40)。

10. 如何规范筹款

筹款应遵守自我监管制度,设定筹款的行为标准并予以执行。

这些标准的设定是为了确保筹款活动公开、诚信且合理,规定于《**筹款行为**

规范》中。

筹款标准委员会(Fundraising Standards Board,FRSB)是现在监管慈善组织对准则的遵守,并对投诉做出判决,但2016年夏季会有新的筹款监管机构代替该委员会行使以上职责。

10.1 筹款监管机构的职责

筹款监管机构应履行以下职责:

- 监管英国全境所有类型的慈善筹款;
- 依据准则就筹款相关问题和投诉做出判决;
- 通过登记促进慈善组织对准则的遵守;
- 必要时合理行使更广泛的制裁权——包括公开谴责、终止命令、强制培训以及取缔以后的筹款活动。

10.2 接受和判决投诉的传统制度

对不良筹款活动的投诉通过自我监管制度处理。筹款监管机构成立前,应向FRSB提出筹款投诉。现在,FRSB仍负责处理目前已受理的投诉,作出判决,并接收新的投诉。但筹款监管机构成立后,所有关于筹款的问题均应提交给筹款监管机构。

10.3 委员会的职能

委员会不依据准则中的标准进行监管,但若有证据证明以下情形,委员会有权进行筹款监管:

- 受托人在履行其对慈善组织的义务时,作为或不作为会给慈善组织造成重大风险;
- 慈善组织基金或公众对慈善组织的信任和信心出现重大风险。

在履行上述职责时,委员会与筹款监管机构密切合作,确定除违反筹款标准外还涉及上述监管问题的案件。

更多有关委员会干预筹款问题的信息详见**第11部分**。

10.4 其他监管机构的职责

除前文所列外,还有其他与筹款有关的法律和规定,例如,有关数据保护、公众场合筹款和经营彩票的规定。这些规定由其他监管机构设立并执行,包括**附件2**中列举的监管机构。

11. 遵守本指引的重要性何在

11.1 筹款行为不当的后果

若受托人不确保其慈善组织的筹款行为遵守法律和认可的标准,或未实现筹款需要与保护慈善组织免受风险影响的方法之间的平衡,会对受影响的慈善组织带来严重后果,有时候还会影响所有慈善组织。

筹款行为不当会让慈善组织付出一定代价,包括:

- 负面信誉影响和投诉会影响慈善组织长期工作所依赖的重要公众支持,继而对该慈善组织甚至所有慈善组织造成持续损害;
- 法律后果,例如罚款或惩罚,慈善组织因受托人违反义务而遭受损失的,还包括受托人责任;
- 筹款监管机构、委员会或其他负责监管筹款的组织和机构的质疑或干预。

委员会希望慈善组织受托人能遵守受托人义务、特殊筹款法律以及公认标准。

委员会编写本指引旨在帮助受托人实现这些要求和预期,受托人可以通过**检查清单**检查其方法。

11.2 委员会对筹款问题的干预

委员会干预的性质将取决于某个慈善组织或所有慈善组织遭遇风险的严重性,委员会将通过**风险框架**评估风险的严重性。本条还说明了慈善组织出现问题、不当行为或滥用时,委员会采取的不同措施。

若受托人未能适当作为或出现失误,委员会通常希望受托人能及时改正,防止再次发生相同或类似的事。

若受托人的作为或不作为给慈善组织造成严重风险,委员会可能会视之为管理不善或不当行为,并采取救济措施。

干预通常取决于问题的严重性,有时是为配合或协助其他机构而进行干预。

11.3 足以让委员会干预的筹款问题

足以让委员会干预的筹款问题包括：

- 慈善组织信誉或其他资产的严重风险；
- 未能保护和说明筹集的全部基金；
- 管理薄弱，或受托人对慈善组织互动、资源或信誉的监管不足；
- 未遵守法律且不符合慈善组织最大利益的商业参与协议或专业筹款协议；
- 筹款成本高，导致：
  - 严重败坏慈善组织的信誉；
  - 因受托人监管不足而产生；
  - 受托人不能证明行为符合慈善组织的最大利益。
- 慈善组织筹款活动有损公众的信任和信心；
- 未能合理控制慈善组织利益与个人利益的冲突；
- 筹款活动中的严重和（或）经常性失误（例如，持续开展未经许可的筹款活动或未能提供要求的信息），导致基金和信誉存在风险；
- 筹款方法不适当或违反信托，且造成公众信任和信心上的重大风险；
- 涉及逃税或人为利用税收立法的协议，包括避税方案；
- 慈善组织管理中的不当行为和管理不善涉及犯罪行为——例如，诈骗、盗窃、伪造账目、税收诈骗（包括作出的虚假救援声明）或筹款未得到合法授权。

11.4 委员会对慈善倡议筹得资金的管辖

若以慈善倡议的形式筹集资金用于慈善组织或用于其他慈善目的，委员会有权管辖这类资金以及管辖资金持有者。为确保基金用于相应慈善组织或其他慈善目的，委员会在必要时可进行干预。

若以慈善倡议的形式筹集资金，出现下列问题时，委员会可进行干预，或配合、协助其他机构进行干预：

- 诈骗犯冒用慈善组织名称使用其他不正当方法，欺骗公众捐款；
- 为慈善目的或以慈善组织名义筹集的资金被用于或很有可能被用于

个人目的、非法目的或其他非慈善目的;

- 个人或机构为慈善组织筹集的资金未得到合理报账,或有可能灭失,或被转移;
- 为保护公众信任和信心,委员会有必要进行干预的其他情形。

12. 术语解释

12.1 筹款规定中的关键术语

筹款监管机构自2016年夏季起,负责依据准则对筹款相关问题和投诉做出判决。

《筹款行为规范》(以下简称《规范》)规定了适用于英国各类筹款活动的法定要求和公认标准。

"自我监管"是一种设立和宣告准则中规定标准的制度。

本指引中,"公认标准"是指准则中规定的标准。

筹款协会是由筹款专业人士和筹款组织组成的会员制组织。

12.2 本指引中的专业术语

本条是关于本指引中一些法律术语和专业术语的解释。

《法案》(1992年),是指**《慈善法》(1992年)**。

《法案》(2011年),是指**《慈善法》(2011年)**。

《法案》(2016年),是指**《慈善法(保护与社会投资)》(2016年)**。

《规定》(1994年),是指**《慈善组织(筹款)规定》(1994年)**。

可适用的SORP,是指慈善组织在准备权责发生制账目时使用的该财政年有效的**SORP**。

受益人,是指一个或一群有资格从慈善组织中获利的人。慈善组织受益人团体通常在慈善组织规章中有定义。有些慈善组织称其受益人为客户或服务用户。

慈善组织,是任何根据英格兰和威尔士法律设立的仅具有慈善目的的组织。

商业参与者,是指参与促销活动(例如广告或销售活动)的商业企业,而非筹资企业,并且在活动中会告知公众,其出资是为了慈善组织利益或用于慈善组织。若所有活动都出于慈善目的,商业参与者可与专业筹款人遵守同样的监管要求。

虽然与附属交易公司(不是慈善组织本身)签订了合同,但只要其表示基金归于慈善组织,第三方仍可以是商业参与者。若附属交易公司向不对其享有控制权的慈善机构做出类似表示,附属交易公司也可以是慈善参与者。

委员会,是指慈善委员会,是英格兰和威尔士地区慈善组织的监管机构。

商业合作伙伴,包括但不限于专业筹款人和商业参与者,指任何与慈善组织或其附属交易公司合作进行筹款活动的商业组织。专业筹款人和商业参与者在本术语表中有定义。

筹款协议,是指双方签订的书面协议,规定专业筹款人或商业参与者代表慈善组织筹集资金的目标和条款。

规章,是指规定慈善组织管理规定的法律文件。这些规定包括慈善组织的目的和如何管理慈善组织。规章通常是信托协议、章程或慈善性法人组织章程。一些慈善组织还有财产转让契约、意愿书、皇家宪章或委员会方案等不同类型的文件。

符合慈善组织利益,是指受托人认为能最大限度地让慈善组织实现其公益性目的的事项。

不当行为,是指包括实施者进行任何行为时知道(或应当知道)该行为构成刑事犯罪、不合法或不适当的行为。

管理不善包括实施以下行为:

- 浪费或误用慈善资源;
- 破坏慈善组织信誉;
- 让受益人冒险。

慈善组织的"目的",是慈善组织设立的目标(例如扶贫和促进健康)。慈善目的应:

- 符合《法案》(2011 年)中 13 项"目的"之一或多项;
- 以公共利益为目标(即"公共利益要求")。

专业筹款人,是指完全或部分为慈善目的而开展商业筹资活动的人,或为慈善组织筹集资金或其他财产的人,不包括以下人员或机构:

- 慈善组织或"关联公司";
- 慈善组织或关联公司的任何高级职员或职员;
- 慈善组织受托人或代理受托人;

- 任何公共慈善筹款人,但发起人除外;
- 在电视或广播中筹集资金的人;
- 任何商业参与者;
- 单个倡议收费不超过1000英镑的人,或没有倡议时每日收费不超过10英镑或每年不超过1000英镑的人。

限定基金,是指依据特殊信托,用于更广泛慈善组织目的的基金。限定基金可以是限定收益基金,可依据受托人决定用于慈善组织的某个特定目的;也可以是捐赠基金,其资产必须用于投资或留于实际使用,而不能花费。

筹款声明,是指以下人员作出的声明:

- 专业筹款人向公众筹款时作出的声明;
- 商业参与者在解释慈善组织如何从促销活动中收益时作出的声明;
- 参与公众筹款时任何非志愿者的筹款人作出的声明。

该声明必须说明该个人或机构与慈善组织的关系,以及他们或慈善组织可以收到的款项。

附属交易公司,是指慈善组织所有的任何非慈善性交易公司,代表慈善组织开展交易,包括多个慈善组织完全所拥有的公司,虽然该公司不完全是任何一个慈善组织所有。

受托人,是指慈善组织受托人。慈善组织受托人是负责管理慈善组织以及指导慈善组织的管理和运作的人。慈善组织管理文件中可能称其为受托人、委员会、管理委员会、管理者、主管或其他称呼。《法案》(2011年)将慈善组织受托人定义为对慈善组织享有根本控制的人,不论其在慈善组织规章中如何称呼。

价值观,是指慈善组织以某种方式开展其工作的承诺。慈善组织价值观通常会传达给其职员、志愿者、共事的人和公众——帮助他们了解慈善组织如何开展工作、希望有哪些行为以及目的是什么。

价值观可以通过任何方式表达,有些慈善组织的价值观是“协作”“尊敬”“关注儿童”“独立”“我们力求信守承诺”。

然而,并没有要求慈善组织必须拥有明显的价值观。

附件1 慈善法立法和规定中法定要求的总结

1. 与专业筹款人和商业参与者共事

慈善组织让专业筹款人代表其筹集资金或与商业参与者签订协议,适用特殊规定,有以下要求:

- 慈善组织与专业筹款人或商业参与者订立符合特殊要求的书面协议;
- 专业筹款人、商业参与者和慈善组织职员有偿在公众场合筹款,做出符合各项要求的筹款声明;
- 一些大型慈善组织在年报中说明其专业筹款或商业参与的方法。

民间协会办事处已就现行要求提供了**详细指引**。

1a. 书面协议

现行要求

除有书面协议外,商业参与者不得开展专业筹款或促销。该书面协议必须由各方签字且包括以下内容:

- 各方当事人的姓名和地址,以及本协议的签署日期、存续期间和协议解除条款;
- 对主要目标和方法的说明;
- 基金必须尽快移交给慈善组织;
- 代表慈善组织的专业筹款人和商业参与者必须将筹款的慈善组织详情和其收取的资金数额告知捐赠公众;
- 商业参与者必须向公众说明,其购买每个产品或服务的具体金额或将一定比例的价款交给慈善组织,或必须说明与促销活动有关的数额;
- 若协议的一方当事人不止一家慈善组织,协议中必须约定捐赠的资金如何分配给各个慈善组织。

查阅账簿和记录的权利

《规定》(1994年)要求与慈善组织签订协议的专业筹款人或商业参与者保留任何与慈善组织相关且基于协议保存的账簿、文件或其他记录(无论以何种形式保留),经慈善组织要求,在适当时间提供给慈善组织。

新要求

自《法案》(2016 年)施行起,书面协议应包含以下内容:

- 专业筹款人或商业参与者自愿同意的筹款规定下的筹款标准或计划详情;
- 专业筹款人或商业参与者将如何保护弱势群体和其他公众成员,免受以下行为的影响:
  - 无理由侵犯个人隐私的行为;
  - 不合理的持续行为;
  - 给捐赠人施加不合理压力的行为;
  - 慈善组织将如何监管对协议的遵守。

1b. 筹款声明

有偿筹款人(包括慈善组织职员、受新受托人、专业筹款人和商业参与者)为慈善组织利益请求资金或财产时,必须做出筹款声明,说明其情况。

多数筹款人有义务做出筹款声明,包括以下人员:

- 为慈善组织利益请求资金或财产的专业筹款人;
- 在促销活动中表示将向慈善组织捐赠的商业参与者;
- 其他参与挨家挨户筹款或街道筹款的有偿筹款人,例如官方代表慈善组织(或关联公司)筹款受托人、高级职员和雇员。

有偿筹款人必须说明以下事项:

- 其代表筹款的慈善组织,或其为慈善目的筹款,而非为某个慈善组织的利益;
- 为多家慈善组织筹款的,慈善组织收益的比例,或者(为慈善目的筹款的),如何在不同慈善组织间分配收益;
- 其是慈善组织或关联公司的高级职员或雇员,还是该组织的受托人,在此范围内担任筹款人;
- 其作为高级职员、雇员、受托人或作为筹款人而获得报酬。

除上述要求外,专业筹款人必须说明:在倡议中,其报酬如何计算,具体金额为多少。

商业参与者筹款说明与其他有偿筹款人的不同。商业参与者必须明确说明以下内容：

- 因促销活动而受益的慈善组织；
- 若不止一个慈善组织受益，各个慈善组织获益的比例；
- 销售商品、服务或促销商品的收益中交给慈善组织的比例，或销售商品、服务或开展促销活动的捐款中交给慈善组织的总金额。

1c. 专业筹款或商业参与协议报告的新要求

《法案》(2016年)施行后，要求一些大型慈善组织在受托人年报中包括新的说明，其中，包括但不限于其与专业筹款人或商业参与者签订的协议，这些新要求之后会说明。

2. 大型慈善组织筹款的报告要求

已登记的慈善组织必须准备年报和账目，说明资金来源和基金使用情况。

一些大型慈善组织必须遵守有关如何报账和报告筹款活动的特定规定和要求。这些要求规定于可适用的SORP中。《法案》(2016年)施行后，一些慈善组织将增加以下要求：

若《法案》(2011年)第144条第2款适用于慈善组织的财政年，受托人在该年份的年报中必须说明当年的以下事项：

- 慈善组织或代表慈善组织的任何人采取的筹款方法，以及是否由专业筹款人或商业参与者开展筹款活动；
- 慈善组织自愿同意筹款规定中任何筹款标准或计划的详情；
- 慈善组织或代表慈善组织的任何人未遵守其自愿同意筹款规定中的筹款标准或计划的详情；
- 慈善组织是否有监督其他人代表其开展的筹款活动，若有，如何监督；
- 慈善组织或代表其开展筹款活动的人收到的有关筹款活动的投诉数量；
- 慈善组织为保护弱势群体和其他公众成员免受以下行为影响而采取的措施：
    - 无理侵犯个人隐私的行为；

- 不合理的持续行为;
- 给捐赠资金或其他财产的人施加不合理的压力。

3. 慈善法中的其他要求和规定

慈善状态的说明

《法案》(2011 年)要求收益为 1 万英镑以上的已登记慈善组织在大量文件中说明其为已登记的慈善组织,包括网站、广告和其他文件,例如收据。这一要求还适用于筹款中使用的人恶化通知、广告或文件。对于还在苏格兰运营的慈善组织,法律还有其他规定。

失败的倡议

若筹款倡议筹得的资金不足或过多,该倡议即为失败倡议。若某项倡议没有筹得足够资金,捐赠人有权获得退款。若筹得的资金过多,再将多余资金用于相同目的之前,需要委员会依据《法案》(2011 年)做出合法授权或方案。

更多有关赈灾救援倡议中失败倡议的信息,详见**《救灾:慈善委员会关于成立、运营以及扶持公益性救灾的指引》(CC40)**。

《法案》(1992 年)规定了电话筹款和广播倡议相关的书面声明和退款的特殊要求。若捐赠人向专业筹款人或商业参与者支付 100 英镑或以上,不论慈善组织收到多少金额,捐赠人都有权自收到电话筹款人或广播倡议的书面声明之日起 7 天内要求退款。

更多有关上述规定的信息,详见民间协会办事处指引:**《慈善筹款:〈慈善法〉(1992 年)第二部分指引》**。

禁止令

《法案》(1992 年)和《规定》(1994 年)规定慈善组织有权请求禁止令,阻止某人以慈善组织名义筹款,但须满足以下任一条件:

- 筹款人使用慈善组织反对的方法;
- 筹款人不是为慈善组织筹款的适合人选;
- 慈善组织不希望与该筹款活动有任何关联。

更多有关《法案》(1992 年)和《规定》(1994 年)的规定,详见民间协会办事处指引:**《慈善筹款:〈慈善法〉(1992 年)第二部分指引》**。

附件2 信息来源

负责筹款监管的组织

遵守《筹款行为规范》

从2016年夏季起，**筹款监管机构**负责监管慈善组织对《筹款行为规范》的遵守情况，并对投诉做出判决。

彩票、现金筹款和物资筹款

博彩委员会负责监管商业博彩和国家彩票，其职责包括对博彩形式的许可，例如，以正当理由筹款的彩票。

地方许可部门授予慈善组织许可，以现金或其他物资形式筹款，如衣物。无论是街道筹款还是挨家挨户筹款，都需要获得许可。在伦敦自治市（不包括伦敦市）进行筹资的，由**伦敦警察厅**授予许可。在伦敦市进行筹款的，由**伦敦市行政许可中心**授予许可。公众可直接与慈善组织确认筹款行为是否经许可，或联系当地的许可机关确认。

广告和营销

英国广告标准局是英国所有传媒广告的自律监管机构，同所有广告商一样，慈善组织必须确保其广告不含误导、有害或侵犯信息。

英国通信管理局是通信监管机构，管理电视节目和无线电广播、固定电话、移动电话、邮电及无线电视广播。英国通信管理局在《广播法》中指定了很多规定，保护观众和听众。

数据保护

信息专员办公室（Information Commissioner's Office，ICO）是英国的独立机关，负责基于公众利益保护信息权，促进公共机关的公开和个人数据隐私，所有涉及记录个人详细信息的筹款活动均须遵守数据保护相关法律。开展面对面筹款、在线筹款、邮件筹款、活动筹款、广播或电话筹款的慈善组织在处理个人详细信息，例如，姓名、联系方式、信用或直接付款信息时，应该了解并遵守数据保护的相关立法和规定。ICO已就这些问题为慈善组织汇编了指引。

诈骗

防诈骗局设置了联络中心，接收有关诈骗和有经济动机的网络犯罪的信息。慈善组织或公众发现任何慈善组织行骗，或受害者，应该向防诈骗局**举报**。他们还可以联系**地方警察局**、地方交易标准中心和相关慈善组织监管机构。

税收

英国税务与海关总署(Her Majesty's Revenue And Customs,HMRC)是英国的税务机关,其职责是防止并制止避税和逃税。

其他慈善组织监管机构

北爱尔兰慈善委员会(Northem Ireland Charity Committee,NICC)是北爱尔兰境内慈善组织的监管机构,**苏格兰慈善组织监管机构**(Coffice of the Scottish Charity Regulator,OSCR)是苏格兰境内慈善组织的监管机构。一些慈善组织可免于登记并不受委员会的直接监管,其受托人的基本要求与其他已登记慈善组织受托人的相同,但有些慈善法的要求不对其适用。大多数(但不是全部)的免登记和免管理慈善组织现在有主要监管机构,负责监管其对慈善法的遵守情况。

本刊中的指引

委员会指引

关于受托人的事宜:须知信息及须做事项慈善组织和风险管理;

如何管理慈善组织志愿者;

受托人、交易和税收:慈善组织如何合法交易;

管理慈善组织资产与资源管理;

慈善组织管理、财务和复原力:受托人应该问的15个问题;

慈善组织的财务问题;

慈善组织的内部财务管控;

救灾:委员会关于成立、运营以及扶持公益性救灾的指引慈善组织的报告和账目:2015年3月要点;

慈善组织:尽职调查和对资金最终使用的监管;

保护慈善组织免受损害:合规工具包;

如何报告慈善组织中的重大事故;

风险框架:委员会;

监管警告:委员会。

其他关键指引

筹款机构出台的《**筹款行为规范**》和**支持指引**;

民间协会办事处出台的《法案》(1992年)现行要求**详细指引**。

如何建立慈善组织

（CC21a）

步骤1:确定建立慈善组织是否正确

慈善组织为公共利益而存在。因此,慈善组织应:

- 支付经扣减的营业税;
- 享受税收优惠;
- 获取特定的拨款和经费。

但慈善组织能做什么和如何工作都有所限制,例如,慈善组织需要:

- 遵守慈善法,其中,包括向慈善委员会和公众报告其工作;
- 只做法律规定的慈善事业;
- 由受托人运营,但受托人通常不从慈善组织中获益;
- 独立性——慈善组织可与其他组织合作,但必须独立决策如何实现慈善目的。

法定要求

根据法律,若要设立慈善组织,设立慈善性法人组织(Charitable Incorporated Organisation,CIO)或年收益超过5000英镑的,必须向委员会申请登记,但不需要登记的特殊类型的慈善组织除外。发现需要登记的慈善组织未登记的,委员会将采取措施,确保其登记。

若慈善组织不属CIO且收益低于5000英镑的,无须在委员会登记,但必须向英国税务与海关总署(Her Majesty's Revence And Customs,HMRC)申请确认其为慈善组织,这样才能要求收回救援捐赠物资等的税收。

确定组织类型为慈善组织。非营利组织和社会企业有很多,但不是所有的都是慈善组织。

例如,社区公益公司(Community Interest Compony,CIC)或在英国税务海关总署登记为社区业余体育俱乐部(Community Amateur Sports Club,CASC)的均不是慈善组织。

确认成为慈善组织不影响原定目标的达成,例如:

- 慈善组织受托人通常是无偿的志愿者——只有经授权后才能获得报酬;

- 慈善组织通常不会给任何与其相关的人好处,例如,给受托人家人或公司提供工作,但经授权的除外;
- 慈善组织只能从事法律认可的慈善目的——不得同时从事慈善和非慈善目的;
- 慈善组织不得参与特定政治活动,例如政府竞选活动;
- 慈善组织开展的交易有严格规定;
- 登记的慈善组织必须向公众提供其活动和财务的最新信息;
- 慈善组织是积极对外的——不是为某一固定团体的狭隘利益而设立。

建立新慈善组织的其他方法

英格兰和威尔士的登记慈善组织超过 16 万个,未登记的更多。建立和经营慈善组织工作甚多。因此,可以通过以下方式工作。

与现有慈善组织合作

可以联系一家现有慈善组织,了解是否有合作可能。

通过以下服务,找到所属领域的受托人和其他志愿活动机会:

- 全国志愿组织理事会的受托银行(Trustee Bank from the National Council for Voluntary Organizations);
- 受托人发现者(Trustee Finder);
- 受托人工作(Trustee Works);
- 志愿者招募(Find volunteer placements)。

放弃慈善组织,建立专项基金(named fund)

若想要为一次性事件(如灾难)筹集资金,一些慈善组织会允许建立专项基金会。

相对于建立和运营慈善组织,这种方法节约时间和精力,最初的需求得到满足时,可以立马结束。取决于慈善用途,筹款人可以说明其对资金去向的要求。

- 建立捐赠基金会——英国社区基金会;
- 建立 CAF 慈善信托——英国慈善救助基金会。

建立非慈善社会企业

“社会企业”是以社会、环境和社区为目标,且没有慈善目的的企业。

步骤2:决定慈善组织目的

若选择建立慈善组织,首先要决定慈善组织目的,这是慈善组织需要实现的目标,也是其存在的理由。

慈善组织目的至关重要,原因如下:

- 有助于委员会判定该组织是否为慈善组织,有助于HMRC决定该组织是否有资格享受税收优惠;
- 可以向运营、支持慈善组织或从慈善组织中获益的人说明组织在做什么,以及在帮助谁;
- 慈善组织只能做符合其目的的事。

法定要求

慈善组织的运营必须符合慈善组织目的,并有助于目的的实现。

慈善目的:法律要求

要成为英格兰和威尔士的慈善组织,任何计划实现的事情必须与慈善相关,这意味着其目的必须符合以下要求:

- 属于“目的说明”中的一项或多项;
- 基本上使公众受益或使一定数量的公众受益。

知晓并非所有能使社区受益的事或有正当理由的事都是慈善的。

用语言表达慈善组织的目的

慈善目的中应说明:

- 工作的预期成果是什么;
- 在哪里产生这些成果;
- 如何实现这些成果;

- 谁可以从该成果中收益。

例如：

“为了公共利益，救助（什么）世界各地（哪里）因战争、自然灾害或灾难而需要帮助的人（谁），特别是提供医疗救助（如何）”；

列明受托人可以单独帮助慈善组织实现目的（“权力”）的事——如筹款。

更多信息，详见《如何表达慈善目的》。

步骤3：选择慈善组织结构

一旦决定了慈善组织目的，就需要决定慈善组织的组织结构。

慈善组织的结构主要有以下四种类型：

- 慈善性法人组织；
- 慈善保证公司（charitable company limited by guarantee）；
- 非法人组织（unincorporated association）；
- 信托机构（trust）。

选择适合慈善组织运营的组织结构至关重要，更多信息请参阅**《慈善组织类型：如何选择组织结构》**（CC22a）。

步骤4：拟定规章

慈善组织规章是创建慈善组织并说明其应如何运作的法律文件，包括以下内容：

- 慈善组织的名称；
- 慈善组织的慈善目的（“目标”）；
- 为实现目标可以做的事（“权力”），如借款；
- 慈善组织由谁运营（“受托人”）以及谁可以成为成员（若有的话）；
- 如何召开会议；
- 任命多少受托人以及如何任命；
- 有关给受托人付款、投资和持有土地的任何规定；
- 受托人是否可以修订规章，包括慈善目标（“修订条款”）；
- 如何关闭慈善组织（“解散条款”）。

更多有关拟定、使用和修订规章的信息，请参阅**《如何拟写慈善组织规章》**

(CC22b)。

步骤5:选择名称

慈善组织名称是慈善组织的品牌,是人们决定捐赠或关注志愿者时记住的东西,所以名称至关重要。

作为受托人,要负责为慈善组织选择一个名称。若登记慈善组织时使用的名称具有误导性或已被其他慈善组织使用,委员会会要求变更名称,相关费用由该慈善组织承担。

更多信息请参阅《如何选择慈善组织的名称》。

步骤6:寻找受托人

慈善组织受托人是慈善组织的管理机关,常被称为受托人、主管、董事会成员、管理者或委员会成员。

慈善组织受托人是决定如何运营慈善组织的人,负责对慈善组织总体管控和管理。

作为受托人,你必须尽可能认真地把慈善组织事务视为自己的事务来运营,这意味着要确保慈善组织有偿付能力、经营良好,且符合其设立时的要求。

招募充足的受托人以获取需要的技能和经验,慈善组织规章中应说明需要任命多少名受托人,委员会建议至少有3名不相关受托人,且具备不同技能。

例如,以下人员:

- 具备筹款或财务等专业技能的人;
- 具备社会交际的人,可能有助于吸引志愿者;
- 能了解或反映慈善组织帮助人群需求的人。

更多有关受托人招募的信息,请参阅《受托人委员会:人员和技能》。

步骤7:资助慈善组织工作

建立慈善组织后,开始筹集资金。

为慈善组织筹集的资金必须安全保管,并合理做账。

小型慈善组织也需要银行账户,很多银行都设有“会计”或“社区”账户——

适用于未登记的小型慈善组织。

除不需要登记的特殊慈善组织外，一旦收益超过 5 千英镑，慈善组织必须在委员会登记。慈善组织为法人慈善组织的，不论收益多少，必须登记。

《如何为慈善组织筹集资金的指引》

申请登记慈善组织的时机
（CC21b）

若慈善组织在英格兰或威尔士建立,且年收益超过5000英镑,则必须在慈善委员会登记。慈善组织应登记却未登记的,委员会将采取措施,让其按规定登记。

慈善组织为慈善法人组织(Charitable Incorporated Organization,CIO)的,不论收益多少,必须登记。

只有在慈善组织建立之后,才需要申请登记,这表明已完成以下事项:

- 决定慈善组织的目的;
- 决定慈善组织的组织结构类型;
- 拟写规章;
- 选择名称;
- 招募受托人;
- 决定如何资助慈善组织。

如何申请登记慈善组织

使用慈善委员会的"申请登记慈善组织"服务

新慈善组织的登记申请

还可以登录后继续进行已保存申请

- 继续进行在新的"申请登记慈善组织"服务中开始的慈善组织登记申请;
- 继续填写之前的在线申请表格。

若在之前的在线表格中开始申请登记,可以继续填写该表格,但需要在2016年7月14日之前填写并提交。

一旦开始申请,会获得一个参考号码,以便保存表格,并可于开始填写后3个月内随时继续填写。

申请登记慈善组织——用户指南

PDF,230KB,10页;

本文档不适用于辅助技术用户。

不需要登记的慈善组织

小型非法人慈善组织

若在英格兰和威尔士建立的慈善组织不是慈善性法人组织,且年收益低于5千英镑,则无须申请登记,但仍可以向英国税务海关总署申请登记为慈善组织,获得慈善税收减免和主张捐赠给付减免。

可以向委员会申请自愿登记这类慈善组织,但只有在例外情形下,委员会才会考虑此类申请。例如,若可以证明该慈善组织获得大量资金,但收取资金时必须提供慈善组织登记号码。

"免登记"慈善组织

一些慈善组织收益低于特定数额(现行为年收益10万英镑)的,无须在委员会登记。这些"免登记"慈善组织包括:

- 一些基督教派(以及相关基金)的教堂和小礼堂;
- 武装力量的慈善基金;
- 童子军团体。

若慈善组织是大型慈善组织的地方分支,可以不登记,但独立的慈善组织除外(如自己控制其资金),与总组织确认是否需要登记。

更多信息请参阅委员会关于免登记慈善组织的指引。

其他不能登记的慈善组织

委员会不得登记不在英格兰和威尔士设立的慈善组织——苏格兰和北爱尔兰地区有自己的慈善组织监管机构。

一些慈善组织不能在委员会登记,因为他们受其他组织的监管(他们属于"被豁免的"慈善组织)。这些"被豁免的"慈善组织包括:

- 多数英格兰大学;
- 多数国家博物馆和画廊;
- 某些学校管理机构或学院信托机构。

如何申请登记慈善组织

在申请前,要阅读委员会有关如何建立慈善组织和如何表达慈善组织目的的指引。

仔细阅读申请的问题,包括指导笔记,并充分回答这些问题。

申请应满足委员会要求,提供以下信息:

- 该组织是慈善组织,且应登记;
- 受托人了解其角色和职责。

对于满足所有要求的申请,委员会将在 5 个工作日内完成登记。但若有需要了解更多信息或说明的,委员会可将登记延长至 45 个工作日,例如,出现以下情形:

- 未能充分回答所有问题;
- 未使用批准的规章或范本;
- 未明确表达慈善组织的目的,说明目的是什么以及如何实现;
- 未能充分说明慈善组织目的如何符合公众利益,以及如何为了公众利益开展活动;
- 慈善组织的目的具有新颖性或独特性。

申请不明确或不完整的,委员会将退回申请,需要重新提交。

若你需要在特定日期前登记慈善组织,请提前提交申请。

有任何可能影响申请特殊情形的,必须告知委员会——例如,需要紧急设立慈善组织的,如救灾倡议,但受托人没有时间处理并同意慈善组织规章。

慈善组织的信息

需要提供以下信息:

- 慈善组织的主要银行或建房互助协会的详细信息,如银行代码、账户或名册号(roll numbers));
- 慈善组织的联系方式,包括通信地址——除特殊情况外(如避难),通常不是邮政信箱地址;
- 慈善组织规章的 PDF 格式复印件——该复印件须经签字或必要见证;

- 慈善组织是公司的，提供登记证书和章程的复印件；
- 慈善组织收益超过 5000 英镑的证明（CIO 除外）——可以是最近的年报、最近的银行对账单或经认证的资助机构提供的正式资助邀请。

受托人的信息

每个受托人都必须阅读并签署受托人声明表，确认其可以作为表中具名的组织的受托人，委员会不接受电子签名。

委员会将审查申请中的所有受托人，确认其有资格担任该职位。

需要扫描该文件并以 PDF 格式的文件发送，并提供以下信息：

- 每个受托人的全名（记录在慈善组织公设登记簿中）；
- 受托人的曾用名、出生日期和联系方式，包括电子邮箱地址（若有不记录在慈善组织公设登记簿中）；
- 说明任何受托人（或与之相关的人）是否以任何方式从慈善组织中获益。

若慈善组织的工作与弱势群体（如儿童）相关，则需要确认已阅读委员会有关保护儿童等弱势群体的指引，并签署声明，确认受托人已经进行法律要求的所有必要检查。

> 受托人签署受托人声明表即代表其确认有责任提供真实、完整和正确的信息，且知晓依据《慈善法》（2011 年）第 60 条，故意做虚假或误导性陈述构成刑事犯罪。

申请后续事项

申请后，将收到一封自动回复的电子邮件，确认已收到申请。

委员会将在 48 小时内评估提供的信息，并确保以下事项：

- 该组织属必须登记为慈善组织的类型——若没有登记必要，委员会将不考虑你的申请，但特殊情况除外；
- 已充分回答了所有必要问题；
- 已提供有关慈善组织和受托人的真实信息；
- 所有受托人均有资格担任该职位，包括与其他机构一起核查。

若申请中提供的信息不足以让委员会判定该组织是否为慈善组织，将退回

申请。若出现这类情况,委员会将要求重新提交申请。委员会将依据提供的信息和相关法律做出以下决定之一:

- 将该组织登记为慈善组织;
- 将该组织登记为慈善组织,但受托人必须采取一些措施,登记后委员会将跟踪调查;
- 驳回申请,理由是该组织不能作为慈善组织设立。

若申请成功

若委员会决定该组织是慈善组织且应登记,则委员会将:

- 该慈善组织载入慈善组织登记簿——慈善组织的登记事项应在接到决定通知后48小时内显示在公设登记簿中;
- 以电子邮件方式将慈善组织号码发送至慈善组织的主要联系邮件;
- 以电子邮件方式将有关受托人职责的在线指引发送至每个提供了电子邮箱地址的受托人。

记得到英国税务与海关总署登记税务优惠。

若委员会已经以受托人采取特定措施为条件登记该慈善组织,委员会将:

- 在登记后监管慈善组织的活动;
- 要求提供证明受托人已经采取归档措施的证据。

若受托人未采取规定措施,委员会可采取监管措施。

若申请失败

委员会将书面确认申请被驳回的理由,申请人可以采取以下任一种措施:

- 重新申请,并说明你已解决之前被拒的问题;
- 要求委员会复议驳回申请的决定;
- 向慈善法庭上诉。

慈善组织类型:如何选择组织结构

（CC22a）

2015 年 3 月

若希望慈善组织成为法人团体，可以建立慈善性法人组织（Charitable Incorporated Organization，CIO），唯一的成员就是受托人，没有其他成员。但必须完成以下事项：

- 建立组织制度作为规章——使用委员会的标准CIO基金会组织制度（或相近文本）；
- 在委员会登记该CIO，使其合法存在；
- 保留受托人（也是成员）登记簿；
- 每年向委员会报告账目和年利润，不管年收益是多少。

若现存慈善组织希望转变为CIO组织结构，需要选择最适合原来慈善组织的CIO组织制度。若原来的非法人慈善组织具有以下情形，应使用协会模式：

- 有组织制度作为规章；
- 有其他成员享有重要决策的表决权，如选举受托人或委员会成员。

若原来的慈善组织具有以下情形，应使用基金会模式：

- 以信托协议、意愿书、方案或财产转让契约的形式管理；
- 由受托人单独运营；
- 没有享有表决权的会员。

完善合适的CIO组织制度模板作为新CIO的规章。组织制度一经受托人同意，即可到委员会登记新的CIO。

不论选择何种CIO模式的组织制度，若此后认定其他组织制度更为合适，则可修改组织制度，做出相应变更。

没有公司结构的慈善组织：该选择何种类型

更广泛的会员

若希望慈善组织拥有更广泛的会员，但不需要公司结构（例如，其资产可以相对较低），可以建立非法人组织，并选择一种组织制度作为规章。

无更广泛的会员

若不需要公司结构或更广泛的会员，可以建立信托，例如，具有以下情形的：

- 不可能雇用大量职员或开展各种类型的业务；
- 只拨款，不做其他任何工作。

选择一种信托协议作为规章,协议中必须规定慈善组织原始资金、土地或其他资产(不论多少),否则,就不能到委员会登记。

如何拟写规章

一旦决定结构后,就可以拟写规章。规章中需要确定慈善组织目的和如何运营慈善组织。更多信息请参阅**《如何拟写慈善组织规章》**。

如何变更慈善组织的组织结构

若受托人认为新的组织结构更适合其运营模式,通常慈善组织都会变更其组织结构。

受托人想要达成的目的决定了组织结构变更的复杂程度。

更多信息请参阅**《变更慈善组织的组织结构》**。

如何拟写慈善组织规章
（CC22b）

慈善组织规则:规章

慈善组织的规章是一种法律文件,相当于一本规则手册,规定了以下事项:

- 慈善组织的慈善目的(“目标”);
- 为实现目的可以做什么(“权力”),例如借款;
- 谁负责经营(“受托人”)和谁可以成为成员;
- 如何召开会议和任命受托人;
- 向受托人支付报酬、投资和持有土地的规定;
- 受托人是否可以修订规章,包括慈善目的(“修订条款”);
- 如何关闭慈善组织(“解散条款”)。

受托人必须有慈善组织规章的复印件,且需要经常阅读,因为这有助于其了解如何运营慈善组织。例如:

- 需要多少受托人才能做出决策、如何招募受托人以及如何召开受托人会议;
- 如何管理慈善组织的资金、土地、财产和投资,并记录账目;
- 如何解决内部纠纷。

如何拟写规章

规章模板

使用下列任一种慈善组织标准规章:

- 作为模板(推荐)——此举更易于登记慈善组织;
- 作为参考——了解什么是规章以及必须包含的内容。

选择适合慈善组织类型的规章:

- 组织制度(适用于非法人组织);
- 慈善法人组织(Charitable Incorporated Organization,CIO)基金会或组织制度(适用于 CIO)——见下文;
- 组织大纲和章程(适用于慈善公司);
- 信托协议或意愿书(适用于信托)。

若使用一种标准规章,请完整填写该模板,勾选所有适用于你的慈善组织的选项,按要求签字并注明日期。

若建立的慈善组织与国家组织相关,则应使用该组织特有的规章模板。慈善组织必须严格遵照该模板,不得作任何变动或增添。也可以询问该国家组织能否使用委员会的标准规章。

有批准的规章的组织。

选择正确的 CIO 组织结构

若要建立新的 CIO,请一定选择适合于其结构的组织制度。

- 若 CIO 的唯一成员是受托人,则应使用基金会制度;
- 若 CIO 有**更广泛的成员**,包括受托人之外的有投票权的成员,则应选择组织制度。

若现有慈善组织希望转变为 CIO 组织结构,可以选择最适合原慈善组织的 CIO 标准组织制度。若原非法人慈善组织具有以下情形,可以使用协会模式:

- 有组织制度作为规章;
- 有其他成员享有重要决策的表决权,例如,选举受托人或委员会成员。

若原来的慈善组织具有以下情形,应使用基金会模式:

- 以信托协议、意愿书、计划或财产转让契约的形式管理;
- 由受托人单独运营;
- 没有享有表决权的会员。

填写适当的**CIO 组织制度模板**,作为新的 CIO 规章。一经受托人同意组织制度,就可以到委员会**登记新的 CIO。**

不论选择何种 CIO 模式的组织制度,若以后你认为另一种组织制度更适合慈善组织,你可以修改组织制度,做出相应变更。

规章需要包含的内容

若没有适合于该慈善组织的模板,可直接拟写自己的规章。若申请登记慈善组织,委员会希望在该组织的规章中包含以下特定条款:

条款	内容
名称	慈善组织名称和(若是信托机构或非法人组织的)变更名称的权力
目标	设立慈善组织的目标(其目的必须都是公众利益的慈善目的)
权力	为实现目标,受托人可以做什么事(例如,筹款、购买或出售财产、借款或与其他组织合作)
慈善组织受托人	有多少受托人、谁可以担任受托人、如何任命受托人、任期多长、是否可以连任
慈善组织会议和投票	需要召开多少次会议、如何安排、如何任命主席、如何进行投票和计票(包括投票的最少人数)
成员(若适用)	谁可以成为成员、有何年龄限制、如何结束成员资格、如何召开成员会议
财务	慈善组织如何符合法定记账要求、谁管控银行账户、谁有权签发支票、是否需要两人签名、其他的内部财务管控
受托人利益	未经委员会批准或规章授权,受托人如何不得从慈善组织获益(合理费用除外)
变更(若适用)	受托人怎样变更慈善组织规章、何时需要委员会批准、如何记录变更
解散	何时可以解散慈善组织、剩余资产如何处理(包括只能用于慈善目的的资产)

根据慈善组织的不同,还可以包括以下事项:

- 如何持有和管理土地或财产;
- 何时可以进行投资,包括道德投资;
- 如何管理慈善组织与其成员、受托人和受益人之间的纠纷。

必要时,请听取律师或慈善组织咨询组织的专业意见。

确保慈善组织规章中的条款符合实现所有慈善目的的需要。若你申请登记,委员会将仔细审查是否符合该要求。

如何表达慈善组织目的(“目标”)

慈善组织规章必须说明其慈善目的,即设立慈善组织的目标。应清楚表达

此条,以实现以下目的:

- 向新的受托人、捐赠人或慈善组织帮助的人说明;
- 决定为实现该目的开展的工作;
- 申请登记慈善组织。

法定要求:慈善组织的运营必须与慈善目的一致且能促成该目的的实现——只是这些目的。

慈善目的:法律

要想成为英格兰和威尔士的慈善组织,其设立的目的必须是慈善性质的。这表明其目的必须符合以下条件:

- 属于"**慈善目的说明**"中的一项或多项;
- 为了**公共利益**。

慈善组织可以有多个目的,但所有目的必须是慈善目的。

结构:目的包含什么

表达目的时,应明确以下几点:

- 工作的预期成果是什么;
- 在哪里产生这些成果;
- 如何实现这些成果;
- 谁可以从该成果中收益。

例如:

"为了公众利益,救助(什么)世界各地(哪里)因战争、自然灾害或灾难而需要帮助的人(谁),特别是提供医疗救助(如何)"。

表达时应简单明了——不能使用模糊的词语。要解释所有的专业术语,如"被社会排斥",应明确表述慈善组织设立的目的,但不要过分限制,必要时,请听取法律意见。

只说明慈善组织将立即开展或在不久的将来开展的活动——其他的以后可以增加。列明受托人为帮助慈善组织实现目的可独立完成的事("权力")。

如何表达慈善目的

如何开始使用规章

四大类慈善组织的受托人均应会面,进行以下事项:

- 讨论并通过规章草案;
- 同意开始使用规章;
- 在打印的规章复印件上签字并注明日期(所有受托人必须完成该项);
- 在会议记录中记录会议已通过此项。

此外,若为慈善公司,受托人应在使用章程前到**公司注册署注册**该公司,获得“注册证书”。

若为 CIO,受托人应在使用组织制度前到**委员会登记该 CIO** ——一旦完成登记,CIO 即设立,可以开展慈善目的。规章上的日期即为登记日期。

若为慈善信托机构,至少有一名独立人见证受托人在信托协议上签字(包括姓名和地址),至此,信托协议即“已签署”。

如何修订慈善组织的规章

随着时间推移,慈善组织目的或实现目的的方式可以变更。若规章阻碍慈善目的的实现,则可修订规章。

更多信息请参阅《**慈善组织规章的修订**》。

豁免慈善组织
（CC23）

2014 年 6 月

目　录

1. 引言

1.1 指引的内容

本指引说明了何为豁免慈善组织、豁免慈善组织必须遵守的慈善法规定、监管方式和慈善委员会帮助豁免慈善组织的方式等内容。本指引仅适用于在英格兰和威尔士建立的慈善组织。

如果为豁免慈善组织运营者或对豁免慈善组织有疑惑,本指引可能会有所帮助。

1.2 简介和总结

一些慈善组织免于登记以及免于委员会的监管,这就是豁免慈善组织。到目前为止,豁免慈善组织还没有慈善监管机构,委员会不能调查豁免慈善组织涉嫌违法的行为,但豁免慈善组织可以向委员会寻求帮助并咨询意见。

慈善法改变了监管豁免慈善组织的方式,促进其对慈善法的遵守,该法开始施行后,所有的豁免慈善组织必须遵守以下要求:

- 有"主要监管机构";或
- 不再具有豁免资格,由委员会作为其监管机构。

主要监管机构必须督促豁免慈善组织遵守慈善法,但没有强制执行权,必须与委员会合作。

该改变在不同类型的豁免慈善组织中逐步展开,可以在本指引附件 1 中查阅目前已有主要监管机构的豁免慈善组织。

豁免慈善组织仍需要遵守慈善法的基本原则,例如受托人义务等,但根据豁免慈善组织是否有主要监管机构,会适用不同的规定:

- 慈善法中某些部分不适用于任何豁免慈善组织;
- 慈善法中某些部分仅适用于有主要监管机构的豁免慈善组织;
- 慈善法中某些部分适用于所有豁免慈善组织。

本指引说明了可适用的慈善法部分规定,以及委员会如何帮助豁免慈善组织。

1.3 术语解释

慈善法,是指《慈善法》(2011 年)。该慈善法融合了《慈善法》(1993 年)《慈

善法》(2006 年)以及其他一些与慈善组织相关的单行法律。

《法案》(2006 年),是指《慈善法》(2006 年)。《慈善法》(2006 年)改变了对豁免慈善组织的监管,并逐步展开。《法案》(2006 年)的规定现已纳入《慈善法》(2011 年)中(以下简称《慈善法》)。

处分,是指对土地的出售、租赁或流转,包括授予通过权或其他权利,以及与受托人进行的所有交易,或给予土地利益(不包括免除租金或进行抵押)。

规章,是一种法律文件,规定了慈善组织的目标和如何运营慈善组织,通常为信托契约、组织制度或组织章程,有些还包括意愿书、财产转让契约、皇家宪章、委员会方案或其他正式文件。

土地,是指英格兰或威尔士地区的土地,不论土地上有没有建筑,还包括土地上的任何不动产或权益,如租赁或通行权。

固定捐赠基金,是指受托人不能作为收益使用的财产(如土地、建筑、投资或现金)。

受托人,是指慈善组织受托人。慈善组织受托人负责慈善组织的整体运营,决定慈善组织的策略,指导慈善组织的管理。慈善组织规章中常将其称为受托人、管理受托人、委员会成员、管理者、主管或其他称呼。慈善法根据其责任和义务将其定义为受托人。

"必须",是指表示必须遵守的特殊法律要求或监管要求。"应该",是指应该遵守的最低行为标准,但有正当理由可不遵守的除外。

2. 豁免慈善组织的监管

2.1 何为豁免慈善组织?

法律要求:豁免慈善组织是指不受委员会监管且不用在委员会登记的慈善组织,具备以下情形的慈善组织即为豁免慈善组织:

- 属于慈善法附件 3 中的组织;
- 只允许豁免慈善组织参与的共同投资或存款基金(详见第 4 条);
- 依据其他立法而享有豁免资格。

更多信息详见本指引附件 1。

2.2 为什么一些慈善组织可以豁免?

一些慈善组织可免于委员会的直接监管,因为他们有其他的组织或机构监管并对其负责。

以前,豁免慈善组织并没有作为慈善组织而被监管,因为这些其他组织并不遵守慈善法,《法案》(2006 年)旨在解决这一问题。

2.3 豁免慈善组织如何被监管?

《法案》(2006 年)改善了监管豁免慈善组织方式,即豁免慈善组织必须符合以下要求之一:

- 有“主要监管组织”,将其当作慈善组织来监管;
- 不再具有豁免资格,由委员会监管。

这些变化将于不同时间引入不同的豁免慈善组织,具体解释详见 2.5。

2.4 何为主要监管机构? 其职责是什么?

主要监管机构负责督促其监管的慈善组织对慈善法的遵守,由内阁部长制定。一般来说,主要监管机构也是这些慈善组织依据其他法律体制的主要监管机构。

主要监管机构:

- 必须督促慈善组织受托人遵守慈善法;
- 监管对慈善法的遵守情况;
- 要求委员会在必要时进行质询,但不得调查慈善组织本身;
- 与委员会合作,确保豁免慈善组织对公众负责;

主要监管机构应该在不改变已采取措施的情况下,开展以上工作。

主要监管机构无权强制执行慈善法,而是与委员会合作,解决慈善组织的相关问题。委员会行使任何权利之前必须咨询主要监管机构的意见,经主要监管机构要求,委员会只能进行法定质询。

2.5 哪些豁免慈善组织有主要监管机构?

不同时期,有关监管机构对不同豁免慈善组织的规定也在发生改变。第一次变化是 2010 年 6 月 1 日,第二次变化是 2011 年 8 月 1 日,第三次变化是 2013 年 9 月 1 日。若以后发生变化,委员会将公布相关信息,目前的主要监管机构列于本指引附件中。

2.6 有停止豁免的慈善组织吗？

以下慈善组织不再享有豁免资格，因为没有合适机关担任主要监管机构：

- 大学和威尔士的其他高等教育机构；
- 剑桥大学、杜伦大学和牛津大学的各个学院；
- 学生会；
- 伊顿公学院和温彻斯特学院；
- 伦敦博物馆；
- 英格兰国教委员会和威尔士的教会代表机构。

以上这些慈善组织由委员会直接监管，停止豁免的慈善组织年收益超过10万英镑的，必须到委员会登记。目前，大多数此类慈善组织（除了极少部分学生会）都已登记。

2.7 公众有关于豁免慈善组织的问题时应该联系谁？

公众有关于豁免慈善组织的问题时，应该首先联系该慈善组织的主要监管机构，详见附件1和附件2。

3. 豁免慈善组织和法律

3.1 豁免慈善组织的受托人有何责任？

法律要求：豁免慈善组织的受托人与其他慈善组织的受托人有一些相同的一般义务和责任。例如，豁免慈善组织的受托人有以下义务：

- 必须合理、负责地实施慈善组织的所有事务；
- 必须从慈善组织最大利益出发，管理各类利益冲突；
- 必须按照规章中规定的目的使用慈善组织收益和财产；
- 必须保护慈善组织的所有财产；
- 必须根据其投资权力进行慈善组织的基金投资；
- 必须重视委员会对公众利益的合理指引；
- 应该定期审核慈善组织的有效性。

更多信息详见**《关于受托人事宜：须知信息及须做事项》**（CC3）。

3.2 慈善法的哪些规定不适用于任何豁免慈善组织?

法律要求:登记

豁免慈善组织不能在委员会登记。

豁免慈善组织不能称其已登记,也不能使用任何已登记的慈善组织号码(即使用之前的号码)。

法律要求:账目、审计和年报

所有的豁免慈善组织都必须对公众负责,必须有合理账目,但在这一问题上,豁免慈善组织与委员会监管的慈善组织有所不同。

豁免慈善组织不用遵守慈善法的以下规定:

- 向委员会提交账目或年报;
- 审计或独立核查账目;
- 准备受托人年报。

许多豁免慈善组织必须依据其法律体制或监管机构的要求准备账目。豁免慈善组织是公司的,必须制作“真实准确”的账目,且要遵守基本规范(包括《会计实务建议准则——慈善组织的会计和报告》)。此外,豁免慈善组织必须做到以下事项:

- 合理记账;
- 准备 15 个月以内的收益和支出的流水账,以及在该阶段结束时,准备资产负债表;
- 至少保留这些账目和说明 6 年,但该慈善组织不复存在且委员会同意其处理的除外。

任何人提出书面申请,豁免慈善组织必须在 2 个月内向其提供其最近账目,因此而产生的成本,豁免慈善组织可以收取相关费用。

法律要求:土地的处分和抵押

处分或抵押慈善组织土地时,豁免慈善组织的受托人必须履行其一般义务(详见 3.1)。与委员会监管的慈善组织不同,慈善法中对处分或抵押土地的限制并不适用于豁免慈善组织。

慈善法要求慈善组织在处分或抵押土地的相关文件中包含特定说明,这点适用于豁免慈善组织,受托人应该就这些问题咨询法律意见。

更多信息详见委员会指引《**出售、出租、转让或抵押：受托人关于处分慈善土地的须知事项**》（CC28）。

3.3 慈善法的哪些条款适用于有主要监管机构的豁免慈善组织？

必要时，委员会在咨询主要监管机构意见后，可以实施以下措施：

- 要求豁免慈善组织变更名称；
- 进行法定质询（只有经主要监管机构要求才可以）；
- 要求某人提供其所有的信息或文件；
- 行使其保护权，暂停或解除受托人，或冻结银行账户等；
- 就慈善组织或失踪受托人的银行不活跃账户做出指示；
- 命令依据慈善法被取消资格的受托人归还在其取消资格期间从慈善组织收取的钱。

法律要求：有主要监管机构的豁免慈善组织必须：

- 获得法院或委员会同意后才能再支出资金准备或推进议会法案；
- 获得同意才能开始法院的慈善组织程序。

这些权利和限制不适用于没有主要监管机构的豁免慈善组织。《法案》（2006年）对豁免慈善组织规定的改变不溯及既往。因此，这些权力和限制通常不适用于指定主要监管机构前受托人的行为或决定。

3.4 取消受托人资格的规定是否适用于豁免慈善组织？

法律要求：适用。慈善法关于取消受托人资格的规定适用于所有的慈善组织，包括豁免慈善组织。委员会有权取消受托人资格，若已经指定主要监管机构，委员会只能在咨询该主要监管机构意见后才能行使上述权利。

3.5 筹款的法定监管对豁免慈善组织是否有影响？

法律要求：有影响。筹款监管适用于所有慈善组织，包括豁免慈善组织。

更多有关筹款监管和一般建议的信息，详见《**慈善筹款：受托人义务指引**》（CC20）。

4. 对豁免慈善组织的帮助和建议

4.1 委员会如何帮助豁免慈善组织?

委员会可以通过许多方式帮助豁免慈善组织,例如提供信息和建议,以及在受托人申请后签发规划和命令。若已经制定主要监管机构,委员会只有在咨询该主要监管机构意见后才能行使上述权力。

申请方案

豁免慈善组织的受托人可以向委员会申请签发指令或制订方案。法律文件或受托人等未对修订规章做出任何规定的,该指令或方案可以修订或修改(若为方案),代替慈善组织的规章。

更多信息详见委员会的指引**《慈善组织规章的修订》(CC36)**。

慈善组织的正式托管

豁免慈善组织可以要求委员会签发指令,将土地授予慈善组织正式托管。

将土地授予慈善组织官方托管的益处详见**《慈善组织“土地持有”服务的正式托管人》(CC13)**。

共同投资和共同存款基金

两个或两个以上豁免慈善组织的受托人可以向委员会申请制定建立共同投资基金(Co-Investment Fund,CIF)或共同存款基金(Co-Deposit Fund,CDF)的规划。CIF和CDF是只有慈善组织能参与的投资方式,每个CIF和CDF本身就是一个慈善组织,但如果建立该基金的方案只允许豁免慈善组织参加,则该CIF和CDF就是豁免慈善组织。

授予受托人实施特定行为的特殊权力

法律要求:委员会可以签发指令,授予受托人(包括豁免慈善组织的受托人)实施可以使慈善组织受益的行为,但本无权实施的行为。但该行为不得是法律或规章专门禁止的行为。

通融付款

法律要求:通融付款是受托人觉得自己有道德义务应该做出的付款,但:

- 不是法定义务;
- 不是规章规定的付款;
- 无法证明是为了慈善组织的利益。

豁免慈善组织的受托人在这些情况下是自愿付款的,必须向委员会申请,并获得委员会批准。受托人放弃收取慈善组织合法享有财产的权利也适用该程序。

更多有关通融付款的信息详见**《慈善组织的恩恤补偿》**(CC7)。

给受托人正式建议

委员会可以给慈善组织一般建议,但也可以提供特殊的正式建议。慈善组织的受托人,包括豁免慈善组织的受托人,可以向委员会申请有关其作为受托人是否适合采取特定行为的正式建议。

受托人依据该建议实施的行为视为适当行为,但该受托人明知或有充分理由怀疑以下情形的除外:

- 该建议忽略了重要事实;
- 建议做出后,重要事实发生了变化;
- 法院已经对该问题做出了判决;
- 法院即将作出判决。

设立证书

豁免慈善组织的受托人可以向委员会申请受托机构的设立证书,委员会应该授予该证书,但委员会认为其设立不符合慈善组织利益的除外。然而,很多豁免慈善组织已经设立,所以,不再因此而获益。

更多有关设立慈善组织受托人的信息,详见**《受托公司的设立》**(CC43)。

4.2 豁免慈善组织有权获得哪些经济福利?

豁免慈善组织有权获得与已登记慈善组织同等的经济福利,即:

- 所得税、企业税和资本利得税的优惠;
- 免遗产税;
- 营业或非国内税率优惠。

更多有关税收优惠的信息请关注英国税务与海关总署(Her Majesty's Revence And Customs,HMRC),地址为:

利物浦(L75 1BB);

默顿路;

圣约翰大楼;

HMRC 慈善组织;

电话:0845 - 302 0203。

4.3 豁免慈善组织如何证明其为慈善组织

豁免慈善组织证明其为慈善组织的最早方法是参考本指引,因为,本指引中列举了各类豁免慈善组织。只有列举在慈善法附件 3 中的慈善组织或被其他法律豁免的慈善组织才是豁免慈善组织。

豁免慈善组织主张税收优惠时也可以将 HMRC 参考号码作为证据,证明其为慈善组织。

有主要监管机构的豁免慈善组织可以请主要监管机构证明其为慈善组织。

4.4 豁免慈善组织可以从何处获得有关慈善法要求的建议?

豁免慈善组织有任何问题应该首先联系主要监管机构,但可以就任何问题向委员会咨询意见。

如果需要联系委员会,就需准备慈善组织规章的完整复印件(委员会已有该复印件的除外)以及在之前使用过的任何参考号码。

在线联系委员会,如果在线方式或指引无法解决问题,如何在线联系委员会?

如果需要任何其他信息(如慈善组织账目),委员会将告知受托人。

附件 1 豁免慈善组织及其主要监管机构

一些慈善组织自委员会于 1853 年成立之时起就具有豁免资格,另一些慈善组织或慈善团体是在那时由不同立法予以豁免。慈善法附件 3 中列明了大多数豁免慈善组织,但仍有一小部分豁免慈善组织不在该附件之列。

慈善法附件 3 中列明的豁免慈善组织

附件 3 中列明的组织只是享有豁免的慈善组织,并非使这些组织成为慈善组织。

附件 3 体现了一些即将发生但还未生效的变化。

教育慈善组织

这类慈善组织包括以下组织:

- 大多数英格兰大学和高等院校;

- 学院信托机构(仅限英格兰地区);
- 基金会和民办学校的管理机构;
- 应试辅导学院(仅限英格兰地区);
- 继续教育机构。

表 1

慈善组织分类	说明
《慈善法》(1960 年)施行前豁免的大学	2010 年 6 月 1 日英格兰高等教育基金管理委员会(Higher Education Funding Council for England,HEFCE)被指定为这类慈善组织的主要监管机构。 这些慈善组织未列于附件 3 中,包括伯明翰大学、布里斯托大学、艾克赛特大学、赫尔大学、利兹大学、莱斯特大学、利物浦大学、曼彻斯特大学、诺丁汉大学、雷丁大学、谢菲尔德大学以及南安普顿大学。
牛津大学、剑桥大学、伦敦大学、杜伦大学、纽卡斯尔大学和曼彻斯特大学; 伦敦大学国王学院和玛丽皇后学院; 经理事会命令豁免的其他英格兰地区的大学、学院或相关机构; 高等教育机构; HEFCE 建立的高等教育机构的继任公司	2010 年 6 月 1 日 HEFCE 被指定为这些慈善组织的主要监管机构。 本类慈善组织包括公开大学,但不包括以下组织: • 牛津大学的任何学院; • 剑桥大学或杜伦大学的任何学院或报告厅(hall); • 任何学生会; • 威尔士高等教育机构。 以上组织自 2010 年 6 月 1 日起不再豁免。 极少部分英格兰高等教育机构从未被豁免,并且需要在委员会登记
继续教育组织	英格兰的主要监管机构是商业、创新和技能部(Business Innovation and Skills,BIS),于 2013 年 9 月 1 日指定。 威尔士的主要监管机构是威尔士议会政府,于 2013 年 9 月 1 日指定
《学院法》(2010 年)中定义有资格的学院所有人(学院信托机构)	这些慈善组织仅存在于英格兰,包括学院、免费学校、技术院校和学院管理或控制的工作室学院。 主要监管机构是教育部(Department for Education,DfE),于 2011 年 8 月 1 日指定

续表

慈善组织分类	说明
基金会、(被资助或控制的)民办学校或基金会特殊学校的管理机构。 根据《学校标准和框架法》(1988年)第21条建立的基金会机构	英格兰的主要监管机构是DfE,于2011年8月1日指定。 威尔士的主要监管机构是威尔士议会政府,于2011年8月1日指定
应试辅导学院[《继续教育和高等教育法》(1992年)中定义的含义]	这些慈善组织位于英格兰,其主要监管机构是DfE,于2011年8月1日指定

博物馆与美术馆

表2

慈善组织分类	说明
以下组织的董事会或受托人: • 维多利亚和阿尔伯特博物馆; • 科学博物馆; • 皇家军械博物馆; • 默西塞德国家博物馆和美术馆; • 英国国家博物馆; • 自然历史博物馆; • 国家美术馆; • 泰特美术馆; • 国家肖像艺术馆; • 华莱士收藏馆; • 帝国战争博物馆; • 国家海洋博物馆; • 英国国家图书馆	主要监管机构是文化、新闻与体育部(the Department for Culture, Media and Sport, DCMS),于2010年6月1日指定,赞助和资助这些慈善组织
裘园皇家植物园的受托委员会	主要监管机构是环境、食品和农村事务部(Department for Environment, Food and Rural Affairs, DEFRA),于2010年6月1日指定,赞助并资助该慈善组织

工业福利(团体福利)和互助协会(包括社会房屋提供者)

这类慈善组织包括以下具有排他性慈善目的的组织:

- 已登记的互助会;
- 工业福利协会(团体福利协会)。

这些组织在金融行为监管局(Financial Conduct Authority,FCA)登记,许多该类组织还是社会房屋提供者,在房屋监管机构登记并受其监管。

附件3中预计了一些即将做出的改变:

- 《工业福利协会法》(1965年)将被更名为《合作社、团体福利协会和信用合作社法》(1965年),相关立法已经通过,但还未生效;
- 未作出有关以后对团体福利协会和互助会监管的确定决策;有可能已登记的社会房屋提供者仍然可以豁免,但如果没有合适的主要监管机构,其他组织将丧失豁免资格。

表3

慈善组织分类	说明
属于注册的非营利性社会房屋提供者的团体福利协会; 属于已登记社会业主的已登记互助会和团体福利协会	暂无主要监管机构
其他已登记的互助会和团体福利协会(非受监管的社会房屋提供者)	暂无主要监管机构

英国国教和卫理公会投资基金

这类慈善组织包括以下组织:

(1)符合《教会基金投资办法》(1958年)规定的任何投资基金或存款基金;

(2)符合《卫理公会基金法》(1960年)规定的任何投资基金或存款基金。

这些慈善组织在《慈善法》(1960年)施行前已获得豁免。附件3中包含撤销这些慈善组织豁免权的条款,但该条款至今未施行,也未确定施行日期。以上慈善组织没有主要监管机构。

未列于慈善法附件3中的豁免慈善组织

圣大卫公教学院管理机构是威尔士指定的继续教育机构,根据法定文件设立并获得豁免。其主要监管机构是威尔士议会政府,于2013年9月1日指定。

只允许豁免慈善组织投资的共同投资和共同存款基金是基于目前仍有效的《慈善法》(1993年)的规定而豁免的(慈善法包括终止豁免条款,但并未确定施行的时间),这些豁免慈善组织没有主要监管机构。

附件2　主要监管机构的联系方式

商业、创新和技术部

谢菲尔德 S1 2FJ;

诺福克街125号;

圣保罗2号;

电话:020 7215 5000。

电子邮箱:eneuiries@ bis. gis. gov. uk;

网址:www. gov. uk/government/organizations, department-for-business-innovation-skills;

商业、创新和技术部与委员会的谅解备忘录。

文化、新闻和体育部

伦敦 SW1Y 5DH;

考克斯浦大街2-4;

电话:020 7211 6000。

电子邮箱:enquiries@ culture. gov. uk;

网址: www. gov. uk/government/policies/maintaining-world-leading-natioanl-museums-and-galleries-and-supporting-the-museum-sector/supporting-pages/providing-funding-for -national-museums-and-galleries;

文化、新闻和体育部与委员会的谅解备忘录。

教育部

电话:0370 000 2288。

联系网址:www. education. gov. uk/help/contactus;

学院网址: www. education. gov. uk/schools/leadership/typesofschools/academies;

教育部与委员会的谅解备忘录。

环境、食品和农村事务部

伦敦 SW1P 3JR;

史密斯广场17号;

诺贝尔之家；

电话:08459 33 55 77。

电子邮箱:defra. helpline@ defra. gis. gov. uk；

网址:www. defra. gov. uk/；

环境、食品和农村事务部与委员会的谅解备忘录。

英格兰高等教育基金理事会

布里斯托尔 BS16 1QD；

冷港巷；

诺色温之家；

电话:0117 931 7317。

电子邮箱:charityreg@ hefce. ac. uk；

网址:www. hefce. ac. uk/whatwedo/reg/charityreg；

英格兰高等教育基金理事会与委员会的谅解备忘录。

威尔士议会政府

加的夫 CF10 3NQ；

凯瑟斯公园；

教育和技术部；

电话:0300 060 3300。

电子邮箱(学校):principalregulatorscholls@ wales. gis. gov. uk；

电子邮箱(FE):principalregulatorschools@ wales. gis. gov. uk；

网址:http://wales. gov. uk/topics/educationandskills；

威尔士议会政府与委员会的谅解备忘录。

附件 3　豁免慈善组织的其他有用指引

- 成为受托人(引言)；
- 慈善组织的基本规范(引言)；
- 制定决策(引言)；
- 利益冲突(引言)；
- 受托人的付款与支出(引言)；
- 学校、学院和大学的指引；

- **提供房屋的慈善组织；**
- **慈善工业及节约互助会和股息的支付；**
- **慈善目的与公共利益。**

附件 3　产业与节约互助社
（CC23）

2015 年 3 月

本文件阐明了慈善委员会对产业与节约互助社和股本利息支付的观点。

产业与节约互助社(Industrial and Provident Societies,IPSs)是在金融服务局(Financial Services Agency,FSA)登记的组织。当下,这些都属于"豁免"慈善组织,不能在慈善委员会登记,但在其他方面仍要遵守慈善法。慈善组织是否有资格作为慈善组织享受税收优惠由 HMRC 决定。

《慈善法》(2006 年)要求所有的豁免慈善组织有主要监管机构,监督其对《慈善法》的遵守情况,或者没有适合主要监管机构的,丧失豁免资格,由委员会监管。以后慈善 IPSs 将如何被监管仍不得而知,政府尚未对此做出任何决定。

一些 IPSs 以合作社的形式建立,不属于慈善组织;另一些以社区福利协会的形式建立,在特定情形下可以作为慈善组织。慈善 IPSs 的活动包括改造、重建和住房项目等。

一些从事社区福利的 IPSs 作为慈善组织享受税收福利,但有权支付股本利息。虽然产业与节约互助社的规定区分了利息和分红,但也表明在多数情况下,利息是从利润中支付的,显然是对利润的分配。

委员会认为,分配利润的权力从根本上与其慈善身份相悖,因为法院认为,法人组织将财产和资产用于盈利以及将盈利分配给成员的权力与其慈善身份相矛盾。

之前,我们已经了解这一领域的法律框架,并在这一框架下讨论了 FSA 和英国税务与海关总署(HMRC)。现在,我们知道,在有些情况下可以支付有限的利息,该付息行为不构成利润的分配。

委员会认为,只要该福利协会的规定中要求具备以下特征,那么,社区福利协会支付股本利息的权力与其慈善身份并不矛盾:

1. 利率的水平不能成为购买股份的动力,且慈善组织受托人能证明给予借款一定的商业利率是出于慈善组织的利益。

2. 该费用是福利协会税务支出的一部分,且在确定盈余之前便支付了该费用。

3. 在应支付利息之前确定利率,就像银行账户或建房互助协会账户一样,不具有追溯力。

4. 考虑到福利协会的利益,有权暂停利息的支付。

5. 福利协会有权暂时或无限期拒绝偿还股金,且有权将股票价值降到正常价值1英镑以下。

6. 股权不得负载任何优先于协会资产的权利。

7. 协会在有清偿能力的情况下解散的，不得以高于所持股份的正常价值向股东支付价款。

委员会还将继续与FSA、HMRC、社区与地方政府部门和其他相关的政府部门和组织代表商讨这一问题。

用户参与:成为受托人的受益人
(CC24)

2012 年 3 月

目　　录

1. 本指引的适用对象

本指引的适用对象为这一类慈善组织,即向个人提供服务,并期望享受其服务或设备的个人可以参与其发展的慈善组织。但对从用户处寻求投入的慈善组织而言,本指引的一般原则对其也有一定帮助。

2. 术语解释

受托人,指慈善组织受托人。慈善组织受托人是负责管理慈善组织并指导其运作的人。慈善组织规章中可能称其为受托人、委员会、管理委员会、管理者、主管或其他称呼。

相关人员,应取其广义的含义,即与对慈善组织运营享有明确、直接利益的用户有密切联系的任何人,包括血缘关系、姻亲关系、同性或异性伴侣、继子女或非婚生子女。

用户,包括任何使用或受益于慈善组织服务或设备的人,不论慈善组织提供的是志愿服务还是合同服务,抑或是代表当地机关或其他组织提供的服务。对不同慈善组织而言,“用户”有不同含义,直接接受服务的人身边的人也会受益于该服务。例如,当慈善组织研究特定的身体症状时,“用户”可以是具有该症状的人、其看护者、为该症状提供建议的医疗或教育专业人员和其他相关人员。虽然慈善组织并没有直接向这些亲属、监护人或看护者提供服务,但由于与实际用户具有财务或法律上的关系或责任,他们也可能对慈善组织的运营享有明确、直接的利益。

必须,指必须遵守的法定或法规性要求;应该,指对基本规范指引最低程度的遵守,但有正当理由拒绝的除外。

3. 用户参与

慈善组织的存在是为了服务用户和潜在用户,提供最能满足其需求的服务。运营良好的慈善组织一直尝试着改善其服务,希望能给用户的生活带来直接而积极的影响,为此探索了无数想法和方法。

许多慈善组织让用户参与改善其服务,“用户参与”一词指获得用户观点和偏好,且让用户影响慈善组织服务的所有可行方式。

用户参与包括以下方面:

- 就慈善组织的服务,与用户进行非正式讨论;
- 常规的用户咨询团队,提供服务问卷;
- 用户通过小组委员会或用户团队进行正式或非正式信息输入;
- 让以前或潜在的用户、用户的监护人或看护者加入受托机构;
- 由用户和非用户组成受托机构;
- 完全由用户组成受托机构。

上述做法难分优劣,要因时因地因对象而异。不同用户的参与方式,对改善慈善组织服务的作用会受到许多因素的影响,如:

- 用户的身份、愿景和技能;
- 慈善组织提供的服务类型;
- 慈善组织的发展阶段;
- 慈善组织的理念及其对组织变革的态度;
- 资助人、成员和支持者的要求;
- 类似慈善组织的实践经验。

很多慈善组织都同时采用多种用户参与方式,或随时间推移变换方式。

4. 委员会对用户参与的态度

慈善委员会支持慈善组织利用用户参与来更有效地实现其目标,很多用户参与的方式都直截了当,且没有出现问题。

本指引特别强调用户受托制度,因为这种用户参与的方式可能带来一系列复杂问题。用户受托制度的应用必须十分谨慎,且若某人身兼用户和受托人双重身份时,要避免利益冲突问题。委员会旨在帮助慈善组织预测并避免可能发生的问题。

本指引建议确保用户受托制度能实现以下目的:

- 实现对慈善组织及其资源的有效管理;
- 明确利益冲突并使其影响最小化;
- 满足受托制度的法定要求。

5. 有效管理

慈善组织应该根据其自身情况和需要,考虑是否吸纳用户作为受托人。用户受托制度可能适合一些慈善组织,但并非所有。慈善组织首先应该考虑的是用户受托制度是否能促进该慈善组织的有效管理,是否对提供服务有积极影响。

用户可以利用其直观体验促进服务发展,帮助其他受托人了解用户观点。采用受托制度可以恢复用户的归属感和赋权感,减少不平等和歧视,提高其他用户对慈善组织的支持度,增强社会凝聚力。还能拓展慈善组织的人脉和影响力,甚至还能打开已经封死的集资渠道。

6. 受托人的责任

所有的受托人,无论是否为用户,均有法律责任。更多信息详见**《关于受托人事宜:须知信息及须做事项》**(CC3)。总而言之,受托人对其慈善组织具有完全责任,必须实施以下行为:

- 与其他受托人一起亲自履行责任,且不得将对慈善组织的管控委与他人;
- 严格按照慈善组织规章的规定行事;
- 仅以慈善组织的利益行事,不得考虑个人利益;
- 谨慎管理慈善组织事务,兼顾长期和短期发展;
- 未经明确法定授权,不得从慈善组织中获得任何个人利益或收益。

任何被任命为受托人的人要充分认识到其责任,这点至关重要。不能将义务强加给未适当了解、不能或不愿履行该义务的人。

用户受托人有时可能感觉其作用仅为对服务的提供发表建议,或代表用户发言,但事实并非如此。他们与其他受托人具有同等地位,应该知道他们的作用不仅是改善服务,高效的受托人不仅能维持高标准的管理,还能改善服务的提供,且根本不存在单纯的利益受托人。

因此,正如其他受托人一样,受托之初对用户受托人的入职培训和后续培训及辅助都尤为重要。有效的受托人培训有助于强化个人优势,弱化劣势,以及弥补知识和经验的欠缺。

慈善组织应该确保所有受托人在硬性条件和时间安排上均能参加所有会议,并确保落实受托人需要的辅助制度。

7. 利益冲突

正如上文所述,所有的受托人必须仅以慈善组织利益行事,不得考虑个人利益或收益。有时候,受托人的个人利益可能会与慈善组织的利益相同或相互冲突。例如,慈善组织进行教育拨款时,一名受托人的孩子可能会申请资助,或帮助脑瘫患者的慈善组织的用户受托人可能会申请该慈善组织的独立生活计划。显然,上述例子中的受托人可能获得拨款或直接帮助。问题不在于这些受托人的诚信,而是对以受托人地位获益可能性的管理。

掺杂利益冲突的慈善组织交易仍然有效,但委员会或慈善组织利益相关人提出质疑的除外。显然,掺杂利益冲突的交易,只要是从慈善组织的利益出发,就不会受到质疑。但如果掺杂利益冲突的交易受到质疑,且未经授权,则有可能无效(详见下一款)。这可能会导致一定的法律后果(例如,若拨款无效,该拨款必须退还给慈善组织)。为了受托人自身利益和慈善组织的公众形象,必须采用一定的方法,明确证明已规避任何潜在的利益冲突。

一般而言,若明确法定授权,受托人不能从慈善组织获得任何利益(包括服务、设备、基金或其他可估价的利益)。法定授权可以通过以下方式规定:

- 慈善组织规章的条款授权;或
- 规章中无相关条款的,由委员会或法院授权。

但以上利益并不包括偿还受托人合理支出的款项,受托人履行其义务时的任何合理费用均为成本,包括差旅费、参加受托人会议或开展受托人工作时照顾收养人的费用、以盲文或录音磁带为盲人受托人提供文件的费用,或者残障受托人提供特殊交通工具、装置或设备的费用。

受托人不得获得任何利益,这一原则的基础是,若不允许受托人从慈善组织获得任何利益,则其在分配慈善组织资源时就不存在利益冲突。更广泛地说,受托人应避免其作为受托人的义务与个人利益之间的冲突。由于双重参与,身为慈善组织服务用户的受托人很可能处于利益冲突的状态。因此,应该注意明确冲突。

作为受托人,不论是否为用户,均需要注意利益冲突的可能性,并减轻其影响。减轻利益冲突影响的关键是在发生此类情况时,做到公开透明。委员会建议,所有受托人均应该将其知晓的任何实际发生或潜在的利益冲突告知其慈善组织。然而,即使受托人将潜在的冲突告知慈善组织,若没有实际授权受托人受益,也可能将直接影响受托人自身利益的交易认定为无效。但如果受托人公开其对慈善组织的特定交易享有个人利益的事实,该交易因不符合慈善组织的利益而受到质疑的可能性就会降低。

若忽视利益冲突,则最终可能对慈善组织造成损害。若交易掺杂利益冲突,则该项交易(包括向用户提供服务)可能会受到质疑。此外,利益冲突会造成资源滥用、资助者和捐赠者预期落空、其他用户受到歧视,最终导致慈善组织罔顾所有原则,为个人利益运营。

若委员会认定慈善组织为个人利益而运营,委员会可以行使权力,纠正该情况,确保该组织的活动为慈善性质。受托人未经授权故意从慈善组织获取利益的,即为违反信托,可责令其向慈善组织归还全部收益。

慈善组织可能希望建立受托人利益登记,任何个人均可以公开记录实际发生或潜在的冲突,委员会建议,定期更新该利益表。

慈善组织可能还想建立冲突处理政策,用以处理工作中可能产生的冲突,包括对受托人在决策中何时需要回避的指引。即使受托人在直接影响其自身利益的决策中回避,也不一定能排除相关交易无效的风险。但如果受托人在决策中回避,相关交易因不符合慈善组织利益而受到质疑的可能性会降低。

不让用户受托人参与任何对其自身或其亲属的个人利益有直接影响的决策,是为了降低因利益冲突而质疑交易的风险。委员会建议,某人避免潜在利益冲突或回避有关个人利益的决策并非针对正直的人品。

如果一项决策结果会导致用户受托人或相关人员获得一些个人利益(例如服务、设备、基金或其他利益),且不与其他受益人分享,委员会将认定该决策会直接影响该用户受托人或相关人员。

例如,慈善组织向特殊疾病患者提供医疗设备的,其用户受托人可能会为了缓解其症状而申请该设备,这一设备可能会被该受托人专属使用。或者,慈善组织向人们提供资金帮助时,其受托人可以申请基本费用拨款,例如供暖和供水,因为他们无法支付该项基本费用。

在上述情况下,委员会强烈建议,该用户受托人或相关人员在做出决策前公开其利益,且不参与该决策。在有些情况下,其他受托人可以邀请该受托人参加部分决策,就该事项回答问题。审查慈善组织规章是否有处理利益冲突的相关规定。

若有以下情形,委员会将认定该决策对用户受托人有直接影响:

- 导致用户受托人或相关人员获得其他受托人在受托机构之外获得的利益;或
- 该决策为一般政策或实践决策,影响用户受托人或相关人员以及其他用户参与的服务。

例如,慈善组织为特殊疾病提供医疗设备的,受托人可能要决定慈善组织提供的不同类型设备。则用户受托人难免与提供的设备种类存在利益关系,而这些设备将供所有潜在用户使用。用户受托人及其相关人员可以参与这类决策,但必须在一开始就表明其中涉及的个人利益。

但如果涉及的利益是所有用户都可以获得的普遍利益,或不重要或价值不高的利益,一般不会产生类似问题。例如,如果慈善组织是公开会员制,那么,所有受托人都可以获得会员资格,得到与其他会员同等的利益。采用封闭式或限定会员制且将利益直接分配给成员的组织不可能是慈善组织。

同理,有些利益(例如专项信息表的提供)并不重要。因此,不太可能要求受托人采取行动。

委员会建议,受托人应该判断哪些是普遍利益或不重要的利益。如果对这些问题的处理有任何疑问,可以向委员会征求意见。

如果慈善组织账目要求真实公平,则必须在账目说明中阐明任何会让受托人或与其有关的人获得重大利益的交易,包括经过授权的交易。这通常适用于使用权责发生制进行记账的慈善组织[详见指引**《慈善组织的报告与会计:基本要素》(CC15b)**]。但委员会强烈建议,所有慈善组织公开其获得的利益。

8. 用户受托人的任命

慈善组织的规章可以规定有关受托人人选的事项。委员会可以向慈善组织说明其是否有权任命用户受托人,必要时委员会将授予慈善组织该权力。这种授权的前提是,用户受托人必须在与其自身或相关人员利益直接相关的决策中回避。这样,只要受托人遵守该条件,决策相关交易就不会有任何法律风险。

若慈善组织有权修订或变更其规章,则可利用这一权利消除对任命用户受托人的限制,但委员会建议,受托人在此之前听取相关意见。一旦行使修订权的决策使受托人获益,则会受到质疑。

若新设立慈善组织的设立人认为有必要,只能在规章中限制对用户受托人的任命。如果该慈善组织希望有用户受托人,委员会建议设置前提条件,即用户受托人必须在与其自身或相关人员存在直接利益关系的决策中回避。这样,只要受托人遵守该条件,决策下的交易就不会有任何法律风险。

法律规定,一些慈善组织必须有用户受托人,这类规定一般存在于以下文件中:

- **慈善组织规章**

  例如,法律规定许多慈善村政务所必须有管理委员会(即慈善组织受托人),由使用该村公所的当地团体中选举的代表组成;

- **成文法**

  例如,法律要求一些学校建立家长理事会。

  一些资助者给慈善组织拨款或签约的条件就是该慈善组织必须有用户受托人。当然,只有在规章未禁止任命用户受托人,且其事实上有规定数目受托人的前提下,慈善组织才能同意该条件。

9. 受托机构

最有效的受托机构通常由具备技术、利益、想法和远见的人组成。尤其是,慈善组织的受托机构不能被单个利益团体控制或受其不良影响。

根据慈善组织规章的规定,法律并未要求每个受托人都是用户。一些慈善组织可能会发现,如果受托人全部为用户受托人,则能给其他用户提供更好的服务,且能确保对慈善组织的高效管理。但受托机构需要预防的是所有受托人负责的事项过于单一。

有些慈善组织可能会发现,无法在受托机构中纳入任何用户。例如,一些慈善组织的用户都是短暂用户,或只在慈善组织寻求一次性或保密性建议和资助。

但作为引导者,委员会建议,受托机构中用户受托人的比例应在1/3或1/3以下,这样才不会出现任何一组受托人因利益或动机相同被指控操纵慈善组织。

正如委员会之前说明的一样,最终还是由慈善组织自行决定最合适、最有效的用户受托人比例。

10. 受托人的法定资格要求

任何想要成为受托人的人(不论是否为用户)都应该先确认是否有相关法律限制其成为受托人。如果某个人发现其不具备成为受托人的资格,他仍可以通过其他一般方式积极为慈善组织贡献自己的力量,例如加入建议团。

受托人主要应具备以下三方面的资格:

- **年龄**

  18 周岁以下的人不能成为慈善信托机构或非法人组织的受托人,任何任命 18 周岁以下的人为受托人的行为均法定无效。公司(包括慈善公司)主管的最低年龄为 16 周岁。

- **无法管理自己实务的人**

  若一个人缺乏管理自己实务的能力和理解力,则其无法管理慈善组织的实务。这一结论也是做出某人无法成为受托人决定的依据。

- **取消资格**

  取消一个人成为慈善组织受托人的资格——实际上,禁止他成为受托人的原因有许多。这些原因包括破产(仍负有债务)以及因涉嫌欺诈被定罪(未过期)。具体取消资格的原因详见慈善法和指引**《关于受托人事宜:须知信息及须做事项》(CC3)**。

管理慈善组织资产与资源管理
（CC25）

2011 年 3 月

目　　录

1. 引言

1.1 指引的内容

本指引主要介绍了慈善组织资产和资源的管理,总结了有效管理慈善组织资产和资源的关键点。受托人可以将之作为检查表,在会议中讨论或审查这些问题时使用。受托人还可以通过该指引来了解慈善组织开拓新领域(例如财产所有权或设立储备金)时可能涉及的问题。

本指引中的“资产和资源”一词指属于慈善组织的全部资产,包括投资、现金、土地、建筑和车辆,还包括慈善组织的员工、志愿者、商誉和信用。

本指引适用于所有慈善组织,但具体适用取决于慈善组织的规模、结构和活动。

每条下面都有相关的详细指引,可以获得更多相关内容的信息。

1.2 “必须”和“应该”:含义

“必须”,指必须遵守的法定或法规性要求;“应该”,指应该对基本规范指引最低程度的遵守,但有正当理由拒绝的除外。

1.3 术语解释

慈善法,是指《慈善法》(2011 年)。

受托人法,是指《受托人法》(2000 年)。

慈善组织活动,是指慈善组织使用其拥有或控制的财产或资源事实的活动,包括所有工作和服务。

目标和慈善目标,是指慈善组织设立的目标,目标通常规定在慈善组织的规章中。

年度报告,是指受托人根据慈善法相关规定拟写的年度报告。

受益人,是指有资格从慈善组织工作中获益的人,通常由规章界定,受益人有时也称为客户或服务用户。

慈善公司,是指根据公司法设立并注册公司形式的慈善组织,或适用《公司法》(2006 年)条文的慈善组织。

投资的一般权力,是指《受托人法》第 3 条授予受托人的投资权力,包括《受

托人法》第 8 条规定的土地投资权力。

规章,是一种法律文件,规定了慈善组织的目标和如何运营慈善组织,通常为信托协议、组织制度或组织章程,有些还包括意愿书、财产转让契约、皇家宪章、委员会方案或其他正式文件。

专项投资,有时指社会投资,属于完全由慈善组织进行的投资,旨在深化其目标,在一定时期内可获得潜在的资金回报,专项投资和财务投资适用于不同的规则。

限定基金,指基于特殊信托而适用于慈善组织目的的基金。限定基金可以是限定收益基金,可由受托人自行决定用于慈善组织的一些特定目的,也可以是捐赠基金,但其中的资产必须用于投资或留作实际使用,不得用于消费。

储备金,指慈善组织拥有或可以获得的资源,在实现承诺后可用于慈善组织的任何目的,留用作慈善组织的其他支出。

管理条例,指《慈善组织(账目和报告)管理条例》(2008 年)(SI2008 No. 629),其中规定了受托人年度报告的规范格式和内容,以及慈善组织的审查和会计体系。

风险,一词在本指引中是指事件的不确定性以及其可能有重大影响的结果,该影响可能改善或阻碍慈善组织任何领域的运行。

SORP(Statement of Recommended Dractice),指适用于慈善组织账目和报告的《会计实务建议准则》,该准则中说明了受托人在准备年度报告和账目的推荐准则。《管理条例》(2008 年)强化了其中的关键要素。GOV. UK 上可以查询到 SORP 和一系列相关的指引。

2. 财务管理

只有合理管理资金,慈善组织才能实现其目标。这说明慈善组织必须对其收益和支出制订计划和监控,以实现其短期、中期和长期目标。慈善组织的运营或战略计划中应该说明需要采取的政策、策略和措施。谨慎的资金管理还需要防止慈善组织资金的滥用。

这意味着,受托人需要采取以下措施:

- 制定战略性计划——确定资源需求以及如何满足该需求、潜在的风险和突发要求——短期、中期和长期的计划应该显示这些资金从何而来以及何

时需要;

• 必须知晓慈善组织持有的哪些基金有使用限制——这些资金只能用于指定用途(法定要求);

• 同意、建立并审查财务政策和程序——员工和志愿者应该参与政策和程序的指定,以便每个人都能了解慈善组织财务的管理、内部管控以及各自的角色和职责;

• 设立年度预算,确定慈善组织的目标以及为实现目标需要采取的措施——若可行,年度预算中还要说明如何获取资源以及相应成本;

• 确保慈善组织衡量其财务状况,以说明其整体财务管理的有效性——这可能会需要定期使用管理账户,将实际收益和支出与年度预算对比;

• 确认并完全使用提供服务所需的所有资源——在考虑如何为其服务定价、申请拨款或为获得公共服务提供合同而投标时,慈善组织应该这样做;

• 了解现在可以获得以及以后计划或可获得的收益流——慈善组织应该考虑所有合适的机遇,使其资助多样化;

• 根据 SORP 准备年度报表和受托人年度报告——具体适用的规定取决于慈善组织的具体规模和法律结构(法定要求)。

3. 投资慈善基金

慈善组织投资的目的要么是获得经济回报,用于实现目标,要么是直接促进目标的实现。一些投资方式可以“一箭双雕”。受托人必须从慈善组织的最大利益出发进行投资。

这要求受托人做到以下几点:

• 必须明白其投资的目的是追求最高的经济回报,还是促进慈善组织目标的实现(专项投资),抑或两者都追求——根据慈善组织的目的,会适用不同的规定(法定要求);

• 实现对投资政策的明确记录和定期审查——该政策中应该包括以下事项:目前和以后的活动需要如何资助、可以接受的投资风险水平是什么,以及慈善组织对道德投资的态度;

- 遵守标准投资的相关权力——受托人享有投资的一般权力——他们必须了解慈善组织规章中是否存在对其投资权力的限制或附加条件(法定要求);
- 使用投资权力时,遵守一定的标准(注意义务)——注意义务要求受托人在这些情况下合理注意并合理使用技能(法定要求);
- 考虑慈善组织任何投资的适应性、多样性的必要性以及定期审核的必要性——做出任何投资决定之前以及在审核投资时,受托人必须征求并考虑合理建议(法定要求);
- 考虑采取某种道德方法是否符合慈善组织的利益——受托人可能想要避免与慈善组织目标实际冲突或可能离间捐赠者或受益人的投资,或者受托人可能想要做出能反映慈善组织价值观和理念的投资;
- 考虑是否将慈善组织投资的管理工作委托给专业人士——这可能意味着引用集体投资计划,例如单位信托或共同投资基金,或者任命一名专业的投资经理;
- 在决定专项投资时,遵守受托人的义务,以最优的方式促进慈善组织目标的实现——受托人必须确保该项投资能直接促进慈善组织目标的实现,任何个人利益都是附带的,且慈善组织可以结束该投资(法定要求)。

更多信息,详见《**慈善组织与投资事宜:对受托人的指引**》(**CC14**)。

4. 识别和管理风险

慈善组织应该定期评估和审核其在各方面工作中面临的风险,并制订计划,管理这些风险。稳健的风险管理程序可以让慈善组织了解如何保护其资产和资源,以及如何最佳使用这些资产和资源。一些慈善组织负有在年度报告中报告其风险管理程序的法定义务。

这意味着,受托人应该:

- 制定并落实风险管理政策——该政策应该说明慈善组织确定其在各方面工作中面临的风险以及管理这些风险的步骤和程序;
- 意识到风险管理在慈善组织各方面治理和管理中的重要性——了解慈善组织面临的风险(包括未来资金流的风险)是慈善组织运营可行性和计划的重中之重;

• 了解受托人、员工和志愿者在确定风险和管理中的角色——多数慈善组织中,受托人制定参考程序,审核并考量结果,之后委托员工或专业顾问实施风险管理的实际程序;

• 建立风险框架,帮助受托人确定可以接受或日常可以应对的风险,还需说明做出哪些相关决定;

• 应该定期审核所有确定的风险及管理——具体的周期视慈善组织运营的环境而定——金融环境的变化以及立法的变化都是重要的因素;

• 根据规定在受托人年度报告中做出风险管理声明——适用于高于审计线的慈善组织(法定要求);

• 若为低于审计线的小型慈善组织受托人,需要在年度报告中做出风险管理声明,但这是基本规范问题;

• 制订救灾计划,尽量恢复对其受益人的正常服务。

更多信息,详见**《慈善组织与风险管理》(CC26)**。

5. 良好的内部财务管控

所有受托人均有义务保护其慈善组织的资产和资源,确保实现慈善组织的目标。受托人应该落实稳健的内部财务管控,防止资金滥用,向捐赠者和受益人表明慈善组织对财产的有效管理。

这说明受托人应该:

• 建立并落实政策、指导方针和程序,保护慈善组织的资产和资源——受托人应该确保整个慈善组织都了解这些政策、指导方针和程序,确保所有员工和志愿者知道自己的角色和义务;

• 将内部管控体系建立在慈善组织的运营计划上——该体系应该明确说明个人和团体的责任范围,以及权力和报告的范围;

• 认识到稳健的财务管控有助于在慈善组织因滥用资金而遭受损失时,保护受托人免于潜在的个人责任;

• 拨款或授权使用慈善组织财产时进行合理的核查——通过核查让受托人(尽可能)确信慈善组织的资产和资源将被用于指定的目的;

• 确保委托员工或志愿者进行的核查和管控均明确记载在案,且各方均了解该情况——受托人应该确保定期收到充分记录有关任何委托权力行使的

汇报;

• 谨慎对待高风险领域的工作——具体视慈善组织的风险评估而定——例如工资管理系统的管控、货物和服务订单的管控,以及确保财务信息可信等;

• 考虑使用新技术,简化记录和交易流程——这意味着现存的核查和管控需要适应任何变化和更新;

• 可以获得独立的专业建议——若可行,慈善组织受托人、会计、独立审查人员或审计人员之间的交流应该不仅是一年一次的记录和信息交换。

更多信息,详见**《慈善组织内部财务控制》**(CC8)、**《保护慈善组织免受损害》**和**《报告重大事件:受托人指引》**。

6. 慈善组织储备金

慈善组织应该一直向其受益人提供可信且始终如一的服务。慈善组织要能负担突发的支出、承受挫折,并利用变化和机遇,实现发展。一种实现这些的方法就是在可行时留出收益作为储备金。

这表明受托人应该:

• 确定慈善组织的哪些基金有使用限制——储备金是可以自由使用的资金;

• 制定并落实政策,在政策中说明需要储备金(而不是立即将收益用于慈善组织目的)的理由——政策中将表明需要的储备金水平以及何时使用;

• 遵守规定中的年度报告要求,设立慈善组织的储备金政策——做声明的目的是说明慈善组织持有储备金的水平,解释为什么将储备金维持在这一水平(法定要求);

• 定期审查储备金政策,考虑财务状况的变化和新的运营环境——持有过高的储备金是对可用于慈善目的资金的不必要限制,储备金不足则会让慈善组织有偿付能力、未来发展和活动方面的风险;

• 考虑是否需要投资储备金以及如何投资储备金——储备金可能被用于短中期的需要。因此,应该以可以随时套现的方式投资储备金;

• 考虑储备金的水平时,应计划慈善组织未来的发展和可持续性——指定基金用于未来特定的项目也是一种储备并构建基金的方式,且不同于慈善组织的一般性储备金。

更多信息,详见《**慈善储备金:塑造复原力**》(CC19)。

7. 慈善组织和筹款

慈善组织必须遵守筹款的相关法律,且应该遵循有关筹款各方面的基本规范,包括筹款方式、成本、财务风险以及对筹得资金的保障和适用等方面。慈善组织还应该考虑其筹款方式将会或可能会对公众观点及其自身名誉造成的影响。

这表明受托人应该:

- 了解到一些领域的筹款需要遵守具体规定,并确保遵守该规定——筹款还可能要遵守慈善法之外的其他规定,例如,与博彩、税收、保险、保护儿童以及数据保护等相关法律和规定(法定要求);
- 确保受托人能合理控制筹得的任何资金,且将之用于筹款时指定的目的(法定要求);
- 确保特殊目的倡议的管理和账目与慈善组织的一般基金分开(法定要求);
- 受托人同意其他人以慈善组织名义筹款的,应确保与专业筹款人和商业参与者签订合适的协议(法定要求);
- 了解并遵守**筹款机构**制定的筹款实践标准;
- 确保对提出的倡议制订良好的计划,且使其符合慈善组织的目标和价值,能够考虑到任何与倡议相关的财务风险或名誉风险——重大倡议可能需要制定商业计划、预算以及专业建议(若可行);
- 建立公开的投诉程序,增强公众对慈善组织的信心,发现不适当或欺诈性筹款活动。

更多信息,详见《**慈善筹款:受托人义务指引**》(CC20)。

8. 员工和志愿者

慈善组织的员工和志愿者是资产和资源的重要部分,也是慈善组织有效向受益人提供服务的关键部分。作为雇主,慈善组织应该了解其法定义务,确保制定并落实有效的员工和志愿者管理政策。

这表明受托人应该：

- 确保其了解慈善组织作为雇主的法定义务，且不断跟进立法的变化——慈善组织应该知道从何处就这一问题获得建议和信息，且在必要时听取专业建议；
- 定期审核需要的技能和经验、使用的招聘方式以及培训和工作条件，充分发挥员工的作用——这需要考虑工作灵活、平等和多样性等问题，并且进行员工考核；
- 定期审查人员编制，以确保符合慈善组织的战略计划，确保充分发挥员工的作用，有效实现慈善组织的经营目标；
- 了解慈善组织在员工养老金方面的法定义务，了解现行的要求以及2012年起施行的新要求——受托人应该确保慈善组织的养老金安排，应听取适当的专业建议，符合慈善组织的最大利益；
- 确定并计划对风险以及与慈善组织养老金计划相关责任的管理——对于养老金问题，受托人应该知道向谁寻求支持和帮助，并在制订计划时，听取适当的意见；
- 了解志愿者有权从慈善组织基金中获得哪些费用的偿付——慈善组织应该有相应的书面政策，规定可以提起哪些权利主张，以及提起主张的程序和批准的费用。

更多信息，详见**《慈善组织储备金和固定收益养老金计划》**和**《报告重大事件：受托人指引》**。

9. 慈善组织和保险

慈善组织受托人有义务保护慈善组织资产和资源免于灭失或损害，以及管理第三方就慈善组织基金提起权利主张的风险。保险是受托人免除该项义务且管理这些风险的合适方式，法律规定了一些保险类型。

这表明受托人应该：

- 确保慈善组织拿出其活动中必须缴纳的保险——包括雇主的保险责任（若慈善组织是雇主），且受托人应该监管对第三方损害和财产损害的汽车保险（若慈善组织拥有或运营汽车）（法定要求）；
- 了解受托人法中授予受托人就慈善组织拥有的任何财产因任何原因

灭失或损害的风险参加保险,并有从慈善组织基金中缴纳保险金的权利(法定要求);

- 了解慈善组织规章中任何有关受托人购买法律规定之外特定类型保险的要求;
- 确认风险并计划风险管理——以便慈善组织能够确定其可以接受、管理、组织或转移给保险公司的风险;
- 在保险方面,给予志愿者与员工同等的待遇,为志愿者购买一般的保险——这需要明确保险公司如何定义"志愿者"一词,且需要合理的记录为慈善组织工作的符合定义的志愿者;
- 听取有关慈善组织保险需要合理独立的专业建议——通常是听取了解慈善组织的保险需求且能与大量保险公司开展业务的经纪人的意见;
- 发现并考虑专门为特定类型的慈善组织(例如村公所或小型社区团体等)量身定做保险套餐的优点——这类套餐还适用于一些特定类型的事件和其他筹款活动。

更多信息,详见**《慈善组织与保险》(CC49)**。

10.管理财务困境和破产的情况

慈善组织开展的活动范围很广,拥有各种不同的资金来源,且可能受到任何经济环境变化的影响。这说明,很多慈善组织在有些时候会面对财务不稳定。慈善组织应该制定稳健的程序,计划、管理并审核财务。如果慈善组织发现其出现财务困境,受托人应该立即采取措施,降低风险,防止出现破产。

这说明受托人应该:

- 具备一定的技能、能力和充足的时间,确保慈善组织的合理运营;
- 设立实现慈善组织目标的长期战略计划——计划应该包含预算、计划的活动,如何资助这些活动、风险、潜在负债、储备金和适当的管理;
- 定期召开受托人会议,审议财务报告、慈善组织的变动和整体财务状况——具体召开会议的时间取决于慈善组织的财务状况以及当时的经济环境;
- 知道慈善组织的哪些资金有使用限制,以及哪些可以用于任何目的——这对了解慈善组织的整体财务状况至关重要;

• 若可行,在发现慈善组组织可能破产时采取适当的措施——受托人应该在初期就听取(书面)专业建议,因为所有正确的措施都需要谨慎规划;

• 了解破产法,若慈善组织是慈善公司,还应该了解破产法中的救助机制;若慈善组织是信托机构或非法人组织,应该了解可获得的自愿选择;

• 考虑慈善组织活动的重组或改变——这可能是正常预算和战略计划的一部分,但出现财务不确定时,这点至关重要——这需要考虑资金的替代来源、审查承诺、重新筹资、削减或计划地支出、终止慈善组织的一些活动或考虑与其他慈善组织合并;

• 若慈善组织将解散或终止运营,必须告知委员会,以便从慈善组织登记簿中移除(法定要求)。

更多信息,详见**《慈善组织财务管理:规划、管理困难和破产》**(CC12)。

11. 购买和出售土地

购买或出售土地时,慈善组织受托人必须按照其法定义务行事。慈善组织可以将土地用于实现慈善目的,也可以作为投资。慈善组织还应该确保对土地的保护。

这表明受托人应该:

• 知晓并遵守慈善组织购买土地的权力,不论是直接用于实现慈善组织的目的,还是作为投资——慈善组织的该项权力因法定结构和管理文件的规定不同而有所不同(法定要求);

• 准备购买或出售土地时听取合理的专业意见;

• 处分土地时遵守相关法律规定——法律规定,必须按照慈善组织的利益,合理管理这些规定(法定要求);

• 向相关人员处分土地时必须事先获得委员会的授权(法定要求),相关人员包括受托人及其近亲属、土地捐赠人及其近亲属、慈善组织附属交易公司和员工,以及慈善组织的高级职员;

• 应该遵守慈善组织享有的出售、租赁或转让(或其他处分方式)土地或改变土地使用的权力——有时可以基于信托持有土地,处分土地或改变使用时需要慈善组织事先同意;

• 完整记录慈善组织拥有的土地——有需要向土地登记局登记的土地

吗？将土地归到慈善组织官方托管人名下是否更便利？

- 监管慈善组织土地的状况以及使用情况——例如,受托人应该定期审查土地投资的租金,并制定定期的周期维护计划——受托人需要考虑遗产资产的具体要求;
- 若可行,向地方政府寻求慈善组织土地的无条件费用减免。

更多信息,详见**《出售、出租、转让或抵押:受托人关于处分慈善土地的须知事项》(CC28)**和**《获取土地》(CC33)**。

12. 受托人费用和报酬

除慈善组织章程另有规定外,慈善组织受托人的工作通常是志愿的。慈善组织可以偿付其受托人的合法费用。慈善法也规定了一些慈善组织可以向其受托人支付商品和服务费用的情形。

这意味着受托人:

- 了解慈善组织章程的规定是否允许或禁止向受托人付款;
- 知晓向受托人支付担任受托人的费用(若符合慈善组织的利益)需要其章程、委员会或法院(较少见)的特定授权;
- 知道受托人有权获得在代表慈善组织时产生合法费用的,用慈善组织资金偿付——慈善组织应该落实书面政策,规定可提出的主张,以及主张、批准员工和受托人费用的程序;
- 知道可以如何以及在何种情况下可以行使慈善法中的权力,向受托人支付商品和服务的费用——慈善组织章程可以反映慈善法的规定;
- 公开向受托人付款的决定,并做好准备,在收到公开质疑时证明其正当性;
- 根据慈善组织 SORP 指引,披露慈善组织账目中向受托人支付的款项——这是公司和大型慈善组织的法定要求,但也可以让所有规模的慈善组织公开(法定要求);
- 有明确的程序,确定和管理向受托人(或与受托人相关的人)付款时可能产生的利益冲突;
- 定期审查每位受托人的表现——若受托人从慈善组织接受付款,这点尤为重要。

更多信息,详见**《受托人费用和报酬》**(CC11)。

13. 慈善组织与交易

慈善组织可以开展交易,自主其活动。慈善组织需要了解其可以自行开展的交易类型以及何时需要通过附属交易公司开展交易,这点非常重要。受托人需要确信,其开展的交易活动不会对慈善资产有风险,且以节税的方式组织活动。

这意味着受托人应该:

- 在前期听取专业意见,尤其是税务和增值税问题;
- 明确慈善组织计划的交易活动是否能直接深化其目的。主要目的交易,或指示为慈善组织增加资金的一种方式(非主要目的交易)——这点非常重要,因为慈善组织可以在实现目的时开展交易,但非主要目的交易超过小规模税收豁免的,可能会被征税;
- 确定计划的筹款活动(例如开展活动或与商业参与者共事)是否属于交易的范畴——委员会建议,慈善组织在开展活动前听取合理意见;
- 计划非主要目的交易,评估慈善组织在慈善活动中可能遭遇的风险——例如,若开展交易活动的成本高于收益,慈善组织的资金或资产可能会有风险,并会影响其实现目的的能力;
- 若一项交易对慈善组织的资金有重大风险或慈善组织希望避免不必要的税款,考虑是否应该由附属交易公司开展该交易——附属交易公司是慈善组织所有的股份有限公司——慈善组织通常通过贷款或购买股票的方式资助附属交易公司(遵照第 3 部分说明的方法要求)——交易所得盈利将全部交给慈善组织;
- 确保附属交易公司相关的决策主要考虑慈善组织的利益——附属公司及其董事、债权人或员工的利益次于慈善组织的利益——应该确认并管理所有的利益冲突。

更多信息,详见**《受托人、交易与税收:慈善组织如何合法交易》**(CC35)。

慈善组织与风险管理
（CC26）

2010 年 6 月

目　录

1. 引言

1.1 本指引的内容

慈善组织受托人应该定期对其工作中面临的风险进行审查和评估,并制定相关应对计划。风险是在慈善活动中经常面临的问题,受托人要想实现关键目标,保障慈善组织的资金和资产,则有必要进行有效的风险管理。

本指引罗列了有助于慈善组织进行风险管理的基本原则和策略,有助于受托人建立风险框架,以便于:

- 识别慈善组织中存在的重大风险;
- 做出应对风险的决策;
- 在年度报告中对风险管理进行合理阐释。

慈善组织所面临的风险很大程度上与所从事活动的规模、性质、复杂程度以及资金有关。一般来说,慈善组织活动的规模越大,越复杂多样,就越难以识别所面临的重大风险,也越难制定相关的管理机制。这就意味着风险管理需要着眼于对重大风险的识别,根据各个机构的实际情况进行调整。大型慈善组织的受托人可能需要更加全面地了解风险,而不局限于本指引所罗列的方面。

本指引正文部分包括以下内容:

- 风险管理的原因和程序概述;
- 受托人在年度报告中做风险管理说明的法定要求,以及说明必须包含的内容;
- 有助于慈善组织完成工作的风险管理模式。实际开展或参与慈善组织风险识别和管理的慈善组织可能对这部分比较感兴趣;

附件 1 包含风险等级范本以及使用范例,附件 2 包含慈善组织共同风险领域的范例及其潜在影响和缓解风险的措施。

1.2 先前的指引

本指引是更新版本,包括了风险评估模式的新发展,强调了财务状况下的风险与其他非财务方面风险(即使最后也会有财务影响)的区别,但慈善组织的监管要求未发生变动(详见第 3 部分)。

1.3 “必须”和“应该”：含义

“必须”,指受托人必须遵守的法定或法规性要求或义务;“应该”,指受托人应该遵守的最低基本规范指引,但正当理由不遵守的除外。

委员会还提供了一些非正式的建议和意见,供受托人在管理慈善组织时使用。

1.4 术语解释

慈善法,是指《慈善法》(2011 年)。

年度报告,是指根据慈善法编写的受托人年度报告。

章程,是指规定慈善组织目标或目的以及如何管理慈善组织的法律文件。章程可以是信托协议、组织制度、组织大纲、财产转让契约、意愿书、皇家宪章、委员会方案或其他正式文件。

合营企业,在本指引中指两方或多方联合开展一些经济活动的实体。相关各方通过提供股权创设新的实体,并一起分享收益、费用和对企业的管控。该企业可以只为一个特定项目设立,或持续开展业务。

管理条例,是指《慈善组织(会计与报告)管理条例》(2008 年)(SI 2008 No. 629),规定了受托人年度报告的规定形式和内容,以及慈善组织的审查和会计工作。管理条例将 SORP 中受托人年度报告中应该包含风险管理说明的建议规定为特定慈善组织的法定要求。

风险,在本指引中是指活动及其结果的不确定性,活动结果可能对慈善组织的运营有重大影响,可以改善或阻碍慈善组织运营的任何方面。

附属交易公司,是指一个或多个慈善组织所有的非慈善性交易公司,代表慈善组织开展交易。

受托人,是指慈善组织受托人。慈善组织受托人是负责慈善组织一般性管控和管理的人,在慈善组织管理文件中统称为受托人、受托人委员会、管理受托人、管理委员会、管理人、主管或其他职称。

2. 了解风险管理的基本要素

本部分包括以下内容:

- 为何风险管理很重要?

- 慈善组织会面临哪些特定类型的风险?
- 如何管理风险?
- 何为灾难恢复计划?

识别和管理风险管理的具体方法,详见第4部分。

2.1 为什么风险管理很重要

识别和管理慈善组织在工作中可能面临的风险是各类慈善组织高效管理的重要一环。

高效的风险管理有助于受托人确保以下几点:

- 知晓和监管重大风险,让受托人能制定知情决策并及时采取措施;
- 慈善组织利用绝大多数机遇,建立其管理风险的信心;
- 改善前景和战略规划;
- 更有效地实现慈善组织的目的。

在年度报告中报告慈善组织在管理风险中采取的措施有助于向利益相关者说明其责任性,利益相关者,包括受益人、捐赠人、资助者、雇员和普通公众。

2.2 慈善组织会面临哪些特定类型的风险?

慈善组织在其从事的多数活动总会面临一定程度的风险,而不同慈善组织从事的领域及其活动的性质不同,这意味着他们会面临不同类型和程度的风险。

慈善组织在考虑风险时的关键问题是,其现在和未来能否继续满足受益人的要求。例如,在经济不稳定时期,慈善组织可能会面临以下重大财务风险:

- 其他机构资助终止;
- 合同的前景;
- 公众募捐;
- 投资波动;
- 服务需求不可预测的增长。

一般而言,需要从慈善组织工作的大环境下考虑风险。金融环境、社会及其态度、自然环境以及法律、科技和知识的变化都会影响慈善组织面临风险的类型和影响。虽然慈善组织可能面临财务和非财务风险,但风险的最终影响多数是财务影响,例如,乙方要求赔偿损失或管理、规避或转移风险产生的费用,例如,购买雇主责任保险或住房保险等。法律要求就一些风险购买保险——雇用职工的慈善组织必须强制购买汽车保险和雇主责任保险。

分类(如表1所示)有助于确保考虑、识别内部和外部因素造成的关键风险领域。附件2详细说明了这一方法,并进一步说明了每一类别中的风险类型。

表1

风险类别	范例
管理风险	• 不合理的组织结构; • 受托人机构缺少相关技能或承诺; • 利益冲突
运营风险	• 缺乏受益人福利或安全; • 合同价低; • 员工招聘和培训不足; • 资产安全问题
财务风险	• 不准确和(或)不充分的财务信息; • 不合理的储备金和现金流; • 依赖有限的收入来源; • 不合理的投资管理政策; • 投保不足
外部风险	• 公众认知和信誉不佳; • 人口统计变化,如受益人群体规模扩大; • 波动的经济或政治环境; • 变化的政府政策
遵守法律和法规	• 违反信托; • 不了解雇主的法定责任; • 不了解特定活动的法定要求(例如筹款、经营疗养院、经营汽车)

2.3 如何管理风险?

识别慈善组织可能面临的风险后,需要决定如何有效地管理风险。受托人可能希望建立风险框架,帮助其决定日常经营可以接受的风险程度和决策时需要涉及的问题。

以下4种策略可用于管理已识别的风险:

- 向第三方转移或与第三方分享财务影响,通常通过保险或外包;
- 完全避免有风险的活动,例如不签署合同,或停止特定活动或服务;
- 管理或缓解风险;

- 将之作为慈善组织继续开展活动不可避免的风险,予以接受或评估。例如,受托人取消了覆盖高额自愿免赔额的保险,或受托人认为一项核心活动存在风险,但采取措施予以缓解——慈善组织财产的公共使用,例如村公所,是一种风险。

第4部分介绍了可以评估管理风险措施步骤的可能框架。

两个能说明不同风险和如何管理的例子。

例1 核心活动的资助

本例涉及两个从事于地方社区弱势人群的慈善组织。

一家慈善组织的主要资金来源是地方慈善家(包括地方单位)的捐款。若经济周期出现衰退,这些地方单位可能因为出现现金流困难或自身面临严重的财务困难而无法继续资助。这将会导致该慈善组织收入出现骤减,可能对慈善组织开展工作的能力有重大影响。

另一家主要依靠公共机构的资金,只要该资金及时补充,该慈善组织就有更加稳定的收入流,只有当资金协议需要审核或续展时才会出现不稳定性。

第二家慈善组织认为,经济衰退对地方社区的影响是指该社区的家庭勉强维持生计,两家慈善组织的潜在受益人人数远远超过其预期或计划。

在此情况下,两家慈善组织的受托人需要列举其慈善组织应该采取的措施。同时,受托人还需要制定恢复计划,在必要时开展。计划中可以包括多种筹款方式,关注核心活动,降低成本,并利用一切新机遇。这些领域的风险因素是设定预算和期货规划程序的一部分,也是在该年度持续监管慈善组织业绩的一部分。

委员会的指引**《慈善组织管理、财务和复原力:受托人应该问的15个问题》**列举了受托人在规划会议讨论中可以使用的关键问题。

例2 削减成本

在本例中,一家慈善组织组织花园宴会,另一家慈善组织组织慈善音乐会。

花园宴会的组织者希望在大型私家花园中为儿童设立售货台和趣味活动,为村公所筹款。他们希望能有200以上的人参加宴会。由于在英国的夏天举办该活动,组织者可以为表演者搭设帐篷区,若下大雨,可以使用村公所。

这意味着组织者不需要因为天气条件购买保险。在思考和计划活动时,受托人应该以切合实际的方式考虑风险。

慈善音乐会的组织者在其计划中可能对天气风险有不同的考虑。他们可能会租用一个户外场地、安排座位、设置停车区、摆放茶点,并向表演者支付表演费。前一段描述的宴会规模相抵较小,一整天只有200人参加,但音乐会将在傍晚表演3个小时,设置了600个座位。不利天气对慈善音乐会的影响尤为突出。因此,值得额外购买保险。

值得注意的是,即使面临同样的不利天气,由于筹款活动的规模和性质不同,受托人需要采取不同的风险管理方式。

2.4 何为灾难恢复计划?

作为有效风险管理的一部分,慈善组织应该考虑在发生严重事件后应该采取什么措施,事件可能会是火灾、水灾或严重的电脑故障。

慈善组织应该考虑其向受益人提供的服务会如何受到严重事件的影响,包括影响重大且可能性较低的事件,慈善组织还应该计划尽快、尽可能地恢复正常运营。很多慈善组织都设有灾难恢复计划(有时指商业应急计划),并遵循在公共领域和私人领域的基本规范程序。

灾难恢复计划的范畴和复杂度因相关慈善组织的规模和活动而异。但建立高效的灾难恢复或商业应急计划的基本步骤可能在表2说明的方面具有相似性。

表2

1. 第一步	• 承诺将计划贯穿整个慈善组织; • 由代表慈善组织功能部门的团队建立计划; • 如果合适,将计划作为一个项目
2. 影响或风险评估	• 识别所有重大风险; • 为每一风险进行影响和可能性评级; • 考虑慈善组织的整体风险
3. 制订计划	• 建立里程碑,让慈善组织从灾难恢复到正常运营; • 从直接后果开始; • 列举需要恢复的功能和顺序; • 在计划中应该确定关键个人及其角色和义务

续表

4. 检测	• 计划适合的检测程序； • 尽可能重新创造可靠条件； • 由计划中指定的关键个人检测计划； • 文件检测程序和记录结果； • 考虑修订计划
5. 培训	• 让所有的慈善组织受托人、职工和志愿者了解计划，以及各自的义务和责任； • 强调计划的重要性，即使灾难的可能性很小； • 让所有人反馈，确保其了解相应的义务和责任
6. 更新和维持	• 更新计划，让其适用于当前活动； • 让某个人负责更新计划和传达变动之处； • 充分检测变动之处； • 告知关键职员其义务和责任

3. 知晓要求——风险管理说明

本部分包括以下内容：

- 谁负责慈善组织的风险管理？
- 慈善组织在风险管理中需要遵守哪些法定要求？
- 风险管理说明中需要包含哪些内容？
- 风险管理说明需要审计吗？

3.1 谁负责慈善组织的风险管理？

慈善组织的管理和管控由受托人机构负责。因此，他们在风险管理关键方面的参与至关重要，尤其是在制定程序参数和审查结果方面的参与。

但这并不意味着受托人必须亲自参与程序的各个方面。除最小的慈善组织外，所有慈善组织的受托人都可以将风险管理程序的要素制定给职员或专业顾问。受托人应该审查和考虑程序和结果，且其参与程度应能让其按要求编写风险管理说明。

3.2 慈善组织在风险管理中需要遵守哪些法定要求？

法定要求：根据法律需要审计账目的慈善组织必须在受托人年度报告中做风险管理说明，证明“……慈善组织受托人已经考虑了慈善组织面临的重大风

险,且确信建立了相应的制度和程序管理这些风险。"[《慈善组织(会计和报告)规定》(2008 年)]

重大风险是有重大影响和高度发生可能性的风险。重大风险发生后会对以下部分或全部领域有重大影响:

- 管理;
- 运营;
- 财务;
- 环境因素或外部因素,如公众认知或与资助人的关系;
- 慈善组织对法律或法规的遵守。

这些重大风险及其潜在影响可能会改变受托人、支持者或受益人对待慈善组织的方式。

若要编写积极的风险管理说明,慈善组织需要以结构化的方式考虑风险及其管理。第 4 部分介绍了一种通过"风险映射"练习审查和评估风险的方法。

3.3 风险管理说明中必须包含哪些内容?

需要审计的慈善组织:根据法定要求需要审计账目的慈善组织必须在受托人年度报告中包含风险管理说明。

法定审计的规定自 2009 年 4 月 1 日生效,阈值为:

- 年收入达 50 万英镑;或
- 总收入超过 25 万英镑且持有的总资产超过 326 万英镑。

更多关于审计阈值的信息,详见**GOV. UK 网站**。

小型慈善组织:小型慈善组织的总收入低于法定审计阈值的,鼓励其受托人(仍应该关注慈善组织面临的风险)按照基本规范编写风险管理说明。

法人慈善组织(公司):根据公司法设立的慈善组织(公司法中定义的小公司[①]除外)必须在董事报告中包含业务审查。业务审查中必须说明公司面临的重大风险和不确定性。

---

① 小公司必须满足以下要件中的任意两个:
- 年营业额不超过 650 万英镑;
- 资产负债表总额不超过 326 万英镑;
- 员工人数不超过 50 人。

3.4 风险管理说明中需要包含哪些内容?

风险管理说明的目的是让受托人年度报告的读者深入了解慈善组织对风险的处理,并了解慈善组织面临的重大风险,还能让受托人评论正在开展或计划风险管理程序的进一步发展。

该说明的形式和内容可能会反映个体慈善组织活动以及结构的规模和复杂性。委员会不要求"范本式"的报告,也不要求十分详细地分析过程和结果,只需要在说明中叙述以下关键方面即可:

- 对受托人责任的认可;
- 风险识别程序概述;
- 说明被识别的重大风险已经得到审查或评估;
- 确认已经建立管理这些风险的管控制度。

很多慈善组织,尤其是大型慈善组织或活动复杂的慈善组织,最好能在报告中详述其基本方法。在以下方面使用详述的报告方法将有所助益:

- 描述面临的重大风险;
- 识别重大风险与慈善组织经营和战略目标之间的联系;
- 覆盖财务风险、经营风险、合规性风险和其他可识别风险的程序;
- 风险评估与发生可能性及影响评估之间的联系;
- 描述管理和运营程序中的风险评估程序和监管;
- 受托人对风险识别程序的主要结果及其评估与监管的审查。

3.5 风险管理说明需要审计吗?

虽然风险管理说明是受托人年度报告的重要部分,除**《慈善法》(2011 年)**或《公司法》(2006 年)之外另有可适用的规定外,风险管理说明无须审计。监管规定不得延伸审计员的义务,但审计员在其他审计工作中发现受托人年度报告中存在明显错误或矛盾的,应该寻求解决办法,不能解决的,审计员应该考虑对其报告的影响。若慈善组织资产面临重大风险或已经产生损失等极端情况下,也会产生报告义务,审计员应该了解其举报的义务,并可参阅委员会的指引**《重大事件的报告》**。

4. 风险管理模式

本部分说明了一种风险管理模式，其中包含了流程中的基本阶段，对实际开展或参与风险识别和管理大有助益。任何慈善组织均可根据其规模和活动适用该模式，该模式包括以下方面：

1. 建立风险政策；
2. 识别风险；
3. 评估风险；
4. 评估需要针对风险采取的措施；
5. 定期监管和评估。

对多数慈善组织而言，风险评估一直是其管理程序的一部分。虽说没有要求受托人采取某种特定的默示，但设立严格的程序和明确的风险管理政策有助于确保以下事项：

- 风险的识别、评估和管理与慈善组织目标实现的相关联；
- 覆盖所有方面的风险——例如财务、管理、运营和信誉；
- 风险组合能反映受托人对可接受风险程度的看法；
- 风险识别、评估和管理的主要结果得到审查和考虑；
- 风险管理一直持续进行，并体现在管理和运营中。

阶段1　建立风险政策

高效运营的慈善组织会定期审查和评估其在工作各方面面临的风险，并制定相应计划，管理这些风险。有效风险管理政策的实施是确保慈善组织实现其目的的关键部分。

所有活动都有风险——未完成的事项中会产生风险，正在执行的事项和新启动的项目也会产生风险。不同慈善组织在活动中产生的风险不一样，承受和消化风险的能力也各不相同。例如，较之有财务困难的慈善组织，有良好储备金的慈善组织可以开展风险更高的项目。风险承受力也会影响开展何种活动实现目的。例如，为实现其目的，在战争地区运营的赈灾慈善组织需要承受的职员风险可能高于其在英国开展活动中可接受的风险。慈善组织还需要考虑风险组合，即实现高风险活动和低风险活动的平衡。

以上考虑因素会影响受托人决定其愿意接受的风险程度和初始风险评估标杆。反过来，风险评估和预估也会影响受托人慈善组织整体风险组合和管理已识别重大风险的措施。因此,有助于受托人达成风险政策。受托人需要让其管理人知晓其风险政策的阈值和限制,确保其明确了解可接受和不可接受的风险。

阶段 2　识别风险

虽然有各式各样的工具和检查清单,但最好由详细了解慈善组织运营的人开展风险识别。风险管理说明强调的是受托人识别的重大风险,但不仅是受托人机构识别的风险(小型慈善组织除外)。

慈善组织在这一程序中需要考虑的因素如下:

- 慈善组织的目标、任务和战略;
- 慈善组织活动的性质和规模;
- 需要实现的成果;
- 可能影响慈善组织的外部因素,例如法律和法规;
- 慈善组织在其主要资助人和支持者中的信誉;
- 慈善组织过去遇到的错误和问题;
- 运营结构——例如使用附属交易公司、开展合营企业、由总机构资助的分支机构或关联机构;
- 与相同领域或相似规模的其他慈善组织的对比;
- 其他慈善组织或组织的风险管理范例。

在本程序中,受托人和行政管理需要以之为己任。所有职工和志愿者都需要了解其在风险管理中承担的义务。受托人需要广泛咨询其关键管理人和职工,以及征集组织中各个领域的意见,通常由管理层、职工和志愿者开展研讨会的方式征集信息。讨论慈善组织信誉风险或为受托人提供服务等问题时,可让支持者和受益人参加研讨会。

若慈善组织通过关联成员、分支机构、附属公司或合营企业等法律上独立的实体开展一些活动,产生的风险可以直接或间接影响慈善组织。例如,附属交易公司的活动可能会影响慈善组织的收入流,给慈善组织造成信誉危机,若该附属公司是慈善组织提供服务的载体,其活动甚至可能直接影响慈善组织的经营目的。虽说风险识别程序关注的是慈善组织本身的风险,但基于以上原因,可能还包括分支机构、附属公司或合营企业活动的风险。慈善组织受托人可以确保附属公司的董事采取类似的风险管理程序,且其结果交由慈善组织受托人审查或纳入慈善组织的整体风险管理程序。

很多模式或框架都为组织面临的风险规定了分类,且多数模式都适用于慈善组织。附件 2 中规定了一种合适的框架,从以下方面划分了风险:

- 管理;
- 运营风险;
- 财务风险;
- 环境和外部风险;
- 法律法规合规性风险。

需要了解的是,风险识别程序必须明确具体地反映慈善组织的活动、结构和慈善组织运营的环境。由此推断,附件 2 不得作为检查清单,而应该用于说明慈善组织可能面临的风险类型。

同理,虽然应该谨慎开展风险识别程序,分析中会有一定的主观评价,但任何程序都不可能识别所有可能产生的风险。风险识别程序只能为受托人提供合理保障,让其确保识别了所有相关风险。

阶段 3　评估风险

需要从其影响的潜在严重性和发生的可能性考虑已识别的风险。风险的评估和分类有助于区分优先级和过滤风险,开展必要的进一步措施。考虑已识别风险、判定其发生可能性和对慈善组织影响的严重程度是评估风险的一种方法。

这种方法试图将风险描述成一种不良结果的可能性以及这一不良结果对慈善组织实现其经营目的能力的影响。这样,受托人可以识别属于风险管理说明中确定的重大风险类别范畴的风险。

在之前的指引中,委员会说明了一种风险管理方法论,强调同等考虑风险的影响和发生的可能性。在这种方法下,受托人将通常按照影响分数乘以可能性分数和用于评估这些风险分数的乘积,由此得来重大风险。

近年来,衡量风险影响和可能性的方法得以进一步发展。若不了解规则,急剧变化或风险受到期管控之外的外部因素影响,很多组织都会考虑罕见或无先例的情况。这些风险的影响很大,但发生的可能性很低,相对于发生可能性高且影响重大的风险,很多组织认为前者更为重要。在这些情况下,应该在风险评估和风险管理程序中重点考虑风险的影响、发生可能性及其相互作用。使用前款所说方法时,以上几者分数相同。

若组织难以承受对其运营可能有极大影响的风险,其应该考虑和评估该风险,不论其发生的可能性有多大。慈善组织需要寻求平衡,衡量风险的性质、影响和发生可能性。在有限的资源下,应该考虑相关活动的风险以及利益或报酬。需要牢记,不可能的事情发生且有毁灭性影响,而可能的事情不发生的情况十分罕见。

需要关注高影响的风险,但受托人不应该忘记,影响较小的风险也能变为高影响风险,因为这些风险的发生可能会引发其他风险。一个低影响的风险可以引发一个又一个其他风险,由此累积可能会产生极端或惨重的影响。已有很多研究表明,绝大多数的商业失败都出于一系列小型但具有关联的事件累积而产生的严重影响,并非单个大规模事件。若组织只考虑大风险,其通常很难应对各个不利事件相互作用而产生的影响。

表 3 可用于说明本节所述的 1 ~ 5 分。

表 3　影响

描述	分数	对服务和信誉的影响
轻微	1	• 对服务无影响; • 对信誉无影响; • 不太可能有投诉; • 诉讼风险极小
较小	2	• 对服务有轻微影响; • 对信誉有轻微影响; • 可能有投诉; • 可能有诉讼
中等	3	• 对服务有些妨碍; • 可能有负面新闻——可通过谨慎处理避免; • 较可能有投诉; • 较可能有诉讼
重大	4	• 妨碍服务; • 无法避免的负面新闻(地方媒体); • 较可能有投诉; • 较可能有诉讼
极端/惨重	5	• 长期影响服务; • 无法避免的重大负面新闻(全国媒体); • 重大诉讼; • 高管和董事会辞职; • 受益人丧失信心

表4 可能性

描述	分数	范例
极小	1	仅在例外情况下发生
不太可能	2	在极少情况下发生
可能	3	在一些情况下发生
较可能	4	在多数情况下发生
很可能	5	经常发生

图1说明了另一种评估风险的方式,即通过衡量影响来评估。此方法是计算 xy + y 的分数,其中,x 是可能性,y 是影响,这一公式的含义为影响乘以可能性,再加上影响力,旨在评估风险时特别强调风险的影响。应该记住,风险分数通常会涉及某种程度的判断或主观性。若可以获得以前的事件或模式的数据或信息,将更有助于作出基于证据的判断。

在说明图1风险热谱图时,x 是可能性,y 是影响,各个颜色分别代表以下含义:

- ——重大或极端/惨重风险,分数为15或以上;
- ——中等或重大风险,分数为8~14;
- 或——较小或轻微风险,分数为7或以下。

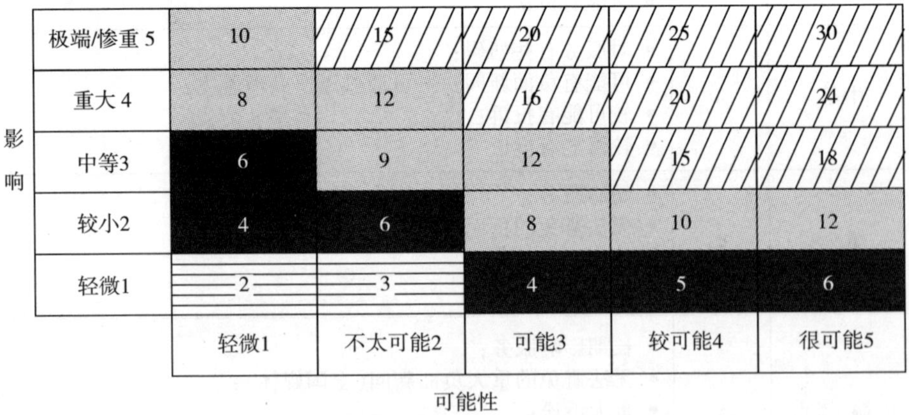

图1 风险热谱图

有些慈善组织更为强调影响,使用的公式为:xy + 2y。

阶段4　评估需要针对风险采取的措施

识别重大风险后,受托人需要确保采取合理措施,管理这些风险。该项审查需要包括评估现有管控的有效性。

针对每一识别的重大风险,受托人需要考虑管理该风险需要采取的额外措施,以降低其发生的可能性或减少其影响。以下为前述措施的范例:

- 可能需要通过停止活动来避免风险(如停止在特定国家的工作);
- 将风险转移至第三方(例如,使用附属交易公司、外包或与第三方进行其他合同安排);
- 与他人分担风险(如合营企业项目);
- 限制慈善组织遭受的风险(例如,设立储备金,预防收益损失、签订远期外汇合同、项目分期承诺);
- 通过建立健全管控程序降低或排除风险(例如,内部财务管控、招聘管控、人事政策);
- 可能需要风险投保(通常针对声誉风险,例如,雇主责任、第三方责任、盗窃、火灾);
- 接受不太可能发生和(或)低影响的风险,并进行年度审查(例如,出版物较少时可能会出现暂时脱销的风险或晚上丢失25英镑的小额备用金的风险)。

评估每一风险后,受托人可以制订计划,采取必要的措施,强调或转移重大风险。该措施计划和对制度或程序的适当实施有助于受托人得以按照监管要求编制风险管理说明。

风险管理的目的是将已识别风险的"总程度"降低至"净程度",即采取合理措施后仍存在的风险。附件1中列举了在风险登记簿中登记总风险和净风险的范例。受托人需要确定对风险管理后净风险的接受程度。

评估采取的额外措施时,一般要根据潜在影响或者预防或转移风险可能需要的成本,考虑管理或管控的成本。通过该程序,可能了解哪些当前或计划开展管控程序领域的管控成本与管理的风险不成比例或过于繁重。应该在风险管理的额外程序成本和该剩余风险的潜在影响之间找到平衡点。

良好的风险管理能让组织抓住机遇,满足紧急需求,避免问题。例如,若没有储备金政策保证充足的资金,慈善组织可能无法利用技术变革的基础;若没有经适当培训的职员和组织结构，慈善组织可能无法成功组织紧急救援项目。附件 2 中列举了一些落实转移已识别风险的制度和程序的范例。

阶段 5　定期监管和评估

风险管理是一个动态的过程，确保随时处理新产生的风险；风险管理也是一个循环的过程，确定之前识别风险的变化。风险管理不是一次性的，而应该是一个过程，需要进行监管和评估，职工有义务予以施行。这需要各层员工之间进行交流，确保理解个人和团队义务，并具现于慈善组织文化中。成功的过程需要确保以下几点：

- 合理报告和评估新风险；
- 重大新项目的风险作为项目考核的一部分予以考虑；
- 合理报告和处理管控制度的重大失误；
- 合理了解落实和监管管控制度中的个人责任；
- 已确定必要的进一步措施；
- 受托人考虑和审查年度工作；
- 受托人按时收到相关中期报告。

整理这一方法可以使用风险登记簿（详见附件 1）。该登记簿整合了风险管理程序的关键方面，排列了总风险及其评估、相应的管控和净风险，可用于确定责任、监管程序和后续必要措施。

受托人可以通过以下方式监管风险：

- 确保风险的识别、评估和转移与慈善组织经营目的的实现相关；
- 确保评估程序反映受托人确定的可接受风险；
- 审查和考虑风险识别、评估和管理的结果；
- 需要采取进一步措施的领域，接受中期报告；
- 考虑重大新活动或机会附带的风险；
- 定期考虑外部因素，例如新法律或资助人的新要求；
- 将风险的财务影响作为经营预算规划和监管的一部分予以考虑。

若经营环境稳定，受托人的年度监管辅以中期报告对大多数慈善组织而言已经足够，但根据慈善组织的风险组合，可能需要进行更频繁的监管。

致谢

委员会特此感谢 Pesh Framjee(Howarth Clark Whitehill,非营利部总监)对本篇评估风险指引更新版的贡献(第 4 部分,第 4 阶段)。

附件 1 风险登记簿范本与使用范例

风险管理旨在将风险"总程度"降低至风险"净程度",即采取合理措施后仍存在的风险。本范本说明了在风险登记簿中记录慈善组织如何降低风险程度的可行方法。在例 1 中,识别的总风险为投资组合回报/多样性不足,等级为高。确定管理该风险的程序后,净风险等级为中等。受托人应该确定风险管理后可接受的净风险程度。

表 5 例 1

风险领域/识别的风险	投资组合回报/多样性不足
发生可能性(分数)	较可能(4)
影响的严重性(分数)	重大(4)
整体或"总"风险	高(20)
管控程序	• 受托人设立的投资政策; • 英国金融服务管理局授权投资顾问的书面指示; • 受托人的季度审查
保留或"净"风险	中等
监管程序	受托人季度审查业绩报告
责任	受托人和财务主管
必要的进一步措施	受托人会议的季度议程事项
审查日期	季度

表 6 例 2

风险领域/识别的风险	筹款不佳
发生可能性(分数)	可能(4)
影响的严重性(分数)	重大(4)
整体或"总"风险	高(20)

续表

风险领域/识别的风险	筹款不佳
管控程序	• 新项目的财务评估； • 回报标杆； • 筹款活动的预算报告
保留或“净”风险	中等
监管程序	• 筹款活动的预算报告； • 筹款管理人向受托人/首席执行官季度汇报
责任	筹款管理人/首席执行官
必要的进一步措施	• 新项目需要受托人批准，但当前商业计划中已有的除外； • 审查当前方法的监管合规性
审查日期	• 适当时候； • 下次受托人会议

附件 2 潜在风险领域的范例及其影响和转移

慈善组织因其性质而不同。活动的性质、资金基础、储备金和结构的不同，会使慈善组织面临不同领域和不同程度的风险。下文确定的风险领域是多数慈善组织需要考虑的，但并未列举所有风险领域，不能取代慈善组织自己设置的风险识别程序。

该列表（表 7 至表 11）旨在说明受托人可能需要考虑的一些主要风险领域，还提供了潜在影响的例证，以及可能转移风险或影响的管控或措施的例证。有些风险所属的类别不止一个。本列表（表 7 至表 11）虽然长，但并非全部情形，仍有其他适用于特定慈善组织的风险，因为各个慈善组织情况和活动均有所不同。

风险可按照以下进行分类：

- 管理；
- 经营；
- 财务；
- 环境或外部；
- 合规性（法律或法规）。

表7 管理风险

潜在风险	潜在影响	转移风险的措施
慈善组织缺乏指导、战略和前景规划	• 慈善组织没有明确的目标、中心或计划; • 散乱地解决问题,没有战略侧重; • 财务管理困难; • 信誉损失	• 设立战略规划,确定关键目标、目的和政策; • 设立财务规划和预算; • 设立工作计划和目标; • 监管财务和经营业绩; • 从受益人和资助人处获得反馈
受托人机构缺乏相关技能或承诺	• 慈善组织停滞不前或无法实现其目的; • 决策的制定不经过受托人; • 职工不满或冷漠; • 决策不当,导致其服务提供不值	• 审查并确定需要的技能; • 制定资格框架和工作说明; • 开展受托人培训和入职培训; • 审查并确定招聘程序
受托人机构由1~2个人或相关个人管控	• 受托人机构无法作为战略机构有效运营; • 在受托人机构之外决策; • 追踪个人议程; • 保密或尊重文化; • 管控机制的随意过度使用	• 考虑受托人机构的结构及其独立性; • 确定管理潜在利益冲突的机制; • 按照章程审查并确定招聘和任命程序; • 确定会议和记录决策的程序框架
受托人从慈善组织中获益(例如报酬)	• 信誉、道德和理念不佳; • 整体管控管径的负面影响; • 利益冲突; • 监管措施的可能性	• 确保付款或获利具备相应法定授权; • 考虑替代性员工工作安排; • 落实条款和程序,授权或批准费用和付款; • 确定由"相关"受托人之外的人建立公平报酬的程序和方法(例如报酬委员或标杆指标等)
利益冲突	• 慈善组织无法追求其利益和日常工作; • 决策可能未依据相关考虑因素; • 信誉影响; • 私利	• 确定披露潜在利益冲突的约定; • 落实退出特定决策的程序; • 审查招聘和选举程序

续表

潜在风险	潜在影响	转移风险的措施
组织结构低效	• 缺乏信息流，决策程序不当； • 远离经营活动； • 角色和义务不确定； • 决策中有不当或过度的官僚主义	• 利用组织系统表，明确了解角色和义务； • 委托和监管应该符合基本规范以及章程或法定要求； • 审查结构和变更章程的必要性
活动不属于项目、权利或捐赠条款（限定资金）	• 可获得的受益人资金损失； • 有义务偿还资助人； • 资助人丧失信心； • 对信托和监管措施的潜在违反； • 受益人丧失信心； • 税务（若属于非认定的支出）	• 确定审查新项目以符合目标、权力和资金条款的约定； • 建立财务制度，确定限定资金及其使用
失去关键职工	• 经验或技能损失； • 对关键项目和重心的运营影响； • 失去交流基础和对公司的了解	• 后续计划； • 文件制度、计划和项目； • 落实培训项目； • 确定通知期间和工作交接； • 审查并确定招聘程序
向受托人报告（准确性、及时性和相关性）	• 信息不当，导致决策质量不佳； • 受托人未能履行其管控职能； • 受托人机构不再重要，且不知情	• 落实适当的战略规划、目标设定和预算程序； • 及时、准确的项目报告； • 及时、准确的财务报告； • 评估、审查项目和授权程序； • 受托人与高级职工和管理人签订合同保持定期联系

表 8　经营风险

潜在风险	潜在影响	转移风险的措施
合同风险	• 繁重的条款和条件； • 不履行的责任； • 不符合慈善组织的目标； • 公共供给的计划外补贴	• 建立成本/项目评估程序； • 确定授权程序； • 就条款和条件听取专业意见； • 落实业绩监管工作； • 考虑应保风险的范围

续表

潜在风险	潜在影响	转移风险的措施
服务提供——顾客满意	• 受益人投诉; • 费用收入损失; • 重大合同损失或合同索赔; • 过失索赔; • 信誉风险	• 确定质量控制程序; • 落实投诉程序; • 用标杆测试服务,落实投诉审查程序
项目或服务发展	• 与目标、计划和重心的一致性; • 资金和财务可行性; • 项目可行性; • 技能	• 考核项目、预算编定和成本计算程序; • 审查授权程序; • 审查监管和报告程序
与同类组织的竞争	• 合同收益损失; • 筹款可能性降低; • 公共形象下降; • 交易活动的收益性	• 监管和评估业绩和服务质量; • 审查市场和提供服务的方法; • 确定筹款战略; • 确保与资助人定期联系; • 监管慈善组织的公共意识和形象认知
供应商 依赖性 议价能力	• 依赖关键供应商; • 缺少满足关键经营目的的供应商; • 无竞争力的定价/报价; • 购买力不足	• 大型合同中使用有竞争力的投标; • 落实获得报价单的程序; • 授权供应商列表; • 监管服务提供的质量/及时性; • 使用服务水平协议; • 考虑运用采购联盟
生产力和资源使用(包括有形固定资产)	• 未充分利用或缺少建筑/办公场所; • 工厂和设备废旧,影响经营业绩; • 职工分配与关键目的不符; • 限制生产力未被利用或使用	• 确定兼职和工厂检查方案; • 确定维修和维护方案; • 确定资金使用预算; • 开展效率审查

续表

潜在风险	潜在影响	转移风险的措施
资产安全	• 损失或损害； • 资金被盗窃； • 侵犯知识产权	• 审查安全工作； • 设立资产登记和审查方案； • 确定设备管理方案； • 对所有权文件和土地登记进行安全保管； • 管理专利和知识产权的使用； • 审查保险范围
筹款	• 回报不足； • 采用的宣传活动或方法造成信誉风险； • 代理人或商业筹款人的行为； • 符合法律法规	• 实施考核、预算编定和授权程序； • 审查监管合规性； • 监管所得经济回报的适当性（标杆比较）； • 在年度报告中报告管理工作
劳动问题	• 劳动争议； • 健康和安全问题； • 伤害、压迫、骚扰和不公正解雇的索赔； • 机会均等和多样性问题； • 职工培训的适当性； • 儿童保护问题； • 员工士气低； • 虐待弱势受益人	• 审查招聘程序； • 确定参考和质量检测程序、工作说明、劳动合同、考核和反馈程序； • 开展工作培训和发展； • 开展健康和安全培训与监管； • 了解《劳动法》要求； • 开展职工考核和法定要求（例如数据库核查）； • 确定举报程序
职工流动性大	• 经验或关键技能损失； • 招聘成本和交接周期； • 培训成本； • 经验对员工士气和服务提供的影响	• 审查面试和评估程序； • 对关键岗位施行公正公开的竞争任命； • 确定工作说明以及业绩考核和反馈制度； • 开展“离职”谈话； • 审查报酬、培训、工作环境和工作满意度
志愿者	• 缺少能力、培训和支持； • 给受益人的服务不佳； • 审查和参考程序不当； • 招聘和依赖性	• 审查并确定职位和能力； • 审查并确定考核程序； • 审查并确定培训和监督程序； • 确定发展和激励计划

续表

潜在风险	潜在影响	转移风险的措施
健康、安全和环境	• 对职工的伤害; • 产品或服务责任; • 运营能力(详见合规性风险); • 对受益人和公众的伤害	• 遵守法律法规; • 培训职工和合规专员; • 落实监管和报告程序
灾难恢复和规划	• 电脑系统故障或数据丢失; • 因火灾、洪水造成财产、设备以及记录损毁或遭受类似损害	• 确立 IT 恢复计划; • 实施数据备份程序和安全措施; • 审查保险范围; • 建立灾难恢复计划,包括替代住所
程序和制度文件	• 缺乏程序和政策意识; • 未经合理授权采取措施	• 合理利用文件证明政策和程序; • 审计和审查程序
信息技术	• 系统无法满足经营需求; • 无法创新或更新系统; • 数据丢失或损毁,例如捐赠者库; • 缺少技术支持; • 违反数据保护法	• 评估系统需求和选择; • 考核安全和授权程序; • 采取措施,确保和保护数据; • 确立实施和发展程序; • 利用服务和支持协议; • 建立灾难恢复程序; • 考虑外包; • 考虑可保损失的保险范围

表 9　财务风险

预算管控和财务报告	• 预算与关键目的和重心不符; • 基于不准确的财务计划或报告制定决策; • 基于不可信的成本数据或收入计划制定决策; • 无法履行承诺或关键目的; • 信用控制不佳; • 现金流和资金管理不良; 运营能力	• 将预算、商业计划和目标联系起来; • 监管并准确及时报告; • 开展合理的产品或服务成本计算程序; • 确保合适的技能基础,编定、解释预算和财务报告; • 确定程序,审查和应对预算或现金流变动,以及监管和控制成本; • 定期审查储备金和投资

续表

储备金政策	• 资金或清偿能力不足,无法应对新需求或要求; • 无法履行承诺或计划目的; • 无法证明政策正当性时的信誉风险	• 将储备金政策和商业计划、活动和识别的财务以及经营风险结合起来; • 定期审查储备金政策和储备金等级
现金流敏感性	• 无法履行承诺; • 清偿能力不足,无法应对成本变化; • 对经营活动的影响	• 确保合适的现金流预测(谨慎假设); • 识别主要敏感性; • 确保从经营管理人处获得合理的信息流; • 监管工作安排和报告
收入来源的依赖性	• 收益来源损失对现金流和预算的影响	• 识别主要依赖性; • 开展合理的储备金政策; • 考虑多样化的计划
定价政策	• 依赖补贴资金; • 定价失误造成计划外的损失; • 现金流对其他活动的影响; • 因无竞争力无法签订协议; • 对受益人提供服务的承担力	• 确保准确计算服务和合同的成本; • 与其他服务供应商对比; • 向资助人告知并确定价格变动; • 监管资助人的满意度; • 确定活动的定价政策,包括结算和折扣条件
借款	• 利率变动; • 按期还款能力; • 资金安全; • 监管要求	• 评估未来收入流,偿还债务; • 考核条款(可得的定期利率、利率上限和利率变化); • 评估借款盈利; • 采用合理的专业建议
向第三方担保	• 担保下清偿债务的要求; • 储备金或清偿能力不足,无法满足清偿债务的要求; • 与目标和重心的一致性	• 审查批准和授权程序; • 确定程序,确保符合目标、计划和重心; • 确保出现紧急情况和储备金政策修订时的财务报告
外币	• 外币汇率损失; • 项目成本的不确定性; • 现金流对经营活动的影响	• 确保适当的现金流管理和储备金政策; • 利用货币配对(慈善组织本币成本); • 考虑经营需求的远期协议(套期保值)

续表

养老金承诺	• 资金不足,无法履行定额给付养老金计划; • 对未来现金流的影响; • 未能按期支付款项; • 监管措施或罚款	• 使用精算估计; • 审查养老金计划安排(例如现金购买方案); 审查计划准入程序和对养老金管理的控制
不当或造成损失的非慈善交易活动	• 关键目标没有资源; • 转移了营利性筹款活动或核心活动的资源和精力; • 监管措施和有责性; • 公开后的信誉风险	• 监管和审查经营业绩和盈利; • 确保附属公司的预算编制和财务报告或活动预算合适; • 审查并确定合理慈善组织资金授权程序(审慎、合理建议、投资标准); • 报告资金和业绩,作为慈善组织自身财务报告制度的一部分; • 评估可行性; • 考虑向独立的附属公司转移工作
投资政策	• 不当或冒险的投资造成的经济损失; • 无法预见的严重负面投资环境; • 因缺乏投资建议和多样性造成的经济损失; • 因清偿能力不足造成现金流困难	• 审查并确定投资政策; • 获得适当的投资建议或管理; • 考虑投资的多样性、审慎和清偿能力标准; • 落实合适的储备金政策; • 定期进行业绩监管
永久捐赠的保护	• 未来收入流或资本价值损失; • 建筑不符合目的; • 收益流不当,无法满足受益人需求	• 审查并确定投资政策; • 获得适当的投资建议或管理; • 考虑投资的多样性、审慎和清偿能力标准; • 定期进行业绩监管; • 确保对建筑进行维护和测量者检查; • 审查保险需求
遵守捐赠人设定的限制	• 超出限制使用资金; • 偿还拨款; • 未来与捐赠人和受益人的关系; • 监管措施	• 落实制度,确定限制性进款; • 确定预算控制、监管和报告工作

续表

欺诈或过错	• 财务损失； • 信誉风险； • 员工士气损失； • 监管措施； 对资金的影响	• 审查财务管控程序； • 义务分工； • 设立权限限制； • 确定举报欺诈政策； • 审查资金安全； • 识别可保风险
交易对手风险	• 财务损失； • 妨害活动或经营	• 调查交易对手的财务可持续性； • 合同约定； • 考虑分期付款； • 确定履行措施； • 监管和审查投资； • 若交易对手是慈善组织的代理人，建立监管和审查工作安排（"融资渠道"工作）

表 10　环境或外部因素

潜在风险	潜在影响	转移风险的措施
公共认知	• 对志愿收入的影响； • 对受益人使用服务的影响； • 获得拨款或合同资金的能力	• 与支持者和受益人沟通； • 确保高质地报告慈善组织的活动和财务状况； • 开展公共关系培训或程序
负面新闻	• 失去捐赠者的信任或资金； • 影响力损失； • 职工士气损失； • 受益人失去信心	• 实施投诉程序（内部和外部）； • 确立合适的投诉审查程序； • 确立危机管理战略，处理投资——包括关键性一致，并任命发言人
与资助人的关系	• 关系恶化可能会影响可获得的资金和支持	• 确保定期与主要资助人联系并简要介绍情况； • 充分报告项目； • 遵守资助人制定的条款和条件
人口统计因素	• 捐赠人或受益人人口分配的影响； • 受益人的增加或减少； • 捐赠人的增加或减少	• 制定捐赠人基础； • 分析并理解受益人需求； • 使用精算分析，制定未来资金需求

续表

潜在风险	潜在影响	转移风险的措施
政府政策	• 合同资金和拨款资金的可得性； • 志愿捐赠的税收政策的影响； • 一般法律或法规对开展的活动的影响； • 志愿组织的作用	• 监管计划的法律或法规变更； • 考虑加入合适的协调组织

表 11　合规性风险(法律和法规)

潜在风险	潜在影响	转移风险的措施
根据慈善组织的活动、规模和结构,遵守相应的法律和法规	• 许可或活动监管机构判处的罚款、出发或谴责； • 失去开展特定活动的许可证(详见经营风险)； • 员工或顾客的过失诉讼； • 信誉风险	• 确定关键的法律和法规要求； • 分配关键合规责任程序； • 落实合规性监管和报告； • 准备合规性访查； • 从监管机构处获得合规性报告(若合适)——审计员和员工考虑需要考虑的事项和措施
监管报告要求:财务和其他报告要求取决于慈善组织的构成和资金安排的变化	• 监管措施； • 信誉风险； • 对资金的影响	• 审查并确定合规性程序和职工责任的分配
税收	• 处罚、利息和"补缴税款"评定； • 收入损失,例如未能利用捐赠给付； • 强制性或任意性优惠损失； • 未能利用税收豁免和优惠	• 审查所得税预扣法合规性程序； • 审查增值税程序； • 定期提交纳税申报表； • 了解可用的税收豁免和优惠(直接税和增值税)； • 就雇佣情况、合同条款和税收咨询意见； • 实施预算和财务报告,确定交易进款和退税
专业建议	• 缺乏投资战略或管理； • 未能优化财务状况； • 合同风险； • 未能识别合规性风险	• 确认并确保获得专业建议； • 确认需要咨询意见的问题； • 开展合规性审查

指引：受托人如何做出决策
（CC27）

目　录

1. 引言

1.1 本指引的主要内容及其适用对象

本指引详细阐释了受托人应当如何制定决策,从而影响慈善组织。概述请参考**《慈善组织会议:决策的制定和投票》**。

本指引中的原则将会在总体上指导受托人的决策。在进行重大或战略性决策时,例如涉及慈善组织受益人、慈善组织的财产和未来走向的决策,适用这些原则具有重要意义。委员会不要求受托人在制定较为次要的决策时严格遵守这些原则。

除此之外,本指引还介绍了受托人需要了解的相关法律实务和实际操作,从而确保决策的制定具有合理性,并有案可循。

本指引适用于英格兰和威尔士地区所有已登记、未登记或豁免慈善组织的受托人,也包括法人慈善组织受托人。

1.2 受托人如何做出决策——概述

受托人作决策需要遵循什么原则

法定要求:这些原则为法院在审核受托人所作的决策时产生的原则。受托人必须:

- 依职权行事;
- 善意地为其慈善组织的利益采取行动;
- 确保其充分了解相关信息;
- 考虑所有相关因素;
- 忽略一切不相关因素;
- 管理**利益冲突**;
- 所作的决策不超出合理受托人组织所能做出的决策范围。

受托人必须证明其已遵循上述原则。委员会在本指引的第2部分详细阐释了这些原则。

这些原则之间相互依存,例如,利益冲突的管理,也是正确地适用程序、善意地采取措施和忽视不相关因素的一部分。只有遵循其他原则才能确保其所作的决策不会超出合理受托人组织所能做出的决策范围。

遵循管理方面的基本规范也有利于决策的有效制定,并确保慈善组织遵守相关法律。

遵循本指引的重要意义

各个慈善组织之间相互联系。受托人负责管理组织并制定经营方面的决策,受托人最重要的职能之一是制定决策。某些决策简单直接,而另一些则很复杂且影响深远。如果受托人明白其职能和责任,知晓如何有效地制定决策并对其组织的利益关系人负责,受托人才会在作决策时更有把握。

委员会不得经营慈善组织或代表受托人行事,委员会期望并支持受托人能为其慈善组织做出最好的决策。若受托人竭尽全力但仍旧出现纰漏时,委员会将协助受托人让事情回归正轨。根据**风险框架**,认为有必要进行监管时,委员会才能行使该职能。遵循决策原则意味着:

- 有助于受托人确保权限范围和在相关慈善法律规定的范围内行事;
- 允许受托人向慈善组织报销在决策时产生的费用;
- 有助于受托人证明其行事的合理性;
- 有助于在出现纰漏时保护受托人;
- 如果受托人不遵守决策原则:
  - 受托人将对组织遭受的经济和信誉上的损失承担责任;
  - 受托人所作的决策将无效或被撤销;
  - 受托人会让慈善组织面临被起诉的风险并让自身有承担个人责任的风险;
  - 委员会将介入,行使其职权,对受托人的财产予以保护,让事务回归正常状态。

受托人决策时需要考虑的其他问题

受托人在作决策时必须遵循慈善法律及相关规章,其中,包括:

- 遵循规章中任何关于决策和会议的具体要求;
- 共同做出决策,确保每一位受托人都能参与其中;
- 行使未经会议进行决策的职权需遵循该职权的相关规定;
- 如果授权给组织的职员或分委员会,则应当对归责有明确稳定的汇报程序和方针;
- 对决策的合理记录,以便明确决策的内容和目的。

更多详情请参考本指引的第 3 部分,该部分也阐释决策的内容。

受托人何时向委员会寻求建议?

受托人可通过一系列资源寻求对决策的建议和指引,包括 GOV. UK 官网。委托人应该非常果断地遵循其指引并将指引适用于具体情形中;无须向委员会确认对指引的解读。

在某些情形下,受托人确实需要联系委员会,因为只有委员会才能提供建议或批准,寻求具体建议也事关委托人的利益。本指引的第 3.8 部分对这些情形以及更多信息来源作了详细阐释。

1.3 本指引所用的术语

“必须”,是指受托人必须遵守的法定或法规性要求。

“应该”,是指委员会期望受托人若无特殊原因应该遵守的基本规范。

慈善法,是指《慈善法》(2011 年)。

受益人,是指有资格从慈善组织的工作中受益的个人或群体。慈善组织的潜在受益群体通常会在其规章中加以界定。一些慈善组织称其受益人为客户或服务使用者。

规章,是指阐明慈善组织的宗旨及其管理方法的法定文件,通常是一个信托协议、组织制度或组织规章。另外,还可以是财产转让契约、意愿书、皇家宪章、委员会方案或其他正式文件。

受托人,是指对慈善组织的管理承担全部责任的慈善受托人。受托人对组织的战略做出决策并指导管理,可被称为受托人、理事会、管理受托人、管理委员会、主管、董事。慈善法根据其责任而将其称为受托人。

专业受托人,是指将受托人作为自己职业的一部分(可以是律师或会计)。同时,包括具备专业知识或经验的受托人。

为了慈善组织(最大)利益,是指为了能在现在和将来(最大限度地)实现慈善组织的宗旨,并非指慈善组织作为一个实体自身的利益(为了维持自身利益的不能称为慈善组织),也并非是为了受托人、委员会职员或成员的个人利益。

财产,是指慈善组织的财产,包括土地、建筑、资金、投资、车辆和设备。

理性人(有时称为谨慎从业者),是指基于法院认为知晓情况并能承担责任的人在特定情形下将会如何行事的一种认定标准。“理性”行事意味着以理性的方式行事。

有资质的人或顾问,是指受托人合理认为具备提供某些方面建议资质的人,包括专业顾问(例如律师、会计和测量员),也包括慈善组织的职员、具备专业素养的受托人、来自机构聚集组织或其他慈善组织的顾问。

利益相关者,是指在慈善组织中享有权益的人员,包括受益人、支持者、组织的成员、职员和资助者。

2. 做出良好决策的原则——详答

本节内容将详细阐述第 1.2 部分概述的决策原则。

2.1 受托人如何依权办事?

法定要求:受托人只能按照慈善组织的目的和权力做出决策。这些权利来源于法律及组织的规章。如果受托人不明确他们的权力,应向委员会寻求建议(包括通过阅读委员会的指引)或者求助于具备良好资质的人员。

某些权力可能附有条件或限制,或者确定慈善组织必须遵循的程序。受托人必须严格遵循适用于权力的条件或程序。受托人不得以不正当的目的(如逃避规章中其他规定)行使权力。故意滥用职权将会视为违反善意采取行动的义务(见第 2.2 部分)。

正确的程序包括确定受托人经过合理的程序加以指定,并能按照《慈善法》和规章行事。详见**《关于受托人事宜:须知信息及须做事项》(CC3)**中第 5.3 部分和第 5.4 部分。

同时,包括确定和管理利益冲突,必要时针对受托人(或与之相关的人员)的冲突或利益获得委员会的批准。详见委员会**《管理慈善组织的利益冲突》**。

2.2 善意地采取行动

善意,是指真实、诚实的意图或动机;努力地为慈善组织的利益做正确的事。其反面是"恶意",包括:

- 受托人认为所采取的行动不是为了慈善组织的利益;
- 故意让某个人受益,而并非为了慈善组织的利益;
- 因不正当的目的而故意滥用职权。

如果受托人恶意地采取行动:

- 将无权向慈善组织索要其承担的相关费用;
- 所作的决策可能受到合法性的质疑(详见第4.2部分);
- 委员会将会介入(详见第4.3部分);
- 受托人将向慈善组织赔偿其造成的损失(详见第4.4部分)。

2.3 受托人如何确保其获得了足够的信息?

受托人须证明其决策是基于合理充分的依据,这要视具体情况而定,包括是否向具备足够资质的个人寻求建议的决策。其中的因素主要有:

- 涉及的费用或价值;
- 事件的复杂性;
- 一切对该事宜有影响的争议;
- 决策的影响;
- 影响的深远度;
- 决策的紧急程度。

这些因素都将对在具体情形中采取何种决策具有一定影响。

委员会希望受托人阅读相关指引,考虑如何将其适用于具体的情形中。

受托人可通过风险评估并跟进的方式来掌控情况。受托人可参考委员会的指引**《慈善组织与风险管理》(CC26)**,该指引阐释了慈善组织可能面临的不同风险、管理风险的不同方法、如何确定和评估风险以及受托人可能需要的其他信息。

> 例如,受托人在购买土地时,想要知晓土地的价值、卖方是否具有所有权、土地使用的限制、遭遇洪涝或塌陷的风险、对土地的规划申请等情况。在通常情况下,受托人需要向土地测量员和律师寻求建议。

当寻求建议时,受托人应当尽其所能确保其顾问具备足够的资质并充分了解情况。当受托人对其所作的决策承担责任时,如果根据合理的建议采取行动,就有可能对其提供保护。

委员会不要求受托人洞察未来,而是要求受托人应当知晓或查明眼前的情况。如果出现纰漏或决策受到质疑,法院和委员会将大多数受托人不是法学或具有专业技能的专家这一事实予以酌情考虑。

会议记录、报告或其他官方记录应当表明受托人获取信息和建议以及形成观点的过程。

委员会通常会协助受托人就重大决策向利益相关人咨询。提供咨询的人应当了解最终的决策是由受委托人做出,咨询能有助于:

- 受托人在考虑他人的观点并对其决策的影响进行评估之后做出有根据的决策;
- 决策直接关系人参与到决策中;
- 表明提案公开透明,对于有重大影响的决策(如撤销某项服务),这一点尤其重要;
- 慈善组织表明其听取并回应了相关的评论和质疑。

2.4 考虑诸多相关因素

根据情况的不同和决策的重要性,需要考虑诸多因素。在某些情况下,受托人会针对其责任寻求建议。

在不同情况下,相关的因素可能包括:

1. 拟定的决策是否符合慈善组织的最大利益(这点尤其关键);
2. 如果拟定的决策会影响慈善活动,那么,决策是否与慈善组织的宗旨一致?
3. 受托人是否考虑了委员会关于公共利益的指引;
4. 受托人是否具备制定和实行决策的权力;
5. 是否有其他需要考虑的选项;
6. 受托人是否有足够专业的建议做出有根据的决策?如果受托人并未遵循这些建议,那么,这么做是否符合慈善组织的最大利益;
7. 拟定的决策存在什么风险或利益;
8. 决策是否会影响慈善组织的信誉?慈善组织是否有管理或缓解信誉风险的措施;
9. 该决策是否将会影响慈善组织日后有效深化慈善目的的能力?如果有消极影响,该决策还能被认定符合慈善组织的利益吗?
10. 慈善组织是否有足够的资金实行该决策直到实行决策之后?
11. 如果受托人已向组织的利益相关人进行咨询,受托人通过咨询收获了什么?受托人应该如何看待利益相关人的观点?

12. 如果受托人支持拟定的决策,之后是否能在不造成无法承担的损失或惩罚的前提下撤销该决策?

会议记录或其他正式记录应当表明受托人认真考虑过上述因素。书面记录应该足以让人理解上述因素、决策及其原因。

受托人需要再三考虑该决策是否仍符合慈善组织的最大利益。对于进行中的项目或活动,这一点尤其重要,具体情况随时间而变化。

2.5 受托人如何确定不相关因素?

法定要求:受托人必须在不同情形中确定相关或不相关因素时,应当始终铭记慈善组织的目标,基于完备的信息尽可能做出最佳决策,而不应该带着个人偏见做出判断,否则,将会构成对其义务的违反(详见第3.2部分和第4.2部分)。

不相关因素的事例:

(1)受托人出售慈善组织多余的土地时,不会在一开始倾向于出价最高的人,而是接受第二高的出价者。受托人的个人偏见会影响其判断,由此而使慈善组织遭受经济损失。受托人的决策不是基于客观问题而做出的,例如对慈善组织信誉的风险等情况。

(2)一家慈善组织为了克服经济困难,接受了欲购买其用于获得收益土地的开发商开出的高价。当地居民出于对环境保护的考虑,不同意对其片区进行开发。由于这些异议与慈善组织的目的无关,受托人忽视了这些异议。(但受托人需要考虑是否会产生不利影响或失去当地合作人及资助人的支持,并考虑这么做的后果。)

(3)受托人在选择某一服务的供应商时,必须客观权衡各个不同的选择,最终确定对慈善组织最有益的选择,而不应该优先考虑与其亲友合作。

(4)受托人在决定道德投资策略时,必须忽视其对烟酒或军火买卖的个人观点。与慈善组织的目的或受益人相关,或者认为某些投资可能对慈善的支持有不利影响的,受托人必须对某些投资予以排除(详见指引中《道德投资》)。

2.6 受托人如何确保其决策属于合理范畴?

法定要求:在任何情况下,受托人的选择都可能不止一种,受托人必须确定哪种选择符合慈善组织的最大利益。法院和委员会不能判定受托人的决策"正确"与否,或是否为"最佳决策",只能权衡该决策是否属于合理决策范畴,受托人是否遵循了本指引中的合理程序和原则。

受托人应该确定所有可能的选择,并回过头考虑以下事项:

- 是否用足够的时间充分考虑了该决策。
- 是否有任何遗漏。
- 在必要时,是否考虑或采取了专业建议,或是阅读了相关指引;如果没有遵循建议或指引,做出的决策是否合理。
- 该决策是否是慈善组织受益人或支持者所期许的(若不是,受托人应该如何对待受益人和支持者的建议)。
- 受托人是否能在各种情形中证明该决策的合理性。
- 该决策是否与受托人曾经做出的决策不一致,若存在不一致,能否解释出其中的不同点。
- 是否有理由证明受托人采取的行动不合理。

显然,受托人考虑上述事项的必要性取决于慈善组织决策所具有的意义和潜在影响。

3. 其他需要考虑的问题

本部分内容探讨了受托人在做出决策时涉及的一些法律与实践问题。受托人制定决策时必须满足慈善法和规章的要求。决策需要经过恰当的记录,以便明确决策内容。

3.1 所有受托人都必须参与决策?

法定要求:受托人有义务"共同"做出决策,但这并不意味着所有受托人必须达成一致意见,或者只有在所有受托人都参与的情况下才能做出决策。对于大多数的决策而言,这意味着:

- 所有受托人都有义务参与决策制定的过程(有利益冲突的除外);

- 决策制定的过程必须遵循规章中对程序的规定(例如,法定人数、投票、绝对大多数、在正式会议以外做出决策的绝对权力等规定);
- 所有参加决策的受托人有权提问并阐述自己的观点;
- 决策一旦做出,受托人必须支持并实行该决策(详见第3.3部分关于受托人对某项决议提出异议的内容)。

当然,受托人可能无法出席某次会议或决策,但缺席的受托人仍应该对其他受托人做出的决策承担责任。

受托人的职责在于进行独立判断、建设性地发问并对提议提出质疑。任何人都不得未经讨论而诱导受托人或操控决策的制定。受托人仅遵从某个人的观点和决策的,并未履行其受托人义务。

慈善组织规章可能会要求所有受托人对某些决策达成一致意见(例如,若决策不经过会议,而通过书面决议的方式做出,规章可能会要求所有受托人对某些决策达成一致意见)。一些慈善组织的规章对决策的规定是要求达成共识,而非投票(意味着没有人对最终决策持有异议)。

3.2 决策是否必须通过受托人会议做出?

法定要求:受托人通常必须通过会议做出决策。

例外情况只有以下几种:

- 慈善组织有权通过其他方式做出决策的,如书面决议、电话会议;
- 所有受托人都同意某决策,且未经会议而做出该决策不违反规章规定的。

通过电话或邮件制定决策存在风险,且难以让所有受托人都充分参与讨论并了解决策的方方面面以及需要考虑的信息。

一些慈善机构有权批准主席在会议期间做出紧急决策(有时被称为“主席措施”)。主席所作的决策不得超出受托人一致认可的范畴,并且应该将其所作的决策告知受托人。即使规章未作要求,委员会建议,应该在今后的会议中审核并确认该类决策。

3.3 受托人未能达成一致的情形

法定要求:建设性辩论和质疑是良好管理的标志,反映了委员会鼓励受托人具备多样化经验和独立思想。一旦经过合理程序做出决策，即使受托人未达成一致，也应该遵守该决策。

受托人强烈反对某项决策的，可要求记录其提出的异议（详见第3.4部分）。有时受托人会认为某项决策不符合慈善组织的利益，但其别无选择，只能接受。然而，受托人因个人动机或偏见（而非从慈善组织的利益考虑），对决策提出异议的，构成对本指引的原则或受托人义务的违反。

即使受托人要求对其异议进行记录，但根据连带责任原则，该受托人也应和其他受托人共同承担责任。这种情况只可能出现在第三方对慈善组织心存不满的情形中。

若受托人存在争议且无法做出决策，可以考虑进行正式调解或其他争议解决方法。详见指引**《慈善组织中的异议和争议》**。

3.4 受托人如何对决策进行记录？

受托人应该对其决策进行书面记录，通常的方式是会议记录。以其他方式做出决策的（详见第3.2部分），需要采取与所做决策相类似的方式记录该决策。

受托人的规章（及其他规则或议事程序）可能要求受托人作会议记录并明确应该记录的内容。若未作要求，记录应能说明以下内容：

- 会议的完整日期；
- 与会人员（是否达到法定人数）；
- 任何利益冲突，是否有人退出讨论；
- 受托人决策的内容；
- 决策的主要缘由；
- 受托人需要考虑或忽视的因素；
- 受托人是否采取了建议，该建议的提出者，以及不遵循建议的（合理）理由；
- 讨论的关键点；
- 若选择进行投票，得到的投票结果；
- 受托人是否提出异议并要求记录该异议。

记录的详细程度应该符合决策的意义和潜在影响。受托人依据报告或在记录中提及的其他文件制定决策的，应该附上这些文件的复印件。以这种方式记

录决策有以下优点:

- 有助于确定记录的内容;
- 有助于解决决策的后续事宜;
- 降低决策被推翻的可能性;
- 有助于受托人表明其采取的行为得当,履行了义务。

3.5 决策制定与风险管理

决策的制定同样与风险管理紧密相连,受托人对风险的识别和了解极为重要。但这并不意味着完全回避风险;而是在识别风险之后采取恰当措施,对风险进行管理。在作决策时通常会存在风险因素,而创新来源于适度的冒险。更多信息,详见指引**《风险与管理方法》**。

有时可能有人会对决策提出异议并试图改变该决策。这也是为什么(对于重要决策)受托人表明其在决策中遵守本指引原则的,将对受托人有所裨益。

3.6 委托与组织成员及分委员会的职能

许多慈善组织有权委托慈善组织职员、分委员会或个体受托人制定决策,有助于受托人进行有效管理。受托人委托某人制定决策的,仍要对所有的决策承担责任。

例如,受托人通常会指定财务主管,负责财务和账目事宜。但财务主管不单独负责此类事宜,所有的受托人应该分担慈善组织的财务和账目责任,并需要积极参与讨论,制定相关决策。

如果受托人进行委托,则其必须制定明确且稳健的报告程序和归责制度,以确保受委托的机构合理行事。具有高风险和新颖性的决策不应予以委托。受托人应该制定合适的指引,以确定哪些是高风险和新颖性的决策。

受托人在作决策时,慈善组织的职员可在提供信息和建议方面发挥重要作用。然而,受托人应该意识到可能影响职员的潜在利益冲突。

3.7 慈善组织的各成员制定决策的职能

一些慈善组织有成员在集体会议中通过投票参与决策。由于篇幅所限,本指引没有对成员的职能进行一一赘述,但是:

- 各成员应该在深化慈善组织目的、明确受托人责任方面发挥重要作用；
- 受托人必须遵守规章中关于举行成员会议或成员参与决策的规定；
- 成员不得迫使受托人实施慈善组织规章中禁止或违反受托人义务的行为。

关于处理受托人和成员之间关系的指引，参见**《成员制慈善组织》**(R57)。

3.8 在何种情况下，受托人在作决策前需要咨询委员会？

在多数情况下，委员会希望受托人能阅读指引并将其适用于具体情形中，在必要时采取合理的建议，通常情况下无须咨询委员会的建议。

有以下情形的，受托人应当咨询委员会建议：

- 只有委员会(或法院)才能提供权威建议的，例如，若受托人需要向委员会咨询委员会在特定情况下(前所未有或复杂的)的责任或权力，或不明确的规章规定。
- 需要获得委员会的法定授权(批准)的受托人需要联系委员会，确定合理的批准以及需要的信息；委员会提供了**在线表格**，供有需要的受托人使用。
- 在某些情况下，委员会可为受托人提供官方建议(详见第3.9部分)，而非许可(如与提起诉讼相关的建议)的；
- 复杂的慈善组织**并购**和重组的；
- 委员会或受托人意识到组织的管理具有**严重问题**的；
- 只有咨询委员会意见后受托人才能履行法定义务的其他情形。

委员会的"**风险框架**"和"**风险指引**"在其行使与慈善组织相关权力时会更加充分地体现。

3.9 委员会可以提供的建议

委员会可向慈善组织(单独或整体上)提供有助于组织管理的建议或指引。

委员会还有权就受托人的法定义务或对慈善组织的管理提供官方建议。需要官方建议的受托人必须提交书面申请。委员会不提供具体的决策建议，但可以评判受托人设想的决策是否符合权限。

受托人善意遵循委员会官方建议的,视为按照法律规定合理采取行动。同样,受托人善意尝试遵循委员会非官方建议的,委员会也会认定该受托人合理采取了行动。

4. 遵循本指引的重要意义

4.1 遵循本指引的益处

如果受托人在决策时遵循本指引中所罗列的原则:

- 将有助于确保其按照慈善组织所授予的权力和信托采取行动;
- 有权在实行决策时使用慈善组织的资金解决费用问题。

一些决策并不会按照原计划得以施行。受托人只负责根据制定决策时所能知晓的情况采取行动,即使该决策是错误的。如果受托人有权进行决策并且是在受托人理应做出的范围内,法院或委员会就不得评判决策的对错。

若受托人善意、合理地采取了行动,法院将不会因受托人的失职而让其承担个人责任。(如果受托人接受其无权获得的利益的,可能需要予以退还。)

4.2 未做出合理决策的后果

鉴于决策的影响,通常都不会出现对慈善组织或受托人有不利的后果。但若有以下情形,产生的后果会很严重:

- 不合理的决定造成经济损失或有损慈善组织的信誉的;
- 受托人未经授权接受个人福利金的;
- 不明确决策是否有效,使慈善组织面临起诉风险或经济损失的。

由此,委员会可能介入其中(详见第4.3部分)。在某些情况下,受托人必须采取措施弥补损失或由其本人向慈善组织退还款项(详见第4.4部分)。

若受托人决策不当,将有可能违反信托约定,也意味着对受托人**法定义务**的违反。公司类慈善组织的受托人同样可能违反公司法中规定的董事法定义务。慈善组织因受托人违反信托约定或参与其中而遭受损失的,由受托人承担个人责任。受托人未经授权接受个人福利金的,必须退还给慈善组织。

如果受托人未遵守本指引的原则:

- 所作决策可能会超出慈善组织信托的权限范围,导致决策自动失效;
- 因其违反义务(例如,恶意地违反义务),受托人所作的决策可能受到质疑("可撤销")。

如果其决策无效,或是由法院予以撤销,将导致委员会遭受经济损失。例如,如果第三方因此而遭受经济损失,其可能起诉慈善组织。从慈善组织善意购买土地、货物或服务的人仍有权获得其购买之物。

在某些情况下,受托人将必须偿还慈善组织的经济损失(详见第4.4部分)。

4.3 委员会何时介入?

委员会不太可能对慈善组织受托人所作的任何决策提出质疑,但有足够理由怀疑以下事项的除外:

- 受托人所作决策超出慈善组织的目的和权力;
- 考虑了不相关的因素;
- 未能合理管理利益冲突;
- 制定了其他了解该事实的理性受托人机构不会制定的决策。

除有足够证据外,委员会不会起诉受托人。

委员会的法定目标在于,确保受托人在管理慈善组织时履行其法定义务,委员会另一个法定职能是通过立法活动,以多种方式识别和调查慈善组织中的滥用职权和管理不当。

当某一质疑引起委员会的注意,委员会将权衡风险的大小以及受托人的处理方式。在多数情况下,受托人可以自行解决慈善组织的问题,有时需要委员会的建议。但情节严重的,委员会可能通过法定问询展开正式调查,通过问询来调查慈善组织中存在违反规定和滥用职权的情况。只有在问题很严重并有证据证明或有管理不当重大嫌疑的情况下,才有可能发生前述情况。如果对慈善组织或其公信力构成重大威胁,委员会也会展开问询,包括慈善组织的财产、服务或受益人被滥用以及遭受损害的情况。

委员会展开问询后,可行使权力保护组织及其财产和受益人,同时,将导致受托人被开除。更多信息,详见**《慈善组织的法定调查:对慈善组织的指引》**(CC46)。

更多关于管理方法的信息,详见委员会的**风险框架**。

4.4 受托人何时须向慈善组织予以补偿?

如果无偿的志愿受托人已经尽力去做正确之事,则不会出现向慈善组织偿还的情况。委员会和法院期望受托人根据其资质和经验,尽其所能。对于专业受托人或有偿受托人,因其具备一定技能和经验,对他们将会有更高要求。

如果有证据证明受托人或其他与慈善组织相关的人具有重大过失,委员会将严肃处理。慈善组织因受托人的不当决策而遭受损失的,受托人应予以赔偿。受托人未经授权获得利益的,应予以退还。

更多详情,详见**《委员会如何确保慈善组织符合法定要求》**。

因违反义务而向慈善组织承担个人责任与因非法人慈善组织无法偿还债务而向第三方承担责任有所不同。更多信息,详见**《慈善组织与保险》(CC49)**和**《改变慈善组织结构》**。

但值得注意的是,受托人承担个人责任的情况很少见。

5. 更多信息来源

5.1 其他资源

《有效管理:志愿和社区部门的规则》

《受托人的行为准则》(CTN/小型慈善组织联合,2008)

出售、出租、转让或抵押：受托人关于处分慈善土地的须知事项（CC28）

2012 年 3 月

目　录

1. 引言

1.1 本指引的内容

受托人必须始终以慈善组织的最大利益行事。具体如何操作取决于受托人自己的决断,但在出售、出租或转让慈善土地时,法律明确要求确保按照慈善组织的利益,合理管理以上重要交易,确保受托人获得合理的最佳价格。在多数情况下,法律允许受托人不经委员会的批准处置慈善组织的土地。

本指引旨在帮助受托人了解处置慈善组织土地的步骤和需要委员会授权的情形。若受托人需要委员会授权,本指引列举了需要的信息。

法律还有类似的制度,允许受托人抵押或质押慈善组织土地,本指引将帮助受托人了解该方面内容。

1.2 “必须”和“应该”:含义

“必须”,指受托人必须遵守的法定或法规性要求或义务;“应该”,指受托人应该遵守的最低基本规范指引,但有正当理由不遵守的除外。

1.3 先前的指引

本指引替代了之前的《出售、出租、转让或抵押:受托人关于处分慈善土地的须知事项》(CC28),更新了之前的版本,反映了《慈善法》(2011 年)的规定。

1.4 本指引的范畴

本指引描述了受托人在出售、出租或以其他方式转让慈善组织土地时或抵押、质押慈善组织土地时需要注意的事项。这方面内容十分复杂,根据慈善组织的类型和处置的方式,受到不同法律和法规的管辖。受托人不应该期望本指引能准确、充分地描述其慈善组织的法律问题。本指引仅是一般性介绍和概述,并强调受托人可能需要进一步咨询委员会或咨询慈善组织法律顾问的方面。

1.5 本指引的使用

本指引是假设读者希望处置其持有或托管土地的慈善组织受托人进行结构排序的。第 2.6 部分的总结性判定表将有助于受托人决定是否可以不经委员会授权处置土地。根据处置的方式,无论是否需要授权,受托人均可参阅本指引的相应部分。

此外,若考虑抵押财产或考虑将慈善组织财产作为抵押物寻求拨款或贷款,第9部分的内容将有所帮助。

1.6 术语解释

慈善组织土地:该词虽简单,但含义很复杂。慈善组织土地指英格兰或威尔士慈善组织持有或托管的土地及土地上的建筑或构筑物,包括基于慈善信托持有的土地和慈善公司或企业持有的法人财产。"土地"一词还包括任何不动产、土地利益或地役权,包括通行权或接触土地设备的权利,还可能是土地上湖泊或河流的垂钓权。前述均可在慈善组织规章、独立规章、信托协议或意愿书中予以规定。

关联人员:指与慈善组织密切相关或有联系的人,可以是在慈善组织工作的人,无论是否受薪,可以是受托人、高级职员或雇员,或者是向慈善组织捐赠土地的人,还包括受托人或土地捐赠人的配偶或民事伴侣及其近亲属,以及这些人经营的机构或单位。第10.1部分说明了该词的完整法律定义。只有经过法令授权,向关联人员做出的土地处置才有效。

合同:指土地所有人和买受人、承租人或以其他受让人之间签订的协议。在将土地转让给新的所有人或承租人时,应该完成出售、出租或其他处置合同。

指定土地:指定财产,有时成为"法定土地"和(或)"永久捐赠",是慈善组织规章中规定用于特定慈善组织目的的财产。很多慈善组织拥有的土地都是未指定的,可以自由用于慈善组织的任何目的。

处置:在本指引中,处置指对土地的转让、出租或以其他方式处置,包括让与、转让或出租,以及不动产销售,还包括权利的授予,例如垂钓权。此外,还包括授予地役权、通行权或允许接触土地设备的权利。但签订销售合同或协议不属于处置(合同完成的除外)。转让或交易完成时才发生处置的效力。

地役权:是一种对不动产实施某事的权利或自由,或阻止他人对不动产实施某事的权利。该权利通常是让他人为特殊目的使用土地的权利,是一种土地权益,规定于判例法。

转让费和额外费用:转让费或保险费指因出租向慈善组织支付的款项或其

他利益,租金除外。

规章:指规定慈善组织目标或目的以及如何管理慈善组织的法律文件。规章可以是信托协议、组织制度、组织大纲、财产转让契约、意愿书、皇家宪章、委员会方案或其他正式文件。

指令:委员会或法院依据《慈善法》第105条或第117条签发的法律文书,授权受托人实施其无权实施的行为。委员会不得签发指令授权受托人实施慈善组织规章中明确禁止的事项。

专业收费条款:专业的抵押条款指慈善组织规章中规定的条款,明确允许用慈善组织的资金向相关受托人支付提供服务、开展工作、使用专业技能、知识或被慈善组织雇用的费用。

方案:慈善组织依据《慈善法》第69条做出的法律文书,用于变更受托人无权变更的慈善目的或管理条款。委员会有权依据《慈善法》制订方案,变更慈善组织的目的或管理规定。方案通常有受托人约定做出,且只有在其无权变更时才可做出。

慈善法:指《慈善法》(2011年)。

受托人:慈善组织受托人指服务于慈善组织管理机构的人,通常被称为受托人、董事、董事会成员、管理人或委员会成员。慈善组织受托人负责对慈善组织的一般管控和行政管理。

通行权:指双方签订的书面约定,授权安装、检查、保持、替换或维修私有土地上的设备或仪器。

2. 处置慈善组织土地之前需要思考的一些事项

本部分阐述了受托人考虑处置慈善土地的一些原因,说明受托人在采取进一步措施之前必须考虑的事项。本部分还说明了处置前需要和不需要授权的情形。

2.1 为何受托人希望处置慈善组织的土地?

简答

处置土地的原因各式各样,例如,可能希望将慈善组织迁移到更适合的地方或获得一些资金用于其他项目。

详答

受托人希望处置符合慈善组织的最大利益。例如,受托人应该考虑继续保留土地并持续获得收益是否更符合慈善组织的利益,以便之后获得更大收益,或者,不管是否可以获得资金,受托人可能考虑继续为了慈善组织的目的使用土地。受托人在处置一些将来可能有用的有价资产之前,应该谨慎考虑。

2.2 慈善组织有权处置财产吗?

简答

在许多时候,受托人可以依据《土地信托和受托人任命法》(1996 年)中规定的权力,一般称为法定权力。有时候,受托人可以依据其他制定法规定的权力,或在慈善组织规章中规定更广泛的权力。慈善公司大多在其规章中规定了处置权,通常是明示权力,或可从"兜底"权力(允许行使任何有利于深化慈善组织目的的权利)中推断得出。

若无法依据上述权利,受托人可能需要向委员会申请指令或方案。

详答

法定权力在很多情况下都可适用,允许受托人向财产的完全所有人一般行事,包括处置土地。受托人对该权力的行使应该:

- 按照与慈善组织信托协调的方式行使权力;
- 遵守《慈善法》第 117 条至第 121 条的规定——详见第 2.5 部分、第 3 部分和第 4 部分;
- 遵守《信托法》(2000 年)规定的注意标准。

有时,受托人不能依据法定权力。一些规章中明确限制了受托人处置土地。一些慈善组织持有指定土地。在前述情况下,受托人可能需要指令或方案,授权其处置土地,详见第 5 部分。

"指定土地"一词指按照捐赠条款只能用于实现慈善组织目的的土地。多数情况下,相关土地可用其他不优于该土地的土地替换,例如:

- 作为慈善组织会议地点的建筑;
- 为公众提供慈善服务的建筑,例如图书馆或学校。

在有些情况下,只能使用特定的土地,不能替换,例如:

- 为公共利益保留曾为特定历史人物所有房屋的信托；
- 杰出的自然风景地。

在这些情况下，受托人可能需要方案的授权才能处置土地和(或)变更慈善组织的目的，详见第5部分。

即使有权处置土地，受托人可能也需要授权。这是事实，例如，受托人向关联人员处置财产的，详见第5部分。

2.3 受托人在行动之前必须考虑什么？

简答(法定要求)

处置土地之前，受托人必须考虑一些事项，例如：

- 受托人是否有权处置该土地；
- 该处置行为是否符合慈善组织的最大利益；
- 受托人是否对该土地享有所有权；
- 规章中是否有禁止该处置行为的规定；
- 是否需要委员会或法院的授权。

详答

- 无论决定是什么，受托人必须始终考虑慈善组织的最大利益，这是受托人的主要责任，必须在重要方面的决策中始终牢记。
- 受托人需要证明其对财产享有所有权且有权处置该财产——详见第2.2部分。受托人必须核查规章中是否有禁止相关处置行为的规定。
- 受托人必须确定是否需要授权。第2.5部分和第2.6部分的内容将有助于受托人判断该问题。

2.4 行动之前受托人还应该考虑什么？

简答

受托人应该考虑以下事项：

- 处置行为会有哪些其他影响？
- 出租协议中授予了承租人哪些权益？

详答

虽然不一定是最重要的因素,但受托人应该考虑处置行为的其他影响——例如,会影响受益人或公众对慈善组织的支持吗?在一些情况下,受托人在处置指定土地时,必须进行咨询,即使这不是法定义务,也是基本规范。

出租慈善组织财产时,受托人应该咨询法律意见,确保出租协议条款授予给承租人的权益不超过受托人的计划,并确保受托人在出租结束时能收回土地(例如,依据《业主与租客法》(1954 年)排除续租权或在出租到期时收回土地)。

2.5 需要委员会授权吗?

简答(法定要求)

多数情况下,受托人处置土地不需要委员会授权。

但受托人在签订处置协议之前必须遵守特定要求——详见第 3 部分和第 4 部分。另外:

- 受托人无法遵守这些要求;
- 受托人未在签订协议之前这样做;
- 受托人的处置行为必须获得授权。

受托人需要获得指令——详见第 5 部分的相关内容。

详答

受托人通常可以不经委员会的授权处置慈善组织土地,但必须遵守特定要求,包括对土地进行调查和评估、披露处置行为,以及确信处置的条件是可合理实现的最佳条件。如果无法遵守这些要求或无法在签订处置协议之前遵守,受托人必须向委员会申请指令。

然而,在有些情况下,受托人需要在取得委员会的法令——详见第 2.6 部分的图表。这种情况的主要原因是受托人向关联人员处置土地——详见第 5 部分。

也有受托人处置指定土地且不替换该土地的特殊情况——详见第 5.9 部分。

有些情况下,慈善组织土地的所有权登记在慈善组织的官方托管人名下,处置前需要获得委员会的指令。更多信息,受托人可以参阅**《慈善租住和 CIO 的土地登记实践指南》**。

2.6 如何判定是否需要指令?

答案

这取决于:

- 处置的情况;
- 处置的接受对象;
- 是否有相关处置权;
- 慈善组织类型;
- 受托人是否可以在签订土地处置协议之前遵守要求;
- 受托人是否打算替换该土地。

总结性判定表将有助于受托人判定是否需要向委员会申请指令或是否可以在遵守第3部分和第4部分阐述的要求后进行处置。

总结性判定表(略)

3. 简单、短期处置

本部分主要介绍了以不超过7年的出租处置土地,且无须向慈善组织支付转让费或额外费用。这一处置方式的要求不多,受托人完成该处置行为时无须获得指令,但涉及关联人员的除外——详见第5部分。

若出租中允许承租人选择续租,且续租总期限不得超过7年,将适用第4部分中较为复杂的要求。转让现有出租的,即使原出租期限不超过7年或剩余期限不超过7年的,也适用第4部分的要求。

3.1 简单处置有哪些要求?

简答(法定要求)

由于这些交易风险相对较低,时间相对较短,其要求比其他处置方式少。尽管如此,受托人仍必须考虑获得的建议,谨慎考虑处置的条件,确保是可合理获得的最大利益。适时获得建议非常重要——详见第3.2部分。

详答

受托人出租慈善组织财产,期限不超过7年,且无须支付转让费或额外费用

的,受托人必须:

- 从有相关经验和能力的人处获得报告,并参考该报告;
- 确信处置的条件是可合理获得的最大利益。

向关联人员处置土地或在签订处置协议之前遵守要求的,受托人只需要在处置之前获得指令即可。

3.2 简单处置中,受托人何时必须遵守要求?

简答(法定要求)

若在没有指令的情况下完成交易,受托人必须在签订处置协议之前遵守要求。

详答

若受托人未遵守这些自我验证要求就签订协议,为完成交易并使处置生效,受托人需要在完成前获得指令,这无疑会延长处置的时间。

3.3 谁应该作为这些处置方式的顾问?

简答

受托人必须确信其选择的人具备相应能力和专业,能就处置行为提供可靠的建议。当然,受托人或慈善组织具有相应资质的雇员也可以作为顾问。

详答

虽说不要求顾问具备该类处置的专业资质,但委员会建议,受托人选择一些专业机构中有资质的人员作为顾问,例如以下机构:

- 英国皇家特许测量员协会(Royal Institution of Charterecl Surveyor, RICS);
- 建筑师与测量师协会(Architect and Surveyor Institute, ASI);
- 税收、评级和估值研究所(Institute of Revenue Rating and Valuation, IRRV)。

但受托人需要自己选择顾问,并准备在受到质疑时证明决定的正当性。若要求其他受托人提供建议,除规章中有专业收费条款的权力或按照该权力条款向受托人支付服务费外(《慈善法》第185条),受托人不能支付费用。

在这类情形下,不要求提供书面建议,但委员会建议,受托人不要依赖口头建议,因为口头建议易被误解,且受托人证明其处置决策的正当性时无法出示证据。委员会建议,受托人咨询法律意见,确保出租条款中授予承租人的权益不超过受托人的计划,例如续租权,并确保受托人在出租到期时能收回土地。

3.4 需要哪些说明和证明?

回答(法定要求)

根据法律规定,受托人需要在处置文件中包含特定说明和证明,详见第6部分。

3.5 受托人可以处置指定土地?

回答

若受托人以出租的方式处置指定土地,且租期不超过2年,无须支付转让费或额外费用的,受托人可以在遵守第3部分规定的要求后予以处置。

若土地是指定土地,但不符合前述情形的,受托人必须遵守额外要求,才可能需要获得方案,详见第5.9部分。

4. 出售、长期出租和其他处置方式

本部分阐述了以下处置方式:

- 出售、转让或让与自由保有地;
- 7年以上的出租;
- 权利、地役权或限制性约定的授予或转让;
- 不超过7年,且无须向慈善组织支付额外费用或转让费的出租;
- 其他处置土地权利的方式,且不提供抵押或质押的,例如长期出租。

受托人无须指令即可完成该类处置,但涉及关联人员的除外,详见第5部分。

4.1 对土地权益的出售、长期出租和其他处置有何要求?

简答(法定要求)

受托人实施这些类型处置的,必须:

- 从有资质的测量员处获得书面报告并予以考虑；
- 依照测量员的建议宣传处置；
- 确信处置条件是在此情形下才可获得的合理的最大利益。

详答

以第3部分之外的方式出售、长期出租或处置土地权益的，受托人必须遵守较复杂的程序。根据法律规定，受托人选择的测量员必须具有相应资质（详见第4.3部分），且受托人必须遵守测量员有关交易该处置行为的建议（若不建议遵守的，则不遵守）。受托人必须获得符合《慈善规定（有资质的测量员报告）》（1992年）的书面报告——有相应资质的测量员了解这些规定，受托人可查阅附件中第10.2部分的复印件。

通常来说，测量员应该排他性地参与受托人的特定处置工作。适时获得建议十分重要，详见第4.2部分。

4.2 受托人何时必须遵守这些要求？

简答（法定要求）

若在没有指令的情况下完成交易，受托人必须在签订处置协议之前遵守要求。

详答

若受托人未遵守自我验证要求即签订了协议，受托人必须在完成处置前向委员会申请指令，这样才能完成交易，让处置行为生效，这样无疑会延长处置的时间。

4.3 测量员必须具备哪些资质？

简答（法定要求）

受托人必须是以下人员之一：

- 具有专业资质的人，例如皇家特许测量员协会的成员；
- 受托人合理认为具备评估特定土地和相关领域能力和经验的人。

详答

有资质测量员的定义关键在于专业资质以及实际能力与经验。受托人的测

量员姓名后应该有 MRICS 或 FRICS 等后缀。为满足第二点要求,测量员必须:

- 在土地所在乡镇或区的房地产市场具有丰富经验;
- 熟知市场中影响这类土地价值的因素(如农业用地、自由保有地、出租住宅、轻工业用地等);
- 知晓何种交易和处置最能实现该类土地的交易。

4.4 需要哪些说明和证明?

答案(法定要求)

根据法律规定,受托人应该在处置文件中包含特定说明和证明,详见第6部分。

4.5 拍卖出售土地有何后果?

简答

若受托人认为符合慈善组织的最大利益,可以拍卖出售土地,听取专业建议会有所帮助。

详答

拍卖是快速出售的有效方式,但受托人应该设置土地的保底价,以确保实现测量员建议的最低价值。但为了不经过指令完成拍卖处置,受托人必须在签订土地出售协议之前遵守要求。若受托人未这样做,必须在完成交易之前获得指令。

受托人应该在出售条件中规定,买受人为关联人员的,该交易需要获得指令。

4.6 受托人可以处置指定土地吗?

答案(法定要求)

详见第5.9部分。

5. 需要委员会授权的处置

本部分介绍了受托人在处置慈善组织土地之前必须获得委员会指令或方案的情形,阐释了其必要性和如何申请,以及委员会需要的申请信息。

5.1 受托人何时需要指令？

简答(法定要求)

若受托人没有或无法遵守第3部分或第4部分规定的要求，受托人必须获得委员会的指令。受托人向关联人员处置土地时，即使遵守了第3部分或第4部分规定的要求，也必须获得指令。

详答

很多情况下，受托人都可以不经委员会或法院的同意，对土地进行处置。若受托人没有或无法遵守第3部分或第4部分规定的要求，受托人必须获得委员会的指令。但在一些情况下，受托人进行处置前始终需要获得指令——主要是向关联人员处置土地的情形——详见第5.2部分和第5.4部分。受托人出售指定土地且不打算替换该土地的，需要委员会授权(可能以方案方式授权)，详见第5.9部分。

5.2 受托人何时需要获得方案？

简答

受托人出售指定土地且不打算替换该土地的，或无法替换该土地的，需要委员会的授权，通常指委员会需要为慈善组织制订方案。

详答

若慈善组织的规章中规定了特定财产必须用于慈善组织的目的，这就是指定土地，可能是游乐场、救济院、教堂或学校。若有出售权力，或该土地已被替换(只要对土地的替换能深化慈善组织目的，且有利于慈善组织即可)，慈善组织受托人可以出售指定土地。但是，若受托人无权出售，且(或)该土地不会被替换，受托人需向委员会申请方案，授予其出售土地和(或)赋予慈善组织新目的的权力，详见第5.9部分。

5.3 受托人为何需要指令？

简答(法定要求)

指令可以授权受托人对土地实施处置，确保受托人公开透明地开展交易，且确保该交易符合慈善组织的最大利益。

详答

根据《慈善法》第 117 条的规定,受托人应该在以下情形获得指令:

- 在向关联人员实施处置之前;
- 受托人在签订处置协议之前没有或无法遵守《慈善法》第 117 条余下条款规定的要求。

在前述情况下,委员会需要确定受托人采取了正确措施,管理利益冲突,并实现了该处置行为下的最佳条件。

5.4 谁是关联人员?

简答(法定要求)

关联人员指与慈善组织有密切联系或关系的个人和组织。

详答

关联人员包括:

- 受托人;
- 向慈善组织捐赠土地的人;
- 前述人员的近亲属;
- 慈善组织的雇员或高级职员;
- 上述人员的配偶或民事伴侣;
- 上述人员控制或有实质利益的机构或公司。

《慈善法》第 118 条完整列举了土地处置中的关联人员,受托人可在第 10.1 部分查阅该列表。

5.5 向关联人员处置慈善组织土地时如何获得指令?

答案

向关联人员处置土地的,可以使用委员会的**在线表格**,提交需要的信息。

受托人认为需要指令的其他情形,详见第 5.6 部分。

5.6 在哪些非关联人员的情形下，受托人可能需要指令？

简答

若受托人没有或无法遵守第117条至第120条的要求,且具有以下情形,委员会可以考虑做出指令：

- 获得测量员报告的成本与交易的价值不成比例,且委员会合理确信交易价值较低的；
- 土地位于偏远地区,难以找到充分了解当地土地价值的具有资质的测量员的；
- 低价处置土地,且该处置行为不属于第117条第3款中的豁免范畴。

一般来说,委员会希望了解受托人需要指令的原因,且受托人应该提供证据,证明以下事项：

- 土地的价值；
- 受托人如何宣传处置；
- 受托人的决策过程,包括如何管理利益冲突等情况。

详答

有时候,获得测量员报告的成本远高于慈善组织在处置中获得的利益。例如,受托人处理地役权时,可能之前在与委员会的交易中按测量员估计的相对低价进行了交易。受托人可能会要求委员会根据第117条第1款做出指令,但委员会仍需要相关知识来考虑需要指令的原因,具体信息列于下文的项目符号表中。

还可能是慈善组织的土地位于偏远地区,难以找到熟知该类型土地的测量员或其他人。在这种情况下,受托人只能选择让房地产代理人为其估价。房地产代理人的报告也应该按照与有资质测量员报告类似的模式做出,并包含类似信息。但由于受托人无法遵守第117条至第120条的规定,委员会必须做出指令。

在很多时候,低价处置是向其他有相同目的的慈善组织做出的。这类情况下的处置无须遵守第117条规定的要求——详见第7.3部分。除此之外,也有其他低价处置合理的情形。例如,受托人向公共机构处置其财产,且该公共机构计划将该财产用于与慈善组织目的相符合的目的时,可以低价处置。这类处置不依据第117条第3款予以豁免,受托人需要向委员会申请指令,批准该处置。

受托人需要获得指令的,委员会需要知晓以下信息:

- 受托人认为需要指令的原因;
- 土地价值的评估;
- 受托人实施的宣传,包括宣传时间或不宣传的理由;
- 处置相关决策的会议记录。

前述不是完整的列表,委员会收到申请后可能需要联系受托人,获取其他信息。受托人提供完整信息后,委员会才能更好地评定其申请。即使受托人的情况不涉及关联人员,也可以参照第5.5部分提及的在线表格中列举信息类型,受托人在不涉及关联人员等其他情况下,可将之作为指导或检查列表。

5.7 为何受托人需要提供信息?

简答

委员会需要了解相关处置的详细信息,以便其进行考虑,并就是否做出指令做出知情决定。收集这些信息也有助于受托人核查案件详情,有助于受托人制定决策。

详答

委员会在审查受托人申请时,需要确信以下事项:

- 受托人对财产进行了切实估价;
- 受托人理解了所获得的专业建议;
- 受托人审查并理解了慈善组织规章中的相关权力或限制;
- 受托人准确了解其处置对象;
- 受托人已经让该处置符合慈善组织的最大利益;
- 受托人已经在此情况下获得了可合理获得的最佳条件——包括受托人如何宣传财产或不宣传的理由的相关信息;
- 受托人管理了利益冲突。

5.8 受托人还需要提供说明和证明吗?

回答(法定要求)

需要。详见第6部分。

5.9 受托人处置指定土地的，需要获得方案吗？

简答(法定要求)

有时需要——无明确规定的出售权，且无法行使法定出售权时，需要方案，详见第5.2部分。

若受托人不打算或无法替换指定土地，受托人可能需要获得方案，以授予其出售权和变更慈善组织的目的。这样做是因为处置该土地后，受托人不能再开展该土地承载的慈善组织目的。受托人还需要公告对该土地的处置。这也是对财产的宣传，以获得最佳价格。

若受托人打算通过处置得来的收益替换该土地，且这样做将深化慈善组织的目的，对慈善组织有利，受托人通常可以使用第4部分列举的自我验证制度，但向关联人员处置土地的除外。

有时候，处置指定土地不会变更慈善组织的目的，但也不会受到与慈善组织信托相协调的影响，详见下文详答。

详答

若受托人处置全部或多数指定土地且不予替换的，很可能造成该指定土地承载的慈善组织的现有目的无法存续。在多数情况下，慈善组织规章中不会规定出售指定土地的权力。此时，可能需要委员会做出方案，授予出售权和慈善组织的新目的——详见**《慈善组织规章的修订》**(CC36)。委员会考虑做出方案之前，受托人必须向其证明慈善组织的现有目的无法继续开展的原因。

例如，救济院是救济的一种方式。若为救济院慈善组织，持有土地的信托通常要求慈善组织将土地用于救济院，这些建筑就是指定财产。若救济院的需求不多，受托人可以决定出售这些建筑，且无须替换。在这种情况下，慈善组织无法再继续开展其建立的目的，因此，需要变更其目的。若如此，受托人必须在委员会考虑以方案变更慈善组织目的之前提出申请，说明其必要性。

判断慈善组织土地是否为指定土地时，受托人应该查阅规章或所有权文件，并在必要时听取合理的法律意见。

在有些情况下，即使受托人处置指定土地且不予以替换，也无须获得方案。处置行为轻微且不会影响慈善组织深化其目的的能力时就是如此——例如重新划分边界或处理边界争议、授予地役权或在土地上设立新的公共通行权等。在这些情况下,受托人只需要遵守第 4 部分规定的要求,依据《土地信托和受托人委任法》(1996 年)中规定的出售权即可。

若对部分指定土地的处置属于慈善组织信托中明确禁止的,委员会需要做出方案,变更慈善组织的目的,以便允许合理出售财产。(但该财产有《强制购买令》的除外,在此情况下,受托人需要咨询法律意见。)若慈善组织规章中未包含合适的信托,委员会的方案还可以规定合理使用出售所得收益的方式。

受托人在处置全部或部分指定土地且不予以替换时,必须公告处置要约邀请说明。公告期不得少于 1 个月,且受托人必须公告收到的全部要约。公告的形式和内容取决于慈善组织的规模和类型。地方慈善组织的受托人通常可在财产上张贴公告,并在地方报纸上进行二次公告。大型慈善组织或开展专业活动的慈善组织应该考虑在发行范围更广的报纸或与慈善组织活动相关的专业刊物上进行宣传。发布公告时,受托人应该在成本合理的情况下,尽可能覆盖更多的受益人和其他对慈善组织有利的人。

委员会确信处置行为符合慈善组织最大利益的,有权决定免除该要求。受托人或代表受托人的其他人需要书面申请。有以下情形的,委员会会考虑该申请:

- 已对计划的处置进行公开讨论,或慈善组织的信托规定了更严格义务的,例如,在处置村公所之前,受托人应该召开公开会议;或
- 处置行为仅涉及土地的一小部分(上述例子中的情形),且不会影响慈善组织实现目的的能力。

在多数情况下,只要可以深化慈善组织的目的,对慈善组织有利,受托人可以替换指定土地。但慈善组织的目的包括保留该土地,不适用前述规定,详见第 5.2 部分。

若无替换的阻碍事由,且处置行为不涉及关联人员,受托人可以适用第 4 部分规定的自我验证制度。在此情况下,若用价值相当的土地替换该指定土地,替换财产不需要与被替换的土地具备完全相同的位置、结构、规模或布局,也不必具备相同的单元数。若将出售所得的全部收益用于提供合适的新财产,例如救济院,对单元数的合理扣减仍应被视为具有同等价值,例如:

- 用较少的公寓房替换不流行的单间配套;
- 在新的房产中装修独立的厨房、较大的浴室或淋浴室,减少单元数。

若购买同等的土地或房产后仍有剩余资金，且该投资资金的收益可用于维修、维护和修缮该专用房产，那么，这些剩余资金可作为永久捐赠投资资金——无须方案或其他授权。

若无法按照全款全部使用剩余资金，属于类似情形，受托人有义务向委员会申请方案，为慈善组织提供使用该资金的可行方式。

6. 说明和证明

本部分阐述了处置慈善组织土地的文件中应该包含说明和证明的原因，还说明了相关形式和提交者的相关信息。

6.1 为何需要这些说明和证明？

回答（法定要求）

必须提交说明和证明，向买受人确保以下事项：

- 如何持有土地以及由何种慈善组织持有；
- 该土地的处置合法。

这样，买受人能确信交易的合法性。

6.2 说明中应该有哪些信息？

简答（法定要求）

在处置文件中，受托人必须说明以下事项：

- 该土地由慈善组织持有或托管；
- 该交易是否符合法定要求、慈善组织是否免于《慈善法》第117条第3款的规定或该交易是否属于该规定的范畴。

详答

根据法律规定，受托人必须在处置文件中做出以上说明。受托人应该能够核查其享有所有权文件，确定该土地为慈善组织持有或托管。若慈善组织免于法定要求，说明中必须详细说明其据以豁免的条款——详见本指引第7部分。若向其他慈善组织处置土地，受托人必须在文件中包括其他说明，提供额外信息。详见第6.6部分。

在一些情况下,说明有规定的形式,但多数情况下没有规定的措辞形式,受托人应该就此咨询法律意见。《**慈善组织和 CIO 土地登记实践指南**》中有相关的实用指引。

6.3 证明中应该有哪些信息?

简答(法定要求)

受托人必须确定其有权力处置土地,且依照正确程序获得了指令或遵守了法定要求。

详答

根据法律规定,受托人必须在处置文件中提供此类证明(通常在按照第 6.2 部分提交说明后提交)。证明中必须说明该处置行为是否由指令授权。若不是,证明中应该说明受托人有权处置该财产,且遵守了相关要求。《**慈善组织和 CIO 土地登记实践指南**》中有关于证明措辞形式的指引,若受托人不确定,应该在采取行动之前咨询法律意见。

6.4 谁必须正确做出说明和证明? 可以委托该职权吗?

简答(法定要求)

受托人有义务正确地做出说明和证明,若不确定,受托人应该咨询法律意见。根据慈善组织的类型,可以进行一定范围的委托,但必须依据规章的规定或法律规定。

详答

若为非法人慈善组织,受托人可以委托两名或两名以上的受托人签署证明,但必须符合慈善组织的信托。受托人可以授予一般授权或适当予以限制。该授权:

- 必须以书面形式或受托人会议决议做出;
- 可以授权两名或两名以上受托人,或者限定授权给指定受托人或以其他方式授权;
- 在不影响相关限制的情况下,撤销前持续有效。

若为法人,受托人可以指定代表法人签署转让的人提供证明。在此情况下,证明中必须说明其作为全部受托人的代表提供该证明,而不是代表法人组织,详见第8部分和《慈善组织和CIO土地登记实践指南》。

6.5 若说明或证明不正确或未提交会有什么后果?

答案

一般而言,若有利于买受人,处置仍有效,但买受人知晓或应当知晓该说明或证书不正确的除外。若买受人已支付对价且善意获得土地,例如以价值相当的土地交换,则说明成立。若非如此,例如,向知晓或应当知晓说明或证明不正确的人实施处置,该处置可以无效或可撤销。

6.6 向其他慈善组织处置土地时需要提交说明或证明吗?

答案(法定要求)

需要。详见第7部分。

此外,向其他慈善组织处置土地时,受托人必须在其处置文件中进一步说明,具体包括:

- 处置的土地将为某一慈善组织持有或托管;
- 接受土地的慈善组织是否为豁免慈善组织;
- 若不是豁免慈善组织,将适用《慈善法》第117条关于以后处置行为的限制,但处置行为免于这些限制的除外。

若处置行为将引发在地政局进行强制登记,说明将有助于土地登记员在所有权上添加适当的条目,例如限制等。

7. 例外、豁免和其他情形

本部分阐述了无须以指令形式授权和无须受托人遵守第117条其他要求的处置行为,因为这些处置行为是这些要求的例外、豁免或排他情况。

7.1 哪些情形是《慈善法》第117条的例外、豁免或排他情况?

回答(法定要求)

受托人可以在不遵守第3部分、第4部分或第5部分规定要求的前提下,完成以下土地交易:

- 依据议会立法、其他制定法规定或方案授权实施的处置行为，详见第7.2 部分；
- 以低于最佳价格的价格向其他与其目的相似的慈善组织实施的处置，详见第 7.3 部分；
- 以低于最佳价格的价格向慈善组织受益人实施的出租，详见第 7.4 部分；
- 以抵押、让与或其他担保方式处置土地，这些都有自己的制度，详见第 9 部分；
- 圣职推荐权，详见第 7.7 部分；
- 选择权（不属于处置行为），详见第 7.5 部分；
- 免除地租，详见第 7.6 部分；
- 在英格兰或威尔士处置的土地，即慈善组织位于英格兰或威尔士。

下文的小节详细介绍了以上部分情形，更多关于将慈善组织作为担保物的抵押或让与的信息，详见第 9 部分。

7.2 受托人可以通过议会立法、其他制定法规定或方案中的权力处置土地吗？

简答

一些慈善组织是依据议会立法、其他制定法规定或方案设立的。若该立法、规定或方案明确授予了处置的一般授权或特殊授权，且无需法院指令交易的授权，这些慈善组织就免于遵守《慈善法》第 117 条的规定。

详答

受托人需要仔细查阅关于慈善组织信托的文件或其他后续文件。为使处置行为免于遵守第 117 条余下条款的规定，该权力必须是对特定交易的明确授予。此外，受托人的慈善组织可以是委员会或法院签发的具有类似效力方案的出题。另外，受托人需要仔细审阅方案的措辞，查看是否会影响受托人的处置方式。由于议会立法或方案中授予了一般出售权，慈善组织不得仅免于遵守第 117 条的要求。若受托人不确定，受托人应该在进一步行动之前咨询法律意见。

7.3 受托人是否以低于最佳价格的价格向其他慈善组织处置土地？

简答

向其他慈善组织处置慈善组织土地时，若有以下情形，受托人可以无需指令，也无须遵守第3部分或第4部分提及的要求：

- 处置行为的实施是为了第一个慈善组织的目的。因此，是对其慈善信托的适用；
- 处置土地的慈善组织有权通过其信托向其他慈善组织处置土地。

受托人还需在处置文件中说明该处置行为属于《慈善法》第117条第3款规定的范畴。

详答

若接受土地的慈善组织的目的不宽于受托人的慈善组织，受托人可按照前述进行处置。具体取决于接受土地的慈善组织信托的措辞——受托人应该仔细查阅该文件。下文的范例有助于解释。

处置土地的慈善组织的目标可能是帮助"A"区中有需求的慈善组织。若慈善组织向其他慈善组织转让土地，可以以低于最佳价格的价格处置，且无须获得指令或遵守第3部分或第4部分的要求。只要接受土地的慈善组织的目标也是缓解"A"区中的需求即可。

若接受土地的慈善组织的目标是缓解"A"和"B"区中的需求，那么，需要将有关被转让土地的信托限制于缓解"A"区中的需求。不得超出提供土地的慈善组织的目的范畴处置财产或者出售所得收益。

慈善组织考虑向某一组织（该组织也为慈善组织，但其目标与处置土地的慈善组织不同）处置土地时可能是如此。这意味着必须按照市场价处置土地，且必须完全符合第3部分或第4部分提及的要求。受托人必须提供额外说明。详见第6.6部分。

7.4 受托人以低于最佳租金的价格向受托人出租的会如何？

答案

受托人向慈善组织受益人出租的，不要求遵守第3部分或第4部分规定的程序,为慈善组织目的占有房屋的就是如此。例如,住房协会以低于市场价的价格将其房屋出租给租客。

7.5 何为选择权？ 可被视为处置方式吗？

答案

选择权是指以一定价格授予某人(选择权所有人)法定权力,选择要求慈善组织按照选择权协议中规定的条件向其处置慈善组织土地的协议。选择权本身不属于对土地的处置,但选择权协议是对土地的处置。该处置在完成之前不实际生效。

但是,受托人应该在授予选择权之前,按规定遵守第3部分或第4部分提及的要求。若非如此,受托人不可能在完成约定的选择权时遵守这些要求,且需要获得指令,若选择权所有人是关联人员,受托人必须获得指令,详见第5部分。

7.6 何为地租？

简答

地租指每年应就土地向不是土地所有人且对土地没有法定利益的人支付的费用。若慈善组织享有10英镑或10英镑以上的地租,委员会会鼓励受托人在有机会时,与土地所有人沟通,免除该地租。根据具体情况,这类处置方式可能需要或不需要委员会的指令,或遵守第3部分或第4部分的处置要求。

详答

地租一般是固定金额,且与土地的价值无关。有时候很难征收地租,尤其是在土地被分割,由数量多的不同的人所有的情况下。因此,对于慈善组织而言,这并非合适的投资方式。

多数地租将在2037年7月或首次应付地租60年后(以后发生者为准)灭失,届时将无任何赔偿。以上情况适用于所有的现有地租,但在特定情况下用于维护基础设施的“不动产地租”除外(详见《地租法》(1977年)第2条)。

若慈善组织在支付年度地租10倍的款项后免除地租的,该免除行为的其他处置行为要求之外的处置行为,不需要委员会的指令。若受托人希望以低于年度金额10倍的价款免除地租,受托人必须获得指令或遵守第4部分说明的程序,包括处置文件中必要的说明和证明。

7.7 何为圣职推荐权？ 需要授权吗？

答案

圣职推荐权是指出现圣职空缺时，向英国国教的堂区长圣俸、堂区长代理圣俸或其他教会圣俸推荐圣职的权利。圣职推荐权人向主教区的主教推荐有资质的候选人，替代现有的堂区主持牧师或堂区长代理。

虽然圣职推荐权属于土地的定义，但不适用第 4 部分的要求，且该处置行为无需委员会的指令。

8. 慈善公司

本部分阐述了公司处置其慈善土地的要求。

8.1 公司持有的土地会受处置慈善组织土地规定的影响吗？

答案（法定要求）

无论慈善公司的土地是作为法人财产持有还是基于信托持有，都是慈善组织持有或托管的土地，因此，适用第 3 部分或第 4 部分的要求。

8.2 若公司持有的土地为指定用地会如何？

答案

慈善公司自身不能将指定土地作为其法人财产，因为指定土地是基于信托持有的土地。因此，公司处置法人财产时，不需要遵守第 5.9 部分有关处置指定用地的要求。

若该公司是非法人慈善组织的受托人，并因此持有指定用地，适用第 5.9 部分的信息。

8.3 谁签署要求的证明？

简答

2 名董事或 1 名董事和 2 名秘书可以代表公司签署让与或其他转让文件，详见第 6.4 部分。

详答

担任受托人的董事(不是法人组织本身)必须在遵守下文但书的前提下提供证明,即使处置土地的主体是法人组织,且必须在财产处置文件的证明中说明该点。若公司规章中允许董事委托他人代为提交证明的权力,董事可以行使该权力。若该权力允许,以上被委托人可作为公司的签约人。

8.4 董事可以委托他人进行处置合同的协商吗?

简答

若董事有相关权力,可以委托。

详答

董事可以委托慈善组织的土地委员会或分委员会等进行协商。委员会的工作是向受托人报告对要求的遵守情况。与公司管理相关的限制或要求规定在公司规章和组织大纲中,受托人应该在采取行动之前仔细查阅。

9. 担保的抵押、贷款和拨款

《慈善法》第124条有对抵押或质押的类似限制,确保偿还拨款和贷款的或受托人处置慈善组织土地涉及的其他债务。本部分说明受托人在进行交易时必须遵守的限制和要求,但无须委员会授权。

9.1 受托人设立抵押或担保贷款、拨款或其他债务的偿还时,需要委员会的授权吗?

简答

在很多情况下,答案都是"不需要",只要受托人遵守《慈善法》第124条的规定即可。若受托人没有或无法遵守这些要求,受托人需要获得委员会的指令。但这些要求也有例外情形,详见第9.6部分。

详答

若要求将慈善组织的土地作为担保物,受托人可以设立抵押、担保拨款或贷款的偿还,无需委员会或法院的授权,但受托人必须遵守特定程序和特定的法定要求。但受托人设立抵押,担保其他债务的偿还时适用的要求略有不同。这些要求是为了表明贷款或拨款具有必要性、条件合理且慈善组织具有偿还能力。

9.2 设立抵押担保偿还贷款或拨款时有何要求?

简答(法定要求)

签署抵押之前,受托人必须获得合适的书面意见并予以考虑,且该意见中必须说明以下事项:

- 贷款或拨款是否是慈善组织实施与贷款或拨款相关的活动必要的;
- 考虑到慈善组织作为贷款或拨款预期接收人的地位,贷款或拨款的条件是否合适;
- 慈善组织基于这些条款偿还贷款或拨款金额的能力。

详答

为确保合适的审计记录,受托人应该拥有以下文件:

- 所有与交易相关的文件和协议;
- 慈善组织顾问向出借人提供法律意见书的复印件,确认慈善组织签订协议的能力;
- 说明未提供贷款或拨款项目经济来源的文件;
- 慈善组织会计员、财务顾问或其他适当人提供的证明,证明慈善组织受托人已经就以下事项获得适当建议,并予以考虑:
  - 慈善组织是否适合就提议的条款签订贷款或拨款协议;
  - 考虑到慈善组织现有的借款和其他债务,慈善组织清偿债务,并依据签订的协议条款支付款项的能力。

收集这些文书不是关键要求,不像获取书面建议和考虑这些建议的要求,但若受托人之后因为交易程序受到质疑,这样做大有助益。

9.3 设立抵押担保清偿其他债务时有何要求?

简答(法定要求)

在此情况下,考虑到慈善组织的目的,受托人必须就其是否适合担保债务的偿还获得适当的建议,并予以考虑。

详答

换言之,受托人拟担保的债务必须与慈善组织的目的相符。例如,帮助老人和弱势群体的救济院慈善组织可以向其他慈善组织担保贷款,让其提供更多的救济院或翻新供老人和弱势群体使用的现有住房。但该救济院慈善组织不适合担保为建立儿童运动场的贷款。

按照第9.2部分的规定保存审计线索也是基本规范。

9.4 受托人希望在签署抵押之日后偿还款项或清偿其他债务的,应该怎么做?

答案(法定要求)

受托人在清偿贷款或债务之前,无需征求意见。

9.5 何为“合理建议”?

简答(法定要求)

在该法的这一条款中,“合理建议”指受托人合理认为具有相应财务能力和经验,且对该贷款、拨款或提供建议的其他交易无经济利益人提供的建议。

详答

委员会建议,受托人选取的提供建议的人应该具有专业知识,并具有前文所说立法中规定的能力和经验。例如,此人可以是慈善组织的会计员或财务顾问,也可以是其他高级职员、慈善组织雇员或慈善组织受托人。

9.6 这些条款有豁免情况吗?

简答

有些依据议会立法或其他制定法规定设立的慈善组织特别免于遵守《慈善法》第124条的规定,因为其设立文件或后续文件中规定了相应权力。

详答

受托人应该仔细查阅有关慈善组织信托的文件或后续文书,以便其了解慈善组织的设立是否有议会立法或其他制定法规定的权力。受托人应该仔细研读其措辞,判断慈善组织是否可以免于遵守《慈善法》第124条的规定。此外,慈善组织可能是具有相似效力方案的对象。受托人还应该仔细阅读方案的措辞,若不确定,受托人应该在采取进一步行动之前咨询法律意见。

9.7 受托人需要向处置土地时一样提交说明和证明吗?

简答(法定要求)

需要。

详答

抵押慈善组织持有或托管土地时,必须说明以下事项:

- 该土地由慈善组织持有或托管;
- 慈善组织是否为豁免慈善组织且不适用限制或慈善组织是否有第9.6部分说明的豁免情形之一;
- 是否不免于限制且需要遵守这些限制。

此外,若抵押属于该法的限制范围,受托人必须证明存在下列任一情况:

- 委员会或法院已经通过指令批准了该抵押;
- 受托人有权依据信托设立抵押,且遵守了第9.2部分或第9.3部分说明的要求。

若该抵押在抵押日之后担保其他需要担保的贷款、拨款或债务的,受托人不得承担其他贷款、拨款或担保其他债务,但在此之前按照第9.2部分获得合理建议的除外。

9.8 受托人无法遵守规定会如何?

简答

在此情况下,受托人必须向委员会申请指令,授权其进行抵押。

详答

若受托人需要向委员会申请指令,委员会希望有证据表明受托人认为以下事项的原因:

- 贷款或拨款是慈善组织实施与贷款或拨款相关活动必要的；
- 考虑到慈善组织作为贷款或拨款的预期接收者地位，贷款或拨款的条件合适；
- 慈善组织有能力基于这些条款偿还贷款或拨款金额。

10. 附件

10.1 《慈善法》第118条中“关联人员”的含义

(1)在第117条第2款中，就慈善组织而言，“关联人员”指第2款中的任何人：

(a)在相关处置行为时，或

(b)在签订相关协议时。

(2)以下人员：

(a)慈善组织受托人；

(b)向慈善组织捐赠土地的人（无论在慈善组织设立之时或之后做出的捐赠）；

(c)上述受托人或捐赠人的子女、父母、孙子女、祖父母或兄弟姐妹；

(d)慈善组织的高级职员、代理人或雇员；

(e)第(a)项至第(b)项规定的人的配偶或民事伴侣；

(f)与上述第(a)项至第(e)项规定开展业务的人；

(g)有以下人员或控制的机构：

(i)第(a)项至第(f)项中规定的任何人；

(ii)两名或两名以上前述人员共同控制。

(h)以下法人组织：

(i)以上第(a)项至第(g)项规定的人有实质利益的法人组织；

(ii)两名或两名以上前述人员共同拥有实质利益的法人组织。

(3)第2款中适用第350条至第352条规定（即子女、配偶和民事伴侣、被控制的机构和实质利益的含义）。

《慈善法》第350条至第352条

第350条　关联人员：子女、配偶和民事伴侣

(1)第118条第2款第c项、第188条第1款第a项、第200条第1款第a项和第249条第2款第a项中,“子女”包括继子女和非婚生子女。

(2)在第118条第2款第e项、第188条第1款第b项、第200条第1款第b项和第249条第2款第b项中:

(a)以他人丈夫或妻子的身份与他人同居的人为此人的配偶;

(b)若不是民事伴侣的同性双方以民事伴侣身份同居,各为对方的民事伴侣。

第351条　关联人员:被控制的机构

在第118条第2款第g项、第157条第1款第a项、第188条第1款第d项、第200条第1款第d项和第249条第2款第d项中,若某人能确保按照其意愿开展该机构的事务,即此人控制了该机构。

第352条　关联人员:对法人组织有实质利益

(1)在第118条第2款第h项、第157条第1款第b项、第188条第1款第e项和第249条第2款第e项中,若某人或机构具有以下情形,视为该关联人员指对某一法人组织有实质利益:

(a)对该机构票面价值超过股本1/5的权益股本股票享有权益;

(b)有权在该机构全体会议上行使1/5以上的表决权,能控制该权利的行使。

(2)《公司法》(2006年)附件1中的规定(该法特定规定的解释规定)适用于第1款,正如其适用于该打第254条一样(“关联人员等”);

(3)本条中“权益股本”与“股票”的含义与该法中含义相同。

10.2　《第2980号法定文书》(1992年)节选

《慈善组织(有资质的测量员的报告)规定》(1992年)

有资质的测量员的报告中应该包含的信息和处理的问题:

1.(1)描述相关土地及其位置,包括:

(a)相关土地的尺寸;

(b)目前的使用状况;

(c)相关土地上的建筑数量(若有);

(d)此类建筑的尺寸;

(e)此类建筑中的房间数量及房间的尺寸。

(2)若可以用图纸明确说明第1款中规定的信息,应该用图纸说明,且无须按比例绘制。

2. 相关土地或其部分是否有慈善组织受托人承租或出租,若有,详细说明以下信息:

(a)出租期限及其剩余期限;

(b)应付租金;

(c)应付的服务费;

(d)出租协议中审查应付租金或服务费的条款;

(e)出租协议中维修和损毁的责任;

(f)测量员认为出租协议中能反映相关土地价值的其他条款。

3. 相关土地是否负担或享有地役权或限制约定,或除出租租金外,是否需要每年或定期缴纳与土地相关的款项。

4. 相关土地上的建筑是否状态良好,若否,说明测量员对以下事项的建议:

(a)在处置之前维修是否符合慈善组织的最大利益;

(b)哪些地方应该维修(若有);

(c)维修的预估费用。

5. 若测量员认为,在处置之前改变相关土地上的建筑符合慈善组织的最大利益(因为,例如,改变建筑的当前使用不一定会使之在处置时获得最佳价格),说明了该观点并预估了改变所需经费。

6. 就相关土地的处置提供建议,以便慈善组织在处置时能合理获得最佳条件,包括:

(a)若合适,建议在处置时分割土地;

(b)除测量员认为宣传该处置行为不符合慈善组织的最大利益外,说明宣传处置行为的期限和方式;

(c)若测量员认为宣传处置行为不符合慈善组织的最大利益,说明相应理由(例如,该处置行为是对某人出租的续期,且此人享有法定保护,或测量员认为,对相关土地具有特殊利益的人将支付高于市场价的价款的);

(d)说明测量员对延迟处置的有利条件或其他方面的看法,若测量员认为值得延迟,说明延迟的期限。

7. (1)若测量员认为可以提供相关建议且该建议具有关联性,测量员应就相

关处置的附加税征收或其他方面给予建议,并说明该建议对第 8 款中估价的影响;

(2)若测量员认为不能提供此类建议,或其认为此类建议不具关联性,说明相关事项。

8. 说明测量员对以下事项的观点:

(a)结合相关土地的维修状况和现状(例如,是否有享有法定保护的租客),说明相关土地的现值;或以出租方式处置的,说明在相关情况下可以获得的租金;

(b)说明相关土地的价值或在以下情况下,处置后可获得的租金:

(i)测量员依据第 4 款给予建议,且遵守该建议的;

(ii)测量员依据第 5 款表达观点,且遵循该观点的;

(iii)既遵守建议又遵循观点的。

(c)若测量员依据第 6 款第 a 项提出建议,说明遵循该建议后相关土地价值或租金的增长;

(d)若测量员认为不宣传处置行为能获得更高价格,并因此建议宣传处置行为不符合慈善组织的最大利益的,说明不宣传可获得的价格与宣传后获得的价格差;

(e)若测量员依据第 6 款第 a 项建议延迟处置的,说明延迟后获得的价格与不延迟获得的价格差。

9. 测量员认为,相关处置行为不是对相关土地的最佳利用。因此,不符合慈善组织利益的,说明该观点及理由,并建议能对相关土地最佳利用的处置方式(包括出钱让现有租客离开或依据城镇和规划法律成功申请变更土地使用等相关的建议)。

案例研究：利益冲突
（CC29）

附属交易公司

如果所有或大部分慈善组织受托人也是附属交易公司的董事,本案例介绍了慈善组织面临该类利益冲突时应该按照指引采取的方案。

虽然这是委员会的经验之谈,但与委员会已经处理的具体案件并无关联。

背景

非法人慈善组织拥有一家全资附属交易公司,出售商品为其慈善工作筹集资金。慈善组织的所有受托人均是该附属交易公司的董事。

委员会收到投诉,因为慈善组织的一名受托人在未经授权的情况下,接受在附属交易公司工作的报酬。

虽然附属交易公司曾经运营良好,但现已开始出现问题。此时,委员会介入,受托人需要决定如何处理附属交易公司的情况。

慈善组织没有可以遵守的规章或方案条款来说明利益冲突。

概要

许多慈善组织都有运营附属交易公司,由母慈善组织拥有并控制。慈善组织设立附属交易公司通常是为了筹集资金,但也可以保护慈善组织免受风险。慈善组织为附属交易公司提供资金的,必须符合慈善组织的最大利益,且可合理作为慈善组织的资产投资。

母慈善组织的受托人是附属交易公司董事的情形非常常见,这样有助于慈善组织受托人监管附属交易公司的业绩,并确保对附属交易公司的管理符合慈善组织的利益。

本案例表明,虽然附属交易公司的董事以符合慈善组织目的和战略的方式运营公司比较直接,但公司和慈善组织的利益和优先事项有时会有所不同。如果附属交易公司的管理未充分独立于母慈善组织,受托人就未良好地履行其避免利益冲突和行事符合慈善组织最大利益的法律义务。

识别利益冲突

在本案例中,受托人需要识别两种利益冲突。

第一种是附属交易公司给予董事的报酬。虽然报酬是附属交易公司支付的,但这属于利益冲突,原因如下:

- 董事也是慈善组织受托人;
- 附属交易公司的目的是支持慈善组织;
- 向董事支付报酬的决定造成了董事个人利益和慈善组织利益之间的冲突。

第二种是附属交易公司的未来,影响了所有受托人,因为他们也是附属交易公司的董事。

这属于忠实冲突,因为,慈善组织受托人可能讨论并决定附属交易公司的不良表现以及慈善组织是否可以向公司提供更多利益,或者考虑到慈善组织的利益,是否应该清算或出售公司等问题。对于其作为公司的董事的职能,慈善组织受托人可能已经察觉其义务和对公司的义务之间有冲突,或者感觉对公司和(或)员工有义务和忠实感。

获得报酬的董事也对有关公司委员的决定享有个人利益,因为其结果可能决定其是否可以继续获得报酬。

1. 董事的报酬——防止利益冲突影响决策制定

董事或受托人应该做什么?

董事的主要责任是尽早向其他受托人宣布利益冲突。

其他受托人应该做什么?

- 在决定向其受托人同事支付报酬前,其他受托人有责任考虑利益冲突以及如何消除对决策的任何潜在影响。这可能意味着要考虑解决利益冲突,如决定雇用非受托人来从事受薪工作,这样就不会产生冲突;
- 如果他们决定不需要解决,受托人应该:
  - 确保受托人利益获得适当授权;

- 通过遵循付款的授权条件以及规章中的任何相关条款,防止利益冲突影响其决策。条件或条款可能会要求受托人确保受影响的受托人或董事回避所有有关付款的讨论和决策制定。如果无具体的规定指导受托人,那么,受托人应该要求冲突受托人予以回避。

记录利益冲突

受托人应该保存决策的书面记录,涵盖利益冲突以及受托人是如何处理的,这将有助于帮助受托人解释并证明其行动的正当性。

委员会做了什么?

委员会认为,未经授权向作为附属交易公司的董事或员工的受托人支付服务报酬的,属于违反信托。委员会运用了关于返还原物和未授权受托人利益的政策原则。

本案例表明,若未正确识别和应对利益冲突,会使受托人的决策受到质疑并损害慈善组织的声誉。

2. 公司的未来——防止利益冲突影响决策制定

受托人应该做什么?

在受托人决定附属交易公司的未来前,受托人:

- 有责任识别并宣布利益冲突。已经在附属交易公司工作的受托人受到忠实冲突和因公司给予报酬而获得个人利益的影响。受托人有责任识别并宣布这两方面的问题;
- 受托人需要采取措施,防止忠实冲突影响其决策,符合慈善组织的最大利益。这种情况相当复杂,因为所有受托人都具有双重身份;
- 一个可能的解决方法就是考虑重组附属交易公司的董事会,使做出关于附属交易公司的决策的非冲突受托人符合法定人数,也有利于防止将来类似的利益冲突影响决策制定;
- 受托人可能已经决定代表慈善组织采纳了独立的专家建议,就如何处理该问题做出决策。考虑到所有受托人与附属交易公司的联系,专家建议有助于避免决策可能会受到有冲突义务和对公司有忠实义务的受托人的影响。

记录利益冲突

如上所述,受托人应该保存决策的书面记录,涵盖利益冲突以及受托人是如何处理的。

委员会做了什么?

确保受托人在处理利益冲突中采取的措施和决策符合其对慈善组织的责任后,委员会建议,为更好地识别并正确说明将来产生的利益冲突,受托人应该制定利益冲突解决方案,最好将处理利益冲突的条款规定在规章中。

利益冲突：慈善组织受托人指引
（CC29）

目　录

第一部分　指引内容

利益冲突会影响所有类型和规模的慈善组织,可能会出现不符合慈善组织利益、无效或受到公开质疑的决策,利益冲突也会损害慈善组织的信誉或公众对慈善组织的信任和信心。如果受托人可以识别利益冲突,就可以避免这些不利影响,受托机构可以采取措施防止利益冲突影响其决策制定。

所有受托人的行事须符合慈善组织的最大利益,这是他们的法律义务,委员会希望他们可以按照本指引采取适当措施确保其可以有效地管理利益冲突。

利益冲突会影响任何慈善组织

受托人的私人关系和专业知识会给慈善组织的工作带来益处,这就是鼓励个人加入受托人机构的原因之一。但他们也会产生利益冲突,对此,受托人必须有效处理。

只要受托人充分说明利益冲突,那么,利益冲突的存在就不会影响受托人的诚信。

委员会的期望

委员会见过许多受托人未识别或者未处理好利益冲突的案例,如果受托人有更好的意识以及更完善的体制,其中许多利益冲突都可以避免。委员会期望受托人能有效识别并说明会影响他们或慈善组织的任何利益冲突。

指引的阅读对象及其适用情形

本指引适用于英格兰和威尔士所有已登记和未登记的慈善组织。

委员会建议受托人阅读本指引,了解基础以及委员会期望受托人如何处理他们或者其慈善组织面临的利益冲突。

若要快速浏览委员会建议的关键问题,请阅读委员会的总结文章《**利益冲突**》。

若要了解本指引法律基础的详细解释,请查阅本指引的**法律基础**。

本指引普遍适用于所有类型的受托人，包括受托人公司。慈善公司的董事以及慈善法人组织的受托人同样有特定的义务，**附件**二中有具体总结。

虽然本指引范围之外有关于受托人的内容，但受托人也需受方案约束，确保正确处理好影响慈善组织员工（特别是高级职员）的任何利益冲突。其处理原则大致和受托人的相同，不同之处在于员工通常是受薪员工，可以享受慈善组织的福利，作为其报酬的一部分，就其获得的报酬，他们不应卷入受托人的决策中。

正确处理利益冲突是受托人制定正确决定的重要环节，相关论述可查阅**《受托人的决定：慈善组织受托人和决策》**。

必须和应该的含义

在本指引中，“必须”，指受托人必须遵守的法定或法规性要求或义务。为帮助识别法律或法规性要求，在相关部分用L标注。

“应该”，指委员会期望受托人遵守并适用于慈善组织的基本规范，但有正当理由不遵守的除外。

术语解释

违反义务，是指违反任何受托人义务。对于慈善组织受托人来说，这些义务取决于慈善组织的性质。非慈善法人组织的受托人具有受托人法规定的义务，慈善公司董事具有公司法规定的义务。《慈善法》（2011 年）规定了法人慈善组织受托人的义务。

慈善法，是指《慈善法》（2011 年）。

慈善法人组织（Charitable Incorporated Organization，CIO），是慈善组织一种新型的法律形式，它是法人形式的慈善组织，但不属于公司。《公司法》（2006 年）不适用于慈善法人组织，但慈善法人组织规章对此有规定的除外。

利益冲突，是指受托人的个人利益或忠实可能妨碍其做出只符合慈善组织最大利益的决策。

相关人员，广义上是指受托人的家庭成员、亲戚或商业伙伴，以及受托人通过所有权或影响有利害关系的业务。相关人员包括受托人的配偶或伴侣、孩子、兄弟姐妹、孙子、孙女、祖父母和外祖父母，以及受托人或其家庭成员至少拥有

1/5股权或表决权的业务。如果无法判断一个人或其业务是否属于相关人员,可咨询律师或其他有资质的人。

如果慈善组织向相关人员提供的商品或服务付款,或者将土地处分给相关人员,对于相关人员,《慈善法》在第188条(关于商品和服务)和第118条(关于土地处分)作了界定。

忠实冲突,是利益冲突的一种特殊类型,受托人对其他人或组织的忠实或义务可能会影响其做出只符合慈善组织最大利益的决策。

费用,是指为履行受托人职责,受托人不得不自行垫付的慈善组织的合法款项,允许受托人履行其义务的任何合理成本均可以归为合法费用,由慈善组织的资金偿还。

规章,是指写明慈善组织目的及管理方式的法律文件,可能是信托协议、章程、公司章程、意愿书、转易契、皇家宪章、委员会方案或其他正式文件。

受托人,是指慈善组织受托人。慈善组织受托人指负责慈善组织一般管控和管理的人。在慈善组织规章中,这类人被合称为受托人、董事会、管理受托人、委员会、管理者、主管或其他称谓。

受托人利益,是指受托人从慈善组织处获得的具有货币价值的金钱或其他财产、物品或服务。法律规定受托人不能从慈善组织处获得利益,不管是直接还是间接获得,但受托人有充分法律授权的除外。受托人从慈善组织处获得利益的潜在性也可能产生利益冲突,需要受托人有效说明。"受托人利益"一词**不包括**受托人为慈善组织**自行**偿还。

用户受托人,是指任何作为慈善组织受益人,使用慈善组织为实现慈善目的提供的设备、设施、服务或支持的受托人。

第二部分　利益冲突——概述

L 所有受托人的行事须符合慈善组织的最大利益,这是他们的法律义务。受托人不得将其作为受托人的义务与其任何个人利益相冲突。

受托人应该按照以下步骤处理利益冲突:

1. 识别利益冲突

- 受托人有责任宣布影响他们的利益冲突;

- 受托人应该制定完善的体制，有助于识别利益冲突。

第三部分解释了如何识别利益冲突。

2. 防止利益冲突影响决策制定。受托人做决策必须符合慈善组织的最大利益，必须考虑利益冲突的问题，以便清楚对决策制定带来的任何潜在影响。受托人究竟应如何做取决于不同的情形。对于严重的利益冲突，受托人通过以下方式解决：

- 不追求行动过程；
- 以不同的方式处理问题，防止利益冲突的产生；
- 不任命一个特定受托人或者保障受托人离任的福利。

如果受托人决定解决利益冲突，那么，他们必须以不同的方式防止利益冲突影响其决策。受托人：

- L必须遵循法律或慈善组织规章中处理和管理利益冲突的具体规定；
- 如果没有具体的规章或法律规定，应该：
  - 要求冲突的受托人尽早宣布其利益，在多数情形中，应回避相关会议、讨论、决策制定和表决；
  - 考虑更新其规章，包含处理利益冲突的规定。
- 在例外情况下，当利益冲突比较严重且范围较广时，选择可能会影响受托人展示其行为已经符合慈善组织最大利益的事实，这需要寻求委员会的授权。

由于决策会涉及潜在的受托人利益，所以利益冲突十分常见。若如此：

- L受托人利益必须经适当授权；
- L受托人必须遵循授权附带的条件，即规定了应该如何处理利益冲突。

第三部分和**附件**一解释了如何在做出赋予受托人利益的决定之前确保具有适当的授权。

3. 记录利益冲突

受托人：

- 应该正式记录任何利益冲突以及如何处理利益冲突；
- L若受托人按照权责发生制准备账目，必须在慈善组织的账目中披露受托人的任何利益。

第四部分解释了受托人为防止利益冲突影响其决策制定和确保其决定符合慈善组织的最大利益而采取的措施。

受托人可以参照**清单**说明利益冲突。

第三部分　识别利益冲突

委员会希望个体受托人和受托人机构可以尽早识别利益冲突。法律规定每个个体受托人不得将其作为受托人的义务与其任何个人利益相冲突,实际上具有以下含义:

- 个体受托人若未识别或宣布存在的利益冲突,就是没有遵守避免利益冲突和行事需符合慈善组织最大利益的个人法律责任;
- 受托人机构必须确保任何利益冲突不会妨碍其做出只符合慈善组织最大利益的决策。

较早地识别利益冲突是确保受托人行事符合慈善组织最大利益的关键。本部分介绍了什么是利益冲突、受托人应该制定的成文方案和程序以及出现利益冲突的普遍情形。

什么是利益冲突?

利益冲突指,受托人的个人利益或忠实可能妨碍其做出只符合慈善组织最大利益决策的任何情形。

识别利益冲突的关键点

- 受托人个人或更广泛的利益可能会影响受托人的决策,那么,此时就可能存在利益冲突;
- 甚至有利益冲突的感知也会损害慈善组织。如果因为无利益冲突而感知不准确,受托人应该总是能够通过对慈善事业的风险进行管理来适当地作出回应,并准备解释他们是如何做出符合慈善组织最大利益的决策,恰当地采取措施应对该情形。委员会的指引《**受托人的决定:慈善组织受托人和决策**》解释了在决策制定影响慈善组织时,受托人应该运用的原则;
- 利益冲突与受托人的个人利益以及其相关人员的利益有关,这就意味着,如果慈善组织和相关人员拟进行交易,那么就存在利益冲突。同样的,如果对相关人员有益或具有潜在利益,也存在利益冲突。

准备好应对利益冲突

- 慈善组织在规章中包含处理利益冲突的条款属于基本规范,如果规章未包括,受托人应该考虑修订规章;
- 慈善组织拥有成文的利益冲突方案和利益登记册也是基本规范,因为,这些可以帮助个体受托人和受托人机构立即识别利益冲突。**附件四**列举了一些建议在利益冲突方案中涵盖的内容;
- 委员会鼓励受托人尽可能透明地运营慈善组织,为此,受托人可以决定将其利益冲突方案公之于众,并将其全部或部分利益登记在册公之于众;
- 受托人机构在任命受托人之前应该考虑利益冲突,应该询问拟任命的受托人潜在的利益冲突,并将其告知决定任命的人。如果拟任命的受托人可能存在严重或频繁的利益冲突,受托人应该认真考虑是否应该任命该受托人。

利益冲突出现的情形和方式

利益冲突通常会因以下两种情形而产生:

- 直接或间接通过相关人员对受托人有潜在的经济或可衡量的利益;
- 受托人对慈善组织的义务与其对另一家组织或人的义务或忠实相冲突。

下面两部分是该问题的详述。

A. 受托人利益

如果做出赋予受托人利益的决定之前有明确的授权,那么,受托人可以从慈善组织处获得利益。

在受托人决定以下事项时,会出现受托人利益:

- 将慈善组织的资产出售、借贷或出租给慈善组织受托人;
- 为慈善组织收购、借贷或租赁受托人的资产;
- 为履行受托人职责向受托人付款;

- 向担任慈善组织内部单独受薪职位的受托人支付报酬，即使该受托人刚辞去受托人职位；
- 向担任慈善组织内部单独受薪职位（董事或慈善组织附属交易公司的员工）的受托人支付报酬；
- 向为慈善组织提供服务的与受托人有密切关联的受托人、人员或公司付款，服务涵盖了可以视为服务的任何事项，包括法律、会计或咨询服务，以及装修慈善组织营业场所或者任何其他维修工作；
- 雇佣受托人的配偶或其他近亲属到慈善组织（或者慈善组织的附属交易公司）工作；
- 授权服务用户受托人或者作为受托人亲属的服务用户；
- 允许服务用户受托人影响向其提供的专有服务。

例 1——识别受托人利益

一家慈善组织有一些闲置的办公室，受托人正考虑将其租给一名受托人拥有的公司。

这属于受托人的利益：涉及与受托人拥有的公司进行交易。只有在获得受托人利益的适当授权后，受托人才能进行该交易：如果是涉及与相关人员进行财产交易的情况，在交易之前，受托人必须获得慈善委员会的授权并遵守《慈善法》（2011 年）。

附件一详述了受托人利益以及受托人需要了解的法律规则。

B. 忠实冲突

虽然受影响的受托人并未获得任何利益，但仍然出现了利益冲突，是因为受托人的其他利益可能影响受托人在慈善组织的决策。

例如，受托人对慈善组织的忠实可能会与其对下列组织或人员的忠实发生冲突：

- 任命受托人进慈善组织的机构；
- 任命受托人成为受托人的慈善组织的成员或部门；
- 另外一个组织，如其雇主公司；
- 在另一家慈善组织担任受托人；

- 家庭成员；
- 其他相关人员或组织。

如果受托人的其他利益可能会干扰受托人做出只符合慈善组织利益的决策,那么,此时就存在利益冲突。

有些忠实冲突出现的原因是受托人对另一组织或人员也负有法律义务和责任,其他忠实冲突产生的原因是受托人认为其对家人、朋友或其他相关人员或组织。在受托人的宗教、政治或者个人信仰可能会干扰受托人做出只符合慈善组织利益的决策的情况下,也会产生忠实冲突。

例 2——识别忠实冲突

一个人担任了两家慈善组织的受托人,计划竞标同一服务提供合同。

该利益冲突属于忠实冲突,并不涉及受托人利益,但是其在一家慈善组织的决策可能会因其对另一家慈善组织的了解和责任受到影响。这就意味着,其不能履行其对任何一家慈善组织的责任,做出只符合它们最大利益的决策。

第四部分中的**例 5** 说明了应该如何处理此类冲突。

受托人的其他利益和忠实也偶尔会产生利益冲突,其中一些对慈善组织的风险较小,而有些较大。如果忠实冲突对受托人做出符合慈善组织最大利益的决策不会有风险或者风险较小,那么,在受托人宣布了他们的其他利益之后,受托人可以决定让受影响的受托人参与决策制定。

L 慈善公司的董事做出此类决定的,必须有规章的授权,允许无利益冲突的董事决定让受影响的受托人参与决策制定。其他类型的慈善组织的受托人应该考虑更新规章,使其包含此类授权。虽然受托人可以依赖规章授权,但他们应该确保可以看出他们已经做出了只符合慈善组织利益的决策。

识别低风险的忠实冲突

一项利益冲突是否属于低风险,并是否让受影响的受托人参与决策,这对受托人来说是一种判断,很难说在什么时候才算适合作出该种判断,因为这取决于具体情况。受托人必须考虑所有相关的因素,并在被询问时可以解释其方案。下面的例子解释了涉及的普遍情形和考虑因素。

例 3——另一家组织的成员

一家教育慈善组织正决定在地区艺术中心开展节目工作,而慈善组织的一名受托人是该艺术中心的成员。

该冲突是利益冲突,因为,受托人通过其成员资格与艺术中心具有某种联系,但这属于低风险的忠实冲突,在宣布之后,就不需要组织受托人参与决策制定,原因如下:

- 受托人与艺术中心的联系只是通过成员关系建立的;
- 受托人的成员资格不会影响其参与决策制定;
- 因该决定对艺术中心的成员带来的利益对受托人的影响同其他成员是一样的。

第四部分的**例 6** 说明了应该如何处理此类冲突。

例 4——有密切联系的组织的任命

如果受托人是由以下机构任命的:

- 全国性慈善组织的受托人机构的地方分支;或者
- 学校的宗教基金会。

那么受托人通常应该简单宣布忠实冲突,然后参与决策。

虽然慈善组织的决策可能会影响任命机构,但两家组织之间的慈善目的的类似意味着,忠实冲突给慈善组织带来的风险较小,但受托人应该决定每种情形中忠实冲突的处理,并确保其做出的决策符合慈善组织的最大利益。

被任命的受托人

如果一家关联组织或其他第三方选举或任命了一名受托人,该受托人在履行其职责时必须符合慈善组织的最大利益。

选举或任命受托人时,可以充分训练其作为受托人的职责,任命机构也要了解受托人的这些职责。

有更多关于**学校管理者**的受托人,或者**当地机关**或**公司基金会**任命的受托人的信息。

第四部分　防止利益冲突影响决策制定

识别利益冲突后，受托人行事必须只符合慈善组织的最大利益，这意味着他们必须考虑利益冲突问题，以便清除对决策制定的潜在影响。如何防止利益冲突影响决策制定取决于不同的情形。本部分解释了以下内容：

- 个体受托人应该随时宣布影响他们的任何利益冲突；
- 如未宣布利益冲突，则属严重问题；
- 受托人机构应该考虑是否应该解决严重的利益冲突或者申请授权；
- 受影响的受托人不应该参与其可能获益的任何决定，无论是直接参与还是通过相关人员间接参与；
- 如果存在忠实冲突，受托人应该谨慎处理有利益冲突的受托人的参与；
- 不管受托人采取什么方法防止利益冲突影响决策制定，他们都应该表明其作出了符合慈善组织利益的决定。

以下步骤解释了受托人应如何防止利益冲突影响其决策制定。

宣布利益冲突

每位受托人行事只能符合慈善组织最大利益的法律义务，实际上指个体受托人若未宣布利益冲突，则未遵循受托人的义务。

虽然宣布利益冲突是受影响的受托人的主要责任，但受托人机构也应确保其有完善的体制，以便受托人：

- 清楚地了解他们可能处于利益冲突的各种情形；
- 理解其有责任宣告利益冲突。

委员会希望受托人在每次受托人会议开始时有一项规范的会议议程，即宣布任何实际或潜在的利益冲突。

对于即将讨论的议程事项，受托人应该尽早（在事项讨论之前）宣布其涉及的利益。

如果受托人不确定其是否有利益冲突，那么，受托人应该宣布该问题并和其他受托人讨论。

如果受托人知道影响其他受托人但未宣布的利益冲突，那么，他们应该通知其他受托人或主席。

考虑解决利益冲突

受托人必须考虑利益冲突的问题，清楚对决策制定的任何潜在影响，这就意味着，在有严重利益冲突的情况下，受托人可以判定解决利益冲突是防止其影响决策制定最有效的方法，并且可以表明其做出了符合慈善组织最大利益的决定。

严重的利益冲突包括但不限于：

- 严重或宽泛的利益冲突，使受托人无法做出符合慈善组织最大利益的决策，或者被认为无法做出；
- 具有重大风险的利益冲突，会影响受托人的决策制定；
- 可定期破坏按照规定或最佳的方案有效制定的决策的利益冲突；
- 与不当的受托人利益相关的利益冲突。

实践中，解决利益冲突可能意味着：

- 不追求行动过程；
- 以不同的方式处理问题，防止利益冲突的产生。如果向受托人付款的多少意味着利益冲突的难以管控的程度，那么，受托人就可以决定不考虑使用受托人的公司来为慈善组织工作，但对于持续性和广泛的利益冲突，例外情况下可以寻求委员会的事先授权；
- 保证受利益冲突影响而离任的受托人的福利；
- 不任命具有会引入利益冲突可能的受托人。

附件三中有更多关于严重利益冲突及如何处理的相关信息。

如果受托人希望继续收到受严重利益冲突影响的决策，他们应该寻求委员会的授权，但他们认为本部分或者**附件**三中列举的处理选择可以表明其方案和决策符合慈善组织利益的除外。

遵守法律和慈善组织规章

L 如果受托人已经决定解决利益冲突，那么，他们必须考虑如何做出只符合慈善组织利益的决策。

在法律、慈善组织规章或者委员会授权条款中，通常有具体的要求，规定必须如何处理利益冲突。

例如，如果受托人正运用慈善法中的权力，允许慈善组织向受托人为其提供的服务付款，这类决定必须只能由不会获利的受托人做出。

受托人必须遵守法律或规章对于必须如何处理利益冲突的规定，他们也应该确信遵守法律和规章是表明其决策符合慈善组织利益的恰当方式。

受托人也应该咨询专业人员，并遵循其自己的利益冲突方案(如有)。

如果规章或法律并未规定应如何管理利益冲突，受托人应该遵循本部分的步骤。

利益冲突与受托人利益相关时，受托人对决策制定的回避

如果没有关于如何管理利益冲突的法律或规章规定，并且受托人和慈善组织之间计划进行经济交易，或者任何涉及受托人利益的交易或协议，那么：

- 受托人必须获得提前授权；
- 委员会希望受影响的受托人可以回避任何讨论或决定该问题的会议，该受托人无表决权，且在计算会议法定人数时不算在内。

回避决策制定，指在初始讨论和讨论过程中回避针对该问题的后续讨论或决策制定。

受托人应该考虑更新慈善组织规章，使其涵盖处理利益冲突的条款，包括要求回避决策制定的各种情形。综上所述，委员会希望这些条款至少可以要求受托人回避其可能获利的决策制定。

存在忠实冲突时，回避决策制定

如果存在忠实冲突且：

- 受影响的受托人并不会获得任何利益；
- 对于应如何处理忠实冲突，无具体的规章或法律条款。

受影响的受托人应该宣布该利益，然后其他受托人必须决定有冲突受托人的参与程度，最终由受托人决定该回避是否符合慈善组织的最大利益。选择可能包括但不限于决定受托人是否：

- 可以在登记并全部宣布该利益后参与决策。有些慈善组织的规章允许不冲突的受托人授权冲突的受托人全面参与该决策;
- 可以在讨论或制定决策时在会议旁听;
- 应该按照前述方式回避决策制定程序。

在决定采取什么行动方针时,受托人:

- 必须总是作出只符合慈善组织利益的决策;
- 应该总是保护慈善组织的信誉并且知晓其行动和决策给慈善组织之外的人留下印象;
- 应该总是能表明其制定的决策符合慈善组织的最大利益且独立于任何冲突利益;
- 如果受托人的其他利益与高风险或争议性的受托人决定相关,或者可能对受托人的决策制定有重大影响,那么,应该要求受影响的受托人回避;
- 如果受托人的其他利益对符合慈善组织利益的决策制定构成的风险较小,或者可能不大会影响其解决该问题的方案,可以允许受托人参与决策制定。如果慈善组织是公司性质的,前述行为必须经过规章允许;
- 应该知晓冲突受托人的出席会影响受托人之间的信任,妨碍自由讨论,并且可能从某种程度上影响决策制定;
- 如果规章未规定应该如何处理利益冲突,应该考虑更新规章,使其涵盖处理利益冲突的条款,包括要求回避决策制定的各种情形。

在讨论之前,受托人可以询问被要求回避的受托人,提供有助于做出符合慈善组织最大利益决策的必要信息。

受托人在慈善组织获得的机密或有特殊价值的信息(如商业机密),不得将其用于自己或者另一家组织的利益。

例5——忠实冲突时的回避

在**例2**中,识别了一个人同时担任两家慈善组织受托人并计划竞标同一服务提供合同中存在的忠实冲突,这里将考虑如何处理此种情形。

首先,该受托人有责任尽早向两家慈善组织宣布利益冲突。

每家慈善组织的受托人必须考虑利益冲突问题,以便清除对决策制定的任何潜在影响,即判定该利益冲突相当严重,以至于只能通过解雇受托人才能有效阻止,即让受托人离职。这通常在该利益冲突可能频繁出现或者对有效的决策制定带来高风险时才适用。

如果受托人认为该冲突并不严重,不需要解雇受托人,那么,他们必须防止冲突利益或责任影响其决定,这意味着,受影响的受托人应该回避所有关于该问题的讨论、决策制定和表决。然而,在决定其方案时,受托人必须遵循规章或者法律要求中对如何处理利益冲突的规定,也应该遵循慈善组织利益冲突方案的程序。受托人应该确信其处理方案是表明其决策只符合慈善组织利益的恰当方式。

受托人应该正确记录他们的讨论和决定。

无论受托人如何进行,每家慈善组织的受托人均应该确信受影响的受托人了解这个情况,即其在慈善组织获得的机密或有特殊价值的信息(如商业机密),不得将其用于自己或者另一家组织的利益。

例6——存在忠实冲突时受托人的参与

在**例3**中,某人既是一家教育慈善组织的受托人又是当地艺术中心成员,而慈善组织正考虑在该艺术中心开展节目工作,对此,分析了其中存在的利益冲突,也列举了使其成为低风险冲突的因素。

制定利益冲突方案有利于帮助受托人识别低风险的忠实冲突。如果受托人判定受影响的受托人的忠实冲突不会阻止其做出符合慈善组织最大利益的决策,即使该决策涉及艺术中心,受托人在参与决策之前简单宣布利益也是可以接受的。

决定利益冲突是低风险的并让受影响的受托人参与决策,这对于受托人来说是一种判断,很难确定什么时候适合做出该判断,这取决于特殊的决定和相关情况。受托人必须考虑所有相关的因素,并在被询问时解释其方案。

记录利益冲突

保存决策的书面记录

委员会希望慈善组织书面记录任何利益冲突以及受托人是如何处理的,记录受托人决策的通常方式是会议记录。

如果存在利益冲突,受托人应该确保决策的书面记录包含以下内容:

- 冲突的性质;
- 受影响的受托人;
- 是否提前宣布了任何利益冲突;
- 讨论的大纲;
- 是否有人需要回避讨论;
- 受托人如何做出了符合慈善组织最大利益的决策。

用这种方式记录决策有助于受托人表明其行事恰当且遵循了义务。

披露付款信息或利益

L 慈善组织按照权责发生制准备账目的,必须包含付款明细以及对慈善组织受托人和相关人员(包括家庭成员和业务)的其他利益,也要求此类慈善组织说明付款和利益依据的法律授权是什么以及付款和给予利益的原因。

委员会建议,所有慈善组织应该在其年度报表中披露受托人收到的利益,无论他们是否被要求按照权责发生制准备账目。

更多关于慈善组织的账目的信息,详见**《慈善组织的报告与会计:基本要素》(2009)(CC15b)**。

第五部分　遵循本指引的重要性

存在利益冲突时行事不当的影响

如果受托人未识别或者正确应对利益冲突,则会对受影响的受托人、慈善组织和公众对慈善组织的信任和信心带来严重的后果。

如果受托人行事超出了慈善组织规章或法律的范围,那么,他们的决策便无效,可能会受到委员会或者有利害关系当事方(如慈善组织的受益人)的质疑。

本指引有利于在存在利益冲突时帮助慈善组织决策的制定,希望受托人可以运用本指引全面履行其义务,使其行事符合慈善组织的最大利益,在其决策受到质疑时,可以提供令人信服的正当理由。

如果受托人未恰当行事或者有失误之处,希望受托人可以立即采取措施使事态回归正轨,防止相同或类似的问题再次发生。

如果受托人的行动或过失使慈善组织面临严重风险,委员会可能会将此视为管理不当或行为不当,需要采取补救措施。

A. 法律影响

存在利益冲突时未恰当行事违反了受托人义务的法律责任。

如果受托人未采取适当措施,那么,受到利益冲突影响的交易可能会受到委员会或者利益方的质疑。在某些情形中,交易可能不安全且被认定为无效,更糟的情况下,可能自始无效。

如果受托人未恰当行事,无论是因未授权的受托人利益或义务违反造成的,他们必须偿还慈善组织所支付的款项,即使慈善组织可以从协议中获利,情况也是如此。如果慈善组织已经遭受了损失,则受托人必须弥补慈善组织的损失。

B. 管理影响

如果受托人的行为不当或管理不当或者对慈善组织财产带来风险,委员会便会进行干预。基于慈善组织的风险性质和程度,委员会的**风险框架**解释了判定是否干预的原因以及如何干预。

因利益冲突而带来的管理上的影响,主要取决于冲突的性质和严重性、其对慈善组织的影响,以及受托人补救该情形和根据其义务运营慈善组织的能力。

受托人的补救措施

如果:

- 利益冲突对慈善组织的影响较小;
- 对慈善组织带来的损失或损害较小或属于非实质性的;
- 受托人能表明未恰当行事是错误。

委员会希望受托人可以运用本指引来修正其方案。

在上述情形下,希望受托人至少做到以下几点:

- 采取合理的措施评估并管理慈善组织工作和信誉风险;
- 充分记录该问题以及如何处理该问题;
- 审视或建立利益冲突方案,确保所有受托人知晓其内容和含义,并在将来全面实施该方案。

改正的管理建议

如果因利益冲突产生的决策影响较大,委员会将会提出改正的管理建议。可能对慈善组织带来较大影响的因素包括利益冲突,即与未授权的受托人利益、其他慈善资金的损失、慈善组织的不良宣传或者公众对慈善组织的整体信任和信心受到的潜在损害相关的利益冲突。

管理建议将规定受托人应该如何补救该情形并确保其不再发生。行动计划通常要求服务受托人决定是否自行采取措施补救慈善组织的损失,通常这意味着要求服务受托人任命新的独立受托人与其合作。

委员会将监管受托人在规定期限内的改善情况,如未全面实施要求的改善措施,则可能视为慈善组织的行为不当或管理不当,可能导致委员会代行其职权。

委员会行使职权

在严重或高风险的情形中,委员会将使用其调查权进行干预。通常在该问题或主张给慈善组织或者公众对慈善组织的整体信心带来严重风险时,委员会才会使用职权。

例如,如果受托人故意或因过失将其自己的利益置于慈善组织的利益之前,从而以慈善组织的利益为代价而使自己获得重大利益,那么,委员会将使用职权:

- 制止滥用、受托人不当行为和不当管理,包括受托人未采取充分措施解决问题或者无能力采取措施;
- 介入慈善组织的事务并采取措施补救慈善组织的损失(在受托人不能或不愿意采取措施或者涉及的数额较大时)。

如果委员会发现犯罪活动的证据或有犯罪的嫌疑,委员会会把该问题告知警察局以及其他相关机构,如果涉及公共利益,委员会可行使干预权。

在我们可以干预的所有情形中,无论通过给予改正的管理建议还是使用职权,委员会将采取更有力的措施。

委员会干预时,希望受托人至少可以做到以下事项:

- 立即提供有关该事件的所有相关事实和信息;

- 采取合理措施评估并管理慈善组织的工作和信誉风险；
- 与委员会合作，经要求，规范管理；
- 有担当的行为并采取措施确保他们在将来可以履行其法律责任，决定是否自行采取措施补救慈善组织的损失，通常这意味着，要求服务受托人任命新的独立受托人与其合作；
- 审视或建立利益冲突方案，确保所有受托人知晓其内容和含义，并在将来全面实施该方案；
- 充分记录该问题以及是如何处理的。

C. 信誉影响（包括损害公众对慈善组织的信心）

受托人应该知晓利益冲突对慈善组织信誉以及公众信任和信心产生的重大负面影响。如果受托人机构以外的人，如慈善组织的资助者或其他支持者，认为受托人不是代表慈善组织的利益而是为了自己的利益行事，这可能会产生信誉影响并影响未来的资助。处理利益冲突时，受托人应该知晓慈善组织以外的人是如何发现该情形的，并确保制定好方案和程序以表明受托人已经妥善处理好这些情况。

委员会的年度报告**《处理滥用和不当管理》**中包含了上一财政年度委员会调查的真实案例分析，也解释了如何处理不太严重的问题。

附件一　受托人利益——受托人需要知晓的法律规则

如果存在潜在的受托人利益，受托人应该记住必须说明以下两个问题：

- 行事只符合慈善组织的最大利益，防止与受托人利益有关的利益冲突影响决策制定；
- 在做出任何赋予受托人利益的决定之前，确保有合适的授权。

第一个问题在本指引中已有涉及，第二个问题总结如下：

- 法律规定受托人只有提前获得明确授权，才可从慈善组织那里获得利益；
- 授权可以通过以下任一方式获得：
    - 慈善组织规章中的条款；

- 慈善法中规定的法定权力，在某些情形下，受托人为慈善组织提供其正常义务之外的额外服务时，允许慈善组织向其支付报酬；
- 委员会；
- 法院；

- "受托人利益"一词包括给予受托人或相关人员的报酬或利益，但受托人合理的自行承担费用除外，也包括受托人慈善组织给予的财产、贷款、物品或服务的情形；
- 若可能存在利益，就需要获得授权，即受托人必须确保其可能获益的情形都需要适当的授权，不管是否对受托人有实际利益；
- 如果计划将慈善组织的土地出售或出租给受托人或者与受托人密切相关的人或公司，则需要委员会的授权，即使是完全以市场价格交易的，也需要委员会的授权；
- 向受托人支付合理费用不属于受托人利益，因而，不构成利益冲突或不要求委员会授权。

有关受托人利益和授权要求的信息，详见**《受托人费用和报酬》**（CC11）。

附件二　慈善公司和慈善法人组织的法律框架

慈善公司：利益冲突和《公司法》（2006年）的关键点

慈善公司的董事对于利益冲突和董事利益有法定义务和责任，这些主要反映出适用于其他类型的受托人的责任。本指引适用于公司董事受托人，但下面要介绍的是《公司法》（2006年）对董事的具体利益冲突责任。

利益冲突的定义

L 自2008年10月1日起，对于董事已经或可能与公司利益直接或间接相冲突的情形，规定了具体的法律责任。

在本部分实施之前，委员会认为慈善公司董事已经有了避免利益冲突的责任。利益冲突包括以下情形：

- 董事或者与董事关联的人在与慈善组织的交易中有个人经济利益，该利益可能是直接或间接的；

- 董事或者与董事关联的人有责任或忠实冲突；
- 董事的个人利益、责任或忠实可能影响其做决策。

董事避免利益冲突，不适用一般责任的情形

L 如果利益冲突与下列交易有关，则不适用一般责任：

- 公司的章程已经授权的交易；
- 委员会或法院已经授权的交易；
- 无利益冲突的董事已经利用组织制度权力授权该类利益冲突的情况下，受责任或忠实冲突影响的交易。委员会认为，公司章程应该限制董事授权冲突的权力，只授权董事或相关人员未收到任何性质的直接或间接利益的情形。

注意：2008 年之前成立的公司可以在公司组织大纲而非公司章程中找到有关利益冲突的授权条款，这符合《公司法》（2006 年）的规定。

为了避免未授权的利益冲突，慈善公司的董事需要修订章程吗？

委员会认为，只要已经有关于处理任何利益冲突的条款，就不需要修订，但赞成有些慈善组织修订章程的做法。

《慈善委员会提供的组织大纲和章程模板》（GD1）与《公司法》（2006 年）中的利益冲突条款相符。

宣布利益冲突

L 董事必须宣告对任何慈善公司计划或事实交易或协议享有的利益，若未宣告，则可能构成刑事犯罪。如果董事利益与公司利益存在冲突，公司章程可以规定该董事回避相关讨论和决策。

受托人利益

L 如果因董事会获益而产生冲突，那么，其他董事必须：

- 依据慈善组织规章或慈善法中充分的明示权力；或者
- 申请委员会授权，表明该交易符合慈善组织的利益。

未经委员会授权，慈善公司的成员不能使用会使受托人获益的权力。

如果现有规章条款不足以授权利益冲突，则需要委员会授权

L 如果规章的条款不充分,委员会可以授权董事实施可能违反避免冲突义务的行为。董事需要令委员会确信他们拟实施的行为符合慈善组织的利益。

如果冲突涉及董事获利,而不在慈善法赋予的支付受托人服务报酬的权力范围之内,那么,董事必须依赖慈善组织规章中的充分权力,或者申请委员会授权,表明该交易符合慈善组织的利益。

《公司法》(2006 年)中的避免利益冲突义务拓展到非慈善法人组织和慈善公司之间的转移,包括非现金的重要资产从非慈善法人组织转移至慈善公司的情形。如果非慈善法人组织的一个或多个受托人也是慈善公司的董事,那么就存在利益冲突。在此类情形中,只有事先获得委员会的书面同意,才可转移。

此外,如果涉及债务转移(养老金或抵押),非慈善法人组织的受托人,同时也是慈善公司的董事,可能需要委员会授权才能决定转移债务和资产。因为,非慈善法人组织的受托人的债务向慈善公司的转移一定会涉及非慈善法人组织的受托人(同时也是慈善公司的董事):

- 获得非慈善法人组织的有限责任地位;
- 作为非慈善法人组织受托人的全部或某些之前的个人责任减轻;
- 享有针对任何潜在持续责任的赔偿。

受托人利益的授权需要得到委员会的批准。

委员会已经向慈善组织提供了关于**《公司法》(2006 年)**的信息,公司注册署也为公司董事提供了大量的指引。

慈善法人组织(CIOs):《慈善法》和慈善法人组织规章中的利益冲突的关键点

慈善法人组织是慈善组织中一种新型的法律形式,它是法人形式的慈善组织,但不属于公司。

慈善法人组织受托人关于利益冲突和受托人利益的义务和责任主要反映了适用于其他类型的受托人的责任。本指引适用于慈善法人组织受托人,但他们应该也知晓其有关利益冲突的义务,以及在慈善法和慈善法人组织规章中是如何规定的。

披露利益冲突

除了为慈善法人组织受托人规定法定义务外，慈善法规定，如果在慈善法人组织签订协议或进行交易之前，受托人未披露向所有受托人宣告其利益，则慈善法人组织受托人不能从该协议或交易中获益。

对于其他类型的慈善组织，若有影响慈善法人组织受托人的任何利益，必须要有合适的授权。披露受托人的利益冲突并不意味着能授权受托人获益。

存在利益冲突时参与决策

一般的慈善法人组织规章规定，如果慈善法人组织受托人直接或间接从组织的交易或协议中获益，则该受托人不得参与决策，这同样适用于慈善法人组织成员的决策。规章规定不得将受影响的受托人或者成员算入法定人数，该义务不适用不会产生利益冲突的交易或协议的情形。

从第三方获益的受托人

慈善法人组织受托人不得接受第三方的利益，但接受利益不会产生利益冲突的除外。

委员会提供了有关**慈善法人组织**的基本信息。

附件三　严重的利益冲突

通常会有这样的情况，受托人机构受到严重利益冲突的影响，以至于他们不能或者被认为不能做出符合慈善组织利益的决策。本部分介绍了一些情形以及受托人应该考虑的因素，下面的例子和选择并非详尽。

重大或高风险的受托人决策

下列情形可能产生重大或高风险的受托人决策：

- 由家族资助并有家庭成员受托人的慈善组织，其受托人正计划出售慈善组织在家族公司的股份，则其中就有涉及重大经济利益的冲突；
- 慈善组织与另一家组织有重大纠纷，而其 1 名受托人是该组织管理机构的成员，则其中就有忠实冲突。

不同类型的决策通常会吸引更多的外部利益，这就会使受托人更难清楚地表明或解释其所作的决策独立于任何私人利益或冲突义务。利益冲突的存在可能会损害慈善组织的利益和信誉。

受托人必须考虑：

- 利益冲突的问题，清楚对决策制定的潜在影响，即受托人需要解决严重的利益冲突。在上述例子中，解决严重的利益冲突可能会通过要求冲突的受托人辞职，这样，决策就不会受到利益冲突的破坏。如果利益冲突涉及离任的受托人的利益，即使他已经辞职，若要给予该离任受托人利益，也需要授权。

如果不希望通过解雇来解决利益冲突，受托人应该考虑以下事项：

- 就如何应对该冲突，获得独立的专家建议，包括利益冲突或给予受托人利益是否需要授权方面的建议；
- 在高风险的情况中，咨询委员会的建议，包括是否应该授权利益冲突或给予受托人利益是否需要授权方面的建议；
- 任何无利益冲突的新受托人，帮助其决定该问题并表明只能做出符合慈善组织最大利益的决策；
- 不任命会带来新的利益冲突的受托人。

破坏有效决策制定

利益冲突破坏有效决策制定通常指以下情形：

- 受托人不能采取行动，因为在一个特定问题上，多数受托人都有利益冲突。类似地，慈善组织可能有一个单一受托人，如地方机关或堂区委员会，可能在慈善组织和地方机关或堂区委员会均有利益；
- 许多受托人均有与慈善组织冲突的利益，如几名受托人或者与其有关联的人或公司之间相互有联系；
- 一名或多名受托人的利益与慈善组织的利益经常有冲突。

不管受托人机构是何种形式，它必须只能基于慈善组织的最大利益做出决策。

如果利益冲突特别严重或广泛，则会造成严重问题。个体受托人若需要定期回避相关讨论，则意味着慈善组织失去了受托人全面参与的益处，对符合法定人数的决策是一种挑战,该情形会对慈善组织的信誉造成不利影响。

受托人必须考虑:

- 利益冲突的问题,清楚对决策制定的潜在影响,即受托人需要解决严重的利益冲突。在上述例子中,解决严重的利益冲突可能会通过要求冲突的受托人辞职,这样,决策就不会受到利益冲突的破坏。如果利益冲突涉及离任受托人的利益,即使他已经辞职,若要给予该离任受托人利益,也需要授权。

如果不希望通过解雇来解决利益冲突,受托人应该考虑以下事项:

- 就如何应对该冲突,获得独立的专家建议,包括利益冲突或给予受托人利益是否需要授权方面的建议;
- 在高风险的情况中,咨询委员会的建议,包括是否应该授权利益冲突或给予受托人利益是否需要授权方面的建议;
- 任何无利益冲突的新受托人,帮助其决定该问题并表明只能做出符合慈善组织最大利益的决策;
- 审查受托人任命规定和招聘条例,任命更多“独立的”人。

不恰当受托人利益

不恰当受托人利益可能在以下情形中产生:

- 受托人向慈善组织借款或借款给慈善组织,依据的条款不符合慈善组织的利益;
- 向受托人或者与受托人有关联的人或组织付款的数额与慈善组织的规模或者工作的性质不相符;
- 获得慈善组织利益的受托人或者与受托人有关联的人或组织过多。

委员会认为在有些情形中,也允许向受托人付款。但是,委员会只授权明确符合慈善组织最大利益的交易,对于其他的交易,一律不授权。

如果受托人获得的报酬过多或者受托人在慈善组织的利益较广,这可能会让人觉得慈善组织的成立是为了受托人的经济回报而非为了公共利益。受托人从慈善组织那里获得的利益越多,即使是经过授权的,在管理相关利益冲突和保护慈善组织信誉方面的风险和潜在不利就越大。

受托人必须考虑:

• 利益冲突的问题,清楚对决策制定的潜在影响,即受托人需要解决严重的利益冲突。在上述例子中,解决严重的利益冲突可能会通过要求冲突的受托人辞职,这样,决策就不会受到利益冲突的破坏。如果利益冲突涉及离任的受托人的利益,即使他已经辞职,若要给予该离任受托人利益,也需要授权。

如果不希望通过解雇来解决利益冲突,受托人必须:

• 确保对于任何受托人利益都有事先授权。

为避免严重问题,受托人应该:

• 如果任何受托人正在获利,确保影响受托人的每一个协议以及付款的平衡和程度明显符合慈善组织的利益;

• 考虑减少获益的受托人或者与受托人有关联的人或组织的数量,委员会希望从慈善组织获益的受托人或者与受托人有关联的人或组织只有少部分。

如果慈善组织成为受托人获益的工具,而非为了公共利益,那么,委员会将使用权力保护慈善组织的资产。

附件四　制定管理利益冲突的方案

受托人应该制定适合慈善组织需求的方案,该方案不需要太复杂,但应该定期审查并更新。

委员会也建议受托人准备利益登记册。在公开记录所以其他利益中,个体受托人和机构受托人可以更容易地识别任何事实或潜在的利益冲突。利益登记册应该定期更新。

利益冲突方案至少应该包含以下事项:

• 定义利益冲突;

• 说明受托人有责任宣布利益冲突,实施的行为须符合慈善组织的利益;

• 说明慈善组织规章对利益冲突的规定;

• 界定受托人应该宣布的所有利益,包括业务和个人利益以及其配偶、合作伙伴、家人和近亲属的利益;

- 界定受托人利益，强调在展开涉及受托人利益的交易之前，要求获得法律授权；
- 包含受托人有利益冲突时需遵循的程序指引，如：
  - 在慈善组织的利益登记册中记录受托人利益；
  - 在每次会议开始时宣布利益；
  - 让相关受托人回避决策程序；
  - 记录讨论和作决策的详情。
- 列出将如何检查和执行方案以及由谁监测和执行；
- 可以在慈善组织内得到广泛传播和理解；
- 属于方案框架的一部分，如受托人手册。该方案应该指明并提倡包含在受托人有义务遵守的所有相关行为准则和其他方案的价值之中。

说明利益冲突：检查清单

问题1：如果受托人已经识别了利益冲突，对于根据冲突的严重性是否应该解决或者寻求授权这一问题（详见本指引**第四部分**），受托人机构已经考虑了吗？如果受托人已经决定解决利益冲突或寻求授权，请看**问题2**。

↓

问题2：由于相关受托人将因某项决策而获得利益，所以，利益冲突已经产生了吗？（有关受托人利益的详情以及什么利益需要授权的内容，详见本指引**第三部分**和**附件一**。）如果是**肯定**回答，请看**问题3**；如果是**否定**回答，请看**问题4**。

↓

问题3：利益是通过以下方式授权的吗？

- 慈善组织的规章；
- 法律条款，如《公司法》第185条；
- 慈善委员会。（详见本指引**附件一**。）

如果是**否定**回答，受托人如要获得利益必须申请委员会授权（详见本指引**第三部分**和**附件一**），请看**问题5**。

如果是**肯定**回答，慈善组织受托人严格遵守了授权条款吗？请看**问题5**。

↓

问题4：即使不存在受托人利益，是否有程序可以确保只做出符合慈善组织最大利益的决策？（详见本指引**第四部分**。）

如果是**否定**回答，慈善组织受托人应该就其决策咨询意见，确保制定合适的利益冲突程序并遵守。

如果是**肯定**回答，请看**问题6**。

↓

问题5：对于是否要求受托人在年度报告和账目中披露受托人利益这一问题，慈善组织已经核实了吗？（详见本指引**第四部分**。）请看**问题6**。

↓

问题6：慈善组织受托人是否记录了利益冲突、解决方案以及其决策？（详见本指引**第四部分**）。

寻找新的受托人：慈善组织须知事项
（CC30）

2012 年 9 月

目　录

1. 引言

1.1 本指引的内容

委员会经常被要求向慈善组织提供有关招聘、遴选、任命和引荐受托人的建议。本指引对一些常见问题做出了回答并列明了招聘流程的框架。

一名或多名新的慈善组织受托人的招聘、遴选和引荐对慈善组织未来是否能高效运转有极大的影响。若一切顺利,就会形成一个均衡高效的受托人理事会和管理有道的慈善组织。然而,若这些流程不够完备,受托人理事会管理慈善组织的能力可能会受到影响,甚至有可能给慈善组织和其受托人造成重大麻烦。

1.2 "必须"和"应该"的含义

"必须",是指受托人必须遵守特定的法律或法规要求的情形。"应该",是指受托人应该按照基本规范的指引行事的情形,但有正当理由不这样做的除外。

委员会同样为受托人提供一些有关慈善组织管理的有用但非正式的建议。

1.3 本指引的范围

本指引包含一系列有关新受托人招聘和任命的关键问题。有些问题很复杂,且由与不同类型慈善组织相关的不同法律法规进行规定。受托人不应将本指引作为慈善组织相关法律问题的准确完备描述。本指引为受托人提供简单介绍和综述,并在其需要更多建议的方面加以强调。

1.4 本指引的使用

本指引的结构与下一部分的主标题一致。在每一标题下,委员会要求筛选一部分新任或现任受托人可能会对招聘和引荐流程提出的疑问。在一般情况下,委员会会先做出准确简短的答案("简答"),接下来会提供更多解释和背景信息("详答")。

1.5 其他帮助和建议资源

受托人可利用很多资源来帮助自己。委员会鼓励受托人利用相关组织的专业知识来帮助他们尽可能高效地经营慈善组织。

1.6 使用的术语

规章,是指写明慈善组织目的和管理方式的任何文件。形式通常为信托协议、组织制度、组织大纲和公司章程、遗嘱、转易契、《皇家宪章》、委员会计划或其他文件。

法人慈善组织,是指公司或与合法法人主体拥有相同法律地位的组织。

受托人,是指慈善组织受托人。慈善组织受托人是按照慈善组织规章负责管理和指导慈善组织的人。慈善组织的规章可能称其为受托人、受托人理事会、管理委员会、管理者、董事或其他名称。

受托人理事会,是指慈善组织的管理主体。可能被称为管理委员会、执行委员会或董事会或其他名称。

2. 受托人招聘概览

本部分总结了新受托人招聘的主要环节,并列明了典型的招聘顺序。

发起招聘

(1)慈善组织确认需要新的受托人。这可能是因为辞职引起的空缺,或现任受托人决定增加 1 名或多名有特定技能的受托人,以便高效经营慈善组织。

(2)受托人就需要的技能、经验和知识达成一致,并在职位简介和用人要求说明中写明。

(3)受托人就责任和招聘流程达成一致,在此过程中,注意符合慈善组织规章写明的特定要求。某些工作可以委托给受托人小组,但整个受托人理事会全权控制该流程和决策。

寻找可能的受托人

(4)受托人考虑吸引拥有慈善组织所需技能的各类候选者的最佳方式。包括在地方和(或)特定报纸上刊登广告和使用中介服务。

(5)按照通用的标准展开初审和面试。受托人小组负责开展面试,为保证公平客观,应该向每位候选人询问类似的问题。

(6)经全体受托人理事会参考、审核和批准,首选的候选人将获得认同并被邀请加入受托人。通知未聘用的候选人,并对其参与表示感谢。

审查可能的受托人

(7)受托人查实候选人有无被解除受托人职位的情形,并要求候选人对此进行书面确认。

(8)要求候选人斟酌并声明任何现有或可能的利益冲突。

(9)若慈善组织与儿童或弱势成人共事,受托人须对揭露与阻挡服务的要求进行适当的审查。

(10)根据审查和声明,受托人决定正式任命新的受托人。

做出任命

(11)受托人核对慈善组织规章,以确保新受托人的任命妥当合法。

(12)慈善组织主席写信告知准受托人其责任和慈善组织对其的期望;新的受托人需要签字并交回该信件的副本。

(13)向新受托人发送一个有关慈善组织的资料袋,并安排完整的引荐流程。新受托人与现有受托人以及其他与慈善组织相关的人员(职员、志愿者和受益人)见面。

(14)新受托人出席其第一次董事会并获得应有欢迎。通知所有相关方(如资助人和慈善组织律师、审计员)新的任命。

3. 发起招聘

受托人可能考虑为受托人理事会引进新成员。首先,需要确认了解慈善组织规章中对此的相关要求,例如:

- 受托人是否有最低人数和最高人数限制?
- 受托人的任命方式是什么?
- 受托人的任期为多长时间?

还需要考虑这些问题:

- 委员会需要什么技能、知识或经验?
- 新的受托人是否代表特定利益团体?
- 受托人理事会是否需要比现在更加多元化?例如,包含来自不同社会和民族背景的人员或残疾人。

3.1 受托人对慈善组织有多重要?

简答

受托人非常重要。拥有责任心和慈善组织需要的技能、知识和经验的受托人对任何慈善组织而言都非常重要。

详答

受托人在慈善组织管理中发挥着关键作用。为了成功,他们同样要付出很多。例如,他们可以:

- 作为一种与社区沟通的手段,且该社区是慈善组织的服务对象;
- 为慈善组织提供有价值的专业或其他经验;
- 通过任命高级职员,帮助确保慈善组织的妥善经营。

3.2 哪种类型的人可以成为好的受托人?

简答

大多数人都有一些可以贡献给慈善组织的技能、知识或经验。受托人需要对慈善组织的主旨和目的有坚定的决心。对受托人的任命不存在任何法律或其他障碍,这一点也很重要。

详答

受托人考虑招聘一名或多名新的受托人时,最好先着眼于其慈善组织需要的技能、知识和经验,以便确保慈善组织治理有方、高效运转且与其规模和复杂性相适应。这并不意味着,受托人理事会应该让专业人士来应对所有可能发生的事件。

这一过程本身就很有价值,委员会建议受托人定期检查受托人理事会的技能构成,而不是等待出现受托人空缺的情况发生。受托人技能的性质范围包括财务、簿记、营销技巧,以及与相关社区或服务用户的联系。受托人应该有必要的时间和精力来为慈善组织作贡献,这一点也很重要。

对现有受托人的技能进行评估是分辨不足之处的好办法。评估的范围则根据慈善组织的规模和性质确定。对于小型简单的慈善组织而言,评估可能非常简单,但对大型复杂的慈善组织而言,可能需要更加正式且架构化的评估。

这一评估既可以分辨出委员会技能的不足,也是新受托人"工作职责描述"的基础。这可以成为向新的或准受托人介绍其职责的有效方式,包括他们需要花费多少时间来履行其新责任。委员会建议为每位受托人准备职责描述。慈善组织通常受益于关心且了解该组织所服务的受托人。

对受托人的任命有无法律障碍也很重要。

更多信息

特许秘书和管理者协会(Institute of Chartered Secretaries and Administrators, ICSA)和全国志愿组织理事会(National Council of Voluntary Organisations, NCVO)为慈善组织受托人做出了职责描述范本。ICSA 还特地为慈善组织主席、秘书和财务主管做出职责描述。《受托人和管理委员会成员国家职业标准》也是起草职责描述的有力工具。上述文件均可在第三部门技能网站上下载,网址为 www. skills – thirdsector. org. uk。

《受托人和管理委员会成员国家职业标准》是起草职责描述的有力工具。

3.3 慈善组织受托人理事会是否应该多元化?

简答

是的。相较于单一化的委员会,多元化委员会容易拥有更广泛的技能、知识和经验。在准备招聘新的受托人时,慈善组织通常应该力图增加或至少保持其受托人理事会的多样性。

详答

拥有多元化的受托人理事会还有助于确保慈善组织在所有事务中保持公平公开,例如,补助发放或服务提供。

委员会相信,招募来自广泛背景的受托人有助于改进慈善组织的治理,包括来自不常在慈善组织发挥很大作用的社区受托人,例如,年轻人、少数民族和残疾人。建立多元化的委员会同样有助于增加可信度和公信力。

慈善组织还需要符合某些立法的要求;例如,《平等法》(2010 年)要求"公共机构"履行消除对特定阶层的歧视,并提高机会公平的责任。不是公共机构但行使公共职能的人员或组织必须适当考虑这些事项。某些慈善组织提供的服务也在此定义范围内,而该立法正是高效运转的慈善组织努力的方向。

更多信息

有关如何增加受托人理事会多样性的更多信息详见第4.6部分。NCVO提供了有关多样性的法定要求的信息。威尔士志愿行动理事会(Welsh Council for Voluntary Action, WCVA)在《良好就业守则——志愿和社区组织资源》和《社区建设(和其他志愿团体)就业指导》中包含了众多类似或其他法定要求。

3.4 谁为新受托人招聘负责?

简答(法定要求)

现任受托人需负责招聘新的受托人。他们必须对公开有效的程序管理进行监督,并时刻按慈善组织的最佳利益行事。

详答

现任受托人对新受托人的招聘负有法律责任。雇佣职员的慈善组织受托人可将招聘的某些方面工作委托给志愿者,但其必须确保全权负责并控制招聘、遴选和引荐。

招聘新受托人时,现任受托人必须按慈善组织的最佳利益行事。为了确保这一点,以及向新受托人说明工作要求,现任受托人需要清楚慈善组织的目的和主旨,以及其作为受托人所负有的更广泛的责任和义务。

4. 寻找可能的受托人

受托人理事会可利用多种方式招聘新受托人。委员会的经验和研究表明,传统的受托人招聘方式——个人推荐和口头宣传——仍是最受欢迎的方式。但是,研究表明,尽管这些方式的使用最广泛,但其并不是寻找拥有受托人理事会所需技能人员的最佳方式,因为,这种方式限制了受托人寻找范围。采用更广泛包容的方式寻找新受托人(例如,广告和使用受托人中介服务)能够找到更多的申请者,且委员会建议受托人考虑使用这些招聘方式。

4.1 广告是不是吸引受托人的好办法?

简答

是的。通过广告,受托人理事会可以接触到比口头宣传更多的受托人,这可以帮助慈善组织吸引更多拥有不同技能和经验的候选人。

详答

广告是接触更广泛人群的有效方式,且令慈善组织有机会明确受托人理事会需要的技能。报纸广告价格昂贵,并不适合所有的慈善组织。但也有很多便宜的解决方式,例如,在地方网站、布告牌或时事通讯发布免费通知。为最大限度地发挥广告的作用,受托人应该仔细斟酌广告地点,并确保广告准确反映了慈善组织的意愿和受托人需要的技能和经验。

4.2 慈善组织可否内部招聘受托人?

简答

可以。这是寻找拥有慈善组织需要的品质和技能的受托人的好办法。但须注意,若受托人是慈善组织的受薪员工,对其会有特殊法律规定。

详答

受托人可能想从慈善组织内部招聘新的受托人。慈善组织内部的志愿者可能拥有受托人需要的技能,或可以通过进一步培训和支持获得这些技能。鉴于法律不允许向受托人进行未经授权的支付,若慈善组织的员工(而非志愿者)想要成为受托人,慈善组织需遵守特定要求。

更多信息

更多信息,详见**《受托人费用和报酬》(CC11)**。

4.3 慈善组织可否从其用户或受益人中招聘受托人?

简答(法定要求)

可以。使用慈善组织服务或从中受益的受托人被称为用户受托人,其不仅可以增强慈善组织的有效管理,并有助于确保受托人理事会的多样性和代表性。

详答

是否招聘用户作为受托人是受托人理事会需要根据慈善组织的情况和需求考虑而决定。用户受托人可为慈善组织服务的发展提供直接经验并帮助其他受托人更好地了解用户。

无论是用户受托人还是一般受托人,受托人理事会都需要确保落实程序,管理受托人个人利益和慈善组织利益之间的冲突。务必牢记,用户持有人和任何其他受托人有相同的责任和义务。其职责是以慈善组织的最佳利益行事,而非代表用户利益。

更多信息

有关用户持有人的更多信息,详见指引**《用户参与:成为受托人的受益人》**(CC24)。更多有关利益冲突的信息,详见第 5.5 部分。

4.4　有学习障碍的人可否成为受托人?

简答

可以。在很多情况下,有学习障碍或其他心理健康问题(因残疾或疾病产生的)的人有足够的能力担任受托人。

详答

受托人适格要求(详见第 5.1 部分)之一是受托人必须有自理能力才能被认为有能力管理慈善组织。尽管这可能会排除一些有严重学习障碍的人,但多数有学习障碍的人还是能够达到标准并在慈善组织管理工作中发挥积极负责的作用,给受托人理事会带来有用的经验和观点。这同样适用于有其他心理健康问题(由受伤或疾病造成的永久性或暂时性心理问题)的人员。

4.5　慈善组织可否在他人帮助下寻找受托人?

简答

可以。许多组织都保留一些潜在受托人的登记簿或提供受托人中介服务,将可能的受托人与慈善组织受托人理事会空缺相匹配。

详答

NCVO 经营受托人银行,提供登广告招聘受托人或查找受托人空缺等服务。

还可以通过很多其他资源来查找志愿服务机会,包括 Do – it(英国国家级的志愿服务机会数据库**www. do – it. org. uk/**)。

专业杂志、日报和报纸同样会刊登受托人经济服务,且从英格兰的地方志愿服务理事会(Volunteer Service Council ,CVS)和威尔士的郡志愿理事会(County Volunteer Council,CVC)处也可以获得更多资源。

与其他慈善组织(无论是本地的还是提供相同服务的)交流也是寻找新受托人的另一种方式。这也是分享信息和典范的有效方式。**小型慈善组织联盟**是一家帮助建立和支持慈善组织受托人沟通的慈善组织,其还设有**受托人寻找网**——提供免费的受托人和管理委员会成员国家级网络。

4.6 慈善组织怎样才能令其受托人理事会更加多样化?

简答

与较少接触的社区加深接触有助于提升慈善组织的多样性。例如,通过广告以及通过特定举措,帮助难以出席理事会会议的人员参加会议。

详答

提升受托人理事会多样性的可行方法包括:

- 利用更加积极、公开和包容的招聘方式。例如,登广告或使用受托人中介服务;
- 在方便或不同的时候组织受托人理事会会议,这样,无法在特定时间参加会议的人不会丧失与会机会;
- 在残疾人可以到达的地方召开受托人理事会会议;
- 落实政策,支付儿童看护费用或提供儿童看护服务;
- 考虑人员对翻译、手语翻译员,或大字印刷、录音、CD 或凸字文件的需求;
- 在威尔士地区,充分考虑双语社会,并确保每个人都能选用英语或威尔士语,以及以选定语言接受书面通讯。

5. 任命前审查受托人

新受托人的任命对慈善组织而言是一件大事。在任命新受托人之前,受托人理事会必须确保其所作所为符合法律和慈善组织规章,并确保准受托人并未丧失成为受托人的资格。委员会建议,对与儿童或弱势成人公事的慈善组织受托人进行揭露和禁止服务(Disclosure and Ban Service,DBS)检查。慈善组织还应确保准受托人了解其应承担的责任并可负责任地履行责任。

5.1 是不是任何人都能被任命为受托人?

简答(法定要求)

不是。法律对能够成为慈善组织受托人的人有规定。慈善组织规章对此也有额外规定。在任命新受托人之前,受托人理事会必须确保任命符合慈善组织规章和法律的要求。

详答

在准备任命新受托人时,受托人理事会必须确保被任命人有资格成为受托人。未满 18 周岁的人不得成为慈善信托或非法人组织的受托人。但成为慈善董事(即受托人)的最低年龄是 16 周岁。更多有关**年轻人担任受托人**的信息详见英国政府官网。

根据法律规定,有些人没有担任受托人资格,包括《慈善法》(2011 年)第 178 条至第 180 条所述人员。包括:

- 因不诚实或欺骗等犯罪行为被定罪,且判决尚未失效的人员;
- 未解除债务之破产人;
- 因不当行为或管理不善被法院或委员会解除慈善组织受托人职位的人员;
- 按照《公司董事资格取消法》(1986 年)的取消资格令被取消资格的人员;
- 任何与债权人订立契约或安排的人员,包括个人自愿偿债协议(Individual Voluntary Agreement,IVA)或正在办理破产服务登记的人员。

被取消资格但仍以受托人身份行事通常属于犯罪行为,但委员会根据《慈善法》(2011 年)(其中,有许多适用于慈善公司管理的特别规定)第 181 条不予追究的除外。受托人的任命必须符合慈善组织规章,规章列明了新受托人的任命程序,包括任何限制(例如,受托人的数量上限或年龄限制)。受托人遵循这些程序很重要。若其不按程序行事,会导致任命失效。若规章中包含禁止某些人成为慈善组织受托人的规定,委员会不可根据《慈善法》(2011 年)第 181 条不予追究。因为《慈善法》(2011 年)不可推翻规章之规定。

5.2 慈善组织应该怎样对准受托人进行检查?

简答

在任命受托人之前,受托人理事会应该取得准受托人所作的符合资格声明,其还应该查询不合格人员官方登记册。委员会强烈建议,与儿童或弱势成人共事的慈善组织应对受托人进行 DBS 检查。

详答

作为最低要求,受托人理事会应要求新受托人签署一份声明,确认其有资格担任慈善组织受托人。

受托人还可以利用官方登记册,上面记录了无资格担任慈善组织受托人的人员姓名。这些包括:

(1)英国破产服务局保存的个人破产登记册,里面包含以下具体内容:

- 目前或 3 个月以内结束的破产;
- 目前的个人自愿偿债安排和快捷自愿偿债安排;
- 当前的破产限制令和企业。

可通过造访地方官方接管人办公室或者通过邮寄或传真在英国破产服务局网站上对该登记册进行查询。网址为:www. gov. uk/government/organisations/insolvency-service。

(2)英国公司登记局保存的不合格董事登记册。可在英国公司登记局网站上对此登记册进行查询。网址为:www. gov. uk/government/organisations/companies – house。

(3)1993 年 1 月 1 日以来,被委员会或高等法院命令撤职的慈善组织受托人登记册。委员会的每一办公地点均保有此登记册的副本。

与儿童或弱势成人共事的慈善组织受托人同样有权进行 DBS 检查。

自 2012 年 9 月 10 日起,受规管活动有了新定义。受托人在以儿童或弱势成人为受益人的慈善组织工作本身并不是受规管活动。只有当受托人在无监管的情况下近距离接触受益人,这才有可能属于受规管活动的范畴,且“有资格”进行更强的 DBS 检查和禁止列表检查。不符合受规管活动范畴的慈善组织受托人“有资格”进行更强的 DBS 检查(但不包括禁止列表检查)。

委员会强烈建议,与儿童和弱势成人共事且有资格进行 DBS 检查的受托人进行该检查,以确保其想要任命为受托人的人符合资格,并确保慈善组织受益人的安全。

更多信息

使用委员会的准受托人**声明表**。

关于受托人维护责任的更多信息,详见**委员会的维护事务处理策略。**

了解更多关于**DBS** 以及进行检查的方式的信息。

5.3 若准受托人未经检查，会产生什么后果?

简答

委员会可能会利用多种监管方式来查明慈善组织是否对其受托人资格进行检查。

详答

委员会监管慈善组织是否对其受托人资格进行检查的方式有很多:

- 在某组织申请登记为慈善组织时,委员会要求全体受托人填妥声明,证明其有资格成为慈善组织受托人;
- 每年对受托人进行抽样检查,开展受托人资格检查;
- 通过在年度申报表中报告严重事件来监督登记的慈善组织。

5.4 若无资格人员成为受托人，会产生什么后果?

简答(法定要求)

若无资格人员被任命为慈善组织受托人,该任命无效。若现任受托人并未在任命前进行适当检查,属于行为不当。

详答

无论是根据适用于慈善组织受托人的一般法律还是根据慈善组织规章,若无资格担任受托人的人员成为受托人,其任命无效。此外,若受托人出现问题,且与现任受托人未能遵从本指引有关,这将是委员会考量受托人是否存在行为不当的重要因素之一。

更多信息

更多关于保护弱势成人的信息,详见**卫生署网站**。

5.5 准受托人可能出现的利益冲突应该怎样处理?

简答

在做出任命前考虑可能出现的利益冲突是好主意。若任命准受托人很可能会引发利益冲突,说明受托人应该重新考虑该任命。

详答

利益冲突指受托人个人利益或忠诚与慈善组织的利益和忠诚同时出现或有冲突的情况。例如,若慈善组织与受托人拥有的组织签订合同,则该受托人可能面临最大化其公司利益和降低慈善组织开支之间产生的冲突的压力。

在任命受托人之前就对可能的利益冲突进行预估比在这些冲突出现后再去解决要好得多。利益冲突随时可能出现,这是无法避免的,尤其是在利益可能重叠的当地社区。因此,潜在的利益冲突可能不足以阻止任命符合资格的理想受托人。重要的是要认清利益冲突,并确保妥善处理。

然而,若上述冲突频繁出现,将会影响受托人履行职责的能力。尤为重要的是,当个人利益大到使受托人不得不经常退出会议时,这会影响受托人对慈善组织做出有用贡献。如果是这种情况,受托人应该考虑退出或不加入受托人理事会。

应该向准受托人询问潜在利益冲突的相关信息,并向任命决定人做出声明。例如,若新受托人是经慈善组织成员选举产生,成员应该知晓潜在的利益冲突,这样才能在投票时对此进行考量。

作为典范,慈善组织应该落实举措,辨认并处理涉及受托人的潜在利益冲突。开放式的处理方法就是很好的例子。慈善组织应该考虑的一种有效方式是要求受托人提交有关实际或潜在利益冲突的年度声明。

更多信息

许多组织提供利益冲突政策模板及利益登记模板,如 ICSA。更多关于**利益**

冲突处理的信息,详见英国政府网站。

6. 任命受托人

任命受托人有许多方式,包括现任受托人提名、慈善组织成员选举或凭其担任其他职位("当然"受托人)准受托人了解其将要承担的责任与义务很重要。受托人被任命后,要使任命正式生效,还需进行其他步骤。

招聘新受托人后,令其感受到慈善组织的欢迎很重要;为提升其技能,确保其熟悉慈善组织工作并将其介绍给其他受托人和关键职员,落实正式的引荐程序是个好主意。

6.1 如何任命受托人?

简答

受托人可以由现任受托人选举或提名、由其他组织提名或凭其担任的其他职位成为受托人。

详答

受托人可经不同的方式任命,例如:

- 可由其他受托人或其他组织提名,例如地方政府;
- 可由慈善组织成员选举;
- 可凭其担任的职位成为受托人,例如,镇长或镇长夫人、当地健康信托的执行主管或学校校长。此类受托人被称为"当然"受托人。

受托人由外部机构(如地方政府)任命或提名的,慈善组织对该提名拥有较弱的控制权。但其仍有一定影响力,且本指引可能会提供一定帮助。同所有的受托人任命一样,法律要求所有为慈善组织任命受托人的外部机构必须以慈善组织的最佳利益而非自己的利益为重。慈善组织向任命机构说明对受托人的要求及其慈善组织期望的特定技能或资质对任命受托人有一定的帮助。为了提高受托人对任命的控制权,受托人可以要求提名机构提供两名候选人供其考量。

除当然受托人外,受托人任命只有在准受托人正式同意接受托管之后才能生效。托管即刻或于规定日期生效。

6.2 针对受托人任命，还应考虑什么事项?

简答

准受托人应该知晓其将要承担的法律责任。应该以服务慈善组织最佳利益的方式做出任命。

详答

准受托人应该了解成为受托人之后将要承担的法律责任。有关受托人责任的详细内容,详见指引**《关于受托人事宜:须知信息及须做事项》(CC3)**。新受托人的任命应该以服务慈善组织最佳利益的方式做出。以下为招聘和任命本指引所提受托人时基本规范的一些主要方面:

- 确认委员会需要的技能,并为受托人准备"工作说明"(详见第3.2部分);
- 使用最合适的方式来寻找新受托人(详见第4部分);
- 确保受托人任命合法并按照典范标准做出(详见第5部分和第6.3部分);
- 为新受托人提供举荐项目和支持(详见第6.4部分、第6.5部分和第6.6部分)。

6.3 怎样正式生效新受托人的任命?

简答

依据慈善组织的性质,需要向不同官方机构通知新受托人的任命。可能还需要转移受托人持有的信托财产、修改银行委托书和通知其他利益方。

详答

在任命新受托人后,受托人必须确保:

- 尽快通知委员会该任命;
- 将归于即将离职的个人受托人名下的慈善组织财产转移到新受托人名下;
- 若慈善组织是慈善公司,向英国公司注册署发送新任命董事的详细信息。

受托人还需确保：

- 若新受托人将成为慈善组织账户的签署者，应该修改银行委托书；
- 通知所有相关方，例如资助者、慈善组织律师、审计员和其他专业顾问。

任命之后，应该正式联系新受托人，对其担任受托人表示欢迎并确认其任命。ICSA 制定发送给新受托人有关任命的样信。

6.4 新受托人应该收到哪些文件？

简答

新受托人应该收到与慈善组织工作及其职责相关的所有关键文件的副本。

详答

在对目的和影响做出解释后，新受托人应该收到与慈善组织相关的关键文件。这样，新受托人就能了解慈善组织的工作方式，并尽快为慈善组织管理做出有效贡献。这不仅是基本规范，也是慈善组织规章的要求。

送与新受托人的关键文件应该包括：

- 慈善组织规章；
- 慈善组织最近的年报和账目；
- 最近受托人会议的记录；
- 指引**《关于受托人事宜：须知信息及须做事项》**（CC3）和**《高效慈善组织的特征》**（CC10）；
- 慈善组织利益冲突管理政策；
- 受托人可能需要的其他关键文件，例如慈善组织的战略性规划、愿景、价值或宗旨声明。

向新受托人提供**《受托人和管理委员会成员国家职业标准》**这些标准旨在为受托人职责提供建议以及对受托人职责的典范进行描述。

6.5 应该向新受托人提供何种帮助？

简答

为了提高受托人理事会对慈善组织管理的贡献，慈善组织应该为受托人提供与职员同等的培训、支持和发展。给予支持的水平应该取决于慈善组织的规模和性质。

详答

在高效运转的慈善组织中，引荐程序标志着受托人培训和发展的开始，以确保受托人可以继续为慈善组织做出有效贡献。受托人所需的培训和支持的水平会因慈善组织的规模和性质发生变化，但受托人可能希望考虑下列事项：

- 个人培训课程；
- 整体受托人理事会的"团队建设日"（包括或不包括职员）；
- 简要汇报和讨论会（作为受托人会议的一部分）；
- 拜访其他开展类似工作的慈善组织。

受托人应该定期检查其落实的新受托人招聘、引荐和持续发展的各项程序，以确保这些程序的有效性。

6.6 如何引荐新受托人？

简答

先要确保新受托人收到第6.4部分写明的所有关键文件。新受托人应该与其他受托人和慈善组织的关键人员见面，以更好地了解其工作和可能面对的挑战。

详答

作为确保受托人能够尽快成为委员会可贵且有效成员的部分程序，妥善的引荐至关重要。通过提供适合新受托人和慈善组织规模性质的引荐程序，所有慈善组织，无论规模大小，均应该考虑慈善组织和新受托人的需要，为受托人提供其需要的信息。

为了对慈善组织管理做出有效贡献，对于小型简单慈善组织的新受托人而言，与现任受托人讨论可能是让其了解需要知晓的所有事项的最好方式。

为了弄清楚慈善组织的经营方式，受托人与慈善组织关键人员交谈也是有效方式之一。

对于大型复杂的慈善组织而言，结构性更强的引荐程序可以帮助新受托人更好地了解慈善组织工作，且这种引荐可能包括：

- 高级管理人员和职员的介绍；
- 慈善组织专业顾问的介绍；
- 实地观察慈善组织提供的服务；
- 实地了解慈善组织计划和项目；
- 与慈善组织受益人会面；
- 对新受托人要求的培训进行评估。

更多信息

ICSA 为受托人提供引荐程序样本。NCVO 为受托人提供一系列信息，包括《优秀受托人指引》。

慈善组织账目的独立审核:受托人指引
(CC31)

2015 年 7 月

目　录

1. 引言

1.1 本指引内容

本指引为受托人而写,解释慈善组织账目独立审核的相关事项,以及慈善组织何时可以选择在审计员处进行独立审核。本指引阐述有关独立审核员人选以及受托人遴选和任命独立审核员需要考虑的事项。本指引对受托人和审核员各自的责任进行解释,并对高效开展审查提出一些建议。

根据《慈善法(2011 年)2015(会计和审计)法令》,委员会在 2015 年 7 月对本指引进行更新,扩大了独立审核的范围,并修改了可审查收入超 20 万英镑的独立审核员的名单。随后,于 2015 年委员会就独立审核程序基础的重大变动进行了磋商。

1.2 “必须”和“应该”的含义

“必须”,指的是受托人必须遵守特定的法律或法规之要求的情形。“应该”,指的是受托人应该按照基本规范的指引行事的情形,但有正当理由不这样做的除外。

1.3 本指引的范围

本指引针对有资格进行独立审核的各种慈善组织(无论是公司、信托或协会)的受托人,概述了独立审核相关事项。

本指引的特定对象是受托人,因为受托人负责决定是否要开展独立审核而非审计,以及为慈善组织遴选和任命独立审核员。

本指引列出了 2015 年 3 月 31 日或之后结束财政年适用的独立审核阈值。针对之前会计期阈值的相关信息,参见**委员会慈善组织历史汇报阈值。**

1.4 本指引的使用

独立审核成功的关键在于,了解受托人和审核员各自对账目制备、审查和申报的责任。只有了解审查事项、审查人和选择具有开展审查所需技能和经验的审核员,才能成功进行审查。

通过阅读第 2 部分(简要总结),受托人可大致了解独立审核的各项要求;本指引第3部分解释受托人需要知道的独立审核事项;第4部分列明受托人在遴选和任命独立审核员时应该考虑的事项;第5部分对提高审查程序效率提出建议。

选择在审计员处进行审查之前,受托人尤其是名誉财务主管,需要知道独立审核相关事项。通过了解相关事项,受托人可准备好会计记录、受托人年度报告、账目和解释,帮助审核员及时完成工作。

1.5 本指引所用术语

以下术语贯穿于本指引,且应该按照给定的特定意思解释。

慈善法,是指《慈善法》(2011年)。

《管理条例》(2008年),是指《慈善组织(账目和报告)管理条例》(2008年)(SI 2008 No.629)。

《法令》(2015年),是指《慈善法(2011年)(账目和审计)2015法令》(SI 2015 No.321)。

《集团管理条例》(2015年),是指《慈善法(2011年)(集团账目)管理条例(2015年)》。

会计标准,是指真实公允的账目(权责发生制)需遵守财务报告理事会颁布或采用的相关准则。上述准则是由《财务报告准则》(Financial Reporting Standards, FRS)和《会计实务建议准则》(Statement of Recommended Practice, SORP)共同规定。专业会计应熟悉上述准则。

权责发生制,这一概念要在账目产生的时间段内反映交易和其他事件的影响,而非在现金结算期。这一概念对于识别资产负债表中的资产和债务非常重要。

该术语也用于形容根据《慈善法》(2011年)第132条第1款准备的账目。受托人在准备该账目时应保证"真实、公允"。该账目由以下内容组成:

- 金融活动的SoFA表;
- 资产负债表;
- 账目注释。

该账目应该根据会计政策进行准备,以确保账目的真实、公允,同时,需符合会计标准以及继续经营和应计的会计概念。

可适用的 SOPR,是指慈善组织按照权责发生制准备账目所依据的 SORP 在准备账目的财政年内是有效的。对于 2015 年 1 月及之后开始的财政年,受托人可以选择适用何种 SORP,可在 SORP FRS 102 和 SORP FRSSE 之间选择。对于 2015 年 1 月之前开始的财政年,只能适用 SORP 2005。对于 2015 年 1 月及之后开始的财政年,不能适用 SORP 2005。

慈善法人组织(Charitable Incorporated Organisation, CIO),是指根据《慈善法》(2011 年)登记为法人团体的慈善组织。

《指示》,针对独立审核员的《指示》是委员会根据《慈善法》第 145 条第 5 款授予的权力做出的。适用于独立审核员的《指示》只写明了开展审核时必须遵循的程序。

董事,是指 16 周岁以上的一个或多个依法管理公司运行的人员。董事可组成董事会进行日常事项的决议,并负责管理公司的日常事务。根据公司法,董事有各自的具体责任,且对其行为负有法定责任。慈善公司受托人是该机构董事。

捐赠,是限制资金的一种形式,受托人需依法投资或保留该资金,且可以花费该资金的收入。通常,这些资金代表的是投资,也能代表供慈善机构使用的捐赠财产。捐赠的形式有两种。永久捐赠是指收到捐赠基金,受托人没有支出该笔资金的权力;消费性捐赠是指收到捐赠资金后,受托人可在一定情况下,选择与支出收入资金相同的方式支出该资金。

证据,包括审核人员在审核过程中搜集到的信息和因素。证据的来源包括账目、会计记录、审核人员的分析审查、得到的解释、经过验证后的必要问题以及慈善机构的其他记录,例如受托人会议的会议记录。

形式和内容,按照法定要求,账目中需包含公开信息、分析和其他信息。

规章,是写明慈善机构目的及管理方法的文件。可以是委托书、组织制度、组织大纲、公司章程、遗嘱、转易契、《皇家宪章》、委员会计划等其他正式文件。慈善机构信托也规定在其慈善组织规章内。

集团账目,是联合或集合慈善组织和由其控制的附属机构(如交易公司)的账目。集团账目旨在提供有关集团和其财务活动的整体信息。

总收益,是指包括专项信托在内的所有收益来源的总收入。对于按照收支准备的账目,总收益则是所有收益来源说明书中记录的总收入,但不包括捐赠、贷款和出售投资产品或固定资产的收入。对于按照权责发生制准备的账目,总收益是财务活动说明书(根据可适用的 SORP 准备的)中的总收益资源,包括该财政年内转移为收益资金的捐赠资金,但不包括捐赠收入。更多信息请参考与慈善组织周年申报表相关的支撑信息。

总资产,在资产负债表日期,即慈善组织财政年的最后一天,慈善组织在减去负债前总的资产数额。

审计业务约定书,由独立审核员发送给慈善组织受托人的文件,详细说明慈善组织受托人的会计责任和独立审核员的法定责任。可能还包括其他事项,例如费用安排、拟定的审核时间表和审核员应完成的非法定工作。该约定书的目的在于减少误解,且该约定书的内容应经慈善组织受托人书面同意。

非法定账目,是指由受托人制备的《慈善法》第 8 部分和适用的《管理条例》(2008 年)未规定的账目;若慈善组织为公司,指《公司法》(2006 年)第 15 部分未规定的账目。此类账目包括需告知受托人的慈善组织财务当年制备的账目以及自愿制备的集团账目。

专业审计,是指由符合慈善法规定的人员(通常为注册审计员)开展的审计。该审计员须就账目的“真实公平”发表意见并按照相关审计标准开展审计。

收付实现制,是指根据《慈善法》第 133 条制备的账目。包括:

- 收付账目;
- 资产和负债明细。

此类账目并不特意显示“真实公平”,而须对该年收入和支出的钱款做出真实总结,并提供一份年终慈善组织资产和负债明细表。

限定收入资金,是指受托人尽可用于特定慈善组织目的的资金。限定收入资金由捐赠人宣布或授权(如在公开呼吁中)或经法定程序成立的特定信托人员或机构管理,但仍属于慈善组织更广泛的目的之一。

SOPR 2005,是指《慈善组织会计与报告实务建议书》(2005 年 3 月),对准备受托人年度报告和按照权责发生制准备账目提供了实务建议。SORP 的会计建议补充了会计标准,《慈善组织(账目和报告)管理条例》(2008 年)规定慈善组织在根据《慈善法》准备账目时应该遵循 SORP 的方法和原则,但共同投资基金会、注册社会业主协会或高等教育机构等应该遵循更具体的 SORP。SORP 的会计建议,其不适用于准备收付实现制账目的慈善组织。

SORP(FRS 102),是指《慈善组织会计与报告实务建议书》,适用于根据英国和爱尔兰共和国的财务报告标准(FRS 102)(2015 年 1 月 1 日生效)准备账目的慈善组织,于 2014 年 7 月 16 日出版。

SORP(FRSSE),是指《慈善组织会计与报告实务建议书》,适用于根据小型实体财务报告标准(Financial Reporting standard for Smaller Entities,FRSSE)(2015 年 1 月 1 日生效)准备账目的慈善组织,于 2014 年 7 月 16 日出版。

法定账目,是指慈善组织受托人按照《慈善法》第 8 部分和适用的《管理条例》(2008 年)对形式和内容要求制备的账目;若慈善组织是公司,则按照《公司法》(2006 年)第 15 部分的要求制备,并附带要求受托人年度报告和审计员或独立审核员制备的外部审查报告(若法律或慈善组织规章有要求)。

法定审计,是指《慈善法》要求的审计,即当慈善组织的总收入和(或)资产超过相关阈值,由有资格被任命为公司审计员或委员会根据《管理条例》(2008 年)批准的人员对其进行审计。

信托,是指在做出之时即可约束慈善组织目的和管理的条款。

受托人(慈善组织受托人),是指《慈善法》第 177 条对慈善组织受托人进行了定义,即根据慈善组织规章,负责慈善组织管理和管控的人员。在慈善组织规章中,可能称其为受托人、管理受托人、委员会成员、管理者、董事或其他称呼。

非限定资金,是指受托人可以为慈善组织目的任意使用的资金。非限定资金可能还包括受托人指定用途的非限定资金,这些指定用途的资金被称为指定资金。这种指定资金是非限定资金的合法组成部分,尽管指定资金在资产负债表中单独汇报(应制备权责发生制账目)或作为一部分非限定资金共同汇报(应制备收付实现制账目)。

2. 独立审核概览

为了获取公众对慈善组织工作的信心,慈善法要求大多数慈善组织对其账目进行外部审查。若法律或慈善组织规章未要求其进行审计,受托人可选择较简单实惠的外部审查方式,即独立审核。

若财政年在 2015 年 3 月 31 日或之后结束,则总收入不超过 100 万英镑的慈善组织或总资产超过 25 万英镑低于 326 万英镑的慈善组织可以选择独立审核替代审计。

独立审核是一种较审计更为简单的审查方式,但其仍能够向受托人、资助人、受益人、利益相关者及公众保证,慈善组织的账目由独立个人进行检查。所有收入超过 25,000 英镑且选择不进行审计的慈善组织必须进行审核。

无论是志愿还是受薪担任审核员,独立审核员的作用都很重要,且必须按照特定的步骤开展审核。一旦完成审核,必须向受托人提交报告,写明特殊事项。审核有规可循,且可利用独立指引——**《慈善组织账目的独立审核:对独立审核员的指引》(CC32)**,帮助审核员理解《指示》(规定审核员必须遵守的程序、解释其报告责任并为其每个阶段工作提供可行建议)。

在大多数情况下,审核员会检查收付实现制账目,所以,无须合资格会计师来实施独立审核。但审核员仍需具有一定水平的能力和知识,才能开展审核和按照《管理条例》(2008 年)中要求的方式撰写报告。若慈善组织总收入超过 25 万英镑,则慈善法要求审核员必须是慈善法列明机构的成员之一。

若制备权责发生制账目,审核员需要对权责发生制会计有最新的理解,并熟悉适用的 SORP。法定要求审核员拥有开展审核必备的能力和经验,且若是慈善组织正在制备权责发生制账目,则其需要有更强的会计技能和知识。

3. 关于独立审核,受托人需要知晓哪些事项?

本部分阐述受托人在决定是否选择对慈善组织账目进行独立审核时需要知道的关键信息。

3.1 什么是独立审核?

简答(法定要求)

独立审核是对慈善组织账目的外部检查,是由具备开展审核必备能力和实践经验的独立个体进行的。

详答

独立审核令小型慈善组织受托人可以选择审计之外更简单的外部审查方式。

独立审核对账目进行外部审查,由具有相关能力和经验的人员开展。若慈善组织总收入超过 25 万英镑,只能由慈善法(详见第 4.1 部分)列明机构的成员开展审核。审核是比审计更简单的审查方式,且开展的工作深度也更低。委员会所作《指示》列明了审核员必做事项[见**《慈善组织账目的独立审核:对独立审核员的指引》(CC32)**],《管理条例》(2008 年)列明了审核员报告的内容。

审核员仅被要求在报告中确认是否发现慈善组织有疏漏之处。这种"消极保证"是更加有限的审查形式。审核员与审计员不同,因此,无须做出工作计划来确认欺诈或检查慈善组织施行的内部财务控制。

审核包括对慈善组织保有会计记录的检查以及上述记录和账目的对比,还包括对账目的检查和对确认的异常项目或披露的考虑。需要特别注意的是,若将账目中的项目与原始单据(如发票或收据)进行核对,则只有在审核员确认其重大担忧或未能从受托人处获得满意解释的情况下,才有必要进行核验程序。

在审核员的报告中,审核员仅需要提供引起其注意对特定事务的陈述,作为委员会所作《指示》中要求审核程序的结果。这一要求比对审计员的要求简单。审计员需要建立一系列证据来支持对账目的积极意见陈述。尤其是审计员还需对账目是否"真实公平"做出评判。

若审核员发现其认为对理解账目非常重要的问题未得到解决,或必须被包含于报告中的其他事项,则其需要考虑如何报告此事。确认的事项对委员会而言存在重大意义,且委员会考虑行使其调查权,除了对账目做出的报告外,审核员同样需要针对该事件向委员会单独做出报告。

3.2 哪种慈善组织可以选择独立审核?

简答(法定要求)

若财政年于 2015 年 3 月 31 日或之后结束,总收入低于 100 万英镑的慈善组织可选择进行独立审核来代替审计,但总资产超过 326 万英镑且总收入超过 25 万英镑的除外。

总收入不超过 25 万英镑的慈善组织通常无需进行任何形式的外部审查。

详答

低于审计阈值的慈善组织可选择独立审核,其规章另有规定的除外。

法定审计阈值为:

- 总收入超过 100 万英镑;
- 总资产超过 326 万英镑或该财政年总收入超过 25 万英镑。

若总收入未超过25万英镑,则总资产326万英镑的阈值不适用。

总收入应按照委员会指引附件1写明的方式计算。附件2的流程图写明了判定个人慈善组织是否有资格进行独立审核的步骤。

若小型慈善公司并未被要求或选择进行公司法规定的法定审计,其也可根据慈善法选择独立审核。保存会计记录的责任以及慈善公司账目的形式和内容仍应该符合公司法的规定。

若财政年于2009年4月1日或之后结束,且该财政年总收入不超过25万英镑,通常不要求对账目进行独立审查。

若慈善组织该财政年总收入超过25万英镑且慈善组织要进行法定审计,《慈善法》(2011年)要求审核员属于其所列机构的成员。慈善法及本指引第4.1部分均列明了这些机构。

3.3 独立审核的法律框架是什么?

简答(法定要求)

《慈善法》第8部分列明了适用于慈善组织的外部审查要求。《管理条例》(2008年)列明了独立审核员报告中必须包含的事项。

详答

慈善法对慈善组织账目的形式和内容、受托人年度报告以及慈善组织审计员和独立审核员的责任进行了规定。《管理条例》(2008年)列明了这些要求,且这些要求适用于2008年4月1日及以后开始的会计期。慈善法规定所有小型慈善组织账目的独立审查形式,但仍未对大部分慈善组织审计进行全面规定。《管理条例》(2008年)写明了独立审核员报告中必须包含的事项。

特别而言,审核员必须在其报告中写明与审核有关的事项是否引起其注意,并令其有理由相信在某些实质方面:

- 慈善组织并未按法定要求保管会计记录;
- 账目与会计记录不符;
- 账目不符合《管理条例》(2008年)的会计要求(或是按公司法成立的慈善公司,则为按照SORP的方式和原则制备的账目)。

此外,若在审核期间发现以下特定事项,审核员必须在报告中进行陈述:

- 任何不符合慈善组织信托的重大开销或行为;
- 离任或现任受托人、高级职员或员工未能提供审核需要的信息和解释;
- 若为权责发生制账目,受托人年度报告(若为慈善公司,则为董事报告)与账目不符。

若在审核期间发现与慈善组织活动和事务或与关联机构和主体相关的问题,且其有合理理由相信该问题对委员会行使其调查职能至关重要,则独立审核员在法律上有责任向委员会做出书面报告。**《慈善组织账目的独立审核:对独立审核员的指引》**(CC32)对向委员会报告重大问题的责任进行了详尽解释,该指引旨在帮助审核员开展其工作。

如果独立审核员认为某些问题与委员会职能的行使"有关",同样有权进行报告。

这一法律框架适用于在委员会注册的所有慈善组织,以及当前无须注册的慈善组织。

3.4 哪里可以获取《管理条例》(2008 年)?

简答

在考虑是否选择独立审核时,若受托人不需要参考《管理条例》(2008 年)的细节,其可从公共部门咨询办公室获取管理条例。

详答

慈善法和《管理条例》(2008 年)仅适用于英格兰和威尔士,可从网站上获取慈善法副本。网址为**Legislation. GOV. UK**。

3.5 哪些其他原因需要进行审计?

简答

在检查慈善组织总收入和总资产低于慈善组织审计阈值后,在任命审核员并开始审核前,受托人还需考虑一系列其他事项。即使慈善组织总收入或总资产低于审计阈值,其仍有可能需要进行审计。

详答

因其他原因,可能需要进行审计。包括根据以下事项做出的要求:

- 慈善组织规章对审计的要求(尽管受托人有能力修改规章)(详见附件2);
- 根据另一法定或管理制度,例如,与登记的社会房东或 NHS 慈善组织相关的制度;
- 资助者或贷方对慈善组织的要求。

若受托人想要更高程度的保证,也可选择审计。由于审计的工作量较大且国际审计标准不断发展,受托人需要清楚审计的费用很可能远远超出独立审核的费用。

根据公司法成立公司的慈善组织将制备备忘录和公司章程,且该章程可能包括审计要求。若慈善组织为公司,审核员需要熟悉适用于小公司的其他会计和报告要求。慈善公司受托人有责任确保董事报告(可并入受托人年度报告)的内容符合《慈善法》(2006 年)的要求。

4. 如何筛选审核员?

慈善法允许委员会就独立审核员的任命向慈善组织受托人作出指引。受托人应该阅读以下部分,以确保已采取所有需要的措施来筛选和任命合适的审核员。

4.1 谁能进行独立审核?

简答(法定要求)

慈善组织受托人应该采取措施确保进行审查,并仔细考虑准独立审核员是否合适以及是否有资格。

详答

慈善法规定的独立审核员应为"受慈善机构受托人信任的独立人员,且应有进行账目审核的基本能力和实践经验"。若慈善机构在该财政年(在 2015 年 3 月 31 日或之后结束)总收入超过 25 万英镑,其独立审核员必须是《慈善法》(2011 年)所列以下机构的成员,且该机构之规定应允许审核员开展独立审核。机构如下:

- 苏格兰和威尔士特许会计师协会;
- 苏格兰特许会计师协会;

- 爱尔兰特许会计师协会;
- 特许注册会计师协会;
- 特许会计师协会;
- 专业会计员协会;
- 国际会计师协会;
- 特许管理会计师协会;
- 特许秘书和管理人员协会;
- 特许公共财政与及会计特许学会;
- 慈善机构独立审核人员协会(Fellow of the Association of Charity Independent Examiners);
- 财务会计师协会;
- 注册会计师协会。

慈善组织受托人有权为独立审核员提供的服务支付合理报酬,若其无法获得免费的审核员服务,则其应准备好支付此类报酬,并将之视为管理慈善组织的合理开支。

4.2 谁是独立人员?

简答

独立是指审核员不会因其与慈善组织受托人亲近的私人关系或参与慈善组织日常管理而受到影响或被认为受到影响。

详答

独立的审核员必须与所审核慈善机构受托人无任何关系,否则,会影响到审核的公平与公正。审核人员不能独立审核其工作,因此,慈善组织的簿记员不能担任审核员。但这并不意味着审核员不能是所审核慈善机构的成员或支持者,事实上适当地参与慈善机构的活动有助于提高审核员对工作的热情和熟悉度。

若独立审核员是所审核慈善机构的成员(如教堂会众的一员),但未参与到日常决策或管理工作中(如为慈善机构下的委员会或分委会服务),且未与该慈善机构受托人有任何联系,则只要他们拥有必要的能力、经验和资格,仍可以担任审核员。同样,该人员参与所审核慈善机构的年度股东大会的权利并不妨碍其担任独立审核员(即使其积极参与该慈善机构的管理工作,例如,在年度股东大会上提交决议)。

与慈善机构相关是否影响审核员的独立性应视具体情况而定,但以下人员通常都不具备独立性:

(a)慈善机构受托人,或任何密切参与慈善机构行政管理工作的人员;

(b)慈善机构的主要受益人或巨额捐赠者;

(c)(a)和(b)所述人员的子女、父母、祖父母、兄弟姐妹、配偶、民事伴侣、商业伙伴、员工。

4.3 审核员需要什么技能?

简答(法定要求)

独立审核人员的任命由所审核机构的受托人进行,该受托人必须合理相信其选择的审核人员具备进行账目审核的基本能力和实践经验。

详答

在上议院对《慈善法案》[促成了《慈善法》(1993年),现为《慈善法》(2011年)]的辩论中,有如下陈述:"审核员必须具备进行独立审核的能力,且必须熟悉会计方式,但无需是职业会计。我们能够想到的人有:银行或建房互助协会管理者、地方财务主管或退休会计。以上人员都可担任独立审核员。"

审核员所需的技能取决于账目是收付实现制还是权责发生制,以及慈善机构交易的规模和性质。

委员会建议,以权责发生制制备账目的慈善组织受托人应该选择慈善法所列机构的成员作为审核员(详见第4.1部分),或较好掌握适用SORP会计原则、标准、知识的其他类似人员。

大部分慈善机构的总收入低于必须准备权责发生制账目的阈值,且除根据公司法成立的公司外,其应该有能力制备简单的收付实现制账目。收付实现制账目较为简洁直观,比权责发生制账目更为简单,能更好地满足小型慈善机构的法定要求。审核收付实现制账目并不需要审核人员具有会计标准和SORP的相关知识。

若总收入不超过25万英镑,非公司慈善组织(包括慈善法人组织)可制备收付实现制账目。

若制备的是收付实现制账目,拥有相关经验对审核员十分有益,具备相关金融知识、算数技能的人员应可担任独立审核员。所有审核员应阅读和理解**《慈善组织账目的独立审核:对独立审核员的指引》**(CC32),并在审核收付实现制账目时将其应用于实践。

不论制备的是收付实现制账目还是权责发生制账目,审核员均需熟悉相关基本原则,包括收入资金(限定和非限定)和资本资金(永久性或一次性捐助)的不同类型、信托性质、受托人责任和慈善组织规章的作用。了解更多有关受托人责任的信息,详见指引**《关于受托人事宜:须知信息及须做事项》**(CC3)。

慈善组织受托人还需确认准审核员拥有与慈善组织相关的实践经验,可能包括拥有以下经验的人员:

- 参与类似性质慈善组织的财务管理;
- 成功完成前述慈善组织的独立审核;
- 会计或商务领域相关实践经验。

4.4 集团账目可以进行独立审核吗?

简答(法定要求)

集团账目由慈善组织账目与其附属机构账目合并而成,因此,按法律规定必须进行审计。

详答

部分慈善组织拥有附属交易公司,此类公司通常依据公司法注册的公司,并进行商业交易活动,这样,其收益即可通过捐赠给付赠送给慈善组织。《集团管理条例》(2015 年)提出,若财政年结束于 2015 年 3 月 31 日或以后,制备集团账目的阈值应该为 100 万英镑。除该集团的总收入(即慈善组织加上其附属机构的总收入,除去集团内部交易)超过 100 万英镑的法定阈值外,无须制备集团账目。若总收入超过 100 万英镑,必须制备并审计集团账目。

如未达此阈值仍制备集团账目,该账目为自愿账目,且对该账目进行的审查为非法定审查,而委员会所作《指示》中规定的原则可按合同规定,由慈善机构和审核人员共同执行。若受托人希望将该自愿制备的集团账目作为其法定账目提交,则该集团账目应该符合《慈善法》(2011 年)、《管理条例》(2008 年)和(SORP)的相关要求。如果母慈善组织为公司,其集团账目也应该遵守公司法的相关规定,尤其是该账目将在英国公司注册署归档时。

当母慈善组织本身的账目达到了独立审核或审计的阈值,如果该账目要作为集团账目的一部分递交给委员会,则必须遵守审核或审计的相关要求,即使该集团账目是在自愿的基础上制备并提交给委员会的。

更多有关集团账目的信息,详见(SORP)相关内容。

4.5 在筛选和任命独立审核员时,慈善组织受托人还应采取什么措施?

简答(法定要求)

总而言之,受托人需采取合理措施,确保审核充分完善。这涉及对准审核员的独立性、能力及经验的考量。

详答

在任命审核员之前,委员会建议,受托人应与审核员沟通,确认审核员的以下事项:

- 确定其与慈善组织及受托人的独立性;
- 若制备的是权责发生制账目,其相信自己具有足够的能力和经验(包括对适用 SORP 的了解)完成审核工作;
- 已满足其所属专业机构对成为审核员的要求(如执业证书);
- 在适当的情况下,持有专业赔偿保险。

在适当的情况下,受托人可要求审核人提供详细的经验、认证或资质证明。在审核员必须是慈善法所列机构成员(详见第 4.1 部分)或审核的是权责发生制账目的情况下,上述做法尤为必要。

通过获得这一保证(无论通过邮件、信函)或对业务约定书进行收费,受托人可证明其已为筛选具有“必备能力和实践经验”的审核员这一要求支付合理费用。若审核员收费,应该用业务约定书通知受托人,写明审核人开展审核的条件。这些约定书的条款应当承认而非限制审核人的法定责任。

鉴于并非所有审核员都拥有专业会计资格,受托人必须根据慈善组织的情况任命合适的人选,且受托人应确保遵循委员会就权责发生制账目审核员应具有技能的指引。

慈善组织受托人应就慈善组织的工作及其期望与准审核员进行充分讨论。确保准独立审核员拥有**《关于受托人事宜：须知信息及须做事项》(CC32)**的副本，熟悉委员会针对独立审核员所作的《指示》并了解其有提供独立审核员报告的责任。若制备的是权责发生制账目，审核员还应熟知《管理条例》(2008 年)对此类账目形式和内容的要求以及适用的 SORP。

若慈善组织为小型公司，除了熟悉适用的 SORP 之外，审核员也应该了解《慈善法》(2006 年)对这些账目形式和内容的要求。

慈善组织受托人遵循这些指引，从准审核员或推荐人处获得适当保证，可确认其已采取所有合理措施任命具备相关能力和经验的审核员，对其账目进行充分完善的独立审核。

充分完善的审核，是指按照独立审核《指示》的规定以合理技能和注意开展的审核。

5. 如何准备独立审核？

为了高效完成审核，需要进行一些必要准备。慈善组织受托人需要了解其对保管会计记录、账目制备和申报的责任。作为重要的第一步，受托人应确保所有会计记录都是最新且可得的，并确保及时为审核准备底账和受托人年度报告(同意审核员按会计记录起草账目的除外)。

5.1 审核员应该获得哪些会计记录？

简答(法定要求)

所有慈善机构都需保留会计记录，并随时更新，以符合独立审核的需求。

详答

所有慈善机构都需保留会计记录。这些记录(例如现金簿、发票、收据、资助赠与记录等)必须保留至少 6 年(如果是慈善公司，至少保留 3 年)。当收到资助的报酬时，需保留相关记录至少 6 年，且需根据英国税务及海关总署的要求，详细记录大额捐赠者的相关信息。

会计记录必须足够详细、充分，以便于确定交易的数量和日期以及慈善机构的资产数目和责任性质。慈善公司必须确保其会计记录满足公司法要求。

5.2 受托人必须提供哪些信息?

简答(法定要求)

审核员有权要求离任或现任慈善组织受托人、管理人员和员工提供其认为必要的信息和解释。

详答

审核员有权获得任何与慈善组织相关的其认为有必要审查的账簿、文件或其他记录(无论保存方式如何)。

审核过程中,审核员很可能需要询问一些问题或明确一些问题,法律要求慈善组织受托人、管理人员和员工必须予以协助。为开展审核,审核员有权就其认为有必要了解的问题获得相关信息和解释。

5.3 应该做哪些准备? 受托人年度报告和账目的制备要求

简答(法定要求)

所有登记的慈善组织必须制备年度账目和受托人年度报告。除 CIOs 之外,只有总收入超过 25,000 英镑的慈善组织必须向委员会提交账目和受托人年度报告。慈善法人组织无论收入水平如何,均必须向委员会提交账目和受托人年度报告。尽管独立审核员可能会协助制备这些文件,但受托人应负责制备并提交。

详答

若总收入未超过相关账目的制备阈值,小型慈善组织(包括慈善法人组织)(不是在英国公司注册署登记的慈善公司)可制备权责发生制账目,也可只制备收付实现制账目。相较于复杂的权责发生制账目,收付实现制账目更加简单灵活。收付实现制账目是对某一财政年收入和支出现金的分析记录,将年初和年末持有的现金和银行余额与年末持有的其他资产和负债表(被称为资产负债表)相结合。委员会出版的指引**《收付实现制账目包》**(CC16)为受托人年度报告、收付实现制账目、资产负债表以及审核员报告提供了模板。同时,还有如何使用账目包的**样例**,慈善法人组织的收付实现制账目与之区别不大。

所有慈善公司必须制备权责发生制账目。若总收入超过 25 万英镑,非公司慈善组织也必须制备权责发生制账目。制备此种账目的慈善组织通常必须按照适用的 SORP 制备。然而,登记的社会房东以及高等教育机构有专用的 SORP,且应该使用其专用 SORP,但这些组织的规模往往令其无资格使用独立审核。

权责发生制账目并非简单的现金账目加上债务方(慈善组织年末未收回的欠款)和债权方(慈善组织年末未偿还的借款),还必须包括资产的成本或价值、固定资产的折旧、供应物、投资的市场价值、功能性资产的亏损和其他账目的调整和披露(如解释退休金安排)。相较于收付实现制会计,权责发生制会计是一种更为复杂的会计模式,需要遵守英国会计准则理事会规定的会计规则和适用于慈善部门 SORP 解释的会计规则。慈善公司也必须遵守《公司法》(2006 年)的会计要求。

针对不要求法定审计的慈善组织,适用的 SORP 作出了许多让步,为帮助小型非公司慈善组织,委员会出版的**《权责发生制账目包》(CC17 和 CC39)**为账目、受托人年度报告和审核员报告提供了模板,且在完成时应符合法定要求。无论是公司还是非公司慈善组织,英国政府网站上同样有许多关于权责发生制账目的样例。

5.4 受托人年度报告和账目应由谁来提交? 何时提交?

简答(法定要求)

慈善组织受托人应负责在每个财政年结束之日起 10 个月内向委员会提交慈善组织账目。

详答

除了慈善法人组织,只有总收入超过 25,000 英镑的慈善组织必须向委员会提交报告和账目。所有慈善法人组织,无论收入如何,都必须向委员会提交年度报告和账目的副本,并在合适的情况下,提交审计员或审核员报告及年度报告。受托人有责任确保其年度报告、账目和独立审核员报告在财政年结束之日起 10 个月内提交委员会。慈善公司受托人应注意,向英国公司注册署提交文件应在财政年结束之日起 9 个月内进行。所以,最好也向委员会进行提交。

受托人应该与审核员约定审核完成的期限,应该及早向审核员提供受托人年度报告、账目和附属记录以及信息,以便在提交截止日期前完成审核并就账目获得受托人批准。

若受托人想要独立审核员来处理提交事宜,需与审核员书面约定,作为业务约定书的一部分。若提交可能逾期,受托人应该在提交截止日期或提交失效之前告知委员会,并说明目前情况、受托人现采取的措施以及可能的提交日期。

5.5 为确保高效的审核,受托人还能做什么?

简答

遵循本指引会很有帮助。此外,遵循法定要求、规划和准备也很重要。

详答

为审核做准备很重要,谨慎规划是审核成功的关键。本指引已说明了许多必要的举措——应该考虑的要点包括:

- 确保会计记录是最新的且是可获得的;
- 已制备受托人年度报告;
- 为制备账目和受托人年度报告制定时间表;
- 与审核员约定责任,例如,谁来制备账目和提交委员会;
- 与审核员约定审核时间表;
- 确保受托人和关键职员能够回答可能出现的问题。

6. 附件

附件 1

总收入计算方法

慈善法规定了慈善机构总收入相关信息,即"总收入是指总记录在账的收入,收入来源广泛,包括特殊信托"。该定义在委员会看来具有行政目的,因其包含了年利润的要求和规定。总收入需每年进行检查,以便准备年利润报告。

总收入定义(年利润指南)

对于收付实现制账目来说,总收入是账目表中记录的总收入,条目不包括捐款、贷款和来自出售投资和固定资产的收入。

对于应计账目来说,总收入是根据 SORP 为所有资金编制的 SOFA 所示的,但:

- 不包括任何捐款;

• 包括财政年度内由捐赠资金转换为收入资金,且可用于支出的金额。

注意:SORP不包括固定资产来源或重估值的收入或来源于投资的收入。这些收入并不是“总收入”的一部分。

附件 2

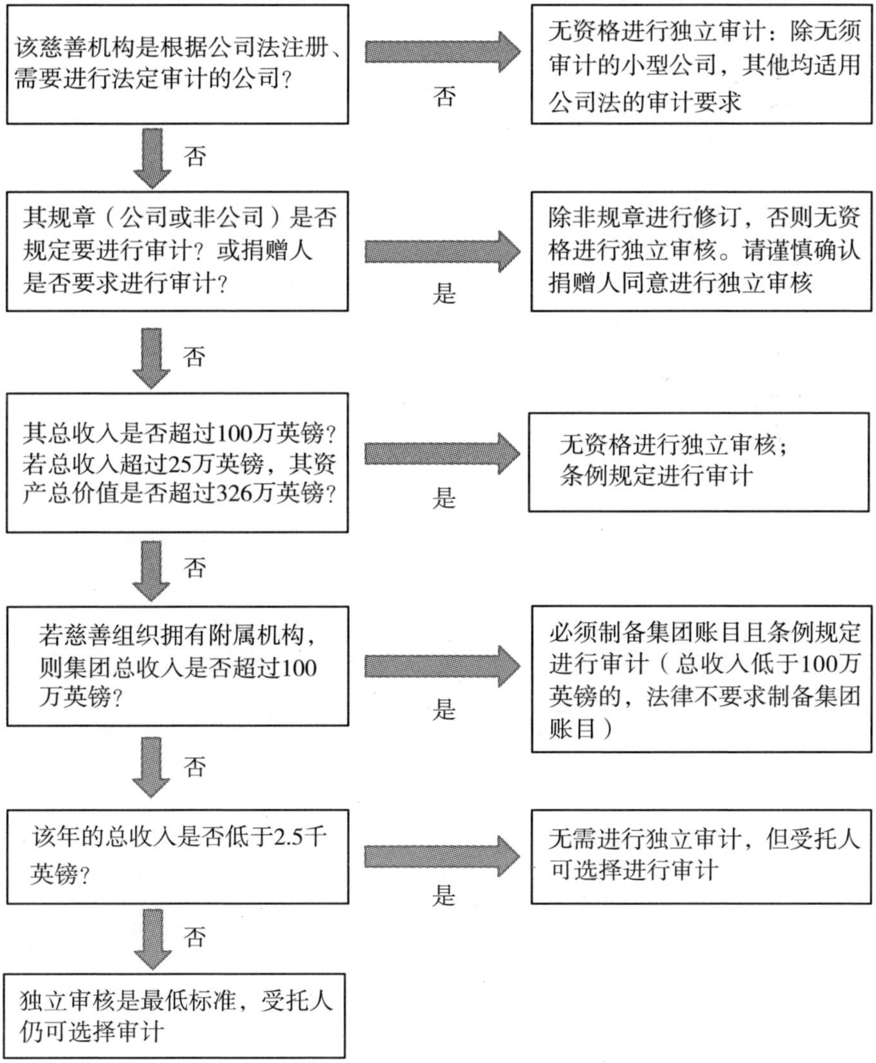

流程图:独立审核相关需求

慈善组织账目的独立审核:对独立审核员的指引
(CC32)

2015 年 6 月

目　录

1. 引言

1.1 本指引内容

本指引的目标读者为独立审核员。本指引包含了独立审核员在审核慈善组织账目中的角色、责任，以及呈现给受托人审核报告中所应涵盖的内容。本指引还为独立审核员设立了其在审核过程中必须遵循的委员会指示条例。独立审核员需注意，如果慈善组织的收入达到100万英镑，独立审核的范围将扩大，此时需为指示条例的修订进行咨询。

1.2 “必须”和“应该”：含义

“必须”，是指审核员必须遵守的详细法律法规。“应该”，是指建议审核员遵守的最基本规范，如果有合理理由可不遵守。

委员会也为审核员提供了不那么正式的建议，以帮助审核员组织和计划审核慈善账目。

1.3 先前的指引

本指引基于2012年3月出版的委员会指引更新而成，该指引遵循《法案》（2011年）。本指引表明2015年3月31日或之后结束财政年度的基数有所提高，独立审核员名单的两个批准机构，以及后续需进行的相关改变。指引和相关条例适用于所有审核报告在2015年3月31日或之后发布的独立审核。部分指引适用于负责任命独立审核员的慈善组织受托人，相关内容请参考**《慈善组织账目的独立审核：受托人指引》（CC31）**。

1.4 指引范围

本指引目的在于向独立审核员阐释审核过程中的相关内容，以及确认哪些慈善组织可以用独立审核代替审计。指引介绍了承担独立审核工作的人员和制定委员会指引的成员，为进行审核工作奠定了必要的程序性基础。

同时，指引还解释了审核员的法定责任，即确定有重要意义的问题并履行委员会相关监管职能。

本指引适用于对各类慈善组织进行独立审核工作的审核员。

1.5 指引的使用

正确理解审核员和受托人对有关账目的审查、准备和提交是独立审核成功的关键。成功的审核依赖于以下三个因素:即审核内容、审核员以及审核员的相关技能和经验。

本指引的第2部分简短介绍了独立审核的需求概况和审核展开的基本框架。第3部分详细介绍了审核员须知、审核员资格和审核报告内容。第4部分为制定高效的审核流程提供了相关建议。

第5部分为委员会制定的指示条例,而指示条例规定了独立审核员在审核过程中必须遵循的程序。本指引基于指示条例制定,包含了条例在审核实践过程中的执行方法。第6部分介绍了审核员向委员会提交有重要意义问题报告的责任,而报告中的内容关系到委员会审查权力的潜在运用。此外,附件还提供了其他相关信息,包括提供给已在苏格兰慈善管理办事处(Office of the Scottish Charity Regulator, OSCR)登记的慈善组织的建议(附件3)和审核员的案例报告(附件4)。

所有在指示条例和本指引中有关《法案》(2011年)的引用均来自2011年该法的有关条例。

有关公司法规的引用来源于《公司法》(2006年),该法从2008年4月6日起生效。

1.6 术语解释

本指引及指示条例中运用了大量会计领域的专业术语。对于审核员,尤其是没有专业会计背景的审核员而言,需要不定时查看指引中的术语表(附件6),以熟悉相关会计术语。

审核员的工作包括在工作中进行判断和搜集报告所需的相关资料。在进行判断的过程中,审核员有责任通过重要性、意义性和重要意义性判定事宜。

重要/重要性,是指审核员在信息遗漏或误写的情况下,判断这些材料是否会影响目标读者对账目的理解。重要性取决于资料的大小、数量和重要程度,以及其中的错误程度。有时一项会计政策也会成为审核材料,其影响可以在对其条款或事项的认可、测评和发布中体现。当一项政策并未与《会计实务建议准

则》(Statement of Recommended Practice,SORP)一致时,审核员需考虑该政策应用到会计事务或条款中时,其效果是否像在展示和理解账目时一样重要。

本指引中的重要性与指示条例中第10条(审核员报告)和权责发生制账目(条例8中的会计政策、评估和判断)相关,需要审核员注意其潜在判断、会计政策和基础,这些都对账目有一定的材料意义。

意义性,是指审核员记录账目(《指示条例》第4条)、分析评审(《指示条例》第6条)和解释审核报告(《指示条例》第10条)的影响因素。记录账目时,意义性是指记录的完整程度或信息遗失对账目记录的充分性产生怀疑的程度。分析评审需要审核员思考一件事例或者一份金额是否会因其规模和意义性而需要进一步解释。报告中,意义性是指审核员的发现是否足够有意义从而需要包含在审核报告中。小额金额或小型事件本来并无太大意义,但如果其频繁、普遍出现则需要注意。意义性只能在以下情况中评估:审核员进行分析评审、完成工作以及反映其发现、准备报告的时候。一份材料可能涉及的金额较小但却很有意义。

重要意义,用于对慈善组织向委员会报告重要事项的责任的法定解释。这就需要审核员了解材料是否重要并能帮助履行委员会的监管职能。本指引的第6部分介绍了委员会认为有重要意义的内容,并在附件5中给出了相关建议。

2. 独立审核概述

为了在慈善工作中赢得公众的信任,慈善法要求大部分慈善组织接受账目的外部审查。如果法律或规章并未要求进行审计,受托人可能会选择一种更简便、低成本的方式进行账目的外部审查,这就是独立审核。

对于在2015年3月31日或之后结束的财政年度,受托人就可能会选择独立审核,此时,慈善组织的总收入应不大于100万英镑或总收入大于25万英镑、总资产不大于326万英镑。

独立审核的概念初始于《慈善法》(1993年)第6部分第43条。其实是《法案》(2011年)中的第8部分,第145条、第152条规定了小型慈善组织受托人可以选择独立审核而不是审计来接受外部审核。

独立审核是一种比审计更为简单的审核方式,但其也能向受托人、资助者、受益人、利益相关者和公众确保慈善账目的独立审核。

2008年4月1日以来,独立审核成为不需进行审计的小型慈善公司的一个选择。

独立审核是一种外部账目核查方式，可以由拥有相关能力和经验的审核员进行。但慈善组织总收入超过25万英镑时，只能由《法案》(2011年)(详见3.2部分)中列出的机构进行审核。独立审核是一种比审计更简单的审查方式，但其并不能完全保证审查工作会有足够的深度。审核员必须要做的是贯彻委员会指示条例的内容，确保审核报告符合《管理条例》(2008年)的要求。审核员必须遵循《管理条例》(2008年)和指示条例，这两部条例均适用于已登记或未登记的慈善组织。

在审核员报告中，只需要确认没有证据证明慈善组织没有做某事。这种"反面保证"是一种更有限的审核形式。审核员不是审计人员。因此，其并不需要鉴别材料的真假或检查慈善组织内部的财务控制。

独立审核包括检查慈善组织的会计记录，并将呈现的账目与记录的账目进行对比。同时，审核也包括对账目的检查，查看其中是否有不寻常的项目和需要披露的消息。需要注意的是，当账目中的项目与原文件(如发票或收据)不一致时，只有审核员确认了其重要性或受托人未能给出合理解释，才能进行验证和担保过程。

在审核员报告中，只需要按照委员会指示条例规定的审核流程，提供具体事例的声明，这比审计的要求更为简单。审计人员需要提供大量的证据以支撑其对账目的正面描述，还需要对账目是否"真实与公允"形成自己的观点。

审核员担任着重要的角色，他们需在报告中提供一定的具体事例，使读者能够注意账目中需要注意的问题。审核员需要理解所担任角色的本质，确保其在开始审核工作前就已具备了相关基本能力和经验。

本指引旨在帮助审核员理解审核过程中需要承担的责任、审核内容和报告内容。审核员可以在开始独立审核前阅读本指引和相关条例进行参考。

当审核员认为账目中一些重要问题会对账目的理解造成影响且无法解决，或其他问题必须包含在报告中时，就需要考虑报告的方式。当一个问题的材料足够重要时，委员会就能运用其监管职能、使用其审查权力来处理，审查人员除提交账目的报告外，还需向委员会提交针对该问题的单独报告。

3. 哪些慈善组织可以接受独立审核？由谁审核？

本部分介绍哪些慈善组织可以用独立审核代替审计,谁能够承担审核工作,以及审核员向受托人报告的账目内容包含什么。

3.1 哪些慈善组织可以选择独立审核？

简答(法定要求)

对于2015年3月31日或之后结束的财政年,总收入不大于25,000英镑的慈善组织,可不进行外部审查。

对于2015年3月31日或之后结束的财政年,总收入不大于100万英镑的慈善组织,可以选择用独立审核代替审计。但当总资产超过326万英镑且总收入超过25万英镑时,就需进行审计。

详答

阈值设定如下,总收入的计算方法应遵循委员会制定的指引。详情见附件1。对于财政年度是从2015年3月31日或之后开始的慈善组织来说,法定审计的阈值设定如下:

- 总收入大于100万英镑;
- 财政年度的总资产大于326万英镑且总收入大于25万英镑。

如果总收入超过25万英镑,则总资产可小于326万英镑。

附件2中的流程图反映出判定一个慈善组织是否有资格接受独立审核的步骤。

当不要求小型慈善公司进行法定审计时,如果其会计周期是从2008年4月1日或之后开始,则也可接受独立审核。如果慈善公司在公司法允许的条件下,可以与非慈善公司一样免除审计而接受独立审核,那么,这些慈善公司也需保留会计记录,且他们的账目形式和内容仍受限于公司法。

总收入在上述审计阈值下的慈善组织通常会选择独立审核,除非慈善组织的使用文件规定了其他形式的审核。当慈善组织的财政年度(在2015年3月31日或之后结束)总收入不超过25,000千英镑时,其不需要接受任何形式的独立审查。

当慈善组织的总收入超过25万英镑且该慈善组织不用进行法定审计时，对其进行审核的审核员必须为以下名单中的机构。相关机构参见《法案》(2011年)，也可参见本指引第3.2部分。

3.2 谁能进行独立审核？

简答(法定要求)

在被任命为独立审核员之前，审核员应已具备进行审核的相关基本能力和实践经验。

详答

如《慈善法》(1993年)第43(3)(a)条所述，独立审核员应是慈善组织受托人信任的独立人员，且应有进行账目审核的基本能力和实践经验。当慈善组织的财政年度(在2015年3月31日或之后结束)总收入超过25万英镑时，其独立审核员必须是《法案》(2011年)规定名单中的机构。该法在2015年相关法规中有过修订。该审核员需接受其所属机构的法规限制。机构如下：

- 苏格兰和威尔士特许会计师协会；
- 苏格兰特许会计师协会；
- 爱尔兰特许会计师协会；
- 特许登记会计师协会；
- 特许会计师协会；
- 专业会计员协会；
- 国际会计师协会；
- 特许管理会计师协会；
- 特许秘书和管理人员协会；
- 特许公共财政与会计特许学会；
- 慈善组织独立审核员协会；
- 财务会计师协会；
- 登记会计师协会。

独立审核员大多将审核定义为志愿服务，但其也有权收取合理的服务报酬。

建议上述职业机构的人员核实其是否需要在接受任命前拿到职业证书，是否收取费用或只是志愿服务。对各职业机构的要求可能会因对其职业证书、职业赔偿险的要求不同而有所差异。

收取费用时,审核员必须注意,因为其提供的是会计服务。因此,必须要了解和遵守《反洗钱法》和《犯罪所得法》(2002 年)。这些条款适用于任何进行有偿会计服务的人员,不论该人员是否在职业机构任职。由于委员会并不是该领域法律法规的调解者,更多信息来源请参见附件 7。

3.3 谁是独立人员?

简答

审核员必须独立于审核账目所属的慈善组织。"独立"是指审核员不会因其与慈善组织受托人亲近的私人关系或参与慈善组织日常管理而受到影响或被认为受到影响。

详答

独立审核员必须与所审核慈善机构受托人无任何关系,否则,会影响审核的公平与公正。审核人员不能独立审核其工作,因此,慈善组织的簿记员不能担任审核员。但这并不意味着审核员不能是所审核慈善机构的成员或支持者,事实上,适当地参与慈善机构的活动有助于提高审核员对工作的热情和熟悉度。

当独立审核员为所审核慈善机构的成员时(如教堂会众的一员),但未参与到日常决策或管理工作中(如为慈善机构下的委员会或分委员会服务),且未与该慈善机构受托人有任何联系,则只要他们拥有必备的能力、经验和资格,仍可以担任审核员。同样,该人员参与所审核慈善机构年度股东大会的权利并不妨碍其担任独立审核员(即使其积极参与该慈善机构的管理工作,如在年度股东大会上提交决议)。

而与慈善机构相关是否影响审核员的独立性应视具体情况而定,但以下人员通常都不具备独立性:

(a)慈善机构受托人,或任何密切参与慈善机构行政管理工作的人员;

(b)慈善机构的主要受益人或巨额捐赠者;

(c)(a)和(b)所述人员的子女、父母、祖父母、兄弟姐妹、配偶、民事伴侣、商业伙伴和员工。

3.4 审核员需要什么技能？

简答(法定要求)

独立审核员的任命由所审核机构的受托人进行,该受托人必须确保其选择的审核员具备进行账目审核的基本能力和实践经验。

详答

在上议院对《慈善法案》[促成了《慈善法》(1993 年),现为《法案》(2011 年)]的辩论中,有如下陈述:“审核员必须具备进行独立审核的能力,且必须熟悉会计方式,但无须是职业会计。我们能够想到的人有:银行或建房互助协会管理者、地方财务主管或退休会计。以上人员都可担任独立审核员。”

审核员所需的技能取决于账目是收付实现制还是权责发生制,以及慈善机构交易的规模和性质。

委员会建议,以权责发生制制备账目的慈善组织受托人应选择慈善法所列机构的成员作为审核员(参见第 4.1 部分),或较好掌握适用 SORP 会计原则、标准、知识的其他类似人员。

大部分慈善机构的总收入低于必须准备权责发生制账目的阈值,且除根据公司法成立的公司外,其应有能力制备简单的收支账目。收付实现制账目较为简洁直观,比权责发生制账目更为简单,能更好地满足小型慈善机构的法定要求。审核收付实现制账目并不需要审核人员具有会计标准和 SORP 的相关知识。

若总收入不超过 25 万英镑,则为非公司慈善组织,包括慈善法人组织,可制备收付实现制账目。

若制备的是收付实现制账目,拥有相关经验对审核员十分有益,具备相关金融知识、算数技能的人员应可担任独立审核员。所有审核员应阅读和理解《慈善组织账目的独立审核:对独立审核员的指引》(CC32),并且在审核收付实现制账目时将其应用于实践。

不论制备的是收付实现制账目还是权责发生制账目,审核员均需熟悉相关基本原则,包括收入资金(限定用途和非限定用途)和资本资金(永久性或一次性捐助)的不同类型、信托性质、受托人责任和慈善组织规章的作用。了解更多有关受托人责任的信息,参见**《关于受托人事宜:须知信息及须做事项》(CC3)**。

慈善组织受托人还需确认准审核员拥有与慈善组织相关的实践经验,可能包括拥有以下经验的人员:

- 参与类似性质慈善组织的财务管理;
- 成功完成前述慈善组织的独立审核;
- 会计或商务领域相关实践经验。

3.5 审核报告应包括哪些内容?

简答(法定要求)

提交给受托人的审核报告需包含法律规定的所有内容。

详答

审核报告需符合《管理条例》(2008 年)的所有要求。附件 4 提供的审核报告案例并不是强制性的,审核员在满足 2008 年条例的要求下,根据自己的具体情况组织语言。具体有关审核员报告责任的内容见《管理条例》(2008 年)第 31 条。《指示条例》第 10 条和相关其他指引介绍了完成报告所需的注意事项。

在公司法下登记的慈善公司的独立审核报告与非公司性质的慈善组织较为不同,前者还需参考《公司法》(2006 年)中的相关会计要求。慈善公司的审核员需要理解小型公司额外的会计要求。

审核报告的第 1 部分需向读者确认其审核的慈善组织有资格进行独立审核,并且审核员自身遵守了指示条例的相关规定。尤其是:

- 慈善组织名称、账目周期;
- 慈善组织得以进行独立审核而非审计的资格证明;
- 审核员完全遵守指示条例中的相关规定;
- 审核员的责任,并表明已注意《管理条例》(2008 年)中的相关内容。
- 审核报告的基本框架,用于帮助读者了解报告内容;
- 受托人得以进行独立审核特许资格而非审计的出处,审核员需指出这一事实;
- 审核员的姓名、地址和相关职业资格,如果所审核慈善组织的总收入超过 25 万英镑,还需有能证明其可成为审核员资格的材料。

报告的第2部分需确认在审核中是否有确定的特殊事项。与审计不同,独立审核不需要审核员给出账目是否"真实与公允",审核员需要确认的是其所审核的内容是否表明:

- 没有保留充足的账目记录或作为慈善公司没有保留充足的账目记录;
- 账目与记录不符;
- 若按照权责发生制准备账目时,其是否未遵循《管理条例》(2008年),或作为慈善公司是否未遵循《公司法》(2006年)第396条,或未符合SORP中的相关标准;
- 审核员信任的任何细节需让读者注意,以便读者充分理解账目。

审核报告中必须包含的内容有:

- 与慈善信托不符的材料支出费用与行动;
- 受托人无法提供审核员有权知悉的信息或给出合理的解释;
- 能证明权责发生制账目和受托人年度报告中所述不符的证据,或与慈善公司董事会报告所述不符的证据。

审核报告中需由审核员本人签名。当有其他合作伙伴或公司的名称加入报告时,被任命的审核员也需与该合作伙伴或公司无关。当提交给委员会的报告为电子文档时,需有原件的照片或有打印签名的复印件。

英格兰、威尔士及苏格兰的慈善组织也需在OSCR进行登记。在上述情况下,审核报告也需遵守苏格兰的相关法律法规。附件3提供了跨境慈善组织账目审核的指引和案例报告。

3.6 可以独立审核集团账目吗?

简答(法定要求)

集团账目由慈善组织账目和其附属公司账目合并而成,因此,按法律规定必须进行审计。

详答

部分慈善组织拥有附属交易公司,按照公司法的要求,这些机构通常登记为公司并且进行商贸活动以使其收益可以帮助慈善组织的资助活动。如果集团账目总计收益,如果慈善组织及其附属公司总收入(除去集团内部交易后)超过了法定的 100 万英镑的阈值时,其必须提供集团账目接受审计。

如果集团账目总收入少于 100 万英镑,则该账目为非法定账目,对于该集团账目的任何审核都可以无偿进行,而委员会指示条例中的条例可按合同规定,由慈善组织和审核员共同执行。如果受托人希望可无偿审核的集团账目像法定账目一样提交给委员会,则该集团账目需遵守《法案》(2011 年)、《管理条例》(2008 年)和 SORP 的相关内容。如果慈善组织为公司形式,则其集团账目也应遵守公司法的相关规定,尤其是当该账目将在公司注册署归档时。对集团账目的无偿审核均需更高水平的会计技能,如理解会计标准和其他相关原则。

当慈善组织账目的总收入达到了独立审核或审计的标准时,如果该账目要作为集团账目的一部分提交给委员会,则必须遵守审核或审计的相关要求,即使该集团账目接受的是无偿审核并向委员会上交。

第 152 条向委员会介绍了独立审核小型慈善组织的相关指引,但如果该慈善组织总收入未达到 100 万英镑,就无须提供集团账目。委员会也决定不针对小型慈善组织的独立审核发布相关指示条例。欲了解更多有关集团账目的信息,请参见 SORP 的相关内容。

4. 如何准备独立审核?

为高效地完成独立审核,需要进行一些必要准备。独立审核员需了解其承担的责任和权利,该内容已在本指引和指示条例中介绍。审核员和慈善组织受托人需建立联系并为审核制定时间表,同时,他们需了解各自在审核中的责任,并且为完成与提交账目和报告做好准备。

4.1 委员会对审核员的期望是什么?

简答

委员会希望所有审核员都能提前阅读本指引,并尽最大努力遵守指示条例中的相关内容,使审核报告真实可靠。

详答

委员会认为,进行无偿审核的审核员为了慈善组织利益,无偿花费了时间。如果审核过程中出现了错误,但审核员又是真实运作,为防止人们对无偿独立审核充分性的担忧，委员会将充分考虑无偿审核的性质及其方法。该立场与法院看待作为受托人志愿者的观点相一致，这些受托人并没有相关的职业技能。

若审核员就其提供的会计服务收费或获得报酬，委员会希望该服务能达到职业标准，对有偿审核员的期望包括：

- 拥有相关技术知识，当审核的是按照权责发生制准备的账目时，其能熟悉 SORP 的相关内容；
- 根据指示条例进行审核工作；
- 可以凭借其能力和经验从容应对审核工作，履行法定责任，根据材料重要性向委员会提交审核报告。

如果审核的慈善组织地处英格兰、威尔士且总收入超过 25 万英镑，其审核员需是上文所述列表机构中的人员（详见第 3.2 部分）。当审核的是大型慈善组织时，委员会在设定阈值时认为审核员需具备更高的技能和更丰富的经验。不论审核是有偿还是无偿，委员会都希望针对大型慈善组织的审核仍遵守上文所述的标准进行，以达到相关职业标准。

委员会希望审核员根据事项的重要性进行审核工作，完成报告。

4.2 会计记录对于审核员来说是可用的？

简答（法定要求）

所有慈善组织都需保留会计记录，并随时更新，以符合独立审核的需求。

详答

所有慈善组织都需保留会计记录。这些记录（如现金簿、发票、收据、资助赠与记录等）必须保留至少 6 年（如果是慈善公司，则至少保留 3 年）。当收到资助的报酬时，需保留相关记录至少 6 年，且需根据英国税务与海关总署的要求，详细记录大额捐赠者的相关信息。

会计记录必须足够详细、充分，以便于确定交易的数量和日期以及慈善组织的资产数目和责任性质。

4.3 审核员可以获得哪些信息？

简答（法定要求）

审核员有权获得过去及现在的所有信息和说明，对象包括慈善组织受托人、官员、雇员,只要审核员认为该信息对审核来说是必要的。

详答

审核员有权获得任何与慈善组织有关的书籍、文件和其他记录(只要保留),只要其认为相关信息对账目的检查是必要的。

在审核过程中,审核员可能会向慈善组织受托人、官员和雇员提问,依法要求其澄清过去与现在的相关问题。审核员有权寻找任何其认为对审核有必要的信息及说明。

4.4 谁必须准备受托人年度报告的账目?

简答(法定要求)

慈善组织受托人有责任准备年度报告和账目,而独立审核员可帮助其准备相关材料。

详答

委员会在其出版物**《慈善组织的报告与会计:基本要素》**(CC15c)中介绍了受托人年度报告的相关要求和准备账目的多种选择。

未在公司注册署登记的小型慈善组织(包括慈善法人组织)可准备收付实现制账目或权责发生制账目中的任意一种,只要他们的总收入没有超出相关阈值。收付实现制账目比权责发生制账目更为简洁、灵活。收付实现制账目是财政年度中对有关现金收支的分析记录,用于和资产负债表结合以调节年初和年末现金及银行存款余额。**《收付实现制账目组合》**(CC16)为授权方年度报告、收付实现制账目、资产负债表和审核报告提供了专业的布局形式。慈善法人组织(Charitable Incorporated Organizations,CIOs)的收付实现制账目略有不同。

所有慈善公司必须提供权责发生制账目。非公司形式、财政年度在2009年4月1日或之后结束的慈善组织,如果其总资产超过25万英镑,也必须提供权责发生制账目。提供权责发生制账目的慈善组织必须根据SORP的相关内容进行相关准备。登记的社会业主及高等教育机构有其专用的SORP,且将其应用于实际,但通常这些组织的规模都过小以致不具备进行独立审核的资格。

权责发生制账目并不只是简单的现金账目与借方账目(慈善组织年末收回的欠款)和贷方账目(慈善组织年末偿还的借款),因为,其必须还包含成本和资产估价、固定资产的折旧、准备金、投资的市场估计、功能资产的亏损及其他账目的调整和财务公开,如退休金安排的账目。权责发生制账目比收付实现制账目更为复杂,且需遵守会计准则委员会制定的 SORP 中介绍的相关会计标准。慈善公司必须遵守《公司法》(2006 年)的相关要求。

对于不需要法定审计的慈善组织,SORP 为小型非公司形式的慈善组织提供了大量的特许权利。委员会指引**《权责发生制账目组合》(CC17 & CC39)**为使用 2005 年 SORP 的账目、受托人年度报告、按法定要求制作的审核报告提供了形式模板。

4.5 谁应该提交受托人年度报告和账目? 什么时候提交?

简答(法定要求)

慈善组织受托人有责任在财政年度结束之日起 10 个月内向委员会提交账目。

详答

对于 2009 年 4 月 1 日或之后结束的财政年度,若慈善组织的总收入超过 25,000 千英镑,则慈善组织必须向委员会提交报告和账目。而 CIOs 必须向委员会提交账目和年度报告,不论其收入是否达到阈值。受托人有责任确保其年度报告、账目和独立审核报告在财政年度结束之日起 10 个月内提交给委员会。慈善公司受托人需在财政年度结束之日起 9 个月内向公司注册署提交报告,也可向委员会提交报告。

受托人需同意为审核的完成制定时间表。受托人年度报告、账目、相关支撑记录和信息需尽早提交给审核员,以确保受托人账目的审核能在截止日期前及时完成。

如果受托人希望独立审核员能帮助其完成相关资料的提交,那么,审核员也必须参与到书写的过程中。如果资料提交的时间可能被推迟,则受托人需在提交截止日期前通知委员会,并表明受托人的现状、将采取的行动以及将提交的日期。

4.6 为确保审核的完成，审核员还能做什么？

简答

审核员除了必要遵循本指引和指示条例的相关内容外，还需遵守相关法律法规进行计划和准备。

详答

审核准备十分重要，详细的计划是成功审核的关键。本指引已经介绍了许多必要的步骤——关键点包括：

- 与受托人保持联系，确保会计记录的及时更新与可用；
- 与受托人制定时间表，以进行账目和受托人年度报告的准备；
- 与受托人确定各自的责任，如谁负责准备账目并向委员会提交；
- 与受托人制定审核的时间表；
- 确保审核及时进行，同时，确保受托人及其主要员工能回答所需的问题。

5. 委员会指示条例

委员会指示条例介绍了审核员报告责任的程序基础和框架。指示条例由委员会根据《法案》（2011 年）的相关要求制定，规定了审核必须包括的相关工作内容。

在进行权责发生制账目的审核工作时，审核员需遵循 10 条具体的指示条例；在进行收付实现制账目的审核工作时，审核员需遵循 7 条指示条例。另外，所有审核员应考虑是否有重要意义问题的资料已被包括，并按照法定责任将其报告给委员会（详见第 6 部分）。

指示条例	适用于收付实现制	适用于权责发生制账目	适用于慈善公司
1. 审核及账目限值	√	√	√
2. 证明文件	√	√	√
3. 了解慈善组织	√	√	√

续表

指示条例	适用于收付实现制	适用于权责发生制账目	适用于慈善公司
4. 会计记录	√	√	√
5. 会计记录对比	√	√	√
6. 分析程序	√	√	√
7. 账目形式和内容		√	√
8. 会计政策、评估和判断		√	√
9. 受托人年度报告		√	√
10. 审核员报告	√	√	√
向慈善委员会报告重要事项的法定责任	√	√	√

尽管只有审核权责发生制账目的审核员需要审查受托人的年度报告是否与账目相一致，但受托人年度报告也对审核员审核收付实现制账目有一定帮助。

本部分列出了以下内容：

- 10 条指示条例每条的目标介绍；
- 操作过程和方法指引以帮助审核员满足指示条例要求。

指示条例（必须遵守）由黑体印刷，在其下方有指示条例的相关介绍。本指引遵循了条例内容但并不强制审核员遵守，而是建议审核员阅读以确保其满足指示条例的相关要求。正如所有指引一样，指引中的案例和建议的步骤并不适用于审核过程中的所有情形，审核员需根据实际情况进行判断。

本指引涉及的慈善法是指《法案》（2011 年）和指示条例的相关条款内容。有关公司法的引用来源于《公司法》（2006 年），该法从 2008 年 4 月 6 日起生效。

指引有时会基于具体情况而定，审核员有法定责任凭借材料重要性将相关内容报告给委员会，该部分内容可参见第 6 章节。

指示条例 1

审核及账目限值

审核员需进行必要的审核过程，以确保审核的合理性，内容包括：

（1）审核需根据《法案》（2011 年）第 145（1）条进行，而不是该法中第 144（1）条（审计）的相关内容；

(2)若慈善组织为小型公司形式,根据《公司法》(2006 年)第 477 条的规定,可不进行审计;

(3)若按照收付实现制准备账目,根据《法案》(2011 年)第 133 条的规定,慈善组织受托人可根据该条中的相关内容进行账目的准备。

指示条例

1.1 受托人可选择进行独立审核(根据第 145(1)条),但只针对有资格的非公司形式的慈善组织,且也需准备收付实现制账目(根据第 133 条的规定)。不论是哪一种形式,该慈善组织的收入必须在法律规定的范围内。

审核员需通过合理程序确认:

- 慈善组织在财政年度内的总收入或总资产估值不超过独立审核规定的范围。对于 2015 年 3 月 31 日或之后结束的财政年度,若慈善组织的总收入超过 100 万英镑,或其总收入超过 25 万英镑且资产总值(经过扣除负债后)超过 326 万英镑,该慈善组织就需进行审计;
- 当慈善组织拥有一个及以上附属公司(如附属交易公司),且该慈善组织和其附属公司的收入总和在合并后未超过 100 万英镑,其集团账目需进行审计;
- 当慈善组织有其他分支机构(且这些分支机构未独立登记),则这些分支的收入需计算到该慈善组织的总收入中;
- 如果慈善组织不是公司法下登记的公司形式,在 2009 年 4 月 1 日或之后结束的慈善组织,若总收入不超过 25 万英镑,则该慈善组织需准备收付实现制账目。

但对于 2015 年 3 月 31 日或之后结束的财政年度,若其总收入超过 25,000 千英镑,则该慈善组织需进行独立审核。

总收入不到 25,000 千英镑的慈善组织,按照法律规定不需要进行审核。但审核员仍需通过合理程序确认:

- 该慈善组织的规章是否要求专业审计;
- 是否有授权需要对账目进行审计的情形。

1.2 在早期进行相关步骤时应尽量避免审核员的工作与专业审计混淆,从而增加慈善组织的支出。当慈善组织不符合独立审核条件时,其账目需返还给受托人查看,而当总收入超过独立审核的范围时就应任命审计员进行审计;而当慈善组织的总收入低于限值时,其可以根据法律规定进行无偿审核,该审核作为外部审查。

1.3 总收入的计算应根据附件1中规定的方法进行。如果账目为权责发生制账目,收入标准应按照权责发生制标准衡量;如果账目为收付实现制账目,则收入标准应按照实际收到的资金衡量。

1.4 审核员在工作早期应考虑账目记录和试算表显示的收入水平。但审核员在审核过程中仍需注意任何可能使收入超过范围的信息。

1.5 审核员还需采取相应步骤确认慈善组织的收入,而研究结果需根据指示条例第2部分的要求存档。

1.6 当受托人提前向委员会请求并获得进行独立审核而不是审计的权利后,审核员需复印一份委员会同意信,并将其加入审核报告中。

1.7 慈善组织也会审查收入从而确保是否在审计、独立审核、收付实现制账目的限值范围内。因此,建议慈善组织在独立审核开始前确认其相关限值。有关现阶段限值范围的详细信息可参考**《慈善组织的报告与会计:基本要素》(2015年3月修正)(CC15c)**。

1.8 申请独立审核的慈善公司受托人必须提供《公司法》(2006年)第475条规定的免除审计声明。

指示条例2

证明文件

审核员需记录审核过程和报告中任何结论或声明的支撑材料。

指示条例

2.1 审核员的工作文件中应提供与工作的有关细节以支撑相关结论,并记录任何与判断(当审查的是权责发生制账目,见指示条例第8条)有关的依据。工作文件一般应在审核的财政年度结束后由审核员保留6年,内容应包括:

- 审核员与受托人确认其任命的通信证明;如果独立审核员是有偿服务,或收取任何形式的费用,则应提供业务约定书;
- 业务约定书由独立审核员交给受托人,其中,需包含受托人承认任命审核人的证明材料(例如,有受托人代表签名的业务约定书复印件);
- 来源于规章、受托人会议纪要、受托人及慈善组织员工谈话记录的相

关信息;

• 表明确认问题的解决过程,包括与受托人和慈善组织员工的会议记录,验证步骤的细节;

• 审核中的验证过程、检查核对细节、结论和确认的问题;

• 多项项目作为单项被记录到账目中,用于公开会计项目分类的安排表;

• 试算表及账目的复印件;

• 权责发生制账目的受托人年度报告(根据指示条例第 9 条,权责发生制账目的受托人应提交其年度报告,而收付实现制账目的受托人不需要);

• 在特殊情况下,书面形式保证的复印件使受托人得以确认账目数目。

2.2　当审核员因故辞职或无法完成独立审核时,审核员应慎重考虑当时的情况,并决定是否有责任向委员会报告。例如,审核员被阻碍完成审核或被受托人或慈善组织员工阻碍了审核工作的进行。如果不需要报告上述情形,当审核员发现其中的相关问题涉及委员会工作时,可向委员会报告。本指引第 6 部分和附件 5 介绍向委员会报告问题的相关指引。

指示条例 3

了解慈善组织

审核员需了解所审核慈善组织的构成、组织、账目体系、活动、资产性质、责任、收入来源和资源的应用,以帮助其制定适用于该慈善组织的审核过程。

指示条例

3.1　为顺利进行审核工作,审核员应了解所审核慈善组织的目标和执行过程。审核员需了解慈善组织的运行过程、结构和目标。这将帮助审核员更好地安排审核工作。因为,审核员能确定慈善组织的主要项目、重要活动和可能的问题,为审核员的分析检查提供相关背景。审核员采取的步骤通常包括:

• 查看慈善组织规章,注意慈善组织的目标、权力和责任;

• 查看可能会引起法定责任并需向委员会报告的任何问题(详见本指引第 6 部分和附件 5);

• 慈善组织受托人和员工谈话以了解该机构的活动、结构、目标和目标人群,这些都是慈善组织为公共利益所想要努力达成的目标;

- 向慈善组织受托人和员工了解该机构的活动以了解可能影响该机构的特殊情况和问题；
- 检查受托人会议纪要以找出和受托人相关的重大事件、计划、决策和变化细节；
- 检查会计记录的细节和记录金融交易的方法。

3.2 通常，与受托人或账目准备人的谈话需包括所有所需的信息或解释。但如果在独立审核的过程中，缺少与受托人的正式会议，或未进行会议记录和其他记录，或过于依赖关键的个人，则审核员需与两位以上的受托人或慈善组织员工进行确认和谈话，以得到审核所需的必要背景信息。

指示条例 4

会计记录

审核员需根据《法案》(2011 年)第 130 条的相关规定检查会计记录，如果慈善组织为公司形式，则需根据《公司法》(2006 年)第 386 条的规定对会计记录进行审核，为记录材料的失效提供合理的解释。

指示条例

4.1 慈善组织受托人有责任保留会计记录。保留会计记录十分重要，如果未保留好完整、清晰的会计记录，则可能会因为慈善资金遭受的欺诈、偷窃、侵占导致误述及损失。

4.2 审核员需检查会计记录，并根据受托人的法定责任确认记录中是否有失效的材料。简单的审查也应确保相关记录或凭证(例如，发票、收据、索赔及相似的文书)是否被合理保留或完整保留。能证明记录完整的证据可以是任何分析检查中的资料。对于非公司形式的慈善组织受托人来说，需根据《法案》(2011 年)第 130 条的规定履行其责任，保留记录。而慈善公司的受托人(一般为董事)，需根据《公司法》(2006 年)第 386 条的规定履行其责任、保留账目。

4.3 审查过程的目的并不是确定偶尔的遗漏或微小的错误，而需根据法定要求确定记录中的重要错误。

4.4 会计记录条例清晰，以便随时检索和分析。会计记录的形式有多种，例如图书形式、活页夹和电脑记录。

4.5 会计记录应：

- 随时更新;
- 随时可用;
- 提供随时可得知财务状况的基本信息。

4.6 会计记录应包括:

- 所有有关资金收支的细节、日期及收支性质;
- 有关资产和负债的细节。

4.7 小型慈善组织可不做分类账来记录资产和负债,在这种情况下,这些机构可通过简单记录交易、未付款支票和收到的金额数目来达到要求。股票和固定资产的记录也十分重要。

4.8 慈善公司需根据《公司法》(2006 年)第 386 条的规定保留会计记录,会计记录需包括:

- 有关公司日常收支总额的表单及收支产生的事项;
- 公司资产和负债的记录。

4.9 慈善公司交易商品时必须保留库存记录,该要求由《公司法》(2006 年)第 386(4)条的规定。

指示条例 5

会计记录对比

审核员需将慈善组织账目与其会计记录作对比,以确定该账目是否与记录一致。

指示条例

5.1 审核员需对比账目与会计记录以确认该账目的确显示了该慈善组织的总收入、该机构如何支出资金,以及有关专用资金或留本资金的交易所在,这些都应在账目中记录并确认。

5.2 当账目是权责发生制账目时,账目中所有余款需和试算表或记名账进行对比。

5.3 当账目是收付实现制账目时,如果未保留记名账,则需和现金记录进行对比。收付实现制账目的记录可以是银行结单、收据支票、交易记录簿及标明每一笔收支金额的电子表单。

5.4 如果交易条目未直接记录在记名账中,则要检查原始分录簿(如现金簿、销售购买分类账或其他记录交易的日记账)以及试算表的条目记录。即使会计记录是用会计程序包记录,也需进行检查。

5.5 审查银行对账单、工资汇总表、统制账目对检查初始交易的会计记录(原始分录簿)完整度十分重要。

5.6 会计分录不需和源文件(如发票、供应商信息、订购单、资助赠与记录等)进行核对,除非在审核或分析审查(《指示条例》第6条)的过程中出现问题,且不能从受托人和员工处得到合理解释或解释不够充分。

5.7 慈善组织受托人有责任准备账目,而审核员可在必要时代表受托人准备法定账目。如果审核员能确保满足指示条例的要求,其代替受托人准备账目就并不影响其独立性,只要:

- 该会计记录(原始分录簿)由另外人员保留;
- 审核员未直接参与该慈善组织的日常管理和行政工作。

指示条例6

分析过程

审核员需进行分析从而确定账目中的不正常条目或需披露的信息。当分析过程出现问题,审核员必须得到慈善组织受托人的解释。如果在进行分析后审核员相信账目中材料出现了错误,则要进行其他程序,包括对资产、债务、收入来源或应用的验证。

指示条例

6.1 分析审查是独立审核的重要组成部分。对于收付实现制账目来说,分析审核包括对比分析当年和去年现金收支,以确认历年来的重大变化。对权责发生制账目来说,分析审查包括通过对比当年和去年的收支情况、资产负债表数值的变动,分析SoFA和资产负债表。权责发生制账目的审核员要寻找需审查的材料价值。

6.2 审核员需仔细检查账目以判断其中是否隐藏了重要的不正常条目、不在预期的变动或与财务信息不符之处。分析审核需要记录在审核员的工作文件中。进行分析审查时,通常需要采取以下步骤:

- 将账目与前期账目进行对比;
- 将账目与预算或预测进行对比;

• 检查收入来源是否与筹款来源一致,如收取现金或筹款的历史记录,收到的拨款、贸易收入或通过销售捐赠物资得到的收入;

• 检查慈善资源的支出是否与工资详单、慈善组织的活动一致——充分理解慈善活动或事务的性质对审查的成功十分重要;

• 检查债务和现有公开资产是否与承办活动的规模和类型一致,对收付实现制账目来说,检查重要的资产和债务是否都已列明;

• 检查可获得收入的固定资产投资是否与资产的性质一致;

• 检查固定资产是否与慈善组织承办活动的规模和类型一致;

• 当账目为权责发生制账目时,向受托人确认其慈善组织是否会持续经营,而且没有资产负债表事项需要作出调整,以在账目说明中进行调整或披露。

6.3 分析审查时出现不正常条目、不在预料的波动或其他不符之处,审核员需得到该慈善组织受托人或员工的解释。

6.4 只有当慈善组织受托人或员工给出的解释不合理或不充分时,才需要另外的程序。审核员需将审核过程中发现的、需要深入解释或审查或需要采取另外程序确认的条目写入工作文件。这些程序包括:

• 对有形固定资产的实物检查;

• 资产所有权的验证;

• 第三方证明文件的检查(例如,发票、合同或合约),以验证支出和债务,或确定已收取或可收取的收入金额;

• 银行结余或其他资产的第三方证明,包括保管的投资证书;

• 检查上一年年底的收支情况以确认借款或债务金额已还清。

6.5 本指引范围不包括完整的分析过程和问题出现时的额外程序,一定程度上需要审核员自己通过经验进行判断,以确定慈善组织活动的规模和性质是否合理。

指示条例 7

账目形式和内容

审核员应进行相应步骤以确认账目是否遵循《法案》(2011 年)第 132 条的相关规定,其形式和内容是否符合《管理条例》(2008 年)中的要求,以及 SORP

中的准则和方法。如果慈善组织是公司形式,审核员应确认账目是否遵循《公司法》(2006 年)和 SORP 中的准则和方法。

指示条例

7.1 目前,大多数非公司形式的慈善组织总收入未超过 25 万英镑。因此,其可准备收付实现制账目。而总收入超过 25 万英镑且为非公司形式的慈善组织必须准备权责发生制账目。只有少数慈善组织总收入超过了 25 万英镑。但所有慈善公司,不论其收入多少,都必须根据 SORP 准则和方法准备权责发生制账目。审核员有时会遇到有资产负债表而不是资产负债说明书的收付实现制账目。如果账目中有非现金条目,审核员应将其视为收付实现制账目,如果没有,就将其视为权责发生制账目进行审核。

7.2 《管理条例》(2008 年)充分吸纳了 2005 年 SORP 相关建议。当审核员审核的是权责发生制账目,审核员就应了解 SORP 相关准则和内容,以确保符合 2008 年管理条例中的要求。

7.3 当账目是应第 132 条的要求而准备(权责发生制)的,根据《管理条例》(2008 年)的要求,该账目需遵守 2005 年 SORP 相关准则和方法。本指引中慈善组织会计和报告是 2014 年新 SORP 应用的基础。SORP 要求所有慈善组织准备权责发生制账目和 SoFA、资产负债表,并在账目中加入注释。可进行独立审核的慈善组织享有更大的灵活性,小型慈善组织可参考适用的 SORP,找到适合自身的特许权帮助其准备权责发生制账目。

7.4 《管理条例》(2008 年)关注的是慈善公司的账目内容是否符合条件。慈善公司的账目必须根据《公司法》(2006 年)第 396 条的规定准备。慈善公司受托人需"真实、公允"地准备其账目,以符合相关会计标准和 SORP 中要求。《财务报告准则》第 18 条会计政策要求,报告中需要公开必要的内容并提供解释,而不需要按 SORP 中的规定进行。

7.5 审核员应充分细致地检查权责发生制账目,以确保查出任何不符合《管理条例》(2008 年)和 SORP 准则的条目。这也包括对 SoFA、资产负债表和账目中注释进行检查。检查过程也应足够细致,以便审核员能查出与《管理条例》(2008 年)及 SORP 不符之处,并将其写入报告。

7.6 以 2005 年 SORP 规定的形式准备的账目只适用于非公司形式的慈善组织,可参见委员会指示条例中的**《权责发生制账目组合》**(CC17 & CC39)。

账目形式和内容

7.7 根据《公司法》(2006 年)第 396 条的规定,慈善公司必须准备个人账目。对于非营利性机构,包括慈善组织、《公司法》(2006 年)第 474(2)条规定可以用收付实现制账目代替损益账目。另外,还需要提供资产负债表和注释信息。SORP 要求所有慈善组织准备权责发生制账目和 SoFA、资产负债表,并在账目中加入注释。慈善公司通常提交的是内嵌收付实现制账目的 SoFA,但有时也会将收付实现制账目和 SoFA 分别提交。此时,审核员需检查两者的一致性。

7.8 《管理条例》(2008 年)并没有详细规定收付实现制账目的形式和内容。因此,委员会在指示条例中为该账目提供了专业的布局形式,详见指引**《收付实现制账目组合》(CC16)**。

7.9 建议读者在**GOV. UK** 上阅读委员会的指引,以确认相关阈值范围。

指示条例 8

会计政策、评估及判断

当账目是根据《法案》(2011 年)第 132 条准备,或慈善组织是公司形式,并根据《公司法》(2006 年)第 396 条准备账目,审核员需检查其分别采用的会计政策,并确定该政策是否符合 SORP 的相关规定,以及该慈善组织的活动是否与该政策一致。审核员需检查账目中的所有重要评价和判断。

指示条例

8.1 收付实现制账目报告的是一定期间内现金簿中的交易。因此,不受指示条例的约束。如果账目是根据第42(3)条准备的收付实现制账目,审核员只需注意账目是否一致。收付实现制账目中,会计政策和问题的判断与其并无太大关联,因为,其只是用事实简单记录了资金收支情况。资产负债表是简单的信息一览表。

8.2 欲了解收付实现制账目形式、内容的相关指引,请参见委员会指引**《收付实现制账目组合》(CC16)**。

8.3 权责发生制账目包括了会计政策,用于确定交易及事务是否在账目及评估中显示。账目中可能要对货币的价值进行判断,如一段时间后资产贬值。

8.4 受托人应"真实、公允"地根据第 132 条(权责发生制)或《公司法》(2006 年)第 396 条的规定准备账目。账目中采用的会计政策、评价和判断对金融活动或账目公开事项都有各自的影响。因此,审核员需要仔细检查各条目,但不需判断账目是否“真实、公允”。

8.5 审核员应确保账目对应的慈善组织会继续经营,且仍以权责发生制记账,并评估其会计政策,判断该机构的慈善活动是否符合 SORP 相关内容。该机构采用的会计政策应使其账目明确、可靠、清晰。

8.6 当账目显示该慈善组织可能不会继续经营时,审核员需考虑其另外的出路选择,并确保该决定在账目的会计政策中能充分体现。

8.7 审核员应评估该机构采用的会计政策是否符合 SORP 中相关的准则和方法。当会计政策与 SORP 不符时,应通知该慈善组织受托人。如果该不符之处对账目有实质性的影响,则该问题就要被写入审核报告中,除非其被确认是正确的。

8.8 受托人需“真实、公允”地根据公司法准备账目,而审核员不需判断账目是否“真实、公允”。当会计政策与 SORP 不符时,审核员应通知该慈善组织受托人,如果该不符之处对账目有实质性的影响,该问题就要被写入审核报告中,除非其被确认是正确的。

8.9 公司形式或非公司形式慈善组织适用 SORP 可能会与其介绍的建议相违背。只有为了确保账目的“真实、公允”时,该违背才合法,而这种情况非常少见。当碰到违背的情况时,审核员需确认已提供 SORP 需要的解释。当违背的材料不能被证明合法或解释不够充分时,审核员应在报告中写上其看法。

8.10 审核员需评价账目评估或判断的合理性,这些对账目都很重要。需要注意的包括:

- 专用资金账目的转换;
- 实物资助的估值;
- 固定资产投资(无市场价)的估值;
- 由于未在会计记录中记录交易所致的评估;
- 采用基于活动的方法及 SoFA 中支出类别的成本分配。

指示条例 9

受托人年度报告

当账目是根据《法案》(2011 年)第 132 条准备,或慈善组织是公司形式,并根据《公司法》（2006 年）第 396 条准备了账目，审核员需将账目与受托人年度报告中的财务引用处进行对比；或确定重要的不符之处，并判断该问题会对理解慈善账目所产生的影响。

指示条例

9.1　如果账目是根据第 42（3）条准备的收付实现制账目，审核员就不需检查受托人年度报告。审核员可能发现受托人年度报告可帮助其了解慈善活动。

9.2　受托人年度报告（如果是慈善公司，则为受托人和董事的联合报告）中包含了财政年度中该慈善组织的活动，详见**《慈善组织的报告与会计：基本要素》（CC15c）**。其介绍了受托人年度报告应包含的信息。《管理条例》（2008 年）介绍了公司形式和非公司形式慈善组织的法定要求。

9.3　当受托人年度报告和账目出现不符时，应采取相关程序，这些不符之处可能与账目中财务信息不一致。例如，当受托人年度报告中的资金和账目不一致时，或慈善活动的性质与规模和账目中列出的级别不一致时，应进行检查。受托人年度报告中标明的储备金应与慈善组织资产负债表中的数目相一致。

9.4　当确定不符的程度比较严重时，应告知慈善组织受托人。如果受托人的年度报告无法提供合适的解释和修正，该问题应被写入审核报告。

指示条例 10

审核报告

审核员应检查并评估审核报告中的结论，并根据《管理条例》（2008 年）第 31 条考虑其对报告造成的影响。如果审核员要正面描述起因于《管理条例》第 31（h）条、第 31（i）条或第 31（j）条的事例，就需确保报告清楚解释了该事例及该事例对账目的金融影响。

指示条例

10.1　审核报告是独立审核的结果，也应交给受托人。报告确保审核员依据《管理条例》（2008 年）所需检查的项目都已检查或要求都已达到，且需要报告的事例都已报告以方便读者对慈善组织账目的了解。审核员需仔细检查审核结果，以及结果对报告的影响。附件 4 介绍了独立审核报告的相关案例。

10.2　《管理条例》（2008 年）规定独立审核报告中的法定要求。独立审核并非审计，审核员需检查报告中少数具体事例，并确认审核过程中已无其他未达到的要求。审核报告提供的是“反面保证”，需要审核员只对其未达成要求的事例给出意见。第10.4部分列出了需报告的事例。

10.3 审核报告的第1部分需为事实陈述。审核报告中，审核员必须陈述：

- 审核员的姓名、地址以及所审核慈善组织的姓名；
- 财政年度中需报告的账目及如果慈善组织为公司形式，根据《公司法》第16条的规定，其账目不需进行审计的陈述；
- 如果慈善组织总收入超过25万英镑，能使审核员具备独立审核资格的陈述；
- 审核员拥有的相关专业资格；
- 如果慈善组织可接受独立审核以代替审计，需表明委员会决定免除该机构审计的具体日期；
- 独立审核的报告是根据《法案》(2011年)第145条的规定完成，且审核是根据委员会指示条例的相关内容进行。

10.4 陈述完成后，审核员需表明其是否发现了与审核有关的任何问题，并有理由相信在任何实质性方面：

- 非公司形式慈善组织的会计目录没有根据《法案》(2011年)第130条的规定进行保留；
- 当慈善组织为公司形式，其会计记录没有根据《公司法》(2006年)第386条的规定进行保留；
- 账目与会计记录不符；
- 非公司形式的慈善组织根据《法案》(2011年)第132条准备权责发生制账目，但其账目不符合《管理条例》(2008年)中规定的形式和内容(慈善组织的账目是根据SORP的准则和方法由SoFA、资产负债表和注释组成)；
- 慈善公司账目不符合《公司法》第396条的相关规定和SORP。

10.5 如果有确定的问题或发现实质性错误，报告中需包含关于严重错误性质的清楚解释，并评估对账目的金融影响。

10.6 当有地方与账目的形式和内容不符，或与适用SORP的规定有实质性不符之处，需首先向该慈善组织受托人告知该不符之处，看是否能进行必要的修正。

10.7　审核员需在报告的第2部分陈述审核过程中是否发现了有关问题，且在报告中需标注出该问题以使读者能更好地理解账目。只有较为重要的问题才需写入报告。当账目为权责发生制账目时，应注意会对账目产生实质性影响的问题。这些问题应该首先被告知慈善组织受托人，看是否能够对账目进行修订和调整。如果问题仍然存在，则需被写入报告。报告的问题应被充分解释，并说明其对账目的金融影响。

10.8　审核员还需陈述在审核过程中以下事例是否明显：

- 与慈善组织信托不符的重要支出或活动；
- 错误信息，以及过去和现在的受托人、官员或成员的必要解释；
- 权责发生制账目中任何与受托人年度报告或与慈善公司董事会报告所述不符之处。

10.9　审核员必须在提交给受托人的审核报告复印件上签名并注明日期。当提交报告时，账目和审核报告上的电子签名可被委员会认可。

10.10　为确认慈善组织承办了目标之外的活动或进行了实质性的重要支出，根据其规章的要求，审核员应了解该慈善组织的目标。小额或非实质性的不在慈善组织目标内的支出可不写入审核报告。违背慈善组织信托的实质性支出或重要活动是较为严重的问题，且应被写入报告。审核员需仔细确认或进行相关程序来确认该违背之处，当问题被确认时，应被写入审核报告。审核员需确认是否要向委员会提交有关该问题的独立报告。本指引第6部分介绍了相关责任。

10.11　错误的信息和解释可严重妨碍审核的进行。如果审核员不满意所需的信息和解释，该事实需被写入审核报告。拒绝提供信息或解释是严重的问题，审核员需据此向委员会提供独立的报告（见本指引第6部分）。

10.12　如果账目为权责发生制账目，若账目和受托人年度报告有不一致，则可能会造成误解。慈善组织受托人需注意该问题，并尝试修订该不一致之处。如果受托人不同意更改其年度报告或问题依然存在，则该事实需写入报告。

10.13　当国家卫生服务体系（National Health Service，NHS）下的慈善组织的独立审核员是由审计委员会或威尔士审计长任命时，根据《法案》（2011年）第149条和第150条和《管理条例》（2008年）第32条的规定，该审计人员也应履行相同的报告责任。

6. 向委员会报告的法定责任

《法案》(2011 年)第 156 条、第 159 条规定了公司形式和非公司形式慈善组织独立审核员的责任,并要求其向委员会提交相关审核报告。审核过程中,审核员需确定与慈善组织及其相关团体的活动或事例有关的问题,且审核员有理由相信对履行委员会的相关职责(详见《法案》(2011 年)第 156 条)有重要作用。

指示条例

11.1　除了要完成账目的审核报告,审核员还需向委员会报告是否有确定对委员会监管职能产生影响的重要问题。该责任适用于已在委员会登记的公司形式和非公司形式的慈善组织,还包括未在委员会登记的慈善组织。

11.2　需要注意的是,审核员既没有法定责任也不应期望其积极主动寻找有重要意义且需报告的问题。但如果审核员在工作中遇到了这类问题,就必须向委员会报告。通常,审核员只需报告当年的问题,无须检查当年之前的账目和记录。但当审核员发现过去财政年度内的问题时,其应进行报告。

11.3　委员会和 OSCR 同意分享审核员应报告的 8 项有重要意义的问题。这些有重要意义的问题包括:

- 不实或虚假的问题,包括对慈善组织的资金、资产产生重大损失或风险的问题;
- 内部管控的失误,包括在治理慈善组织时导致的重大损失或对慈善资金的挪用,或使得慈善资金面临极大的风险;
- 导致慈善组织被认为或怀疑用慈善资金洗钱的问题,或用资金进行重大犯罪或参与犯罪活动的问题;
- 导致慈善组织及其受托人、员工被相信或怀疑用资金参与支持英国内外恐怖主义或其他非法组织的问题;
- 显示慈善组织进行有受益人参与的保健和福利工作的证据,而该慈善组织受益人已经或曾经有虐待行为的重大风险;
- 重大、连续地违背了法定责任或慈善组织信托的问题;
- 故意或严重违背了慈善组织监管者根据其法定权力制定的规定或命令,包括使慈善组织受托人停职、禁止特殊交易或活动,或同意重大慈善资产或债务的特殊条例;

• 任何向受托人报告的有关审核员辞职的通知和问题,或审核员准备辞职或停止工作的问题。

11.4 志愿的独立审核员在检查账目时可能不会碰到这些情况,因此,要帮助他们及所有审核员,附件5列举了在审核过程中发现的且有重要意义问题的案例。

11.5 根据《法案》(2011年)第46~47条和第50条,审核员只有在审核过程中确定对履行委员会的正式调查权有重要意义时,才需向委员会提交报告。

11.6 报告责任与审核工作中的信息与证据相关,这些工作应遵循委员会的指示条例,且受托人是以慈善组织审查人员的身份工作。如果受托人轻微违反其责任,或其个人的管理失误不会危害慈善组织的资产或金额并导致错误的管理时,不需进行报告。

11.7 报告的责任适用于必须进行报告的审核员,包括问题是否已通知给其他监管者或代理,或受托人是否已经向委员会建议,例如制定严重的事故报告。任何情况下,审核员都必须牢记审核过程中出现的有重要意义的问题。

11.8 当要报告的问题与恐怖主义有关时,审核员向委员会报告前,需立即将该问题报告给警察局。

11.9 当报告的问题与洗钱有关时,如果审核员进行了收费,其审核将被视为会计服务并受反洗钱法的制约,其应立刻向重大组织犯罪署反应。但这并不意味着应将事件通知委员会,若其本身是监管者,则其行为是"通风报信"之犯罪行为。

11.10 在准备向委员会报告有重要意义的问题时,审核员应收集有关信息或证据,并对该重要问题进行标注。审核员可能会发现,提前与受托人进行沟通会对工作有很大帮助,除非受托人的诚实正直出现了问题。涉及恐怖主义或洗钱的问题必须第一时间报告给警局或重大组织犯罪署,并避免"通风报信"风险的发生。

11.11 向委员会提交报告的时间不应有任何延迟,这是审核员的责任。但如果委员会认为需给予审核员多余的时间来检查确定的信息或证据,并向受托人索要进一步的解释或阐述时,则可进行延期。当受托人希望解释其采取的行动及计划时,可在审核报告中添加附件说明。

11.12 根据报告责任,审核员需通过电子邮件的形式进行报告,邮件地址为Whistleblowing@ charitycommission. gsi. gov. uk 。该邮件需以"重要意义问题独立审核报告"为开头,且应提供以下信息:

- 审核员姓名、地址、联系电话或电子邮件地址;
- 慈善组织名称、登记号(如果有的);
- 陈述该报告是根据《法案》(2011 年)第 156 条的规定进行的声明;
- 报告 8 项问题的标题(见本指引第 11.3 部分);
- 介绍发现的问题、可用信息,提供金融影响评估的地点;
- 如果受托人尝试解决问题,简短介绍其采取的步骤;
- 如果报告涉及恐怖主义、洗钱或其他犯罪活动,是否通知了重大组织犯罪署或警局;
- 如果报告涉及受益人的虐待问题,是否通知了警局或社会福利机构。

11.13 《法案》(2011 年)第 156 条规定了审核员报告时可自由裁量的权力或权利,当审核员发现问题,或有理由相信该问题与履行委员会的职能相关时,可履行该权力或权利。该广泛权利使得审查人员能自由报告与委员会监管职能相关的问题,但如果问题并没有重要意义,则无需报告。例如,审核员认为向委员会报告后有利于问题的解决,此时审核员就应使用该权利进行报告。

11.14 但也不能滥用该权力而报告太多无意义的问题,审核员没有必须报告的义务。审核员不应报告琐碎、无意义的小问题,尤其是这些问题已经被解决或可以通过与受托人讨论解决。

11.15 当审核员认为有必要报告时,将邮件发到以下邮箱:Whistleblowing @ charitycommission. gsi. gov. uk。

审核员应:

- 陈述慈善组织名称、登记号(如有);
- 陈述审核员姓名、地址、联系电话或电子邮件地址;
- 陈述该报告是其使用裁量权后,根据《法案》(2011 年)第 156 条的规定向委员会提交;
- 介绍该问题和审核员认为其与委员会工作相关的观点,并且提供金融影响评估的地点;
- 如果受托人尝试解决问题,简短介绍其采取的步骤。

11.16 附件 5 为审核员,特别是志愿审核员,提供哪些重要问题应进行报告的相关建议。其中也提供了相关案例,介绍了提交给委员会的报告内容,例如确认需报告的问题,或审核员行使权力或权利报告问题的情况。当审核报告根据相关条例提交给委员会时,审核员不能违背对受托人和慈善组织的责任,如泄露机密。审核员需对包含在审核报告中的信息和意见进行保密。

附件1 总收入计算方法

慈善法规定了慈善组织总收入的相关信息:“总收入是指总记录在账的收入,收入来源广泛,包括特殊信托”。该定义在委员会看来具有行政目的,因其包含了年利润的要求和规定。总收入需每年进行检查以便准备年利润报告。

总收入定义(年利润指南)

对于收付实现制账目来说,总收入是账目表中记录的总收入,条目不包括捐款、贷款和来自出售投资和固定资产的收入。

对于权责发生制账目来说,总收入是根据 SORP 为所有资金编制的 SoFA 所示的总收入来源,但

- 不包括任何捐款;
- 包括财政年度内由捐赠资金转换为收入资金,且可用于支出的金额。

注意:SORP 不包括固定资产来源或重估值的收入或来源于投资的收入。这些收入并不是“总收入”的一部分。

集团账目总收入定义

《法案》(2011 年)(集团账目)和《管理条例》(2015 年)规定了财政年度在 2015 年 3 月 31 日或之后结束的总收入范围限定。集团账目的总收入计算范围:

- 集团内部交易总收入超过 100 万英镑;
- 对于非慈善性质的附属公司来说,总收入是指其收入的总金额(了解更多有关慈善组织收入的组成,请参见适用的 SORP);
- 集团内部交易指慈善组织及其附属公司的交易,或为准备集团账目合并调整后的交易。

附件2　流程图:独立审核相关要求

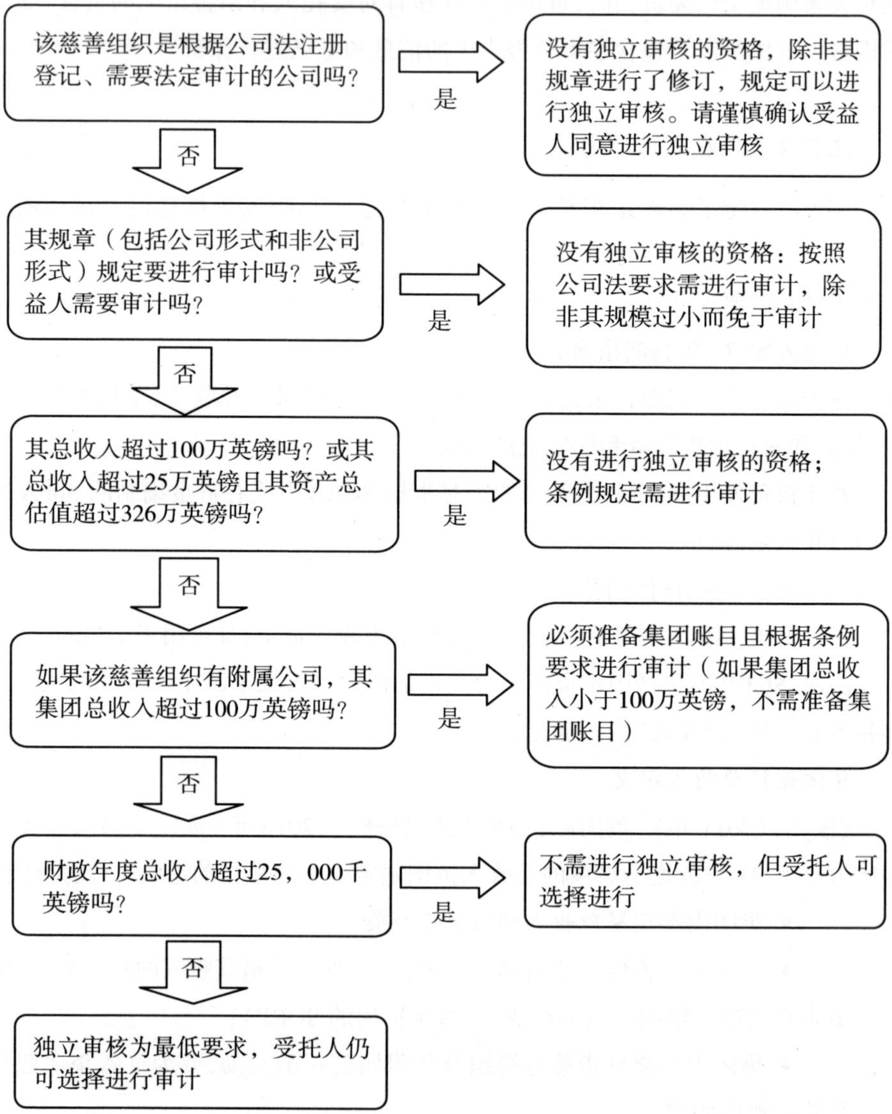

附件3　英格兰、威尔士、苏格兰的慈善组织

由于《慈善组织和受托人投资法(苏格兰)》(2005 年)的引进,一些位于英格兰和威尔士但同时在苏格兰运作的慈善组织现在需要向 OSCR 登记。当慈善组

织在 OSCR 完成登记并已在苏格兰操作运行时,审核员必须了解由苏格兰慈善组织办事处发行的关于会计框架的指引。

审核员也要注意,在报告中确认实际显著性问题(详见第 6 部分和附件 5)后,应提交给委员会和苏格兰慈善组织办事处双方,他们将共同决定如何处理问题的监管者。

如果权责发生制账目是根据 SORP 完成,OSCR 不会坚持要求在苏格兰地区的单独账目。如果受托人年度报告中的活动是在苏格兰举办的,根据 SORP 准备的账目也要在提交范围内。

对于准备收付实现制账目的跨境慈善组织需要满足一些额外要求,主要区别在于,其要求以余额清单取代资产负债表以及特定的账目票据。对苏格兰会计要求的进一步指导可从**OSCR** 获取。

委员会将会接受收付实现制账目,从而满足苏格兰对于账目和受托人年度报告的要求。余额清单必须被命名为"余额清单(其中包括资产负债表)",用于提交委员会。除此之外,没有额外的变化,因为,苏格兰的要求满足甚至高于英国和威尔士对慈善组织收付实现制账目的要求。

OSCR 提供了关于**收付实现制账目**的指引。

笔者强烈建议已经在苏格兰登记并且代理慈善组织的受托人和审核员浏览 OSCR 的网站。尤其需要注意的是,受托人应确保审核员符合苏格兰慈善组织法律,同时注意在慈善组织通过 OSCR 登记并准备权责发生制账目的情况下,审核必须由"具备资格的独立审核员"按照《慈善组织账目(苏格兰)条例》(2006 年)进行。除此之外,在会计年度结束之日起的 9 个月内,在苏格兰登记的慈善组织账目必须向 OSCR 报告进行备案。

审核员需意识到,在苏格兰,审核员在作报告陈述时,如果发现账目和慈善组织受托人起草的年度报告之间存在本质上的区别,这种情况下审核员通常会被要求审查受托人的年度报告。

审核员可以起草一份综合的审核报告,以同时满足两个地区的要求。在此附件中将会提供给公司型以及非公司型慈善组织在英格兰、威尔士和苏格兰运作时的案例分析报告。2012 年慈善法必须在 2012 年 3 月 14 日或之后签署的审核报告上使用。2014 年 7 月使用新发布的《会计实务建议准则》时,审核员需考虑修改其报告。参考**《慈善组织的报告和会计:基本要素》(2015 年 3 月修正)**

(CC15c)以获取更多的建议。

案例3.1:无保留意见审核报告(已在OSCR登记的非公司形式慈善组织准备了权责发生制账目)

对受托人所属“ABC”信托的独立审核报告

笔者于2012年4月30日结束的财政年度信托账目作报告,具体陈述在第00页至第00页。

受托人和审核员各自的责任

慈善组织受托人负责准备账目。慈善组织受托人应考虑到,根据《法案》(2011年)第144(2)条或者根据《慈善组织账目(苏格兰)条例》(2006年)第10(1)(a)条至第10(1)(c)条,本年不要求审计慈善组织,但需进行独立审核。本慈善组织正在编制权责发生制账目,本人作为一名合格[指定团体]的成员有资格承担此次审核。

本人的职责如下:

- 根据《法案》(2011年)第145条和《慈善组织和受托人投资法案(苏格兰)》(2005年)第44(1)(c)条审核账目;
- 根据《法案》(2011年)第145(5)(b)条,遵循慈善组织委员会给出的指示条例中主张的程序;
- 阐明任何引起笔者注意的特别事项。

独立审核报告的基础

本审核根据慈善委员会的总指示条例和《慈善组织账目(苏格兰)条例》(2006年)进行。独立审核包括检查慈善组织的会计记录,并将呈现的账目与记录的账目进行对比。其中,也包括对于不寻常项目的考虑和披露,并且向涉及任何此类事项的受托人寻求解释。审核过程中不需提供审计所需的证据。因此,不会针对账目给出“真实、公允”的观点,并且本报告只包括在以下陈述中出现的问题。

独立审核员的陈述

审核过程中,未发现任何问题:

(1)使本人有理由相信,在实质方面未满足以下要求,包括:

- 按照《法案》(2011年)第130条、《慈善组织和受托人投资法案(苏格

兰)》(2005 年)第 44(1)(a)条以及《慈善组织账目(苏格兰)条例》(2006 年)第 4 条,保留了账目;

- 遵循《法案》(2011 年)的要求、《慈善组织和受托人投资法案(苏格兰)》(2005 年)第 44(1)(b)条以及《慈善组织账目(苏格兰)条例》(2006 年)第 8 条,根据会计记录准备了账目;

(2)其次,在本人看来,应注意使账目简单明了。

姓名:

相关职业资格或团体:

地址:

日期:

案例 3.2:无保留意见审核报告(已在 OSCR 登记的非公司形式慈善组织准备了收付实现制账目)

对受托人所属"DEF"信托的独立审核报告

本人就于 2012 年 4 月 30 日结束的财政年度信托账目作报告,具体陈述在第 ××页至第××页。

受托人和审核员各自的责任

慈善组织受托人对账目的准备负责。慈善组织的受托人应考虑到,根据《法案》(2011 年)第 144(2)条或者根据《慈善组织账目(苏格兰)条例》(2006 年)第 10(1)(d)条,慈善组织需进行独立审核。

本人的职责如下:

- 根据《法案》(2011 年)第 145 条和《慈善组织和受托人投资法案(苏格兰)》(2005 年)第 44(1)(c)条,审核账目;
- 根据《法案》(2011 年)第 145(5)(b)条,遵循慈善组织委员会给出的指示条例中主张的程序;
- 阐明任何引起本人注意的特别事项。

独立审核报告的基础

本审核是根据慈善委员会的指示条例和《慈善组织账目(苏格兰)条例》(2006 年)进行。独立审核包括检查慈善组织的会计记录,并将呈现的账目与记录的账目进行对比。其中,也包括对于不寻常项目的考虑和披露,并且向涉及任何此类事项的受托人寻求解释。审核过程中不需提供审计所需的证据。因此,不会针对账目给出“真实、公允”的观点,并且本报告只包括在以下陈述中出现的问题。

独立审核陈述

审核过程中,未发现任何问题:

(1)使本人有理由相信,在实质方面未满足以下要求,包括:

- 按照《法案》(2011 年)第 130 条、《慈善组织和受托人投资法案(苏格兰)》(2005 年)第 44(1)(a)条以及《慈善组织账目(苏格兰)条例》(2006 年)第 4 条,保留了账目;
- 遵循《法案》(2011 年)的要求、《慈善组织和受托人投资法案(苏格兰)》(2005 年)第 44(1)(b)条以及《慈善组织账目(苏格兰)条例》(2006 年)第 9 条,根据会计记录准备了账目;
- 并未被满足。或者

(2)在本人看来,应注意使账目简单明了。

姓名:

相关职业资格或团体:

地址:

日期:

案例 3.3:无保留意见审核报告(在 OSCR 登记的公司形式慈善组织)

对受托人所属的“WXY”慈善公司的独立审核报告

本人对该公司就于 2012 年 4 月 30 日结束的财政年度账目作报告,具体陈述在第××页至第××页。

受托人和审核员各自的责任

受托人(同时也是该公司的董事)对账目的准备负责。慈善组织受托人应考虑到,根据《法案》(2011 年)第 144(2)条或者根据《慈善组织账目(苏格兰)条例》(2006 年)第 10(1)(a)条至第 10(1)(c)条,慈善组织需进行独立审核。本慈善组织正在准备权责发生制账目,本人作为一名合格(指定团体)的成员有资格承担此次审核。

本人已确认,根据公司法,该慈善组织不需进行审计,且可进行独立审核,

本人的职责如下:

• 根据《慈善法》(2011 年)第 145 条和《慈善组织和受托人投资法案(苏格兰)》(2005 年)第 44(1)(c)条审核账目;

• 根据《法案》(2011 年)第 145(5)(b)条,遵循委员会给出的指示条例中主张的程序;

• 阐明任何引起本人注意的特别事项。

独立审核报告的基础

本审核是根据委员会的总指示条例和《慈善组织账目(苏格兰)条例》(2006 年)的第 11 条进行。独立审核包括检查慈善组织的会计记录,并将呈现的账目与记录的账目进行对比。其中,也包括对于不寻常项目的考虑和披露,并向为涉及任何此类事项的受托人寻求解释。审核过程中不需提供审计所需的证据。因此,不会针对账目给出“真实、公允”的观点,并且本报告只包括在以下陈述中出现的问题。

独立审核陈述

审核过程中,未发现任何问题:

(1)使本人有理由相信,在实质方面未满足以下要求,包括:

• 按照《公司法》(2006 年)第 386 条和《慈善组织和受托人投资法案(苏格兰)》(2005 年)第 44(1)(a)条;

• 遵循《公司法》(2006 年)的要求、《慈善组织和受托人投资法案(苏格兰)》(2005 年)第 44(1)(b)条以及《慈善组织账目(苏格兰)条例》(2006 年)第 8 条,根据会计记录准备了账目;

• 符合 SORP 中的准则和方法。

• 并未被满足。或者

(2)在本人看来,应注意使账目简单明了。

姓名:

相关职业资格或团体:

地址:

日期:

附件4 审核报告范例

根据《管理条例》(2008 年),以下报告范例能帮助审核员陈述其报告。这些范例包含一系列审核员可能在工作中遇到的情况。有关《法案》(2011 年)的引用,必须在 2012 年 3 月 14 日或之后签署的审核报告上才能使用。

"无保留意见报告"指在审核结束时,审核员未发现任何问题。"保留意见报告",是指审核员发现了相关问题或与《管理条例》(2008 年)不符之处。

请注意新的要求,慈善组织收入超过 25,000 千英镑,审核员需证实其可进行审核的资格。

特殊情况下,委员会可以允许进行独立审核代替审计。《管理条例》(2008 年)要求审核员需要在报告中公开是否以审核代替审计以及委员会批准的日期。

目前为止,大多数慈善组织是信托或者非公司协会,只有小部分为公司法下的股份制慈善组织。在此指引中,在公司法下设立的慈善组织被称为"公司型慈善组织"或者"慈善公司"。根据公司法,在此指引中,慈善公司的审核报告与大多数被称为"非公司"慈善组织的不同。如果仍有疑虑,可与慈善组织的管理文件核实,例如某公司型慈善组织有公司组织章程,英国公司注册署将分配其一个公司编号。

审核报告范例属于:

4.1 针对非公司形式慈善组织的无保留意见报告(适用于权责发生制账目和收付实现制账目);

4.2 针对慈善公司的无保留意见报告(总收入超过 25 万英镑,审核员必须在上文所述列表的团体中确认其成员资格);

4.3 保留意见报告,当非公司形式的慈善组织准备收付实现制账目,但不能单独确认其专用资金时;

4.4 保留意见报告,当非公司形式的慈善组织准备收付实现制账目,但不能保留会计记录时;

(在附件 5 提供的报告案例中,审核员行使其裁量权,向委员会报告相关问题。)

4.5 保留意见报告,当非公司形式的慈善组织在海外有过现金付款,但没有证据表明资金被恰当使用时;(此时,审核员有向委员会报告的法定责任,在附件5中有相关报告案例。)

4.6 保留意见报告,用于慈善公司准备的账目不符合《会计实务推荐准则》的情形。

案例4.1:无保留意见审核报告(针对非公司形式慈善组织)

对受托人所属"ABZ"信托的独立审核报告

本人于2012年4月30日结束的财政年度信托账目作报告,具体陈述在第××至第××页。

受托人和审核员各自的责任

慈善组织受托人对账目的准备负责。慈善组织受托人应考虑到,根据《法案》(2011年)第144(2)条的规定,慈善组织在本财政年度无须进行审计,但需进行独立审核。

本人的职责如下:

- 根据《法案》(2011年)第145条审核账目;
- 根据《法案》(2011年)第145(5)(b)条,遵循委员会给出的指示条例中主张的程序;
- 阐明任何引起本人注意的特别事项。

独立审核报告的基础

本审核系根据慈善委员会的指示条例进行。独立审核包括检查慈善组织的会计记录,并将呈现的账目与记录的账目进行对比。其中也包括对于不寻常项目的考虑和披露,并且向涉及任何此类事项的受托人寻求解释。审核过程中不需提供审计所需的证据,因此不会针对账目给出"真实、公允"的观点,并且本报告只包括在以下陈述中出现的问题。

独立审核陈述

审核过程中,未发现任何问题:

(1)使本人有理由相信,在实质方面未满足以下要求,包括:

- 按照《法案》(2011年)第130条保留会计记录;
- 遵循《法案》(2011年)的要求、《慈善组织和受托人投资法案(苏格兰)》(2005年)第44(1)(b)条以及《慈善组织账目(苏格兰)条例》(2006年)第9条,根据会计记录准备了账目;

- 并未被满足。或者

(2)在本人看来,应注意使账目简单明了。

姓名:

相关职业资格或团体:

地址:

日期:

案例 4.2:无保留意见审核报告(针对公司形式慈善组织)

对受托人所属的"WXY"慈善公司的独立审核报告

本人对该公司就于 2012 年 4 月 30 日结束的财政年度账目作报告,具体陈述在第××页至第××页。

受托人和审核员各自的责任

受托人(同时也是该公司的董事)对账目的准备负责。慈善组织受托人应考虑到,根据《法案》(2011 年)第 144(2)条,慈善组织在本财政年度无须进行审计,但需进行独立审核。

该慈善组织的总收入超过 25 万英镑时,本人作为一名合格的[指定团体]的成员有资格承担此次审核。

本人已确认,根据公司法,该慈善组织不需进行审计,且可进行独立审核,本人的职责如下:

- 根据《法案》(2011 年)第 145 条审核账目;
- 根据《法案》(2011 年)第 145(5)(b)条,遵循委员会给出的指示条例中主张程序;
- 阐明任何引起本人注意的特别事项。

独立审核报告的基础

本审核系根据慈善委员会的指示条例进行。独立审核包括检查慈善组织的会计记录,并将呈现的账目与记录的账目进行对比。其中也包括对于不寻常项目的考虑和披露,并且向涉及任何此类事项的受托人寻求解释。审核过程中不需提供审计所需的证据,因此不会针对账目给出"真实、公允"的观点,并且本报告只包括在以下陈述中出现的问题。

独立审核陈述

审核过程中,未发现任何问题:

(1)使本人有理由相信,在实质方面未满足以下要求,包括：

- 按照《公司法》(2006 年)第 386 条保留会计记录；
- 根据会计记录准备账目,并确认账目是否遵循《公司法》(2006 年)第 396 条和 SORP 中的准则和方法；
- 并未被满足。或者

(2)在本人看来,应注意使账目简单明了。

姓名：

相关职业资格或团体：

地址：

日期：

案例 4.3：保留意见审核报告——不能确认专用资金收付实现制账目（非公司形式慈善组织）

对受托人所属“EFG”信托的独立审核报告。

本人就于 2012 年 4 月 30 日结束的财政年度信托账目作报告,具体陈述在第××页至第××页。

受托人和审核员各自的责任

慈善组织受托人对账目的准备负责。慈善组织受托人应考虑到,根据《慈善法》(2011 年)第 144(2)条,慈善组织在本财政年度无须进行审计,但需进行独立审核。

本人的职责如下：

- 根据《法案》(2011 年)第 145 条审核账目；
- 根据《法案》(2011 年)第 145(5)(b)条,遵循委员会给出的指示条例中主张的程序；
- 阐明任何引起本人注意的特别事项。

审核员陈述的基础

本审核系根据慈善委员会的指示条例进行。独立审核包括检查慈善组织的会计记录,并将呈现的账目与记录的账目进行对比。其中也包括对于不寻常项目的考虑和披露,并且向涉及任何此类事项的受托人寻求解释。审核过程中不需提供审计所需的证据,因此,不会针对账目给出“真实、公允”的观点,并且本报告只包括在以下陈述中出现的问题。

独立审核员保留意见陈述

受托人准备了收付实现制账目但不能单独确定账目中的专用资金。在一次教堂活动结束时,慈善组织为撒马尔罕举办一次特殊的申诉,但资金连同例行募捐被存入银行,同时没有保存已收金额的单独记录。账目显示了此次对撒马尔罕的支出被单独地标明,并且总计为2837英镑。受托人指出,银行对此项服务所收的金额为1978英镑,这与银行普遍每周所收的1275英镑不符,但现在受托人已经落实一项草案,用来确保任何申诉均被单独地计算和存入银行。

在审核过程中,除上一段所述情况外无其他问题:

(1)使本人有理由相信,在实质方面未满足以下要求,包括:

- 按照《公司法》(2006年)第130条保留会计记录;
- 遵循《法案》(2011年),根据会计记录准备了账目;
- 并未被满足。或者

(2)在本人看来,应注意使账目简单明了。

姓名:

相关职业资格或团体:

地址:

日期:

案例4.4:保留意见审核报告——未准备收付实现制账目(非公司形式慈善组织)

对受托人所属"DEF"信托的独立审核报告

本人就于2012年4月30日结束的财政年度信托账目作报告,具体陈述在第××页至第××页。

受托人和审核员各自的责任

慈善组织受托人对账目的准备负责。慈善组织受托人应考虑到,根据《法案》(2011年)第144(2)条,慈善组织在本财政年度无须进行审计,但需进行独立审核。

本人的职责如下:

- 根据《法案》(2011 年)第 145 条审核账目;
- 根据《法案》(2011 年)第 145(5)(b)条,遵循委员会给出的指示条例中主张的程序;
- 阐明任何引起本人注意的特别事项。

审核员陈述的基础

本审核系根据慈善委员会的指示条例进行。独立审核包括检查慈善组织的会计记录,并将呈现的账目与记录的账目进行对比。其中也包括对于不寻常项目的考虑和披露,并且向涉及任何此类事项的受托人寻求解释。审核过程中不需提供审计所需的证据,因此不会针对账目给出"真实、公允"的观点,并且本报告只包括在以下陈述中出现的问题。

独立审核员保留意见陈述

受托人已准备收付实现制账目并且账目显示本财政年度收到的现款为36,873英镑,但银行没有相对应的捐款收入记录,同时现款结存仍处于无银行账目状态。唯一保留的书面记录是一笔 10,000 英镑的奖助金。大部分为现金支出,且来源于未存入银行的留存现金,或者用提现的方式使用慈善借记卡,但几乎无收据被保留。除水电费、租金和游乐设备的发票外,没有志愿者或其他费用的记录。现金花费总计为 86,000 英镑,但收据显示仅 41,732 英镑,此外的44,268英镑支付没有任何记录。

审核过程中,除了上文所述,根据《法案》(2011 年)第 130 条未保存会计记录外,无其他问题:

(1)使本人有理由相信,在实质方面未遵循《法案》(2011 年)并根据会计记录准备账目;

(2)在本人看来,应注意使账目简单明了。

姓名:

相关职业资格或团体:

地址:

日期:

案例 4.5:保留意见审核报告——拟报告的事项(非公司形式慈善组织)

对受托人所属"ABC"信托的独立审核报告。

本人就于2012年4月30日结束的财政年度信托账目作报告,具体陈述在第××页至第××页。

受托人和审核员各自的责任

慈善组织受托人对账目的准备负责。慈善组织受托人应考虑到,根据《法案》(2011年)第144(2)条,慈善组织在本财政年度无须进行审计,但需进行独立审核。

本人的职责如下:

- 根据《法案》(2011年)第145条审核账目;
- 根据《法案》(2011年)第145(5)(b)条,遵循委员会给出的指示条例中主张的程序;
- 阐明任何引起本人注意的特别事项。

审核员陈述的基础

本审核系根据慈善委员会的指示条例进行。独立审核包括检查慈善组织的会计记录,并将呈现的账目与记录的账目进行对比。其中也包括对于不寻常项目的考虑和披露,并且向涉及任何此类事项的受托人寻求解释。审核过程中不需提供审计所需的证据,因此不会针对账目给出"真实、公允"的观点,并且本报告只包括在以下陈述中出现的问题。

独立审核员保留意见陈述

审核过程中,有理由使本人相信,任何问题在实质方面均满足以下要求:

- 按照《公司法》(2006年)第130条保留会计记录;
- 遵循《法案》(2011年),根据会计记录准备了账目。

账目公开支付给在X国运营的×××合伙人75,000英镑的专用拨款。受托人解释,另一位受托人将资金以美元的货币形式放置在手提箱内,并将其交给×××合伙组织的代表。

但受托人无法解释此资金如何被花费,也无法提供资金已被×××合伙人组织接收的证据,如收据、信件。问题在于捐赠的资金可能会被偿还,因为缺乏证据能证明受益人对该资金的用途。

审核过程中,未发现其他问题,只是在本人看来,应注意使账目简单明了。

姓名:

相关职业资格或团体:

地址:

日期:

案例 4.6:保留意见审核报告——不符合 SORP 和公司法(慈善公司)

对受托人所属的"WXY"慈善公司的独立审核报告

本人对该公司就于 2012 年 4 月 30 日结束的财政年度账目作报告,具体陈述在第 × × 页至第 × × 页。

受托人和审核员各自的责任

受托人(同时也是该公司的董事)对账目的准备负责。慈善组织受托人应考虑到,根据《法案》(2011 年)第 144(2)条,慈善组织在本财政年度无须进行审计,但需进行独立审核。

本人已确认,根据公司法,该慈善组织不需进行审计,且可进行独立审核,本人的职责如下:

- 根据《法案》(2011 年)第 145 条审核账目;
- 根据《法案》(2011 年)第 145(5)(b)条,遵循慈善组织委员会给出的指示条例中主张的程序;
- 阐明任何引起本人注意的特别事项。

独立审核报告的基础

本审核系根据慈善委员会的指示条例进行。独立审核包括检查慈善组织的会计记录,并将呈现的账目与记录的账目进行对比。其中也包括对于不寻常项目的考虑和披露,并且向涉及任何此类事项的受托人寻求解释。审核过程中不需提供审计所需的证据,因此不会针对账目给出"真实、公允"的观点,并且本报告只包括在以下陈述中出现的问题。

独立审核员保留意见陈述

账目没有完全遵循公司法与慈善组织 SORP。该机构出示了资产负债表、票据代替金融活动报表和收付实现制账目,只准备了一份损益表。损益表和资产负债表两者都不在非专用和专用资金分析范围内。专用资金的持有数量在票据和账目上都是详细的,并且在年底和与英镑平衡的社会募捐相关。

审核过程中,除了上述指明的问题,即未完全遵循《公司法》第 396 条和 SORP 中的准则和方法,审核过程中,未发现任何问题:

(1)使本人有理由相信,未根据会计记录准备账目和按照《公司法》(2006年)第386条,保留会计记录。

(2)在本人看来,应注意使账目简单明了。

姓名:

相关职业资格或团体:

地址:

日期:

附件5 审核员的进一步建议:识别具有重要意义的事项

5.1 简介

本指引第6部分介绍审核员需向委员会报告重要问题的法定责任。附件5为审核员,特别是志愿审核员,提供哪些重要问题应进行报告的相关建议。

当审核员决定向委员会报告问题时,其需先判断该问题是否对委员会履行监管职能有重要意义。实际上,审核员还需从监管者的角度思考确定的问题。本指引并不是所有"有重要意义"的问题的清单或详细清单,而是用于帮助审核员判定发现的问题是否应上报。请牢记,审核员并不需要特意找问题进行报告,而应尽力公正、诚实地进行工作、判定问题是否应上报。

如果受托人稍微违反了其应履行的责任,或因犯了一个管理错误但并未给慈善组织的资产带来重大风险,在这种情况下,除非该渎职行为或错误管理方式频繁出现,否则一般不上报。

委员会承认,对志愿审核员来说,判定一个问题是否可以上报是十分困难的任务,因为其并没有专业的会计资格。

以下问题可以帮助审核员进行判断:

- 该问题需要你特别关注吗?
- 委员会会对该问题进行调查吗?
- 委员会必须知道该问题来监管该机构吗?
- 该问题会使慈善组织的资金、受益人安全或公众处于重大风险中吗?

审核员应确认其发现的问题是否在本指引第6部分所列"8大问题"的范围内,这些问题通常被认为应向慈善组织报告。该部分也可帮助审核员了解委员会调查的问题范围。**完整调查情况总结**可从GOV. UK. 中找到。

如果在进行上述步骤后,审核员还是不确定委员会是否会将其报告的问题认定为“有重要意义”,其可以与委员会进行沟通。审核员最终决定是否进行报告,委员会可以和审核员就该问题进行沟通、讨论,但不能帮其做决定。需要注意的是,如果问题的确“有重要意义”,审核员也不能因为进行了电话讨论就不进行报告。

当一个问题被认为有报告价值时,委员会建议审核员记录下重要因素和细节情况。审核员不需要提供一系列证明问题的证据,而是需要提供充分的信息,用这些合理的原因使委员会相信所报告的问题确实存在或发生过。这意味着,审核员可能要进行额外的工作来确认其观点,但需使其相信要报告的问题有合理原因即可。

审核员还需牢记其没有特地找寻问题进行报告的责任。独立审核不需像审计一样严格,2008 年的条例只要求审核员关注审核过程中的部分内容。指示条例规定了进行审核的程序,本指引也根据各条例进行了相关介绍。审核员不能忽视已经发现的可能有重要意义的问题。

不实或虚假的问题会对慈善组织的资金或资产产生重大损失或风险。

如果慈善组织参与或进行了犯罪活动,审核员需向警局和委员会进行报告。一些审核程序中也可发现相关风险,例如,无合理解释的频繁提取现金行为、不用于慈善组织的支出、伪造会计记录、错误保留会计记录、用个人银行账目储存慈善资金,或代理人为慈善组织进行不正常支付却不能确定收账的情况。通过检查会计记录、将其与账目进行对比,并寻求不正常条目的相关解释,可帮助审核员确定问题。

内部管控的失误,包括在管理慈善组织时导致的重大损失或对慈善资金的挪用,会使慈善资金面临极大风险。

尽管审核员不需要检查内部管控,但一些错误或风险仍会出现在审核过程中。例如,会计记录未被保留,没有经过授权的有规律支出,空白支票的提前签名,信用卡、储蓄卡、预存卡(e - card,可预存金额的卡)不正常大额使用,没有收据或无明显商业用途的现金支出,或受托人从不或很少管理慈善组织。审核员可通过审查会计账目或了解慈善组织的运行确定问题。

导致慈善组织被认为或怀疑用慈善资金洗钱的问题，或用资金进行重大犯罪或参与有组织犯罪活动的问题。

当审核员收取费用时，按照合约其需提供会计服务，审核员应遵守《反洗钱法》(2007 年)和其专业机构发布的指引。对志愿审核员来说，判断怀疑的问题是否要上报较为困难。如果怀疑的问题要上报，就应有相关证据，即使证据并未被确定。如果慈善组织参与洗钱只是简单的怀疑，其理由还不够充分。审核员不太可能提供洗钱人员的确定名单。但出现以下问题时，审核员需要深入思考：

- 受托人拒绝对非正常交易进行解释；
- 对受托人的诚信、真实身份产生怀疑；
- 频繁出现大额捐赠，需要慈善组织将该部分资金转移到英国内外的指定机构，或要从捐赠者或指定第三方处购买物品或服务；
- 以零利率、低利率或商业利率从未知或未验证的机构进行贷款，而慈善组织被要求通过支票或银行转账的形式向捐赠人或第三方还款；
- 捐赠人要求通过支票或银行转账的方式偿还资金，理由是“原支付账目错误”；
- 从慈善组织银行账目“贷款”，并由第三方或个人进行存款或交易；
- 代表第三方在英国内外转移资金来进行费用的支付；
- 通过一系列银行账目进行不合理交易或资金存放；
- 没有明确投资目的或根据的非正常投资或产权交易。

导致慈善组织及其受托人、员工被相信或怀疑用资金参与支持英国内外恐怖主义或其他非法组织的问题。

当上述问题出现时，审核员应阅读委员会的相关指引**《慈善组织和恐怖主义》**。当审核员发现慈善组织支持某个特定组织时(包括用现金或其他方法)，可上**内政部网站**确定该组织是否为非法组织。审核员应对能暗示洗钱活动的因素进行思考。

表明慈善组织进行有受益人参与的保健和福利工作的证据，而该慈善组织受益人被置于或曾经被置于滥用或处理不当的重大风险中。

审核员不需履行检查员的职责，也不用分析受益人的身体、心理或情感状态。当审核员不对慈善组织的内部管控进行检查时，他们要对该机构的运作有一个大概的认识。例如,通过查看受托人的备忘录,否则只能抱怨或担忧。审核员可能通过对慈善组织的诉讼来确定消息,或者通过犯罪调查、普通调查、其他监管者或代理人的顾虑,以及未进行的针对受托人及员工的必要检查。当问题确定时,可通过参考委员会有关**儿童保护**的指引得到帮助。

严重或持续违反了法定责任或慈善组织的信托。

审核员并不是法律专家,正如前文所强调,如果受托人稍微违反了其应履行的责任,或犯了管理错误但并未给慈善组织的资产或名誉造成极大风险,这种问题通常不用上报。但如果涉及的金额巨大且持续发生,该问题可成为该慈善组织的管理问题。在极端情况下,慈善组织可被认定为伪慈善组织,如该机构的活动与慈善目的无关,其大额支出与慈善无关,其无视了相关法定要求,不愿对违背规定的行为进行改正。例如,给受托人未授权的服务支付报酬或利益(只要遵守法律规定的程序,且支付报酬在权责发生制账目中公开,受托人可要求合理的支出,为慈善组织服务后可收取相关报酬,但不同于作为受托人的服务)。

故意或严重违背了慈善组织监管者根据其法定权力制定的规定或命令,包括使慈善组织受托人停职、禁止特殊交易或活动,或同意重大慈善资产或债务的特殊条例。

有时,委员会会行使其监管权力保护慈善组织的资产或名誉,如果有特殊条款允许,会同意相关特殊交易。例如,一位停职的受托人仍然参与慈善组织的管理工作,资产被冻结时仍能支出资金,或一项重要交易违反了相关条款规定,这种情况下,审核员需将问题上报。

任何向受托人报告的有关审核员辞职的通知和问题,或审核员准备辞职或停止工作的问题,也需向委员会报告。

审核员不能用辞职来躲避其报告责任。如果相关人员拒绝提供审核所必需的信息,或发现了严重问题,使审核员不愿继续进行审核工作,该审核员应确认该问题是否在上文所述的需报告问题的范围内。

受托人需分别向委员会报告其问题,该问题应在需提交严重事故报告的程度内。受托人可在财政年度内完成严重事故报告,也可将该报告作为年度收益的一部分交给委员会。制定严重事故报告的责任在于受托人而不是审核员,但如果审核员询问受托人制定该报告的理由,则可能为其审核过程带来帮助。如果受托人制定了严重事故报告,审核员应得到其复印件。如果该问题有重要意义,审核员需制定审核报告说明相关情况,并表明受托人已采取的行动或将要进行的解决方法。

本附件介绍了需提交委员会的案例信件,以报告有重要意义的问题。本附件还包含另外两封案例信件,其中的问题被认为不具有"重要意义",但审核员还是行使其裁量权进行了报告,因为这些信息涉及委员会的职能。

5.2 重要意义问题案例报告

该案例提供了附件4中案例报告4.5的额外信息。

白树村(Whitetree)

白镇大道(White Town Lane)Whitterington Well县

WW1 3ZZ

2012年9月15日

尊敬的先生:

ABC信托重要问题独立审核报告,慈善组织编号1×××700。

本人是根据《法案》(2011年)第156条制定此报告,以通知你方本人在根据《慈善法》(2011年)第46~47条和第50条进行审核过程中发现的重要问题。该慈善组织内部管控的失误使其资金陷入了较大风险。

ABC信托截至2012年4月30日的收入为242,876英镑,包括AB捐款信托方给予的75,000英镑专用款,以用于援助X国的贫困救助计划项目。在审核过程中,本人发现该慈善组织的受托人-CD先生在X国时,10次将上述专用款兑换为美元分别放置于手提箱内并转交给了×××机构的TZ先生,×××为该慈善组织的合作伙伴。不论是CD先生还是其他受托人未从TZ先生处得到收据,也无法提供该笔金额使用的相关报告和证据。

该受托人确信其已认识TZ先生1年多,并相信×××组织运行的设施能帮助改善X国的贫困状况。在审核过程中,该受托人试图从TZ先生处得到相关实地报告,却被告知TZ先生已去往邻国Z,且归期未定,因此无法提供报告。问题在于AB捐赠信托方现可能要求归还该资金,因为,该慈善组织无法提供充分的记录证明该笔款项的支出情况。

在完成对该慈善组织账目的审核后,本人针对这些问题提供了相关的独立审核报告。

敬上

A Doubt 先生

5.3 案例报告:与委员会相关的酌情问题报告

白树村(Whitetree)

白镇大道(White Town Lane)Whitterington Well 县

WW1 3ZZ

2012 年 9 月 15 日

尊敬的先生:

WWZ 信托有关慈善委员会职能的问题,慈善组织编号 1××× 900。

本人是根据《法案》(2011 年)第 156 条制定此报告,以向你方报告相关问题,本人认为该问题与你方在《法案》(2011 年)下行使的职能相关。

在对 WWZ 信托进行独立审核时,本人发现该慈善组织受托人奖励了一位已退休的受托人 - Long Service 先生 1500 英镑的酬金以表彰其 40 年的受托人生涯。根据法律,该慈善组织无权进行该种支付,且受托人承认其未意识到该支付超过 1000 英镑时,需要优先得到慈善委员会的许可,因此违反了慈善法的相关规定。本人了解到这些受托人已和慈善委员会联系,想从你方得到有关该问题的相关建议。

在完成对该慈善组织账目的审核后,本人针对这些问题提供了了相关的独立审核报告,账目中记录了该笔支出,并且因为该笔支出数额较小,本人并未在报告中给出进一步的解释。

敬上

A Doubt 先生

5.4 案例报告：与委员会相关的酌情问题报告

该案例提供了附件 4 中案例报告 4.4 的额外信息。

白树村(Whitetree)

白镇大道(White Town Lane)Whitterington Well 县

WW1 3ZZ

2012 年 9 月 15 日

尊敬的先生：

DEF 信托有关慈善委员会职能的问题,慈善组织编号 1××× 905。

本人是根据《法案》(2011 年)第 156 条制定此报告,以向你方报告相关问题,本人认为该问题与你方在 2011 年慈善法下行使的职能相关。

在对 DEF 信托进行独立审核时,本人发现,该慈善组织受托人并未保留今年一笔 44,268 英镑支出的充足记录。过去几年中,该慈善组织通过捐赠得到了极大的发展,其主要为儿童提供活动的相关资金。该机构受托人解释其并未认可包含的额外工作,由于匆忙雇用了额外的志愿者,其并没有在账目上进行记录,以确保资金及时被存入银行,且志愿者能及时签署收据簿得到相关费用。慈善组织也为儿童提供了玩具、茶点和午饭,并且为他们购买了礼物和蛋糕,这些都用现金支付。志愿者垫付的支出和差旅费也是用现金返还,还包括几天儿童旅行的门票费。我确认至少一位受托人每次均在现场目睹了金额的收支和所有项目的支付。无论是受托人还是其家人,都没有以任何形式从慈善资金中获利,或收到费用。

难点在于,志愿者的会计主管已经病了大半年,因此没有继续保留收据或使用支票的规定,为了方便,该机构多用现金结算。在进行审核过程中,本人得到了该机构的充分配合,其提供的情况和信息也均能回答本人的问题。本人不认为,也没有证据显示存在欺诈行为,因此,本人向你方报告的是相关问题而不是有重要意义的问题。

> 本人了解到该慈善组织的受托人已承认其记录保留中的主要疏漏,且已雇用了簿记员进行记录,根据慈善委员会的指引**《慈善组织内部财务控制》(CC8)**进行合理的管控。
>
> 在完成对该慈善组织账目的审核后,本人针对这些问题提供了相关的独立审核报告,并在其中重点介绍了其未保留充分会计记录的问题。
>
> 敬上
>
> A Doubt 先生

附件6　术语表

本术语表介绍了在本指引和附件中审核员可能不太熟悉的专业术语。

《法案》(2011 年):《慈善法》(2011 年)。

《管理条例》(2008 年):《慈善组织(账目和报告)条例》(2008 年)第 629 号。

2009 号决议:1992 年和 1993 年《慈善法》(替代总数)2009 号决议第 508 条。

2015 号决议:《慈善法》(2011 年)(账目和审计)2015 号决议第 321 条。

会计政策:用于明确账目中交易和对其他事项产生影响的准则、根据、习惯、规则和惯例,主要通过对资产、债务、收益、损失和资金变动、转移的识别、评估和陈述进行。为其提供补充的是估值技术,而在对资源收支、资产和债务的价值进行记录时,需进行判断。会计政策应相关而可靠,且能清晰、有对比地显示账目中的财务信息。

会计标准:慈善组织如要真实、公允地展示账目,就需遵守会计准则委员会颁布的相关准则。专业会计师需要熟悉该准则,该准则是由《标准会计实务公告》(Statements of Standard Accounting Practice, SSAP)、《财务报告准则》(Financial Reporting Council,FRS)和《紧急问题工作组摘要》(Urgent Issues Task Force,UITF 摘要)的相关内容构成。

权责发生制账目:需要交易和其他事项均在账目中反映,还包括其发生的时期,如现金结算的时期。该概念主要用于识别资产负债表中的资产和债务。

该术语也用于形容根据《法案》(2011 年)第 132 条准备的账目。受托人在准备该账目时应保证“真实、公允”。该账目由以下内容组成:

- 金融活动的 SoFA 表;
- 资产负债表;
- 账目注释。

该账目应根据会计政策进行准备,以确保账目的真实、公允,同时需符合会计标准,以及继续经营和权责发生制的会计概念。

银行对账单:该表调节了结单日期的银行余额和账目余额,方法是通过调整期末的银行交易余额,例如,签发但未提交的支票,进行但未记入贷方或未对期末银行余额产生影响或银行结算余额前的银行业务。

慈善组织受托人:根据《法案》(2011 年)第 177 条的规定,受托人是指在慈善组织规章规定下,负责总体控制和管理慈善组织行政工作的人员。在慈善组织规章中,该种人员可能被称为受托人、管理受托人、委员会成员、管理者或主管,或其他头衔。

统制账目:该账目在人工或计算机会计系统中组成了部分的记名账,且用于管控销售、采购、工资单以及现金。销售或购货分类账管理开过发票的总金额,以及按发票收支的现金。该类账目的余额可以用于调节未被支付但可开发票的采购,或者是支付额还未收到的销售发票。

董事:18 周岁以上一个或多个依法管理公司运行的人员。董事可组成董事会进行日常事项的决议,并负责管理公司的日常事务。根据公司法的规定,董事有各自的具体责任,且对其行为负有法定责任。慈善公司受托人就是该机构的董事。

捐赠资金:是指专用资金的一种形式,受托人需依法投资或保留该资金。而来自于该资金的收入需要消费。通常,这些资金代表的是投资金额,但也能代表用于慈善组织捐赠的财产。捐赠的形式有两种:其一,永久性捐助,是指收到捐助资金受托人没有支出该笔资金的权力。其二,可消费的捐助,是指收到捐助资金后,受托人可在一定情况下,选择和支出以与收入资金相同的方式支出该资金。

证据:该术语在附件 5 中使用,用于决定问题是否重要到需要上报委员会。证据包括了审核员在审核过程中搜集到的信息和因素。证据的来源可包括账目、会计记录、审核员的分析审查、得到的解释、经过验证后的必要问题,以及慈善组织的其他记录,如受托人会议的会议记录。

形式和内容:按照法定要求,账目中需包含的公开信息、分析和其他信息。

欺诈：《反欺诈法》（2006 年）给出了欺诈的相关定义。错误地陈述、未公开信息、职权的滥用都可构成欺诈，其欺诈目的是通过不诚实的行为为个人牟取私利，或致使另一方遭受损失。

继续经营：该概念需要慈善组织准备的账目能证明该机构在可见的未来会继续进行运营。账目中必须体现出该慈善组织有会继续经营的打算，除非在必要的情况下，该慈善组织受托人有意停止了运营活动，结束了经营或对该机构进行了清算。

规章：该类文件规定慈善组织的目标及管理方法。它可以是委托书、组织制度、公司章程、遗嘱、产权转让书、皇家宪章、委员会方案等其他正式文件，慈善组织的信托规定在其规章内。

总资产：债务扣除前，结账日的总资产，例如，该慈善组织财政年度最后一日前夕。

集团账目：当慈善组织拥有一个及以上的附属公司时，会使用到该术语。为了给受托人管控的所有资产和债务提供一份综述，一系列慈善组织及其附属公司的账目结合其中的事务构成了集团账目。应根据 SORP 规定的指引准备该账目，且需注意，根据法律，只有当集团收入（集团内部交易净利）超过法定阈值时才应准备该账目。

业务约定书：审核员提交给慈善组织受托人的约定书，表明了该受托人的会计责任和独立审核员的法定责任。该约定书也可能包含了一些问题，如费用安排、审核计划时间表、非法定审核工作的细节。该约定书的目的在于约定相关条款，减少双方的误解，审核员应将其内容与慈善组织受托人进行书面约定。

成员：慈善组织的成员应是规章中规定的人员。规章规定了雇用和开除人员的流程，成员需承担的作用和角色，以及成员在慈善组织中的地位。根据《公司法》，公司成员是公司登记章程的初始签署人，这些人员名单也被写入公司登记成员名单中。公司法和公司章程也规定了雇用和开除人员的流程，成员需承担的作用和角色，以及成员在慈善组织中的地位。

挪用：该术语被用于《指示条例》第 4 条（第 5 部分）、第 6 部分和附件 5，用于形容出于私利不诚实地使用慈善组织的金额或资产的行为。

行为不当：在报告有重要意义问题时发现的行为不当，涉及欺诈、偷窃、犯罪行为的证据及合理怀疑，还包括频繁或严重违背信托、管理失误（管理不善）或获取未授权的私人利益。

管理不善：指受托人在管理慈善组织事务并保护资产的过程中发生的失误。了解更多有关受托人责任的信息，请参见委员会指引**《关于受托人事宜：须知信息及须做事项》(CC3)**。

误述/虚伪陈述：该术语用于《指示条例》第4条和第6条，指账目中的项目材料被虚假陈述，或账目部分与事实不符或出错，或本应完整记录的部分被省略。

记名账：记名账或总账是人工或计算机记录中的会计术语，包含了期间内的会计交易。该分类账包含了所有一定时期内交易的具体历史，该时期内可获取试算表和财务账目。小型慈善组织可能不会使用记名账，而使用现金簿，以列进行分析，收入和支出分开记录。

非法定账目：该账目不需受托人根据《法案》(2011年)第8部分和《管理条例》(2008年)准备账目，当该慈善组织为公司形式时，不需遵守《公司法》(2006年)第15部分。该账目包括该年的管理账目，以通知受托人该慈善组织的财务状况，及志愿准备的集团账目。

工资汇总表：为计算机或人工记录，内容包括员工姓名、支付的总工资、员工税、员工国家保险和其他与员工相关的成本(如医疗计划成本或员工既定的利益供款或养老金缴款)。

专业审计：该审计工作由登记的审计员根据《法案》(2011年)进行。审计员需要针对其审计的账目是否按照英国审计标准真实、公允地呈现，表达自己的专业意见。

收付实现制账目：根据《法案》(2011年)第133条准备的账目。该账目由以下内容组成：

- 收付实现制账目；
- 有关资产和负债的细节。

该账目不需特意显示其真实和公允，而需相关人员基于事实，提供该年金额收支的总结，和年末有关慈善组织资产和债务的陈述。

专用收入资金：受托人可根据情况支出的资金。专用收入资金只限于捐赠者可能声明或授权(如公众呼吁下)的特定信托，或通过合法流程生成的信托，但这些都需在该机构的目标范围内。

SORP:《会计实务建议准则:慈善会计与报告》(定期发布,最新一版为2005年第2版),该标准规定了受托人年度报告中的推荐准则,以帮助该慈善组织准备权责发生制账目。该会计准则不适用于准备收付实现制账目的慈善组织。

法定账目:受托人根据《法案》(2011年)第8部分和《管理条例》(2008年)中的形式和内容准备账目,当慈善组织为公司形式时,应根据《公司法》(2006年)第15部分准备账目,该账目需附加在受托人年度报告中,且根据法律和慈善组织的规章要求,审计员或独立审核员需准备外部审查报告。

法定审计:当慈善组织的总收入或资产超过相关阈值时,根据慈善法的相关需求进行审计,执行该工作的人员需是具备资格的审计员,或者按照《管理条例》(2008年)经委员会同意的人员。

恐怖主义:根据《反恐法法》(2000年)第2部分,国务大臣有权禁止其认为与恐怖主义相关的组织。当某组织进行或参与恐怖行为、准备恐怖行为、宣传鼓励恐怖主义或参与到英国内外的恐怖主义活动时,就被认定与恐怖主义有关。

试算表:所有人工或计算机账目中保留的个人账目的期末余额清单。

信托:在一定时间内规定了慈善组织的目标和管理方法。

专用资金:受托人可凭其自由裁量权将该资金用于慈善目的的支出中。专用资金也可能包含部分受托人指定用于特殊用途的资金,这些资金被称为指定资金。指定资金为专用资金的法定部分,当准备的是权责发生制账目时,其可能在资产负债表中或注释(notes)中被单独报告,如果准备的是收付实现制账目时,其是专用资金的一部分。

工作文件:书面或计算机记录,如收到的解释记录,工作进度表,审核员用于记录其做过的工作、发现的问题、提出的问题以及得到的答案。工作文件还包含审核员的分析审查,以及任何与审核相关的记录复印件。审核员会在其工作文件中加入试算表、基于账目的进度表、审核账目、受托人年度报告的复印件。如果需要,还应附上业务约定书的复印件。

附件7　更多信息来源

条例

《慈善组织(账目和报告)条例》(2008年)(SI 2008第629号)、《慈善法》(1992年和1993年)

(替代总数)2009 号决议(SI2009 第 508 条)可参考网站**Legislation. GOV. UK**。

公司法要求指引

业务创新与技能部出版了较多小型手册介绍公司法的相关要求。

英国财政部关于《犯罪所得法》(2002 年)和相关反洗钱法的指引。

有偿服务的审核员应阅读上述条例,因为,其提供的会计服务受上述条例制约。如果您是专业机构的成员,您所属的专业机构也可能发布有关洗钱信息,帮助您进行相关工作。

英国财政部

获取土地
(CC33)

2001 年 4 月

目　　录

1. 本指引内容

本指引为考虑获取土地(无论是为慈善组织本身使用还是作为投资)的慈善组织受托人提供一般建议。

本指引并无意推翻慈善组织职业顾问的建议。无论何时,只要受托人想要获取土地,就需要对此进行咨询。

虽然本指引是应慈善信托受托人的需要撰写,但其内容也适用于慈善公司董事。不同类型的慈善组织有不同的处理方法,委员会指出了一些关键方法。本指引并不适用于共同投资基金(联营计划基金除外)或存款基金的特例。

2. 本指引中的术语

2.1 所用词语和词组的含义

慈善法,是指《慈善法》(2011 年)。

慈善公司,是指根据《公司法》(2006 年)成立和登记的公司或同前述公司同样适用《公司法》(2006 年)规定的公司以及仅以慈善目的为目的的公司。

土地,是指英国私有或租赁土地,(若为英格兰和威尔士的土地)作为合法不动产持有。“土地”包括建筑物以及另一块土地的收益,其前提是取得该土地并将之与购买的土地合并。

规章,是指任何写明慈善组织目的和管理方式的文件。可以是委托书、组织制度、组织大纲和公司章程、遗嘱、转易契、《皇家宪章》或委员会计划。

贷款,包括任何土地费用。

有资质的测量员,是指英国皇家特许测量师学会(Royal Institution of Chartered Surveyors,RICS)的员工或专业助理。

非法人慈善组织,是指慈善信托[共同投资基金(Common Investment Fund)或一般存款基金除外]或慈善非法人团体,目前还包括任何财产由信托持有的其他慈善组织(例如,根据《皇家宪章》成立的公司)。

“*必须*”,是指受托人必须遵守特定法律或法规要求的情形。

“*应该*”,是指受托人应该按照基本规范指引行事的情形,但有正当理由不这样做的除外。

3. 受托人权力和责任

3.1 非法人慈善组织

若实施慈善组织目的或投资有需要,这些慈善组织受托人通常有法定权力获取土地。

自1997年1月1日起,大多数非法人慈善组织受托人将拥有《土地信托和受托人任命法》(1996年)授予的广泛的土地收购权。无论是已经拥有土地还是在过去某些时间拥有过土地的慈善组织,其受托人均可获得此权力。自2001年2月1日起,这一权力的实践范围已从英格兰和威尔士的土地扩展到整个英国的土地。只有在实施慈善组织目的或投资有需要时,才能行使此权力,且慈善组织规章“不能”排除此权力(除非规章是国会法案)。

《受托人法案》(2000年)第3部分赋予其他非法人慈善组织相应的权力,尽管在这种情况下,慈善组织规章的规定可限制或排除此权力。

3.2 慈善公司

一般而言,慈善公司组织大纲和章程中规定了获取土地的权力。若公司通过信托持有财产,《土地信托和受托人任命法》(1996年)和《受托人法案》(2000年)中适用于非法人慈善组织的权力同样适用于慈善公司。

4. 为慈善组织获取土地时,受托人应该承担哪些责任?

受托人的首要任务是根据信托条款执行信托。受托人还有责任合理行事并以慈善组织利益为重。

受托人必须根据具体情况,行使合理注意,运用相关技能,尤其要:

- 考虑其拥有或认为自己用到的特殊知识或经验;
- 若其在经营或职业过程中担任受托人,考虑在此情况下应当合理拥有的特殊知识和经验。

这意味着受托人需要采取所有合理措施确保:

- 拥有必要的权力或授权以收购土地;
- 该财产符合其预期用途,特别是不受任何法律或规划限制,可能与该用途冲突的条件,或者受托人难以遵从的要求的约束;

• 获取必要的规划许可;

• 相较于市场上相同财产,待付价格或租金是公允的;

• 慈善组织可负担收购费用——尤其是,若财产是贷款购买的,该贷款可由慈善组织用于还贷的资源进行偿付,且已对可能的利率上涨做出预算;

• 进行租赁时,了解自己在租约下的责任,以及租赁条款公平合理;

• 在专业事项上,应该适当咨询专业顾问(例如,律师或合格测量师),听取专业意见产生的费用可由慈善组织承担;

• 若受托人贷款购地,应对比不同贷方利率和其他条款,确保选择最有利的借款条款。

判定“合理措施”的依据:

• 受托人在管理慈善组织时需要处理的事物的复杂性;

• 若未能妥善处理上述事物,可能给慈善组织或其受益人造成损失或危害的严重性;

• 受托人拥有的技能(若为专业受托人,其应当拥有的技能)。

5. 投资土地

受托人可能想要获取土地,不是为慈善组织之用,而是创收投资。但前提是受托人有权这样做。若受托人无权这样做,委员会可为其提供必要的授权。

在行使法定或其他投资权力时,受托人必须事先:

• 听取其认为有资格给出意见的人员的合理建议(受托人合理相信无此必要的除外);

• 考虑慈善组织是否需要土地进行投资以及实际想要取得的土地是否适合投资;

• 考虑扩展慈善组织投资的需要。

受托人必须定期对投资进行核查。

从严格上讲,这些有关投资的责任并不适用于慈善公司法人财产的投资。但委员会建议,这些慈善组织受托人遵守前述原则。

慈善组织对资源的需求大相径庭,对于某些慈善组织而言,土地可能是合适的投资方式,但对其他慈善组织而言,可能完全不合适。然而,经过专业建议,这些慈善组织可能会发现土地相关的 CIF 更适合。

土地所有权附带有多种义务。在考虑购买土地以作投资时,受托人需考虑以下要点:

- 不能仅假设该土地的升值;
- 相比其他形式的投资,土地对管理的要求更高。委员会认为,无力提供积极管理的慈善组织应避免以投资方式获取土地;
- 例如,土地无法像股票和证券那么容易变现。若出现额外开支,土地也不能像股票和证券一样售卖——投资土地管理与投资股票和证券要求的专业和建议也不同;
- 购买充分多样化的土地投资组合(尤其是商业财产)对于个人慈善组织而言可能并不现实;对于想投资土地的慈善组织而言,投资土地相关的CIF可能更加适合;
- 投资土地所有权可能赋予慈善组织财务义务。

委员会建议,这类型投资仅适合有以下情形的慈善组织:

- 已拥有用做投资的土地;
- 拥有充分多样化的投资组合,可容纳合理引进的土地。

6. 测量员报告

委员会强烈建议,打算购买土地的受托人(无论是为投资还是慈善组织自己使用)从专为受托人服务的有资质的测量员处获取报告,还建议受托人只有在报告包含以下内容时才开始购买土地:

- 土地说明;
- 需要建设许可的具体内容;
- 土地估值;
- 对受托人出价的建议及拍卖的最高出价;
- 受托人可能需要进行的维修和改造,以及预计费用;
- 购买土地符合慈善组织利益的积极建议(说明原因);
- 任何测量员认为相关的事项,包括对该土地的限制性或其他条款的说明。

7. 获取土地前,受托人是否必须获得委员会命令?

在大多数情况下,不需要。但若慈善组织打算做以下事项时,需要向委员会申请,获得其命令:

- 使用永久性捐赠资金购买除私有土地之外的土地;
- 从受托人处(或者与受托人紧密相关的其他人员或机构)购买土地,在这种情况下,委员会的命令能避免收购行为因利益冲突而被驳回;
- 在无权购买土地时购买。

8. 受托人能否贷款购买土地?

能。但在投资土地时,委员会强烈建议,受托人特别注意获取土地的收入是否足够,能否在扣除所有开支之后偿还贷款并提供充足的收益。

在通常情况下,作为抵押贷款抵押品的土地就是其购买的土地,但有时受托人可能想要抵押慈善组织已有土地。

受托人可不经委员会同意对慈善组织土地进行抵押,为其借款担保,条件是其有权这么做,且符合慈善法对此的要求。

若受托人不符合这些要求,则其必须在订立或设立抵押前,征得委员会同意。

要求包括:

- 必须征求并考虑其认为有足够能力和实践经验的人就财务问题给予的合理意见;该人员可以是慈善组织管理人员或员工,但其不得与受托人设立的贷款有任何财务利益关系;
- 顾问必须就以下事项向受托人提供建议:
  - 为使受托人可以开展与贷款相关的特定行动方案,首先要确定贷款是否必要;
  - 考虑到慈善组织是借款方,贷款条款是否合理;
  - 慈善组织按照与借贷方约定的条款偿付贷款的可能。

但《议会立法》、法定文书、法院或委员会计划对贷款授权有规定的,无须遵守上述要求,也无须征求委员会同意。

更多关于贷款的指引和信息，详见指引**《出售、出租、转让或抵押：受托人关于处分慈善土地的须知事项》**(CC28)。

9. 处理地方对收购的反对

某些涉及土地收购的慈善组织项目会引起当地民众反对，甚至会引起强烈的敌意。若出现这种情况，建议受托人提前做出计划，广泛征求意见，并向民众提供有关其计划和计划原因的全面信息。

10. 更多信息

本指引所述的众多问题必须获得受托人律师或合格测量师的建议。英国政府网站提供广泛易得的线上服务、工具、信息和指引，受托人应该加以利用，解决遇到的问题。

合作与合并:介绍
(CC34)

2009 年 11 月

目　　录

1. 简介

1.1 关于指引

委员会通常会给予正考虑和其他组织合作或合并的慈善组织一些建议,基于其经验,本指引指出了慈善组织在做出决定之前需要考虑的问题和因素,同时委员会介绍了不同选择所涉及的关键程序和实际措施,也可以参考《**选择合作:助你成功**》和《**合并:助你成功**》。

1.2 “必须”和“应该”:含义

“必须”,是指受托人必须遵守特定的法律或法规之要求的情形。“应该”,是指若无充分的理由,受托人应该按照基本规范的指引行事的情形。

委员会也会提供不那么正式的意见和建议,对受托人管理慈善组织有所帮助。

1.3 指引的范围

关于合作和合并的事项,本指引为慈善组织受托人及其员工(如果适用)指出某些关键问题,阐明合作工作的方式,以及其中涉及的不同结构和程序,旨在帮助慈善组织受托人决定他们是否应该继续合作和合并。如果决定继续,又应考虑哪些程序和问题。本指引关注委员会在慈善组织合作和合并中的作用,并列出其可以提供的帮助。

本指引包含某些合作与合并的案例研究。

第 2 部分介绍合作与合伙的不同形式,并描述慈善组织在合作工作中可能使用的正式和非正式结构。

第 3 部分介绍合并在实践中的含义,同时涵盖受托人需要考虑的关键因素:成本、执行官的作用以及可能出现的法律问题。

第 4 部分是关于“尽职调查”的问题,“尽职调查”用于描述慈善组织应如何确保与新的组织合并同时符合慈善组织的最大利益,并且该合并是一个合适的选择。

1.4 “合作”和“合并”：含义

本指引中的“合作”指两个或多个慈善组织共同工作，为实现其目的而共同从事一个项目，但仍然保持组织的独立性。该项目可能与慈善组织的运营活动有关，包括行政、资源分享、成本结构、服务履行、筹款活动、打广告或提升公众形象。

有时合作的决定可能促使两个或多个慈善组织正式合并，委员会使用“合并”一词来描述两个或多个单独登记的慈善组织资产的转移或结合。合并会导致一方或双方的重组或解散。在这种情况下，极可能形成新的慈善组织，也可能由一个慈善组织控制另一慈善组织。

1.5 术语解释

虽然委员会尽量在本指引中使用日常用语，但仍有些地方不得不使用术语。下面解释了其中一些术语：

慈善公司，是指符合下列条件的公司（担保人承担有限责任）：

- 根据《公司法》（2006 年）成立并注册登记的；或者
- 适用《公司法》（2006 年）；

以及

- 专门以慈善为目的；
- 可以登记也可以不登记为慈善组织（有些可能太小，以至于不能登记，有些基于其他原因可以免除登记）。

执行官，是指慈善组织最高级的员工，包括行政主管、首席执行官、管理人或者总执行官。

注意义务，是指所有受托人对其慈善组织均负有注意义务。对于非法人慈善组织的受托人，《受托人法》（2000 年）界定了注意的程度以及注意的特定情形，期望受托人合理利用其知识和经验，时刻以慈善组织利益为重。如果他们这样做，就不可能违反慈善法，受托人应利用其专业或商业知识管理运营慈善组织。

严格来说，虽然注意义务仅适用于《受托人法》（2000 年）规定的某些情形，但惯例和基本规范认为，注意义务应视为适用于受托人工作的各个方面。

虽然《受托人法》(2000 年)不适用于慈善公司,但慈善法一般原则规定的类似义务和原则也适用于身为管理人员的受托人。

审慎义务,是指受托人必须:

- 确保慈善组织具有并保持偿付能力;
- 合理使用慈善基金和资产,仅用于深化慈善组织目的;
- 避免进行可能给慈善组织资金、捐赠基金或其他资产或信誉带来不必要风险的活动;
- 将慈善组织资金用于投资或借贷资金以供慈善组织使用时,应特别注意。

规章,是指列出慈善组织目的和管理方式的文件,可以是信托协议、组织制度、组织大纲、财产转易契、意愿书、《皇家宪章》、委员会计划或其他正式文件。

法定授权,是指委员会授权慈善组织改变运作的方式,可以是计划、指令,若为慈善公司,可以是根据《慈善法》(2011 年)第 197 ~ 202 条的规定对慈善公司变更的同意:

- "指令",是指委员会签发的法律文件,例如,授予受托人新的权力或者任免受托人;
- "计划",是指委员会制定的法律文件,可以改变慈善组织目的或行政管理规定。

永久捐赠,是指受托人不能像收益那样消费财产(包括土地、建筑、现金和投资),该财产必须永久性持有,有时用于深化慈善组织目的,有时用于为慈善组织制造收益。未经委员会授权,受托人通常不能消费永久捐赠。

委员会设"慈善组织登记处",包含**英格兰和威尔士已登记慈善组织的详细情况**,法律规定多数慈善组织需要将详细情况在委员会处登记(少数可以自愿登记)。

专项信托或限定用途资金,是指由慈善组织或代表慈善组织持有和管理的资金或财产,专项信托的目的范围必须比主要慈善目的范围更狭窄。

受托人,是指慈善组织的受托人,服务于慈善组织的管理阶层,可以是受托人、管理人员、董事会成员、主管人员、委员会成员或者其他职位的人员,对慈善组织行政的总体监管负责。

有些慈善组织也有"监管受托人"或"持有受托人":监管受托人,是指慈善组织任命的监管信托财产的公司,有别于管理信托财产。持有受托人,是指慈善组织任命的持有慈善组织财产的个人,他们只能根据慈善组织的合法指示和规章规定行事。

TUPE,是指《事业转让(就业保护)条例》(1981 年和 2006 年)(Transfer of Undertakings (Protection of Employment) Regulation 1981 and 2006),这些条例及其修订继承了 1977 年《欧洲共同体既得权利指令》。TUPE 旨在保护雇员从一个雇主转移到另一个雇主时享有的权利。

虽然 TUPE 适用的范围很广,但仍然有不能适用的情形,TUPE 可以适用于慈善组织之间的合并。

2. 合作

本部分介绍合作与合伙工作的各种正式和非正式形式,同时给予受托人基本规范建议。

2.1 "合作"覆盖的范围?

简答

合作指两个或多个慈善组织为实现其目的而共同工作,但仍保持自身的独立性,工作内容可能与慈善组织运营活动有关,包括行政、筹款、提升公众形象、资源分享、成本结构和服务履行。

详答

合作涉及的活动范围较广,非正式领域包括网络、信息分享和协会成员制、集团或联合会,尽管这些非正式的合作具有重要作用,但本指引主要关注正式的合作项目,包括:

- 外包业务,如财政、信息系统支持和薪资服务;
- 分享资源,如培训或运输;
- 共享住所和经营场所;
- 增进评价和参与度以及发展服务多样化的工作模式;
- 组织间的正式合作,资源共享以保护员工或服务,慈善组织都难以单独完成;

- 共同合作旅行服务或从事活动。

案例研究

德文郡社区议事会和肯恩教区大礼堂

德文郡社区议事会（The Community Council for Devon，CCD）坐落于德文郡首府埃克塞特，年收益约为90万英镑，致力于普通慈善目的，支持乡村社区，其活动包括支持村公所、社区规划、了解住房和乡村问题、社会融合和乡村改革。肯恩教区大礼堂是坐落于埃克塞特附近的小型慈善组织，是为教区的居民提供社交、教育和娱乐的礼堂，其年收益为11,000英镑。

这两个慈善组织正计划一种新颖的合作方式，提供了一个新的为特定目的建造的综合设施，该设施为CCD提供最新的经营场所（目前是装配式房屋），为肯恩教区大礼堂提供全新的社区礼堂。在咨询专业意见后，两个慈善组织签订了合作协议，详细规定每个慈善组织投资和使用的比例。该计划已经获得全面规划许可，目前，两个慈善组织正致力于筹资计划。

这两个慈善组织都是通过社区发展活动服务于公众，从而深化其慈善目的。因此，在他们签订合作协议之前，不需要规章赋予的具体权力或是其他授权，他们的目的已经允许了该类型的合作。

该合作方式充分表明，慈善组织的合作是一个互惠互利的结果。

2.2 希望合作的慈善组织需要考虑什么基本问题？

简答（法定要求）

受托人必须为了慈善组织利益谨慎行事，实际上这意味着受托人一开始就需要明确合作的益处。

一般而言，合作不需要委员会的授权，因为受托人现有的权力可以签订合作协议，但受托人需要考虑是否要寻求专业意见，这取决于合作的性质。

详答

在和另外一个组织签订合作协议之前，建议受托人：

- 确保该合作对其用户和受益人有足够的益处，包括：
  - 成本效益；
  - 服务质量的提高；

- 涉及的受益人范围更广,确保获得慈善组织服务的人更多。
- 识别合作成功的关键因素,包括:
  - 重视每一方的独立性;
  - 协调的活动和组织结构;
  - 详细描述每一方的责任;
  - 合理分配合作的风险和复杂性;
  - 正式合同中规定合作终止条款。

不管拟定协议的范围和复杂度如何,受托人均应评估其中的风险,并进行充分说明。

案例研究

社区联盟

社区联盟(Community Alliance,CA)是4个国家网络社区的联合:巴萨科(Bassac)、社区事务(Community Matters)、发展信托协会(Development Trusts Association)和斯卡曼信托(The Scarman Trust),该联盟成立于2004年,旨在为英格兰的社区组织提供全国性的服务和支持。

CA的目标是通过建立社区团体与公众的互动关系帮助社区组织实现长远的影响效果。

CA的合作原则是尽可能地密切合作,但仍然会保持每个组织的独特特征。他们找到共同利益的领域,例如,产品开发或出版刊物,帮助每一位成员,同时为其他组织提供具体的措施。

CA的成功在于,创立一个管理良好、灵活和4个成员投入平衡的结构,第一步包括各成员组织交换员工、各组织受托人召开定期会议以及建立执行官工作团队,由项目管理人负责协调项目履行和发展联盟。

2.3 合作中可能出现哪些法律问题?

简答(法定要求)

如果慈善组织为深化其慈善目的而合作,则不会存在任何法律障碍,但考虑到合作的性质,慈善组织需要签订法律协议或合同,任何情况下受托人都必须遵循慈善组织的规章规定。

详答

考虑合作提议时,受托人应表明:

1."该合作可以深化慈善组织目的"。只要慈善组织可以证实合作可以深化慈善组织目的,那么,就有合作的余地。在许多情况下,慈善组织具有类似或共同的目的,这样程序就会更简单。

2."该合作合理利用了慈善资金"。用于合作的资源必须根据目的深化的程度合理利用。

3."产生的任何私人利益都是附带的"。私人利益是除了受益人之外的其他人或组织获得的利益,如果个人或组织获得私人利益,那么,这些利益必须是"附带的",即在履行慈善组织目的时必然的结果或副产品。

更多相关信息详见"**慈善组织与公共利益**"(Charities and public benefit)和"**慈善组织和公共利益相关法律分析**"(Analysis of the law underpinning charities and public benefit)。

受托人必须正确履行注意义务,他们应该全面思考合作工作中可能涉及的风险,尤其要考虑在合作中使用慈善组织财产或资产时,受托人应该正确评估可能的风险以及潜在的利益。如果对慈善组织财产(如贷款给合作组织)的使用和可能的风险存在任何疑问,委员会可以提供合适的意见。

在所有合作类型中,慈善组织应考虑其中一方突然无法履行其义务时产生的后果以及剩下的组织是否可以继续完成既定的工作安排。如果出现问题,会对慈善组织的信誉和资产带来一定影响。因此,签订的正式协议中应合理分配潜在的风险。

2.4 委员会应在什么时候参与慈善组织合作事宜?

回答

如果慈善组织为深化其慈善目的而合作,通常不会存在任何法律障碍,因为慈善组织具有下列权力:

- 明示允许慈善组织建立和支持任何慈善协会或机构(例如,允许慈善组织成立为自己和其他合作伙伴提供后勤服务的机构);或者
- 默示允许慈善组织通过与其他组织合作从而深化其目的。

如有必要,委员会可以签发指令明确或增加受托人的权力。在签发指令之

前,委员会应确定被提议的权力是否符合慈善组织利益。

一个慈善组织很可能和另一个慈善组织合作,但慈善组织有时也会与公共部门和私有部门合作,在任何情形下,受托人都必须确信合作可以深化慈善组织目的、是对慈善基金的合理利用以及任何私人利益都是附带的。如果存在任何疑问,慈善组织或受托人应联系委员会咨询其意见。

2.5 慈善组织合作的正式结构有哪些?

简答

慈善组织可以以各种正式或非正式的结构合作,为其受益人提供最好的服务。

下列有三种常见的结构:

- "团体结构",单独的组织成立一个正式的协会;
- "附属或联合结构",一个总机构向其成员或附属机构提供支持、战略和中心服务;
- "联盟结构",慈善组织为了共同的目的而合作。

选择上述任一种结构的原因包括:

- 为受益人提供范围更广、质量更好的服务;
- 建立知名、信赖的团体"品牌";
- 节约资金;
- 增加购买力;
- 和其他类似组织合作但保留自己的文化和身份的优点。

详答

团体结构

团体结构是慈善组织合作的典型方式,可以帮助慈善组织实现其共同的目的,或向其受益人提供范围较广的相关服务。团体结构中单独的组织成立一个正式的协会,例如,这可能包括一个慈善组织成立其他慈善组织和非慈善附属公司。

团体可以有很多形式,用于描述相关当事方的术语也有很多,但一个团体结构可能具有下列部分或全部特征:

- 团体成员共同为其受益人提供一系列服务;
- 协议正式化,例如,通过合同、服务水平协议或理解备忘录;
- 团体通常包括一个总组织、一个或多个慈善组织以及非慈善附属公司;
- 团体可以由慈善组织和非慈善组织组成;
- 团体可能只能由根据公司法成立的法人慈善组织组成;
- 团体中的所有组织都有自己的名称和目标(虽然可能存在相似的情况);
- 团体有共同的账户。

如果一个总机构或慈善组织建立了其他慈善组织和/或非慈善附属公司,那么,其他慈善组织或非慈善附属公司从事的活动可以是专业的、非慈善的或者涉及某些风险。有些慈善组织希望从事一些核心业务之外的活动,并将活动转移给其他慈善组织或非慈善附属公司,慈善组织可以将其视为单独的业务给予支持,而不需要将总慈善组织的资金和资产置于风险之中。

成为其他现有慈善组织的总机构也可以实现上述情形。

案例研究

朴茨茅斯住房协会团体(Portsmouth Housing Association Group,PHA)

PHA 团体由四个涉及社会住房和社区改革的组织组成,分别是:

- PHA;
- 朴茨茅斯门厅中心(The Portsmouth Foyer);
- 罗伯特中心(The EC Roberts Centre);
- 比尔·莎金特信托机构(The Bill Sargent Trust)。

PHA 是该团体的总公司,它的使命是"建造住房和社区",通过和团体成员以及其他当地组织的合作,PHA 为南汉普郡范围内的社区提供了一系列的服务。

PHA 成立于 1973 年,属于慈善性质的住房协会,它拥有或管理 5000 多套住房,每年增加 200 套,它也会支持许多社区机构的开发:社会企业、社区银行和社区发展培训机构。

朴茨茅斯门厅中心是一个混合型的社区组织,为年龄在 16 周岁至 25 周岁之间的年轻人提供服务,包括住房、学习和培养项目,同时,它提供就业建议、妇女项目以及支持寻求避难者。

罗伯特中心旨在为无家可归或关系破裂的家庭提供支持，它为小孩提供住所和护理服务以及联系中心和一系列租赁支持服务。

朴茨茅斯门厅中心和罗伯特中心都是在其服务领域内非常优秀的中心，它们都是已登记的慈善组织和担保人承担有限责任的公司。因此，它们拥有自己的受托人理事会进行支持和管理，同时，可以获得 PHA 的支持，尤其在提供诸如财政和人力资源方面的专业建议。

比尔·莎金特信托机构是一个慈善信托机构，研究无家可归和社会排斥的相关问题，评估当地社区银行机构的影响，正计划研究孟加拉社区的住房需求。

附属或联合结构

在附属或联合结构中，通常有一个国家慈善组织监管属于其成员（或附属机构）的地方独立慈善组织，每个地方慈善组织有自己的受托人，该受托人负责地方慈善组织的总体监管。

附属或联合结构运行举例

一个用于支持并帮助残疾人的国家慈善组织，其成员也属于独立慈善组织，与其具有共同的目的。在此例中，成员的目的限制在指定的地方区域，例如，为特定的地方地理区域的受益群体提供日常护理设施或缓解需求。

附属结构的成员有共同的名称、品牌和目的，通常需使用国家机构提供的标准规章，国家机构可能希望控制其成员的组织制度，包括以下权利：

- 同意成员名称的变更；
- 同意成员目的或受益人区域的变更；
- 基于合理的理由暂停成员资格；
- 同意解散时的资产处置。

国家机构通常具有建议和支持的职能，但也可以为成员慈善组织的运作设定条件。

如果国家慈善组织负责地方慈善组织的总体监管，这就意味着地方慈善组织不再是独立的机构，而是国家慈善组织的分支。在这种情况下，只有一个慈善组织，因而不属于附属或联合结构。尽管这些地方分支机构对采用的政策无自由裁量权（除与国家受托机构协商一致的范围外），但他们具有在国家慈善组织保护下工作的福利。

联盟结构

本指引中,委员会使用“联盟结构”一词描述多个单独的慈善组织为了共同的目的而合作,有时称为“平等合作”。该合作只是基于某个特定目的的临时合作或者成立一个新的协会(如下面的案例研究)。

案例研究

灾难紧急救援委员会(The Disasters Emergency Committee,DEC)

DEC 是一个已登记的慈善组织,属于引导英国独立的人道主义代理机构的国家平台,其主要工作是通过以下方式支持其成员缓解人民疾苦,抵抗海外灾难的影响:

- 建立有效的筹款机制,通过媒体向公众进行全国性的筹款;
- 确保筹款资金有效、及时和恰当地使用;
- 促进代理机构间的合作、协调和交流;
- 提高实施人道主义的标准。

DEC 的目的是为共同筹款提供一个国家平台,协助并促进应对海外灾难可靠信息的有效交流。DEC 设有一个小的秘书处,负责管理筹款救灾工作,并享有外部组织的大力支持。外部组织在筹款救灾期间提供服务,收取较少费用,甚至不收取,这种有力且广泛的支持称为“急速应对网络”。其迅速成立救灾工作小组并保证其成本效益。同时,通过传播关于危机的情况确保公众了解每种灾难的损害程度和灾民的需求,并为捐赠者提供公开便利的途径。

DEC 的主要特征为其成员代理机构承诺,首先,在国家筹款工作小组成立时共同合作。其次,共同和各自对筹款资金的用途负责。

2.6 正式的合作协议有哪些类型?

简答(法定要求)

正式的合作协议有不同的类型,例如:

- 合同;
- 服务水平协议;
- 理解备忘录。

受托人必须确保在起草合作协议时正确履行审慎义务,协议规定的内容应能充分保护各方利益并考虑可能的风险，而非抑制创新或使慈善组织承担不合理的管理费用。

详答

如果合作涉及的风险较小，内容包括知识、经验或实践信息的分享等，那么，非正式的合作通常比较合适，但即便是非正式的合作，为避免混乱，也应书面清晰地列出安排和程序。

正式的协议可以使慈善组织受托人更好地识别和管理风险。签订正式的合同可减少法律上的风险，如果仔细拟定合同，也可以保护慈善组织的资产和信誉免受风险。慈善组织受托人在签订正式的合作协议时是否需要寻求专业意见，取决于受托人及其员工的技能和经验。

合作可以采取合资公司的形式，即通过成立一个单独的公司，以区分合作项目和每个慈善组织正进行的活动。

在签订正式协议之前，受托人应确保其慈善组织存续期间可以满足合同条件。

协议应设定基本规则，但不能过于负责。也应拟定协议的终止条款，以防情势变更，协议难以继续。

3. 合并

本部分介绍什么是慈善组织的合并以及其中涉及的关键法律和实践问题，考虑合并的问题时，慈善组织必须：

- 核查慈善组织是否有规章规定或委员会的法定授权；
- 确保合并慈善组织的目的和结构具有足够的相似性。

3.1 什么是慈善组织的合并？

简答(法定要求)

慈善组织的合并指两个或多个单独的慈善组织融合为一个组织，在这种情况下，将会成立一个新的慈善组织继续工作或管理之前所有慈善组织的资产，或者一个慈善组织负责管理另一慈善组织。受托人的行为必须符合慈善组织规章规定或者法律赋予的权力范围，确保任何合并都是合法有效的，如果权力不足，受托人可以向委员会申请额外的权力。

详答

合并通常与商业有关,两个或多个公司为节约成本、增加利润以及改善服务而合并。对于慈善组织来说,合并的主要目的应是更好地满足受益人或用户的需求,最大限度地利用慈善基金和财产。

慈善组织合并的实际程序取决于相关法律结构以及每个慈善组织规章包含的权力,合并通常采取下列形式之一:

(a)两个或多个慈善组织将所有资产和资源转移给一个新的慈善组织,这个新的慈善组织的目的必须与原慈善组织的目的相似,可为或不可为的事项将取决于:

- 规章对于解散慈善组织的规定,其财产如何处理,决定如何做出("解散条款");
- 如果不存在"解散条款"或类似的条款,则应分析慈善组织的目的以及如何使用其财产;广义而言,目的必须足够相似,以确保原慈善组织受益人在合并后仍可受益。同时,应核查规章对于慈善组织的财产使用是否有任何限制性规定,因为这关系到合并是否可以顺利进行(详见第3.2部分和第3.5部分)。

(b)一个或多个慈善组织将其资产转移给一个现有的慈善组织;

(c)两个或多个慈善组织融合在一起,其中一个慈善组织(或其受托人)成为其他慈善组织的受托机构,严格说这不属于合并,因为仍然存在两个或多个单独的慈善组织(如分布在国内各地)。在这些情况下,受托人在做出融合的决定时,必须清楚他们代表的是作为受托机构的慈善组织的利益而非代表其他慈善组织(合并后前述受托人也属于这些慈善组织的受托人)的利益。

如果慈善组织受托人正考虑合并的可能性以及各种选择的可行性,他们可能发现,有些法律问题需要委员会的建议或指引。如果签订合并协议的法律授权是必要的,那么,委员会很乐意为受托人提供建议从而使其做出最有效的选择。

案例研究

英格兰志愿组织

下列3个高规格的慈善组织已经合并,在2004年成立了英格兰志愿组织:

- 志愿机会协会:年收益约210万英镑,全国共有5个机构;
- 国家志愿中心:年收益约为270万英镑,全国共有32个机构;
- 英格兰志愿发展组织:年收益约为50万英镑,国内及海外共有15个机构。

合并之前,这三个慈善组织已经成功合作了很多项目,最后的合并似乎是"水到渠成"的事情。

受托人意识到,需要有一个全国性的组织,因为这三个慈善组织的核心职能重合。因此,为确保三个慈善组织的地位平等以及更好地反映三个组织合并创新的基本原则,现有的慈善组织成立了一个新的慈善公司——英格兰志愿组织。该组织的组织大纲和公司章程规定成立一个全新的受托人理事会,该理事会成员有的是从公司成员中挑选的,有的是其他志愿机构任命的。

下面是合并的优点:

- 更有效地利用资源、专业技能、知识和信息;
- 更有力地沟通;
- 创立联合的国家、区域和地方志愿者发展计划;
- 提升政策、研究和资助方面的战略思考;
- 避免无谓的重复工作、实现规模经济和改善资金的获取渠道。

该合并已经带来如下益处:

- 成立了一个新的组织——英格兰志愿组织;
- 全新加强的活动项目,充分利用新慈善组织员工、董事会和顾问团队的技能、知识和专业知识;
- 与原3个慈善组织收到的资助相比,政府资助的水平有所增加;
- 形成更强大的"志愿"品牌,在全国和地方的地位都有所提升;
- 员工士气高涨;
- 提高关键股东对组织的信任。

新的董事会认为合并成功,因为3个原慈善组织受托人都一致认为合并有助于志愿事业的更好发展。因此,良好的环境促使合并的顺利进行,合并对于原慈善组织来说具有重要的战略意义。

3.2 合并之前需要收集哪些信息?

简答

合并提议中应包含相关慈善组织的目的、权力和财产等信息,这有助于在合并之前了解潜在的问题或法律障碍。

详答

下面是需要的信息举例:

- 每个慈善组织的结构是什么,属于非法人协会、信托公司还是慈善公司?
- 每个慈善组织的目的是什么?
- 每个慈善组织实现合并的权力有哪些?
- 慈善组织具有转移资产所需的权力吗,如解散的权力?
- 慈善组织具有接收资产所需的权力吗,例如,慈善组织可以像受托人那样行事吗?
- 哪些财产将被转移?
- 慈善组织的资产是作为永久捐赠资金持有或者用于转向信托吗?避免和任何接收财产的慈善组织的资产相混合(详见第3.5部分)。

3.3 合并需要委员会同意吗?

简答(法定要求)

不一定,多数慈善组织的合并不需要委员会同意,但若慈善组织权力不足或者规章明确规定解散或合并需要委员会同意。

详答

慈善组织规章一般会包含允许慈善组织合并所需要的权力,以下是受托人通常具有的权力:

(a)解散慈善组织以及将资产转移到与其具有相同或类似目的的另一慈善组织的权力,受托人使用该权力一般不需要委员会事先同意,规章另有明确规定的除外。

(b)合并的明示权力,即委员会规章模板中包含的权力,那么,慈善组织合并前不需要委员会事先同意。

如果委员会的现有权力(明示的或默示的)不允许慈善组织和另一慈善组织合并,那么,委员会很乐意为慈善组织提供合适的建议和指引,以帮助慈善组织找到最佳的方法。

3.4 慈善组织的目的必须相同才可合并吗?

简答(法定要求)

不一定,但需要合并的慈善组织的目的必须兼容。

详答

受托人在转移慈善组织资产到另一慈善组织时,其主要责任是考虑受益人的需求和利益。需要合并的慈善组织的目的必须兼容。结合解散条款的规定和转移资产的慈善组织使用的其他权力,转移资产的慈善组织必须确保接受资产的慈善组织具有合适的目的。

如果有任何疑问,委员会很乐意就接受资产的慈善组织的慈善目的的适宜性给予建议。

3.5 如果转移资产的慈善组织有专项信托基金、限定用途资金或永久捐赠资金,这会影响慈善组织的合并吗?

简答(法定要求)

不会,但受托人应清楚地了解这些类别的资金,因为其必须用于规定的用途,不得与转移给其他慈善组织的普通资产相混合。

详答

通常受托人应确保转移给新慈善组织的专项信托基金、限定用途资金和永久捐赠资金应继续按照法律规定单独区分并限定用途,但有时专项信托基金或限定用途资金的条款规定这些资金可以被清算并转移到新慈善组织的普通资产中。如果条款规定不允许,那么,现有慈善组织受托人可以在合并时任命新的受托人接管专项信托基金(可能是接受转移资产的慈善组织的受托人),受托人可以咨询相关法律建议,如果缺乏任命权,委员会很乐意提供帮助。

案例研究

莎金特幼年白血病救助组织(CLIC Sargent)

幼年白血病救助组织(Cancer Leukaemia in Childhood,CLIC),年收益约为640万英镑,莎金特儿童癌症治疗组织,年收益约700万英镑,这两个组织都是全国性的慈善组织,为患有癌症的儿童、年轻人及其家人提供医疗、心理和情感上的支持。

合并时,他们选择清算两个现有组织,将资产转移至一个新成立的具有相同目的的慈善公司。

CLIC和儿童癌症治疗组织合并的主要目的是:

- 加强对慈善组织用户的服务提供;
- 整合资源,新慈善组织的目标年收益预计可达到1700万英镑;
- 完善管理安排。

委员会与两个慈善组织的代表及其专业顾问讨论了具体的步骤,下面几个环节需要委员会的参与:

- 就新慈善组织的规章制定给予建议;
- 负责登记新慈善组织;
- 签发指令,将42项财产的所有权从原慈善组织转移给新慈善组织。

对于合并的决定,受托人需要考虑的主要问题有:

- 确保整个合并过程中受益人的服务不中断;
- 协商新慈善组织的名称、品牌和身份;
- 确保吸收、重组和招募程序的效率,尽量不要扰乱慈善组织员工工作和活动的进行。

CLIC和儿童癌症治疗组织于2005年1月合并,该合并非常成功,新的慈善组织即莎金特幼年白血病救助组织加强了为受益人提供的服务,并有望实现其预计收益。

莎金特幼年白血病救助组织很乐意和其他想合并的慈善组织分享经验,如果有需要,请拨打020-87522800。

3.6 受托人希望规章规定哪些允许合并的相关权力？

简答(法定要求)

慈善组织规章(通常是信托书、组织制度或组织大纲和章程)可能包含允许实现合并的相关权力,但不同的慈善组织规章可能规定有不同的权力。

最常见的权力是允许受托人解散或清算慈善组织,并将慈善组织的资产转移给予其具有类似目的的其他慈善组织。有些慈善组织可能具有与其他慈善组织合并的明示权力。

详答

下面是不同规章规定的一些内容:

信托机构:由信托协议管控的信托机构通常没有成员,所有的决定都是受托人根据信托协议规定的程序做出的。信托协议可以规定允许合并的明示权,或者解散并将资产转移给其他慈善组织的权力,或者同时规定这两种权力。

非法人协会:此类慈善组织具有很多成员,其规章(通常是组织制度)可能包含合并的明示权,也通常包含解散并将资产转移给其他慈善组织的权力。虽然受托人负责总体管理慈善组织,但对于诸如解散慈善组织之类的决定需要成员们的投票表决,这就意味着成员可以投票反对解散的提议(详见第3.7部分)。

慈善公司:慈善公司的规章是组织大纲和章程,通常涉及合并的一系列权力。

根据《慈善法》(2011年)第197条至第202条的规定,慈善组织变更目的或者限制其财产使用方式都需要委员会事先同意,慈善公司组织大纲和章程或解散条款的变更也必须通知工商局。

由于慈善公司的财产具有可支出性,因此,它们之间的合并显得并不复杂。慈善公司不能共同持有永久捐赠资金,因为由于慈善公司的性质,其永久捐赠资金由信托机构持有,用于投资或予以保留,并且必须只得用于深化其捐赠时希望实现的慈善目的。慈善公司所有资产必须用于其自己的普通目的,比捐赠资金的使用目的范围更广泛(包括清算时支付债权人费用)。永久捐赠资金可以由信托机构持有,但不得作为公司财产。

3.7 慈善组织的成员在合并中的作用？

简答

非法人协会和慈善公司通常具有成员制结构，其规章会表明这些成员在管理慈善组织中的作用。

详答

如果慈善组织有成员，受托人应考虑成员在合并初期的作用和参与度，这特别重要，特别是合并的提议和权力行使是否需要成员的同意或其他参与，例如：

- 慈善组织规章可能要求受托人在作出是否合并的决定前，要求其成员进行投票；
- 某些规章要求成员对解散慈善组织和转移资产的提议进行投票。

3.8 小型慈善组织的合并程序有不同的地方吗？

《慈善法》（2011年）第267条至第292条对某些小型慈善组织做出了特别规定：经委员会同意可以转移财产、更改信托或使用资本。

3.9 在估计合并成本时受托人需要考虑的事项？

简答

请不要低估合并的成本费用，留出足够的合并资金，并不断核查实际成本和预计成本之间的差距。

详答

有些成本费用可以提前计算，例如：

- 服务的改造或开发；
- 普通技术和信息系统的引进费用；
- 专业人员费用；
- 广告费；
- 品牌重塑费；
- 员工时间；
- 重新选址的费用；

- 管理费用,如专门会议、成员变更或受益人变更。

无法预见的成本费用可能包括:

- 由于将时间花费在合并上而失去新的主动权、机会或收益来源;
- 可能的混乱,例如,重新选择办公室或裁员过程造成的混乱;
- 法律的变更,例如,可能会影响新职员的条款和条件以及新慈善组织转为普通就业条款和条件的速度;
- 履行目的过程中出现的混乱;
- 现有资助的流失(例如,如果一个资助者正同时向两个慈善组织捐款,但其政策规定只能向一个组织捐赠)。

从短期上来看,合并的成本费用多于其带来的利益,受托人需要能够确信预计的长远利益会超过合并的成本费用。

有些资助机构会资助慈善组织的合并。虽然合并从管理上来说比较简单,但会因组织和文化的变化而变得复杂。因此,专业人士给予的意见对于考虑合并的慈善组织而言可能大有益处。针对比较重要的合同,受托人应咨询专家的意见。

3.10 慈善基金可以用作合并的成本吗?

回答

可以,将慈善基金用作合并的成本属于慈善资金的正当使用。

3.11 慈善组织的合并需要考虑的其他问题有哪些?

简答(法定要求)

慈善组织受托人负责评估合并的提议,但其通常会授权慈善组织的高级职员代为评估。但受托人自己在做任何决定之前应全面考虑所有相关问题。

详答

研究合并提议时需要考虑的主要问题有:

- 合并是否符合慈善组织受益人的最大利益;
- 说明所有的法律问题,确保合并合成符合慈善组织规章的规定;
- 如何保持机密性;

- 正确评估劳动问题，如 TUPE 的规定、养老金(特别是退休金计划)和劳动法的规定；
- 妥善处理员工问题，例如，处理好裁员问题(包括执行官和其他高级职员)，并鼓舞员工士气；
- 评估合并提议中涉及的风险，包括运营和信誉风险。
- 影响合并的其他因素包括：
  - 良好交流沟通的需要(包括内部和外部)；
  - 将来的办公地点；
  - 填补关键的职位，例如主席、执行官和委员会成员；
  - 决定新慈善组织名称、品牌和身份的重要性；
  - 把握与合并利害关系的人和组织的期望；
  - 合并初期与现有的资助者协商；
  - 对筹款能力的任何影响因素，如捐赠者减少的可能性；
  - 组织文化；
  - 内部政治。

3.12 合并的计划过程应考虑哪些因素？

简答

合并属于重大项目，不仅要考虑合并过程中涉及的各种文化因素，同时一个结构化的项目管理程序有助于确保整个合并过程的规划、时间和成本计算。

详答

合并的计划过程通常包含以下程序：

- 共同研究(合并的所有当事方)关键问题，包括：
  - 合并的原因；
  - 潜在利益；
  - 潜在障碍。
- 初步可行性研究、成本效益分析和风险评估；
- 任命合并项目经理或分配资源、管理合并程序；
- 顾问进行法律和会计分析；

- 如果存在权力或法律问题,可以与委员会讨论并咨询其意见;
- 正式的尽职调查(可以内部进行或者由慈善组织的审计员或专业顾问进行);更多关于尽职调查的信息详见第4部分;
- 每个受托机构给出进行合并的正式决定。

上述程序并非详尽的,具体取决于慈善组织合并的规模和性质。

3.13 执行官在合并程序中的角色是什么?

回答(法定要求)

法定要求:执行官在合并中的角色是多变的。在许多情况下,执行官的参与对合并程序至关重要,如他们发起合并的提议。尽管如此,合并的整个过程仍必须由慈善组织受托人控制。被授权负责某些任务的执行官和其他个人(包括顾问)或委员应定期向受托人报告。

有时合并可能会导致执行官这个职位不复存在。这种情况下受托人应和执行官、员工和其他重要股东沟通。

3.14 除了委员会还需要其他公共机关参与吗?

简答

可能会有,合并程序涉及的每个慈善组织在尽职调查程序中(详见第4部分)应考虑对于合并程序是否需要咨询其他机构。

详答

以下是合并程序可能需要接洽的机构:

- 英国税收与海关总署(合并会影响慈善组织的税收或交易安排);
- 工商局(设立新公司、解散现有慈善组织或者变更组织大纲和章程);
- 土地登记管理局(土地或财产从一个组织向另一组织转移);
- 揭露与阻挡服务(慈善组织负责监督与受益人工作的志愿者或员工,并按要求检查);
- 当地机关(如因为获得税收优惠的详细信息变更或社会募捐许可等原因);

- 医疗服务质量委员会(慈善组织的活动受到审查)。

该清单并不详尽,具体因慈善组织的目的和活动的不同而有所变化。

3.15 登记合并的职责是什么?

简答(法定要求)

GOV. UK 网站中有**合并**的登记信息,它只包含接收转移资产的慈善组织告知给委员会的相关合并信息。

详答

《慈善法》(2011 年)第 305 条至第 312 条规定了合并应进行登记。

该规定旨在表明以下两个问题:

- 一个慈善组织将其所有财产转移给另一个慈善组织并且已经不存在,那么,该慈善组织的遗产是否可以转移给之前接受其资产的慈善组织,对此存在不确定性;
- 简化合并过程中,财产转移的法律程序。

《慈善法》(2011 年)第 306 条第 1 款解释了相关合并(应登记的内容),广义来说,相关合并包括:

- 解散并转移资产的慈善组织;
- 设立慈善公司的情形(非法人慈善组织清算并将其资产转移给一个新成立的慈善公司);
- 两个或多个慈善组织解散并将其资产转移给一个新慈善组织的情形。

委员会只需要登记接受转移资产的慈善组织受托人通知的合并事项,通知的合并可以发生在《慈善法》(2011 年)第 305 条至第 312 条生效之前。但若使用了授予财产声明来转移财产所有权,那么,接受转移资产的慈善组织受托人必须通知委员会。

接受转移资产的慈善组织受托人可以**使用申请表**(application form)来通知委员会相关合并事项。

4. 尽职调查

4.1 什么是"尽职调查"?

简答

"尽职调查"一词起源于公司企业,用以描述组织为确保合并符合其最大利益而采取的措施。在慈善组织中,"尽职调查"指在合并完成前对其他慈善组织的调查,经过尽职调查,慈善组织可以充分了解他们即将合并的组织。

如果慈善组织的合作中涉及重大财务或信誉风险,也需要使用相同的程序,即使可能不称之为"尽职调查"。

尽职调查程序花费的成本费用属于慈善资金的合理利用,但应该提前预估费用并定期审核,确保与风险相称。

详答(法定要求)

合作和合并可能会给慈善组织带来一系列的风险,包括附加的责任。所有慈善组织受托人必须遵守其行为符合慈善组织利益的法定义务。在计划合并或合作时,受托人应在签订任何协议之前了解可能会给慈善组织带来的潜在风险。

审查的性质应与下列因素相称:

- 提议的范围和性质;
- 相关收益和开支数额;
- 正在进行和计划进行活动的性质。

例如,如果慈善组织具有下列情况,则需要更严格地调查:

- 复杂的服务履行安排;
- 从事高级别或敏感的工作;
- 有附属的慈善组织;
- 在许多地理区域运作;
- 有一个或多个附属交易公司;
- 拥有大量财产和资产;
- 有限定用途的资金或永久捐赠资金。

根据受托人的初步评估,受托人可以咨询专业意见,确保进行尽职的调查。

4.2 尽职调查涉及哪些领域?

简答

尽职调查包括调查商业、财务和法律方面的事项,可能还会包括筹款策略、预计收益来源评估、财产、养老金以及信息技术系统的提供和维修等方面的问题。

详答

下面是尽职调查涉及的问题分类:

商业尽职调查

- 初步程序(包括协商工作程度、建立主要联系方式以及与其他尽职调查顾问联系);
- SWOT(优势、劣势、机会、威胁)分析;
- 对将来收益的影响;
- 竞争水平;
- 管理资源。

财务尽职调查

- 初步程序;
- 财务审查:历史记录
- 法定资料;
- 管理和员工;
- 管理信息和会计系统;
- 会计方案;
- 财务效益;
- 净资产;
- 现金流动说明和预报;
- 税务;
- 普通事项(养老金、保险)。

法律问题

- 初步程序;

- 需要的权力；
- 遵守相关法律，如 TUPE；
- 财产问题，如转租、所有权转移；
- 合同问题；
- 新合并机构任命受托人的规则；
- 资产的性质，如永久捐赠资金。

4.3 尽职调查程序应如何实施？

回答

对于尽职调查程序的实施没有固定的方式。

虽然正考虑合并的所有慈善组织的受托机构应进行尽职调查，但不一定要咨询专业意见。如果受托人有足够的经验，完全可以自行进行尽职调查。而外部建议具有独立性和客观性的优点，受托人也可以询问比较棘手的问题并请求书面解答。

尽职调查可以提供具有专业知识的受托人，帮助在合并谈判中建立信托，并在合并后完成信托。尽职调查也可以提前发现正式合并过程中可能出现的问题，使受托人可以在合并初期便恰当地说明这些问题，这有助于合并的顺利进行。

致谢

十分感谢所有为本指引编写过程提供帮助的人或机构，并感谢英格兰志愿组织、CLIC Sargent、DEC、CA、PHA、德文郡社区议事会和肯恩教区大礼堂允许我们将其合并作为案例研究。

受托人、交易与税收：慈善组织如何合法交易
（CC35）

2016 年 2 月

慈善委员会

目　　录

1. 简介

1.1 关于指引

本指引解释慈善组织从事交易的时间和方式,主要关于以筹款为目的而进行的交易活动,而非通过交易来履行慈善组织宗旨。同时,也解释应在何时设立单独的贸易公司专门进行此项活动。通过其他方式筹款而非交易筹款的相关信息详见慈善委员会指引《慈善筹款:受托人义务指引》(CC20)。

本指引也包含交易利润的企业所得税适用方面的基本信息,因为,这是决定慈善组织应采用哪种组织结构进行筹款交易的重要因素。

慈善组织交易利润税收方面的信息详见英国税收与海关总署(Her Majesty's Revenue and Customs,HMRC)网址**www. hmrc. gov. uk**,参考指引中慈善组织部分中的交易与商务活动指引,本指引对该信息的参考将贯穿整个指引。

1.2 "必须"和"应该"的含义

本指引中:

"必须",是指受托人必须遵守法律或规章要件。

"应该",是指委员会希望受托人遵循的基本规范并将其应用于慈善组织。

遵循慈善委员会指引中列出的基本规范有助于慈善组织有效地运作,避免困难,也可以更好地遵守法律责任,慈善组织因其规模和活动而异,所以,应仔细思考决定怎样有效地将基本规范适用于慈善组织的具体情形,特别是在慈善组织决定不遵守基本规范时,委员会希望慈善组织可以作出解释。

在某些情形下,如果慈善组织不遵循基本规范,那么,其就无法遵守其法律责任,例如(见表1):

表 1

法律责任	基本规范
行为符合慈善组织利益	处理利益冲突
负责地管理慈善组织资源	实施合理的财政控制管理风险
行事时应合理注意并运用相关技能	有需要时接受合理意见,如买卖土地或者投资时(某些情况下这可能成为法定要求)

受托人若违反其法律责任，则必须对结果和慈善组织可能遭受的损失负责。委员会调查受托人违反信托、责任或其他不当行为或不当管理时，应考虑受托人因不遵循基本规范而使慈善组织及其资产和受益人受损或带来不必要风险的证据。

1.3 先前的指引

本指引替代2001年7月出版的指引《慈善组织及其交易》(CC35)。本指引以更明确的措辞方式，为慈善组织投资和使用附属交易公司提供更多实用性的建议，反映法律的发展以及委员会对于该问题的经验。

1.4 指引的使用

本指引共有两个主要部分。第一是第3部分，解释慈善组织直接从事交易活动或者考虑从事交易活动的情形；第二是第4部分，解释慈善组织成立一个附属交易公司从事交易活动，或者需要成立贸易附属公司的情形。

每个部分分为许多小部分，以问题作为开始，然后进行简答，最后给出更详细的解释。

1.5 术语解释

下面是本指引中使用的术语，应作如下具体解释。

《1988年法》，是指《公司所得税法》(1988年)。

附带交易，是指附属于慈善组织主要目的下的交易，法律上属于慈善组织“主要目的交易”的一部分。

应税期间，是指所得税的税收年。如果是企业税，则指会计期间。对慈善信托受托人(符合免税的除外)应征收所得税，对法人慈善组织和非法人慈善协会(符合免税的除外)应征收企业税。

慈善开支，是指《1988年法》第506条中界定的术语，即专门用于慈善目的的开支。

委员会，是指慈善委员会

博彩委员会，是指根据《赌博法》(2005年)规定成立的博彩委员会，代替之前规范赌场、宾戈、博彩机器和乐透的大不列颠博彩委员会。

捐赠给付,是指该计划可以为捐赠给付给慈善组织的公司和个人提供税收优惠。如果是由应纳税的个人捐赠,那么慈善组织可以主张归还税收(如果税率较高,捐赠者可以获得额外的税收优惠);如果是由公司捐赠,那么捐赠数额可减少公司的应税收益。

规章,是指列出慈善组织目的和如何管理的文件,可以是大宪章、信托协议、组织制度、组织大纲、意愿书、转让证书或委员会计划。

HMRC,是指英国税收与海关总署

其他活动的收益,是指慈善组织应税的非交易收益不符合任何慈善组织免税规定,也不符合除小规模免税之外的其他免税规定。

法人慈善组织,是指慈善组织设立为公司、工业福利协会或其他类型的法人机构。

非主要目的交易,在实践中,主要指以为慈善组织筹集资金为主要或唯一目的而进行的交易。

非慈善开支,不属于《1988年法》第506条对慈善开支的界定,即不是专门用于慈善目的的开支。投资(包括贷款,无论它们是否是投资)通常不属于"开支",但某些情形下,第506条将贷款、投资视为非慈善开支。同时,如果对英国之外的机构给付未采取合理措施确保该款项会用于慈善目的,也自动视为非慈善开支。

(母)慈善组织,是指拥有附属交易公司的慈善组织。

主要目的交易,是在慈善组织主要目的实施过程中慈善组织进行的交易,包括主要由慈善组织受益人进行的交易。后者常常在前者实施过程中进行,这两类交易的处理方式类似。

小规模免税,是指《金融法》(2000年)第46条规定,慈善组织交易利润免纳所得税和企业税,以及上税的其他收益,条件是交易营业额和其他相关收益不得超过具体的起征点。

受托人,是指慈善组织受托人。可以是受托人、管理人员、董事会成员、主管人员、委员会成员或者其他职位,对慈善组织行政的总体监管负责。

附属交易公司,是指一个慈善组织或多个慈善组织拥有的代表慈善组织从事交易的非慈善交易公司。本指引中假设这类公司是在英格兰、威尔士、苏格兰或北爱尔兰中的任意地方成立的,本指引中的"附属交易公司"包括由多个慈善

组织全资拥有的公司，即使它实际上不属于任何一慈善组织的“附属公司”。

非法人慈善组织，是指未经过法定注册程序成立的慈善组织，一般由受托人代表慈善组织。

增值税群，是指许多组织组成的团体（通常由慈善组织及其附属交易公司组成），在征收增值税时，通常看作一个实体。

2. 总结

根据英格兰和威尔士的法律，慈善组织可以从事某些类型的交易。

相比于普通商业公司，慈善组织可以在交易利润的税收方面享受很大优惠。例如，根据增值税（Value Added Tax，VAT）的规定，慈善组织的某些买卖可以免征增值税，根据直接税的规定，慈善组织存在很多优惠，例如：

- 在某些情况下，慈善组织的交易利润可以免税，包括主要目的交易的利润、彩票收益和筹款活动的收益，慈善组织的收益免税是有条件限制的；
- 慈善组织将捐赠物出售获得的收益一般不视为交易利润，不征税。

但是，对慈善组织的优惠待遇是有代价的，虽然慈善组织为实现其慈善目的基本可以自由交易，但对其筹款交易仍有一定限制，慈善组织不可以从事可能会对其资产带来重大风险的商业交易。

如果交易（除为其慈善目的而进行的交易）会对慈善组织资产带来重大风险，交易必须由其附属交易公司进行。但是，即使在附属交易公司从事交易并非关键的时候，使用附属交易公司仍可带来益处，如减少税务负担。特别是，附属交易公司可以将交易利润转移给慈善组织，该转移收益就不需要再征税（“捐赠给付”），因此，减少或免除附属公司利润税收。

但是，在不关键的时候使用附属交易公司并不总是有益的，因为它可能会涉及额外的管理和其他费用。虽然直接的财务因素并非是唯一的相关因素，但可能需要财政来平衡获得的优势。通过区分交易业务和慈善组织的主要工作，展示慈善组织的组织性和财务性，使用附属交易公司对交易业务有很大帮助。

拥有一个或多个附属交易公司的慈善组织，其受托人应当了解自己的责任。他们需要特别注意，在做所有与关于附属交易公司有关的决定时，慈善组织利益永远是最重要的。附属交易公司及其管理人员、债权人或员工利益必须在慈善组织利益之后。

这是因为,使用附属交易公司可使慈善组织受益,例如,保护慈善组织资产免受交易的风险,或者通过税收优惠增加慈善组织财政收益。如果为附属交易公司或其管理人员、债权人或员工的利益,将慈善组织资产使用或置于风险之中,那么,就违背了使慈善组织受益的目的。在此种情况下,慈善组织受托人可能会对慈善组织资产的任何损失或价值减少承担个人责任。

本指引指出适用于慈善组织自己从事交易活动的主要原则和考虑因素。但是,由于该领域法律的复杂性,以及失误带来的潜在不利影响,从事实质性交易业务的慈善组织及其受托人应咨询合格的专业人员意见。

更多信息

慈善组织的交易业务,详见第 3 部分。

附属交易公司的更多信息,详见第 4 部分。

3. 慈善组织的交易业务

3.1 什么是交易?

简答

销售商品(包括财产)或服务是任何交易的显著特征,但是,在有些情况下,慈善组织出售商品或服务并不被视为“交易”,产生的收益也不被视为交易利润。这个区别很重要,例如,交易利润是需要上税的情况。

详答

慈善组织出售商品和服务是否属于“交易”,取决于许多因素,包括:

- 交易的次数和频率;
- 出售商品或服务的性质;
- 慈善组织将获得的商品出售的意图;
- 该商品能否被使用,是否属于慈善组织所有;
- 销售性质和方法;
- 是否存在营利性目的。

但是,出售商品、服务和财产深化慈善组织目的这一事实,或者将交易利润用于深化目的这一事实,并不会妨碍将慈善组织的此类活动视为“交易”。

下列活动通常不被视为“交易”,其中的收益也不被视为交易利润:

- 为出售或出租目的，慈善组织将受赠物品出售或出租；
- 出售投资产品；
- 为慈善目的，出售慈善组织正使用或用过的资产；
- 出租闲置的土地和建筑。

如果一个慈善组织正在交易，其交易利润原则上应征收企业税（如是慈善信托，则征收所得税），法定应免税的除外，更多相关信息详见第3.4部分。

更多信息

关于慈善组织交易业务的更多信息，请查阅HMRC网站交易和商务活动指引。

慈善组织出租财产时，受托人一般应咨询合格的测量员意见，详见委员会指引《**出售、出租、转让或抵押：受托人关于处分慈善土地的须知事项**》（CC28），如果将服务提供给用户，那么，这类出租就相当于财产业务，属于"交易"。

3.2 慈善组织可以从事什么类型的交易

简答

慈善组织可以从事能直接有助于深化其慈善目的的交易活动，或者（如果目的是筹款）不会涉及重大风险的交易活动。

详答

如果慈善组织的交易活动属于下列类型，则慈善法允许慈善组织进行交易：

- "主要目的交易"（详见第3.6部分）；
- "附带交易"（详见第3.7部分）；
- 对慈善组织资源不会带来重大风险的"非主要目的交易"（详见第3.8部分）。

注意上面列出的第三类，对慈善组织资源不会带来重大风险的"非主要目的的交易"，通常理解为包括以下两类：

- 根据相关条件从事彩票交易（详见第3.11部分）；
- "小规模免税"规定内的交易（详见第3.12部分）。

但在不同的情形下，可能也会包含其他类型的交易。

更多信息

在慈善组织经营场所销售酒精的相关信息，详见《**慈善会议和活动中的酒精**

销售》。

3.3 出售或出租捐赠物品是“交易”吗？

简答

不是。如果以出售或出租为目的的出售或出租捐赠物品一般情况下不属于“交易”，那么，其所得收益便不视为交易利润，不需要征收企业税(如是慈善信托则征收所得税)。这些买卖属于增值税零税率。

详答

出售或出租捐赠物品不被视为“交易”。它属于商务活动，属于增值税范围。但是，如果捐赠物品是通过慈善商店、慈善拍卖或类似活动出售或出租给公众、残疾人或者获得某些特定福利的人，或者出口，那么，该买卖就是零税率的。如果是通过附属交易公司出售或出租捐赠物品，也可能是零税率的(详见第4部分，特别是第4.13部分)。

如果慈善组织用于出售的捐赠物品在出售前发生实质性的改变，例如，从捐赠原材料变为制成的、可以直接销售的物品，那么，该销售利润可以视为交易利润，增值税待遇可能受影响。但是，需要分类和清洗的物品，或者需要简单维修的物品，不视为交易利润。

详见第3.10部分。

3.4 慈善组织必须就交易利润上税吗？

简答(法定要求)

是的。除另有规定可免税，交易利润以及慈善组织其他收益应征收企业税(如是慈善信托，则应征收所得税)。

详答

如果交易属于下列类型，那么，慈善组织交易利润可免征企业税(如是慈善信托则免征所得税)：

- “主要目的交易”(详见第3.6部分)；
- “附带交易”(详见第3.7部分)；
- “小规模免税”规定内(详见第3.12部分)；

- 彩票(详见第3.11部分);
- 与筹款活动有关(详见第3.13部分)。

在这些情形下,免税条件是交易利润必须只能用于慈善组织目的。

同样,注意以出售或出租目的的出售或出租捐赠物品一般情况下不属于"交易",那么,其所得收益便不需要征收所得税或企业税(详见第3.3部分)。

慈善组织的多数收益(除交易利润外)都可免征所得税或企业税,或符合一定的减免政策,只要这些收益用于慈善目的。但是,某些非交易收益(专门描述为"其他活动的收益")需要上税,某些情况下,可能会适用"小规模免税",但其他情况下完全没有任何减免优惠,这类"其他活动的收益"包括:

- 承销股票所得收益(除非定期承销股票,那么,可能被视为交易);
- 出售土地所获收益,视为应征税的收益而非资本,因为,获得该土地目的就是处置获得收益,或者因为根据买方后续开发土地可能的利润确定出售的对价。

如果慈善组织用附属交易公司从事上述其他活动是有益的,那么,附属交易公司应征的企业税可能可以减免(详见第4.4部分)。

但本指引主要是关于慈善组织及其交易,不是关于如何减少税务,慈善组织在将此类非交易活动转移给附属交易公司之前应咨询专业意见。

更多信息

更多关于慈善组织税务方面的信息详见HMRC网站。

3.5 慈善组织应征收增值税吗?

简答(法定要求)

应征收。登记缴纳增值税的慈善组织必须像其他组织一样从标准或降低税率的销售中缴纳增值税,但是,对适用于慈善组织而非其他组织的零税率或减免有一些特殊的规定。

详答

对慈善组织销售物品应征增值税的标准与其他商业组织相同,除非有适用零税率或减免的特殊规定,有许多这方面的规定可适用于一些慈善组织,下面是特殊待遇的举例:

- 为出售或出租而出售或出租捐赠物品的,免征增值税(详见第3.3部分);
- 在筹款活动中出售物品或服务的,免征增值税(详见第3.13部分)。

更多信息

更多关于慈善组织税务方面的信息详见HMRC网站。增值税方面的内容比较复杂,从事买卖的慈善组织应寻求税务专家的建议。

3.6 什么是“主要目的交易”?

简答

“主要目的交易”指直接以慈善组织规章中列出的慈善目的为目的的交易。交易工作与慈善组织受益人主要进行的交易有关,这通常是主要目的交易,无论是否如此,慈善法和税收待遇都是类似的。

详答

主要目的交易的典型例子包括:

- 慈善学校或大学提供教育服务收取课程费;
- 为残疾人(慈善组织受益人)出售其生产的商品;
- 家庭护理慈善组织提供住房收取费用;
- 剧院慈善组织出售戏剧票;
- 慈善艺术馆或博物馆出售某些教育产品。

主要目的交易的利润可免征企业税(如是慈善信托免征所得税),条件是该交易利润只得用于慈善组织目的,但是,产生利润的买卖根据增值税规定将被视为商务活动。

更多信息

关于慈善组织的一项活动是否属于主要目的交易,HMRC慈善组织会给予他们意见,为避免任何疑问或困难,受托人也可以咨询专业意见。

3.7 什么是“附带交易”?

简答

“附带交易”间接地有助于深化慈善组织目的,根据慈善法和税收规定,“附带交易”视为“主要目的交易”的一部分。

详答

剧院慈善组织向观众售卖食品和饮料就属于附带交易，附带交易的年营业额水平可能会对该交易是否真正属于附带交易的问题有一定影响，但是，对于判定一个交易绝对不是附带交易，并无具体的年营业额水平。履行慈善组织目的时，一项交易不被视为附带交易的原因是该目的是筹款。

更多信息

更多信息详见 HMRC 网站上“慈善组织”部分的交易和商务活动指引。

3.8 什么是“非主要目的交易”？ 慈善组织什么时候可以从事“非主要目的交易”？

简答

“非主要目的交易”旨在为慈善组织筹款的交易。有别于本身可深化慈善组织目的的交易，只有在非主要目的交易不会涉及重大风险的情况下，慈善组织才可从事此种交易。

详答

慈善法允许慈善组织为筹款而从事非主要目的交易，条件是该交易不会对慈善组织资产带来重大风险。

“重大风险”，是指营业额不足以弥补交易中的成本费用，需要用慈善组织资产来填补亏损。

虽然事情并非总是如此，但是，交易债权人通常有追索慈善组织资产的权利，无论该资产是否与交易有关。慈善组织资产的消耗可能会对慈善组织产生影响，无法继续像以前一样有效地服务于社会。提供给慈善组织资产的人原本希望将这些资产用于深化慈善组织目的或谨慎投资，不应该将其置于筹款交易活动的风险之中。

非主要目的交易的风险是否是“重大的”取决于下列因素：

- 慈善组织的规模；
- 业务的性质；
- 预计的开支；

- 营业额计划;
- 业务收益性对市场波动的敏感性。

受托人及其顾问应对风险的重大性进行评估,但一般而言,彩票或“小规模免税”交易(详见第3.12部分)不会带来重大风险。

即使慈善组织从事的非主要目的交易获得的利润全部用于慈善组织目的,也不会完全免除企业税(如是慈善信托不会免除所得税)。但是仍有一些情况可适用减免,例如,彩票免税(详见第3.11部分)“小规模免税”(详见第3.12部分)以及筹款免税(详见第3.13部分)。

如果慈善组织想要从事涉及重大风险的非主要目的交易,他们必须通过附属交易公司进行此交易(详见第4部分)。如果交易由慈善组织自己进行,成立附属交易公司意味着该交易是否可以免税。

3.9 如果交易包括“主要目的”和“非主要目的”会如何?(法定要求)

慈善组织经营的提供公共艺术品的商店便是此种类型交易,该商店所出售的商品,有些可以深化慈善组织主要目的(如展览书籍、慈善组织绘画作品的复印件),有些与主要目的无关(如促销钢笔和抹布)。

虽然总的来说慈善组织实际上只有一项交易,但从税务角度来看,主要目的和非主要目的混合的交易活动必须视为两项单独的交易,适用于主要目的和非主要目的交易的规则也有所不同,应合理分配这种理论上视为两项交易的开支和收益。

这种处理方式从2006年3月22日开始适用。在这之前,根据非主要目的所占比例,将此种类型交易处理为完全的主要目的交易或完全的非主要目的交易。从事此种类型交易的慈善组织受托人应考虑是否需要重组。

3.10 捐赠物品和其他物品一起出售会如何?

简答(法定要求)

慈善组织出售捐赠物品不属于交易。如果捐赠物品和其他物品(出售该物品是“交易”)一起出售,那么,出售捐赠物品的收益应区别于交易利润。

详答

出售或出租捐赠物品不视为交易(详见第3.3部分)。因此,在慈善组织记录中应将出售或出租捐赠物品获得的收益与交易利润区分，其相关交易必须单独考虑，无论是“主要目的交易”（详见第3.6部分和第3.7部分），还是“非主要目的交易”（详见第3.8部分）。

为提高残疾人技能的慈善商店可能会出现上述情况，如慈善商店可能会出售下列物品：

- 捐赠用以销售的书籍、CD和影像资料——不是交易；
- 残疾人制作的木制玩具——“主要目的交易”；
- 外购毛绒玩具——唯一目的是筹款的“非主要目的交易”。

在这种情况下，木制玩具和毛绒玩具的销售才视为交易。该销售分为主要目的和非主要目的，详见第3.9部分。

更多信息

如果受托人希望了解上述业务税务方面的问题，应咨询专业意见或者联系HMRC，也可以参考HMRC网站中的交易指引。

3.11 经营股票属于“交易”吗？

简答（法定要求）

经营彩票属于交易。但根据某些条件，允许慈善组织持有彩票，彩票收益可以免税。

详答

根据《彩票与娱乐法》（1976年）第3条或第5条规定，经营彩票不视为是对慈善法关于从事非主要目的交易限制性规定的违背，因为，从事彩票交易给慈善组织资产带来的风险是可以忽略的。

慈善组织经营彩票的交易可以免除企业税（如是慈善信托则免除所得税），但需满足如下条件：

- 慈善组织是根据《彩票与娱乐法》（1976年）第3条或第5条规定经营彩票的；
- 彩票收益仅用于慈善组织目的。

《彩票与娱乐法》（1976年）第3条中的彩票，也称为“小彩票”，必须遵循下列条件：

- 必须是《彩票与娱乐法》（1976 年）中“免税娱乐”实际附带的，包括节日庆祝、集市，销售工作等娱乐活动；
- 奖品总价值不得超过 250 英镑；
- 股票收益必须用于慈善组织目的，不得作为私有收益；
- 不可以给予现金奖品；
- 彩票的销售和结果宣布必须在娱乐期间和举办场地进行。

《彩票与娱乐法》（1976 年）第 5 条中的彩票，也称为“协会彩票”，规定更为严格，可以邀请公众参与，根据彩票交易的规模，只能由博彩委员会或当地机关登记的机构进行，慈善组织和附属交易公司可以登记。

如果附属交易公司而非慈善组织登记为《彩票与娱乐法》（1976 年）第 5 条中的“协会”，那么，该附属交易公司可以经营彩票，对于该交易利润无特别税收优惠。

《赌博法》（2005 年）代替《彩票与娱乐法》（1976 年）相应条款，但《赌博法》中的条款还未生效。

3.12 什么是小规模免税？

简答

小规模免税，指对小规模非主要目的交易的利润和慈善组织从事的其他商务活动的收益免征企业税（如是慈善信托免征所得税），条件是相关利润或收益只得用于慈善组织目的。如果交易利润或其他收益基于其他原因可以免税，那么，就不适用小规模免税。

详答

小规模免税适用于非主要目的交易的利润，以及可归为“其他活动收益”。为在规定征税期限内满足小规模免税，需符合下列条件之一：

- 慈善组织非主要目的交易和可以免税的“其他活动收益”年营业额在征税期间不得超过“相关数额”；
- 如果年营业额超过了“相关数额”，那么，慈善组织必须合理预计在征税初期年营业额不得超过“相关数值”。

在决定“相关数值”是多少时，符合特别免税规定的交易利润［如与筹款活动有关的交易(详见第3.13部分)]不应算入在内。同样的,不符合小规模免税的“其他活动收益”也不应算入在内。

表2指明如何计算相关数值,它假设在征税期间,慈善组织没有符合小规模免税的“其他活动”。

表2

慈善组织特定征税期间的所有收益总额	慈善组织特定征税期间相关交易允许的最大年营业额
20,000英镑以下	5000英镑
2000~200,000英镑	慈善组织所有收益资源的25%
200,000英镑以上	50,000英镑

“所有收益资源”无具体的法律定义。但HMRC认为,“所有收益资源”指征税期间慈善组织总的收益,包括资助、捐赠、投资收益、交易收益等类型,可根据慈善组织会计规则计算。

如果相关交易(包括其他活动收益)的营业额超过最大值(见上表),除非慈善组织可以合理预计在征税初期年营业额不会超过最大值,否则,不能适用小规模免税。

若慈善组织交易的营业额在小规模免税范围内,那么,就不会违背慈善法对慈善组织非主要目的交易的限制性规定(详见第3.8部分)。允许交易营业额的最大值较低意味着,该交易对慈善组织资源带来的风险较小。

因此,除非规章禁止,任何慈善组织都可以从事小规模、非主要目的交易,并对其利润免征企业税(如果是慈善信托免征所得税),条件是必须将利润用于慈善组织目的。

更多信息

更多免税方面的信息,详见HMRC网站上“慈善组织”部分的交易和商务活动指引。如果受托人在申请免税方面存在任何困难和疑问,应该联系HMRC。

3.13 慈善组织的筹款活动有何税收优惠?

简答

筹款活动中商品或服务的供应免征增值税,其交易利润免征企业税(如是慈善信托免征所得税),但有严格的条件限制。

详答

某些免税规定适用于《增值税法》(1994 年)附件 9 第 12 组规定的活动,委员会将这些活动称为“合格的活动”,它们需满足下列条件:

- 活动必须具有慈善目的;
- 活动必须是由慈善组织、附属交易公司(详见第 4 部分)或其他有资格的机构,必须是为慈善组织利益;
- 交易不是通过一系列活动进行的(多交易,如每周定期的晚宴舞会);
- 活动安排的住宿不得超过两晚;
- 在慈善组织财政年中慈善组织(包括其附属交易公司)或有资格的机构在任何地方进行的同类活动不得超过 15 次。

(注意:如果慈善组织在其财政年间于同一地方举行了 15 次以上的同类活动,那么,每一次活动都不能免税)

对活动性质没有限制。下面列举了可用于筹款的活动,但并非详尽的清单,其交易利润可以免征企业税(如是慈善信托免征所得税),销售可免征增值税:

- 舞会,如晚宴舞会、迪斯科或谷仓舞会;
- 现场表演,如音乐会、戏剧表演、芭蕾、体操表演、木偶剧以及其他向观众收费的类似活动;
- 电影、视频或 DVD;
- 庆祝、展览会和节日;
- 园艺秀;
- 展览,如艺术、历史、文化、教育、宗教、科学、机械、体育、生态或环境方面的物品;
- 集市、杂物销售、后备箱旧货销售和几乎是全新的物品销售;
- 技能、知识或能力游戏,包括竞赛和智力比赛;
- 烟火表演;
- 伙食,如晚餐、中餐、茶点和烧烤;
- 捐赠物品拍卖;(注意捐赠物品不征收增值税,将捐赠物品在筹款活动中出售也免征增值税)；

- 外购物品的拍卖(可能影响增值税)。

下列免税规定适用于合格活动：

- 慈善组织或附属交易公司在合格活动交易中出售物品或服务；
- 慈善组织(非附属交易公司)的合格活动交易利润免征企业税(如是慈善信托免征所得税),条件是交易利润只能用于慈善目的。

以上免税无营业额限制。因此,对实质性交易的利润可以提供税收优惠。在某些情况下,实质性交易可能会给慈善组织资产带来重大风险,这就违反"非主要目的交易"不得涉及重大风险原则(详见第3.8部分)。

如果慈善组织筹款活动涉及重大风险,该活动必须由附属交易公司而非慈善组织进行。如果由慈善组织进行筹款活动,其交易利润可以免税。如果由附属交易公司进行筹款活动,其销售也可以免征增值税,但附属交易公司没有特殊的企业税优待(详见第4.3部分)。

更多信息

详见委员会《**慈善筹款:受托人义务指引**》(**CC20**),以及HMRC网站中的《交易和商务活动指引》第36条。

3.14 如果慈善组织在非主要目的交易中资金损失会如何?

简答

如果慈善组织在其从事的非主要目的交易中遭遇损失,其他收益的税收减免可能会有所影响,并且,受托人可能会对其违反信托的行为负责。

详答

如果慈善组织在其非主要交易目的中遭受损失,根据《1988年法》第506条第1款的规定,与交易有关的损失将视为"非慈善开支",这可能会限制慈善组织其他收益的税收优惠。

委员会认为,如果是受托人不负责任导致损失,那么,就违反了信托。但下列情形下不属于违反信托：

- 合理预计该交易会成功；
- 由慈善组织自己进行交易比较合理,而非使用附属交易公司；

- 导致损失的开支在受托人权力范围内。

但只要遭受损失，无论是否是受托人疏忽导致，都会对其他收益的税收优惠带来影响。在决定是否应由附属交易公司从事交易活动时，受托人应考虑到这一事实，即若由慈善组织自己进行交易，那么，交易损失可能会限制慈善组织税收优惠。但某些情形下，优惠的限制可能因亏损减免而抵消，更多相关信息详见 HMRC 的交易和商务活动指引第 52 条至第 55 条。

更多信息

更多关于附属交易公司的信息，详见第 4 部分。

4. 慈善组织的附属交易公司

4.1 什么是“附属交易公司”？ 什么时候必须使用附属交易公司？

简答（法定要求）

“附属交易公司”是由一个或多个慈善组织拥有及监管的以交易为目的的公司。附属交易公司的目的为慈善组织创收，在涉及重大风险的非主要目的的交易中必须使用附属交易公司。

详答

如果是会给慈善组织资产带来重大风险的非主要目的的交易，则必须使用附属交易公司（详见第 3.8 部分）。附属交易公司的设立是为保护慈善组织及其资产免受交易中的风险，如果由慈善组织自己进行交易，那么，其交易利润可以免税，这一事实并不一定意味着慈善组织适合所有的交易活动。

附属交易公司的交易利润不符合慈善组织的免税规定，他们同样需要征收企业税。但是，附属交易公司支付给慈善组织的款项可以减少应纳税的利润，并且，慈善组织从附属交易公司处收到的收益也可以免税。

这就解释了即使在慈善组织自己进行交易活动无限制的时候，使用附属交易公司也是有益的。如果慈善组织的交易利润需要征收企业税（如是慈善信托则征收所得税），那么，使用附属交易公司从事交易可以获得税收减免。

慈善组织为其商业赞助提供广告或其他促销服务就是不会给慈善组织资产带来重大风险的交易，因为，在这类交易中慈善组织的开支非常少。因此，慈善法未强制性要求慈善组织必须将此类交易转移给附属交易公司，但是，如果该交易利润不符合任何税收优惠，那么，将交易转移给附属交易公司会节省税收开支。这是因为，如果慈善组织自己进行交易，那么，其交易利润就应上税。如果由附属交易公司进行交易，交易利润就会作为免税收益转移给慈善组织，因此可以减少税务负担。

如果通过附属交易公司进行主要目的交易，本部分的许多指引就不能适用。附属交易公司的资金属于慈善基金，而非为获取利润的投资基金。

附属交易公司在财政上应尽可能保持其运作，因此应制订一个商务计划，明确可以盈利的活动并评估商务计划的进度。如果在2年内无法估计其财政的可行性，那么，应仔细考虑从事计划的交易活动适当性。

4.2 使用附属交易公司的益处是什么？

简答

使用附属交易公司主要的益处就是保护慈善组织资产免受交易风险，建立单独的行政单位，以及减少税务负担。但是，如果使用附属交易公司不是很关键的情况下，受托人应记住可能会存在不利之处，那么，益处必须平衡这些不利之处。

详答

如果慈善组织资金从事交易活动涉及重大风险，那么，必须使用附属交易公司，但受托人也可能基于下列原因使用附属交易公司：

- 保护慈善组织的资产免受交易风险，即使风险并不重大；
- 保护慈善组织资产免受风险，即使交易是主要目的交易或附带交易；
- 为保护慈善组织资产时便于履行公共服务，设立会计或管理行政单位；
- 减少或免除交易活动中的税务负担。

但是，慈善组织将其交易活动转移给附属交易公司也有缺点，例如：

- 如果适用附属交易公司是因为税务原因，但税收有可能不足以满足建立和运营附属交易公司的成本费用；
- 使用附属交易公司可能有缺点，因为，慈善组织可以享受的福利可能会丧失，例如，慈善组织税率优惠（详见第4.14部分）和免除土地印花税（详见第4.21部分）。

更多信息

更多信息详见委员会指引《**慈善组织和公共服务履行:介绍与概况**》(CC37)。

4.3 附属交易公司像其他公司那样上税吗?

简答(法定要求)

是的。从法律上来说,交易附属公司和其他公司之间的区别不大,但附属交易公司可以将其部分或全部交易利润转移给慈善组织,那么,转移的利润就不需要上税,因此可以减轻税务负担。

详答

附属交易公司会像其他公司一样就其交易利润征收企业税,但附属交易公司可以将交易利润转移给慈善组织,转移的利润不需要上税,这可以减少或排除附属交易公司的企业税责任(详见第4.4部分)。

交易属于商务活动,如果交易附属公司的应税营业额超过法定限制,那么,从事交易的附属公司(或慈善组织)必须进行增值税登记,附属交易公司可以其慈善组织的某些增值税优惠(详见第4.13部分)。

更多信息

关于附属交易公司的使用建议详见HMRC网站上“慈善组织”部分的交易和商务活动指引。

现行的增值税通知700/1中有关于增值税起征点的信息,在增值税通知701/1(慈善组织)和701/5(俱乐部和协会)中包含更深层的信息,都可以在HMRC网站上“慈善组织”部分中找到。

4.4 附属交易公司如何向其慈善组织给付资金?

简答

资金给付的形式主要有股息,借贷资本的利息和偿还,或者捐赠,以可以减少附属交易企业税务负担的形式给付会有节省较大的税收开支。

详答

捐赠是附属交易公司向其慈善组织给付资金的常见方式,这是因为:

- 捐赠给付可减少附属交易公司的应税收益,这样可完全排除附属交

易公司潜在的税务责任(详见第4.5部分);

- 附属交易公司将收益捐给其慈善组织可以免征企业税(如是慈善信托免征所得税),条件是这些收益只得用于慈善目的;

在相关会计期开始到该时期后9个月内,附属交易公司都可以将收益捐赠给慈善组织,延缓给付有助于附属交易公司的现金流动。

捐赠给付的安排主要由附属交易公司的管理人员负责,慈善组织的受托人一般不会介入,除非他们有理由相信附属交易公司的管理人员在做相关决定时为考虑慈善组织的利益。

附属交易公司现在很少通过股息的方式向慈善组织给付资金,同捐款给付一样,给付给慈善组织的股息免税,但他们不会减少附属交易公司的应税利润。因此,这种给付方式无法免除附属交易公司的企业税责任。

如果慈善组织提供借贷资本给附属交易公司,那么,根据贷款协议附属交易公司必须向慈善组织偿还本金和利息(详见第4.10部分和第4.11部分)。在计算附属交易公司的应税收益时,可直接作为交易开支或通过资本减免冲抵贷款费用。

4.5 受托人可以期望慈善组织的全资附属交易公司将其所有利润捐给慈善组织吗?

注意:本部分于2016年2月24日修订,根据最新的法律规定,本部分代替2014年10月31日撤回的第4.5部分。

不可以。公司法规定,任何公司过量分配可分配的利润都是不合法的。如果会计利润高于可分配利润计算的价值,那么,只能捐赠给付较低的数额。

附属交易公司的应税利润多于可分配利润时,附属公司可能就需要上税。HMRC的"慈善组织及其交易"指引中有关于该问题的建议。

拥有全资附属交易公司的慈善组织必须在2015年4月1日后的任何会计期间按照修订后的法律规定运作。如果全资附属交易公司之前捐赠给付的较高会计利润,那么,他们需要咨询专业顾问,看如何继续运营。

英格兰和威尔士特许会计师协会(The Institute for Chartered Accountants in England and Woles,ICAEW)发布了一个"技术发行版"**"附属交易公司向其慈善**

组织捐款的指引”[TECH 16/14BL]提供更为详细的解释。

ICAEW 的技术发行版也提供解决修正时可能出现会计问题的方法指引，包括选择冲销全资附属公司的所有或部分贷款，如果受托人正考虑该选择，需要满足以下条件：

1. 该决定是真正地为慈善组织的利益；
2. 冲销的唯一目的是修正技术问题；
3. 慈善组织和附属交易公司的关系本身是合法的、可证实的，附属交易公司的运作是为了慈善组织的利益；
4. 之前未有过由于附属交易公司不归还贷款而冲销贷款的情况；
5. 附属交易公司财政上有保障并且处于营业状态。

如果满足上述条件，那么，受托人就不需要向委员会寻求任何豁免或事先同意。如果无法完全满足上述条件，那么，委员会不会签发任何豁免证书或批准证书，除非有例外情况，并且仅能在受托人咨询专业意见，并阐明所有相关事实后(包括合理证明其请求)，才可签发豁免证书或批准证书。

4.6 附属交易公司应如何融资？

简答(法定要求)

虽然可以获得外部资金，但是，通常由慈善组织为附属交易公司提供资金，可以是股本和借贷资本形式。附属交易公司也可以保留利润，但不得违背税收方面的规定。

详答

附属交易公司成立时，为遵循公司法关于设立公司的规定，慈善组织可以象征性地认购部分附属交易公司的股本。但附属交易公司为有效运作，通常需要更多的资本。

多数公司会通过股本、借贷资本和利润保留形式为其业务融资。但税收制度通常鼓励附属交易公司通过捐款方式将利润转移给慈善组织。因此，附属交易公司一般不会保留利润满足融资需求(详见第 4.7 部分)。

因此，在多数情况下，附属交易公司的融资需求主要由股本或借贷资本满足，通常由慈善组织提供，但也有例外情况。

慈善组织提供股本或借贷资本应视为慈善组织资产的投资(详见第4.8部分),慈善组织不得以捐赠形式扶持附属交易公司,例如:

- 慈善组织不得向附属交易公司捐赠现金或实物,无论是将购买股票捐赠给附属交易公司,还是其他方式;
- 慈善组织不得解决附属交易公司的债务;
- 如果附属交易公司使用慈善组织员工、建筑或设备,那么,慈善组织应合理收取费用(详见第4.21部分和第4.22部分)。

4.7 附属交易公司可以通过利润保留融资吗?

简答

可以,但是保留的利润应征收企业税。

详答

正如第4.4部分所述,如果将附属交易公司的可分配利润作为捐赠转移给慈善组织,那么,附属交易公司的税务责任就可以减免。但这样附属交易公司的融资需求就必须完全由股本或借贷资本满足。

有些慈善组织更愿意接受附属公司保留利润然后上税的结果。如果是向商业银行或其他第三方贷款,那么,的确需要保留利润,该方法:

- 结合资本和保留利润的方式融资,更符合普通商业惯例;
- 慈善组织更容易证实对附属交易公司的投资,尤其是在需要增股融资给进行中的交易活动提供资金时,但附属交易公司保留利润也会影响增值税优惠(详见第4.13部分)。

更多信息

对于附属交易公司向慈善组织捐赠给付多少数额对慈善组织最有利,如果受托人存在任何疑问,应咨询专业意见。

4.8 受托人将慈善组织资金用于投资附属交易公司涉及哪些法律义务?

简答(法定要求)

慈善组织受托人必须将对附属交易公司的财政支持作为慈善组织资源的投资。不管何种情形,慈善组织利益必须是最重要的,任何投资都应符合慈善组织的整体投资政策。

详答

向慈善组织资源的其他投资一样，对附属交易公司的投资也应考虑相同问题，无论何时用慈善组织资源进行投资，受托人必须考虑以下问题：

- 确定该投资在慈善组织投资能力范围内；
- 在投资过程中合理注意并运用相关技巧；
- 考虑与提议的投资项目与同类型投资的适宜性；
- 考虑讨论中投资的适宜性；
- 结合慈善组织情况，考虑投资多样化需求；
- 向受托人信得过的有能力并且有实践经验的人咨询投资建议，建议必须考虑到前面提到的适宜性和多样化。

如果附属交易公司计划的投资是用于非主要目的交易，那么，这就意味着：

- 受托人将该类投资与其他可能选择的投资进行合理比较后，认真考虑该投资是否符合慈善组织利益；
- 该"合理比较"必须包含对附属交易公司商业前景的客观评价；
- 基于附属交易公司的商业计划、现金流预测、利润预算、风险分析和其他相关信息，受托人必须能确信附属交易公司的财政可行性；
- 对于附属交易公司投资和财政的可行性，受托人必须咨询合理意见，其"合理性"取决于不同情形，其中，咨询费是一个相关因素，咨询费必须与计划投资规模相符。

受托人也应该：

- 关注投资附属交易公司的资金占用时间，因为，短期到中期的资金需求可能不容易实现；
- 就获得独立融资代替慈善组织的融资，考虑并咨询合适意见（详见第4.9部分）。

决定如何投资附属交易公司是慈善组织受托人（咨询专业意见）的责任。受托人也必须定期考虑现有投资是否应该保留，审核投资时，受托人也有上述类似责任。

受托人也必须考虑《1988年法》附件20第506条第4款的规定，如果慈善组织对附属交易公司的贷款或增股投资不恰当，可能会产生税收影响（详见第 4.12 部分）。

更多信息

更多关于受托人投资责任的信息详见指引《**慈善组织及其投资**》。

4.9 慈善组织可以为附属交易公司寻求外部投资吗？

简答

可以，慈善组织受托人可以考虑为附属交易公司寻求外部投资的可行性。这样可以分散交易风险，也有助于慈善组织的流动性，但吸引外部投资可能需要一定成本费用。

详答

如果寻求外部投资的成本不是很高，那么，和独立的金融机构分担交易风险对于慈善组织来说是一个明智的选择，该金融机构还能评估附属交易公司运作中的财政可行性。

受托人应仔细考虑外部投资的性质和条件。为最大限度地减少其企业税负担，附属交易公司通常会将其所有应税利润捐赠转移给慈善组织（详见第 4.3 部分），这就不会有剩余资金给股东分红。

因此，外部投资者通常不会对附属交易公司进行股本投资，但附属交易公司的股本投资可以卖给不图商业回报的慈善组织支持者。

在多数情况下，附属交易公司获得的外部投资通常是以借贷资本的形式。因为，在将利润捐赠给慈善组织之前，附属交易公司会偿还贷款和利息，银行以及其他私人借贷者，包括慈善组织支持者可能会提供借贷资本。

受托人应密切关注获得借贷资本的条件，因为，支付利息可能会大幅度减少附属交易公司利润，即使在偿还贷款之前附属交易公司的交易是可盈利的，但偿还贷款后就未必如此。慈善组织应该考虑向其支持者贷款的可能性，因为，支持者一般会提供优惠的贷款条件。

这样，附属交易公司就相当于一个合资公司，该投资应符合慈善组织利益。受托人应该考虑是否应仔细审查其他合作伙伴的财务状况，关于投资规模、可接受的交易风险程度、制定交易活动方向的机制以及意见不统一时调节机制方面的问题,受托人应保证和其他合作伙伴保持相似看法。

成为合资公司时,尽管所有投资方都希望公司成功运营,也应考虑“退出策略”,以防出现无法克服的困难。

合资公司失败的主要潜在因素就是投资方对合资公司运营方向上出现不能调节的差异。因此,建议所有投资方共同协商合资公司的目标并达成一致意见,确保完善所有必要文件,共同协商商务计划,若有必要,建议受托人进一步咨询专业意见。

受托人在考虑此类合资公司时,需要记住下列两点税务问题:

(1)除非合资公司是由一个或多个慈善组织全资拥有,任何对慈善组织的捐赠应在该财政年给付,用以抵消公司应税利润。只有由一个或多个慈善组织全资拥有的公司才可以在财政年后的9个月内捐赠给付(详见第4.4部分);

(2)如果商业合作伙伴收到了公司利润分配,HMRC可以对捐赠给付给慈善合作伙伴的行为提出异议。

4.10 慈善组织认购附属交易公司股本时需要考虑的问题

简答

如果商业失败,股东不能像贷款资本投资者那样可以收回投资,但是,慈善组织股本投资会增加供应商以及其他与公司有商业关系的人或公司对附属交易公司的信心。

详答

附属交易公司股东不是公司债权人,只有公司解散时才能归还股本,在偿还公司所有债权人的债务后,股东才可获得其股本的相应资金,作为一个股东,慈善组织没有收到分红或捐赠的绝对权利。

一般而言,股本投资的吸引力(相对于借贷资本)在于赋予(或增加)参与利润分配的权利,股本投资者比借贷资本投资者的风险大,但如果附属交易公司由其慈善组织独资,那么,这种吸引力就明显不存在。

慈善组织更倾向于选择股本投资而非借贷投资形式有较为合理的理由,例如:

- 慈善组织认购附属交易公司的大量股本,给予供应商、顾客、债权人、预期债权人以及与附属交易公司拥有商业关系的其他人对公司的信心；

- 如果因为借贷投资附属交易公司可能陷入风险或破产，那么，受托人不得不选择股本投资（根据第4.8部分列出的考虑因素）。

慈善组织认购的股本在公司解散时可能不能全部归还，这只是慈善组织投资顾问决定是否建议受托人认购股本时需要考虑的因素之一，投资顾问还应考虑慈善组织的整体经济回报，用捐赠给付和预期分配来平衡股本损失的风险。

4.11 慈善组织借贷资本投资附属交易公司需要考虑哪些问题？

简答（法定要求）

作为附属交易公司的借贷资本提供者，慈善组织享有收回本金的合同权利。这保障了慈善组织利益，但如果附属交易公司无法偿还贷款，可能会导致公司破产。

详答

借贷方有一项合同权利，即要求支付贷款利息和贷款期限截止时要求归还本金的权利，因此，提供贷款资本比提供股本给予慈善组织更大保障。

确定一个公司的偿付能力时需要考虑该公司借贷资本的数额，破产期间公司不得从事交易活动。因此，如果可以合理预见附属交易公司无法在贷款期间届满时偿还贷款，那么，受托人就不应投资借贷资本给附属交易公司，在这类情况下，受托人应该：

- 考虑继续维持公司是否符合慈善组织利益，或者是否应该解散公司或卖掉公司（基于第4.8部分列出的原则）（也可以参考第4.16部分）；
- 如果提供额外资金的确符合慈善组织利益，那么，应提供股本投资（详见第4.10部分）。

提供借贷资本可能使附属交易公司破产，即使其交易是有利润的。这是因为，为免除企业税务责任，附属交易公司通常会将所有可分配利润（需征收企业税的利润）捐赠给慈善组织（详见第4.4部分）。因此，附属交易公司的剩余资源可能就无法在贷款到期时偿还给慈善组织，就会导致附属交易公司破产，因为，它无法偿还其债务。

如果慈善组织贷款给附属交易公司，受托人必须协商好本金和利率偿还的条款，同时也需要决定贷款担保方式。这些决定是第4.8部分列出的受托人责任的一部分。

受托人可能希望为附属交易公司提供无息贷款，或者仅由附属交易公司合同担保的贷款，不收取附属交易公司的财产。但是，HMRC不赞成未按正确商业规则提供贷款（详见第4.12部分），特别是：

- 除非贷款数额较小，否则，无息贷款给附属交易公司不可以认定为投资；
- 虽然要求附属交易公司用其财产作为贷款担保会涉及开支，但仅有合同担保的贷款不能认定为投资，除非贷款数额较小，或者附属交易公司可担保的价值有限。

4.12 投资附属交易公司时还需要考虑哪些其他税务问题？

简答

慈善组织应确保对附属交易公司的任何投资不应视为"非慈善目的开支"（《1988年法》第506条所界定的），如果视为"非慈善目的开支"，则可能会出现税务责任。

详答

对附属交易公司的任何投资，无论是股本还是借贷资本形式，如果不属于《1988年法》附件20界定的合格投资或贷款，那么，将会被视为"非慈善目的开支"。如果处理为非慈善目的开支，那么，慈善组织的某些税收减免可能会受到限制。

为避免处理为非慈善目的开支，受托人必须使HMRC相信对附属交易公司的投资单纯是为慈善组织利益，而非为了避税。

例如，如果投资是为保持附属交易公司的运营，而不管慈善组织的经济回报，那么，该投资不认为是"为慈善组织利益"。

如果贷款存在下列情况，也会被HMRC视为"非慈善目的开支"：

- 贷款协议中未包含偿还条款规定；
- 在公司有资产可以担保贷款的情况下，贷款未被担保；
- 贷款协议规定的回报率不能反映风险程度；

- 预计贷款协议无法实施，如慈善组织冲销贷款。

受托人应保留决定投资附属交易公司的商议内容，并能向 HMRC 展示其恰当地履行了投资责任。

《金融法》(2006 年)中“实质性捐赠者”条款也可以产生将慈善组织投资业务视为非慈善目的开支的效果，条件是该业务已经对慈善组织给予实质性捐赠。但是，附属交易公司不可能是其慈善组织的“实质性捐赠者”，不管附属交易公司向慈善组织给付的金额是多少。

更多信息

请查阅 HMRC 网站交易和商务活动指引。

4.13 附属交易公司享受的增值税和企业税优惠和其慈善组织一致吗？

简答

如果满足某些条件，附属交易公司可以享受慈善组织的某些增值税优惠，而没有相应的企业税优惠。

详答

如果附属交易公司根据书面协议或其他法律义务将交易利润转移给慈善组织，慈善组织的下列优惠也适用于附属交易公司：

- 出售或出租捐赠物品免征增值税(详见第 3.3 部分)；
- 附属交易公司在筹款活动中出售商品和服务免征增值税(详见第 3.13部分)。

没有相应的企业税优惠可以使用，但如果附属交易公司将交易利润捐赠给付给慈善组织，那么，可以减少其税务责任(详见第 4.1 部分至第 4.4 部分)。

4.14 附属交易公司符合税率减免的要求吗？

简答

附属交易公司所占有的财产没有税率减免的绝对权利，但税务机关可以自行决定给予税率优惠。

详答

慈善组织占有及使用的非住宅场所所有权享受 80% 的法定税率优惠，称为

“慈善组织税率优惠”，剩下的20%可以由税务机关自由决定不给予优惠。要符合税率优惠要求，财产必须满足下列条件：

- 由慈善组织或慈善组织受托人占有；
- 完全或主要用于慈善目的。

这里的“慈善目的”通常不包括筹款活动，但包括捐赠物品的出售。

法定税率优惠不适用于附属交易公司占有财产的情形，但税务机关对是否给予非慈善组织税率优惠享有自由裁量权。

由慈善组织和附属交易公司共同占有并用于慈善目的的场所，那么，只有慈善组织占有的那部分可以享受法定税率优惠。

即使慈善组织占有的场所部分用于筹款活动，也可以享受慈善组织税率优惠，但条件是场所“主要”用于慈善目的，即使筹款活动是由附属交易公司进行，也可认为是慈善组织完全占有该场所，并“主要”用于慈善目的。

例如，如果捐赠物品和外购物品在同一商店出售，慈善组织最好自己销售捐赠物品（记住这不属于交易（详见第3.3部分）），并最好代理附属交易公司销售外购物品（详见第3.10部分）。那么，慈善组织可以告诉税务机关该商店由其占有，并“主要”用于销售捐赠物品，从而主张税率优惠。

“主要”并无法定解释。但通常认为如果在特定时期，销售捐赠物品的价值超过销售外购物品的价值，那么，场所就是“主要”用于销售捐赠物品，则属于慈善目的。在这种情况下，受托人应联系相关税务机关，如有必要可联系他们自己的法律顾问，咨询更多建议。

4.15 慈善组织受托人及其员工也可以在附属交易公司工作吗？

简答

慈善组织的某些受托人或员工同时也是附属交易公司的管理人员，这种情况比较正常。但是，受托人在慈善组织工作报酬的普通限制也同样适用于受托人为附属交易公司工作的报酬。

详答

为确保附属交易公司的管理符合慈善组织利益，并监管其运营状况，慈善组织的某些受托人或员工也是附属交易公司的管理人员。但他们必须记住，慈善组织和附属交易公司是不同机构,其责任也不同,有时会很难平衡责任冲突。

慈善组织受托人作为附属交易公司的管理人员或员工,不能就其服务获得报酬,除非:

- 规章明确规定可以获得报酬;
- 有其他授权,如委员会指令。

附属交易公司的成立不得作为受托人非法获得报酬的途径(如果附属交易公司的管理人员同时也是慈善组织受托人)。

为良好地管理,应满足以下两个条件:

- 至少有一个受托人不是附属交易公司的管理人员或员工;
- 附属交易公司至少有一个人不是慈善组织受托人或员工。

这些人称为"不冲突者",因为,他们的角色不存在利益冲突。

这些角色不冲突的受托人和管理人员应建议责任存在冲突的同时应正确行使自己的职责,从而降低慈善组织和附属交易公司之间的事务处理受到质疑风险。

如果受托人将其监管附属交易公司运作的责任交由一个委员会代理执行(委员会是完全由附属交易公司的管理人员或员工组成),那么,他们应确保制定一个制度,即在适当时候应咨询不存在责任冲突的受托人意见。

4.16 如果附属交易公司出现财务问题,受托人应怎么做?

简答(法定要求)

受托人必须将慈善组织利益放在第一位。这就意味着,附属交易公司财务出现重大问题时,受托人应考虑清算或卖掉公司。如果受托人继续用慈善组织资金运营附属交易公司,那么,受托人应对慈善组织的损失负责。

详答

如果附属交易公司已经持续亏损,且并非由于短期因素影响,受托人必须考虑附属交易公司的财务可行性,减少慈善组织损失,不管受托人对附属交易公司及其管理人员和员工的道德感。

如果受托人明知附属交易公司已经出现较大财务问题,还继续给予资金支持,那么,受托人就违反了信托,将私人弥补慈善组织的损失。面临此种情况的受托人应咨询专业顾问的意见。

如果附属交易公司不履行与善组织的贷款协议,受托人必须考虑行使慈善组织在协议中的权利。在采取措施之前,受托人必须基于专业意见进行商业判断,他们的任何决定都必须基于慈善组织最大利益。

慈善组织向附属交易公司投资股本的,受托人也具有类似责任,即使股本不一定可以归还。慈善组织作为附属交易公司的股东,在其交易失败时,慈善组织的最后措施只能是解散附属交易公司或者将公司卖给第三方。

受托人可能会担心,如果附属交易公司进入破产清算程序可能会对慈善组织信誉造成不利影响,那么,公司再继续其他投资或者维持现有投资防止公司债权人受损,这似乎显得合乎情理。

然而,附属交易公司从事交易的主要目的是保护慈善组织资产免受交易风险(详见第4.1部分)。使用慈善组织资产来保护附属交易公司债权人,这样给慈善组织资产带来的风险正是慈善法限制慈善组织自己从事交易的目的。如果受托人采取措施继续运营附属交易公司,而不顾慈善组织利益,那么,他们将对慈善组织损失负责。

4.17 慈善组织受托人对附属交易公司有何责任?

简答(法定要求)

受托人必须定期监管所有附属交易公司的运营状况和慈善组织投资的使用情况,确保慈善组织资产得到充分正当利用,必须保证慈善组织作为股东的权利。

详答

受托人必须定期审查慈善组织附属交易公司的关系。一个附属交易公司的成立通常是为慈善组织筹集资金,受托人应该监测其运营状态,不能等到发现附属交易公司财务出现困难时才开始投资审核。

慈善组织受托人必须行使慈善组织作为股东的权利,主张慈善组织利益。附属交易公司的管理人员负责管理公司,而其他重大决策由慈善组织代表(受托人)负责,例如,受托人负责以下事项:

- 任免附属交易公司的管理人员;
- 决定管理人员的服务期限,包括薪酬;
- 附属交易公司的存续或解散。

4.18 多个慈善组织可以共同拥有一个附属交易公司吗?

简答

可以。曾经有一项禁止性规定:如果一个附属交易公司由多个慈善组织共同拥有,那么,公司不得将交易利润以捐赠给付的形式转移给慈善组织。但是该禁止性规定现已取消。

详答

一个附属交易公司可以由一个慈善组织独资,也可以由多个慈善组织共同拥有。显而易见,在第二种情形下,慈善组织必须就附属交易公司交易利润的分配达成一致意见。

第4.9部分最后两段介绍的合资公司同样也适用于慈善组织合资创办附属交易公司的情形。

4.19 慈善组织可以担保附属交易公司的债务吗?

简答

如果存在此类担保,那么,通常不能要求慈善组织强制履行且受托人应对此承担个人责任。

详答

慈善组织或其受托人可能会被要求担保附属交易公司的债务。例如,银行可能不愿意为附属交易公司提供透支便利,除非慈善组织(或其受托人)担保附属交易公司的债务偿还。

如果慈善组织受托人对此进行担保,附属交易公司的债权人有权行使其权利,如果出现以下情况,受托人无权用慈善组织资产进行偿付,只能自己私人解决债务:

- 由于附属交易公司交易失败产生的债务;
- 慈善组织并未从事该交易。

如果用慈善组织资产承担担保责任,则不符合禁止慈善组织自己从事某些交易的目的。

如果法人慈善组织对此进行担保,该担保可能完全无效,其有效性取决于下列因素：

- 慈善组织组织制度的规定；
- 《公司法》(2006 年)第 42 条规定。

如果担保责任由附属交易公司的债权人强制执行，若出现以下情况，受托人对弥补慈善组织损失承担个人责任：

- 由于附属交易公司交易失败产生的债务；
- 慈善组织并未从事该交易。

此外，慈善组织履行担保责任支付的款项属于非慈善目的开支，会对慈善组织税务带来不利影响。

“增值税群”登记由慈善组织及其附属交易公司组成，意味着群内的每个实体应担保群内其他实体的增值税责任。原则上，不会反对慈善组织登记为增值税群的成员。但在登记之前，如果慈善组织资产不得不用于解决附属交易公司的增值税债务，那么，受托人应确保增值税群登记的整体益处比慈善组织遭受的风险要大。

一般而言，受托人必须确保所有的安排都符合商业规则和慈善组织利益，不得出现上面提及的问题。

更多信息

担保附属交易公司的债务是一个比较复杂的领域，受托人在做决策之前应咨询专业意见。

4.20 可以统一慈善组织及其附属交易公司的银行账户吗？

简答(法定要求)

可以。为获得更优惠的银行业务，原则上不反对合并银行账户。但慈善组织和附属交易公司的财务结构必须分开。

详答

只要满足下列条件，可以合并慈善组织和附属交易公司的银行账户：

- 记录下合并之前各账户的余额；
- 考虑各账户状态，合理分配慈善组织和附属交易公司的利益和负担；
- 银行账户合并不会使慈善组织承担非慈善目的开支，造成对税务的不利影响。

更多信息

合并安排也属于复杂领域,受托人应咨询专业意见,确保所有安排都符合商业规则和慈善组织利益。

4.21 附属交易公司可以使用慈善组织的土地和建筑吗?

简答(法定要求)

可以。但是必须签订合同和商业条款。

详答

附属交易公司使用慈善组织的土地和建筑应有正式的财产租赁协议或许可证,并向慈善组织支付相当于市场价的租金。

租赁协议或许可证中可能包含对慈善组织土地的处置权,该处置权须经委员会授权批准,因为,附属交易公司属于慈善组织的"关联人"。如果慈善组织购买土地供附属交易公司使用,这必须看作慈善组织有商业回报的资源投资。

慈善组织购买土地(包括建筑)可免征土地印花税。但是,附属交易公司购买土地不能免税。如果慈善组织购买土地供附属交易公司使用,只是公司避税的一种方式,或者不视为慈善组织对附属交易公司的投资,那么,慈善组织购买土地不能免税。

更多信息

更多信息详见委员会指引**《出售、出租、转让或抵押:受托人关于处分慈善土地的须知事项》**(CC28)。

4.22 慈善组织可以间接投资附属交易公司吗?

简答(法定要求)

可以,如允许附属交易公司占用慈善组织员工的时间和办公设备都属于间接投资,但是,慈善组织必须对服务和设备使用进行合理收费。

详答

慈善组织对附属交易公司的间接投资有助于公司有效运作。允许附属交易公司使用慈善组织土地和建筑已有所提及(详见第 4.21 部分)。间接投资还包括允许附属交易公司使用慈善组织员工和设备。

但是,间接投资不得涉及对附属交易公司的资助补贴,因为,这可能会影响对附属交易公司投资效益的客观评价,同时,也可能给税务带来不利影响,此类资助补贴不属于《1988 年法》中的“慈善开支”。

因此,慈善组织应就其提供给附属交易公司的服务和设备收取合理费用:

- 慈善组织雇用的员工为附属交易公司工作,或者附属交易公司使用慈善组织设备,慈善组织应收取合理费用;
- 附属交易公司应在合理期限内支付上述费用,未支付的费用可作为长期融资,相当于慈善组织资助补贴附属交易公司;
- 上述费用通常不得超过慈善组织的成本费用,如果超过,则视为慈善组织从事交易的收益,该利润就不符合免税规定。

如果成本未正确计算或合理分摊,那么,HMRC 会对成本分摊协议提出质疑。

如果慈善组织和附属交易公司共用员工和设备,那么,应进行成本分摊;如果慈善组织雇用的员工专门从事附属交易公司的业务,那么,该员工应由附属交易公司雇用;如果设备专门供附属交易公司使用,那么,公司应拥有该设备。

受托人应仔细考虑慈善组织和附属交易公司的成本分摊,确保它们不会损坏慈善组织履行其宗旨的能力,在受托人签订成本分担协议前,应尽早咨询其专业顾问和委员会意见。

某些大型慈善团体也需要考虑转让定价制度的含义,对慈善团体内的业务往来进行公正定价,不管慈善组织和附属交易公司之间的实际协议条款,用实际价格代替公正定价可以增加交易收益和利润,但会产生税务责任。值得注意的是,HMRC 通常不希望慈善组织委托他人进行昂贵的转让定价报告,但慈善组织应在商业(公正)条款中表明协议安排。

更多信息

HMRC 关于转让定价制度的规定指引可在其网站公布的手册(INTM 432090)中找到,如果对此存在任何疑问应咨询专业意见,HMRC 也会回答关于制度规范方面的问题,但不能就税收方面的规划给予建议。

4.23 附属交易公司应如何命名？

简答

附属交易公司的名称应和其慈善组织名称相区分，以免混淆，公司法对名称的选择也有一些限制性规定。

详答

给附属交易公司命名的主要原则是将其与慈善组织的名称相区分，以免公众混淆两个组织。

但是，附属交易公司的名称可以包含慈善组织名称，只要不会让与附属交易公司交易的人或公司误认为其是与慈善组织进行交易，例如，可以按如下格式命名附属交易公司："[慈善组织名称]销售有限公司"。

公司法限制任何供公司名称使用"慈善组织"和"慈善的"等词，如需使用，应获得公司登记处批准，通常情况下，附属交易公司的名称应尽量避免使用这些词。除非这些词属于慈善组织名称的一部分，与其他词结合成为附属交易公司的名称。

5. 致谢

感谢 HMRC、个人、慈善组织以及其他编纂和审核本指引的组织，同时，感谢 James Tickell 和 Oliver Tickell 在编写本版本中提供的帮助。

慈善组织规章的修订
（CC36）

2011 年 8 月

慈善委员会

目　　录

1. 简介

1.1 指引的内容

本指引的对象为正考虑修订其慈善组织规章的受托人,总结了修订的方式。

1.2 “必须”和“应当”的定义

“必须”,是指受托人必须遵守特定的法律或法规要求的情形。

“应该”,是指若无充分的理由,受托人应该按照基本规范指引行事的情形。

慈善委员会也会提供不那么正式的意见和建议,对受托人管理慈善组织有所帮助。

1.3 先前的指引

本指引取代了《修订慈善组织规章:指令和计划》(CC36),将《慈善》(2011年)中的条款规定考虑进来,以一种崭新和易懂的形式呈现本指引。在最新的版本中,委员会对第3部分作了修改,明确允许受托人利益的立场。

1.4 指引的范围

本指引为正考虑修订慈善组织规章的受托人提供一个总体的介绍。

指引中的有些内容比较复杂,不同的慈善组织涉及不同的法律法规,不可完全依赖本指引来精确描述影响慈善组织的法律问题。

本指引并未试图替代慈善组织专业顾问的建议,无论什么时候,只要受托人提议修订规章,他们都应考虑是否需要咨询专业顾问。

本指引是书面的,针对所有慈善组织受托人,无论其是公司、信托机构还是组织。这些慈善组织之间存在区别,委员会对其中关键的差别进行了列举。

注意,本指引并非关于慈善组织法律形式的改变。例如,如果一个非法人慈善机构的受托人想将该慈善组织转变为一个公司,本指引便不涉及这个问题,这类变化的相关信息可浏览 GOV. UK 网站。

1.5 指引的使用

修订规章成功的关键在于,了解慈善组织权力以及这些权力使用的时间和方式。阅读第2部分(对各种因素进行了“简要”总结)和第3.2部分(详细介绍了这些因素),有助于收集需要的信息,确定运用的权力以及使用方式。第3部分的其他内容对在大多常见情形中可获得的权力进行了详述。在有些情形下,修订规章的唯一方法是申请委员会制订计划,第4部分具体介绍了这一程序。

本指引的结构遵循委员会采用的标准形式。在每个标题下面,列出了受托人可能提出的问题,委员会从总体上给了一个简要概括的回答(“简答”),然后提供进一步的解释和背景解释(“详答”)。

本指引同时为读者指出更多信息和形式的来源,绝大部分可以在 GOV. UK 网站上获取。

2. 规章修订一览

慈善组织一旦成立,其运行目的和准则便规定于规章中。

创始人旨在确保规章可以很好地服务于慈善组织且适用于变化情形。无论怎样,随着时代的变迁,会出现新的需求以及不可预测的事件,那么,就需要更新规章来反映这些变化。

在这些情形下,为确保慈善组织持续运行,受托人有义务修订规章。他们怎么做取决于修订的性质、慈善组织结构(公司或非法人慈善组织)、大小,以及规章的条款(如果法律赋予的权力无法使用)。例如:

- 所有慈善公司均可以修订其组织的章程;某些规范的变更需要委员会的批准(详见第3.6部分)。
- 收益为1万英镑及以下的非法人慈善组织可以修订其规章,即使规章规定他们没有权力这样做(详见第3.3部分和第3.4部分);一般来说,若规章修订涉及慈善组织目的或权力,使受托人或其他相关人获利,那么,此时慈善委员会便会介入。
- 非法人慈善组织的收益高于1万英镑,其受托人可以修订监管慈善组织的权力以及相关程序;如果规章规定了具体的权力,受托人也可以修订慈善组织的目的(详见第3.3部分和第3.5部分)。

如果以上这些选择均不可用,受托人可申请委员会制订计划(详见第4部分),计划也可由高等法院制定,虽然这好像是一种昂贵的选择。

无论通过什么程序修订规章,已注册慈善组织的受托人必须让委员会了解规章的所有修订,以便于及时更新慈善组织的登记项,认真考虑后仔细修订也同样重要,无效修订或者没有预期效果的修订易产生混乱,并且可能对慈善组织构成潜在威胁。

3. 正确选择慈善组织规章修订的方式

本部分阐述了适用于修订规章的主要因素,包括受托人可以自主改变的情形以及受托人需要请求委员会帮助或批准的情形。

3.1 为什么审查更新慈善组织的规章如此重要?

简答

定期审查规章有助于确保其及时更新,并可有效反映慈善组织工作内容和运营方式。受托人有责任根据规章监管慈善组织,若规章条款已经过时,那么,就会加大监管难度。

详答

如果慈善组织的目的或监管程序已经过时或不够具体,受托人应对其进行修订,否则:

- 很难确定谁是目前指定的受托人;
- 若规章不详细,争议就很难解决;
- 受托人可能发现,他们的计划超出了规章允许的范围,导致产生违反信托的风险。

3.2 可以修订规章吗?

简答

在权力允许的情况下,慈善组织可以修订规章,慈善法和公司法中规定的某些权力,许多慈善组织规章中也规定有具体的修订权力。无论权力来自哪里,其使用都是有条件的。如果这些权力并未涵盖受托人所期望的修订方式,则其可向委员会申请制订计划。

详答

如果受托人认为慈善组织规章需要修订,就应当思考他们自己是否可以简要介绍该修订。

许多规章包含修订权,受托人应核实他们的规章是否包含修订权、该权利是否允许他们想做的修订以及该修订是否需要征得委员会或者第三方同意。

如果受托人不能根据规章中的修订权进行修订,他们可以运用法律赋予的某种权力。非法人慈善组织和慈善公司适用的权力不同。因此,要确定慈善组织的组织结构。对于非法人慈善组织,进一步地区分取决于他们的收益是否在1000英镑以上及慈善组织是否拥有指定用地。

弄清楚以上问题后,下面是修订方式最常见的选择:

- 非法人慈善组织的收益为1万英镑及以下,并且没有指定用地,其受托人有权自主修订慈善组织的监管条款和目的(详见第3.3部分和第3.4部分),虽然目的的修订生效前必须提交给委员会审核,该权力不允许受托人做出使自己获利或其他相关人获利的修订;
- 非法人慈善组织的收益高于1万英镑,其受托人也可以自主修订监管条款(详见第3.3部分),而对目的的修订需要现行规章赋予权力(详见第3.5部分)或者申请委员会制订计划(详见第4.1部分),受托人做出使自己获利或其他相关人获利的修订需要委员会的批准或计划;
- 如果是慈善公司(详见第3.6部分),公司成员有权自主修订章程,但是,规范变更需要委员会的事先同意。

更多信息请浏览GOV. UK网站,委员会建议受托人使用**网上格式**,运用已有的权力来修订规章**或者申请委员会**利用职权进行修订。关于受托人和相关人利益的指引详见**《受托人费用和报酬》**(**CC11**)。

3.3 非法人慈善组织:受托人可以修订监管条款吗?

简答

可以。为了提升运营效果,所有非法人慈善组织的受托人有修订其监管条款和程序的自由,但使用该项权力也有一些限制和条件。

详答

非法人慈善组织受托人有一项"法定权力",即慈善法所赋予的权力,有权修订慈善组织的监管权和程序,一些慈善组织的规章已经规定了此项权力。但如果规章的规定弹性更大,这并不能阻止他们使用该项法定权力。

权力范围:从广义上来说,该权力允许受托人变更规章中关于监管慈善组织的权力和程序。例如,包括变更慈善组织的名称、借贷或投资、与其他慈善组织合作、成员资格的程序、职员任命以及会议管理。

限制:尽管法定权力允许对规章进行多方面修订,但受托人不能据此改变慈善组织目的(或者赋予自己改变目的的权力),使用永久性捐赠的资金,或者授权向自己或者相关人员付款。该权力不包括修订第三方有权提名受托人的规定(除非第三方已不复存在或者同意此项修订)。在某些情形下,该法定权力可用以修订其他权力,即规章规定的受托人仅能在第三方同意的情况下才可使用的权力,但是,受托人必须获得第三方对此项修订的同意或者第三方已不复存在。如果第三方不愿意同意权力变更,但若该修订是为慈善组织利益考虑,那么,委员会可以制订计划实践该修订。

重要安全措施:受托人必须通过一项决议,同意根据法定权力对规章进行修订,可以通过召开会议或者规章允许的其他方式进行决议。如果慈善组织的会员资格独立于受托人,那么,就需要慈善组织的成员进一步同意该决议。若受托人行使规章中的修订权,则必须遵循其规定的任何条件及限制。已注册慈善组织的受托人必须告知委员会修订的内容及时间,并将更新后的规章副本寄送至委员会。委员会建议他们使用**网上格式**,将更新后的规章副本添加至附件发送,委员会便可更新慈善组织的登记项。

寻求建议和指引:慈善组织存在,规章就必然存在,受托人在起草修订时应谨慎。参考 GOV. UK 网站上的规章模板,能否运用其某些条款,或者至少可作为一个起点,这是非常有帮助的。受托人在修订时不能超越法律权力范围,这一点也很重要,若修订违反法律或没有预期效果,则将会对该慈善组织产生不利影响。

3.4 小型非法人慈善组织:受托人可以修订其目的吗?

简答

可以。非法人慈善组织的收益为 1 万英镑及以下并且没有指定用地,其受托人可以通过决议修订其目的。如果委员会未反对或者不需要进一步的信息或宣传,决议将在委员会收到 60 天后生效。这是受托人应该采取的审慎措施,以确保其慈善组织效力。慈善法中规定了该项权力:如果慈善组织规章中包含易于行使的权力(如不用60天便可生效),那么,受托人可自由行使该权力。

详答

慈善法规定小型慈善组织修订其规章的程序较为简单,收益为1万英镑及以下并且没有指定用地的,其受托可以自主修订其目的。

这是一项需要谨慎行使的权力,因为一个慈善组织的目的代表了该组织的本质,经久不衰,只有在它不符合时代潮流的情况下,也许因为社会的变迁,受托人可以考虑其慈善组织目的的吸引力或者关联性。例如,一个慈善组织的建立是为帮助50年前一场灾难的受难者,那么,当仍需要帮助的人减少后,就需要重新审视其目的。例如,该慈善组织可以考虑拓展其工作范围,帮助同地区或国内受其他灾难影响的群众或者帮助有其他需求和苦难的人民。

任何新的目的均应服务于慈善组织利益,必须和之前的目的在本质上相似,实践性强,措辞上也必须带有慈善性质。

修订目的:受托人必须通过一项有至少2/3投票者同意的决议,他们应该使用**网上格式**告知委员会修订的目的、如何实现该目的以及他们同意修订的时间,如果委员会未反对或者不需要进一步的信息或宣传,决议将在委员会收到60天后自动生效。

3.5 大型非法人慈善组织:受托人可以修订其目的吗?

简答

只有规章赋予了受托人修订权,收益为1万英镑以上慈善组织的受托人才可自主修订其目的,没有修订权的受托人则需向委员会申请制订计划(详见第4部分)。

详答

这些慈善组织受托人需要核实其规章中是否赋予其修订权,如果赋予,则他们必须使用该程序。

上述修订通常需要受托人决定或者慈善组织成员决议,但规章本身将会列出这些要求。

甚至广泛的修订权也通常会明示或默示地规定任何被修订的客体都必须具有慈善性质,必须严格遵守该修订权的条款。

规章可以表明,一项修订提议的批准程序是必要的,无论是成员还是其他组织(如委员会、当局或者创始者)的同意。如果委员会的同意是必要的,委员会将会进行一个相似测试,考虑是否同意慈善公司修订其目的。不管在什么情况下,已注册慈善组织的受托人必须将修订决议副本和规章修订副本交给委员会,同时告知修订日期,以便及时更新慈善组织的登记项。

3.6 慈善公司:如何修订组织章程?

简答

组织章程的任何变更需要公司成员的同意,如果章程规定任何修订需委员会同意或者修订属于规范变更,那么,通常需要委员会事先同意才可修订。

详答

如果组织章程未规定委员会的同意是必要的,那么在多数情况下,慈善公司有权进行规范变更之外的任何修订。

(例外,变更的效果是废除向受托人付款的禁止性规定,以便于慈善组织可行使慈善法中的法定权力,虽然这种修订不是规范变更,但在某些情形下它需要委员会的单独授权。)

"规范变更"指对组织章程进行最根本的修订,需要得到委员会的事先同意。可分为以下三类:

1. 对慈善组织目的陈述的修订;

2. 慈善组织清算过程中财产的变化;

3. 授权将慈善组织的资金或财产分配给管理人员或成员,或者与他们相关的人或组织。

在慈善组织通过修订决议之前,规范变更需要委员会书面同意。

变更通常需要一项专门的决议才可生效:实际上,就是指在全员大会中获得所有成员的同意。如果决议通过,则公司必须在决议通过后的15个工作日内将带有签名的决议副本以及拟修订的章程寄送至工商局。同时,公司应在同一时间将修订事项以在线发送的形式告知委员会(将更新的章程副本添加至附件发送),以便委员会可及时更新慈善组织的登记项。

除了对目的陈述的修订之外,其他修订将在专门决议通过时立即生效。如果一个慈善公司要修订其目的陈述,那么,只有在工商局注册后方可生效,只有在注册日后慈善公司才能根据新的目的运行。

3.7 修订规章时受托人必须通知委员会吗?

简答(法律要件)

是的,如果慈善组织已经注册,受托人必须让委员会知晓其章程的变更。

详答

法律规定已注册慈善组织的受托人告知委员会关于规章的修订,有利于其**登记事项**的及时更新。

- 受托人必须将修订的详细内容发给委员会,包括:
- 修订的内容;
- 恰当修订的依据;
- 专门决议通过的日期;
- 若慈善组织的目的陈述变更,这些变更在工商局登记的日期。

慈善组织可参考 GOV. UK 网站提供的格式和指引。

4. 根据计划修订规章

本部分阐述了在规章或法律没有规定修订权的情况下,如何修订规章,它涉及根据慈善法的规定向委员会申请制订计划。

4.1 计划是什么?

简答

在此语境下,计划是委员会制订的法律文件,它可以增加、替换或修订慈善组织规章中的任何条款。

详答

有比使用计划对规章进行修订更为简单的方法(详见第 3 部分),只有不存在其他简单快捷的方法时,委员会才会制订计划。

实际上,当受托人没有权力自主修订规章时,计划才很有可能被使用。主要包括以下修订:更新收益高于 1 万英镑或者拥有指定用地的非法人慈善组织的目的,或者使非法人慈善组织的受托人或关联交易或个体受益。

委员会通常会在受托人申请后制订计划,很少有例外情况。制订计划时,委员会会和受托人以及他们的顾问密切合作,共同协商计划的范围和措辞。

慈善法列出了制订计划的关键程序要件,将在第4.3部分至第4.5部分叙述。

计划也可由高等法院制定,但这种选择通常代价不菲。

4.2 委员会什么时候可以通过计划修订慈善组织的目的?

简答

慈善法列出了委员会可以通过修订慈善组织目的的情形。

详答

目前的目的出现以下情形,委员会可制定计划修订目的:

- 不能再实施或者不符合规章规定;
- 已通过其他方式实现(如缺乏公共资金);
- 未规定慈善组织收益或财产的用途;
- 使用过时的地区、场所定义或人群分类;
- 在法律上已不具有慈善性质;
- 已不再是使用资金或财产的有效方法(例如,给受益者提供很少的资金、食物或能源);
- 有相似目的的两个或两个以上的慈善组织欲合并,但没有法定权力。

在协商新的目的时,委员会必须采用"近似原则"("cy - près",该词是诺曼法语,有"接近"的意思),以确保新的目的考虑了现存目的的精神(或潜在意图)以及目前社会和经济状况。

4.3 申请计划的程序是什么?

简答

一旦受托人协商一致认为计划是最好的方法,就应和委员会讨论他们的需求并提出申请,受托人作为主体向委员会正式提出制订计划的申请,委员会将决定计划的内容,并同受托人协商。如果合适,同其他可能受该修订影响的人协商。

详答

制订计划的需求通常产生于受托人、顾问、高管和委员会就规章修订提议的讨论,委员会可以给受托人提供一个它认为合适的计划例子,如果这不可能,委员会将通过信函的形式解释修订提议最重要的特征,或者在更为复杂的情形中,委员会可以和受托人当面讨论修订提议。

大纲达成后,委员会会让受托人正式提出申请,并由受托人作为主体在正式组成的会议中提出,下面任一种方法均可采用:

- 所有在场受托人在申请中签字;
- 所有在场受托人授权一个或多个人(非受托人)代表他们签字。

如果受托人无法达到法定人数,若委员会认为合适,可以接受受托人提出的计划申请。

委员会收到正式申请后便会开始准备计划的详细起草,并将副本寄送给受托人以获得他们的评论和意见,委员会对计划制订及其内容负责。

4.4 计划如何生效?

简答

在通常情况下,委员会和受托人同意计划的内容并签字授权后,计划即可生效。如果委员会认为征求大众意见、评论和异议将会有所帮助,那么,在决定是否授权前应将计划公开。

详答

委员会和受托人将会审核计划草案,排除其受争议的可能性,这样不需要公开便可授权。在制订计划的过程之初,会询问受托人是否知道可能出现的异议。因此,绝大多数计划将不会有争议。

如果修订提议存在潜在争议,那么,受托人在申请计划之前应进行协商(多数情况下和支持者、受益人以及慈善组织的其他利益相关人协商),这样可以避免进入公开阶段。

在某些情形下,若预期将产生较高程度的公共争议,那么,发公告是在所难免的。如果要求公开,委员会可以选择公告的期限以及公开的地方,公开期限届满后,委员会必须进行陈述。如果委员会认为需要变更计划,那么,它将会告诉受托人并协商计划的最终版本。如果委员会认为不需要变更计划,那么,就将之前的草案作为计划的最终版本,并使之生效。

4.5 计划被授权后会发生什么?

简答

已授权的计划应同慈善组织的其他重要文件一样完好保存,并将副本寄送给每一位受托人,受托人必须根据委员会的指示公开其从委员会那里收到的通知。

详答

计划经授权后,委员会会立即将计划送给受托人。

委员会必须将计划的副本在其办公室公示1个月——实际上,委员会将计划公示于GOV. UK网站上。如果该慈善组织仅在当地运行,那么,计划应在当地一个便利的场所进行公示,但只有在计划做出之间存在重大异议时才可能进行公示。

关于计划的效力,许多当事方可提出申诉,包括首席检察官和慈善组织的任何利益相关人。除首席检察官之外,其他当事方必须在3个月之内提出申诉,但这类申诉比较少见。

受托人应将已授权的计划同慈善组织的其他重要文件一样完好保存,每位受托人均有一份计划副本。

4.6 制订计划需要多久? 以及计划的成本?

简答

计划一般在首次提出需求后几周内完成,如果很难达成意见或存在异议,那么,时间可能会稍微长一点。主要的成本由慈善组织承担,例如,员工时间或者专业顾问的酬劳,委员会对制订计划不收取任何费用。

详答

由于每种情形不同,很难明确制订计划需要的时间,但可以通过以下因素确定:

- 计划的复杂程度;
- 受托人在不同阶段考量计划草案的速度;

- 如果委员会要求公开计划草案,是否会收到重大异议。

更复杂的计划的完成时间可能会长达几个月,特别是需要逆向陈述的计划。

委员会对制订计划不收取任何费用。因此,慈善组织的成本主要包括:

- 员工在该计划上所花费的时间;
- 与计划有关的专业咨询费;
- 公告费(详见第 4.4 部分);
- 计划复印费。

慈善组织和公共服务履行:介绍与概况
（CC37）

目　录

1. 前言

亲爱的读者：

慈善组织可通过各种方式帮助受益人，通过各种渠道获得资金，其中之一是通过和英国国民医疗服务基层护理信托或政府部门签订资助协议从而提供服务。建议你参考本指引提供的建议，因为你的慈善组织已经在进行此类公共服务或者正打算这样做。

当我们首次出版该指引的初始版本时，"合同文化"对于慈善组织来说仍是一种全新的发展，但是，最近几年越来越多的慈善机构开始签订协议，尤其是因为政府积极鼓励慈善组织和志愿组织在公共服务履行和改革中发挥重要的作用。

作为慈善组织的自主管理者，鼓励或者阻止慈善组织履行公共服务并不是由委员会所决定的。对于一些慈善组织来说，可能会有很好的资助机会向他们所帮助的人提供更好的服务，但是，同时会存在风险：独立的风险、全部资助的风险和偏离任务的危险。有些慈善组织已经成功地履行了公共服务，但要完成任务并非只有这一种方式。

当受托人决定公共服务履行是否适合其慈善组织时，这些都是受托人需要考虑的重要问题。我们的角色是突出法律和其他问题，同时突出受托人做这些决定时需要了解的基本规范。这就是该指引的内容。

2. 简介

2.1 关于本指引

对公共服务履行的介绍主要针对小型慈善组织和初次考虑履行公共服务的慈善组织，希望对已经履行了公共服务的慈善组织也有所帮助。该简介概括慈善组织需要考虑的法律问题和基本规范。本指引关注的主要问题有：

- 公共服务是什么？
- 慈善组织能履行公共服务吗？
- 慈善组织可以用自己的资金来提供通常由公共机关提供或资助的服务吗？
- 慈善组织必须遵守哪些法律要件？

- 慈善组织应考虑哪些基本规范？
- 慈善组织应了解哪些风险？
- 可以从哪里获得帮助和建议？

该指引关注慈善组织需要考虑的法律问题，同时又在该领域提供进一步建议的其他组织所做的标志性指引。

2.2 “必须”和“应该”的含义

在本书中，“必须”指影响受托人或慈善组织的具体法律或规章要件，受托人必须遵守这些要件。为帮助你识别包含法律或规章要件的部分，我们已经用 L 标记在那部分的简答旁边。

“应该”指我们应遵守的最基本规范，但是，没有具体的法律要求，除非有充分的理由，由受托人应遵守基本规范。

我们也会提供不那么正式的意见和建议，希望对受托人管理慈善组织有所帮助。

2.3 先前的指引

该手册取代了《慈善组织和合同》(CC37)，完全运用新格式进行重写。指引的重点从合同转移至资助和履行，反映了慈善领域及其和公共领域关系的变化。

2.4 指引的使用

该指引的结构由下一部分“慈善和公共服务履行一览”的主要标题展开，在每个标题下面，我们列出了受托人或慈善组织管理者可能提出关于公共服务履行的问题。我们从总体上给了一个简要概括的回答(“简答”)，然后提供更多的背景解释(“详答”)。

2.5 帮助和建议的其他来源

该指引的 L 部分列出了一些提供有益和实际指导资源的详细内容，以及所有提及组织的联系方式和简要描述他们的职能。

2.6 使用的术语

虽然我们已经尽力使用日常用语,但在某些地方不得不使用专业术语,下面只列举了其中一些术语:

受益人,是指有资格在慈善工作中获益的人,慈善组织的受益群体由其**规章**界定,受益人有时候被称为客户或服务使用者。

《协议》(The Compact),是指政府、志愿和社区部门于 1998 年签订的协议(它是不具有法律效力的文件),也有志愿和社区部门、当局和其他公共机构达成的地方协议。协议包含黑人和少数种族群体、社区团体、磋商和政策评价机制、资助和采购以及志愿活动的行为规范准则,详情请参考**www. compactvoice. org. uk**。

志愿组织计划,因威尔士的志愿组织计划而召开的国民大会与协议(the Compact)在英格兰扮演的角色一样,该计划陈述了大量原则和共同价值观,用以调整威尔士国民大会与志愿和社区部门之间的关系。详情请参考威尔士政府网**www. wales. gov. uk** 中的志愿组织计划。

规章,是指列出了慈善组织目的以及其如何被监管的法律文件,它可以是信托书、组织制度、组织备忘录、章程、意愿书、转让契约、《皇家宪章》、委员会计划或者其他正式文件。

任务或任务陈述书,慈善组织用其描述他们存在的理由和作用,任务陈述有以下优点:

- 使用日常语言驾驶慈善组织的目的;
- 有助于传递慈善组织的理念和价值;
- 通过确定慈善组织想要实现的结果或目标来提供战略计划的焦点。

慈善组织的任务(或任务陈述书)必须与其目的相符,范围不得大于其目的。

目的,是指规章中列明慈善组织存在的法律意义,或者其希望实现的目标。目的在法律语言中意义广泛,他们明确指出(限制)慈善组织的资产使用的方式。

公共机关,属于国家或当地政府一部分的任何组织,包括威尔士政府、政府部门、区县委员会和国民医疗服务机构,这些组织通常被称为“代理者”(commissioners),即代理服务的机构。

代理和采购(commissioning and procurement),是公共机关通常获得服务以识别服务需求为起点,通过制定服务标准从而获得或采购服务。

受托人,是指慈善组织的受托人,他们服务于慈善组织的管理机构,可以是受托人、管理人员、董事会成员、主管人员、委员会成员或者其他职位,他们对慈善组织行政的总体监管负责。(本指引未提及其他类型的受托人。)

《承接产业转移(就业保护)条例》(2006 年)(Transfer of Undertakings (Protection of Employment),TUPE],保护从业人员的权利,要求新雇主在薪酬、假期和养老金方面提供相同的条件。

志愿和社区部门,是社会中广泛分布的重要组织,被称为志愿部门或志愿和社区部门(Voluntary and Community Sector,VCS)。但并非所有的志愿和社区组织(Voluntary and Community Organizations,VCOs)皆是慈善组织,VCS 既不属于政府(公共和国家部门),也不属于私有(营利性)部门,许多关于公共服务履行的文件都是指 VCS,而非慈善组织。

该组织有时也被称为"第三组织或民间团体",通常使用第三组织的概念也包含社会企业(其中有些属于慈善组织)、合作社和互助社。

3. 慈善组织和公共服务履行一览

本部分内容简要总结了正考虑公共服务履行的慈善组织需要注意的问题。

慈善组织和公共服务

"公共服务"指公共机关通常提供或代理的服务。法律并未强制要求慈善组织提供所有公共服务,对于有些服务的提供,慈善组织具有自由裁量权(即是有选择性的)。即使存在法律义务,法律也未完全具体规定必须提供何等水平的服务。

满足受益人需求最为有效的方法由慈善组织决定,对于从事公共服务履行的慈善组织,我们通常建议:

- 坚持任务;
- 保护独立性;
- 了解价值。

慈善法律框架 L

法律并未禁止慈善组织根据与公共机关的资助协议或者使用自己的资金来提供公共服务,但这并不能改变受托人遵守慈善法以及慈善组织规章要件的责任。

下列法律规则适用于所有慈善组织,尤其约束提供公共服务的慈善组织:

- 慈善组织只能在其目的的权利范围之内活动;
- 慈善组织必须独立于政府或其他资助者(funders);
- 受托人的行为只能代表慈善组织和受益人利益;
- 受托人做决定时必须符合其审慎行事义务。

理解风险 L

公共服务履行给慈善组织带来机遇,同时带来风险。风险主要包括金融风险、放弃独立性的风险、偏离任务的危险、服务履行和合同风险以及信誉风险。

考虑履行公共服务的慈善组织应该权衡其风险和机遇,识别和应对风险相当重要,确保合理分配慈善组织和公共机关的风险。

禁止受托人签订任何合同或资助协议,除非他们认为其条款有利于慈善组织。因此,受托人应考虑是否需要专业顾问对这些文件条款提供专业的建议(法律和会计学方面的建议)。

坚守任务 L

慈善组织的任务以及所有活动必须在其目的和权力范围内进行,同样的,需要明确这些活动是如何推动慈善组织实现其目的和任务的。

受托人对于主导慈善组织的事务负有最终责任,他们应该确保充分参与慈善组织进行活动的决策。如果需要代理决策,那么,受托人应该就决策的方式、决策人以及其知情权设定清晰的标准。

受托人考虑慈善组织(尤其是提供公共服务的慈善组织)是否应该进行活动或提供服务时,应注意以下问题:

- 该活动符合慈善组织的目的和权力吗?
- 该活动是怎样和慈善组织的任务以及当前工作计划中的特殊目标契

合的？

- 该活动将如何满足受益人的需求？
- 该活动如何获得资金来源？（这个问题将在后面详细探讨）
- 慈善组织充分评估风险并采取措施降低风险了吗？

作为基本规范，受托人应定期审核慈善组织的目的和任务，以确保他们仍然符合社会趋势。

保护独立性 L

为充分履行责任，受托人的行为必须仅代表慈善组织利益，其并非任何任命或资助机构的代表。所有受托人都应理解其法律义务，妥善处理利益冲突，这点相当重要。

提供公共服务的慈善组织不应被禁止从事政府活动或竞选，同样的规则适用于所有慈善组织的所有活动。详情请阅读**《畅言：慈善组织宣传活动和参与政治活动的指引》**（CC9）。

了解价值

了解价值指：

- 了解慈善组织提供服务的所有成本；
- 了解慈善组织提供服务的范围及限制；
- 了解慈善组织提供服务的独特或显著特征；
- 使用这些和其他因素给服务定价。

全部成本回收适用于公共机关购买慈善组织服务的任何情形，除非放弃全部成本回收符合慈善组织利益。允许慈善组织在资助协议上实现顺差。

如果慈善组织接受或者更新公共服务履行的资助协议，且资助不能覆盖服务的全部成本，那么，慈善组织可以：

- 协商获取更多资助；
- 提供与资助相当的较低水平的服务；
- 利用其他资金填补差额；
- 拒绝承认资助协议，拒绝提供服务。

慈善组织的决策必须基于慈善组织利益以及受益人需求。在决定使用慈善基金来填补差额时,受托人需要考虑一些特殊问题,该指引详述了这些问题。

慈善组织可以采取措施使公共机关遵守《协议》(The Compact)或者法定义务,这将在本指引第8部分详述。

慈善组织资助指引

进行资助的慈善组织只能资助公共服务或者其他公益项目需要在考虑申请与公共服务履行相关的资金时,我们对进行资助的慈善组织给出以下建议:

- 考虑所有的资助选择;
- 确保决策是着眼于法律和受益人的利益;
- 运用公共机关过去资助的经验;
- 对公共机关准备或者有义务资助的项目询问问题和挑战假设;
- 利用此类注意事项为资助政策提供信息。

其他需要考虑的问题

慈善组织可以采取措施应对公共服务履行涉及的风险,包括采用有限公司的形式、使用保险或者通过贸易公司提供服务。

如果合伙适合,那么慈善组织可以通过减少行政职能复制增强竞争力,从而寻求更有利的合同或者从效率增长中获益,这对小型慈善组织具有特别的益处。在达成合伙协议之前,慈善组织需要考虑其好处和风险,详情请阅读**《合作与合并:介绍》(CC34)**。

一般而言,慈善组织在商务活动的增值税方面并无特殊的待遇,如果其计税营业额超出法定限制,则需要进行增值税登记。慈善组织可以和英国税务与海关总署国家咨询中心协商增值税。

更多信息和建议

本指引第11部分对此进行了总结。

4. 慈善组织和公共服务

本部分揭示了指引中“公共服务”的概念,以及公共服务和提供慈善(或志愿)服务的关系。

4.1 什么是公共服务

简答

公共服务指公共机关通常提供或代理的服务(下面列举了一些内容)。

详答

“公共服务”包括公共机关提供或代理各种不同的服务,这些服务包括:

- 建议和倡议;
- 照顾年老者和提供庇护场所;
- 教育;
- 医疗服务;
- 博物馆、美术馆和图书馆;
- 娱乐和休闲服务;
- 资源回收利用、垃圾收集和处理;
- 社会福利住房;
- 城市或农村重建。

慈善组织从事人们现在称为“公共服务”的活动已经长达几个世纪了,并且经常先于国家提供。例如,国家教育直到19世纪中期才出现,国民医疗服务建立于1948年。在那之前,学校和医院都是由慈善组织提供。公众对于政府供给的感知往往随着时间而变化,就像慈善和公共组织提供的水平一样,为应对不断变化的公众期望、政府政策以及法定义务,公共机关已经接管了一些服务的责任。近年来,公共机关在保留服务提供责任的同时,将一些服务履行分包给了私人或志愿组织。

公共机关并不具有提供所有服务的法律义务,有些服务的提供具有自由裁量权(即有选择性的),即使存在法律义务,法律也未完全具体规定必须提供什么水平的服务。

委员会不能就公共机关提供或资助特殊服务给予权威建议,但指引第8部分列举了慈善组织为明确公共机关的义务所采取的相关措施。

4.2 英格兰和威尔士的方式有区别吗?

英格兰和威尔士各自对其鼓励慈善组织和其他志愿和社区部门履行公共服

务负责。

英格兰和威尔士的重点可能有所不同,但是,两国的慈善组织面临着相似的问题。

4.3 慈善组织可以有助于改善其未提供的服务吗?

慈善组织在改善其受益人收到的服务中起着至关重要的作用(无论慈善组织是否提供那些服务)。通过运用已有经验,了解受益人的看法和需求,包括获得服务的任何障碍,从而影响公共服务的计划和履行,并为其提供信息。

如果慈善组织就服务的计划和履行提供意见,他们应考虑是否提供免费咨询或泄露知识产权,这个信息很有价值,慈善组织应考虑他们是否有合理的奖励。

5. 慈善组织的法律框架

本部分重点讲述慈善组织在从事公共服务履行时必须遵守的法律要件。

5.1 法律中关于公共服务履行的规定有哪些?

简答

规定非常少。即使公共机关有提供服务的法律义务,但法律并未禁止慈善组织根据与公共机关的资助协议或者使用自己的资金来提供公共服务。这也不能改变受托人遵守以下规定的责任:慈善法的规定及限制、慈善组织规章的规定和其他可适用于慈善组织的法律要件。

详答

下面是主要的法律原则:

- 慈善目的范围较大,可能会和公共机关的责任重叠;
- 法律并未禁止使用慈善基金来提供公共服务或设施,但判例法中有一个原则,即慈善基金应合理谨慎使用;
- 法律没有明确规定公共机关的所有法律责任。

这并不能改变受托人遵守慈善法和慈善组织规章的责任。

新慈善组织:建立一种慈善组织专门提供特殊公共服务,该组织必须专门用于慈善目的和公共利益(慈善地位的法律测试),而非仅作为实施公共机关责任或义务的一种方式。

现存慈善组织：为公共利益减免税收是一种慈善目的，虽然很少有慈善组织明确表达这一慈善目的，但是，拥有该目的的慈善组织和拥有普通目的的慈善组织若明确表示为了公共利益，可直接资助公共基金。

若没有特殊或者普通的慈善目的，慈善组织不能将其资金直接用于减免税收。如果受托人认为任何税收减免仅是实现慈善组织慈善目的的偶然结果，那么，慈善组织就不需要特殊的目的。

其他法律要件：当然，慈善组织必须遵守可适用的任何其他法律，有些法律适用于所有慈善组织，也有一些法律适用于特殊的慈善组织，因为他们工作或受益人的类型不同。慈善组织需要采取符合其情况的建议。例如，可以考虑以下法律：

- 就业法；
- 健康与安全法；
- 平等法（详见**《关于慈善组织和平等法的指引》**）；
- 保护弱势受益人（详见**《关于保护儿童的指引》**）。

5.2 履行公共服务时受托人必须遵守慈善法中的哪些规定？

简答

下列法律规则适用于所有慈善组织，尤其约束提供公共服务的慈善组织：

- 慈善组织只能在其目的的权利范围之内活动；
- 慈善组织必须独立于政府或其他资助者；
- 受托人的行为只能代表慈善组织和受益人利益；
- 受托人做决定时必须符合其审慎行事义务。

详答

慈善组织的目的和权力：慈善组织必须在其规章规定的目的范围内运行，目的可根据当地或受益人具体情况而定（例如，基于性别、年龄、无能力或需求），还应具体规定慈善组织从事的特殊服务或活动。

慈善组织也必须在其法定权力范围内运行，慈善组织的权力通常规定于规章中，但立法或判例法中也包含慈善组织的权力。

受托人应该了解并可以解释慈善组织从事任何活动的原因以及这些活动是如何深化其目的的。

法律上的独立性:一个组织仅因慈善目的而存在,而非执行公共机关的政策或指示,该组织才可成为慈善组织。为支撑此观点,委员会查找了许多特征,详见**《独立于国家的慈善组织》(RR7)**。

这并不会阻止公共机关提名或任命受托人,甚至成为受托人。但是,如果公共机关成为了受托人,则必须妥善处理利益冲突(详见第7部分:保护独立性)。

慈善组织的利益:受托人的行为必须代表慈善组织和受益人的利益,具体指:

- 禁止受托人让个人利益或其他组织机构的利益影响他们的判断;
- 禁止受托人限制他们为慈善组织利益做决策的能力。

实际上,并不是每个受益人都可以得到慈善组织的帮助,受托人不得不做出艰难的选择,考虑目前和将来的受益人的需求,并为资助和可持续性提供信息参考。例如,受托人可能会感觉到通过提供不需要自己承担成本的服务有短期的优势,例如,覆盖新的受益人的能力。但从长远来看,该优势不如对慈善组织储备金水平、财政稳定性以及工作能力的影响重要。

谨慎义务:为遵守谨慎义务,受托人必须做到以下几点:

- 确保慈善组织始终保持偿付能力;
- 合理使用慈善基金和资产,深化慈善目的;
- 避免进行可能将慈善组织的赠与、基金、资产或信誉置于不应有风险之中的活动;在投资或借贷时应多加注意。

例如,这可能意味着在受托人没有足够专业知识的问题上自主采纳专业建议(包括合同起草和谈判,参见本指引第5.4部分)。

关于这项义务的更多信息,详见**《受托人事宜:你需要知道的》(CC3)**。

注意义务:受托人必须对其责任花费足够的时间、思考和精力,并且合理利用他们的技能和经验。《受托人法》(2000年)中规定的"注意义务"即是在特殊情形下合理注意和使用技能:

- 受托人拥有的特殊知识和经验;
- 受托人在交易或职业中被合理认为应拥有的特殊知识或经验。

严格来说,这仅适用于非法人慈善组织行使《受托人法案》(2000年)权力的受托人或者行使其他类似权力。然而,惯例法和《公司法》(2006 年)规定了慈善公司的管理人员应承担类似的义务,基本规范意味着注意义务应适用于所有受托人以及他们的决策工作。

更多受托人的注意义务,详见**《受托人事宜:你需要知道的》**(CC3)以及《关于法定注意义务的操作指引》(OG86 B6)。

6. 了解风险

公共服务履行给慈善组织提供很多机会,但也存在潜在风险,受托人应谨慎决定是否应该从事该活动以及该活动依据的条件。

6.1 公共服务履行给慈善组织带来了哪些机遇?

公共服务履行使慈善组织深化任务、拓宽活动以及提供新的服务以满足受益人需求。原则上,为保证有良好的收益,需要予以适当资助。

同时,公共服务履行改善了对受益人的服务,并影响了公共机关对受益人的政策。

6.2 慈善组织应了解哪些风险

简答

风险是日常生活中的一部分,慈善组织不能完全避免风险,真正的创新和改革也是通过接受风险而实现的。

慈善组织履行公共服务主要有以下几方面的风险:

- 财政风险,包括储备金的使用和可持续性;
- 管理风险,包括制度管理和独立性;
- 服务风险,包括缔约风险和服务质量;
- 信誉风险,包括公众观念和慈善组织与公共机关的关系。

这些风险不仅是因为公共服务履行而产生,而且慈善组织的其他工作也会有风险。

了解可能的风险对于慈善组织是非常重要的,我们建议慈善组织在考虑和协商资助协议的条款时使用风险信息。

详答

财政风险

● 缺乏资金:例如,若慈善组织没有准确计算服务的全部成本并在资助协议中协商,可能会出现缺乏资金的情形,这时,使用储备金或其他基金以填补成本可能会影响慈善组织的可持续性。

● 不恰当的资助期限:短期资助的服务会影响慈善组织的长远计划,员工同时也会花费时间及资源去寻求进一步的资助。英国财政部**对资助者的指引**(详见第 12 部分)表明,资助的期限应由资助希望达到的效果而定。

● 大额资助或即时资助(spot-funding):有些资助协议是基于个别客户(即时资助),而其他资助协议涉及大范围的服务,不同的协议将适用于不同情形。如果慈善组织无法掌控有多少客户,即时资助就不可预知,从而不便于安排工作人员和资源,那么,就需要协商更多的合同,但即时资助更能为有特殊需求的个体提供合适的服务。

● 迟延资助(迟延给付):迟延给付迫使慈善组织预先垫付成本,导致潜在的资金流转问题,政府采购规则在某些情形下允许提前支付。

● 视服务质量或效果而定的资助(如根据结果给付):根据有些资助协议的规定,如果服务质量无法满足具体标准或不能实现特定的结果(可能不完全受慈善组织控制),那么,就将保留给付。但是,如果这个具体标准有待进一步解释,可能导致慈善组织与资助者的争议。

● 追回资助:有些资助协议会规定偿还盈余,但财政部的资助者指引(详见L部分)明确表示,只有在有必要保护资助者公共资产(如房屋建筑)利益时,才可申请追回资助,他们不得申请采购商品或服务,并且资助的条件需灵活且实用。

● 法定义务:如果员工从公共机关转向慈善组织,那么,根据 TUPE 规定,他们在公共机关的待遇将被保留,慈善组织可以支付其额外的工资、养老金或失业费。如果转业的员工待遇比慈善组织现有员工待遇更好,现有员工可能会提出异议。

政府风险

● 目的和任务相关的风险:为获得资助,慈善组织的活动或服务履行若超出其目的和权力范围,则会产生风险。(这通常称为偏离任务,详情参见

第5部分。)

- 缺失独立性:参考第8部分。

与服务相关的风险

- 合同或诉讼风险:签订公共服务履行的合同时,也需要评估其存在的风险和机遇,不履行服务或违反合同其他规定将会受到惩罚。慈善组织也需要承担其他合同风险,如租赁营业场所或设备以及雇用员工的风险,如果合同未预期履行就很难终止合同,此外,合同的条款有时会比较复杂或者不合理。

有些要约程序可使申请人签订合同,在这种情形下,如果慈善组织事先未明确表示保留意见,那么,就很可能被认为是接受了要约。相反地,如果慈善组织保留意见,其要约就可能被拒绝。

处理公众成员也会涉及风险责任,如人身伤害。

- 不恰当的监管:我们希望资助者适当地监管慈善组织的服务履行,确保实现资助协议中协商的效果,不恰当的监管可能会造成行政负担以及不必要的成本。同时,也会破坏受托人决策的可信度(例如,参加了所有受托人会议的观察员)。

- 公共机关的责任:公共机关有很多责任,如人权、信息自由和平等立法,慈善组织应根据合同条款遵守这些责任,代表公共机关履行服务,增加额外的管理条件和成本。慈善组织应慎重考虑其义务,此方面的法律规定正在审查中。

- 义务感:许多慈善组织对其受益人有忠诚感或责任感,但是,资助协议的条款未考虑服务使用者或其他受益人利益的情况下,慈善组织不得接受。

- 履行或服务质量的风险:将服务转移给慈善组织会降低满足服务代理人和受益人期望的能力,合同规定不完善、监管不恰当以及资金不足都会影响服务质量和价值。

信誉风险

- 与公共机关建立合同关系,尤其是用捐赠的资金来提供公共服务,会削弱捐赠者对慈善组织的信心,除非慈善组织能清楚地解释其履行方案。
- 不愿意保持独立性或挑战资助者也会影响慈善组织信誉。
- 服务质量差也会损害慈善组织信誉。服务使用者可能会对慈善组织失望,认为其应该履行服务而非代理公共机关,因为,公共机关通过外包服务避免责任。资助协议中应明确规定慈善组织有解决对服务不满的责任,并将其作为一种基本规范,明确处理投诉的策略和程序。

- 如果服务背离受益人和其他利益相关人的期望而不履行该服务,也会带来信誉风险。

在慈善组织的各项工作中,受托人应识别和评估风险,并决定如何有效降低、避免和管理风险,资助协议应合理分配慈善组织和公共机关的风险分担。如果慈善组织服务的质量和有效性以及价值被破坏,那么,慈善组织便承担了不公平的风险。

管理或降低财政、合同和履行风险的另一种方法是尽早地进入代理程序,慈善组织会积极影响服务提供的方式,了解受益人需求。

6.3 对风险管控有哪些指引和建议?

有许多公共服务履行方面的建议和刊物,本指引部分列举了一部分。

6.4 签订合同或资助协议前慈善组织应该征求意见吗?

简答

应该征求意见。受托人在决定需要什么意见时,应考虑合同的范围及其可能带来的特别风险。

详答

合同属于法律文件,合同条款和其他资助协议对慈善组织具有强制执行力,不按合同履行服务会有相应的惩罚措施。根据资助协议的性质会有不同的法律意见(第9.3部分,资助协议的不同类型)。协议条款应包括履行的服务、给付条件、监管和评估安排、服务救济、盈余或赤字条款、审查和终止条款。慈善组织通常有义务保护公共机关免受第三方的诉讼主张,或者承担经营场所和员工的开销。合同条款可能不符合慈善组织利益。

公共机关可能会坚持认为合同不可协商,但从法律上来说,慈善组织有选择协商或拒绝签署的权利。如果慈善组织希望协商的条款修订为包含在要约中,那么,在进入要约程序时应谨慎,因为,有些合同条款可能会强加给慈善组织。

如果法律文件的条款不符合慈善组织利益,受托人就不应签署,否则就是对其责任的违反。因此,受托人应考虑专业建议(法律和会计学方面),包括内外专家。尤其是在慈善组织考虑签订协议时,而该协议又具有相对于慈善组织规模的高价值和潜在风险时,更需要专业的建议。在决定是否就特殊事项进行咨询时,具有专业资格的受托人必须考虑其注意义务(详见本手册第5.2部分)。

有用的合同和刊物请参考第12部分。

7. 坚守任务

慈善组织需要明确他们存在的原因以及他们需要帮助的人,这样才不会迷失方向,对于其方向和目的缺乏清晰的了解会成为慈善组织偏离任务的第一步。本部分重点关注慈善组织目的或法律目的与任务的关系,希望实现的目标与怎样实现之间的关系。

7.1 慈善组织的目的应怎样调整其任务和活动?

慈善组织的任务及或有活动必须在其目的和权力范围内,受托人无论在什么时候重审任务,均应参照其目的。同样的,需要明确活动是如何实现目的和任务的,慈善组织签订服务履行合同时,需注意资助协议的条款或范围可能不符合慈善组织的目的。

7.2 慈善组织进行的活动应由谁做决策?

为指导慈善组织事务并确保其有效运作,以及为了公共利益而提供慈善服务,受托人负有最终责任。通常,受托人可以将某些权力授权给代理人或员工,管理者在日常决策中就起着重要作用(特别是在大型慈善组织中)。但是,始终是受托人对慈善组织的运作负有最终责任,同时有责任确保慈善组织的运作符合合同的规定。

慈善组织最重要的决策之一就是决定进行什么活动,受托人应确保其适当参与该决策,如果受托人授权给员工或其他人,那么,受托人应该就决策的方式、决策人以及其知情权设定清晰的标准。

7.3 慈善组织在活动或服务应该考虑什么?

活动或服务的决策由慈善组织的目的指导,并且,应遵循任务和顺序而非资助机遇,资助考虑可能是其中一个因素,但它们不能推动或决定任务。

在考虑任何活动或服务时,受托人应考虑以下问题:

- 该活动符合慈善组织的目的和权力吗?
- 该活动是怎样和慈善组织的任务以及当前工作计划中的特殊目标契合的?
- 该活动将如何满足受益人的需求?
- 该活动如何获得资金来源?(这个问题将在后面详细探讨)
- 慈善组织充分评估风险并采取措施降低风险了吗?

受托人应铭记公共机关可能缺乏对慈善组织目的或者信托人法律责任的了解,慈善组织可以鼓励公共机关的财务人员和其他员工参加培训。如有特许公共财政与会计学协会资格的财务人员可担任特许公共财政与会计学协会慈善小组的专家。

7.4 慈善组织的任务或目的可以更新吗? 为履行一项特殊服务可以改变慈善组织的目的吗?

为应对社会的需要,慈善组织的任务可能会随着时间而改变,受托人应定期审核目的和任务,以确保其仍然有效。

更新任务陈述书是受托人可能进行的政策决策(但任务仍然应反映目的),改变慈善组织的目的是一个法律程序,同时,必须遵守慈善组织规章条款、法律和委员会的权力,这一点在另一本指引中有解释《**慈善组织规章的修订**》(CC36)。

如果规定需要委员会的批准、同意或者授权,仅因为保护一个特殊的资助协议,不允许授权修订目的或任务,慈善组织的目的和任务可指导资助策略,而非资助策略指导目的和任务。

8. 保护独立性

独立性超出了一个组织的法律地位:保护独立性是一个不断进展的活动。受托人必须能做出独立判断并且恰当管理利益冲突,这对履行公共服务的慈善组织特别重要,公共机关可能会希望影响或指导慈善组织的决策。如果从公共机关那里获得资助,公众可能会认为慈善组织会放弃独立性,慈善组织可以采取一些措施确保其不会放弃独立性。

8.1 慈善组织如何保持独立性并管理利益冲突?

简答

在履行责任时,受托人的行为只能代表慈善组织的利益,受托人不是任何任命或资助机构的代理人。对于所有受托人来说,理解其法律责任相当重要。为保障受益人的利益,慈善组织应保持独立并向服务代理人和资助者解释独立的重要性。

详答

管理规范:慈善受托人和管理人在管理中应遵循基本规范,新的受托人应接受入职培训。受托人应该识别和管理利益冲突,决策程序应透明。慈善组织应考虑志愿和社区部门的管理规范(详见本指引第12部分)。

《协议》:《协议》规定了慈善组织和其他志愿组织独立于政府,其独立性的行使与资助无关,在威尔士志愿组织计划中也阐明了其独立性,所有公共机关应承认并坚持这些原则。

管理利益冲突:利益冲突,指受托人的个人利益或者其在另一机构中的利益可能会影响受托人作出决策,受托人应参考委员会**利益冲突**指引,在网站中《管理规范》部分的《慈善组织规定和指引》。

如果公共机关担任慈善组织的受托人,也会造成特别的冲突。公共机关和慈善组织的任何资助协议可能将会形成谋私交易,如果资助协议未经法院或委员会授权,则可能受到公众的质疑。我们希望慈善组织妥善处理利益冲突,充分考虑慈善组织的利益。

合同条款和条件:在某些情形下,公共机关希望在资助协议中附加条件,可能会使受托人违反信托,并限制其仅代表慈善组织行事的能力。这些条款和条件可能包括提名客户或受益人的权利、任命受托人的权利或者委派代表参加受托人会议的权利,也可能包括影响任命受托人或选择受托人的方式的平等和多样化规定。

虽然公共机关想适当管控服务的履行可以理解,但应禁止慈善组织接受任何违背规章的条款和条件(如受托人任命机制),非出于慈善组织利益考虑,受托人不得无条件退让。

学会拒绝:慈善组织不应被迫履行公共服务或特殊服务,慈善组织进行的活动是由受托人决定的,并且,该决策必须基于慈善组织的利益和受益人的需求。如果慈善组织正考虑更新现有的合同,做决策就相对比较困难。

关于慈善组织独立性的更多信息,请参考《**慈善组织独立于国家**》(RR7)。

8.2 若一个慈善组织履行公共服务,它还能参加竞选吗?

简答

可以,但需遵守适用所有慈善组织的规则和限制。

详答

提供公共服务的慈善组织不应被禁止从事政府活动或竞选,该规则适用于所有慈善组织,无论他们的活动是否涉及公共服务履行,详见《**畅言:慈善组织宣传活动和参与政治活动的指引**》。

慈善组织可以参加竞选,或者为受益人的利益考虑,参与公共政策的讨论,通过表达自己的观点而突出独立性,从而获得公众信任。

9. 了解价值

慈善组织应充分知晓公共服务履行的财务相关内容。

9.1 委员会所称的“了解价值”的意思是什么?

简答

了解价值指:

- 了解慈善组织提供服务的所有成本;
- 了解慈善组织提供服务的范围及限制;
- 了解慈善组织提供服务的独特或显著特征;
- 使用这些和其他因素给服务定价。

详答

服务成本：服务的全部成本包括与其相关的直接成本和间接成本（有时也称为间接费用、行政或核心成本）。核心成本包括管理成本（如高级职工的时间和董事会会议）、研发成本（包括培训）和其他支持成本（包括营业场所和设施成本）。

慈善组织应了解他们提供或计划提供的服务的全部成本。

通过了解所有成本，受托人可以就是否进行某项服务或接受资助要约做出更可靠的决策。

认识慈善组织的局限性：了解慈善组织的局限性相当重要，慈善组织不应承担它无法履行或完成的服务、项目或活动。

显著特性：慈善组织有显著特性，赋予其提供特别服务的潜能。这些特性包括专业知识或经验、慈善精神（如用户主导型）或者服务履行的创新方式。（这些特性通常被描述为“增值”。）如果慈善组织认识到这些特性，应考虑以下内容：

- 评估履行特别服务是否是慈善组织深化目的（和任务）的有效方法；
- 计算履行服务的全部成本（包括提供高质量或高水平服务的成本），根据服务特色定价；
- 决定低于全部成本履行服务是否是出于慈善组织及其受益人的利益考虑。

给服务定价：除了全部成本和显著特性，在定价时建议，受托人需要考虑的其他因素还包括特殊风险（例如，为应对潜在的更大的风险，可能需要对新的服务和短期合同进行定价），与代理机关的关系，慈善组织名称或商标的长度，以及市场竞争性。

慈善组织有所盈余是完全合理的，正如公共服务改革中所阐明的：《志愿组织的角色》（国家志愿组织委员会，2005 年），出于慈善组织利益考虑，给服务定价可以：

- 回收成本费用；
- 用盈余来再投资慈善组织的工作；
- 弥补损失（补贴服务）。

9.2　慈善组织如何理解他们的全部成本？

关于全部成本回收方面的资源丰富，包括成本分析模型、培训和建议，详见

第12部分。

• 志愿组织首席执行官协会全部成本回收工具包可以帮助慈善组织按照适用于公共部门财政的规则分配核心成本。

• 财政部对资助者的指引的附件A列举提供服务过程中可能承担的成本。

• 许多组织提供关于全部成本回收的培训,包括志愿组织首席执行官协会。

为确保合同的履行,受托人应了解服务的性质以及成本运作的方式,例如,一些成本可能会随服务水平而变化,而其他成本可能是固定的或半固定的,受服务变化的影响较小。充分理解成本有助于为交易计划、要约和预算程序提供信息。

9.3 慈善组织应该在什么时候协商全部成本回收?

简答

公共机关购买服务时,慈善组织应协商全部成本回收,除非慈善组织出于受益人的利益考虑而放弃全部成本回收。

详答

不同类型的资助协议:用以描述资助协议的措辞相当模糊且不精确,不同类型的资助协议之间有重要的差异。从法律上来看,这些差异比较复杂,但根据本指引:

• 资助是给予或捐赠。捐赠者无权要求获得回报,但是可能就资助应如何使用附加条款和条件,这样,可限制慈善组织使用该项资金的范围,超出范围使用资助都是违反信托的行为。除非另有规定,盈余资金的使用也应遵循该限制。

• 合同是对双方(或多方)当事人具有法律强制执行力的协议,其中一方承诺提供服务,另一方承诺支付报酬。合同中的报酬支付不属于资助,将征收增值税(详见第K3部分),合同中的盈余不属于被限制的资金,但受合同条款和条件的约束。

• 服务水平协议(Service-Leve Agreement,SLA)不是法律术语,通常指公共机关和慈善组织对所提供的服务的理解的文件,如果满足了一个有效合同的所有法律要件,包括对双方当事人具有法律约束力,SLA 可看作一份合同。

资助目的:对于慈善组织来说,理解资助目的相当重要。在多数情况下,公共机关希望获得(购买)一种特别的公共服务,那么,资助协议中就可能规定具体的条款和条件。

公共机关也会以捐赠的形式资助慈善活动,也许因为这些活动支持了机关的公益目标。

申请全部成本回收:"协议中的政府事业"表明慈善组织申请资助时,可以包括适当相关的间接开支。

公共机关购买服务时,慈善组织应对全部成本回收进行计划和预算,除非慈善组织决定放弃全部成本回收。

9.4 如果公共机关提供的资助无法覆盖服务的全部成本将会怎样?

简答

如果慈善组织接受或者更新公共服务履行的资助协议,且资助不能覆盖服务的全部成本,那么,慈善组织可以:

- 协商获取更多的资助;
- 提供与资助相当的较低水平的服务;
- 利用其他资金填补差额;
- 拒绝承认资助协议,拒绝提供服务。

慈善组织的决策必须基于慈善组织的利益以及受益人的需求。

详答

如果不是出于慈善组织及其受益人的利益考虑或完全符合其目的,受托人不得使用慈善组织的资金,任何补贴服务的决定必须由慈善组织作出,而不得被资助条件约束:

- 公共机关对提供服务有什么法律责任?这是绝对法律责任吗?(对服务水平无自由裁量权)对服务水平有自由裁量权的法律责任,仅是服务可自由决定吗?
- 提供服务可以合理有效利用慈善组织的资源吗?

- 这是帮助慈善组织受益人的有效方式吗?
- 慈善组织通过使用自己的资金会增加什么价值?

在某些情形下,慈善组织可能会获得公共机关无法获得的额外资助或资源。如果可获得这类资源,慈善组织应利用这些资源为受益人的服务增值。公共机关不应假设慈善组织可自动获得额外资助,或假设增值意味着未额外支付的高标准服务。

公共机关有提供服务的绝对法律责任,对服务水平无自由裁量权时,必须有为慈善组织利益考虑的正当理由,公共机关才可将服务交给慈善组织。

9.5 慈善组织可以使公共机关遵守《协议》(或者威尔士的《志愿组织计划》)吗?

所有政府部门均应遵守《协议》或《志愿组织计划》(如果适用),多数地方机关有地方协议,参照国家《协议》和《志愿组织计划》的条款。这些协议的原则应加强慈善组织和公共机关的关系,因此,我们建议慈善组织可以熟悉并利用这些文件。

这些协议不具有法律约束力,但其中很多原则为政府政策或公法所借鉴。在公法案件中,成功运用了《协议》,并帮助解决了许多法律争端。关于对《协议》和《志愿组织计划》的违反,慈善组织可从协议宣传计划国家志愿组织委员会或威尔士志愿行动委员会中寻求帮助和建议。

9.6 慈善组织怎样识别或使公共机关履行其法律责任?

简答

在实践中,很难识别公共机关在提供或资助一项特别服务时的法律责任,但慈善组织可要求公共机关说明责任,并采取某些措施使公共机关履行其法律责任。

详答

由于公共机关对提供服务有绝对的法律责任或者对服务水平有自由裁量权,其中,精确的法定责任就难以识别。

慈善组织可以要求公共机关书面说明其提供服务时的法律责任或者该服务

的资助。如有必要,慈善组织可根据《信息自由法》(2000 年)提出正式请求,提供公共机关责任信息的复印件,慈善组织也可以就公共机关的法律责任单独咨询,但这会产生法律成本。

如果慈善组织发现给受益人提供的服务的公共资金并非规定的水平,它可以采取合理措施要求税赋公共机关填补资金不足,慈善组织也可单独或和其他组织一起同公共机关协商。

慈善组织为了提高其受益人的服务资助水平,在其目的范围内采取法律、政治或行政方面的措施,这是可以接受的。如果慈善组织考虑对公共机关采取政治压力,建议阅读我们的指引**《畅言:慈善组织宣传活动和参与政治活动的指引》**(CC9)。

慈善组织及其受益人还可以考虑法律救济,包括公共机关决策的司法审查,或者根据《人权法案》(1998 年)提起诉讼。如果受益人没有向法院提起诉讼的诉讼成本,慈善组织愿意帮助受益人起诉,它认为这是深化其慈善目的的有效方法,但没有事先咨询专业意见之前不可轻易提起法律诉讼。

除非受托人得到委员会的事先同意,使用慈善资金支付诉讼成本,否则,受托人可能会对这些法律成本承担个人责任,因此,需要事先咨询委员会,同时注意起诉的截止期限。

9.7 如果慈善组织的规章禁止补贴法定公益金会怎样? L

简答 L

慈善组织不得进行规章明确禁止的任何行动。如果受托人认为一项特殊的权力或限制阻止了慈善组织实现其目的,那么,他们可以考虑修订规章,如第 7.4 部分所提及的,委员会可为慈善组织提供建议,如有必要,授权修订规章。

详答

明确禁止:有些规章明确禁止慈善组织补贴法定公益金(例如,用“不得”表示)。这样的禁止不容忽视,受托人必须准确理解禁止的内容。

什么是允许的? 慈善组织以全部成本回收为条件提供服务,这并不困难。如果慈善组织未能回收全部成本,受托人需明确资助机关的法律责任以及资助的水平是否与其责任相当,如果机关对此负有绝对法律责任,受托人需考虑规章是否允许慈善组织补贴法定公益金。

修订规章：如今的规章多数包含修订权，即对关键条款的修订，如目的或影响慈善组织资产使用的其他条款，需要委员会的事先书面同意或批准，或被完全禁止。

委员会可授权慈善组织进行其本身无法自主决定的一些修订，我们应考虑慈善组织根据特殊情况及其利益所作的任何请求，详见**《慈善组织规章的修订》（CC36）**。

10. 慈善组织资助指引

本指引的一些基本原则可适用于提供资助的慈善组织，但这些慈善组织还需要考虑一些其他问题，他们通常不会自己提供服务或从政府那里获得资助，而会受到资助请求，直接和公共服务或设施提供有关，或者提供公共服务的其他慈善机构或组织的请求。

提供资助的慈善组织需要考虑哪些问题？

简答

在考虑资助的申请时，我们建议慈善组织：

- 考虑所有的资助选择；
- 确保决策的做出是基于法律和受益人的利益考虑；
- 运用公共机关过去资助的经验；
- 对公共机关准备或者有义务资助的项目询问问题和挑战假设；
- 这些注意事项可为资助政策提供信息。

详答

申请的法律原则：关键的法律原则同样适用于给予资助的慈善组织，法律并未禁止慈善组织用自己的资金资助公共服务，但只能在其目的和权力范围内，以及出于慈善组织及其受益人的利益考虑，才可进行资助。

对于公共机关购买的服务，慈善组织通常希望其提供全部成本，尤其是满足法律规定的成本。因此，只在有清楚的正当理由时，提供资助的慈善组织才可补贴公共服务或其他公益项目。

过去的经验：慈善组织应考虑该服务是否是一项全新服务，如果不是，谁以前提供过类似的服务？公共机关资助的是什么服务水平？

公共机关的责任：慈善组织可以弄清楚公共机关是否有责任提供这项服务，规定公共机关资助的服务水平，以及法定资助的水平。如第9部分所提及的，最有效的方法就是直接询问公共机关，这个请求可以是书面请求，如有必要，也可根据信息自由法案提出请求。

制定政策标准：慈善组织进行资助的优先顺序和标准是由受托人决定的，政策应优先照顾潜在的受益人，也应考虑短期和长期的优先顺序与资助需求。

提供资助的慈善组织担心公共机关会长期依赖额外的慈善资助，以及其进行额外资助的能力可能会减弱，这些都是慈善组织在制定资助政策时需要考虑的问题。

11. 其他需要考虑的问题

公共服务履行的众多讨论都集中在资助，但还有其他需要考虑的问题，特别是有关风险管理和效率最大化方面的问题。

11.1 对于风险管理慈善组织可以采取哪些其他措施？

简答

慈善组织管理公共服务中的风险可采取的措施包括运用有限公司形式、保险，或者通过贸易公司提供服务。

详答

慈善组织法人化：如果该慈善组织是非法人团体（信托机构或协会），那么受托人将独立承担任何合同责任，而非由慈善组织承担。因此，考虑提供公共服务的非法人慈善组织应首先考虑建立公司结构。

一种公司结构通常是有限慈善公司，公司结构具有的优势有：第一，它是一个独立的法律实体（公司签订合同和雇用员工，而非受托人）；第二，正常情况下，成员的责任是有限的。但是，值得注意的是，公司形式不会保护慈善组织免受公共服务履行带来的财政风险；相反，还存在额外的行政和管理负担。这些问题在《选择并准备治理文件》和《慈善组织登记：如何登记一个非登记的慈善组织以及申请注册》中有详细讨论。

《慈善法》(2011 年)创立了慈善法人的一种新形式,即慈善法人组织,旨在为慈善组织提供一种更直接的公司形式,该法的相关条款自 2012 年起生效。

如果正在法人化的慈善组织有养老金固定收益计划,那么,在成为公司之前,应咨询专业建议并向养老金监管局确认,详见网站中另一个指引:**《养老金固定收益计划:问题与解答》**。

建立独立的公司:将慈善法人化的选择之一就是建立独立的公司,专门根据合同提供服务,这也是慈善公司的一种选择。建立独立公司可通过将受托人完全脱离于慈善组织的其他活动和资助项目,专门受制于合同中的责任。当然,建立和运营公司需要成本。无论是将活动转移到独立公司,还是将活动和风险留给慈善组织,受托人都需要衡量他们是否符合慈善组织的利益。

独立公司本身可以是一个慈善组织,也可以是一个非慈善性的贸易公司,为实现其慈善目的,慈善组织可以进行贸易,慈善组织的注册登记方式也和普通公司一样。一个非慈善性质的贸易公司通常用来为慈善组织筹集资金或进行目的范围外的贸易,例如,根据合同提供公共服务,无论是慈善性质的公共服务还是非慈善性质的。然而,由于公司本身不属于慈善组织,原则上应该征税和增值税。但如果慈善组织获得礼物捐助(gift aid),则慈善机构将不用为此捐助缴纳所得税和企业增值税。

建立非慈善性质的贸易公司的优缺点,以及慈善组织需要了解的法律限制相当复杂,详见**《受托人、交易与税收:慈善组织如何合法交易》(CC35)**。

保险:慈善组织可获得的保险,详见**《慈善组织与保险》(CC49)**。

合同通常会包括要求慈善组织保护公共机关免受第三方因服务履行产生的诉讼主张(例如,服务使用者因慈善组织员工的疏忽而受伤)。受托人也有保护慈善组织财产的责任,并考虑为慈善组织购买公共责任险,以保护慈善组织和公共机构。

有些合同包含许多保险条款,在这方面,受托人可能需要具体的建议(详见第 6.4 部分)。

11.2 慈善组织应考虑和其他慈善组织合作提供服务吗?

慈善组织之间的合作既有益处,也存在风险。慈善组织间的合作可减少管理职能的重复,增强竞争力,从而寻求更有利的合同或者从效率增长中获益,这对小型慈善公司尤为有利。慈善组织需要清楚认识到其在合作中的角色,尤其是在合同责任的分配上。

详见委员会出版的指引:《合作与合并:介绍》(CC34)。

11.3 公共服务履行中增值税的含义是什么?

一般而言,慈善组织在商务活动的增值税方面并无特殊的待遇,如果他们的计税营业额超出了法定限制,那么,就需要进行增值税登记。英国海关与税务总署出版了大量的刊物,解释了对慈善组织如何征收增值税和其他税收,详见 www. hmrc. gov. uk。

11.4 对于慈善组织提供公共服务的竞争法的含义是什么?

慈善组织需要知道在某些情形下,竞争法可能会影响公共服务履行,详见公平交易局网站关于竞争法的指引,网址:http://www. oft. gov. uk/business-advice/competing/。

12. 更多信息和建议

我们的网站提供了大量的网上服务、工具、信息和指引,在联系我们之前,你可以搜索我们的"常见问题在线数据库",多数人可以在此找到答案,而不需要打电话或发邮件。

12.1 慈善委员会的刊物

以下这些刊物均与本指引内容相关:

《关于受托人事宜》(CC3)。

《畅言:慈善组织宣传活动和参与政治活动的指引》(CC9)。

《高效慈善组织的特征》(CC10)。

《如何建立慈善组织》(CC21a)。

《慈善组织类型:如何选择慈善结构》(CC22a)。

《慈善组织与风险管理》(CC26)。

《合作与合并:介绍》(CC34)。

《受托人、交易与税收:慈善组织如何合法交易》(CC35)。

《慈善组织规章的修订》(CC36)。

《慈善组织与保险》(CC49)。

《慈善组织的独立性》(RR7)。

《利益冲突》。

《保持与履行:慈善组织提供公共服务的展望》(RS15)。

我们也列举了一些可以提供相关信息的其他组织和刊物。

12.2 外部组织

慈善基金会(Association of Charitable Foundations,ACF)

ACF是一个会员组织,支持英国慈善基金和资助信托等工作。

电话:020 7255 4499。

网址:**www. acf. org. uk**。

英国志愿组织首席执行官联合会(Association of Chief Executives of Voluntary Organization,ACEVO)

ACEVO是为志愿组织首席执行官建立的会员组织。致力于联合、发展和代表行业的领导者。

电话:020 72804960。

网址:**www. acevo. org. uk**。

审计委员会

审计委员会是一个独立的公共机构,确保公共资金经济且有效地运用到地方政府、住房、医疗、刑事司法和火灾救援等服务中。

电话:084 47981212　020 78281212。

网址:**www. audit-commission. gov. uk**。

慈善财务管理组织(Charitable Finance Group,CFG)

CFG是一个成员组织,专门帮助慈善组织管理其会计、税务、审计和其他相关财务信息。

电话:084 53453192。

网址:**www. cfdg. org. uk**。

慈善法协会

慈善法协会旨在汇集使用慈善法的人和法律建议者,交流观点,用他们的知识和经验推动慈善领域的发展。

电话:016 34373253　077 64497104。

邮箱:admi@ charitylawassociation. org. uk。

特许公共财政与会计协会(Chartered Institute of Public Finance and Accountancy,CIPFA)

CIPFA 是英国唯一一个服务于公共领域的专业会计机构,通过成立管理志愿社区组织的专业财务小组积极地处理慈善组织的财务问题。

电话:020 75435600。

网址:www. cipfa. org. uk。

社区事务组织

社区事务组织是全国范围内社区组织及类似组织的联合会,支持社区组织的活动并提高其能力。

电话:020 78377887。

网址:www. communitymatters. org,uk。

协议倡导计划

主要服务于志愿社区组织,其作用是确保政府坚持遵守协议(the Compact),它同时会在政府违反协议时给予建议和支持。

更多信息请联系国家志愿组织委员会。

社会变更指南(Directory of Social Change,DSC)

DSC 是一个独立的信息来源,用以支持志愿领域,它提供培训课程、会议和研讨会以及出版参考指引、手册和期刊。

电话:084 50777707。

网址:www. dsc. org. uk。

特许秘书人员和管理人员协会(Institute of Chartered Secretaries and Administratois,ICSA)

ICSA 推行良好管理的最佳规范和指引,提供的专业资格认证涵盖商务、公司法、公司管理、管理、财务/会计、性质管理和公司秘书规范等领域。

电话:020 75804741。

网址:www. icsa. org. uk。

地方政府协会(Local Government Association,LGA)

LGA 的设立是为了更好地推进地方治理,改善公共服务,同政府一起确保政府的政策、法律和财政都是为了公共利益。

电话:020 76643000。

网址:www.local.gov.uk。

地方政府监察机构

地方政府监察机构负责调查对地方机关及其他相关机构管理不善的投诉。

在英格兰有三个地方政府监察机构,分别处理不同区域的投诉。

电话:030 00610614,084 56021983。

网址:www.lgo.org.uk。

志愿社区活动国家协会(National Association for Voluntary Community Activities,NAVCA)

NAVCA 代表着英格兰地方志愿社区活动基础设施建设,其目的是推进地方志愿社区活动的全国化,通过 360 个地方基础设施组织,为地方志愿社区活动给予支持、发展和代表服务,在 www.navca.org.uk 可以找到地方基础设施组织的指南。

电话:011 42786636。

网址:www.navca.org.uk。

国家审计局

审计所有中央政府部门和机构以及其他公共机构的账目,并向议会报告其使用公款的经济性、效率和效力。

电话:020 77987000。

网址:www.nao.org.uk。

志愿组织国家理事会(NCVO)

NCVO 是一个游说组织,代表着其成员以及其他志愿组织对政府、欧盟和其他机构的看法,同时负责志愿组织的研究和分析,为志愿工作者提供了大量信息和支持服务。

电话:020 77136161。

网址:www.ncvo-vol.org.uk。

公法项目

公法项目是一个独立的国家法律慈善组织,旨在为贫困者、受歧视者或其他类似的人提供公法救济。

电话:084 53459253。

网址:**www. publiclawproject. org. uk**。

威尔士公共服务监察组织

可以向威尔士公共服务监察组织投诉地方政府、国民医疗服务组织(包括普通开业医生)和威尔士国民议会,主要处理住房、规划、教育、社会服务和医疗服务方面的问题。

电话:016 56641150。

网址:**www. ombudsman-wales. org. uk**。

威尔士审计局

威尔士审计局负责审计威尔士政府各部门(英国政府保留的除外),威尔士总审计长,作为威尔士审计局的负责人,可以直接审计诸如威尔士国民议会和国民医疗服务等机构,若是地方政府,也可以任命审计员进行审计。

电话:029 20320500。

网址:**www. wao. gov. uk**。

威尔士志愿活动理事会(Wales Council for Voluntary Action,WCVA)

WCVA 代表着威尔士志愿组织、志愿者和社区的利益,提供信息、咨询、资助、管理和培训等服务,慈善组织可以在 WCVA 网站中找到最近的县志愿理事会(County Voluntary Council,CVC)。

电话:080 02888329。

网址:**www. wcva. org. uk**。

威尔士地方政府协会

威尔士地方政府协会代表着威尔士地方机关的利益,3 个火灾救援局、4 个警察局和 3 个国家公园管理局都是其成员机关。

电话:029 20468600。

网址:**www. wlga. gov. uk**。

12.3 其他刊物

良好的管理:志愿和社区部门规范

管理中心,2005。

全部成本收回:关于成本分配的指引和工具

Acevo & 新慈善资本,2004。

注意区别:全部成本回收的资助者指引

大乐透基金/Acevo,2006。

网址:http://www.biglotteryfund.org.uk/er_res_fcr_funders_manual.pdf。

签名前:了解公共采购合同的相关事宜

全国志愿组织委员会,2006。

网址:http://www.ncvo-vol.org.uk/uploadedFiles/Sustainable_Funding/Publications/Procurement_Guide.pdf。

资助与财政简介:采购和外包指引

全国志愿组织委员会,2007,全国志愿组织委员会与公共财政。

网址:http://www.ncvo-vol.org.uk/uploadedFiles/Sustainable_Funding/Publications/5_Procurement.pdf。

改善与第三部门的财政关系:资助者和购买者指引

英国财政部,2006。

从第三部门购买 CJC 指引

CIPEA,2006。

政府与志愿部门关系的协议

协议工作组,1998,www.compactvoice.org.uk。

资助与采购:基本规范协议

协议工作组,2005,www.thecompact.org.uk。

志愿和社区部门在服务履行中的角色:横向观察

英国财政部,2002

探索第三部门在公共服务履行和改革中的角色:讨论

英国财政部,2005

与第三部门的合作

国际审计局和内政部,2005(下议院 2005~2006 年第 75 届审计长的报告)

公共服务的合作关系:第三部门参与的行动计划

内各办公室/第三部门办公室,2006。

公共服务的改革:志愿部门的作用

全国志愿组织委员会,2005。

志愿和社区部门如何帮助公共服务转化

全国志愿组织委员会,2006。

从转移到转化

Julia Unwin and Peter Molyneux,2005;履行公共服务的志愿组织(约瑟夫·朗特里基金会)。

可靠的资助:提升第三部门的公共服务履行

Acevo 和新慈善资本,2004。

志愿组织计划

网址:**http://new.wales.gov.uk/**。

救灾：慈善委员会关于成立、运营以及扶持公益性救灾的指引

（CC40）

目　录

1. 引言

1.1 关于指引

如果发生灾难或其他人道主义危机,公众的第一反应就是尽可能地提供帮助。英格兰和威尔士已登记的慈善组织不仅应在灾难发生后对提供物质和实际帮助,而且其应该成为公众为受灾者提供支持的渠道。

救灾吸引了公众的支持,通常会引起公众的高度注意。正因为如此,慈善组织需要以最有效的方式,明确任何捐赠倡议的目的,并保证该程序的公开透明。

本指引旨在帮助慈善组织和个体合法并有效地进行救灾,以便受灾群众可获得他们所需要的帮助。同时,委员会也讲述了个体救灾的方式,例如,自愿贡献时间或者技能。

1.2 本指引的受众

本指引为下列机构或成员提供建议:

- 希望筹集救灾资金的慈善组织;
- 希望提供帮助的公众个人。

委员会阐明了申请运营救灾活动的慈善法规定和基本规范,个人获得相关信息也相当重要,以便在灾后选择最有效的方式提供帮助。这里列举了一些选择、可能出现的问题以及如何避免这些问题。

涉及的主要领域有:

- 个人的选择;
- 慈善组织应对灾难的做法;
- 如何计划救灾;
- 进行有效的救灾;
- 如何处理其中的风险。

1.3 “必须”和“应该”的含义

在本指引中,“必须”,指影响受托人或慈善组织的具体法律或法定要求,受托人必须遵守这些要求。为使受托人更清楚地辨别法律或法定要求,委员会在简答后使用 L 标志。

"应该",指应遵守的最基本规范,但没有具体的法律要求。受托人应遵守基本规范,除非有充分的理由可以不遵守。

1.4 与之前的指引有何不同?

本指引更新并拓展了《救灾:首席检察官的指引》(CC40)中的信息。新的版本旨在罗列出希望帮助救灾的个人的选择,并为慈善组织解释慈善法的规定以及基本规范建议,详述了计划、运营和扶持救灾,以及处理欺诈风险方面的问题。

1.5 指引中的一些术语

《法案》(1992 年),是指《慈善法》(1992 年)。

《法案》(2011 年),是指《慈善法》(2011 年)[完善了《慈善法》(1993 年)和《慈善法》(2006 年)]。

《管理条例》(1994 年),是指《慈善机构(筹资)管理条例》(1994 年)。

慈善组织的活动,是指慈善组织运用其所拥有或控制的资产或资源来深化其慈善目的的活动,包括其工作和服务的全部内容。

慈善目的,是指慈善组织希望实现的目标,通常规定在慈善组织规章中。

受益人,是指有资格在慈善工作中获益的人。慈善组织的受益群体由其规章界定,受益人有时被称为客户或服务使用者。

规章,是列出慈善组织宗旨及如何管理组织的法律文件,它可以是信托书、组织制度、组织大纲、意愿书、财产转易契转移证书、《皇家宪章》、委员会计划或者其他正式文件。

限定资金,是指被限制在慈善组织目的之内的特定信托资金。限定资金可能是限制的收益资金,为深化慈善组织某个特殊目的(如救灾基金),供受托人自由裁量使用,也可能是捐款,用于投资或实际使用。

风险,是指事件及其结果的不确定性,可能会产生重大影响,促进或是阻碍慈善组织的运作。

受托人,指慈善组织受托人,在慈善组织规章中称其为受托人、管理人员、董事会成员、主管人员、委员会成员或者其他职位人员,对慈善组织行政的总体监管负责。

2. 灾难发生后个人如何提供帮助

在灾难发生后,关心的群众通常会联系委员会询问如何成立救灾基金。在多数情况下,其会通过慈善组织筹集救助基金。成立并运营一个慈善组织通常会伴随法律责任和义务,因此这也不一定是最好的方法。在本部分中,委员会列举了个人救灾的各种方式。

2.1 如何提供帮助?

如果灾难发生,救助的方式很多。多数人选择捐款,但也有其他选择:

- 为慈善组织收款;
- 志愿在慈善组织工作;
- 成立一个新的慈善组织(详见第2.4部分);
- 设立非慈善性资金(详见第2.5部分)。

每种选择都有各自的优缺点,因此,需要仔细考虑以下内容:

- 灾难的性质和位置;
- 其他慈善机构和组织正在做什么;
- 想提供什么类型的帮助;
- 必须提供的时间和专业知识。

2.2 如何为慈善组织筹集资金?

简答

联系该慈善组织。委员会强烈建议,在代表该慈善组织筹集资金**之前**进行核实,了解对于所提议的筹集方式,法律是否有相关的规定。浏览慈善组织的网站也是一个好方法,因为上面经常会有一些有用的信息以供参考。

详答

不同的筹款方式适用不同的法律法规。多数慈善组织会提供建议,帮助你遵守慈善法和筹款法,同时,他们的募捐团队也会为你提供建议和支持。此外,也可以寻求**筹款机构**的帮助,从而获得关于筹款基本规范方面的信息。委员会指引《**慈善筹款:受托人义务指引**》(CC20)旨在帮助慈善组织和筹款者在遵守法律规定和基本规范的前提下工作。

2.3 可以先筹款再决定向哪一个慈善组织捐款吗？

可以，但这就意味着将创立一个独立的慈善救灾。如果筹款：

- 希望被理解为慈善性质；
- 不需要指定想支持的慈善组织。

那么，发起人可以作为受托人，将资金作为信托基金，申请将其用于慈善目的，并且需要**了解其中涉及的法律责任及义务**。

2.4 成立一个新的慈善组织涉及哪些事项？

简答

成立新的慈善组织伴随着特定的义务及法律责任，在做出决定之前，应该了解这些责任及义务。同时，也应考虑到已经有慈善组织在进行救灾工作，并非常希望得到你的支持。支持这些慈善组织将会是你成立慈善组织的一个有效选择。

详答

成立新的慈善组织之前，委员会建议，对已经从事过同样工作的那些慈善组织进行研究。支持其中之一是最好的选择，这样，该慈善组织可以为你提供帮助。可以在"**慈善组织登记名单**"中找到英格兰和威尔士已登记慈善组织的信息。

慈善组织往往伴随着责任，尤其是对受托人。因此，成立一个新的慈善组织前需要深思熟虑并咨询专业意见。慈善组织的成立者必须确保其有一种恰当的法律结构，并且，该慈善组织在筹款和款项用途方面符合其法律责任。

慈善组织的建立必须是为了公益，这就意味着慈善组织必须做到以下几点：

- 拥有法律接受的慈善目的；
- 能够表明其是为了公共利益；
- 不是因为政治目的而成立；
- 具有独立性，换言之，其受托人必须有权自主决定慈善组织活动，不受其他人或组织的影响。

对于指导慈善组织事务并确保其有效运作，以及为了公共利益而提供慈善服务，受托人负有最终责任。在履行责任时，必须运用技能并合理注意，确保其

行为:

- 符合法律的规定(包括慈善法);
- 代表着慈善组织利益;
- 遵循注意义务和谨慎义务;
- 保持对慈善组织资金的监控,保有财政记录,以及确保资金的正当、合法使用,并能深化慈善组织目的。

2.5 怎样设立非慈善性资金?

简答

委员会建议,在决定筹款是公益性还是非公益性时需咨询专业的意见。常见的非公益性基金就是为一个特定的人而筹集的,**只能**用于这个人。在这种情况下,这些资金的筹集便不是为了公共利益,也没有慈善目的,因此,在法律中其不具有慈善性质。

详答

如果是基于非慈善目的筹集资金,他们将不受慈善法约束或者委员会的管辖,这就意味着,其对使用该项资金拥有更大的自由的独立权。

然而,基于非慈善目的筹款有一些劣势:

- 非慈善资金无权与慈善资金一样享有税收减免;
- 这种筹款方式不得表现为慈善筹款,因此,也不会像慈善筹款那样吸引同样的扶持水平;
- 如果谎称正在为慈善组织筹款,就相当于刑事犯罪。此外,如果该筹款方式暗指其资金是为慈善组织筹的款,那么,这些资金将被认为是公益性的,无论是否打算这样做。

如果正考虑设立非慈善性资金,则应该考虑咨询专业意见,以防成立了未打算成立的慈善公司,详见“**法律咨询处**”或“**工商局**”。

委员会可为慈善组织提供建议和指导。

2.6 怎样成为慈善组织的志愿者?

找到正在应对灾难的慈善组织,了解他们正在做什么,他们是否需要志愿者。“**慈善组织登记清单**”提供了英格兰和威尔士所有已登记注册的慈善组织的联系方式,慈善组织的网站上通常会有他们提供的志愿者机会,以及如何申请等方面的信息。

也有许多其他组织提供了志愿者机会,通常很容易在网上找到这些组织,**筹款机构**有网站链接,可以找到相关信息。

3. 慈善组织应对灾难的做法

许多慈善组织想知道灾难或人道主义危机发生后他们是否可以采取措施,如果可以,应该采取什么样的措施。慈善组织必须将其资金用于组织成立之初希望实现的目的,但这并不意味着灾难发生后他们无法提供帮助。本部分讲述慈善组织计划应对灾难时需要考虑的问题。

3.1 我们的慈善组织可以提供帮助吗?

简答

这将取决于该慈善组织的目的,以及实际深化这些目的方式,受托人在做决策时应考虑以下事项:

- 该慈善组织成立的目的;
- 应对灾难的能力;
- 其他慈善组织是否已经在应对这个特殊的灾难以及他们提供的建议。

详答

慈善组织的资助者为慈善组织设定了特别的目的,并规定于规章中,慈善组织必须在这些目的范围内运作。然而,详见第3.3部分,慈善组织受托人对决定在目的范围内进行什么活动具有自由裁量权,其可以做出富有想象力和创新力的决策(详见本节)。

如果存在一些限制,如须在特定的地理区域内工作,或者为特殊类型的受益人工作或筹款,那么,慈善组织必须遵守它们。

确保慈善组织资金的使用符合其目的和利益,这是受托人的责任。因此,如果某慈善组织并不具有为灾区提供服务的能力,其就应该集中在筹款上,并将筹得的款项用于支持正在救灾的慈善组织。

通过筹款并将款项交给另一慈善组织,可避免重复相同的服务、责任和行政成本,最大限度地利用筹集的资金。同样,该慈善组织也可以让捐赠者直接向其他慈善组织捐款,或者共同筹款。在将资金转移或与其他组织或个人合作前,应进行谨慎选择并核实(详见第4.4部分)。

如果为救灾而筹款超出了慈善组织目的,那么,慈善组织成员仍可以私人身份直接捐款或筹集善款。这样,筹款者必须确保不得以慈善组织名义进行任何的筹款,这些资金也不得通过慈善组织的银行账户转移。

下面是关于拥有不同目的的慈善组织的救灾行动:

例1:教育慈善组织

教育慈善组织的目的是推进教育的发展而创办学校,其主要目的是提供小学教育服务。除提供一般学校的课程外,它也会提供一些其他活动,包括为其他慈善组织筹款。有些教育慈善组织已经走向国际化。

受托人认为,这样的筹款是小学生的一项教育福利,关乎学校的整体办学宗旨。

例2:基于信仰的慈善组织

基督教媒介慈善组织(Christian media charity)的建立从精神、道德、伦理和实际方面使人们的生活变得更好,反映了基督教的信仰,其整体宗旨是促进宗教的发展。

为其他有信仰需求的组织筹款也是一种对宗教的表达,并且属于促进宗教的信仰,这就意味着,信仰需求不仅限制于信仰基督教的受益人或者为促进基督教发展而成立的组织。

例3:村公所

为小村庄居民利益的村公所慈善组织希望帮助国际慈善组织的救灾行动,由于该慈善组织的目的已经被限制于特定乡村的居民,故它可以不将资金转移给国际慈善组织。

然而,该慈善组织可将其场所用于当地居民筹款,组织者需要明确所有捐款都只能直接用于救灾。慈善组织可以就其主持工作中的任何开支获得补偿。

3.2 慈善组织可以和其他慈善组织合作共同筹款吗?

简答

可以。慈善组织可以和其他慈善组织合作共同筹款,只要该合作的目的可以深化慈善组织目的。如果合作筹款不是用以支持该慈善组织自己的救灾活动,那么,筹得的款项通常需要转移给正在救灾的慈善组织或其他组织。

详答

慈善组织之间的合作工作模式具有明显优势,尤其是在成本的降低、资源和知识的分享方面。因此,委员会鼓励慈善组织之间的合作,以高效地使用资金和资源。关于慈善组织之间的**合作**,Gov. UK 中有详细的指引。但是,慈善组织之间的合作必须符合其宗旨以及受益人的利益。

适用于慈善组织合作筹款救灾的原则同样适用于慈善组织其他形式的合作。

任何合作筹款均应满足下列条件:

- 必须符合慈善组织受益人利益;
- 必须深化慈善组织目的;
- 应遵守合作当事方签订的书面协议。

上述书面协议应有关于合作方面的详细规定,通常包含以下内容:

- 合作的目的;
- 筹得的款项是否会设立成独立的慈善基金;
- 合作组织的资金和资源的使用;
- 建立管理所筹款项的程序、角色和责任;
- 剩余资金的用途;
- 合作持续的期间;
- 会计和报告安排。

如果合作筹款涉及慈善组织和非慈善组织的合伙人,所筹款项应作为一笔新的慈善基金用于救灾,即你和你的合作伙伴需要成立一个新的慈善组织并进行注册登记(详见第 2.4 部分)。

或者,明确规定将全部筹得的款项转移给其他正在救灾的慈善组织。

在任何情形下,合作筹款的慈善组织都应告知捐赠者其捐赠物资的用途。

3.3 慈善组织可以因为救灾而改变其目的吗?

简答

可以改变或者拓宽慈善组织目的。在多数情形下,需要得到委员会事先授权。

详答

委员会可以授权慈善组织改变目的,但是,慈善组织应表明该变更符合慈善组织及其受益人利益,详见**《慈善组织规章的修订》**(CC36)。

例如,如一个慈善组织的活动范围仅限于当地,那么,它通常不能超出指定区域使用其资金,但该慈善组织受托人可向委员会申请拓宽其工作区域。然而,慈善组织需要考虑改变其目的的长远影响,尤其是对慈善组织目前和将来的受益人的影响,同样需要注意这类变更相对比较复杂,比较耗时。

4. 计划救灾

救灾过程需要仔细计划,它和筹款救灾一样适用相同的法定要求,受托人应特别注意和了解这些规则,同时也应考虑基本规范建议。

4.1 慈善组织应如何筹备救灾工作?

简答

无论慈善组织是想为自己的救灾工作筹款,还是在灾难发生时支持其他慈善组织的工作,都应制定好应急预案。如果需要紧急救助,只有周密的计划才可保证筹得的款项能尽快地用以救助。

详答

任何计划都应涉及以下问题:

- 了解调整救灾和筹款的规则和规章;
- 决定是为自己的救灾工作筹款还是灾难发生时支持其他慈善组织的工作;
- 筹款救灾的基本要件有哪些;
- 计划成立的慈善组织可能会组织哪些其他筹款活动;

- 是否想和其他组织合作救灾,如果想,应如何合作。

如果灾难发生,基本计划的制订需要考虑灾难的性质、规模和位置。了解拟成立的慈善组织计划用资金做什么以及执行计划需要采取什么措施,这对设定筹款目标和救灾持续期间至关重要。

如果拟成立的慈善组织并无救灾的能力、专业知识或者到达现场的条件,那么,和其他与有类似目标的慈善组织合作筹款或许更有效。筹集的资金若计划转移给另外一个慈善组织,那么,事先找到合适的接受者可以确保资金更快地转移。

慈善组织可能也想考虑将筹得的款项直接转移给正在灾区救灾的慈善组织或其他组织(详见第4.2部分)。

第8部分列举了许多有关救灾各方面信息的有用资源。

4.2 计划救灾时管理风险的重要性?

简答

在计划救灾工作时,管理潜在的风险很关键。需要考虑救灾工作中特殊的风险。周密的风险管理程序有助于确保:

- 已经思考过风险的大小及可能性;
- 已经对如何管理风险进行了计划;
- 进行提前和战略计划;
- 成功实现慈善组织目的。

详答

每个慈善组织会面临不同类型和水平的风险,拥有不同的风险承受能力。筹款工作仅是慈善组织救灾工作的一小部分,这就意味着,风险管理程序需要拓宽至在现场实际展开救助中可能遇到的风险。

本指引是关于成立、运营以及支持救灾工作的,救灾工作中的风险可能包含以下内容:

- 筹集的资金过多或过少;
- 缺乏处理捐赠物资的能力;
- 对救灾的条款解释不当;
- 无法平衡筹款的成本与实际筹得的款项;

- 财政控制不足。

如果慈善组织筹款是为了将其直接转移给其他正在灾区开展救灾工作的慈善组织或者非政府组织,那么,对该地区可能发生的潜在风险的管理就至关重要。

在承诺将资金转移之前,慈善组织应该确保谨慎地对这些组织或个人进行核实,尽快确认合作伙伴是合法的并可以履行慈善救助义务。

关于风险管理,详见**《慈善组织与风险管理》(CC26)**。

4.3 如何有效管理筹得的款项?

简答

如果慈善组织将筹得的款项转移给其他慈善组织或其他组织,那么,资金分配的程序应该相对比较直接(详见4.2部分)。

如果筹款是用于自己的救灾工作或者是因其他组织或潜在受益人的资助申请,则应确保有恰当的调整措施来合理分配这些款项。

详答

对于处理其他组织或潜在受益人的资助申请的慈善组织,应考虑下列问题:

- 现有的受托人和职员拥有有效分配资金的技能和经验吗?
- 如有必要,会另外雇用有特殊技能的员工或者受托人吗?处理和计算大笔款项的资金具有一定的挑战性,尤其是在捐赠者期望值很高时。
- 联系了以前救灾资金的管理者并向他学习经验和建议了吗?
- 将如何处理资助的申请?受托人制定资格标准了吗?什么时候同意或不同意申请呢?
- 如何做出申请?如果有格式,考虑各种问题了吗?如翻译服务。

4.4 为确保筹得的款项被合理使用,我们应该做什么?

简答

受托人有法律责任来确保筹得的款项被合理使用,这就意味着,慈善组织应进行核实和监控,保护资金免受欺诈。

为保证公开透明,慈善组织应向捐赠者和公众表明筹得的款项会用于其受赠之初的目的,详见《关于救灾信托资金的管理与分配指引》。

详答

慈善组织应该拟定其财产保护的政策和程序,这取决于该慈善组织的规模和活动。

受托人法律责任中一个重要的方面就是保护慈善组织资产。在投入资金和资源之前,委员会强烈建议受托人应**谨慎**核实以下内容:

- 慈善组织转移资金的个人和组织;
- 慈善组织收到资金的个人和组织;
- 慈善组织将合作的个人和组织。

慈善组织投入资金和资源之后,受托人应该监测并评估项目或款项的使用,这就意味着,慈善组织应该有确定的程序来检查并展示:

- 资源使用的效率;
- 目的实现的效果;
- 如何选择受益人和项目。

监测与评估的结果可以使慈善组织向捐赠者展示资金如何使用,以及如何分配给指定的受益人。捐款的合理使用并符合救灾工作的条款对慈善组织日后的工作非常重要,可获得公众信任,同时也可积累经验、提升工作能力。

了解捐赠者的期望、救灾工作的目的以及慈善组织的工作效率十分重要,可有效避免潜在的冲突和失望,下面这些信息对捐赠者有所帮助:

- 慈善组织合理分配资金或者自己进行救灾工作的能力;
- 承诺确保员工都是经过培训的,并且受托人有相关技能和经验;
- 适用于个人申请资助的条件及标准(如适用);
- 尽可能地给捐赠者展示筹得的款项如何使用;
- 资金可利用的期间。

5. 成功实施救灾计划

慈善组织是获得公众捐赠的一种有效且快速的通道。因为其是慈善组织,所以,公众可以看见资金用在哪些地方。本部分讲述适用于成功运行救灾计划的法律和基本规范。

5.1 为救灾而筹集资金时应注意哪些关键点?

简答

灾难发生后,需要立即采取措施应对,但是慈善组织需要考虑一系列法律和基本规范问题。救灾计划应做到以下几点:

- 清楚认识到慈善组织的活动范围;
- 弄清楚筹集资金的用途以及使用方法;
- 让公众知晓如何进行捐赠;
- 解释捐赠资助减免税收(Gift Aid)安排;
- 说明剩余资金的用途;
- 说明筹集的资金不足会造成什么后果。

详答

下面列出了慈善组织筹款时应考虑的关键问题:

- 确保慈善组织(包括已登记的慈善组织数量)符合筹款的条件,除满足年收入多于10,000英镑的法律要件,确保救灾计划不被误认为是欺诈;
- 保持捐赠物资的准确和进行综合记录;
- 将救灾计划的财务记录与其他工作分开。

慈善组织应该:

- 为救灾计划制订宽泛的条件,使其足以应对资金过多或过少的问题(详见第5.3部分、第5.4部分和第5.5部分);
- 令捐赠者知晓资金的使用;
- 如果存在与其有类似筹款目的的其他慈善组织,考虑合作筹款(详见第3.2部分)。

筹款机构从总体上给筹款设定基本规范,它的网站包含不同筹款形式方面的有用信息,详见《**机构关于筹款的行为准则**》。筹款机构出版了一本单独的**行为准则**,专门处理筹款中责任、透明和清晰方面的重要问题。

5.2 与公众进行交流有哪些相关事项?

简答

如果筹款是为了资助个人或组织,应该让公众知晓谁可以申请资助、受托人设定的申请标准以及潜在受益人应如何申请等问题。

如果将筹集的资金转移给另一个慈善组织或其他组织,应确保捐赠者知晓其中的细节,以便他们了解救灾进展以及知晓其资金如何使用。

详答

让公众知晓以下内容是有益的:

- 如何使用捐赠物资;
- 受托人的详细联系方式;
- 受灾群众的短期和长期需求;
- 哪些潜在的受益人可申请救助;
- 救灾计划的详细内容以及潜在受益人的申请方式;
- 受托人设定的申请标准;
- 救灾工作的进展以及资金的使用。

5.3 救灾计划条款的措辞应满足什么条件?

简答

条款的措辞应明确指出筹集的资金将如何被使用,也可以包含其他有用的信息使捐赠者对资金的使用有信心。

条款也应包含其他或次要目的,让捐赠者知晓如果筹集的资金过多或过少时可能产生的后果。

详答

条款的措辞应使潜在的捐赠者容易理解他们的资金将会如何被使用,因此,条款应明确以下内容:

- 救灾计划的目的,即资金的用途;
- 谁在组织救灾计划;
- 救灾的目标是什么(可能是实现目标或财政目标);
- 如何进行捐赠;
- 应削减什么开展筹款;
- 救灾计划的次要目的。

救灾计划有清晰的目的特别重要,所以,在措辞上应仔细斟酌。

如果规定的目的由于某种原因无法实现或者筹集的资金过多或过少,那么解决这些问题有一定的困难,只能通过第5.4部分和第5.5部分描述的正式和耗时的程序解决。

如果只规定了一个目的,慈善组织无法筹集足够的资金或者筹集资金过多的风险将会增加。

如果慈善组织有**两个或者多个目的**,每个目的就有同等的优先权,优点是在申请资金时有更多的灵活性,缺点是可能会削弱救灾计划对公众的效果或者慈善组织规定一个主要的目的,同时在救灾计划条款中规定以下内容:

- 主要目的实现后,对筹集资金的处理;
- 如果筹集的资金不足以实现主要目的,如何处理。

在本指引中,委员会将其描述为"**次要目的**",它不同于上述的两个或多个目的,因为主要目的具有优先权,这样做的优势在于让公众更清楚地知道捐款如何被使用。

目的举例

1.单一目的

"为X地区受灾群众提供紧急避难场所。"

这种情况下,如果筹集的资金有剩余或过少,无法实现该目的,那么慈善组织需要通过正式程序使资金用于其他目的。

2.两个目的

"为X地区受灾群众提供紧急避难场所并缓解其需求。"

这种情况下,筹集的资金可用于其中之一或者两者皆可用。

3.次要目的

"为X地区受灾群众提供紧急避难场所。这个目的一旦实现或者筹集的资金不足以实现该目的,任何剩余或者未使用的资金将用于慈善组织的总体目标,包括慈善组织参与的其他救灾工作。"

该措辞说明在提供了所有需要的紧急避难场所后,资金将如何使用,受托人需要知道主要目的是否已经被实现,次要目的中任何剩余的资金将用于救灾工作中的其他目的。

5.4 如果筹集的资金过多，我们必须做什么？

简答

只有当救灾工作计划中没有其他目的时，筹集的资金过多才会成为问题（详见第5.3部分）。如果有其他的目的，就将剩余的资金用于该目的，如果这是一个问题，下面给出了一些建议。

详答

救灾计划的目的实现后有剩余的资金，但是计划并未规定如何使用这些剩余资金，那么就需要计划或者有其他法律授权将剩余资金用于其他类似的慈善目的。

更多信息详见**《慈善救灾工作：避免和应对失败》（OG53）**。

如果慈善组织的活动和专业知识仅限于提供紧急避难场所和医疗服务，但其筹集了足够的资金以实现这些目的且仍然有剩余资金，这不一定是一个问题。如果救灾计划中涉及了其他目的，那么就可以使用剩余资金，因为慈善组织可能将剩余资金转移给另一个正为X地区受灾群众提供紧急避难场所的慈善组织。

5.5 如果我们未筹集足够资金会发生什么？

简答

即使筹集的资金少于预期，若这些资金仍可用于该目的（虽然不是同一规模），则仍然可以使用它们。

但是，如果筹集的资金不管怎样都不能实现救灾计划的目的，法律对此规定了某些救济程序。

详答

在制订救灾工作计划时，应着眼大局，使资金的使用具有足够灵活性。同时应考虑其他次要目的，在资金不足以用于原始目的时，可自动适用次要目的（详见第5.3部分）。

如果筹集的资金不足，无法用于救灾计划的目的（或者任何次要目的），受托人有责任将未使用的资金归还给捐赠者。之后，受托人必须向委员会提出申请制订计划，以允许其将剩余的资金用于类似目的，详见**《慈善救灾工作：避免和应**

对失败》（OG53）。

5.6 我们应该寻求或接受物品的捐赠吗？

如果认为捐赠物品是一种满足受灾群众需求的实际、划算且恰当的方式，那么慈善组织应接受物品捐赠。

对于慈善组织及其受益人来说，将资金转移到灾区比将物品转移到灾区更有效。慈善组织可以让捐赠者卖掉不需要的东西，将卖东西的收益捐给灾区或者只要向捐赠者说明意图，慈善组织还可以先接受物品捐赠，然后卖掉物品筹集资金。

5.7 慈善组织应在何时结束救灾工作？

在发起救灾之前，应该决定其预计完成目标的日期，该日期以及其他关于完成的详细内容应列在救灾计划中。完成目标可能是下列内容：

- 财政目标；
- 具体日期；
- 怎样确定救灾计划的目的已经实现。

并且应考虑以下内容：

- 是否将所有筹集的资金转移给了另一个慈善组织或者用于资助其他组织；
- 救灾资金的接受者是否明确为实现目的需要的数额；
- 若参与资助提供，受益人的需求是什么？是否考虑了短期或长期救济？
- 救灾项目的成本；
- 接受捐赠物资的截止日期；
- 主张捐赠资助减免税收（Gift Aid）以及该主张需要花费的时间。

6. 避免欺诈

由于慈善活动多种多样且涉及范围较广，因此没有单一的财政管控方法可以保护所有慈善组织免受欺诈或其他类型金融犯罪的危害。慈善组织的受托人有责任确保其资金受到保护并得以合理使用，即他们需要利用其知识和判断能力来决定如何最有效地保护资金。

6.1 我们处于什么风险中?

简答

由于公众对慈善组织的高度信任,有些人借此使用各种方法转移为慈善目的筹集的资金,将其视为自己私人所得。

详答

应该了解的常见欺诈行为:

- 仿冒合法慈善组织的网站获取捐赠者银行账户、转移捐款;
- 通过邮件发送救灾计划,并让接受者将捐款汇给使用了合法慈善组织名称和标识的银行账户或者伪造一个看似合法的慈善组织名称;
- 用听起来像一个知名慈善组织的假名称建立网站和制订救灾计划;
- 筹款救灾,但将极其有限(甚至没有)的资金转移给慈善组织;
- 使用慈善组织的网上捐赠系统来测试偷来的信用卡;
- 利用慈善组织洗钱,若资金转移到海外则风险很高。

慈善组织很容易受合作者、工作人员或志愿者的欺诈,详见委员会关于**《慈善组织内部财务控制》**(CC8)和**《慈善组织与保险》**(CC49)的指引。

如果发现或怀疑有欺诈行为,应立即向警察局和委员会报告,详见**《合规工具包》**(Compliance Toolkit)第三章:欺诈和金融犯罪。

6.2 我们应如何防止欺诈?

简答

慈善组织应该拟定其财产保护的政策和程序,这取决于该慈善组织的规模和活动。

委员会关于**《慈善组织内部财务控制》**(CC8)以及**《合规工具包》**给出了基本规范措施建议,其中有一个**自我评估清单**,为受托人列出了一些关键领域。

详答

慈善组织将资金用于灾区会面临各种欺诈和其他金融犯罪的风险,主要因为他们不是在固定的物理和金融环境中运作。此外,救灾工作有时容易遇到第

6.1 部分所述的各种类型的欺诈活动。

如果慈善组织在物理和金融基础设施被影响的区域运作,则可能会更依赖现金和金融中介机构。这就难以维持预期的透明度和说明义务,但慈善组织也应尽力,详见指引**《慈善组织国际化的工作》**和**《合规工具包》**。

《合规工具包》详细描述了反欺诈措施,下面是慈善组织关键行为的总结:

- 落实财政控制和管理措施;
- 根据慈善组织的规模、结构和活动评估风险,建立欺诈风险评估程序;
- 培训受托人和员工了解并识别潜在的欺诈和风险;
- 限制并严密监控敏感信息的获取;
- 对发布命令和批准支付的机关设立层次、命令和批准应清晰明了,最好有书面文件;
- 定期核对银行账目和其他账户,对账目进行抽样核查;
- 定期审核财政程序;
- 建立和实施反洗钱政策;
- 记录有欺诈嫌疑和确认为欺诈的情形,这有助于慈善组织审查现有模式并识别风险区域,如果已经造成了损失,这也有助于衡量损失并建立证据;
- 出现欺诈,慈善组织计划应采取的措施。

6.3 如果正在进行的救灾工作计划在未经委员会允许的情况下使用我们慈善组织的名称,应怎么做?

简答

应该联系正进行救灾工作的人,根据实际情况和他们签订正式协议或者要求他们停止。

详答

在很多情况下,呼吁救灾通常是由社会中的好心人发起的,旨在将筹集的资金捐给慈善组织。

他们可能没有意识到法律对筹款有严格规定,并且没有事先联系该慈善组织。

如果不是上述情形，筹款者具有以下行为的，慈善组织可根据《法案》(1992年)和《管理条例》(1994年)限制其以慈善组织名义进行筹款：

- 筹款者正使用慈善组织反对的方法；
- 筹款者并非为慈善组织筹款合适的人选；
- 慈善组织不希望与筹款者的筹款有任何关联。

在申请禁止令前，慈善组织必须提前至少28天书面通知筹款者以下事项：

- 他们反对筹款者代表慈善组织筹款；
- 他们反对的内容；
- 他们希望筹款者停止；
- 如果筹款者不履行该通知，慈善组织将申请禁止令。

如果筹款者不配合，如怀疑其涉嫌欺诈，应向警察局和委员会报告。

委员会作为管理者，有义务让公众知晓影响慈善资金合理使用的行为，通过媒体来提高公众意识，让公众了解他们如何审查、避免和报告欺诈。

7. 进行救灾的慈善组织登记事项

如果已决定以慈善组织形式向委员会申请登记救灾资金，下面列举的事项有助于尽快申请：

- 在委员会的网站上进行**网上申请**；
- 确保目的是慈善性的且是公共利益；
- 确保文件准备完整，包括规章和申请登记**之前**受托人的签名；
- 为使程序顺利进行，使用网上的**规章模板**；
- 提交准备的所有文件，如果有文件未提交，将会迟延申请程序；
- 在申请保证标注"特殊情形"，即该慈善组织是为了救灾工作而建立的；
- 发送邮件给委员会，表明这是救灾慈善组织的申请，将申请号一并告知委员会，这有助于登记团队优先处理其申请。

8. 更多信息来源

8.1 慈善委员会指引

- 《慈善筹款:受托人义务指引》(CC20);
- 《慈善组织内部财务控制》(CC8);
- 《保护慈善组织免受损害》("遵循指引");
- 《慈善组织工作国际化》;
- 《关于受托人的事宜》(CC3);
- 《慈善组织的登记》(CC21);
- 《规章的选择与准备》(CC22);
- 《高效慈善组织的特征》(CC10);
- 《慈善组织与风险管理》(CC26);
- 《慈善组织的报告与会计:重要问题》(CC15b);
- 《合作与合并:介绍》(CC34);
- 《慈善组织规章的修订》(CC36)。

8.2 其他组织与资源

慈善组织还可以参考其他关于工作国际化的建议及指引,本部分提供了一些其他信息的综述。

英国海外发展非政府组织(British Overseas NGOs for Development,BOND)

BOND 是一个国际发展的志愿组织,也是一个已登记的慈善组织,通过推进 BOND 成员与其他英国机构之间的经验、想法和信息交流,BOND 旨在提升英国对国际发展的贡献。

伦敦圣徒街 8 号雷金特码头

邮编:N1 9RL。

网址:www. org. uk。

英国红十字会救灾计划

英国红十字会救灾计划对于筹备和管理英国发生灾难或重大紧急事件的捐款,为英国当地机构提供帮助与指引。

网址:www. redcross. org. uk。

救灾行动

救灾行动是一个慈善组织，旨在提升幸存者和丧失亲人者需求的意识，在他们网站中有**救灾行动的指引**以及**救灾基金：救灾基金管理与分配指引。**

伦敦伯克利街 71 第 4 号

邮编：W1H 7 DB。

网址：www. disasteraction. org. uk。

筹款标准委员会

监督慈善组织的筹款活动、保证筹款计划透明，旨在建立筹款标准以及建立公众信心，对于英格兰和威尔士的调查可在其网站上找到。

网址：www. frsb. org. uk。

英格兰

筹款标准委员会

伦敦布鲁斯菲尔德街伦敦水果市场 61 号

邮编：E1 6EP。

威尔士

筹款标准委员会

斯文西 564 号邮政信箱

邮编：SA8 9AG。

筹款协会

筹款协会是英国筹款的专业会员机构，它的使命是通过领导力、代表、标准制定和教育支持筹款者，将推进筹款工作作为其终身事业。

筹款协会

伦敦草坪路 12 号公园广场

邮编：SW8 1UD。

网址：www. institute-of-fundraising. org. uk。

非政府组织的管理会计（Management Accounting for NGOs，Mango）

Mango 是一个已登记的慈善组织，为非政府组织的救济工作与发展运作提供财政管理服务。Mango 出版了关于海外工作组织的会计管理，公布在 Mango 的网站上，他们同样会提供培训课程，登记精心挑选出的财务人员。

牛津乔治大街 21 ~ 27 号切斯特之家 2 楼

邮编:Ox1 2AU。

网址:**www. mango. org. uk**。

民间团体办事处

民间团体办事处指导专业筹款者和商业参与者代表慈善组织进行社会募捐时必须提供给公众知晓的信息。

民间团体办事处

伦敦林荫路南区海军拱门2楼

邮编:SW1A 2WH。

网址:**www. cabinetoffice. gov. uk**。

皇家税收与海关总署(Hermajesty's Revenue and Customs,HMRC)

HMRC为所有与慈善组织及慈善捐赠相关的税收问题提供建议和信息,可以参考《救助基金税收处理指南》。

HMRC

利物浦莫顿路圣约翰之家

邮编:L75 1BB。

邮箱:**charities@ hurc. gov. uk**。

网址:**www. hmrc. gov. uk**。

任命代名人和监管人:根据《受托人法》(2000 年)第 19 部分第 4 条的指引 (CC42)

目　录

简介

1. 本指引:

- 介绍了《受托人法》(2000 年)关于任命代名人和监管人的条款规定;
- 详细解释了受托人行使这些权力必须遵守的要件。

2. 本指引特别包含了委员会根据《受托人法》(2000 年)第 19 部分第 4 条规定制定的法定指引第 17 款至第 47 款的内容,这也是受托人必须遵守的。在这些指引中,已将法定指引加粗。

"代名人"和"监管人"的定义

3. 本指引中的"代名人",是指代表受托人享有慈善信托的财产或者部分财产的权利,代名人的名字将会登记在公司的股东名册中,其股份由信托公司持有。如果登记的是土地,那么代名人的名字将登记到所有权登记中。"监管人"代表受托人看管信托资产,通常包括信托财产所有权的相关文件或其他证据,如股份和土地所有权证书。

4. 可以同时担任"代名人"和"监管人":"监管人"有时会包括"代名人"或者指提供第 3 条介绍之外的服务。

《受托人法》(2000 年)

5.《受托人法》(2000 年)(以下简称《受托人法》)于 2000 年 11 月 23 日通过,2001 年 2 月 1 日正式生效。根据某些资格条件,《受托人法》赋予受托人任命一个人作为代名人或者同一人或不同的人作为监管人,管理信托资产,其中包括慈善信托。

6. 新的法定权力是附加于慈善组织规章中规定任命代名人和监管人的权力,不能替代任命代名人和监管人的法定权,受托人请求委员会将土地所有权转让给监管人的权力同样不能被替代。同时,如果是为了慈善组织利益,委员会也可赋予受托人比《受托人法》规定更宽泛的任命权。

7. 新的法定权力适用于任何信托财产。因此,它也适用于非法人慈善协会的财产、慈善组织的信托财产以及慈善信托的财产。所以,本指引中的“慈善信托”包括“慈善协会”或其他类似的慈善组织。“慈善组织受托人”对行使新的法定权力负责。但新的法定权力不适用于以下情形:

- 普通投资资金(除了集资计划)或普通存款资金的财产。管理这些资金的人将会继续行使任命代名人和监管人的权力;
- 慈善信托有监管受托人的情形。监管受托人必须拥有全部财产的所有权,也必须持有这些财产权证书。因此,分别任命一个人作为代名人或监管人与受托监管人的责任不相符;
- 正式托管持有的财产,分别任命一个人作为代名人或监管人与正式监管人的法定责任不相符;
- 慈善公司或其他依法具有公司资格的慈善组织的公司财产,这类财产不是信托财产。

8. 若慈善信托的规章明确或默示禁止使用代名人和监管人,则新的法定权力不适用。

9.《受托人法》规定:若不属于免于登记的慈善组织,其受托人任命代名人或监管人,必须遵循慈善组织代理人的指导。

10. 就规定任命代名人和监管人的权力而言,《受托人法》指明其中的风险和益处。一方面,需要保持经济和信托管理便利性之间的平衡;另一方面,需要担保信托财产。因此,被任命为代名人或监管人必须满足下列条件的其中之一:

- 从事代名人或监管人职业的人;
- 受托人管控的法人团体;
- 《司法行政法》(1985 年)第 9 条规定律师的指定公司。

11. 在某些情形下,代名人和监管人提供的服务可被归为《金融服务法》(1986 年)(Financial Services Act,FSA)中的投资行为。

12. 如果出现以下情形,代名人和监管人提供的服务可被归为投资行为:

- 代名人和监管人提供的服务包括“行政管理”。例如,代名人或监管人处理公司对外交流或者代表受托人处理关于红利征税的主张;
- 在代名人和监管人提供的服务范围内的资产包括 FSA 中“投资”的含义(如股份、公司债券等,不包括土地),或者根据代名人、监管人与受托人的协议条款,包括“投资”;

• 代名人或监管人正在英国提供相关服务。

13. 如第8条所指,慈善组织规章可规定排除任命代名人和监管人的权力,但法定权力的规定足以实现下面第15款所提及的目的。

14. 对于任命代名人和监管人权力的行使,《受托人法》列出了下列基本规则和责任:

• 只有单独的一个受托人不能指定他或她自己为代名人或监管人。如果代名人或监管人不是信托公司,受托机构可以任命其成员之一作为代名人或监管人。

• 挑选代名人和监管人以及确定代名人和监管人的行为准则时,受托人必须遵循法定的注意义务,这就意味着每个受托人都必须合理注意,利用自己的专业知识或经验。

• 只有在合理必要的时候,受托人才可在以下条件下任命代名人和监管人:允许其任命替代者,或者限制代名人、监管人或替代者的责任,或者允许代名人和监管人在可能会产生利益冲突的情形下行事(在本指引中所指的代名人和监管人,可能是男性,也可能是女性,但通常指公司机构)。

• 代名人和监管人的任命必须以书面形式。

• 受托人必须审查代名人和监管人的行为准则以及他们是如何付诸实践的。他们必须考虑是否存在适合给予代名人和监管人自由裁量权或者终止任命的情形,如果存在,受托人有义务给予其自由裁量权或者终止任命,上述提及的法定注意义务也适用于该审查义务。

指定代名人和监管人的目的

15. 指定代名人和监管人管理慈善信托有以下目的:

• 在受托机构有任何变更时,排除转移信托财产所有权的需要,也排除行政管理上的不利之处;

• 促进信托财产转入或从信托公司转出(如买卖股份);

• 降低证明信托财产所有权的文件丢失的风险,除了可能出现信托财产丢失的风险,补办证明文件的费用也很昂贵。

16. 但是现行信托法对指定代名人和监管人规定了一些限制条件,附件1解释了这些限制条件及其存在的原因。

委员会的指引

17.《受托人法》特别关注慈善组织信托财产担保的问题,而非慈善信托不会出现这个问题。慈善组织的运作是为了公共利益,但是受益人无法知晓其信托中的利益,因此,委员会根据《受托人法》(2000 年)第 19 部分第 4 条作出指引,根据该指引活动的慈善组织不包括不受委员会规章管辖的慈善组织。

18. 本指引涵盖以下四个方面的内容:

- 指定的代名人与慈善组织的关系(第 21 ~28 款);
- 指定的代名人和监管人的资格和定位(第 29 ~37 款);
- 指定的代名人和监管人的独立性,包括代名人和监管人之间相互独立以及独立于受托人指定管理慈善组织投资的其他人(第 38 ~42 款);
- 代名人和监管人的报告。

19. 本指引仅直接适用于《受托人法》中任命代名人和监管人权力的行使,它不能直接适用于其他任何任命代名人和监管人权力的行使,但我们建议,慈善组织受托人在行使任命权时,始终记住该指引。本指引中涉及的法定指引已加粗。

20.《受托人法》允许受托人委托代理人选择代名人和监管人,通常会委托投资经理,这种方式指定代名人和监管人同样是代表受托人指定。对于委托代理人指定或者受托人自己指定的情形,本指引均适用。如果受托人委托代理人指定代名人和监管人,那么他们需要知道指定的代名人和监管人是谁,以及代名人和监管人选定的条件。如果没有这些信息,受托人便不能恰当地履行第 14 条所述的审查义务。

选定的代名人与慈善组织的关系

21. 根据英国法律规定,代名人和其代表人的关系即是受托人和受益人的关系,基于此,代名人享有慈善组织财产名义上的所有权,但享有实际所有权的是慈善组织。

22. 慈善组织的实际所有权不受代名人破产的影响:代名人的其他债权人不得追索信托财产,如果代名人擅自处理慈善组织的资产,慈善组织可以从接收人那里收回该项资产(追回原物),或者慈善组织可以就代名人或其他人不当处理的资产主张所有权利益(追回替代物)。最近的一个法庭案件[**Foskett v. McKeown(2000)3 All ER 97**]清楚地解释了"追回原物"和"追回替代物"的意思:附件2 包含本案的相关摘要,并简要解释了所有权主张的限制。

23.《受托人法》规定的任命代名人的权力**仅**能延伸建立之前提到的关系,这一点可能存在争议。但是,如果慈善组织和代名人的关系是一种单纯的合同关系,即使《受托人法》赋予了任命代名人的权力,正常情况下,**慈善组织必须避免选择坚持单纯合同关系的代名人。**

24. 如果代名人同时拥有名义上的所有权和实际所有权,那么就其代理管理的资产价值而言,代名人对慈善组织只负有合同责任。如果代名人破产,则慈善组织不可优先其他未担保的债权人优先受偿。如果代名人消失,慈善组织也不可能从第三方收回财产。

25. 如第 22 条所述,信托是慈善组织所有权的基础。对于信托的存在,必须有证据表明设立信托的意图,并且信托的内容必须经过鉴定。**因此,受托人应确保与代名人签订的协议满足以下条件:**

- **明确规定代名人代表慈善信托持有的股份或其他财产实际属于信托机构**[不能视为公司股东名册——《公司法》(2006 年)第 126 条];
- 要求代名人认识到他所持有的财产是代表慈善信托的,必须将其与代名人自己的财产区分开,协议可以约定慈善组织和代名人的其他客户对一项资产享有实际的共同所有权。

26. **如有必要,协议可以让受托人合法证明其对代名人持有的资产享有单独或共同的实际所有权(如代名人破产)。**如果受托人不清楚代名人提议的协议是否具有这个效果,那么,他们应咨询法律意见。

27.《受托人法》规定受托人有审查协议的义务,并采取适当的措施确保代名人实践协议内容。如果代名人不履行协议,那么他们将自己承担其不当行为造成的损失。

28. 如上所述,通常认为,慈善组织证明其对代名人持有的资产享有单独或共同的实际所有权是保护其权利最有效的方法。**但有些情形下,如有保险公司或其他具有良好财务状况的公司担保代名人的合同责任,也是可以接受的替代选择。慈善组织应和委员会讨论这类的协议是否可行。**

选定的代名人和监管人的资格与地理位置

29. 如果代名人和监管人不是受托人控制的公司或者律师指定的公司，那么，《受托人法》规定被任命者必须是提供代名人和监管人服务的人。根据 FSA 中关于这些服务的提供可能被归为投资，但参照 FSA 中关于授权或豁免的规定，《受托人法》并未限制代名人和监管人的身份。

30.《受托人法》规定了任命代名人和监管人的权力，代名人和监管人既不受受托人的限制，也不受投资行业的法规管控。**受托人提议选择代名人和监管人，必须仔细考量他们的资格和特质，以及协议条款的适宜性。**

31. 慈善组织的受托人可以进行海外投资，此时他们只能选择当地的居民作为代名人和监管人，那么规章保护可能就不会那么完善。

32. 然而，**若将信托财产转移到代名人和监管人所在的地方，慈善组织受托人需要考虑其中的法律风险。在决定代名人和监管人所处的地方是否适合投资，以及审查投资的过程，均应考虑可能带来的风险，这也是《受托人法》规定的一项法定责任。**

33. 风险包含以下四方面的内容：

- 代名人和监管人所在国的法律体系可能没有明确规定如何履行协议中约定的义务，如果受托人确定终止协议，未明确规定将慈善组织的财产退回给受托人；
- 代名人和监管人所在国的法律体系可能没有关于信托的规定；
- 代名人和监管人所在国的法律体系虽然有关于信托的规定，但在其破产法中，可能未区分破产者持有的信托财产和实际拥有财产；
- 代名人和监管人所在国的法律体系可能没有追回原物或追回替代物信托财产的具体规定。

34. **正考虑指定国外的人担任代名人和监管人的受托人应充分了解该国法律，**可能需要法律建议。

35. **对于代名人和监管人所在国的法律体系中没有明确规定如何履行协议中约定的义务，或者未规定受托人决定终止协议后将慈善组织的财产退回给受托人，慈善组织的受托人不得将信托财产或者所有权证书转移给代名人和监管人。如果受托人将信托财产转移到一个特定地方，而该地方没有关于信托的规**

定,或者其破产法中未区分信托财产和实际拥有的财产,那么慈善组织可能无法从代名人和监管人那里追回财产,慈善组织应认识到这些风险。见第 24 款的解释。

36. 受托人可以通过第 28 条所述的方式保护慈善组织的权利,但慈善组织应事先和委员会讨论这类协议是否可行。

37. 虽然慈善组织保留了转移给代名人财产的实际所有权,但仍然存在风险,代名人和监管人的擅自行动可能会破坏慈善组织所有权的主张。例如,如果慈善组织的资产被卖给了某人,而买方不知道这个买卖是未经慈善组织授权的,然后代名人和监管人挥霍了所卖资产的款项。然而,如第 22 款所述,就违反信托将慈善组织的财产转移给第三方("追回原物"),或者可替代被转移资产的资产("追回替代物")的行为,英国法律赋予受益人主张所有权利益的权利,**慈善组织的受托人应了解将信托财产转移到不保护所有权的地区会带来的风险。**在这种情况下,如果代名人或监管人擅自处置信托财产,慈善组织可能无法从代名人和监管人那里追回财产。

代名人和监管人的独立性

38. 代名人和监管人的独立性,包括代名人和监管人之间相互独立以及和受托人指定管理慈善组织投资的其他人相独立。

39.《受托人法》允许一个人同时担任代名人和监管人,在现实中,出于管理便利和成本考虑,建议慈善组织指定同一人代表其履行职能。《受托人法》也赋予了慈善组织全权委托投资管理的权力,允许全权投资经理担任代名人或监管人或者两者兼任。

40. 如第 14 条所述,只有在合理必要时,受托人允许代名人和监管人在可能会产生利益冲突的情形下行事。**受托人应当了解如代表慈善组织管理投资的人缺乏独立性可能会带来的风险。**这里的利益冲突可能指慈善组织与代理人或第三方的利益冲突。

41. 缺乏独立性可能无法保证职能的合理分配。例如,如果代名人同时是监管人并且持有慈善组织资产所有权证书,那么代名人擅自转移慈善组织财产的风险将会增加。

42. 若服务由 FSA 授权的人提供,这种情况下虽然可以忽略增加的风险,但若是金融服务规章范围之外的代名人和监管人,风险则不容忽视。风险的程度取决于代名人和监管人所在国的法律规定,受托人可咨询当地的法律建议。

代名人和监管人的报告

43. 如第14款所述,受托人任命代名人和监管人有义务审查他们的行为表现,**受托人应确保他们提议选择的代名人和监管人满足协议的要求。**

44. 报告的内容安排取决于各种情形,例如,信托财产以及**是否有代名人和监管人方面的规定。**

45. 投资管理监管组织(Investment Management Regulatory Organization, IMRO)商业行为规则规定,应定期向客户进行资产说明,但使用代名人和监管人的慈善组织要求代名人和监管人的管理者定期报告内部监管情况,以确保客户资产的安全,这也成了惯例。这些报告通常包含以下内容:

- 代名人或监管人确立的整体控制目标;
- 资产的物理安全安排以及分离特定客户的资产;
- 资产协调程序;
- 计算机处理控制;
- 结算程序;
- 股票借出程序;
- 确保符合投资委托的程序;
- 系统监控程序。

46. 如果经客户同意,也需要报告选择和监控代理职能的人的程序。

47. 代名人和监管人就这些事项的报告通常伴有独立会计师的审查。

48. **受托人必须考虑与代名人和监管人将要签订的协议中是否需要包含上述报告条款。**

总结

49. 慈善委员会通过讨论促进了《受托人法》的颁布,并对慈善信托受托人任命代名人和监管人的权利表示支持,这将促进对慈善信托的管理。但慈善组织应识别并妥善处理使用代名人和监管人所带来的风险,《受托人法》包括以下基

本法律框架:

• 代名人或监管人必须是专业提供这类服务的人或机构(或者是由受托人管控的,或者是律师指定的公司);

• 在选择代名人或监管人以及确定其职权范围时,受托人应合理注意;

• 应避免某些可能增加慈善信托财产风险的职权范围;

• 制定审查代名人或监管人表现的程序。

50. 本指引:

• 强调确保代名人或监管人持有的资产实际上仍属于慈善组织,如果有必要,慈善组织可以进行合法证明;

• 关注任命国外代名人或监管人的特殊风险;

• 强调受托人需要平衡任命独立的代名人和监管人的优缺点;

• 关注报告的客观需要,确保代名人或监管人就其保护慈善组织财产的监管措施,定期向受托人报告。

附件 1　现行法律关于制定代名人和监管人的规定

1.1　19 世纪,信托法中关于保护信托财产免受风险损失的规则规定,**所有**信托财产的所有权应由**所有**受托人共同拥有。所有受托人共同参与有助于有效地将信托财产所有权转让给新的受托人或第三方,降低信托财产或买卖款项被私自挪用或侵占的风险。如果信托财产只由一个或两个受托人持有,或者由代名人持有,就意味着即使代名人没有受托人授权,也可独立转让财产给第三方。

1.2　如果受让人是买方,并且不知道代名人没有经过受托人授权,信托机构不能收回其财产,除非信托机构可以追回其不当转移的财产,或者可以追回可以替代原财产的资产,它也只能要求代名人对擅自转移弥补损失。例如,在代名人消失或破产的情况下,这种方法便不实用,附件 2 解释了追回原物和追回替代物的含义。

1.3　只有信托机构的规章中授权使用代名人,或者法院授权,或者如果是慈善组织,经过委员会授权,受托人才可任命代名人,但这种使用代名人担保信托财产的方式往往伴随着较高的代价。每次受托人变化时,信托机构就会将所有信托财产的所有权转移给所有受托人,包括新的受托人,从而需要承担转移的成本;每次将信托财产转让给第三方,所有受托人必须参加所有转让的过程[**《慈**

善法》(2011 年)第 333 条对此有相关的规定]。

1.4　由代名人持有财产所有权可避免在受托人变化时转移信托财产所有权。如果代名人是一个公司并且可以长期存续,就不需要转移信托财产所有权,即使受托人发生变化,信托财产所有权仍然由代名人代表受托人持有,建立信托(包括慈善信托)的人往往认为授权使用代名人在管理上的便利性和经济性,使得允许代名人持有信托财产可能带来的风险显得不那么重要,现实中该授权也有一些条件和保护措施,例如,要求代名人必须是 1 个信托公司或者 2 个以上个人。

1.5　《公共受托人法》(1906 年)赋予了人们任命受托人的权力,赋予信托建立者或法院任命"受托监管公司"的权力,在当时被认为是平衡信托管理便利性和经济性的一种有效方式。一方面,保护了信托财产;另一方面,此项法定权力使信托财产转移给监管受托人(实际上是代名人),但不得违反相关保护措施。

1.6　为了保护信托财产,法律规定监管受托人必须是拥有相关资格的公司,《公共受托人法》(1906 年)详细解释了监管受托人和"受托管理人"的关系,不能根据协议改变:监管受托人有保护信托财产免受损失的法定责任,如果任命了监管受托人,那么**所有**的信托财产将会转移给监管受托人。慈善组织的正式托管履行的职能与监管受托人履行的职能类似,但现在正式托管的职能通常与慈善组织土地有关。

1.7　代名人持有信托财产所有权使财产的转让更为便利,只有代名人一人参与了正式转让过程,因而提高了速度、降低了成本,代名人在股票结算市场交易过程的熟练与高效,以及通过"Crest"系统使股票转让虚拟化。使用代名人也使得其他投资管理更为方便。

1.8　目前,英国交易市场中的股票和证券转让体系有必要使用代名人,法律也已规定允许受托人适当的授权[《证券交易所法》(1976 年)第 5 条;《证券无纸化法》(1995 年)]。但法律只授权在现代证券转移程序中短期使用代名人,虽然使用代名人比较方便,但受托人仍然必须遵循信托文件中的权力规定,或者法院或委员会的授权。

1.9　涉及受托监管方面的法律规则禁止上述特别的代名人形式,对于证券转让体系的需求,不会作出任何实际反应。例如,禁止监管受托人与受托管理人达成这方面的协议,即实现加速证券转移程序的目标,也使该程序更便利和经济。

1.10 第 1.1 条中的信托法规则规定,不仅所有信托财产所有权应由所有受托人共同享有,而且产权(包括股票和土地)证书也应由至少一个受托人持有,虽然受托人有法定权力将信托所有权文件存到银行或其他类似机构[《受托人法》(1925 年)第 21 条],并且有法定责任将不记名证券存起来[《受托人法》(1925 年)第 7 条]。如果任命了监管受托人,它必须控制信托所有权文件(正式托管可允许信托所有权文件由受托人控制)。慈善组织的受托人需要将信托文件交给委员会保管[**《慈善法》(2011 年)**第 340 条],如果在任何情形下需要将信托文件交给受托人之外的人,必须由慈善组织规章、法院或委员会授权。

1.11 规定由受托人共同享有信托财产所有权的法律规则,同时约束了证券转让的现代体制,《受托人法》拓展了存放信托所有权文件的权力,保留了存放不记名证券的义务,并对其进行了简单的修订。

附件 2 追回替代物和追回原物

2.1 在 **Foskett v. McKeown (2000) 3 All ER 97** 一案中,米利特大法官(Millett)解释了追回替代物和追回原物:

> "追回替代物和追回原物是受益人主张资产所有权的方式,但它们的处理程序有所不同。追回原物指将不当转让的资产追回,追回替代物指主张所有权的人可以追回新的资产以代替原资产,根据不同的情形,所有权人可以选择追回原物或者追回与原物价值相当的替代物。"

2.2 如果没有可作为替代物的资产(例如,原资产已经被挥霍),那么就不存在所有权主张,如果善意买方不知道卖方是违反信托而获得资产,那么受益人就不能对善意买方主张所有权。

受托公司的设立
（CC43）

目　　录

关于本指引

1. 本指引介绍了根据《**慈善法**》(2011 年)设立慈善受托公司的相关信息。这**不同于**慈善组织自己成为担保有限责任公司,本指引并未涉及这一类型公司。如果受托人正考虑设立此类公司,建议向委员会咨询。

术语解释

2. 本指引中:

慈善法,是指《**慈善法**》(2011 年)。

规章,是指任何列明慈善组织目的以及慈善组织管理方式的文件,可以是信托协议、组织制度、意愿书、转让契约、皇家宪章或者委员会计划等类型。

财产,是指土地、建筑物、现金、证券以及其他投资。

印章,是指委员会发布有效指令的凭证,印章生效日期即是指令的生效日期。

受托人,是指**慈善组织受托人**,根据慈善组织规章对慈善组织行政的总体监管负责,可以是受托人、受托管理人、委员会成员、管理者或其他职位的人。有时慈善组织也有**监管人**或者**持有受托人**,其职能仅限于持有慈善组织的财产,无权做出管理决策,且必须根据慈善组织受托人的合法指示行事。除另有说明,本指引中受托人即指慈善组织受托人。

必须,是指受托人、其代理人或员工根据法律强制性规定不得不做的事情。

建议,是指委员会对受托人行为给予的意见**指示**以及基本规范**建议**,但该建议并非法律要件。

背景知识

3. 慈善法关于设立受托公司的规定:

- 适用于所有慈善组织;
- 如果委员会认为设立公司是出于慈善组织利益考虑,可以颁发公司注册证书;
- 委员会可以在证书中附加条件或指示;

- 委员会应将所有申请和证书备案(详见第14款);
- 说明公司应如何执行文件的要求,包括公章的使用(详见第15~18款);
- 委员会可以根据受托人的申请或自行决定变更注册证书(详见第19~21款);
- 委员会可以根据受托人的申请或自行决定解散公司(详见第22~26款)。

设立公司的优点

4. 设立公司的优点主要有以下两个方面:

- 慈善组织的财产将转移到公司名下,避免了转移土地或其他投资文件给新的持有受托人;
- 受托人将以公司的名义签订合同、起诉或被诉。

设立公司限制了受托人的责任吗?

5. 没有,其与慈善组织自己成立公司不一样,受托公司的设立并不会给受托人带来任何有限责任,受托人的权力、限制和责任与未成立公司之前一样。

什么类型的慈善组织可以申请?

6. 委员会已登记的慈善组织和免于登记的慈善组织受托人都可以申请公司注册证书。如果慈善组织事先未登记,但委员会认为其应当登记,那么,它在申请设立受托公司之前必须登记,关于注册要件和程序,详见委员会指引**《慈善组织的登记事宜》**(CC21)。

7. 委员会在考虑是否颁发注册证书时,主要衡量标准是设立受托公司是否出于慈善组织的利益考虑。例如,如果慈善组织的财产只有土地,就可以通过正式监管人的形式管理土地财产,则不需要设立受托公司。

如何申请?

8. 只有同时满足下列条件,委员会才可颁发注册证书:

- 慈善组织设立受托公司是出于慈善组织利益的考虑;
- 受托人在决定申请注册证书时,已经充分了解其他设立公司的形式,如慈善法人组织(Charitable Incorporated Organization,CIO)。

如果你想申请注册证书,请**联系**慈善委员会。

9. 委员会需要确认受托人是否经过合法任命,如果无法确认,应要求受托人提供更多的信息。因此,受托人应确保将所有要求的文件或信息与申请书一并提交。如果发现在受托人任命过程中存在任何不当行为,委员会应要求其在证书颁发之前予以修正,如果受托人自己有权力修正可以自行修正,如果没有,则需要委员会的计划或指令授权。

给公司命名

10. 注册证书中应包含公司的名称,以及"受托人"或"管理者"。笔者强烈建议,**不要**使用"注册登记",因为这可能会令公众认为慈善组织是根据公司法注册的,委员会建议注册证书名称如下:

- "约翰·史密斯慈善受托人";或者
- "约翰·史密斯慈善受托公司"。

公司设立后会发生什么?

将财产转移到公司名下

11. 注册证书自动将慈善组织的所有财产转移到公司名下(除了转移给正式监管人的财产),所有基于信托持有慈善组织股票、资金或证券的人必须将其转移到公司名下。

12. 在颁发注册证书之前正式监管人持有的土地可以不用转移到公司名下,如果公司要求其转移,可以通过委员会签发指令转移。不由正式监管人保管的土地自动转移到公司名下,但是,对于已经登记过的土地,受托人应向地政局申请变更土地登记事项。

受托人身份的存续

13. 受托机构设立公司不会影响慈善组织的规章。因此,也不会改变以下事项:

- 受托机构的构成；
- 规章中涉及受托人任命、退休和解雇的条款。

慈善组织注册登记公司

14. 如果是已经在委员会登记的慈善组织，注册证书及其申请书，以及支持该申请的证明文件，都将存入慈善组织的相关文件中，受托公司的注册文件也在**慈善组织登记**事宜中。

如何完成文件的生效手续

15. 受托公司可以通过以下方式完成文件的生效手续：

- 加盖公司公章；
- 由多数受托人签字，代表着公司签署生效；
- 受托人授权文件生效。

16. 法律并未要求受托公司必须具有公章，是否需要由受托公司自行决定。但受托人需要知道公章会增加成本，如果受托人想要制作公章，需要确保以下事项：

- 公章的设计需要包含公司名称；
- 商量公章的保管方式；
- 制定公章使用的管理条例。

17. 公章的保管及使用方面的规定应包含在注册证书中。

18. 除非慈善组织的规章另有规定，受托人可授权两名或两名以上成员以公司名义代表公司签署文件，这必须是受托人的书面授权或决议，可能是普通授权或者做出一定限制。

证书的变更

19. 受托人不能自行变更注册证书，但是，委员会可根据受托公司的申请或者自行决定变更注册证书。

20. 如果受托人认为有必要对注册证书进行变更，他们应向委员会提交签字或盖章的书面申请，并说明变更的理由，如果委员会同意了此申请，可通过下列方式之一变更证书：

- 签发指令;
- 颁发新证书。

21. 委员会也可自行决定变更注册证书,但这种情况非常少见,只有在委员会确实认为有新的事项需要在注册证书中说明,而受托人又不愿意提交申请书时,委员会才会变更,也是通过上述的方法进行变更。

公司的解散

22. 委员会可根据慈善法签发指令解散公司:

- 根据受托人的申请;
- 委员会自己的决定。

23. 受托人申请解散公司必须提交签字或盖章的书面申请书,包括其申请解散公司的原因说明书,必须是出于慈善组织利益考虑,委员会经过审查,只能通过签发指令解散公司。

24. 在下列情形下,委员会可以自行决定解散公司:

- 公司已经没有资产且无法运作;
- 慈善组织已经不存在或者在受托公司成立时已经不是慈善组织;
- 慈善组织的目的已经实现或者注定无法实现。

25. 在所有情形中,指令具有以下效果:

- 解散受托公司;
- 如果不能同时满足下列条件,应将之前转移给公司或其他人(除了正式监管人)的财产转移到受托人名下:
- 有相反指示;
- 该机构是一个慈善组织。

26. 如果该机构因其不再是或者从来都不是慈善组织而被解散,那么委员会应根据慈善法的规定签发关于财产转移的补充指令。

相对于以前指引的改变

仅对之前的指引做了较少的修订以保持及时更新。

慈善组织的法定调查:对慈善组织的指引
(CC46)

2013 年 11 月

目　录

1. 简介

1.1 关于本指引

委员会开展法定调查时,帮助慈善组织及其顾问理解法定调查的内容及含义。

委员会是依据法律成立的,并作为英格兰和威尔士地区慈善组织的监管者和登记处,委员会的工作是保护公共利益。

慈善组织的运作必须遵循法律,委员会负责处理慈善组织出现的问题,处理问题的方式不一,取决于问题的本质、严重性、证据、影响以及解决该问题需要的工具。委员会应严厉并果断处理慈善组织故意的不当行为、不法活动、犯罪行为以及严重滥用行为。

委员会应识别并调查慈善组织管理中明显的不当行为,有效解决问题。对于严重滥用和触犯法律规定的行为,委员会应展开法定调查,法定调查的决定不得轻易做出,应仔细评估各种因素。在做出决定之前,委员会应申请**风险框架**(risk framework),确保该决定符合规范原则。

法定调查的目的是详细审查违反规范方面的问题,委员会调查收集事实情况,进而确定不当行为或不当管理的程度,对慈善组织及其工作、财产和受益人带来的风险程度,并决定应采取哪些措施解决问题。法定调查不应作为慈善委员会确定慈善组织不当行为的工具。开展调查时不当行为已经很明显的除外,例如,慈善组织已同时行使暂时性保护措施或其他补救权力。如果不当行为的判定未经证实,那么,可以通过调查证实,调查最终目标是让慈善组织停止滥用,遵守规范,回归正轨。如果有可能,目标还包括恢复其荣誉、保护受益人或资产并重拾公众对慈善组织的信心。

委员会展开调查时,一般希望直接与慈善组织受托人交涉,因为,他们整体控制慈善组织的管理,并对慈善组织的活动负有直接法定义务。本指引旨在帮助慈善组织及其共同受托人理解法定调查程序以及其中相关权利和法律义务,同时,本指引对慈善组织顾问、员工、管理人员或代理人有所帮助,因为调查可能也会影响他们。

1.2 先前的指引

本指引补充 GOV. UK 网站中关于合规工作(compliance work)的信息。

1.3 指引的范围

本指引是关于慈善委员会展开法定调查时对慈善组织及其顾问的指引。如果想投诉慈善组织,请参照《对慈善组织的投诉》,该指引指出了相关问题及信息。

1.4 指引的使用

各部分均有一个主题,在每个标题下面,列出受托人可能提出的问题。一般而言,委员会作出一个简要概括的回答(“简答”),然后提供进一步解释和背景解释(“详答”)。

1.5 其他帮助及建议

委员会和慈善组织及其共同受托人讨论调查中提出的问题,但慈善组织也可以从其他地方寻求专业建议。

1.6 “必须”和“应该”的定义

本指引中:

- “必须”,是指受托人必须遵守法律或规章要求或责任;
- “应该”,是指委员会希望受托人遵守基本规范并将其应用于慈善组织。

遵循委员会指引中列出的基本规范有助于慈善组织有效地运作,避免困难,也可以更好地遵守法定义务,慈善组织因其规模和活动而异,所以,应仔细思考决定怎样有效地将基本规范适用于慈善组织具体情形,特别是在慈善组织决定不遵守基本规范时,委员会希望慈善组织可以作出解释。

在某些情形下,如果慈善组织不遵循基本规范,那么,就无法遵守其法定义务,例如:

法定义务	基本规范
以慈善组织最大利益为目标	处理利益冲突
负责管理慈善组织资源	实施合理的财政控制管理风险
以应有的谨慎和能力采取行动	需要时听取合理建议,如买卖土地或投资(某些情况下这可能成为法定要求)

若受托人行为违反其法定义务,则需承担此行为造成的后果以及慈善组织因此遭受的损失。委员会调查涉嫌违反信托或义务或其他不当行为或管理不当案件时,可能会将受托人因未遵守基本规范而将慈善组织及其资产或受益人置于危险或不当风险中的事实作为证据来考量。

1.7 术语解释

下面这些术语贯穿全文,对此作如下具体的解释。

法定调查,是指慈善法赋予委员会的一种法定职能,调查慈善组织管理和运营中出现的问题。法定调查是根据该法第 46 条中的法律框架进行调查,委员会也会对慈善组织团体展开调查,这些被称为"集体"调查。展开法定调查后,委员会可以要求慈善组织和相关个人提供信息和文件。

受托人,是作为慈善组织管理主体,对慈善组织行政的总体监管负责。其可以是管理人员、理事会成员、主管人员或委员会成员等。

受益人,是指根据慈善组织目的,有资格获得慈善组织帮助的人。

《慈善法》(2011 年),阐明委员会职能并赋予其各种权力,包括第 46 条对慈善组织展开法定调查权。本指引中慈善法指《慈善法》(2011 年)。

指示,指委员会签发的法律文件,要求人们采取特别行为。可以是提供特别信息或文件,或者参加委员会组织的会议,指示通常会规定提供信息或文件的期限,如果不遵守该指示,可能会造成严重的法律后果。

指令,是指委员会做出的法律文件,授权或阻止受托人或其他个人进行特别活动,本指引第 4 部分介绍委员会在调查中使用的权力,也会在指令中阐明。如果不遵守委员会指令,将会造成第 5.3 部分中严重的法律后果。

被禁止的组织,是内政大臣认为和恐怖主义有关的一个组织,规定于《反恐怖主义法》(2000 年)中。加入被禁止的组织,提供支持或安排会面,都属于刑事犯罪。褫夺(Proscription)指组织的金融资产成为恐怖分子财产,应进行冻结和扣押。

计划,是指委员会根据《慈善法》第 79 条制订的计划。是变更、替换或延长慈善组织信托的一个法律文件,可以全面调整并覆盖慈善组织行政和宗旨的全部内容,并可替代之前的规章,或者可以增加或改变规章的某些内容。

法定陈述书,是一个法律文件,由陈述人签字,经常用于没有独立证据的情

况下让个人提供证据。如果法定陈述书中包含陈述人明知不实的事情，那么，就属于犯罪。

转移财产，是指如果慈善组织土地或其他资产正处于被滥用的风险，或者将不再属于慈善组织所有，委员会可以签发指令，授权转移财产，由慈善组织正式监管人或其他人保管，详见**《慈善组织"土地持有"服务的正式托管人》**(CC13)。

2. 指引介绍

本部分简要概述本指引的内容。

第3部分解释委员会获得法定调查的授权，以及法定调查工作的整体开展。

第4部分解释一旦委员会展开调查将会发生什么，并叙述委员会可以使用的法定权力。

第5部分根据管理规范原则，列出委员会义务，包括保持公平调查，并尊重受托人及其他利益方面的权利。解释协助委员会进行调查的人的法律义务，以及如果被调查的慈善组织对委员会决定或使用权力的方式不满可以采取的措施以及怎样投诉。

3. 委员会作为监管者

3.1 监管控制的含义

简答

监管控制指委员会保护慈善组织的义务、职能、责任和法定权力，以增加慈善组织效力及公众对它们的信任。委员会监管慈善组织以及如何评估和管理风险的整体方案列于"风险框架"(risk framework)中。

详答

委员会对于监管慈善组织具有的法定权力，慈善法规定了这些权力。

以下是慈善法列出的委员会目标：

- 提升公众对慈善组织的信任；
- 增强慈善组织为公共利益服务的意识和理解；
- 推进受托人在控制管理慈善组织行政中遵守其法定义务；
- 提升慈善资源的有效利用；

- 提升慈善组织对捐赠者、受益人和公众的责任心。

为实现这些目标,委员会在其网站中提供大量适用于多数慈善组织的指引,同时,为慈善组织更新和变更信息提供在线服务,若慈善委员会自己没有权力解决慈善组织的管理问题,如果必要,委员会可以利用法定权力制订计划或签发指令。

委员会的监管作用主要集中于慈善组织受托人及其行为。如果慈善组织中出现不当行为,慈善组织及其共同受托人必须负责改正,如果是严重的滥用情形,那么,委员会可以展开法定调查。若慈善组织的财产、信誉、受益人或工作已经受损或处于严重滥用的危险,委员会的调查工作则旨在阻止进一步滥用并使其回归正轨,包括调查慈善组织行政管理中的不当行为或不当管理(详见第4.1部分),并解决发现的问题,也包括必要时使用委员会的救济和保护措施,并监控其介入调查后的进展。

委员会对登记和未登记的慈善组织均有监管权,包括对为实现慈善目的而筹集资金的监管,如慈善救灾工作。

3.2 委员会什么时候可能会展开法定调查?

简答

在以下情形下委员会可能会考虑展开法定调查:监管问题以及慈善组织周边环境比较严重;有行为不当或管理不当的迹象;有使用监管权力的需要;提供公众保证或保护公众对慈善组织的信任。法定调查目的是调查并了解案件的事实情况,以便继续展开下列工作:

- 识别不当行为和不当管理的程度;
- 评估给慈善组织及其财产、信誉、受益人或工作带来的风险;
- 决定需要采取哪些措施来解决问题并将之付诸实践。

详答

法定调查处理严重的监管问题,决定展开法定调查时,委员会需要考虑的因素及方案列于对员工的操作指引(**OG117 B1**)中。

委员会发现一个严重问题时,需要考虑风险的严重性和程度以及慈善组织应如何处理该问题。展开正式的法定调查前,应进行调查前评估,包括了解提出的问题、问题来源、支持或怀疑的证据、证据的证明力以及问题的潜在影响。

基于以下原因可以展开法定调查:有不当行为或不当管理迹象;对信托的重大违反或不遵守慈善法;对慈善组织财产、受益人或工作带来极大风险;有使用委员会监管权力的需要;有收集证据需要;法定调查更有效的情况或者为保护公众信任的需要。

如果调查前的问题评估得出的结论是该问题不满足展开法定调查的条件标准,那么,将决定采取其他措施解决该问题。可能决定问题不能被证实或者未被发现,那么,就不需要采取进一步措施,委员会也可以对该问题的处理提供管理意见和指引,以修正违规行为,保证以后不再发生。

委员会会依据每个案件的事实和特点具体处理,其决定可能受能力、行为以及受托人对问题回应的影响。即使受托人与委员会合作进行改正,法定调查仍然可能展开。委员会考虑的因素包括表明受托人行为不当证据的证明力,是否存在故意的不法行为,受托人仅做部分回应,受托人合作或采取的措施水平不够,慈善组织的回应无法获得信任或使委员会满意。这些因素以及委员会如何判断受托人行为的回应在**风险框架**(risk framework)中均有涉及。

委员会权利不包括调查刑事或税收问题,它也不是一个公诉机关。这些问题将有合适的机关负责。委员会需要考虑的问题是确保受托人在管理慈善组织时合法负责地履行其法律义务。如果存在刑事问题、税收问题或其他监管者正在审查慈善组织的运营,那么,委员会也需要考虑其中是否存在不当行为或不当管理,以及是否需要保护慈善组织财产。这可能意味着在其他机构或监管者调查时,委员会也将决定展开法定调查。

4. 法定调查的形式与法律权力

4.1 委员会展开法定调查后会发生什么?

简答

展开法定调查之前,委员会不需要让受托人知道其问题所在或者给他们采取措施的机会。但是,如果展开法定调查只是委员会处理慈善组织问题的进一步手段,那么,受托人应该已经知道监管问题并采取一定措施。

法定调查一旦展开,委员会会联系受托人并给予他们讨论该问题的机会。被联系人是慈善组织登记的人,慈善组织负责更新这些联系方式,如果有变更,应立即通知慈善委员会。

委员会通常会发布已开展法定调查的公开声明,符合委员会公开的政策,为公共利益,负责监管慈善组织活动,但是,有时候委员会这样做也不是因为公共利益。

委员会可能利用监管权力要求慈善组织提供信息和文件,通常会要求慈善组织提供档案。委员会也会利用监管权力保护慈善组织受益人和资产。法定调查一旦完成,除非另有规定,委员会将通过调查结果说明书的形式公布其发现,这将在其网站上公布。

详答

法定调查赋予委员会调查慈善组织监管问题的法定权力,从而保护慈善组织及其受益人利益、资产和信誉。

法定调查有助于识别慈善组织行政管理中不当行为或不当管理的程度,评估慈善组织及其资产存在的风险,以及决定慈善组织是否需要采取措施保护慈善组织的财产。

- “不当行为”指某人的行为有罪、不合法的或不恰当的。
- “不当管理”包括:
  - 滥用慈善资源;
  - 破坏慈善组织信誉;
  - 给受益人带来风险。

法定调查通常关注慈善组织受托人是否履行慈善法中规定的义务或责任,是慈善委员会监管慈善组织及其受托人的正式程序。开展法定调查时,委员会享有某些特定的法定权力,这些权力的使用详见第4.3部分和第4.4部分。考虑到法定调查的重要性,慈善组织可以在调查期间寻求法律及专业建议。

在整个调查过程中,慈善组织及其顾问应协助委员会的调查工作,在规定时间内诚实地回答问题。

下面是可能要求慈善组织提供的信息:

- 要求慈善组织对指控或投诉作出回应;
- 对提问如实回答,帮助委员会了解问题;
- 要求慈善组织及其共同受托人对遵守政策、程序或法律义务作出解释,并提供相关证据,包括提供慈善组织的文件,例如收据、会议记录、年度报告或慈善组织政策的复印件。

如有疑问,受托人应提供证据证明其遵守了义务,而非由委员会来证明受托人未遵循。因此,若受托人没有提供要求的信息或提供的信息有限或不足,那么,委员会就会得出受托人未履行法定义务的结论,并以此作为受托人失败、不能或不愿意履行法定义务的证据。

不合作或不遵循指示或指令可作为不当行为或不当管理的证据。委员会可借此使用权力并对慈善组织及其共同受托人采取进一步的监管措施。不遵循指示或指令也会有严重的法律后果,可能构成藐视法庭罪。对于向委员会故意提供不实或误导信息的行为,也是《慈善法》第60条规定的刑事犯罪。

如果受托人的第一语言不是英语,会议需要翻译,或者理解信函、指令或指示有任何问题,应将这些情况告知委员会。

经过对问题进行初步评估后,法定调查通常还包括以下几个阶段:

- 确定调查范围与策略;

委员会将成立专门团队开展法定调查,并指定一名调查长,联系慈善组织受托人,解释开展法定调查的原因、重点和目的。如果问题经证实,在慈善组织被告知已经展开调查前,可能已经使用了监管权力,委员会会定期审查其策略,根据新的证据或情况作出调整。

- 收集、分析并证实信息和证据;

这包括分析已经获得的档案,或者向受托人或其他相关地方收集新的信息,包括审查账簿。如果委员会约见了受托人,并保留会话记录。新收集的证据需要进行评估。委员会应考虑问题得到证实的程度,若现有证据无法支撑,则需要进一步调查。委员会也会考虑利用获得的信息行使权力,详见第4.3部分。这些程序将贯穿整个调查环节,证据会形成发现并为委员会措施的采取提供信息。

- 监管权力的使用考虑;

如果可能,委员会需要通过指引、监管建议和监督等手段与受托人共同解决问题,而不行使法定权力介入。如果合适,委员会将使用救济或保护的法定权力。有些权力只是临时在调查中使用,而有些权力更固定,可能贯穿调查始末,委员会权力的程度详见第4.3部分和第4.4部分。

- 实质调查阶段结束及后续措施;

完成下列事项后,委员会通常会结束实质调查:

- 采取必要措施解决问题;
- 与受托人分享其发现和结论,如果问题无法证实,委员会将告知受托人;
- 向受托人表明后续将采取的措施及其时间。

这通常标志着实质调查的结束。

- 公布调查结果说明书;

法定调查涉及政府机构的备案,委员会通常会公布每个法定调查结果。通常在实质调查结束后3个月内将说明书公布在GOV.UK网站上。说明书的内容强调调查的关键问题、发现和结论,同时会列出慈善领域的一些重要问题。

有时委员会不适合公开调查结果说明书,例如,公布说明书会使监管失去效力并会损害公众对慈善组织的信心。

受托人属于公职人员,肩负信托责任及义务,确保受托人义务的履行,关系着公众的合法利益。因此,委员会应在调查结果说明书在网上公布时,就其发现**公开发表新闻稿**。

4.2 法定调查会持续多久?

简答

很难预计调查需要的时间,但是,委员会希望尽快结束调查。

详答

调查的进展由下列因素决定:

- 问题性质和复杂程度;
- 需要提供哪些信息;
- 涉及的其他机构;
- 后续调查或撰写调查结果说明书阶段出现的新问题;
- 出现新问题或新证据时,委员会是否需要调整策略;
- 受托人及其他相关人(可能包括银行、法律顾问和会计师)的回应与合作情况。

慈善组织受托人的全面配合对达成满意及时的结论非常关键。

虽然对于法定调查没有固定的期限,但是,委员会的目标是在9个月内完成实质调查,并在实质调查结束后3个月内公布调查结果说明书。

4.3 委员会收集信息的权力是什么?

简答(法定要求)

这些权力指采取指令或指示的形式获取信息或文件或者要求个人当面回答委员会的问题。

收集的信息将用于调查以及评估委员会是否需要使用保护或救济权力,委员会只会要求提供与其职能和调查相关的信息。

指示或指令中制定的人员必须在给定时间内提供要求的信息。

详答

《慈善法》第47条的收集信息权允许委员会要求某人在具体时间范围内提供下列信息:

- 向委员会书面陈述调查相关问题,并确保这些陈述或回答的真实性,如有必要写一个法定陈述书;
- 将其保管或控制下与调查相关的文件复印件交给委员会,并确保这些文件确属原件的复印本,如有必要写一个法定陈述书;
- 在规定时间和地点提供证据或文件,委员会使用此种权力时,若被要求的人员在规定时间和地点内难以提供上述证据或文件,应立即告知委员会。

委员会也可根据《慈善法》第52条规定的权力要求某人提供文件或原始文件的复印件或摘要。

指示或指令可对以下人员发出:受托人、慈善公司、慈善组织员工、顾问、会计师、审计员、律师、银行等人员。

有时第三方可能需要指令的保护,如推翻保密义务。

委员会在使用这些权力时,应遵守管理规范原则,包括比例原则。考虑到调查的性质,委员会通常会根据指示(或指令)与慈善组织及其受托人协调,也可能有例外情况不适合此种方法。使用这些权力意味着指令或指示针对的人必须提供委员会要求的信息或参加会议,委员会只会要求提供与调查相关的信息,以推进调查进展。

指令或指示中提到的人应尽快向委员会提供要求的信息,委员会会指明提供信息的具体日期。

如果无法提供委员会要求的信息,应尽快通知委员会,并说明原因,不要等到时间截止后才告知委员会。不按委员会要求提供信息会带来严重的法律后果,如无正当理由,未在规定期限内提供信息,那么,这将作为慈善组织行为不当和管理不当的证据,将会出现在调查结果陈述书中。

《慈善法》第48条规定委员会有权根据法官搜查令进入慈善组织场所并扣押文件和其他信息。

这些权力规定于《慈善法》第47条、第48条和第52条中,可在该网址 www.opsi.gov.uk 中找到。

4.4 临时保护权力:内容与使用时间

简答(法定要求)

临时保护权力指调查期间委员会暂时保护慈善组织的财产(例如,限制金融交易或将特定的人卷入慈善组织)。

委员会应定期审查这些权力的应用,确保在需要时使用这些权力,慈善法规定委员会暂停慈善组织员工的工作期限不得超过12个月。

在法定调查中,慈善组织应告诉委员会可能影响其颁发指令的任何事件,不管委员会是否询问。在委员会临时保护期间,指令中涉及的人必须遵守该指令,不遵守将会造成严重的法律后果。

详答

临时保护权力用于委员会调查期间保护慈善组织利益,旨在减少风险领域对慈善组织日常运作的影响,尽量不破坏合法的慈善工作。如果可能,继续和慈善组织及其受托人合作帮助慈善组织保护其受益人和资产。

委员会必须确信慈善组织存在不当行为或不当管理,或有必要采取措施保护慈善组织财产时,才可使用这些权力(详见第4.1部分)。在需要立即采取措施或时间有限的情况下,委员会很可能使用这些权力,其依赖证据的多少和证明力,也不同于永久权力的行使。

在使用临时保护权力之前,委员会没有义务通知慈善组织。除非委员会将影响法定调查或者不符合慈善组织利益,其会在签发指令时,尽快向受托人解释使用权力的原因,也会告知慈善组织上诉的权利(详见第5.3部分)。

根据《慈善法》第78条的规定,委员会必须定期审查其临时保护权力的使用,确保仍有理由保留它们。根据现有政策,委员会通常2个月进行一次审查,并将结果告知慈善组织、受托人或指令适用的其他人,如果委员会受到了影响是否保留指令的重要新信息,它也会审查临时保护权力。

临时保护权力包括下列内容:

- 暂停受托人、慈善受托人、管理人员、代理人或员工的工作;
- 将慈善组织财产交给正式管理人保管;
- 未经委员会同意,禁止持有慈善组织财产的人取走财产(有时称为冻结令,例如,可用于冻结银行账户);
- 未经委员会同意,禁止人们偿还欠慈善组织的任何债务;
- 限制慈善组织可进行交易的性质或支付额;
- 任命一位临时经理代替或(和)受托人一起管理慈善组织的事务;
- 暂停受托人、慈善受托人、管理人员、代理人或员工的成员资格,如果他们的工作已被暂停,但希望借其成员资格恢复职位。

这些权力规定于《慈善法》第76条和第83条中,可在该网址**www. opsi. gov. uk**中找到。

4.5 永久保护权力:内容与使用时间

简答(法定要求)

永久保护权力是救济权,对调查中发现的问题提供长期的解决方案,下面一部分介绍这些权力的内容及使用限制。

在委员会永久保护期间,指令中涉及的人必须遵守该指令,不遵守将会造成严重的法律后果。

详答

永久保护权力旨在解决慈善组织长期存在的问题,仅在法定调查中使用。

在委员会使用永久保护权力之前,需确保这些权力的使用是必要的并符合比例,并给予慈善组织及其受托人评论的机会。在委员会采取行动之前,慈善组织享有做陈述的法定权利。

委员会必须确信慈善组织存在不当行为或不当管理,或有必要采取措施保护慈善组织财产,委员会才可使用以下权力(详见第4.1部分)。

永久保护权力包括:

- 解雇受托人、慈善受托人、管理人员、代理人或员工,如果他们参与了不当行为或不当管理,应对其负责;
- 解除管理人员、代理人或员工在慈善组织的成员资格,如果他们已被解雇,但希望借其成员资格恢复职位;
- 给慈善组织的行政管理制订一个计划,指引**《慈善组织规章的修订》(CC36)**第4部分介绍委员会的计划制订。

委员会使用下面两种保护权力也具有长期效果:

- 对慈善组织的行政管理或其财产采取特别行动(例如,采纳专业建议并据此行事,每年召开全体会议任命新的受托人,或者进行管理审查);
- 确定慈善组织成员。

慈善组织出现不当行为或不当管理,或者有必要保护慈善组织财产时,委员会可在调查中使用这些权力(详见第4.1部分)。

这些权力规定于《慈善法》第11条、第76条、第83条和第84条中,可在该网址**www.opsi.gov.uk**中找到。

4.6 委员会在法定调查中使用的其他权力:内容与使用时间

简答(法定要求)

委员会也可以在法定调查中使用其他权力解雇或任命受托人。这些权力用于具体情形中,如果不需要确定行为不当或管理不当,或者不需要为保护慈善组织财产而采取措施。

详答

无论是否已经展开法定调查,委员会均可在下列情形下采取具体措施解雇或任命受托人:

- 以下情形可以解雇慈善受托人:
  - 过去5年内受托人(之前已被宣告破产)的不动产曾被扣押,破产程序终止后免除破产债务,与债权人的和解协议、协议书或信托书中免除部分债务;
  - 受托人是正处于清算过程的公司;
  - 受托人不能再胜任该职位,因为他或她被判定为《精神健康法》(1983年)中的精神失常;
  - 受托人不能再胜任该职位,不能在行事时表达愿意或不愿意;
  - 受托人在国外失踪,不能再胜任该职位,并且他的失踪或不作为阻碍慈善组织日常行政管理。

以下情形可以任命慈善受托人:

- 代替被解雇者;
- 没有慈善受托人;
- 受托人太少,由于能力缺乏或缺席,他们不能再胜任该职位;
- 只有一个受托人(不是公司),委员会认为任命新的受托人有助于慈善组织的行政管理;
- 如果现有受托人消失、不作为或正在国外,委员会认为有必要另外任命受托人协助现有受托人。

委员会也可以:

- 在某人不愿意申请占有或控制财产的情况下,发出指示令其占有或控制慈善组织财产。

这些权力规定于《慈善法》第80条和第85条中,可在该网址 www. opsi. gov. uk 中找到。

5. 慈善组织的权利和义务

5.1 委员会在调查慈善组织时承诺做什么?

简答

根据委员会工作的性质,其决定不一定总是尽如人意,但是,委员会会遵循相关法律程序,严格标准,并详细解释其行动原因。

委员会承诺在处理慈善组织调查时遵循特定标准,具体标准详见服务优先和投诉程序,介绍慈善组织如何投诉收到的服务。

详答

在法定调查中,委员会的承诺事项包括:

- 客观公正地评价问题原因;
- 不处理不重要或明显毫无根据的投诉;
- 让慈善组织知道投诉或问题的性质;
- 允许慈善组织对问题进行回应;
- 客观公正地考量慈善组织的回应;
- 如果使用保护权力,应就签发指令实施这些权力的原因作出说明,除非陈述会影响法定调查或者不符合慈善组织利益;
- 在合适时书面通知慈善组织申请复议决定和上诉的权利;
- 告知委员会调查长的姓名、电话或邮箱;
- 如有可能,在15个工作日内回信或邮件答复;
- 如果委员会将推迟回应,会让慈善组织知道原因;
- 尽快让慈善组织知晓调查结果;
- 在调查结果说明书公布之前,允许其中涉及的受托人或其他人对其事实的精确性作出评论;
- 有需要时提供管理指导和建议。

第5.4部分介绍,如果慈善组织认为受到不公正待遇可以怎么做。

5.2 委员会会对信息进行保密吗?

简答

调查期间,委员会可以基于法定目的向被调查者要求并收集调查相关信息。

所有信息,无论是个人还是其他的,通常都会安全保存,但是,在某些情形下,也可能会公开信息,信息公开必须符合数据保护原则或者委员会作为慈善组织管理者的身份。

最常见的信息公开形式是委员会公布调查结果说明书。

详答

只有在调查有必要和恰当时,委员会才会要求提供信息。因此,一旦委员会要求提供信息,不管其内容是否敏感,都希望被调查者可以提供。但委员会会承诺妥善谨慎处理该信息。

被调查者提供给委员会的信息,包括委员会依据信息收集权获得的信息,仅能用于法定目的。但委员会不能保证绝对不公开这些信息,因为有些情况下可能将信息提供给第三方。委员会不得不使用这些信息调查慈善组织的问题,所以,可能需要披露信息。例如,由于法庭指令或法律要求,为公共利益,需要将信息传递给其他管理者。并且,在委员会公开的调查结果说明书中可能也需要包含这些信息。

作为公共机关,委员会需遵守《信息自由法》(2000 年),意味着根据该法,委员会经要求可能需要披露其获得的信息。但是,如果合适,委员会可以根据该法中的免责条款保留调查中收到的信息,包括关于调查、数据保护、商业敏感性和法律要求保密的信息。如果提供的信息特别敏感或特别机密,但是,不太明显,则应该告诉委员会并解释原因。

《数据保护法》(1998 年)调整个人信息的使用,保护可以识别与个人相关的信息,委员会作为信息管理者必须遵守数据保护法的规定。

根据数据保护规则,被调查者提供的信息将安全保存,委员会不会向任何与委员会无关的人披露被调查者的个人信息,不过下列情况除外:

- 被调查者同意披露;
- 委员会基于法律规定必须披露;
- 委员会认为披露是有必要的,有助于委员会履行其法律职能。

在法律允许的情况下,委员会可以将被调查者的信息披露给其他相关的公共机关,为国家安全,法律实施或其他公共利益问题,披露该信息成为必要。

委员会需确保披露符合比例原则,考虑被调查者的权利,尊重其隐私,并根据《数据保护法》中的数据保护规则客观合法地披露信息。

然而,必须记住受托人的职位属于公职,必须履行受托人的责任和义务,公众享有合法权利确保其遵守这些义务。

5.3 慈善组织受托人、员工、管理人员、代理人或其他利害关系方依法应做什么或向委员会提供什么?

简答

慈善组织受托人、员工、管理人员、代理人或其他利害关系方应配合委员会的调查工作。例如,无正当理由拒绝或迟延提供信息,或者未如实提供信息,因而妨碍委员会工作,其本身就可以作为慈善组织管理不当的证据。被调查者表明遵循委员会要求是被调查者的责任,委员会没有责任证明被调查者是否遵守。因此,如果被调查者的回应不全或不足或没有回应,委员会会判定被调查者未履行法律义务,并将此作为被调查者不愿意或无法履行其法律义务的证据。法院已经明确表示希望慈善组织受托人配合委员会工作,不管委员会是否使用法律权力来要求其提供信息。

委员会签发指令或指示时,其中涉及的相关人员必须执行其要求。如果没有这样做,委员会将以此作为慈善组织管理不当的证据,并且会带来下面将要介绍的严重法律后果。

详答

如果委员会使用其临时或永久保护权力,在某些情况下,被调查者的不遵守可能会构成刑事犯罪或藐视法庭罪。

在调查过程中,委员会会要求被调查者提供信息,以便于评估问题或寻求事实证据说明问题。收到委员会指令或指示时,被调查者必须提供以下信息:

- 在规定期限内提供委员会要求的文件或信息;
- 在约定时间和地点与委员会当面会谈;
- 在规定期限内如实回答委员会的所有问题。

根据《慈善法》第60条规定,向委员会提供信息(不仅是对指令或指示作出回应而提供的信息)时有如下行为将视为犯罪:

- 故意提供不实或误导性信息;
- 故意改变、删除、隐藏或损害委员会要求的文件。

根据犯罪类型,对本部分中被视为构成犯罪的人的惩罚措施有:

- 处以罚款;
- 处不超过两年的监禁或罚款,或者并处罚金。

5.4 如果被调查者不满意委员会的行为或不同意委员会做的决定或采取的行动,被调查者应该怎么做?

简答

如果被调查者不满意委员会的行为方式,可以进入投诉程序;

如果被调查者不同意委员会做出的法律决定,可以要求委员会复议,也可以上诉至法院。

如果委员会在调查中使用其权力,通常会告诉被调查者怎样对此提出异议。

详答

如果被调查者不满意委员会在调查中的处理方式,可以投诉受到的服务标准,详见**《如何投诉委员会的服务标准?》**。

如果被调查者认为委员会决定使用权力,包括展开调查的决定不恰当,可以书面申请诉讼和复议办公室对决定进行复议,可将申请发送至邮箱**litigation-andreview@ charitycommission. gov. uk** 或**在线申请**。

此外,如果有权上诉且该决定可被质疑,那么,可以上诉至一级法院(慈善组织)。该法庭是一个独立的法律机构,有权审查委员会的某些决定,并撤销、修改或增加其决定。某些情形下,法院会让委员会进一步调查或纠正其决定。如果希望起诉委员会决定,可在法院网站(website)找到帮助和建议,具体规定时间限制,上诉的注意事项以及如何申请。

请求对决定进行复议或向法院提出申请有下列限制条件:

- 如果想通过决定复议程序对该决定提出异议,需在 3 个月之内告知委员会;
- 必须在收到委员会决定后 42 天内向法院提出申请;
- 必须在委员会决定公开后 42 天内向法院提出申请。

上述所有情形中,42 天包括周末和银行假期。

对慈善组织的投诉

（CC47）

目　　录

1. 简介

1.1 关于指引

慈善组织是由受托人管理的独立组织,在社会中扮演着重要角色,通过使用慈善组织服务或作为捐赠者,人们作为受托人、志愿者参与其中。有时人们会投诉慈善组织,并希望委员会处理投诉意见。

本指引着眼于委员何时**会**、何时**不会**受理其接到的有关慈善组织投诉。

1.2 委员会的角色

委员会是慈善组织独立的管理者,它作为管理者的职责是确保慈善组织对其活动负责,良好运作,并履行法律义务,同时通过委员会的工作,公众可以有信心支持慈善组织,受益人对其收到慈善组织的服务有信心。

委员会通过提供指引和其他规范信息执行其管理工作,在特定情形中使用法定权力为慈善组织的行政管理制订计划和指令,并介入严重损害慈善组织及其受益人和资产的问题处理。

并不是所有投诉都可看作严重的风险问题,因此,委员会不一定会处理每个问题或纠纷。

委员会并不会像投诉服务机构一样处理投诉者所有投诉意见,而是会评估并识别是否有管理方面的问题需要其介入,委员会可以拒绝使用其资源调查或解决不属于公共利益方面的问题。

第 2 部分介绍委员会介入或不介入的情形,以及如果对慈善组织有意见应该怎么做。

委员会不会管理苏格兰或北爱尔兰的慈善组织,因为适用的法律不同。

1.3 指引的范围

本指引是关于人们对慈善组织的投诉,不包括人们对委员会的服务水平或其做出决定的投诉。如果对委员会及其服务有意见,希望委员会就某个问题的决定进行复议,详见“**投诉**”(making a complaint)。

1.4 指引的使用

本指引每部分有一个标题,标题下面列了一些问题,解释委员会如何处理对慈善组织的投诉。委员会从总体上给了一个简要概括的回答(“简答”),然后提供更多的背景解释(“详答”)。

虽然委员会希望尽量用日常语言来组织本指引,但在有些地方不得不使用术语,术语清单将在第 5 部分列出。

1.5 其他帮助和建议

委员会涉及投诉的工作重点在于为慈善组织提供正确信息,令其自由选择资源来解决自己的问题。委员会同时鼓励受托人借助相关组织的专业知识来帮助他们尽可能有效地运营慈善组织,他们也可以寻求其他组织帮助解决投诉者提出的问题。

1.6 “必须”和“应该”的含义

本指引中,“必须”,指受托人必须遵守特定法律或法规行要求的情形。为方便受托人确认包含法律或法定要求的部分,委员会在简答后使用 **L** 标志。

“应该”,指若无充分理由,受托人应该按照基本规范指引行事的情形。

2. 投诉:慈善组织需要做的事情和委员会需要知道的事情

2.1 如果对慈善组织不满意,应该做什么?

简答

在多数情况下,投诉人在向委员会投诉慈善组织之前,应该先向慈善组织说明其问题。因为,其所提问题可能不属委员会处理范围,所以,应该先直接向受托人说明。

但是,也有一些问题非常严重,可能不适合直接告知受托人。例如,有关慈善组织的犯罪活动应立即向警察和委员会报告,不用事先通知慈善组织。

对于已经和慈善组织讨论,并已经得到满意解决的问题,可以不用再告知委员会。

详答

慈善组织受托人负责运营其慈善组织,因此,首先和受托人讨论问题比较合适。这样,受托人可以有机会解释其中的误解或者纠正错误。

与受托人讨论的问题包括:

- 受托人在其权力范围内和慈善法范围内运营慈善组织的方针或者他们所作的决定;
- 慈善组织服务质量差的举例;
- 雇佣问题,例如,不公平的解雇;
- 合同纠纷;
- 慈善组织内部纠纷(详见指引《**慈善组织内部冲突:慈善委员会提供的解决方案说明**》)。

因此,委员会通常不会处理下列投诉:

- 不同意受托人根据法律和慈善组织规章条款而做出的决定;
- 解决慈善组织方针政策或策略的内部矛盾,因为,这些问题是他们自己需要内部解决的问题;
- 慈善组织服务质量差,但并不会对其服务、客户或其资源带来风险;
- 投诉来源于慈善组织的争议,有专门指定的受托人负责处理此类问题;
- 提出的问题并不会对慈善组织及其资产和受益人构成严重威胁;
- 该问题有另外一个法定或监管机构正在处理或者由其负责;
- 不同意合同条款或履行;
- 另外一方对慈善组织提起法律诉讼,包括收取欠款的人(除在少许情形下,首席检察官专门要求慈善组织处理投诉)。

如果投诉是关于慈善组织内部争议,详见指引《**慈善组织内部冲突:慈善委员会提供的解决方案说明**》。

委员会介入处理投诉仅限于会对慈善组织受益人、资产、服务或信誉构成严重威胁的问题。第 2.2 部分解释了什么是严重或重大的问题以及委员会对该类问题的做法。

2.2 什么是严重或重大的问题以及委员会对该类问题会做什么?

简答

在"风险框架"(risk framework)中,委员会已经分析了会对慈善组织受益人、资产、服务或信誉构成严重威胁的问题,同时,也指出委员会在评估风险的严重性以及是否需要采取措施需要考虑的因素。

某些情形下,委员会可能会决定不采取进一步的措施,如果不采取措施,委员会将告诉其原因并会保存报告的问题。

如果委员会选择处理一个严重的问题,也会通知受托人,但不会告知其处理细节,只会在案件完结时告知结果,而这可能需要一段时间。

详答

下面列出了委员会认为对于慈善组织及其受托人、员工或代理人来说严重和不能接受的问题,以下问题无先后顺序:

- 对慈善组织造成严重经济损失;
- 严重损害受益人利益,尤其是弱势受益人;
- 将慈善组织用于恐怖主义目的(包括与恐怖主义有关联或提供经济支持,与被禁止组织有联系,用慈善组织培养极端主义者);
- 慈善组织内或涉及严重犯罪或违法活动(包括欺诈和洗钱);
- 以非法或不正当目的成立慈善组织;
- 故意借慈善组织来达到自己的私人目的;
- 慈善组织的独立性受到严重质疑;
- 其他严重违反信托或者滥用情形,并给公众对慈善组织的信任带来极大影响。

如果存在犯罪活动或税收问题的指控,将由相关机构进行调查,即警察局或英国税务与海关总署(Her Majesty's Revenue and Customs,HMRC)。在该类问题中,委员会的角色仅限于考虑慈善组织在违法活动或税收问题中是否存在不当行为或不当管理,同时,委员会也需要保护慈善组织财产。第2.4部分介绍了向委员会或诸如警察局等机构报告犯罪问题的相关内容。

投诉人需要提供证据支撑其投诉的问题,第2.3部分对此有详细解释。如果没有证据支撑投诉或指控,委员会可能不会采取进一步行动。

委员会不会根据未经证实的指控、谣言或意见而采取行动,因为,这可能会影响慈善组织的工作,并且对慈善组织及其活动、用户和受益人来说不公平。

2.3 怎样向委员会报告问题?

简答

对于报告严重的问题,委员会在其网站上有一个**模板**。这种方式有助于委员会尽快考虑问题,即使通过电话或写信的方式向委员会报告,它也会要求投诉人填写网上的表格,填完表格后,确保所有信息完善,就可以全部发送给委员会。

详答

投诉人应该向委员会提供相关信息,帮助其有效评估投诉问题,并决定是否有需要处理的问题,当使用表格报告问题时,请告知委员会以下信息:

- 慈善组织名称和注册号(如果知道);
- 总结问题,清晰地列出以下事实:
  - 涉及的相关人员以及他们在慈善组织中的职位;
  - 该问题已经对慈善组织及其受益人造成的影响;
  - 问题发生后慈善组织采取的措施;
  - 围绕该问题是否有任何宣传或法律行为;
  - 投诉人与该慈善组织关系(如有);
  - 其他可以支撑该问题的证据。

同时,请附带以下信息:

- 支撑问题的文件证据的复印件;
- 表明投诉人努力让慈善组织考虑问题的文件证据;
- 投诉人之前和其他公共机构就该问题往来文件复印件。

委员会会认真看待所有关于对慈善组织投诉的问题,投诉人应该知道如果故意提供虚假或误导信息便会构成刑事犯罪。

同样的事项只需告诉委员会一次,除非情形发生实质性变更或者出现重要新信息,委员会才会重新考虑该事项。

2.4 比较严重的问题需要向除委员会外的其他机构报告吗？

简答

在某些情形下需要，即投诉人怀疑有欺诈及其他犯罪或者认为慈善组织与恐怖活动有关联时。

详答

除通知委员会，投诉人还应该：

- 如果投诉人认为慈善组织中存在犯罪活动，应该通知警察，如果是在通知委员会之前已经报案，请告知委员会警察局处理投诉的案件号码；
- 如果怀疑慈善组织涉嫌欺诈，请使用"防欺诈局在线报告服务"（Action Fraud Online Reporting Service）或拨打 0300 123 2040；
- 如果怀疑慈善组织可能涉嫌恐怖活动，请拨打反恐热线 0800 789 321。

2.5 慈善组织会被告知是谁投诉了它们吗？

简答

委员会会根据数据保护、信息自由和人权立法尽可能地尊重投诉人的隐私，并充分考虑其权利，但难免在一些情况下可能暴露其身份。

详答

报告问题时，请确认以下信息：

- 委员会是否可以告知慈善组织谁是投诉者；

并且

- 是否可以将投诉人的投诉和提供的证据直接交给慈善组织。

未经投诉者同意，委员会通常不会将投诉表复印件（或其他会暴露投诉人身份的文件）交给慈善组织，但慈善组织有权知道指控性质以及证据性质。尽管委员会尽力确保未经投诉者同意不会暴露其身份，但有时指控或证据性质可能会表明其来源。

除非存在例外情况，委员会也会根据信息自由法揭露信息。第 6 部分为信息专员提供详细信息，投诉人可从信息专员处了解更多信息自由法的相关内容。

委员会使用其法定权力展开法定调查时,调查结束后通常会公布调查结果说明书。调查中的相关信息可能也会用于法庭诉讼程序。基于调查目的收集的文件和信息将会保密,直到委员会公开调查结果说明书(也有一些信息仍然不会公开)或者除非法庭诉讼程序需要这些信息时才公开。

根据《公共利益披露法》(1998 年),检举揭发者享有法定权利和保护,某些情况下,审计或独立审查慈善组织账目的人有将信息告知委员会的权利和义务,第 3 部分和第 4 部分介绍这些权利和义务。

3. 根据 PIDA 提出投诉,也称为"检举揭发"

3.1 PIDA 保护的内容是什么?

简答

如果出于公共利益考虑,员工报告公司的不法行为,PIDA 可以保护雇员免受雇主不利对待或伤害。

《公共利益披露法》(1998 年)(The Public Interest Disclosure Act 1998,PIDA)保护公共、私有或志愿部门的多数员工,但不适用于自雇专家[除国民医疗服务(National Health Service,NHS)]、志愿工作者(包括慈善组织受托人和慈善组织的志愿者)、警察或情报人员,慈善组织雇用的员工使用该法。

本部分对 PIDA 中的披露程序提供一个概览,如果想披露信息,可以咨询独立的法律意见。

详答

PIDA 保护雇员的方式有很多。例如:

- 如果雇员因为保护性披露(详见第 3.4 部分)而被开除,则会被判定为不公平的解雇;
- 雇员不因保护性披露而遭受雇主任何伤害的权利;
- 如果雇员因为保护性披露受到伤害,雇员可以向雇佣法庭申诉。

PIDA 通过引入对检举揭发组织中不法行为的雇员的保护,旨在增加公共、私有和志愿领域组织的责任感,慈善组织(作为志愿部门)也属于 PIDA 管辖范围。

3.2 委员会对此有何关联性?

简答

委员会作为英格兰和威尔士慈善组织管理者,其工作是确保慈善组织受托人在控制和管理慈善组织时遵守其法律义务。委员会是 PIDA 中的“规定机构”,允许其接受慈善组织员工的披露。

向委员会披露的人应注意使用 PIDA 中规定的方式。

详答

发现慈善组织或非慈善机构(该机构涉及慈善组织或慈善基金的管理)中存在不法行为的雇员可以向委员会披露信息,有关慈善组织管理以及用于慈善目的的资金方面的信息,他们必须根据 PIDA 规定提出其问题。

对于受 PIDA 保护的披露(详见第 3.4 部分),它是合格的披露(详见第 3.3 部分)。

关于慈善组织的披露将被认为是投诉程序的一部分。

3.3 “合格的”披露是什么?

简答

合格的披露是根据 PIDA 中列出的提供具体事项的信息,并且披露者有理由相信信息是真实的。

详答

该披露必须与下列事项有关:

- 刑事犯罪;
- 违反法律义务;
- 管理不公正;
- 对个人健康和安全构成威胁;
- 损害环境;
- 故意隐藏上述信息。

为进行合格的披露,雇员必须有理由相信提供的信息表明上述事项正在发生、过去已经发生或者将来可能发生。

为确保该披露受到“保护”,应满足规定条件,详见第3.4部分。

3.4 “保护性”披露是什么?

简答

这是雇员根据某些条件所做的合格的披露,以确保其受到PIDA保护。

详答

如果满足以下条件,那么,合格的披露则是“保护性”披露:

- 基于诚实信用原则做出披露;
- 有理由相信有关慈善组织管理以及用于慈善目的的资金方面存在不当行为;并且
- 有理由相信披露的信息以及其中包含的指控本质上是真实的。

如果雇员有如上问题,可以直接向委员会报告。值得注意的是,如果雇员因为披露而受到伤害,可针对其雇主而非委员会寻求PIDA保护。

3.5 关于PIDA还有其他信息吗?

简答

有。GOV. UK网站和慈善组织关注工作问题公共组织(Public Concern at Work)中有相关信息。

详答

关注工作问题公共组织为揭发不法行为的雇员提供免费建议,拥有一个检举揭发专线020 7404 6609,其网站上有“**PIDA在线指引**”(online guidance for PIDA)。

GOV. UK网站提供雇用和工作中问题方面的信息,包括如何检举揭发渎职或不法行为,详见指引《对检举揭发者的保护》(protection for whistleblowers)。

3.6 如果想根据PIDA向委员会报告,应该联系谁?

投诉人应该使用**在线报告形式**,并保证其投诉符合PIDA检举揭发条款规定。

4. 审计员和独立审核员的报告

4.1 这为什么包含在本指引中?

简答

非法人慈善组织和慈善公司账目审计员和独立审核员有向委员会报告某些问题的法定义务。

详答

《慈善法》(2011 年)规定,非法人慈善组织和慈善公司账目审计员和独立审核员的法定义务,即向委员会报告他们发现的问题,对委员会下列权力的行使有“实质性的意义”。

- 《慈善法》(2011 年)第 46 条下的展开法定调查权;或者
- 《慈善法》(2011 年)第 76 条下的保护慈善组织而采取措施。

4.2 具有实质性意义的问题是什么?

简答

与严重犯罪或违法活动或可能影响慈善组织及其资产、受益人或信誉的事件相关的问题。

详答

审计员或独立审核员在发现下列问题时,有义务向委员会报告:

- 发现慈善组织疑似不遵守或实际不遵守法律和规章的规定;或者
- 受托人重大违反信托或慈善法下的义务。

对于委员会来说有实质性意义的问题包括:

- 给慈善基金或资产带来重大损失或重大风险的欺骗或欺诈行为;
- 内部监管出现问题,包括慈善组织管理问题,对慈善基金造成或可能造成重大损失,或者使慈善基金处于或已经处于重大风险中;
- 知道或怀疑慈善组织或慈善基金用于洗钱或者属于严重组织犯罪获得的款项,或者慈善组织是犯罪活动的一个渠道;
- 相信或怀疑慈善组织、受托人、员工或资产已经介入或用于支持英国

内外和恐怖活动或被禁止的组织;

• 证据表明慈善组织与受益人福利有关的工作方式,使受益人陷入虐待的重大风险;

• 重大违反法律规定或慈善信托;

• 重大或故意违反慈善组织管理者依法签发的指令或指示,包括暂停受托人工作,禁止特定交易或活动,或者就涉及重要慈善资产或债务的特定事项授权同意;

• 审计员不再担任公职,但对受托人说明中包含应该向受托人报告的问题。

4.3 对于审计员或审核员还有其他指引吗?

简答

有。有相关指引帮助审计员和审核员决定根据法定义务或公共利益其应该向委员会报告的事项。

详答

审计员应该根据财务报告委员会(Financial Reporting Council,FRC)采取的"国际审计标准"(International Standards on Auditing,ISAs)以及《实务规则 11:慈善组织的审计》来展开其工作。该实务规则就审计员报告义务或基于公共利益而报告时需要考虑的因素提供具体指引,并且,本指引是同委员会协商后制定的,复印件可通过**FRC 网站**获得。

独立的审核员应该查阅指引**《慈善组织账目的独立审核:对独立审核员的指引》(CC32)**,本指引中的第 6 部分详细介绍审核员向委员会报告的义务。

5. 术语使用清单

慈善组织受托人,作为慈善组织管理主体是对慈善组织行政的总体监管负责的人员,可以是受托人、管理人员、董事会成员、主管人员、委员会成员。

争议,是指慈善组织内部不统一,可能导致意见不统一,管理斗争,甚至破坏慈善组织日常管理。

规章,是指列出慈善组织宗旨及如何管理的法律文件,它可以是信托书、组

织制度、组织大纲、意愿书、财产转易契、《皇家宪章》、委员会计划或者其他正式文件。

独立审核，是外部审核慈善组织账目的一种形式，其审核深度不及正式财务审计。

法定调查，在本指引中是指根据《慈善法》(2011年)第46条规定的一种正式调查方式，委员会据此调查慈善组织行为，如有必要，使用其权力保护慈善组织财产。

被禁止的组织，是指法律中提到的和恐怖活动有关的一个组织，称为被禁止的组织成员或给予其支持，都属于刑事犯罪。

6. 更多信息和建议

有很多资源可以帮助个人处理慈善组织问题，这并非所有信息来源清单，但它提供了一个好的概括和出发点。

6.1 其他组织

慈善商店协会

该组织支持慈善组织将经营慈善商店作为其筹款活动的一部分，它为慈善零售业制定一套行为规范。

邮箱：mail@ charityshops. org. uk。

网址：www. charityshops. org. uk。

工商局

工商局是有限公司(包括慈善公司)登记注册的机构和管理者，工商局公布关于公司的公共信息。

邮箱：enquiries @ companies – house. gov. uk。

网址：www. companies. gov. uk。

筹款标准委员会

该机构制定筹款组织的自我管理计划，旨在鼓励筹款活动的透明负责，并提供一个投诉程序，它会考虑公众对其成员的投诉。

邮箱：info@ frsb. org. uk。

网址：www. frsb. org. uk。

GOV. UK

这是列出所有中央和地方政府服务的英国政府网站,其中,公民部分强调慈善组织的相关问题,并就如何对某些问题投诉提供建议。

网址:http://www. gov. uk。

信息委员办事处

信息委员办事处是英国独立机关,提供官方信息并保护私人信息。

网址:www. ico. gov. uk。

全国志愿组织委员会(The National Council for Voluntary Organizations, NCVO)

NCVO 为在志愿组织工作的人提供大量信息和支持服务,包括引导和支持受托人方面的相关刊物。

邮箱:ncvo@ ncvo – vol. org. uk。

网址:www,ncvo – vol. org. uk。

苏格兰慈善组织管理办公室(Office of the Scottish Charity Regulator,OSCR)

OSCR 是苏格兰慈善组织登记和运作的管理者。

邮箱:info@ oscr. org. uk。

网址:http://www. oscr. org. uk。

北爱尔兰慈善委员会

北爱尔兰慈善委员会是北爱尔兰慈善组织登记和运作的管理者。

邮箱:admin@ charitycommissionni. org. uk。

网址:http://www. charitycommissionni. org. uk。

交易标准

该中心网站将会告知如何找到最近的交易标准办事处,以及如何投诉商品或服务的供应,如果投诉是关于慈善商店的,这可能会有所帮助。

网址:www. tradingstandards. gov. uk。

威尔士志愿行动委员会(Wales Council for Voluntary Action,WCVA)

WCVA 代表着威尔士志愿组织、志愿者和志愿团体的利益,它提供综合信息、咨询服务、资助和管理以及培训服务。

邮箱:help@ wcva. org. uk。

网址:www. wcva. org. uk。

民事调解

司法部网站列出所在县的民事调解员信息。

网址:www. civilmediation. justice. gov. uk。

咨询、调解和仲裁服务(Advisory, Conciliation and Arbitration Service, ACAS)

ACAS 旨在通过良好的劳动关系改善组织的工作生活,它提供最新信息和独立建议,通雇主和雇员一起解决问题,ACAS 提供的是地区服务。

网址:www. acas. org. uk。

热线:084 57474747。

关注工作问题公共组织(Public Concern at Work, PCAW)

PCAW 是一个慈善组织,为检举揭发其工作场所存在不法行为的人提供免费的秘密建议。

电话:020 74046609。

邮箱:whistle@ pcaw. co. uk。

网址:http://www. pcaw. co. uk。

6.2 慈善组织的指引

慈善委员会出版大量指引,为慈善组织受托人和公众就慈善法、条例和基本规范提供相关信息和建议,下面列举涉及本指引相关问题的指引。

《关于受托人事宜:须知信息》(CC3);

《慈善组织内部财务控制》(CC8);

《受托人费用和报酬》(CC11);

《慈善组织报告与会计:重要问题》(CC15b);

《慈善筹款:受托人义务指引》(CC20);

《慈善组织的登记》(CC21);

《用户参与:成为受托人的受益人》(CC24);

《慈善组织与风险管理》(CC26);

《出售、租赁、转让或抵押:受托人关于处分慈善土地的须知事项》(CC28);

《慈善组织账目的独立审核:受托人指引》(CC31);

《慈善组织账目的独立审核:对独立审核员的指引》(CC32);

《获取土地》(CC33);

《慈善组织及其会议》(CC48);

《慈善组织与商业伙伴》(RS2);

《投诉原因？慈善组织如何处理对其服务的投诉》(RS11);

《管理方案》;

《慈善组织受托人利益冲突指引》;

《保护慈善组织免受损害》(遵循指引);

《慈善组织中的冲突问题:委员会方案说明》。

慈善组织及其会议
（CC48）

目　　录

致谢

1. 本指引由英国特许秘书及行政人员公会(Association of Chartered Secretaries and Administrators,ICSA)和慈善委员会共同编纂。

关于本指引

2. 本指引包含慈善组织会议的规则和基本规范,对慈善组织的主席和秘书有很大帮助,但也建议受托人阅读本指引,以确保他们了解希望他们做的事情以及慈善组织会议中应该提供的信息。

3. 没有总体的规则规定慈善组织的事务必须在会议上进行。规章授权受托人可通过电话、传真、网络设施或通过发文件的方式指导慈善组织的事务。要求慈善公司召开成员会议,并在会议上讨论事务的规定可以在某些情形下免除。但许多慈善组织规章仍然规定必须召开会议,并且通常规定了必须召开会议的次数和类型。

4. 如果在会议上讨论事务,那么,会议的有效性对慈善组织的良好管理至关重要。会议的召开为制定决策、明确责任和监管决策的实施提供了一个良好环境。

5. 法院规定通常至少有两人参加并且他们可以相互看见和**听见**的会议才是一个有效的会议。这就意味着,如果规章或法律规定召开会议,那么,电话会议就不能用以讨论事务,但如果存在特殊规定,有些情形下也可以使用电话会议(例如,在受托人残疾的情况下)。

6. 会议召集的方式通常规定于慈善组织规章或者慈善受托人、成员或捐款者的实践惯例规则中。**《慈善法》(2011 年)**也补充了一些关于慈善组织会议的条款,而《公司法》(2006 年)也规定了慈善公司的会议程序。委员会关于基本规范的建议仅是一个指引,其不得优先于慈善组织规章中的具体规定。如果规章包含不能施行的条款,那么就应该变更,同时也建议受托人联系委员会以获得进一步的建议。

7. 本指引可分为以下两部分:

- 第一部分:会议介绍。介绍会议计划、展开和记录的规则和规范方面的指引，以及主席和秘书在会议中扮演的角色。

- 第二部分：会议类型。介绍慈善组织可以有的不同会议类型。

术语解释

8. 本指引中：

慈善法：指《慈善法》（2011 年）。

AGM（Annual General Meeting），是指年会，面向所有成员。

主席：指主持会议事项的受托人或其他人，规章通常规定如果在票数相等的情况下主席享有决定性的一票。

慈善公司，是指根据《公司法》（2006 年）规定注册成立的公司，或者适用该法条款的公司，是为慈善目的而成立的公司。

慈善组织受托人，是对慈善组织行政管理的总体监管负责，不管他们是什么身份。例如，在非法人组织中，执行者或管理委员是受托人，慈善公司中，管理人员是受托人。

公司法，是指《公司法》（2006 年）。

EGM（Extra Ordinary General Meeting），是指临时会议（非法人慈善组织中成为专门会议 SGM），是指除年会以外的任何成员会议。

规章，是指列出慈善组织宗旨及管理方式的法律文件，它可以是信托书、组织制度、章程、规则、财产转易契、意愿书、《皇家宪章》、委员会计划或者与救灾工作计划有关，呼吁捐赠的公开文件。

成员，是指同意成为慈善组织一部分的个人、协会、公司或其他慈善组织。规章会规定成员的权利和义务，成员资格只能由慈善组织持有的成员登记册中的详细信息证明。如果慈善组织有机构成员资格，其将会任命个人根据调整机构的指示，代表机构行使成员的权利。

法定人数，是指有权参加会议并投票的最低人数要求，即必须出席会议并做出有效决策的最低人数。法定人数可以是一个固定的数量，或者有权参加会议并投票的人的出席比例。规章通常规定了法定人数的要求。

秘书，是指公司或慈善组织的秘书，如果没有该职位，则指召集、管理和记录会议的人。

必须或者需要，是指受托人或其代理人和雇员依法不得不采取的行动。

如果适用“受托人**应该**”或者“委员会**建议**”,则指受托人及其代理人和雇员可以采取的行动,这是基本规范,不属于法律要件。

会议的定义和形式

9. 法院规定通常至少有两人参加并且他们可以相互看见和听见的会议才是一个有效的会议[Byng v. London Life Association(1989)1 All ER 560],如慈善组织规章无另行定义,那么,应适用该定义。

10. 若残疾人无法到场参与会议讨论和决策(如上所述),可以要求组织者为他们进行特殊安排。如果特殊安排难以实施,对于有残疾人的情形,委员会认为可以修订会议的规定,以便使人们可以参与会议的讨论和决策程序。最重要的目的是,使这些参加决策程序的人可以更好地履行其法定义务,因此才会进行专门安排以扩大参与度。

11. 慈善组织受托人可以选择通过电子通信方式召开受托人会议,除非规章明确禁止,但条件是他们使用的方法要让他们相互可以看见和听见。例如,通过视频会议或网络视频设施。如果需要做紧急决策,受托人离会议地点很远或者有残疾人,这种会议形式便很有用。如果受托人愿意,规章可以规定每年召开现场会议的次数(或者最低次数)以及需要召开会议的情形,委员会建议慈善组织受托人至少每年召开一次现场会议。

12. 由于电话会议只能允许参加者相互看见而不能相互听见,根据 Byng 案中的定义,电话会议不算慈善组织的会议形式。但是,如果慈善组织规章有特殊规定,电话会议形式召开的会议也是可能的。如果规章中没有规定可以使用电话会议,而规章允许此类修订,则受托人可以修订规章。或者如果规章没有明确规定,若是慈善公司,受托人可以依据《公司法》(2006 年)第 21 条中的权力修订;若是非法人慈善组织,受托人可以依据《慈善法》(2011 年)第 280 条中的权力修订。

13. 如果没有具体的权力规定通过电话会议讨论事务,那么,电话会议就只能用于事务讨论前的准备阶段,电话会议中所做的有关事务方面的决定必须在会议中正式讨论。

14. 如果规章明确规定必要时会议包含电话会议,那么,现场会议和电话会议的结合是可以接受的;如果没有相关规定,那么,会议只能是受托人现场出席并根据规章规定召集的会议。电话会议可能有助于讨论的进行,但是,其无法对任何提议进行有效投票。但只要有权参加会议的受托人出席会议的人数达到了法定人数,则他们可以有效地讨论慈善组织的事务。

15. 受托人可以决定变更慈善组织规章以反映会议举行的特殊规定,如有必要,委员会建议他们应在规章中规定以下条款:

如未违反任何法律义务,"会议"包括下列形式:

- 现场会议;
- 视频会议、网络视频设施或者其他可以同步视听的电子方式;并且
- 电话会议。

16. 即使规章允许通过电话会议的方式决定慈善组织事务,但有些情形下仍然需要受托人通过视听会议(现场或者电子)来做决策,这些情形包括:

- 法律严格要求会议的定义(例如,慈善公司的某些情形);
- 第三方规定了一个具体的条件,即会议参加者做出决策必须可以相互看见和听见。

慈善组织的法律地位如何影响其会议规则?

17. 慈善组织可以是公司或者非法人组织,例如,信托公司或协会,慈善组织成立的方式会影响其会议的规定。下面的表格列举了慈善组织的一些类型以及规章可能包含的召集和管理会议的程序。成立新的慈善组织或者管理现有慈善组织的人应该想一想并讨论慈善组织事务最经济有效的方式。在过去,慈善组织受托人、成员或捐款者的会议形式通常被认为是最好的例子,许多情形下会继续延续下去,但随着现代科技的进步,其他讨论慈善组织事务的方式可能比会议更经济有效。

表 1

慈善组织的法律地位	规章的常见类型	其他可能涉及会议召开的文件
非法人协会	宪法/规章	地方条例/议事规则/资助协议
慈善信托公司	信托书/信托声明/说明协议/意愿书	议事规则或规则
注册成立的机构		

续表

慈善组织的法律地位	规章的常见类型	其他可能涉及会议召开的文件
无股本的公司	公司章程	《公司法》(2006 年)、规则或地方条例
皇家宪章机构	宪章	规则或地方条例
根据《议会法》成立的公司	成立慈善组织的法律	规则或地方条例
商业工会	规则	议事规则

18. 许多慈善组织都有权在其规章中制定会议举行的规则和管理条例。如果慈善组织有这方面的权力,委员会建议慈善受托人建立合适的会议程序,考虑各种会议类型以及有权参与会议的人的需求。下面的指引可以帮助受托人制定会议程序。

第一部分　会议介绍

19. 不同类型的会议中有许多共同的因素(例如,主席的角色,会议计划和法定人数的确定),这将在本部分介绍。对每个会议类型(如 AGM)的召开建议将在第二部分介绍。

召集会议的程序

20. 委员会建议使用通知和议程来召集会议。秘书应熟悉并理解适用各种会议类型的规则和管理条例,尤其是对于会议中处理问题的权力的限制性规定。慈善组织受托人必须确保做出正确决策并谨慎实施行动。如果决策在后面阶段出现问题,那么,召开会议过程中的任何失误都可能使会议被宣告无效,会议中所做的决策也将无效。这会影响慈善组织的运作,特别是如果会议做出了关于开支的决策。

会议召开的日期和时间

21. 规章应该核实会议是否有必须召开的具体时间限制。

22. 一旦发现任何规定,就需要选择会议的日期和时间。下列因素可能会影响会议召开的日期和时间：

- 会议类型；
- 慈善组织受托人、重要员工或成员可以参加会议的情况(需要避免学校假期或地方活动)；
- 会议前报告批准的日期；
- 会议场所是否可用。

法定人数

23. 慈善组织规章通常会规定每种会议类型要求的法定人数,但如果规章没有规定,那么,法定人数可以由慈善组织的惯例确定。在这些情况下,委员会建议受托人将其确定的法定人数记录在规则或管理条例中。如果慈善公司章程没有固定公司会议的法定人数,法定人数便是两个成员。建议慈善组织仔细考虑法定人数数量,如果法定人数过多,任何缺席将会导致有效会议难以召开,如果法定人数过少,少数人做出的决策可能不合理。

24. 委员会建议,受托人会议的法定人数最少为慈善组织受托人总数的1/3再加上一个人。例如,共有10个受托人,其会议的法定人数则为4人。建议慈善组织仔细考虑规章规定的法定人数,其需要符合组织的规模或成员数量。例如,慈善组织有2万个成员,法定数量为成员的20%,其有权参加会议和投票表决(4000人),这可能会存在困难。

25. 如果会议没有法定人数,那么,就不能做出决策。规章一般会规定在会议期间为了有效的事务讨论是否需要维持法定人数,或者是否只要在会议开始时达到法定人数就足够。如果规章对此未作规定,受托人应该通过制定合适的规则对此进行规定。委员会建议整个会议期间都需要保持法定人数,以便使每个事项都有适当的代表参与。

26. 如果法定人数无法定期实现,或者规章规定的法定人数不可行,那么,慈善组织受托人应该向委员会咨询。

秘书的角色

制定时间表

27. 建议秘书制定一个会议组织时间表。在会议召开之前,秘书需要明确以下日期:

- 通知发出的日期;
- 通知附带的文件收到的日期;
- 会议前或与会议相关的日期和时间。例如,在年会上作报告和陈述之前,须经慈善受托人的同意;
- 如果是选举管理人员,收到提名名单的日期。

会议地点

28. 需要谨慎选择会议地点。如果可行,应尽量选择所有有权参加会议的人都可到达的地点,并且,需要考虑会议需要的设施,附件 3 列出了需要考虑的问题的清单,但该附件列出的事项并不是都与每种类型的会议相关。委员会建议定期审查该清单,以确保提议的会议地点仍可满足慈善组织需求。

会议议程

29. 每次会议都需要有一个正式的议程,列出会议上需要讨论的事务。召集会议之前,秘书应和主席以及任何高级管理人员讨论会议议程,这有助于考虑提议的事项是否适合在该会议上讨论。秘书应参考规章,确认规章是否规定每次会议必须涉及的事务。例如,在非法人慈善组织中,财务报表的批准,管理人员的重新选举和审计员的任命或重新任命,都需要在年会召开之前完成(虽然慈善公司不是必须要召开年会,但如果愿意,也可以像非法人慈善组织那样做)。

30. 需要计划好每项事务讨论的顺序以及时间,为确保在指定的时间内完成所有事项的讨论,主席应严格遵守时间表。议程上需说明每项事项讨论的时间以及会议结束的时间。

31. 议程上也可以表明需要讨论的事务或者需要做决策的事务。

会议文件

32. 秘书应核实慈善组织受托人和成员在合理时间内都获得了会议相关文件以及其他支撑材料，会议前准备好的材料应满足以下条件：

- 遵循慈善组织关于文件呈现的规则或条例；
- 由秘书获得后在合适的时间发给与会者。

33. 建议所有支撑材料满足以下条件：

- 会议的性质和日期；
- 会议相关的议程；
- 给篇幅较长的文件编上页码。

34. 也可以给每份文件编号。

会议通知

35. 慈善组织规章可以（不得违反任何法定要求）就不同的会议类型规定一种或多种会议通知方式。如果规章对此未作规定，受托人可以根据规则或管理规范确定发出会议通知的程序，但都需要依据《慈善法》第 332 条第 1 款中的权力。可以通过邮寄或亲自送达的方式将会议通知给受托人或成员。邮寄送达会议通知的送达时期为邮戳上的日期。如果有传真号或邮件地址，并且接受者同意使用，也可以通过传真或邮件方式发出会议通知，通知收到或应当收到的日期即为送达日期。

36.《慈善法》第 332 条第 4 款规定，如果受托人或成员的地址在英国之外，就不需要向他们发送会议通知，但委员会建议会议通知应发送给所有成员。

37. 值得注意的是，通知的期限指确定的天数，不包含送达日和会议举行日。根据上述的指引，发送和送达通知日之间的期限应该计算在内。由于通知期限计算的方法比较复杂，委员会建议受托人说明他们的惯例，并在通知中说明期限。

会议地点的准备

38. 准备会议时，秘书应考虑如何安排会议房间以及需要哪些设备。例如，受托人会议，每个人桌上需要有空间放文件，可以将决策事项写在活动记事牌上。年会中,文件、报告和公布事项应放在成员的桌上。其他具体设备,如有幻灯片放映或演讲时需要准备投影仪。

会议举行日

39. 秘书应确保以下事项:

- 会议需要的所有文件有备用的复印件;
- 需要的投票安排都已准备好;
- 会议经过恰当召集;
- 有法定人数(如有规定,整个会议期间都需满足法定人数在场);
- 记录了无法参加的人员;
- 会议上做的决策均有记录(如果讨论的结果不明晰,会议期间和主席讨论决策以确保记录准确)。

40. 如果事项有所遗漏,秘书应告诉主席。

41. 须知道受托人或成员会议中做的决策是共同的决策,该决策对慈善组织所有受托人和成员均有约束力。正是由于这个原因,故鼓励所有受托人和成员参加所有的讨论。第 57 款至第 69 款为对会议记录有关的建议。

主席的角色

42. 主席通常需要核实秘书是否在合适的时间并根据协商的时间表发出了通知、议程和支撑材料。

会议中主席的角色

43. 主席应当明确议程事项都在既定的时间范围内完成。之前,会议的记录通常是议程的第一个事项。与在场的人确认记录的真实准确性后,主席会在记录上签字。主席应给予参加并在会议上投票的人平等的机会,以发表他们对每个事项的看法。鼓励他们充分参与讨论,尤其是在受托人会议中,所有受托人都应该积极参与决策程序。

潜在的问题

44. 主席不应让一个人主导整个会议,这样,可能很难阻止优势群体控制组

织事务的情形,解决的办法有以下几种:

- 确保慈善组织所有受托人参加会议(或者大部分成员);
- 执行程序规则;
- 确保慈善组织受托人认同主席在控制会议中的角色;
- 增加会议的法定人数,使更多的受托人或成员参加会议,有效讨论事务。

45. 如果会议需要做出决策,那么主席就应该确保所有慈善受托人理解决策对慈善组织的意义。例如,同意资助或制定投资政策。如果规章未详细规定受托人会议中通过决议需要的投票数,法律的规定是在满足法定人数出席的情况下由受托人或成员简单多数通过。

46. 在普通会议中,主席应让成员知晓其投票所做的决策对受托人也具有约束力,该投票可能仅是对受托人的建议。

会议的延期

47. 会议期间可能会有会议或会议的部分事项需要延期到另一时间或者不确定的时间进行,规章可以规定延期和再次召开的时间和通知期限。

48. 下列情形下,主席(通常需要与会者的同意)可以将会议延期:

- 规定整个会议期间符合法定人数要求,但与会者没有达到法定人数;

  如果会议超时,有些成员因为出差安排可能会提前离开,或者有些成员为使会议无效而提前离开,但在符合法定人数时所做的决策仍然有效。

- 发生了超出组织控制范围的事件;

  例如,会议场所警报响起,要求人员马上撤离。

- 会议变得难以控制,可能置与会者于危险境地,或者不可能继续讨论会议事项;
- 会议决定延期。

  只有在决策信息不足时会议才会决定延期。

49. 取决于各种情形和规章的规定,会议延期可能有以下几种情况:

- 延到同一天的晚些时候;
- 日期不确定;
- 延到日后的某个日期,地点相同;

- 延到日后的某个日期和另外一个地点。

50. 延期仅是会议的中止,之前会议的通知仍然有效(慈善组织规章另有规定的除外)。但委员会建议,如有可能,重新给有权参会的人发通知参加延期会议,特别是针对会议延期时没有确定新的日期、时间和地点的情况。

51. 委员会建议在延期会议中不能引入新事项,除非事先通知。

52. 建议在任何重新召开的会议开始时,由主席重述之前会议的记录,以避免混乱或不必要的重复。

利益冲突

53. 通常,在会议之初,每位受托人需要说明将讨论的事项是否关乎其私人利益,具体在事项讨论之前说明,例如,受托人可能:

- 拥有一家建筑公司,慈善组织可能正考虑承包建筑工作;
- 同时也是将资助的慈善组织的受托人。

54. 根据公司法的规定,慈善公司管理人员有责任通知其他管理人员的私人利益冲突以及其作为管理人员的职责。

55. 但值得注意的是,除非规章另有规定,慈善组织受托人通知其他受托人其在决策事项中的私人利益,不会排除该决策由于利益冲突最终被宣告无效的可能性。如果受托人在发现有利益和责任冲突的情形下做决策存在风险,他们可以联系委员会寻求进一步的建议。

56. 有些慈善组织规章规定,如果受托人在讨论的事务中存在责任和利益冲突,只要其未违反通知私人利益的规定,不参与该事项的讨论和投票,那么,该事项就是有效的。但是,公司法中的某些条款,包括公司章程,规定慈善公司就管理人员存在私人利益的事项的讨论需要成员决议以及委员会同意。

会议记录

57. 根据公司规则或慈善组织规章的规定,应做会议记录并将其保存。重要的是,核实有关会议记录的规定是否可适用于慈善组织。无论法律如何规定,委员会建议都需保存准确的会议记录,但并不需要一字不漏地记录,只要记录对慈善组织重要的信息即可。委员会建议会议记录包含下列内容:

- 慈善组织的名称；
- 会议类型；
- 会议举行的日期和时间；
- 缺席者；
- 与会者名单，包括：
- 他们参会的身份，如受托人、顾问等；
- 为了议程中的什么事项。

58. 在通常情况下，会议的记录员应是不会直接参与会议的人，例如，受托人的秘书而非受托人自己。这是因为，同时记录和积极参会可能存在一定的困难，但有时由于缺席或其他原因，秘书不会做会议记录。同样的，许多小型慈善组织没有担任此项工作的员工或志愿者。如果由一个受托人做记录，则需要在会议开始之前指定（在某些情况下，受托人也是荣誉秘书）。如果受托人做会议记录，他应该确保同时积极地参与会议讨论。

59. 值得注意的是，正式的记录一旦经主席同意并签字，则成为会议事项的唯一合法记录。当然，出于个人目的，受托人也可以在会议上做笔记，但该笔记不可作为正式记录。如果受托人不同意一份记录初稿准确记录了会议内容，那么，他/她可以在主席同意并签字之前告知主席。因此，需要将记录手稿的复印件发给每一位参会的受托人，确保他们均有评论的机会。如果经过讨论，受托人仍然不同意，那么，在签字前应将受托人的意见作为附言记录在会议记录中。

60. 会议记录中通常也会写上主席的姓名。

61. 对之前会议记录的赞成和任何变更也应记录到当前会议的会议记录中，与之前会议未处理的事项一并记录。

62. 会议记录通常包含以下内容：

- 准确记录决议，以及决议提议者的姓名和（选记）附议者的姓名；
- 每项事务讨论的总结；
- 决策是基于什么信息作出的；
- 决策的详细内容，即投票者以及投票方式，如果存在票数相等的情况，主席是否投出决定性的一票；
- 要求的行动；
- 负责实施决策的人的姓名；

• 下次会议召开的日期、时间和地点。

63. 通常参加普通会议的人需要签到,并将签到表附在会议记录中。

64. 委员会建议会后应尽快完成会议记录并供大家查阅,这对受托人会议尤为重要,以便更快地实施决策。

65. 由于会议记录是慈善组织决策的记录,因此,需要准确并妥善保存。记录可用于支撑会议中通过的决策,表明审计账目的批准和通过。所有会议的记录,特别是受托人会议,在慈善组织存续期间都需要完好保存。

66. 慈善组织解散后的文件如何保留取决于具体情形。并没有一个中央机构负责保存解散后的慈善组织的档案。地方图书馆或者县或其他地方档案局可能愿意保存这些档案,慈善受托人的秘书、慈善组织的律师或会计师以及类似领域的其他慈善组织可能愿意保存该解散的慈善组织的文件。慈善组织的账目必须保留至少 6 年。除非委员会同意他们处理(《慈善法》第 131 条),建议其他重要文件也应保留 6 年。慈善公司的文件保存应遵循公司法的相关规定。

67. 会议记录册应该保留由主席签字的原始记录的复印件,通常是成册的或者活页本,具体得根据慈善组织的传统而定。应给会议记录和任何支撑文件编号,以便有页码缺失时容易发现,负责会议记录的秘书或其他人应将会议记录册保存在安全的地方。如果会议记录使用活页形式,应将页码按顺序编号,并单独由主席签字,会议记录的最后一页是签字页,保存在慈善组织的会议记录册中。

68. 慈善公司可以将其法定文件保存在电脑上,会议记录也可以保存在电脑上。

69. 受托人会议的会议记录必须向**所有**受托人公开,如有必要,需向合适的专业顾问公开(如审计员)。但是,受托人会议的会议记录不是公开文件,没有必要向公众公开,除非规章要求公开。普通会议的会议记录通常向其成员公开(如果是慈善公司,必须向其成员公开),没有必要向公众公开,除非规章要求公开。

会议表决

70. 规章很少有关于表决程序的详细规定,在通常情况下,慈善组织受托人对需要表决的决策会进行补充规定。

71. 表决通常以举手表决的方式,但在大型会议中,举手表决的结果可能不太清楚,而且,这种方式忽视了一人多次投票权(规章可能允许,例如,公司成员有5票,个人有1票)。这是一种常见的法律权利,如果在举手表决中使用这项权利便存在困难。投票表决可以行使一人多次投票权,慈善组织规章可能会限制或排除要求投票表决的权利,但在慈善公司中这种规定不常见。

72. 慈善组织需要确认表决方式是否适合该会议,规章通常会规定主席是否有二次投票权或决定性的一票。在受托人会议上,只有经合法有效任命的受托人才享有表决的权利。

73. 不同类型的决策需要的票数不同,但通常是简单多数。慈善组织规章或法律可能会另作规定。例如,根据《慈善法》第268条或第281条的规定做出的决议必须由"不少于慈善组织受托人的2/3投票赞成"(第268条第2款和第281条第3款)。

第二部分 会议类型

74. 慈善组织通常会有不同类型的会议:受托人会议、年会、临时会议和专门会议,下面将依次介绍。各种不同类型会议的共同点在第一部分会议介绍中已经有所涉及。

受托人会议

75. 慈善组织主要的战略决策都是在受托人会议中做出的。

76. 慈善组织规章可以规定会议召开的频率,且通常会详细规定召集和召开受托人会议的程序。例如,一个小型的资助信托公司可能没有复杂的行政管理,其受托人会议的次数应该比提供服务的慈善组织少,例如,临时托儿所(playgroup),会定期讨论事项并且需要召开临时会议。

77. 为有效管理,委员会建议:

- 如果有必须在会议上讨论的事项,12个月内至少举行2次受托人会议;
- 所有会议均需准备规章复印件,以供参考。

邀请非受托人参加受托人会议

78. 慈善组织受托人可能希望邀请非受托人参加他们的会议,但是,在受托人会议中只有受托人才有表决权。受托人不可推卸他们的责任,不能要求其他

人代表他们投票。可以邀请非受托人参加受托人会议的情形包括:

- 残疾的受托人可能需要照顾者陪同;
- 邀请专业顾问参加会议,帮助受托人理解相关术语;如:
- 账目;
- 财产的调查和估值;
- 投资政策;
- 资助机构或合作机构的代表;
- 需要在受托人会议上作报告的员工。

79. 委员会认为,非受托人的参与仅是为了相关的议程事项。

年会

所有慈善组织都应该举行年会(Annual General Meetings,AGM)吗?

80. 不是。并不是所有的慈善组织都有成员或需要举行年会。规章应该规定是否需要召开年会,慈善公司只有在公司章程有规定时才会召开年会。如果规章**没有规定**需要召开年会,受托人则可能会召集(也许称之为用户会议,以避免和正式的年会混淆)。

81. 无论慈善组织规章规定召开年会还是简单组织一次用户会议,只有在规章规定的需要在会议中确定的事项由成员做出决策,该决策才对受托人有约束力。受托人应明白年会的地位和目的,并和与会者交流。

年会的目的是什么?

82. 年会的目的是为受托人和管理人员提供向其成员解释慈善组织管理的机会,同时,为慈善组织成员提供在对议程事项表决之前提问题的机会,议程是作为年会通知的一部分,附件 2 介绍了一个议程样本。

83. 慈善组织的年会一年一次,慈善组织成员可以参加并表决,规章会对年会举行的日期做出规定,该日期可能是财政年末的特定月或某段期限内。

84. 规章或现行法律会规定年会必须考虑的事项,但受托人可能会在其中规定他们认为合适的其他事项。

潜在的问题

85. 虽然多数年会开展顺利,但委员会建议在年会召开之前,慈善组织受托人应考虑他们是否需要建立处理会议中争议的程序,包括:

- 会议应延期的原因详述;
- 指导成员在出现争议性问题时应怎么做;
- 如何填补空缺职位(例如,适合接受管理人员或其他委员会成员提名的情形)。

召集年会

86. 除非规章另有规定,年会的通知应送达给慈善组织所有成员以及其他有权参会的人。有些没有成员制的慈善组织也要求举行年会或用户会议(例如,村公所慈善组织),在这些情况下,必须遵循规章中关于会议通知的指示,规章通常会规定年会会议通知公告的天数,如未规定,应确定合理的通知期限。

87. 委员会建议在会议开始之前,慈善组织年度报告和账目的复印件应送达给每位成员,或者放在会议地点供大家查阅(如果是慈善公司,则必须将报告复印件送达至每位成员)。任何人都可以依法随时要求慈善组织提供其账目的复印件,但慈善组织可以适当收取费用。

88. 规章可以规定年会通知中具体包含的信息,公司法在这方面有特别的规定,但在所有情形中,委员会建议年会通知应包含以下内容:

- 会议的日期和时间;
- 会议地点;
- 需要考虑的事项的详细信息(可能是强制性要求的);
- 邀请成员们提议;
- 如果合适,要求提供选举管理人员的提名(或者提名中的姓名)。

89. 附件 2 介绍非法人慈善组织的年会通知样本。

90. 慈善受托人也可规定在通知中包含其他信息,例如,如何表决、如何到达会议地点、如何作出决议以及什么时候将提议发给慈善组织,同时,慈善组织需要向成员说明在普通会议上怎样将事项提上议程。

91. 为确保所有成员收到信息,委员会建议,慈善组织应及时更新成员名单,确保成员信息准确。

92. 此外,有自己网站的慈善组织通常会将通知挂在网站上。

93. 安排年会时,委员会建议受托人:

- 至少提前21天发出年会通知和相关文件,至少提前20个工作日发出通知;
- 确保所有成员都方便到达年会召开地点;
- 确定需要提供的设备以确保所有参加者的充分参与(如为残疾人准备的特殊设施);
- 确保通知和任何提议的决议事项都是用简明易懂的语言写成,以防止产生误解,如果成员涉及多种语言,则需要用不同的语言书写通知和提议的决议事项;
- 年会通知需写明选举(或再选举)管理人员或受托人的提名中人员的全名,同时附上提名中人员的简介,包括他们的专业知识,首次任命到受托机构的日期等。为了清晰记录并提升每位受托人的独立性,委员会建议,每位受托人的选举/再选举需要单独决议。

谁可以参加年会?

94. 规章通常会规定谁可以参加年会并表决。对于成员制的慈善组织来说,不同的成员类型可能有不同的表决权。委员会建议应及时更新成员名单,以确保成员信息准确。如果由于不完整的成员记录而存在遗漏邀请成员参加年会的情形,慈善组织可能会受到成员的谴责或者对决策的异议,甚至其会使组织召开临时会议或专门会议予以修正。

95. 即使分别联系了每位成员,委员会也建议慈善组织考虑是否需要广泛宣传。例如,在当地或国家报纸中登广告,或者在当地公告栏、图书馆或商店张贴会议通知的复印件。额外的宣传不仅有助于确保成员们知晓会议,而且可以激发公众或潜在捐赠者的兴趣。如果没有正式成员,但慈善组织希望尽可能多的人参与会议,那么,总体的宣传是非常重要的。

96. 慈善组织受托人可以邀请专业顾问参加年会,例如,公司的会计师或律师,除非他们也是成员,否则其没有表决权。某些成员可能需要照顾者陪同参加会议,如果照顾者不是成员,也无表决权。

年会期间

97. 为帮助年会顺利举行，委员会建议，慈善组织受托人遵循下列基本规范：

- 所有受托人和高级管理人员参加年会；
- 受托人与成员对坐；
- 主席不能提议自己的（再）选举；
- 个体受托人不能提议、复议或提倡与其存在利害关系的决议；
- 会议期间主席应给成员足够的时间提问题；
- 在对决议进行表决之前，主席应解释每项提议的决议之效果和目的，以及年会的决策是否对受托人有约束力；
- 提出决议的成员有权起草其决议的解释（合理的篇幅）和其他支撑材料，并附在会议通知中；
- 主席应给予决议提议者在会上发表演讲的机会。

会议记录

98. 委员会建议，慈善组织经请求可以向公众公开年会的会议记录，可以适当收取成本费用。

临时会议和专门会议

99. 临时会议和专门会议（Extraordinary and Special General Meeting，EGMs and SGMs）是为偶然发生的、需要成员批准的事务而召开的会议。尽管这些会议通常是由慈善组织受托人召集并讨论诸如修订规章之类的事务，但它们也可以由成员请求召开，专门会议是由非法人慈善组织召开的会议。

100. 如果成员认为受托人没有为实现慈善组织目的和宗旨而努力，或者未有效管理慈善组织，成员可以要求受托人召开临时会议，寻求受托人对其行为的解释，或鼓励进一步讨论某个问题。规章通常会规定请求召开临时会议需要的成员人数，以及怎样提出请求，如果请求是恰当做出的，则受托人不能拒绝（如果受托人拒绝，成员通常可以自己召集会议）。

101. 对于**慈善公司**来说，公司法规定，经有表决权的人的5%请求可以召开普通会议，如果管理人员没有根据此请求召开会议，则成员有自行召集会议的法定权利。

102. 如果规章允许召开临时会议,则其应该规定如何召集或如何请求,如果规章对此未作规定,议事规则或其他规则可规定此信息。

谁可以参加临时会议?

103. 可以参加年会的人一般也有权参加临时会议,如有任何变化,规章应做出相应改变。

104. 召集临时会议强调及时更新成员信息的重要性。

临时会议期间

105. 临时会议需要讨论的事务会详细规定在通知中,以下是临时会议需要处理的事项举例:

- 规章的变更;
- 清算慈善组织;
- 慈善组织和其他慈善组织的合并事宜;
- 讨论成员提出的问题。

106. 临时会议期间,其他类似问题适用召开年会的基本规范。

附件1　更多信息

委员会

委员会网站提供了大量容易获得的在线服务、工具、信息和指引。在联系委员会咨询建议之前,受托人可以搜索在线数据库中的常见问题,多数人可以从中获得需要的答案,而无须向委员会打电话或发邮件。委员会的联系方式在网站的顶部和底部均可找到。

特许秘书与行政人员公会(The Institute of Charactered Secretaries and Administrators,ICSA)

ICSA 是特许秘书的专业机构,提供专业考试和证书考试课程,如慈善组织管理。

特许秘书与行政人员公会;

伦敦 W1B 1AH 新月公园 16 号;

电话:020 75804741;

网址:**www. icsa. org. uk**。

关于慈善组织的会议和管理方面,有许多提供相关建议的书籍,下面列举了ICSA发布的一些书籍,如需更多信息,请查阅当地图书馆。

《如何运营慈善组织:慈善组织秘书的角色》一书中有关于慈善组织秘书角色的详细描述,该书由ICSA出版有限公司出版。

ICSA出版有限公司也出版了一本活页式的慈善组织手册。

ICSA出版了一系列基本规范指引,包括:

- 年会基本规范指引;
- 文件保存简要指引;
- 慈善组织受托人的任命和入职。

使用虚拟和电子技术

社区网络(一家已登记的慈善组织)为志愿组织提供电话会议服务,无须任何特殊设备,只需要普通的电话,这不属于一流的服务,该设施可用于交流信息,与地区办事处相连,也可用于自助服务和教育目的。

以下是社区网络的联系方式:

社区网络

伦敦N1 9LL巴伦街12-20号一层;

电话:084 56199992;

网址:**www. community - network. org**。

公司注册署

有关公司的组建和运营方面的详细信息,请查看公司注册署网址:**www. companies - house. gov. uk**。

附件2 非法人慈善组织年会通知样本

注意:如果使用这个样本,须在方括号[ ]中填入慈善组织和会议的具体信息。

[慈善组织的名称]

会议通知

本慈善组织[慈善组织的名称][第15次]年会将于[具体日期和时间]在

[会议地点详细地址]召开,特此函告,主要讨论事项如下:

议程[按规定可省略]

1. 上一次会议的会议记录

2. 报告和账目

收到并审核截至[日期]的账目,以及慈善组织受托人和审计员的报告。

3. 审计员

任命 Messrs Search 和 Checkit 为审计员。

4. 审计员的报酬

授权受托人设定审计员的报酬。

5. 慈善组织受托人的任命

请查看附件关于每位候选人的选举信息说明。

再任命 I Dogood(人名——译者注。)先生连任[数字]年。

再任命 I Could Dobetter(人名——译者注。)女士连任[数字]年。

任命 I M Knowitall(人名——译者注。)先生代替 I Mustgo(人名——译者注。)女士[数字]年退休后的工作。

确认任命 G Benevolent(人名——译者注。)女士自[日期]加入董事会后代替 I Movedon(人名——译者注。)先生的工作。

下面是管理人员提名名单[详细职位名单]必须在[日期]前上报。

受托人的提名名单必须在[日期]前上报。

怎样将提名交给秘书的详细信息。

6. 组织制度的修改

考虑并就下列决议表决;

[规章具体内容]的[详细内容]条修改为[决议内容]。

7. 提出决议的成员

收到提出的决议后会有具体信息,成员应将提议[在会议开始前 14 天前]送交给秘书,修改的议程会在[会议召开前 7 天]发布。

8. 其他事项

处理会议提出的其他事项;

根据受托人董事会的指令;

[姓名];

秘书；

[通知日期]。

附件3　会议地点核对清单

1. 初定的会议场所的大小足够容纳参加会议的人数吗？

2. 步行和公共交通可以到达会议地点吗？

3. 有足够的停车位吗（合理的成本）？

4. 会议地点适合残疾人吗？例如，有轮椅通道、大型标志、电磁感应圈等地点。

5. 需要额外的诸如翻译服务或扩音器等设施吗？如果需要，可以在会议地点安放吗？

6. 如果需要餐饮设施，适合放在会议地点吗？

7. 有足够的洗手间吗？

8. 会议地点有合适的支持设备吗？例如，活页纸、投影仪、幻灯片、话筒。

9. 会议地点安排了足够的桌椅吗？

10. 有供匿名投票的设施吗？

11. 有额外准备设施备用吗（多余的设施）？

慈善组织与保险
（CC49）

2012 年 5 月

目　　录

1. 简介

1.1 关于指引

给慈善组织购买保险的决定(除法律另有规定)是受托人履行其保护慈善组织资产和资源的一种方式。本指引阐释与保险有关的法律义务,以及当受托人发现和管理慈善组织可能面临风险时可以采取的措施。

委员会作为慈善组织管理者的角色之一就是促进慈善资源的有效利用,委员会希望本指引可以帮助受托人决定什么时候慈善组织需要保险以及需要什么样的保险。深化慈善组织宗旨最有效方式的关键因素是通过各种活动评估风险,管理这些风险是否需要购买保险。

第5部分简单介绍可以选择的不同保险类型以及可能投保的范围。

1.2 “必须”和“应该”:含义

“必须”,是指受托人必须遵守特定法律或法规行要求的情形。“应该”,是指若无充分的理由,受托人应该按照基本规范指引行事的情形。

委员会也会提供非正式的意见和建议,对受托人管理慈善组织有所帮助。

1.3 之前的指引

《慈善组织与保险》(CC49)是用新格式更新和重写的版本,但政策上没有变化。

1.4 术语解释

慈善法(2011年),是指《慈善法》(2011年)。

受托人法(2000年),是指《受托人法》(2000年)。

违反信托,是指受托人违反其责任义务。慈善组织受托人的责任义务通常规定在慈善组织规章、法律规定或法院和慈善委员会指令中。责任义务是受托人必须做的事情。区别于“权力”,受托人可以选择使用或不使用。

绝对免赔限度,是损失在限度内时由受保者承担,为降低保费可自愿规定绝对免赔限度,或者基于承保原因强行规定绝对免赔限度。

规章,是列明慈善组织宗旨及管理方式的法律文件。可以是信托书、组织制度、组织大纲、委员会计划、《皇家宪章》、制度、财产转易契或意愿书。

弥偿，是保险公司尽可能地让受损的受保人恢复到受损前状态的原则，本指引中该词也用于补偿受托人在实施慈善组织活动时支付的开支。

保险经纪人，是指为客户推荐安排保险的中介。虽然他们是作为客户的代理人，但通常由保险公司支付报酬。保险经纪人是处理保险事务方面具有专业技能的全职专家，他们必须在金融服务管理局登记并受其管理。

受保人，是指投保财产的人或者保单中的受益人。

保险人，是指保险公司或劳合社的保险商，同意根据保单中约定方式补偿付保费的人由于事故造成的损失。

保额，是指保险公司承担的最大保险责任。

保单，是列出保险合同中条款和条件的文件，是同意承保的法律证明文件，由保险公司或其代理人签发。

保费，是指受保人根据保险合同支付的费用。

恢复，是指弥补，如果被保险的财产受损，通常通过支付一笔钱来解决，但保单也可以让受保人或保险人选择修复或改造。

第三方，是指向受保人主张权利的人。在保险术语中，第一方是保险人，第二方是受保人。

对第三方责任，是指受保人对第三方应负的责任。

受托人，是指慈善组织受托人。根据慈善组织规章规定，对慈善组织行政总体监管负责，可以是受托人、受托管理人、委员会成员、主管人员、管理人员或者其他职位。根据某些保险政策规定，被授权履行受托人职责的员工也可以作为保险受托人。

2. 慈善组织为什么需要保险——初步考虑

2.1 为什么要购买保险？

简答(法定要求)

慈善组织受托人有保护慈善组织资产和资源的责任。所有慈善组织都会面临风险，保险是保护慈善组织免受风险带来的任何损失、破坏或债务的有效方式。虽然保险不是管理风险的唯一方法，但根据法律规定慈善组织某些活动需要保险。

详答

保护慈善组织财产免受损失或破坏的保险类型有:

- 建筑保险;
- 动产保险(contents insurance);
- 事件保险。

对第三方责任的保险类型有:

- 专业弥偿保险;
- 公众责任险。

第4部分和第5部分介绍保险类型。

受托人也可以根据法律规定购买某些保险类型(详见第2.3部分)。

2.2 慈善组织可以用其资金购买保险吗?

简答(法定要求)

可以。法律允许受托人为慈善组织财产投保,使其免受任何事件带来损失或破坏的风险,可以用慈善组织资金支付保费。

详答

受托人法赋予非法人慈善组织特定权力来投保其财产。该权力不适用于慈善公司(除非他们是受托人公司),但慈善公司章程通常也允许在必要时可以购买保险。

受托人有保护慈善组织资产和资源的责任,这意味着,他们应该谨慎使用受托人法赋予的权力。受托人需要确保在适当时,将慈善组织资产和资源投保,使其免受损失或破坏。虽然受托人法赋予的是投保财产的权力,但是,受托人也可以在慈善组织规章中规定他们有权购买保险预防潜在的第三方责任。即使规章未作规定,如果是出于慈善组织利益考虑,受托人也可以购买此种类型保险。

有时慈善组织的规章具体规定了受托人用慈善组织资金必须购买的保险类型。

如果受托人有权力或责任购买保险,但其在无正当理由情况下拒绝购买,可能就要自行承担因此造成的损失或责任。

慈善法明确规定受托人可以购买受托人补偿保险并使用慈善组织资金支付

其保费，第5部分介绍了受托人补偿保险。

2.3 什么类型的保险必须购买？

简答（法定要求）

根据法律规定，慈善组织应为雇佣员工购买员工责任保险。拥有汽车的慈善组织也应购买汽车保险。

详答

员工责任险：慈善组织雇用员工的，应为员工购买员工责任保险。根据法律规定，①慈善组织应为所有员工购买最少500万英镑的保险，担保员工在工作中受伤或生病的风险。慈善组织必须从符合《金融服务和市场法》（2000年）规定的保险人或保险公司处购买员工责任险。金融服务管理局登记了合格保险人名单。

慈善组织（作为雇主）必须向员工出示有效保单的证明文件，证明保单有效符合最低投保要求。

汽车保险：如果慈善组织拥有汽车，那么，它必须遵守道路交通法的规定，必须购买保险，担保第三方的伤害和财产破坏。如果受托人、员工或志愿者履行慈善组织公务而使用汽车，慈善组织必须确保汽车所有权人投保范围包括因公务而使用汽车的类型，任何额外保费由慈善组织承担。

用于接送员工的小型公共汽车有特殊规定的，保险人应该事先和受托人说明。

2.4 对志愿者的保险类型是什么？

简答

为安全起见，建议慈善组织对待志愿者同对待其员工一样，确保为其购买基本类型的保险，例如，员工责任险或者公共责任险。

详答

慈善组织应对志愿者和员工进行培训、监督和支持，并认真考虑他们的福利

---

① 《员工责任（强制保险）法》（1969年）修订为《员工责任（强制保险）法》（1998年）。

以及他们联系人的福利。例如,慈善组织应对志愿工作者适用与员工同样的健康和安全标准。

慈善组织应该确保志愿者不受其疏忽导致的伤害。同样,慈善组织及其志愿者都应该投保,以防因为志愿者行为伤害第三方。慈善组织应核实保单,确保包含以下内容:

- 绝对包括志愿者;
- 保单中如何界定"志愿者";
- 是否有年龄上下限;
- 保单涉及志愿者活动的类型。

慈善组织应准确记录保单中界定的志愿者名单。

2.5 谁可以建议慈善组织应买什么保险?

简答

当受托人思考应购买何种类型保险时,如果他们自己没有保险方面的专业知识,应仔细考虑咨询专业意见。

详答

慈善组织最好找一个保险经纪人,该经纪人需要了解慈善组织的保险需求,以及有与众多保险公司业务往来的经验。也可以直接找专业的慈善保险公司,最重要的是找一个了解慈善组织保险需求的专业经纪人或保险人,确保以合理价格购买所需保险。

2.6 慈善组织可以查明保险经纪人可以获得的费用和佣金吗?

简答

可以。

详答

金融服务管理局手册(The FSA Handbook)规定经纪人的报酬,可能是佣金、费用或者两者兼付。如果两者兼付,需要明确经纪人有公开佣金和费用的责任,规则如下:

- 费用:在顾客向经纪人付款之前,经纪人必须向顾客提供费用明细。

- 佣金：经请求，经纪人必须公开其根据保单收到的佣金，包括利益分担、与销售有关的报酬以及保险金融公司支付的报酬。

英国保险经纪人协会（British Insurance Brokers Association，BIBA）的指引明确规定，应该定期提醒顾客其要求获得佣金信息的权利。

3. 风险评估和决策制定

3.1 风险评估为什么重要？

简答

如果法律没有规定慈善组织必须购买某种保险类型，风险评估将有助于其判断该保险是否必要。慈善组织可以在指引**《慈善组织与风险管理》**（CC26）中找到关于风险的详细建议。有许多管理慈善组织面临风险的方法，其中之一就是针对购买保险的。

详答

为识别慈善组织可能面临的风险，完整的风险评估将全面考虑慈善组织工作和事务。同样，如果慈善组织正考虑进行新的活动或进入新的工作领域，它必须仔细考虑其中可能带来的风险以及管理这些风险的成本费用。在指引《慈善组织与风险管理》（CC26）中列举了主要的风险领域。

下列问题可以帮助受托人识别潜在风险并决定保险是不是管理风险最合适的方式。

- 我们哪些活动领域存在出现损失或责任的重大风险；
- 为该风险投保的成本是多少？我们比较价格或者要求经纪人寻求具有竞争性的报价；
- 我们可以采取其他措施管理风险吗？例如，加强安保措施或者提升内部财务监管；
- 慈善组织可以将风险转移给第三方（除保险人外）吗？例如，将现金从经营场所到银行转移可以外包给一家专业的现金处理公司；
- 如果我们决定不投保，那么，慈善组织如果承受该风险造成损失后还能继续运作吗；
- 如果我们是非法人慈善组织，考虑过个人承担风险吗？如果慈善组织资产不足以承担其应负责任,作为受托人可以承担个人责任。

3.2 可能影响是否购买保险决定的其他考虑有哪些?

简答

如果将转移给保险人的风险值支付保费以求保障,那么,就应该购买该保险(除非法律另有规定)。

详答

任何购买保险的决定都是需要作出判断的问题,慈善组织受托人做出决定必须符合慈善组织利益,如有必要,应咨询专业意见。只要受托人合理行事并在适当时咨询专业意见,保险未涉及的任何损失将由慈善组织承担(根据第 3.1 部分中慈善组织资产不足时的考虑)。

如果对某项活动保险是必要的,或者受托人认为有必要购买保险,慈善组织应该考虑是否可以承担该活动的费用。与正在进行同一活动的其他慈善组织或其他组织合作购买保险可能会划算一些。但是,慈善组织应牢记,对于员工责任险来说,如果一张保单投保多个慈善组织,那么,法律规定每位员工的保额至少为 500 万英镑。

或受托人可以考虑慈善组织是否可通过和另一个慈善组织合并或合作来实施其工作,详见指引**《同其他慈善组织合作》**。

如果一家慈善组织是国家组织成员,则它应该联系国家总部寻求关于保险的意见,许多国家组织和保护机构(umbrella bodies)有对其成员公开的计划。

3.3 对于国际化的慈善组织情形如何?

简答

国际化的慈善组织员工、志愿者和财产会面临更复杂的风险,慈善组织应评估并计划管理其员工股、志愿者、当地合作伙伴和其他资源可能面临的风险,尤其在高风险领域。

详答

慈善组织可以为其员工或海外志愿者提供某些类型保险,如医疗、事故、基本或差旅保险。劳动合同或其他协议中应说明慈善组织提供的保险以及某人希望慈善组织提供的保险。

英格兰和威尔士的慈善组织不要求购买可以覆盖其国外员工的员工责任险,但是,慈善组织应核实员工所在国是否有任何关于购买保险或采取其他措施保护员工的规定。

慈善组织员工和志愿者可以投保特殊风险,如绑架勒索。这种类型的保险,保险人只会偿付已经支付的勒索金额。一般来说,此种保单的条件必须保密,如果违反该条件,那么,保单无效。对于其他类型保险,保险人主要强调做好预防工作。

受托人应该知道虽然支付勒索金在英国本身并不违法,但是,在其他地方可能是违法的。此外,如果将金钱或其他财产用于恐怖活动,将会构成犯罪。如果考虑购买此种类型保险,受托人应事先咨询专业意见。

4. 拥有或占有土地或建筑的慈善组织的保险

4.1 什么类型的保险可能是必要的?

简答

慈善组织购买保险的层次或性质取决于因拥有或占有土地或建筑而可能面临的风险。如果受托人决定通过购买保险来管理风险,什么保险适合该慈善组织取决于下列因素:

- 慈善组织是否是该不动产所有人;
- 慈善组织是否是承租人;
- 慈善组织是否是该不动产所有人或承租人,同时是土地所有人。

详答

不动产所有人:如果慈善组织是一栋建筑的所有权人,那么,保险就不是承租人(如有)的责任,委员会建议,正常情况下受托人应该依据建筑重建价值投保,即使其没有责任这样做,这就意味着保额(根据保险可理赔的最大数额)应当足以满足下列成本:

- 必要的拆除工作;
- 清理现场;
- 专业人员费用(如建筑师、测量师等人员);
- 按照原来建筑的风格重建费用;

- 遵循相关规划规定或建筑条例。

保额是保险人根据保险合同支付的最大保险金额。该词经常用于财产险和人身险中,(根据保费成本)由受保人决定其购买的保险金额,这就意味着足够的保额很重要。如果保额不足,保险公司只会支付相应比例的赔偿金额,即使赔偿金额少于保额。

例如,一份财产投保为1000万英镑,但实际价值为1500万英镑,损害赔偿金额是财产的一半,则最多只能获得500万英镑。

如果受托人原本应该购买保额较多的保险,他们将有责任自己弥补缺少的部分。为降低缺失风险,委员会建议,受托人首先咨询合格的专业建筑测量师给出的意见,测量师应定期(也许每2年一次)确认现有数据是否合适。如果不合适,受托人应通知保险人立即做出调整。

类似地,如果建筑做了任何改变、改良或增加,测量师应及时确认其重建成本(包括专业人员费用),如果该数额大于现有保额,那么,受托人应通知保险人立即做出调整。

有些保险人会提供估值服务,有些甚至会免费提供该类服务。如果受托人选择与物价指数直接挂钩的保单(保险人每年会根据劳动、建筑材料成本等情况,自动调整保额),委员会仍然会建议,受托人每3~4年和测量师核实一下现有数据是否合适。

如果出现下列情形,慈善组织必须通知保险人或保险经纪人:

- 慈善组织对建筑使用发生重大改变;
- 慈善组织将承包结构建筑工作;
- 没有人定期占有该建筑。

委员会认为,这些建议有助于保护受托人免受财产价值或建筑材料成本浮动可能带来的风险,财产价格和建筑材料变化不一定能在零售价格指数中反映出来。

如果财产在一段时期内不可用(由于火灾等投保范围内发生的事件),慈善组织可以获得额外保险,包括租赁其他建筑中的收益损失或额外开支。

作为承租人的慈善组织:如果慈善组织根据租约占有财产,租约中应规定由谁(作为承租人的慈善组织还是业主)负责给建筑投保。在某些情形下,根据租约的条款,建筑投保范围可能仅限于某些风险,如火灾、雷电灾害、地震和爆炸。

如果慈善组织作为承租人,负责建筑修缮,受托人应考虑是否有其他风险也应投保。

如果租赁仅针对建筑的一部分,那么,业主有责任投保整个建筑,但是,每位承租人应适当分摊保险费用(除租金之外的),分摊额通常规定于租约中,与租金一并支付给业主。

作为业主的慈善组织:起草租约时,受托人应考虑谁负责购买保险。如果慈善组织负责购买建筑保险(如多方占有的情形),受托人应确保在租约中做出规定,或者租约规定每位承租人应适当分摊保险费用。如果承租人负责购买保险,受托人必须保证承租人持有足够保险,租约可以规定承租人给予慈善组织建筑保险文件的复印件,并适当控制保险层次。

4.2 动产保险——慈善组织应该考虑什么?

简答

保护慈善组织财产的责任(详见**第 2.2 部分**)拓展至保护建筑中的财产,如家具、设备和现金,慈善组织应购买一份合适的保单,受托人应考虑他们的保险是否满足以下条件:

- 新换旧规则;
- 涵盖失窃的损失;
- 涵盖意外损失;
- 涵盖诸如电脑等具体物件;
- 涵盖运送途中或建筑内的现金。

详答

“新换旧”规则是动产保险最常见的形式。慈善组织应确保了解某一物件的当前替换价值。例如,慈善组织获得一台捐赠的电脑,或者可以购买一台低于当前市场价值的电脑,但是,为保险目的,慈善组织应该使用当前市场替换价值,如果它不这样做,慈善组织将不能得到全额补偿。

动产保险保单可以包含与物价指数直接挂钩的设施,受托人应考虑其是否适合慈善组织。

如果慈善组织出租其财产,若动产属于承租人,那么,动产保险由承租人负责。如果租赁协议达成,慈善组织作为业主应该确保租约规定由承租人直接负责动产保险,或者通过租赁或服务收费,由承租人支付慈善组织购买的保险。

对于某些慈善组织,如博物馆或艺术馆,购买其动产保险可能不太恰当。因为博物馆或艺术馆内的动产不能替代,或者因为替代它们的成本高昂。如果受托人可以满足这个高昂成本,他们可能无法进行其他核心活动(如展览、收藏品的维修)。

不可替代物品可以在保险中协商其价值。虽然物品本身可能无法替代,但保险人可以协商一个替代价值,随后任何的赔偿额将基于该数据,并用于购买替代品。

此外,保险可以根据受损物品的维修费成本、调查盗窃和恢复失窃物品的成本定一个合理价格,为降低损失风险则应加强安保措施,这可能会比较容易购买保险。

在决定什么是合适并符合慈善组织利益的保险之前,委员会建议,受托人应咨询专业意见。

4.3 公众责任险——慈善组织应考虑什么?

简答

公众责任险适合拥有或占有土地或建筑的慈善组织,它主要承保的范围有:

- 公众成员在慈善组织场所遭受人身伤害或财产损失或损坏时主张赔偿;
- 根据《占有人责任法》(1957 年和 1984 年)的赔偿主张,规定占有人对其占有财产的访客和入侵者负有注意义务。①

详答

慈善组织未在其场所举办商业活动或安排公众参与的活动时,也适合购买公众责任险,在活动期间造成公众人身伤害、物质财产损失或损坏,慈善组织及其受托人、员工和志愿者可免责。慈善组织签订使用财产的租约或合同也可能需要公众责任险。

① 《占有人责任法》(1957 年)第 2 条第 2 款规定"常见的注意义务指占有人应合理注意其邀请或允许在场所参观的人的相对安全。"

如果索赔请求超过保单中规定的最大赔偿额,如果受托人综合所有情形,包括风险性质和保险成本,但是,无正当理由仍然没有购买足够的保险,受托人可能需要自行支付缺少的部分。法律没有规定保险层次的最低要求。

4.4 免责声明——有什么效果?

关于在场所中或使用该场所时受伤或财产受损的免责声明(经常见于衣帽间和停车场)可以使该场所所有人免除责任。

在使用免责声明时,慈善组织应咨询专业意见。

5. 其他保险概览

5.1 筹款活动保险

组织招待会、表演和节日盛典等筹款活动的慈善组织通常会购买由于天气原因而取消活动的保险,有时称为“雨灾保险”。这种保险类型测量降雨量通常由严格的时间限制和规定,委员会建议,受托人考虑购买该保险时应咨询专业意见。

公众责任险(详见**第4.3部分**)既可用于重大事件,也可用于小型事件,有些会议地点需要公众责任险,规定最低层次保额。

如果慈善组织正在进行救灾筹款工作,应购买保险覆盖成立和管理筹款工作的成本,以防筹款效果不如预期所想。也可以将保险拓宽到覆盖慈善组织指定的人保管或携带途中的筹款损失风险。当提议进行大型筹款工作时,受托人应考虑购买的保险是否合适。关于筹款方面的信息详见指引**《慈善筹款:受托人义务指引》**(CC20)。

5.2 员工忠诚险

慈善组织可能需要购买保险,以防其员工在处理慈善组织现金或其他贵重物品时出现欺诈或不忠行为。建议慈善组织将此种保险范围拓宽至受托人和志愿者可能出现的欺诈或不忠行为。员工忠诚险(有时称作“员工偷窃”或“员工不忠”险)并不能替代财务和人员风险管理,其提供的条件是慈善组织能够表明其行政安排合理并监督有方。关于核查和监管的信息,详见指引**《慈善组织内部财务控制》**(CC8)。

如果受托人的法律顾问或其他专业顾问建议其购买员工忠诚险,那么,受托人对其员工的不信任和担忧必须让步于其保护慈善组织资产、资源或信誉的责任。

5.3 诉讼保险

慈善组织可以购买诉讼保险,补偿其在起诉或答辩中自行支付的诉讼费用(除非对方已支付),诉讼保险的投保范围包括劳动纠纷,也包括慈善组织(作为雇主)对其员工的补偿责任。诉讼保险通常可以拓宽至对慈善组织受托人、员工和志愿者提起的诉讼。

诉讼保险通常在争议或主张出现之前购买,个人保险范围通常包括在房屋中的动产或汽车保单中。当诉讼保险可以保护慈善组织在处理主张或争议中不确定的成本消费时,慈善组织可以在发现有诉讼需求后购买诉讼保险。

5.4 法律咨询服务热线

有些诉讼保险包括通过电话服务免费进行法律咨询,这项服务有助于在慈善组织可能遭受损失或索赔之前进行紧急法律咨询,无论慈善组织的保险是否涵盖该损失或索赔范围。

5.5 收益损失和工作成本增加的损失

间接损失保险承包范围涵盖由于火灾或其他事故导致财产损失后,慈善组织商业活动中断,其收益减少或开支增加的保险。间接损失保险应至少可以满足慈善组织在修缮工作期间或等待设备替换期间寻找新场所和新设备的成本。

5.6 专业弥偿保险

如果慈善组织按合同规定或其他方式提供专业服务或任何其他形式的建议或信息(尤其是复杂或有争议性的问题),那么,慈善组织应为其疏忽行为而负责。专业弥偿保险可针对受保人因以下情况的诉求而导致的损失进行弥偿,如提供服务或因听从意见或使用信息而遭受损失、伤害或损害。

受托人应仔细考虑间接损失保险保单中的条款,如果保单仅涵盖保险期间提出的索赔,而不管疏忽建议实际提供的时间,那么,受托人则应考虑在提供咨询意见后用足够资金来购买几年的保险(根据专业意见),该保险期限可以延长至慈善组织解散之后。

有些与慈善组织存在合同关系的人,例如会计师、建筑师以及其他专业人员,同样也有专业弥偿保险。受托人应意识到这些专业人员有义务购买保险,如果慈善组织受到这些专业人员提供的较差服务,导致慈善组织额外损失,那么,受托人应考虑向这些专业人员索赔。

5.7 员工疾病保险

慈善组织可以购买员工疾病保险,用于支付员工病假工资,有些保险可以涵盖慈善组织员工请病假期间的成本费用。

如果慈善组织购买员工疾病保险,直接用于支付员工病假期间的工资,那么,员工应就病假期间获得的工资上税。如果慈善组织购买员工疾病保险,用于补偿员工病假期间慈善组织自身成本,那么,员工有权根据其劳动合同获得病假工资,并且不用上税。

如果员工已经有权根据劳动合同获得病假工资,那么,慈善组织就不应购买直接支付给员工的保险。如果购买了,慈善组织将不能就保单下的病假工资获得补偿。

5.8 恐怖主义和政治暴力险

虽然所有保险人都可提供涵盖恐怖活动影响的保险,但是,它通常是附加险,不包括在标准的保单中。该种保险对因恐怖活动受损的财产提供补偿,由保险公司作出担保,它的投保范围包括保护财产以及保护被绑架勒索的人。

5.9 差旅保险

许多慈善组织的受托人、员工和志愿者经常需要出差,慈善组织需要明确规定他们会提供的保险以及需要受托人、员工或志愿者自行购买的保险。如果慈善组织对此未理解清楚,可能会遭受权利主张,这将对慈善组织信誉带来极大风险。

5.10 受托人弥偿险

受托人弥偿险(TII)的投保范围是受托人自行支付的索赔(对慈善组织或第三方),因违反信托、违反义务或疏忽招致的索赔。

受托人弥偿险(TII)和其他为慈善组织购买保险的主要区别是TII直接保护受托人个人,而非慈善组织。因此,TII被看作受托人个人福利,慈善组织用其资金购买TII前需要适当的法律授权。许多慈善组织规章中赋予慈善权力,但是若有的规章未授权,可以根据《慈善法》第189条赋予慈善组织用其资金购买TII,但成本必须合理,受托人必须确保TII符合慈善组织最大利益。

受托人如果愿意可自己出钱购买TII,这不需要任何法律授权。

只有在慈善组织规章明确禁止购买TII时,慈善组织才需要获得委员会授权,但是在实践中这种情况非常少。禁止受托人从慈善组织处获益包括购买TII的法定权力。

慈善组织受托人可购买TII投保其下列行为,从而免除个人责任:

(a)违反信托或违反作为慈善组织受托人的义务;

(b)作为慈善组织管理者或代表慈善组织实施活动的公司管理者,出现疏忽、不履行职责、违反义务或违反信托的行为。

但是,TII的条款不包括以下范围:

(a)受托人支付:

- 刑事诉讼判处的罚款;
- 因不履行管理规定,管理机构责令应缴纳的罚款。

(b)因欺诈或不忠,或者故意的不当行为而进行刑事诉讼辩护的诉讼费用;

(c)受托人的行为致使慈善组织遭受损失,并知道(或者应当知道)该行为不符合慈善组织利益或者受托人对其行为是否符合慈善组织利益并不关心。

如果受托人的行为诚实并合理,那么,他们作为受托人所负的责任可以用慈善组织资产进行补偿。这类保险使慈善组织受益而非受托人受益,即使慈善组织没有足够资产来补偿,保险也能确保受托人得到补偿。

如果慈善组织是一家公司,或者通过一家单独的公司进行活动,受托人对其作为公司管理者而进行不法行为应负的责任(包括不法交易的责任),其受保程度与上述(c)项类似。

5.11 参与者

我们十分感谢英格兰安立甘宗教会保险公司(Ecclesiastical Insurance Group plc)和苏黎世保险公司(Zurich Insurance plc)对本指引内容提供的专业意见。

公共利益:公共利益的要求
(PB1)

2013 年 9 月

目　　录

第一部分 关于指引

法律要求:本指引解释了慈善组织的目的必须是“公共利益”,这一法律要求称为“公共利益的要求”。

该要求影响着对一个组织是否是慈善组织的界定。

如果正考虑成立或注册一个慈善组织,或者如果是现有慈善组织的受托人并且正考虑变更慈善组织宗旨,那么,本指引可供你参考。

其他公共利益指引

本指引只是委员会3个公共利益指引的其中之一,是关于判断你的组织的宗旨是否是慈善性质的指引。

为了公共利益而履行慈善组织宗旨或者报告其履行情况方面的相关问题,将在以下指引中解释:

- **《公共利益:慈善组织的运营》(PB2)**:该指引解释慈善组织运营中公共利益;
- **《公共利益:报告》(PB3)**:该指引解释受托人的职责,报告其为了公共利益如何履行慈善组织宗旨。

了解更多:

- **《公共利益:综述》**。

重视委员会的公共利益指引

法律要求:慈善法规定慈善组织受托人“在行使指引相关权力或履行相关职责时”必须“重视”委员会的公共利益指引。

“重视”委员会的公共利益指引意味着慈善组织受托人应该表明:

- 了解该指引;
- 在做与该指引相关的决策时考虑了该指引;
- 如果做决策时未考虑该指引,应该有充分理由。

参考其他指引

本指引中某些地方提供的其他相关指引的链接可能会对读者有所帮助。

如果其他指引不属于委员会公共利益的指引,则其不是受托人必须"重视"的指引。

公共利益相关法律

委员会的公共利益指引并不是关于公共利益的法律规定,慈善组织立法和法院的决定中包含公共利益的法律规定。

委员会的公共利益指引属于高层次的指引,主要受众为慈善组织受托人,解释公共利益方面的法律规定以及如何解读和适用的问题。

委员会是基于法律规定而做出关于公共利益方面的决定,而非依据该高层次指引,因为委员会的指引并不能涵盖所有与公共利益相关的复杂法律规定。

委员会对公共利益相关法律的更多解释,详见:

- 《公共利益相关法律分析》

公共利益相关法律的分析对于希望了解委员会指引法律基础的受托人有所帮助,但它仍然不属于委员会公共利益指引的一部分。因此,不要求受托人必须重视。

"必须"和"应该"的使用

"必须",指受托人必须遵守特定的法律或法规之要求的情形。"应该",指若无充分的理由,受托人应该按照基本规范指引行事的情形。

委员会也会提供不正式的意见和建议,对受托人管理慈善组织有所帮助。

公共利益框架

公共利益框架表明,公共利益的要求完全满足慈善组织运作和报告工作整体框架的情况。

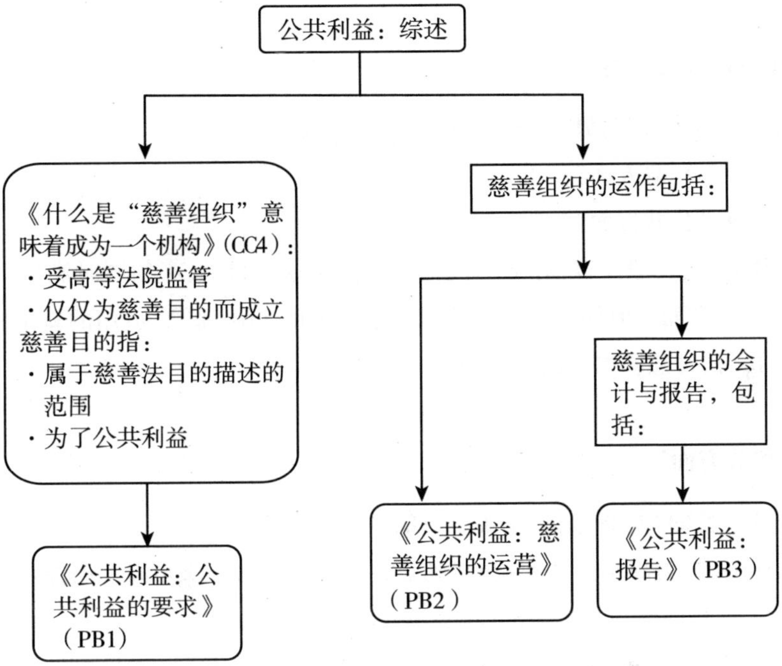

第二部分 “为了公共利益”的含义

“公共利益的要求”

慈善法对“慈善组织”一词的含义给予了法定解释。

法律要求:部分解释表明一个组织要成为慈善组织,则必须仅有“慈善目的”。

慈善组织的“目的”是它设定将实现的目标。

法律要求:慈善法定义“慈善目的”,规定慈善组织必须是“为了公共利益”,慈善法将之称为“公共利益的要求”。

本指引解释了公共利益的要求。

关于慈善目的的其他定义以及什么是慈善组织的信息,详见:

- **《什么是慈善组织》(CC4)**(这不属于委员会公共利益的指引)。

公共利益的内容

公共利益主要包括以下两方面：

- “利益方面”；
- “公共方面”。

法律要求：一般而言，对于“为了公共利益”这一目的，必须同时满足“利益”和“公共”两方面。但如果慈善目的是减轻或防止贫困，那么，适用的就不同。详见附件1 扶贫慈善组织的不同规则。

“利益方面”

公共利益的“利益方面”是关于目的是否是有益的。

法律要求：为满足公共利益的“利益方面”，目的必须满足以下条件：

- 目的必须是有益的（详见本指引第三部分）；
- 该目的带来的任何损害不得超过其带来的利益（详见本指引第四部分）。

“公共方面”

公共利益的“公共方面”是关于目的的受益人。

法律要求：为满足公共利益的“公共方面”，目的必须满足以下条件：

- 有益于全体公众或公众中的足够人群（详见本指引第五部分）；
- 不会只产生个人利益（详见本指引第六部分）。

委员会关于公共利益的决定

慈善组织的每个目的都必须是公共利益。

许多慈善组织都不止一个目的，委员会需要分析每一个目的，以此判断其是否是为了公共利益。一个目的的公共利益不能用于抵消其他缺乏公共利益的目的。

法院通常会评估所有相关因素和证据来决定每个目的是否：

- 是有益的；

- 有益于全体公众或公众中的足够群体。

在绝大部分情形下这是比较清楚的。

公共利益的两方面可能会重叠,一个因素可能经常会被视为对两个方面均有影响。

有时候委员会可能需要考虑有益与有害的关系,以及公共利益与个人利益的关系。

在有些情形下,需要正确判断是否所有因素共同作用的结果是为了公共利益的目的,委员会通常会自己判断所有的情形。

在多数情况下,很容易判断一个组织的目的是否是公共利益,如果难以判断,委员会通常会让受托人或申请登记的人知道判断的难处。

在少数情况下,受托人或申请者不能做出解释,委员会便会决定该组织的目的不是为了公共利益,这就意味着在委员会看来,该组织不是慈善组织。

如果委员会认为,申请登记组织的目的不是公共利益,那么,委员会将会拒绝对其进行登记。

如果委员会认为现有的慈善组织目的不是公共利益,那么,慈善组织受托人应考虑变更目的并寻求专业意见。

关于慈善组织规章修订的更多信息,详见指引**《慈善组织规章的修订》**(这不属于委员会公共利益指引的内容)。

在极少数情况下,变更目的不太可能,委员会不得不将该组织从慈善组织登记名单中移除。

当委员会做出此决定时,更多信息详见:

- **《保持准确的登记》(RR6)**(这不属于委员会公共利益指引的内容)。

对委员会做出的决定提出异议

如果委员会拒绝给一个组织登记或决定将一个组织从慈善组织登记名单中移除,受托人或申请人认为此决定有误,他们可以对此提出异议。

更多信息详见:

- **《对慈善委员会决定的投诉》**(这不属于委员会公共利益指引的内容)。

第三部分 有益目的

什么是有益的

法律要求:对于一个慈善性质的目的,它必须是有益的,用某种方式可以识别,以及:

- 如有必要可以用证据证明;
- 不是基于个人观点。

提供有益的证据

在某些情形下,目的明显是有益的,很少需要受托人提供证据证明。

例如,一个组织的目的是为遭受自然灾害的地区提供紧急救助,那么,受托人就不需要提供证据证明该目的是有益的。

如果不易判断一个目的是否是有益的,委员会可能需要要求受托人提供证据证明。

例如,委员会可能需要要求受托人提供以下证据:

- 促进传统文化目的,保护建筑或建筑的历史特征;
- 促进艺术发展目的,参展艺术品的艺术特征;
- 促进医疗卫生目的,治疗方法的治愈效果;
- 促进教育发展目的,培训项目的教育特征。

衡量什么是有益的

委员会应该识别并描述慈善组织目的怎样是有益的,无论其是否可以量化或衡量。

例如,通过观看艺术品培养一个人的艺术品位,即使它很难量化或衡量。

不是有益的

如果无法表明一个组织的目的是有益的(基于法院必要时可以接受的证据),那么,它就不是慈善性质的目的。

第四部分 损 害

损害如何影响公共利益的要求

法律要求:如果一个目的带来的损害超过其带来的利益,那么,该目的就不可能是慈善性质的目的。

损害的证据

如果一个组织的目的可能带来损害,则委员会需要考虑该损害。这是基于证据,而非个人观点。

如果一个目的带来的利益比较明显而且受到普遍认同,那么,就更需要明显或实质性的证据证明损害超过了利益。

第五部分 有益于全体公众或公众中的足够人群

公众

法律要求:对于一个慈善性质的目的,它必须有益于:

- 全体公众;或者
- 公众中的足够人群。

"全体公众"的含义

有益于全体公众指所有大众都可以受益于该目的。

该目的的受益人不仅局限于具有特殊需求的人或者需要满足其他标准的人。

如果一个目的未指明其受益人,通常意味着该目的将有益于全体公众。

例如,保护濒危物种的目的是全体公众的利益。

"公众中的足够群体"的含义

法律要求:一个慈善性质的目的可以有益于部分公众,但该部分必须是恰当的或足够与具体的目的相关。

公众中的足够群体被称为"公共类"人群。

对于"公共类"的人并没有最低人数限制。

无论一部分公众是否属于"公共类",对于每个不同的目的情况可能有所不同,对一个目的足够可能会对另一个目的不足。

根据人们居住的地方界定受益人

在多数情况下,居住在任何地理区域(地方、国家或国际)的人是公众中的足够群体。

例如,不足够的情形可能是对该地理区域定义太狭窄(如居住在一些房屋中的人)。

地理区域不是必须要在英格兰和威尔士。一个在英格兰和威尔士成立并登记的组织属于慈善组织,即使其目的有益于英格兰和威尔士之外的人。

根据有特殊慈善需求的人或群体界定受益人

这通常属于公众中的足够群体。

根据"保护特征"界定受益人

法律要求:平等法允许慈善组织根据"保护特征"界定受益人,条件是适当限制有保护特征的人的福利。

下列因素是"保护特征":

- 年龄;
- 残疾;
- 性别;

- 性取向;
- 变性;
- 婚姻关系和民事伴侣关系;
- 怀孕和母性;
- 种族或国籍;
- 宗教或信仰。

平等法中更多例外情况,详见第2条、第3条:

- **《限制慈善组织的受益者》**(这不属于委员会公共利益指引的内容)。

根据肤色界定受益人

法律要求:慈善组织不得根据肤色界定受益人,法律不允许这样做。

如果一个慈善组织的目的是根据肤色界定受益人,则该目的就会被解读为不存在根据肤色界定受益人。

根据职业界定受益人

这是否属于公众中的足够群体取决于不同的情形。

例如,慈善组织可以根据职业界定受益人,其目的是减轻现任、前任和退休教师及其供养人的疾病和残疾。

根据家庭关系、合同关系(如劳动关系)或非法人组织的成员关系界定受益人

法律要求:一般而言,慈善组织不得根据下列因素界定受益人:

- 家庭关系;
- 劳动关系;
- 非法人组织的成员关系。

只有在目的是缓解(有时是预防)贫困时才允许根据上述因素界定受益人。

更多信息详见附件1《扶贫慈善组织的不同规则》。

根据其他个人特征如就业状态界定受益人

这是否属于公众中的足够群体取决于将推进的目的和具体情形。

例如,如果目的是缓解失业或缓解贫困,那么,“失业者”就属于公众中的足够群体。但如果目的是促进宗教信仰,受益人便不属于公众中的足够群体。

决定什么是“公众中的足够群体”

这是通过判例决定的。

根据法院已经认可或未认可的案例来决定。

例如,法院通常会认可一个目的有益于公众中的足够群体。如果其受益人是根据以下因素界定:

- 他们居住的地方;
- 慈善需求;
- 保护特征。

法律要求:慈善组织不得根据下列方式界定受益人,因为这些目的不是有益于公众中足够群体的:

- 根据保护特征界定受益人的目的,但不符合平等法的规定;
- 根据肤色界定受益人的目的;
- 根据个人关系界定受益人的目的(除非该目的是缓解或预防贫困);
- 排除贫困者受益的目的,慈善法认为,“贫困者”是一个相对的词,取决于不同的情形,但“贫困者”并不仅指社会中最穷的人,有时也包括中等收入者;
- 局限于封闭宗教组织的目的;
- 指定了左右潜在(现在和将来的)受益人的目的,例如个人或一个固定群体:
- (现在和将来的)受益人从数量上可以忽略的目的(除非该目的是缓解或预防贫困);
- 以“任意的”方式界定受益人的目的(例如完全不相关、不合理或无

正当理由);

- 有益于共济会成员的目的;
- (除非该目的是缓解或预防贫困)一个目的的存在是为了一个组织成员的利益。除非:
- 公众中的足够群体可以成为该组织的成员从而受益;
- 成员制是慈善组织履行其公共利益目的的有效方式;

"私有(或'对己有利的')成员"俱乐部的存在通常只是为了其成员的利益,而非为了公共利益。即使其对外开放,但如果该组织只是关注其内部、由其成员支持,目的是为成员提供利益,那么,就不是有益于公众。因而,不属于慈善组织。

如果不易判断所属组织的目的是否有益于公众或公众中的足够群体,那么,你需要解释该组织的受益人以及受益人为什么属于公众的足够群体。

委员会会根据本身的事实来做决定。

如果一个组织的目的是否有益于公众或公众中的足够群体仍然不清晰,由于"公共利益的要求"还未满足,则委员会不能将该组织认定为法律上的慈善组织。

第六部分　个 人 利 益

法律要求:一个慈善性质的目的只能"附带"给予个人利益。

"个人利益"的含义

"个人利益"(有时称为"私人利益")指某人从慈善组织处收到的利益,这里的"某人"可以是个人或组织。

"附带"的含义

个人利益是"附带的"指(考虑到目的的性质和规模)履行慈善组织目的的必然结果或附属品。

一个目的提供附带个人利益的可能性不影响该目的的公共利益性质。

慈善组织目的或运营中可能出现的个人利益举例详见：

- **《个人利益举例》**（这不属于委员会公共利益指引的内容）。

其他语境中的个人利益

更多个人利益相关信息：

- 由于一个组织的组成方式——详见委员会指引**《慈善组织类型：如何选择组织结构》**（CC22a）（这不属于委员会公共利益指引的内容）。
- 由于慈善组织运营的方式（例如，受托人决定给向慈善组织提供服务的受托人支付报酬），详见委员会公共利益指引**《公共利益：慈善组织的运营》**（PB2）。

第七部分 更多信息

本部分提供与本指引相关的其他指引的链接。

下面是包括在委员会公共利益指引中的指引

- **《公共利益：慈善组织的运营》**（PB2）。

该指引解释了慈善组织运营中的公共利益。

- **《公共利益：报告》**（PB3）。

该指引解释受托人的职责，报告其为了公共利益如何履行慈善组织宗旨。

下面是未包括在委员会的公共利益指引中的指引

- **《公共利益：综述》**

  本指引综合叙述了委员会的公共利益指引，它解释了下列内容：

  - 如何理解公共利益有助于慈善组织受托人；
  - 受托人“重视”委员会公共利益指引的义务；
  - 了解公共利益相关法律的关键点；

- **《公共利益相关法律的分析》**
- 分析了委员会对公共利益相关法律的总结。
- **《什么是慈善组织》**（CC4）

本指引根据英格兰和威尔士法律解释法律对于一个组织成为慈善组织的要求。

- **《建立慈善组织》**

成立和登记慈善组织的整体指引。

- **《目的描述》**

慈善法中的13种目的描述的范围和含义指引。

附件1　扶贫慈善组织不同规则

预防或缓解贫困的目的如何才能成为“为了公共利益”

法律要求：一般而言，慈善性质的目的必须同时满足公共利益的“公共”和“利益”两方面。

但是，如果目的是预防或缓解贫困，情况则有所不同。

如果慈善组织目的是缓解(有时是预防)贫困，那么，法院仍会要求只需要满足公共利益要求的“利益”方面。在这种情况下，不需要单独考虑“公共”方面。

法律要求：只有目的是为缓解(有时是预防)贫困的慈善组织才可根据下列因素界定受益人：

- 家庭关系；
- 劳动关系；
- 非法人组织的成员关系。

法律要求：慈善组织的目的不得是指定的个体的利益，无论他们是否贫困，即使动机是缓解贫困和可能贫困的指定个体，情况也是如此。

为具有“保护特征”的人提供服务

一般而言，为了缓解(有时是预防)贫困的慈善组织，可以根据相对于其他目的的慈善组织更狭窄的部分公众界定受益人。

法律要求：但是，即使是“扶贫慈善组织”，如果其目的是仅为平等法中规定的具有“保护特征”的人提供服务(例如年龄、性别、残疾、种族)，其仍然必须满足平等法的规定，即接受服务的那些人必须是经过证实的。

更多信息详见：

- **《限制慈善组织的受益人》**(这不属于委员会公共利益指引的内容)。

附件2 术语解释

本指引中使用的术语应作如下具体解释：

慈善法，是指《慈善法》(2011年)。

慈善组织受托人，是指服务于慈善组织管理主体的人，他们可以是受托人、管理人员、董事会成员、主管人员或委员会成员。慈善组织的受托人对慈善组织行政的总体监管负责。

规章，是指列出慈善组织宗旨及如何管理组织的法律文件，它可以是信托书、组织制度、组织大纲、意愿书、财产转易契、《皇家宪章》、委员会计划或者其他正式文件。

目的，慈善组织的"目的"是对其目的的说明，规定于慈善组织规章的"目的条款"中，但不是所有的慈善组织规章均含有目的条款。

通常，慈善组织的目的条款和其目的一样，但在下列情况下有细微差别：

- 目的条款未完全表达组织的目的；
- 该条款仅包含了目的，例如权力。

公共利益的要求，是指成为慈善组织的法律要求，一个组织的每个目的必须是为了公共利益(法律要求)。

目的和慈善性质的目的，"目的"一词指一个组织的目的，一个慈善组织的目的是慈善组织成立需要实现的目标。

要成为"*慈善性质的目的*"，必须属于慈善法中描述的目的之一，并且为了公共利益，必须根据个案而定(法律要求)。

法院，委员会使用的该词同时指审判庭、高级审判庭和法院。

审判庭，一级审判庭(慈善组织)是一级上诉庭，根据《慈善法》附件6的规定，起诉委员会的决定。

公共利益:慈善组织的运营

(PB2)

目　　录

第一部分　关于本指引

本指引解释慈善组织运营中的公共利益。

法律要求:所有慈善组织必须是为公共利益目的,受托人运营慈善组织时,必须履行慈善组织公共利益目的。

本指引是关于慈善组织受托人运营慈善组织,正考虑向慈善委员会申请登记慈善组织的人,可能对本指引感兴趣。本指引可以帮助其理解为公共利益履行慈善组织目的的含义。

慈善组织受托人的总体责任

法律要求:慈善法规定慈善组织一旦成立,其受托人必须根据慈善法和慈善组织目的运营慈善组织。

根据慈善组织目的运营慈善组织的更多信息详见:

- **只深化慈善目的**(这不属于委员会公共利益的指引)。

本指引未涉及慈善组织受托人的整体责任,更多信息详见:

- **《关于受托人事宜:须知信息》(CC3)**(这不属于委员会公共利益的指引)。

本指引仅处理受托人为公共利益履行慈善组织目的的责任。

其他公共利益指引

本指引只是委员会 3 个公共利益指引的其中之一。

某一组织的目的是否具有慈善性质,或者报告履行情况中公共利益的相关问题,参考以下指引:

- 《公共利益:公共利益的要求》(PB1):该指引解释公共利益的要求,该要求影响着一个组织是否是慈善组织的判断;
- 《公共利益:报告》(PB3):该指引解释受托人的职责,报告其为公共利益是如何履行慈善组织宗旨的;
- 《公共利益:综述》。

重视委员会指引

法律要求:慈善法规定慈善组织受托人“在行使指引相关权力或履行相关职责时”必须“重视”委员会公共利益指引。

“重视”委员会公共利益指引意味着慈善组织受托人应该表明:

- 他们了解该指引;
- 他们在做与该指引相关的决策时考虑了该指引;
- 如果做决策时未考虑该指引,他们应该有充分的理由。

参考其他指引

本指引中某些地方提供的其他相关指引链接可能会对读者有所帮助。

如果其他指引不属于委员会公共利益指引,那么,这些其他指引不是受托人必须“重视”的指引。

公共利益相关法律

委员会公共利益指引并不是关于公共利益的法律规定,慈善组织立法和法院决定中包含公共利益的法律。

委员会公共利益指引属于高层次指引,主要受众为慈善组织受托人,解释公共利益方面的法律规定以及如何解读和适用的问题。

委员会是基于法律规定做出关于公共利益方面的决定,而非依据该高层次指引。因为委员会指引并不能涵盖所有与公共利益相关复杂法律规定。

委员会对公共利益相关法律的更多解释,详见:

- 《公共利益相关法律分析》。

公共利益相关法律分析对于希望了解委员会指引法律基础的受托人会有所帮助,但它仍然不属于委员会公共利益指引的一部分。因此,不要求受托人必须重视。

“必须”和“应该”的使用

“必须”,是指受托人必须遵守特定法律或法规行要求的情形。“应该”,是指若无充分的理由,受托人应该按照基本规范指引行事的情形。

委员会也会提供不正式的意见和建议,对受托人管理慈善组织有所帮助。

公共利益框架

公共利益框架表表明关于公共利益的报告完全满足慈善组织运作和报告工作的整体框架的情况。

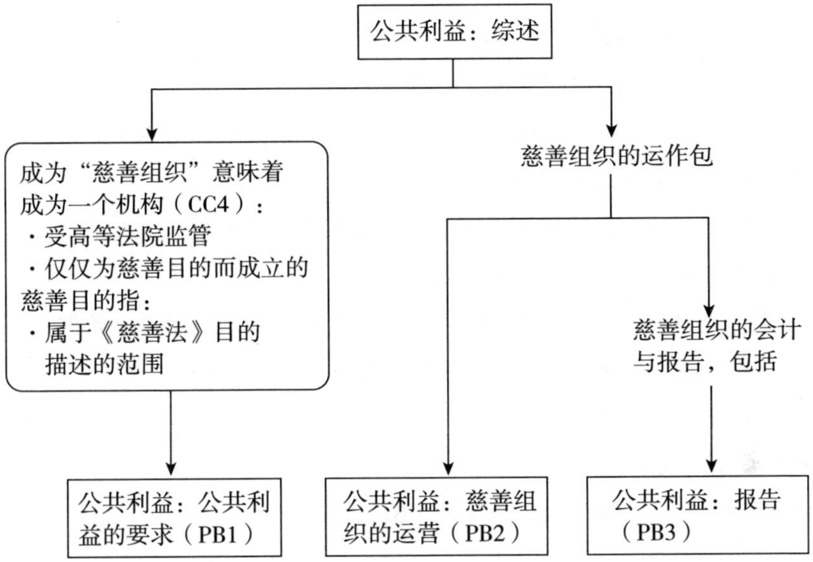

公共利益框架

第二部分　为公共利益履行目的

受托人的责任

法律要求:慈善组织受托人必须为公共利益履行慈善组织目的。

这通常是直接的。

为公共利益履行慈善组织目的,慈善组织受托人应该知道其慈善组织目的是什么以及理解每个目的是怎样实现公共利益。

慈善组织目的及其公共利益

法律要求:一个目的要成为"慈善目的"必须是"为公共利益"。

慈善组织目的是成立慈善组织希望实现的目标，通常规定于慈善组织规章的宗旨条款中（规章是创立慈善组织的法律文件，规定应该如何运营慈善组织）。

一个目的的公共利益根据不同目的以及慈善组织的不同情形有所不同。

理解慈善组织每个目的的公共利益指理解每个目的是如何满足公共利益的两个方面的：

- “利益方面”；
- “公共方面”。

公共利益的“利益方面”是关于目的是否有益。

法律要求：为满足公共利益的“利益方面”，目的必须满足以下条件：

- 目的必须是有益的（详见本指引第三部分）；
- 该目的带来的任何损害不得超过其带来的利益。

公共利益的“公共方面”是关于目的受益人。

法律要求：为满足公共利益的“公共方面”，目的必须满足以下条件：

- 有益于全体公众或公众中的足够人群（详见本指引第五部分）；
- 不会只产生个人利益。

更多信息详见：

- **《公共利益：公共利益的要求》（PB1）**。

慈善组织的运营

慈善组织受托人运营慈善组织时，并非每个决定都会影响其为公共利益履行慈善组织目的的责任。

相关决定是受托人做出影响以下因素的决定：

- 人们受益于慈善组织目的的方式；
- 受益人。

受托人做决定应满足以下条件：

- 确保慈善组织目的可以提供利益（详见本指引第三部分）；
- 管理履行慈善组织目的给受益人或全体公众带来的损害（详见本指引第四部分）；
- 根据符合慈善组织目的的方式决定受益人（详见本指引第五部分）；
- 确保任何个人利益只是附带的（详见本指引第六部分）。

做"正确的"决定

当决定如何为公共利益履行慈善组织目的时,许多受托人关心什么才是"正确的"决定,很多情形下不能作出"正确的"决定。

法律要求:但受托人必须在特殊情形下正确做决定的范围中做决定。

如果受托人在该范围中做决定,那么,他们做的是"正确的"决定。

如果有一个决定范围,那么,就不需要法院或委员会告诉受托人做什么决定。

这就意味着慈善组织受托人通常可以选择如何履行慈善组织目的,其决定满足下列条件:

- 符合慈善组织目的(而非超出慈善组织目的运营);
- 为公共利益;
- 重视委员相关公共利益指引;
- 符合受托人做决定的整体框架。

更多信息详见《**慈善组织受托人及决策制定**》(这不属于委员会公共利益的指引)。

第三部分　提供利益

为公共利益履行目的

慈善组织目的是有益的,属于目的是慈善性质的一部分。

受托人运营慈善组织时,不需要重复展示该目的一直满足公共利益要求中的利益方面。

例如,一旦展示保存具有历史或建筑价值的特殊建筑是为公共利益这一目的后,受托人就不需要每年都展示其历史或建筑价值。

但是,当决定为公共利益而履行慈善组织目的时,受托人应该做到以下两点:

- 理解其慈善组织目的如何有益;
- 用该种方法履行慈善组织目的并造福公众。

例如，在运营一个保护历史建筑的慈善组织时，受托人只需要维护好建筑或保护好具有历史价值的建筑物，以此确保公共利益，并在其年度报告中报告其履行情况。

第四部分　管理损害的风险

为公共利益履行目的

为公共利益履行慈善组织目的包括：如果慈善组织受益人或全体公众因受托人履行目的而受到伤害，受托人应管理该损害的风险。

当决定为公共利益如何履行慈善组织目的时，受托人应该考虑以下事项：

- 识别损害风险；
- 将损害风险最小化；
- 确保任何可能产生的损害是履行目的次要的结果。

第五部分　决定受益人

为公共利益履行目的

当决定为公共利益如何履行慈善组织目的时，受托人应该考虑以下事项：

- 了解谁可以潜在受益于慈善组织目的；
- 适当考虑履行慈善组织目的的各种方式。

当决定受益人时，可以选择关注特定受益人，但条件是：

- 有合理理由；
- 受益人不能排除贫困者；
- 关注特定受益人是公众中的足够群体；
- 根据“受托人决策制定”**框架做决定**（这不属于委员会公共利益指引）。

决定受益人不仅涉及识别受益的人或组织，还存在可以限制受益人的其他因素，这些因素包括：

- 仅通过成员关系获得利益；

- 使用慈善组织设施,如在开放时间;
- 慈善组织的收费服务。

仅通过成员关系获得利益

法律要求:成立慈善组织不得仅为组织成员提供利益,除非:

- 公众中的足够群体可以成为该组织成员从而受益;
- 成员制是慈善组织履行其公共利益目的的有效方式。

更多信息详见附件 1　通过成员关系获得利益。

使用慈善组织的设施

如果一个慈善组织为公众提供设施,受托人可以限制公众对设施的使用,如通过限制开放时间,条件是:

- 这有助于更好地履行慈善组织目的;
- 综合慈善组织情形看,设备开放时间是合理的。

更多信息详见附件 2　使用慈善组织的设施。

服务收费

慈善组织可以就其提供的服务或设施收费。

法律要求:但是,如果慈善组织收费是贫困者负担不起的,那么,其受托人必须以不排除贫困者的方式运营慈善组织。

更多信息详见附件 3　服务收费。

第六部分　管理个人利益

为公共利益履行慈善组织目的

法律要求:慈善组织可以提供履行其目的时附带的个人利益。

“个人利益”的含义

“个人利益”(有时称为“私人利益”)指某人从慈善组织处收到的利益,这里的“某人”可以是个人或组织。

“附带”的含义

个人利益是“附带的”，指（考虑到目的的性质和规模）履行慈善组织目的的必然的结果或附属品。

决定为公共利益如何履行慈善组织目的时，受托人应确保个人利益仅是附带产生的。

个人利益举例

慈善组织目的或运营中可能出现的个人利益举例详见：

- **《个人利益举例》**（这不属于委员会公共利益指引）。

第七部分　不是为公共利益履行目的

慈善组织受托人应决定如何为公共利益履行慈善组织目的。

如果受托人不是为公共利益履行慈善组织目的，那么，委员会希望受托人可以进行说明并解决。

如果委员会认为受托人未遵循其责任，为公共利益履行慈善组织目的，委员会应根据“风险框架”（这不属于委员会公共利益指引）予以考虑，并决定给受托人多少时间进行必要修正，以及是否需要采取管理措施使其回归正轨。少数情况中，如果不再可能或从未为公共利益履行目的，那么，这就表明，该目的本身并不是为公共利益。

如果可能，委员会会帮助慈善组织受托人重新界定其目的，如果受托人不可能修正组织目的，那就意味着该目的不是慈善性质。因而，该组织就不是慈善组织。

更多信息详见：

- **《公共利益：公共利益的要求》（PB1）**。

对委员会做的决定提出异议

如果决定就受托人违反其为了公共利益履行慈善组织目的的责任采取措施,而受托人认为该决定是错误的,那么,他们可以对此提出异议。

更多信息详见:

- **《对慈善委员会决定的投诉》**(这不属于委员会公共利益的指引)。

第八部分　更 多 信 息

本部分提供与本指引相关的其他指引的链接。

下面是包括在委员会公共利益指引中的指引:

- **《公共利益:报告》(PB3);**

该指引解释受托人职责,报告其为公共利益是如果履行慈善组织宗旨的。

- **《公共利益:公共利益的要求》(PB1);**

该指引解释慈善组织目的必须是为公共利益这一法律要求,称为“公共利益的要求”。

下面是未包括在委员会公共利益指引中的指引:

- **《公共利益:综述》;**

该指引对委员会公共利益指引进行综述;它解释:

  - 如何理解公共利益将有助于慈善组织受托人;
  - 受托人“重视”委员会公共利益指引的义务;
  - 了解公共利益相关法律的关键点。

- **深化慈善目的**

解释慈善组织受托人只深化(或履行)慈善组织的慈善目的的责任。

- **《公共利益相关法律分析》**

分析委员会对公共利益相关法律的总结。

- **《什么是慈善组织》(CC4)**

本指引根据英格兰和威尔士法律解释法律对于一个组织成为慈善组织的要求。

- **建立慈善组织**

成立和登记慈善组织的整体指引。

附件 1　通过成员关系获得利益

成员关系何时可以提供公共利益?

法律要求:成立慈善组织不得仅为组织成员提供利益,除非:

- 公众中的足够群体可以成为该组织成员从而受益;
- 成员制是慈善组织履行其公共利益目的的有效方式。

所有可能的受益人应该是能申请加入组织的人,组织对决定成员资格应有客观标准。

成员关系通常限制在居住于特定地理区域的人,基于某些实际理由,也会对成员进行必要限制,如为生命健康安全限制使用某些娱乐设施。

在这些情况下,如果下一批成员根据"先到先得"的原则加入,那么,成员资格可以有候补名单。

详尽列出成员关系用于将受益人限制为部分公众的情况清单是不可能的,最终都将取决于慈善组织的具体情况。

成员关系何时不能提供公共利益?

法律要求:为公共利益履行慈善组织目的,有成员关系的受托人必须确保其成员关系规定的任何变更不会产生将慈善组织变成私人成员俱乐部的后果。

更多信息详见:

- 《公共利益:公共利益的要求》(PB1)第五部分。

附件 2　使用慈善组织的设施

如果一个慈善组织为公众提供设施,其受托人可能会基于下列原因适当限制公众对设施的使用:

- 财产安全;

- 资源缺乏;
- 保护土地、建筑或艺术品的需要;
- 更好地管理慈善组织。

法律要求:慈善组织受托人必须遵循法律关于设施使用的规定。

例如,如何合适,受托人必须考虑平等法关于残疾人使用建筑物的相关规定(法律要求)。

限制开放时间

关于开放时间没有具体规定,但作为基本规范问题,考虑到慈善组织提供的设施性质,受托人应该确保开放时间足够满足所有访客需求。

例如,开放时间通常包括周末以及周一~周五的上班时间。如果慈善组织不能保持每天开放,如考虑到费用问题,那么,受托人应决定关闭的天数。

由于受托人无法控制或限制慈善组织如何运作的外部因素,他们通常应将开放时间安排在使用设施者最可能来访时。

附件3 服务收费

慈善组织对服务收费

慈善组织可以对其提供的服务或设施收费,原因如下:

- 该慈善组织提供的服务或设施昂贵;
- 如果该慈善组织不收费,那么它将很难运作。

通常会对其服务收费的慈善组织包括:

- 教育组织(如学校和大学);
- 医院;
- 疗养院;
- 休闲慈善组织(如运动或休闲中心、游乐场或村公所);
- 艺术、保护慈善组织(如剧院、博物馆和庄园);
- 收取会费的慈善组织;
- 对出版刊物收费的慈善组织。

贫困者负担不起的收费

法律要求：受托人为公共利益履行慈善组织目的的责任之一是必须以不排除贫困者的方式运营慈善组织。

如果慈善组织对其提供的服务或设施的收费贫困者负担不起，那么，可能会出现排除贫困者的情形。

慈善法认为，“贫困者”是一个相对的词，取决于不同情形，但“贫困者”并不仅指社会中最穷的人，有时也包括中等收入者。

法律要求：如果慈善组织对其提供的服务或设施收费，那么，其受托人必须考虑慈善组织的收费是否让贫困者负担不起。

例如，这可能取决于下列因素：

- 该服务性质以及使用或需要该服务的频率或规律；
- 受益人的财务承担。

但一般而言，这通常指中等收入者不容易负担得起的收费。

贫困者通常可以负担得起的收费包括：

- 当地居民加入村公所缴纳几英镑的会费；
- 参加社区中心活动或参观历史遗址小额的入场费；
- 图书馆借书卡的年费；
- 观看业余戏剧协会作品的低额票价；
- 使用慈善组织公共网络终端的费用；
- 加入临时托儿所、童子军、向导、青年俱乐部、课后俱乐部、体育俱乐部或者休闲中心；
- 在发展中国家，流动设备巡回物质条件欠缺地区，低价为当地居民提供服务、设备、商品或设施。

法律要求：如果受托人认为慈善组织的收费是贫困者负担不起的，那么，他们必须确保贫困者可以受益。

为贫困者提供利益

法律要求：受托人为贫困者提供福利的水平不能太低或者只是象征性的。

法律要求:受托人应结合其慈善组织的各种情况,决定应该为贫困者提供什么利益(除较少或象征性的提供)。

法律要求:受托人必须在其能在特殊情形下正确做决定的范围中做出决定。

例如,这可以通过根据**受托人决策**制定框架做决定得以展示(受托人决策制定不属于委员会公共利益指引)。

关于不仅对贫困者进行象征性的提供,不存在受托人可以遵循的客观标准,这是受托人根据其慈善性质的各种情况决定的问题。

慈善组织可以对负担不起的人减低收费,或者以其他方式提供利益,如通过支持国家组织提供的类似服务。

受托人可以考虑慈善组织外其他资助来源,帮助贫困者获得慈善组织提供的福利,可能包括下列来源:

- 由其他慈善组织提供的奖学金;
- 地方机构的资助,以支付家庭护理的费用;
- 为大学生提供的政府贷款。

在决定如何为贫困者提供利益时,委员会列出的一些例子可能对受托人有所帮助(这些**例子**仅作为例证,不属于委员会公共利益指引)。

收费的慈善学校是否正是为贫困者适当地提供利益,高级法庭就此列举了一些相关因素,下列相关因素可能对正在考虑该问题的收费慈善组织受托人有所帮助:

- 收费水平;
- 慈善组织的财政状况或商务计划(包括专业职工的薪资水平以及他们要求的资格水平);
- 慈善组织如何运作;
- 慈善组织是否提供“奢侈”服务,它提供什么设施;
- 慈善组织是否有任何留本基金(要求受托人用于投资或为慈善组织目的保留和使用的资金,留本基金可以是可消费或固定的资金);
- 慈善组织的地理位置和其他相关当地因素(如它是否在物质条件欠缺地区)。

浏览高级法庭是如何回答首席检察官提出的关于为贫困者提供利益方面的**假设问题**,可能也会对独立收费的慈善学校受托人有所帮助(这些问题和回答不属于委员会公共利益指引)。为理解这些问题和回答,受托人可以浏览“**高级法庭的全部判决**”(full judgement of the Upper Tribunal)。

附件4 术语解释

本指引中使用的术语应作如下具体解释:

慈善法,是指《慈善法》(2011年)。

慈善组织受托人,是指服务于慈善组织管理机构的人,他们可以是受托人、管理人员、董事会成员、主管人员或委员会成员。慈善组织受托人对慈善组织行政的总体监管负责。

规章,是指列出慈善组织宗旨及如何管理的法律文件,它可以是信托书、组织制度、组织大纲、意愿书、财产转易契、《皇家宪章》、委员会计划或者其他正式文件。

目的,慈善组织“目的”是对其目的的说明,规定于慈善组织规章的“宗旨条款”中,但不是所有的慈善组织规章均含有目的条款。

通常,慈善组织目的条款和其目的一样,但在下列情况中有细微差别:

- 目的条款未完全表达组织目的;
- 该条款仅包含目的,如权力。

公共利益的要求,是成为慈善组织的法律要求,一个组织的每个目的必须是为了公共利益(法律要求)。

目的和慈善性质的目的,“目的”一词指一个组织的目的,一个慈善组织的目的是慈善组织成立需要实现的目标。

要成为“*慈善性质的目的*”,必须属于慈善法中目的描述之一,并且为公共利益,这必须根据个案而定(法律要求)。

法院,委员会使用的该词同时指审判庭、高级审判庭和法院。

审判庭,一级审判庭(慈善组织)是一级上诉庭,根据《慈善法》附件6的规定,起诉委员会的决定。

公共利益:报告

(PB3)

2013 年 9 月

目　　录

第一部分　关于指引

法律要求:本指引解释慈善组织受托人有义务报告他们是如何为公共利益履行慈善组织的目的。

如果是一个已登记的慈善组织的受托人,那么,本指引就与其相关。如果正考虑向委员会申请登记慈善组织,可能也会对本指引感兴趣。有助于理解为公共利益履行慈善组织目的的含义。

其他公共利益指引

本指引只是委员会3个公共利益指引的其中之一。

组织目的是否是慈善性质以及运营慈善组织中履行这些目的的相关问题,可参考以下指引:

- 《公共利益:公共利益的要求》(PB1):该指引解释公共利益的要求,该要求影响着一个组织是否是慈善组织的判断。
- 《公共利益:慈善组织的运营》(PB2):该指引解释慈善组织运营中的公共利益。

关于委员会公共利益指引的更多信息详见:

- 《公共利益:综述》。

重视委员会的公共利益指引

法律要求:慈善法规定慈善组织受托人"在行使指引相关权力或履行相关职责时"必须"重视"委员会公共利益指引。

法律要求:《慈善组织(账目和报告)条例》(2008年)规定,慈善组织受托人应在其年度报告中说明他们是否已经履行该义务。

"重视"委员会的公共利益指引意味着慈善组织受托人应该表明:

- 他们了解该指引;
- 他们在做与该指引相关的决策时考虑了该指引;
- 如果做决策时未考虑该指引,他们应该有充分的理由。

参考其他指引

本指引中某些地方提供其他相关指引的链接可能会对读者有所帮助。

如果其他指引不属于委员会公共利益指引，那么，这些其他指引不是受托人必须“重视”的指引。

公共利益相关法律

委员会公共利益指引并不是关于公共利益的法律规定，慈善组织立法和法院决定中包含公共利益的法律。

委员会公共利益指引属于高层次指引，主要受众为慈善组织受托人，解释公共利益方面的法律规定以及如何解读和适用的问题。

委员会是基于法律规定做出关于公共利益方面的决定，而非依据该高层次指引，因为委员会指引并不能涵盖所有与公共利益相关法律的复杂规定。

委员会对公共利益相关法律的更多解释，详见：

- 《公共利益相关法律分析》。

公共利益相关法律分析对于希望了解委员会指引法律基础的受托人会有所帮助，但它仍然不属于委员会公共利益指引的一部分。因此，不要求受托人必须重视。

“必须”和“应该”的使用

“必须”，指受托人必须遵守特定法律或法规行要求的情形。“应该”，指若无充分理由，受托人应该按照基本规范指引行事的情形。

委员会也会提供不正式的意见和建议，对受托人管理慈善组织有所帮助。

公共利益框架

公共利益框架表表明关于公共利益的报告完全满足慈善组织运作和报告工作的整体框架的情况。

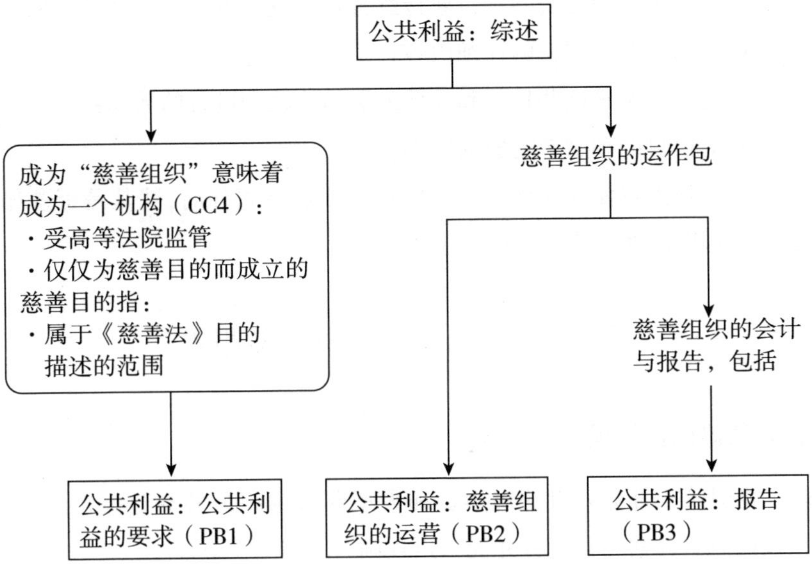

第二部分　关于公共利益报告的要求

法律要求:已登记慈善组织受托人必须在其年度报告中说明其是如何为公共利益履行慈善组织目的。

该要求规定于《慈善组织(账目和报告)条例》(2008 年)中(详见附件 1)。

小型慈善组织公共利益报告要求

小型慈善组织指总收益不超过 50 万英镑的已登记慈善组织。

法律要求:已登记的小型慈善组织的公共利益报告必须包含以下内容:

- 对慈善组织为公共利益履行慈善目的的主要活动进行简单总结;
- 受托人行使任何指引相关的权力或履行责任时,就其是否遵循重视委员会公共利益指引的义务进行说明。

大型慈善组织公共利益报告要求

大型慈善组织指总收益超过 50 万英镑的已登记慈善组织。

法律要求:已登记的大型慈善组织的公共利益报告必须包含以下内容:

- 对慈善组织为公共利益履行慈善目的进行的重大活动进行回顾；
- 提供目的和宗旨的详细内容；
- 提供为实现这些目的和宗旨采取的策略和进行的活动；
- 提供目的和宗旨完成的成果；
- 受托人行使任何指引相关的权力或履行责任时，就其是否遵循重视委员会公共利益指引的义务进行说明。

第三部分　如何做公共利益报告

公共利益报告的规则

除本指引第二部分列出的对小型和大型慈善组织公共利益报告的要求，关于受托人如何做公共利益报告并无固定规则。

如何处理受托人年度报告中的公共利益报告

没有必要将受托人年度报告中的公共利益报告单独处理，它可以自然地贯穿于报告中。

对于许多已登记慈善组织（尤其是小型慈善组织），受托人年度报告中包含以下内容就可满足公共利益报告的要求：

- 解释慈善组织希望实现的目的；
- 解释慈善组织（为公共利益）履行目的所进行的活动；
- 受托人行使任何指引相关的权力或履行责任时，就其是否遵循重视委员会公共利益指引的义务进行说明。

公共利益报告如何帮助慈善组织

慈善组织有为公共利益履行其目的的义务［详见指引**《公共利益：慈善组织的运营》（PB2）**］。公共利益报告是慈善组织解释其所做工作的一个机会，如果做得好，公共利益报告可以成为受托人的一个有效工具。

公共利益报告有助于慈善组织受托人：

- 计划活动时随时关注慈善组织希望实现的目标；

- 展示慈善组织工作及其工作价值,特别是在申请资助或筹款时;
- 结合效果报告,展示慈善组织透明度和责任度;
- 提升慈善组织工作报告的整体质量。

公共利益报告举例

法律要求:慈善组织不适合或未选择以收支方式准备账目的,必须按照《慈善组织会计与报告实务建议准则》准备其账目。

为帮助慈善组织受托人根据**《会计与报告说明书》**(2005年)中的建议准备报告和账目,委员会列举了一些受托人年度报告和账目的例子,虽然这些不属于委员会公共利益指引,但对于受托人年度报告的设计和格式会有所帮助。

这些例子说明对于小型和大型已登记的慈善组织有不同的公共利益报告要求。

第四部分　向委员会发送受托人年度报告

将年度报告展示在委员会的网站上

委员会将受托人发给它的年度报告展示在委员会的网站上。

签署受托人关于公共利益的年度报告

由于政策问题,委员会不会在慈善组织的公共利益报告中签字。

但是,委员会会继续寻找并提供公共利益报告的范例,帮助其他类似慈善组织。

审核受托人的年度报告

委员会会随机抽样审核受托人年度报告的质量,包括关于公共利益的报告。

受托人的年度报告是慈善组织向捐赠者和公众报告其工作的一种方式,委员会可能会从报告中发现其他问题,需要进一步与受托人讨论。

同样,如果有问题引起慈善组织注意,委员会认为,受托人未就公共利益做报告属于潜在的管理问题。

第五部分 更多信息

本部分提供与本指引相关的其他指引的链接,你可能会感兴趣。

下面是包括在委员会公共利益指引中的指引

- 法律要求:**《公共利益:慈善组织的运营》(PB2)**该指引解释慈善组织运营中的公共利益;
- 法律要求:**《公共利益:公共利益的要求》(PB1)**该指引解释慈善组织目的必须是为公共利益这一法律要求,称为"公共利益的要求"。

下面是未包括在委员会公共利益指引中的指引

- **《公共利益:综述》**
- 该指引对委员会公共利益指引进行综述,它解释:
  - 如何理解公共利益将有助于慈善组织受托人;
  - 受托人"重视"委员会公共利益指引的义务;
  - 了解公共利益相关法律的关键点。
- 《法律要求:**准备受托人的年度报告**》

该指引是关于慈善法中规定的所有已登记慈善组织必须准备受托人年度报告。

- **受托人年度报告和账目举例**

帮助慈善组织根据《会计与报告说明书》(2005 年)中的建议准备报告和账目的指引。

- **《具有良好影响的报告原则》(Principles of Good Impact Reporting)**

该文件列出具有良好影响报告的一些原则。

第六部分 术语解释

本指引中使用的术语应作如下具体解释:

慈善法,是指《慈善法》(2011 年)。

慈善组织受托人,是指服务于慈善组织管理主体的人,他们可以是受托人、管理人员、董事会成员、主管人员或委员会成员。慈善组织受托人对慈善组织行

政的总体监管负责。

规章,是指列出慈善组织宗旨及管理方式的法律文件。它可以是信托书、组织制度、组织大纲、意愿书、财产转易契、《皇家宪章》、委员会计划或者其他正式文件。

目的,慈善组织“目的”是对其目的的说明,规定于慈善组织规章的“目的条款”中,但不是所有慈善组织规章均含有目的条款。

通常,慈善组织目的条款和其目的一样,但在下列情况中有细微差别:

- 目的条款未完全表达组织目的;
- 该条款仅包含目的,如权力。

公共利益的要求,是一成为慈善组织的法律要求,一个组织的每个目的必须是为公共利益(法律要求)。

目的和慈善性质的目的,“目的”一词指一个组织的目的,一个慈善组织的目的是慈善组织成立需要实现的目标。

要成为“慈善性质的目的”,必须属于慈善法中目的描述之一,并且为公共利益,这必须根据个案而定(法律要求)。

法院,委员会使用的该词同时指审判庭、高级审判庭和法院。

审判庭,一级审判庭(慈善组织)是一级上诉庭,根据《慈善法》附件 6 的规定,起诉委员会的决定。

附件 《慈善组织(账目和报告)条例》(2008 年)

本部分从《慈善组织(账目和报告)条例》(2008 年)中提取与公共利益相关的条款规定。

40.(1)本条例适用于(没有附属公司或附属慈善组织的)慈善组织受托人根据《慈善法》(1993 年)第 45 条第 1 款准备的年度报告。

(2)根据《慈善法》(1993 年)第 45 条规定,关于慈善组织活动的年度报告须满足以下条件:

(a)必须指明是关于哪一财政年的;

(b)必须:

(i)如果不属于可审计的慈善组织,需要简单总结:

(aa)**慈善组织为公共利益深化其慈善目的所进行的活动;**

(bb)慈善组织该年度主要成果。

(ii)**如果属于可审计的慈善组织,慈善组织须回顾在该财政年为公共利益深化其慈善目的所进行的重大活动,或者为深化其慈善目的创造的资源,包括以下详细内容:**

(aa)慈善组织在该年度设定的目标和宗旨,以及为实现这些目的和宗旨采取的策略和进行的活动;

(bb)根据设定的目标和宗旨判断慈善组织在该年度的成果;

(cc)志愿者对慈善组织所做的重大贡献;

(dd)慈善组织的主要收益来源;

(ee)就慈善组织受托人是否考虑到慈善组织面临的重大风险,并确保为管理这些风险建立的体系或程序恰当性做出说明。

- 提供目的和宗旨的详细内容;
- 提供为实现这些目的和宗旨采取的策略和进行的活动;
- 提供目的和宗旨完成的成果;
- 受托人行使任何指引相关的权力或履行责任时,就其是否遵循重视委员会公共利益指引的义务进行说明;

(c)必须:

(i)如果

(aa)在该财政年年初慈善组织的任何资金不足;

(bb)慈善组织根据《慈善法》(1993 年)第 42 条第 1 款准备账目说明,包含慈善组织受托人未解决资金缺乏问题所采取的特别措施;

(ii)**说明受托人是否遵循《慈善法》(2006 年)第 4 条中规定的重视委员会公共利益指引的义务;**

(iii)由一个或多个经授权的慈善组织受托人签署姓名和日期。

译后记

2014 年 7 月，我从爱丁堡大学法学院博士毕业后，入职西南政法大学民商法学院。一切看似平稳不惊，实则暗涛汹涌。因为，一直以来我都有一种把书读穿的“情怀”，“无书可读”是我未变之追求。即便博士后不是学位，而只是一种工作经历，也丝毫不影响这种“情怀”的蠢蠢欲动。或许是命中注定，抑或机缘巧合，得益于社科院赵磊师兄的热情推荐，并在赵万一教授的大力支持下，我于 2015 年 5 月。顺利进入鸿儒硕辅云集的特华博士后科研工作站，并拜入高传捷先生门下，从事信托研究。自此，在先生指导下，我的研究领域有所拓宽，从原先的公司法，转向信托领域。本译稿的出版，可谓这一转型的浅薄体现。

当然，翻译并出版《英国慈善委员会指引》，完全源于高传捷先生的推荐、支持与指导。先生曾任银监会非银司司长，主管信托行业，卸任后对信托事业也一直有所关注，初心未改。慈善法立法期间，先生参与其中，并提出不少真知灼见。慈善法实施前，先生即安排我着手翻译这一指引。我仍然清晰记得，先生在英国出差期间，发微信让我整理指引目录。后抵达北京，刚出机舱，先生便刻不容缓地联系我，说《英国慈善委员会指引》具有重大的参考价值，可为我国慈善事业监管提供域外经验，嘱咐我尽快着手翻译。彼时刚好暑假，我也全力以赴。指引，不像专著般晦涩难懂，也不如法条那样严谨僵化，我以为暑假两个月，定能大功告成，圆满完成任务。不知是轻敌心态过于浓厚，还是时间把控不严，抑或本身能力不足，最终花了半年多时间才完成译稿，成书竟有百余万字，惊吓我矣。以此而算，合并以前发表的著述，日后我也可"自豪"地自我介绍：公开发表作品200多万字。

如一切顺利，我也将在2017年下半年出站。两年的博士后经历，虽没有想象中一帆风顺，却注定难以忘怀。无论何时，回想这段时光，都离不开高传捷先生。没有先生的赏识和指导，我不可能在博士后期间获得点滴进步。在学业上，先生多次在不同场合，对我面对面悉心指导。记得2015年9月初，先生约我中午12点吃饭，我特地提前15分钟到场，想着先生应该会在12点后才到。谁知一进房间，先生早已在等我。那天中午，先生口若悬河、滔滔不绝，给我详细讲解信托业的发展状况，从20世纪80年代信托的初始发展，到后来20世纪90年代，先生转入信托监管领域并参与信托业的多次整顿，让我大开眼界，很多阅读疑惑也在谈笑中豁然开朗，古人之"与君一席话，胜读十年书"，我竟难得有此种淋漓尽致的体验感。最后，先生建议我以遗嘱信托作为切入点。我后来以此为题，顺利获得中国博士后基金一等资助和特别资助。如果没有先生高屋建瓴的提点，我不会如此顺利获得博士后基金。2016年4月，先生来渝公干，忙里抽空约我吃饭。从酒店出发，徒步半小时到藕然间餐厅吃汤锅，直至饭毕步行回酒店，整整4小时，先生一直在与我探讨信托的现有问题以及解决方案，并当场记录在手机"备忘录"上，截图发送给我。先生此种认真态度，实令学生感佩不已。先生对信托的钟情与痴爱，可以说国内无人可及。正如先生所言，他有股倔劲，不信中国搞不好信托。而先生一丝不苟的治学精神、不厌其烦的指点教诲，也令我羞愧难当。唯有继续努力，才对得住先生的精心指导。

此外，还要感谢另外两位合作导师：特华博士后科研工作站站长李光荣先生、昆仑银行监事长罗平先生，没有他们的认可与接纳，我无法顺利通过博士后中期考核，也难以安心进行此项翻译工作。同时，也感谢特华工作站的执行站长王力先生以及其他各位领导和工作人员，他们高效的工作与细致的安排，让我真正感受到特华大家庭的温暖。

社科院赵磊师兄，可谓是我拜入高门的伯乐，没有他的肯认与积极引荐，我也不可能得偿心愿，从事信托博士后研究。西南政法大学民商法学院院长赵万一教授的鼎力支持与积极协调,使我得以克服重重障碍,顺利进站。囿于男人“有泪不轻弹,有爱不轻表”的传统惯习,我虽罕有当面表达谢意,却一直怀恩在内,铭记于心,从未忘却。

我的学生王弯、罗小雪和吴婷婷对本译稿的文字进行了细致阅读,并指出不少错误之处,在此一表谢意,借此也感谢她们在过去半年中为我分担的事与忧。感谢洪喜琪、王小玲两位新同学在最后时刻对部分译稿进行了认真校对,同时,也非常感谢法律出版社财经分社社长沈小英女士、责任编辑陈妮女士。没有她们的大力支持与认真编辑,本译稿无法得以顺利出版。

学术研究之痛与快,或许只有行人才能切身体悟。唯冀在追逐刘小枫所言之“太阳”的路上,锲而不舍、焚膏继晷,心灵得以拯救,继而逍遥,感受那太阳的光芒与温暖。

林少伟

2017 年 2 月 21 日深夜于重庆朗润园

图书在版编目(CIP)数据

英国慈善委员会指引 / 林少伟译. —北京:法律出版社,2017(2017.7 重印)
ISBN 978-7-5197-0783-5

Ⅰ.①英… Ⅱ.①林… Ⅲ.①慈善事业—概况—英国 Ⅳ.①D756.17

中国版本图书馆 CIP 数据核字(2017)第 081143 号

英国慈善委员会指引
YINGGUO CISHAN WEIYUANHUI ZHIYIN

林少伟 译

策划编辑 沈小英
责任编辑 陈 妮
装帧设计 李 瞻

出版 法律出版社
总发行 中国法律图书有限公司
经销 新华书店
印刷 固安华明印业有限公司
责任校对 杨锦华
责任印制 吕亚莉

编辑统筹 财经出版分社
开本 710 毫米×1000 毫米 1/16
印张 63.75
字数 1100 千
版本 2017 年 6 月第 1 版
印次 2017 年 7 月第 2 次印刷

法律出版社/北京市丰台区莲花池西里 7 号(100073)
网址/www.lawpress.com.cn
投稿邮箱/info@lawpress.com.cn
举报维权邮箱/jbwq@lawpress.com.cn
销售热线/010-63939792
咨询电话/010-63939796

中国法律图书有限公司/北京市丰台区莲花池西里 7 号(100073)
全国各地中法图分、子公司销售电话:
统一销售客服/400-660-6393
第一法律书店/010-63939781/9782
西安分公司/029-85330678
重庆分公司/023-67453036
上海分公司/021-62071639/1636
深圳分公司/0755-83072995

书号:ISBN 978-7-5197-0783-5
定价:300.00 元
(如有缺页或倒装,中国法律图书有限公司负责退换)

图书在版编目(CIP)数据

书号 ISBN 978-7-5197-0783-5